仏教文明と世俗秩序

国家・社会・聖地の形成

新川登亀男［編］

勉誠出版

序言

二十一世紀の現在、世界の随処で、これまで前提とされてきた様々な枠組みや関係性が大きく揺らいでいる。しかし、一方で、ながい歴史の連鎖と重みを想起させずにはいない。このような事態を、一体、どのように理解し、説明し、納得したらよいのであろうか。これは、学術研究が直面する大きな課題でもある。とりわけ、人文学のあり方が問われるであろう。

そのような今、なぜ「仏教」なのか。しかも、なぜ「仏教文明」を問題にするのか。その理由の第一は、現代のグローバリゼーションに匹敵する地球規模の流伝を惹起したのが「仏教」であるということである。とくに、日本列島に直接及んだという意味においては、少なくとも前近代の日本にとって、「漢字」のそれを凌ぐ、唯一のグローバリゼーションとなる。

第二は、したがって、「仏教」の流伝が、私たちに地球規模の視座を授けてくれることへとつながってくる。それは、単に過去がそうであったというのではなく、現代においても、また、いつでも、グローバリゼーションとその諸問題を認識できる可能性が「仏教」の研究には備わっていることを示唆している。

第三は、このような「仏教」のグローバリゼーションには、発祥をめぐる執拗な中心意識に拘束された現在史が存在しない。もちろん、「仏教」はインド亜大陸で生まれたが、皮肉なことに、インドは現在、「仏教」国ではない。逆に、「仏教」はアジア大陸に広く流伝し、今や、欧米にも及んでいる。したがって、いかなる民族も社会も国家も、自らが「仏教」とその研究の基軸たり得ると誇示する資格をもたない。言い換えれば、数多の基軸が存在するのであり、その意味において「仏教」は自由なのである。

第四は、その「仏教」を通して、グローバリゼーションがなぜ起こり、どのように起こるのかを学ぶことができる。そもそも、インドで「仏教」が定着しなかったことは、逆の意味で示唆に富むが、一方では、なぜ広く流伝し得たのか。その要件はひとつではないが、少なくとも、既存の民族社会や国家にはみられない考え方や作法などが、むしろ逆に、多くの民族社会や国家に受け容れられる要因になったのではなかろうか。その意味では、「仏教」は、個の尊重と普遍の論理とのダイナミズムのもとで、非定着性に富み、空間的にも時間的にも流動的であることを恐れない。

第五は、このようなグローバリゼーションは、一方で抵抗や摩擦、そして矛盾を常にともなっている。「仏教」の流伝は、そのことを見事に物語ってくれるであろう。なぜなら、「仏教」に遭遇する人々、社会、国家にとって、それは異文明との出会いとなるからである。そこに激しい緊張関係が生じることになるが、融合への模索と知恵もはたらく。あるいは、自他にわたる文明の転換という事態も起こる。その過程を通じて、同じ「仏教」とは言え、それぞれの差異を生み出し、それぞれの社会編制や国家秩序、あるいは君主権構築の差異をもたらすことになる。しかし、その差異は、相互の断絶や没交渉の極限を回避して、共生の可能性をも秘めていると考えたい。

第六は、「仏教」のグローバリゼーションは、「東伝」「東漸」という用語で言い表わされることが多い。しかし、「仏教」は、むしろ諸方面に拡散し、あるいは逆流し、そして還流すると言ったほうが、より正確であろう。いわゆる流伝なのである。そのなかで、「東伝」「東漸」がひとつの幹線になることは間違いないが、たとえば、中国王朝に流伝した「仏教」は、単線的な「東伝」「東漸」の結果ではなく、加えて、さらに西方へと逆発信されることがある。しかし、だからと言って、中国王朝が「仏教」の中心であることにはならないのである。

第七は、上述したような「仏教」を、所与の仏教史や仏教学のみから理解することには限界がある。もちろん、これまで制度化されてきた方法としての仏教史や仏教学の存在は尊重に値するが、文字・言語の翻訳や書写、造形表現、世俗秩序、宗教の複合化その他の諸要件を含みこむ形で「仏教」は理解されるべきであろう。グローバリゼーションとは、まさに、このような理解の仕方を求めているはずであり、ここに、「仏教」は「仏教文明」として把握される理由がある。

以上のような趣旨を踏まえて刊行されたのが本書である。本書は、姉妹編の『仏教文明の転回と表現』と同時に刊行されるが、この二分冊は、二〇一一年度（平成二十三）から二〇一四年度（平成二十六）にわたる科学研究費助成事業（科学研究費補助金）基盤研究（A）「文明移動としての『仏教』からみた東アジアの差異と共生の研究」（研究代表者　新川登亀男）（課題番号　23242036）の成果として公刊される。また、この共同研究の研究分担者は、早稲田大学重点領域研究機構の東アジア「仏教」文明研究所（前所長　大橋一章。現所長　新川登亀男）の研究員からなる。しかし、本書からも明らかなように、さらに多くの研究協力者を得て遂行することができた。

この研究は、三つのプロジェクトからなる。各プロジェクトとその研究分担者を記せば、以下のとおりである。（一）「世間（世俗）秩序との交差」（略称：世間秩序プロジェクト）は、君主権・国家・社会および諸集団にわたる世俗秩序の構築と改編を促す「仏教」の研究。その分担者は、李成市、川尻秋生、そして新川登亀男が加わる（以上、歴史学）。（二）「造形と諸表現」（略称：表現プロジェクト）は、彫刻・絵画・建築、また文字・言語などの諸表現と思考形態に転回を迫る「仏教」の研究。その分担者は、大橋一章（美術史学）・大久保良峻（仏教学）・肥田路美（美術史学）・河野貴美子（和漢比較文学）、城倉正祥（考古学）。（三）「宗教としての複合化」（略称：複合宗教プロジェクト）は、既存の宗教・道徳・習俗・儀礼などとの複合化を推進する「仏教」の研究。その分担者は、工藤元男（歴史学）・高橋龍三郎（考古・人類学）・森由利亜（道教学）、の以上である。

三つのプロジェクトは、そもそも、「仏教文明」の主要な三要件に対応するものと考えている。しかし、この三要件は並列するのではなく、重なり合うものであるから、かの三つのプロジェクトも、そのような仕組みに留意しながら活動をつづけた。その基盤は定例研究会（基本的には年七回）にあり、この研究会は輪番報告と意見交換の貴重な場として機能し続けた。

本書は、上記三つのプロジェクトのうち、とくに（一）「世間秩序プロジェクト」と（三）「複合宗教プロジェクト」にかかわる成果を収めた。第一部「国家・社会と仏教」は、インド亜大陸、東南アジア（とくにベトナム）、中国雲南地域、朝鮮半島、日本列島の各歴史社会がどのような「仏教」に遭遇し、あるいは、いかにして固有の「仏教文明」を構築していったのかを考える。そのなかで、「仏教」流伝が民族社会や国家および君主権の自覚と再編を、そして差異を促したことが浮彫になろう。第二部「聖地の構築と人びとの移動」は、中国の旧太原に焦点をあてる。天龍山石窟・龍山石窟や晋陽が営まれた当該地域は華北の要衝であり、北朝の歴史舞台であるとともに唐が興ったところとしても知られている。人びとにとって境界と越境が交差する、この要衝の地で育まれた「仏教」を多方面から照らし出す。

これに続く第三部「守護と対敵」は、「仏教」のきわめて実践的な性格を抉り出す。つまり、「仏教」には、人々の社会生活や国家を護る側面と、他者を追放、排除する側面とが同時に備わっていることを明らかにし、この逆説的な両義性のもとで様々な「仏教」的偶像や作法が創り出されていくことを例示する。第四部「信仰と習俗の複合化」は、「仏教」が各種の信仰、習俗、儀礼、知識、倫理などとの関係において、いかなる位相にあるのか。また、それらとの接触や融合によって、どのような関係を切り結び、「仏教」そのものをいかに変えていくのかを逆照射していく。

このような構成をもつ本書には、研究分担者のほかに、数多の研究協力者の論稿が含まれている。この研究協力なくして、本共同研究は成り立たなかったと言っても過言ではない。そこで、最後に、これら研究協力者の方々と、この共同研究との結び付きを簡略に紹介しておきたい。

第一部の古井龍介氏は、インド・東南アジアの歴史社会と「仏教」に関する統一テーマのもとで開催された特別研究集会（早稲田大学　二〇一三年六月二十六日）にて「南アジア史の中の仏教――その文脈と位置づけ――」を報告された。ファム・レ・フイ氏は、特別研究集会「ベトナム出土の隋仁寿舎利塔銘」（早稲田大学　二〇一四年七月十八日）にて「新発見の仁寿元年の交州舎利塔銘について」を報告された。侯沖、南東信の各氏は、国際シンポジウム「『仏教』は、なぜ東漸したのか」（早稲田大学　二〇一二年十二月二十二日）にて、それぞれ「梵を宗として漢を識る――仏教は何故東漸することができたかに関する一視点――」、「国王と仏教の関係――高麗時代を中心として――」を報告された。

第二部は、二〇一二年九月十一日から十六日の間、中国西安・太原（旧太原）における共同調査を基盤にしている。とくに、太原の天龍山石窟・龍山石窟の地で十五日、これらの石窟調査を踏まえた日中間での学術交換会が当地の研究所で開かれた。時あたかも、中国での激しい反日運動が巻き起こった最中のことである。第二部の各論稿は、この時の報告や意見交換をもとにしたものである。このうち、葛継勇氏は、当時、早稲田大学への訪問学者として参加され、森美智代氏は、共同研究の庶務を担当されていた。その後、石見清裕氏から地政学的な補強報告を得ることができた。それは、特別研究会（早稲田大学　二〇一三年七月三十一日）における「山西・太原の自然・交通・地政学的位置――南北朝・隋・唐期を中心に――」と題した報告である。

第三部の全論稿は、シンポジウム「対敵と仏法」（早稲田大学　二〇一三年九月二十八日）における研究協力者の報告にもとづくものである。当時、大島幸代氏は「退敵の毘沙門天像と土地の霊験説話

――唐後半期における像への眼差しの変遷――」、長岡龍作氏は『「対敵」の精神と仏像の役割――古代日本の事例に着目して――」、三上喜孝氏は「古代の境界世界における対敵と仏法」、長坂一郎氏は「羽黒権現・軍荼利明王の成立について――行者守護から異敵調伏へ――」、黒田智氏は「勝軍地蔵の八〇〇年」をそれぞれ報告された。

第四部の細井浩志氏は、シンポジウム「中国占い文化の日本的展開」（早稲田大学　二〇一三年一月二十六日）において総括的なコメントをされた。山口えり氏は、現在、共同研究の庶務を担当されている。

本書は、このような背景のもとに上梓された共同研究の成果である。姉妹編の『仏教文明の転回と表現』とともに、人文学と現在史にいささかなりとも貢献できれば幸いである。いわんや、「仏教文明」を考える方法としての百科全書的な役割が少しでも果たせれば、これに勝る幸せはない。加えて、さらなる教唆を広く得たいと願うものである。

二〇一五年二月

新川登亀男

目次

第四部　信仰と習俗の複合化

第一部　国家・社会と仏教

インド亜大陸の社会と仏教

古井龍介

はじめに

前近代日本におけるインド認識は、様々な変遷にもかかわらず、常に仏教を中心とするものであった。[1] この認識自体は、東アジアで隆盛した仏教を受容して伝統の一部とする一方、それ以外の南アジア文化と接触する機会をほとんど持たなかった日本の歴史に鑑みれば仕方がないことではあるが、西洋インド学によるインド哲学の真髄としての仏教の「発見」の影響もあり、それが近代以降にも持ち越され、現在に至るまで影響を残している点については注意が必要である。本論では、このような認識の相対化も意図しつつ、インド亜大陸の歴史における仏教の位置を捉え直すことを試みる。

一　インド亜大陸における歴史展開――概観

現在のインド、パキスタン、バングラデシュ、ネパールなどの領域に相当するインド亜大陸は、広大であるのみならず、ヒマラヤ山脈の高山からベンガルのデルタ、西インドの砂漠から東・中央インドの森林を含む多様な環境を内包している。(2)その環境的多様性に適応し、同地域には現在もなお、都市商工業・定住農耕から牧畜・移動農耕・狩猟採集に至る様々な生業に従事し、異なる文化レベルに属する社会集団が共時的に存在している。(3)

これら様々な社会集団の交錯・相互作用が見られた亜大陸において、歴史変化の基層を成したのは、定住農耕と国家社会の拡大であった。定住農耕の確立による生産力の増大は、剰余の生産と富の集中により階層化・職業分化の進む複雑な社会と、それを支配・統制する国家機構の形成を促した。随伴する人口の増大は両者の地理的拡大をもたらしたが、それは、開発による森林の蚕食と、森林住民の下層民としての定住農耕社会への編入や、部族首長の王権への成長による二次的国家形成の過程であった。複雑な地形により分断・接続されたインド亜大陸各地では、中心から周縁へ、さらにまたその周縁へと、これらの過程が長期にわたり、様々な形で繰り返された。その中で形成されたイデオロギーと制度的モデルが共有・反復されることにより、亜大陸を横断する文化要素も形成されたが、その一方で、多様な環境・社会条件により、一定の政治的・文化的一体性を有する諸地域とその地域伝統が、各地に形成されていった。(4)このような歴史変化の中、支配的宗教権威として自らを確立していったブラーフマナ（バラモン）層による吸収・再定義を軸として、女神信仰など様々な在地宗教慣習が集積され、現在ヒンドゥイズムとして知られる信仰体系が形成されていった。(5)加えて、北西部を主な経路とする諸文化との接触は、亜大陸で形成された文化を他地域に伝播させるとともに、亜大陸内に様々な影響を及ぼした。

仏教が誕生し、発展したインド亜大陸の歴史展開は、以上のよう概観される。次節ではまず、前後の歴史変化、社会状況を述べた上で、仏教登場の歴史的文脈とその位置を考察する。

二　仏教の登場――背景とその位置

前一五〇〇年頃にインド亜大陸に進入してパンジャーブ地方に定着したインド・アーリヤ人は、(6)前一〇〇〇年頃にヤムナー・ガンジス両河地域（ドーアーブ）へと進出して居住領域を拡大し、前千年紀前半には、さらにガンジス川中流域のヒマラヤ山麓丘陵地帯への移住と開発を進めた。先住農耕民との接触により、その頃までに彼らの主な生業は牧畜から農耕へと移っていた。農耕による生産力の増大は富の集積と差異をもたらし、比較的平等だった部族社会に階層差をもたらした。階層差は、前時代に現れた戦士集団ラージャニヤ、主要な生産者である部族構成員ヴィシュ、首長に仕える祭官達という部族内諸身分をもとに、祭官層ブラーフマナ、支配者層クシャトリヤ、生産者層ヴァイシャ、そしてこれら三者に奉仕する従属層シュードラの四階層に構成員を区分する、四ヴァルナの枠組として理念化された。また、部族首長は、集積された富により、多くのブラーフマナらが参加する大規模なシュラウタ祭式、特に灌頂即位式や馬供犠祭（アシュヴァメーダ）を催して自らの権威を強化し、他の部族構成員とは区別された王権へと成長した。儀礼による王権の正当化は、王とブラーフマナの相互依存関係をもたらした。また、ブラーフマナらによる儀礼の精緻化と専門化に伴い、祭式を万能とする祭式至上主義の立場を取るブラフマニズムが発達した。

王権の確立と階層化された社会の形成は、「部族が足を置いた場所」を意味するジャナパダと呼ばれる、一定の領域概念を持つ政体を生んだが、部族的な機構の残存と儀礼による剰余の大量消費は、それらが国家へと成長することを妨げた(7)。

前一〇〇〇年紀半ばには、鉄器の生産活動への本格的使用に伴い、森林と湿地に覆われたガンジス川中流域の開発が進んだ。肥沃な土壌と豊富な水資源に基づく、米作を中心とする定住農耕の発展は、多大な剰余をもたらした。剰余の増大は、それを集積・再分配する王権および首長層の権力を強化するとともに、階層化され、様々な手工業者を含む広範な交換関係が結ばれる、より複雑な社会をもたらした。社会の複雑化は、各集団間の関係を調整し、それらを支配する機構としての国家の形成と、政治権力や手工業生産、交換の中心である都市の出現をうながした。また、交換を媒介する貨幣の使用も始まった。

この時代、北インド各地に、ガナ・サンガと呼ばれるプロト国家と、王国が勃興した。ガナ・サンガは、クシャトリヤ身分を称する氏族有力者の合議による寡頭制政体であり、各氏族構成員が共有地の割り当てを受け、ダーサ・カルマカラと呼ばれる従属層の労働力を動員してそれらを耕作していた。ブッダが生まれたシャーキャも、ガナ・サンガの一つであった。もう一方の王国は、世襲の王を頂点として官僚機構と常備軍を備え、都市と村落の住民を支配して徴税を行っていた。これら諸政体のうちの有力なものが、初期仏教経典などに言及される十六大国（マハージャナパダ）である。それらが抗争する中、ガンジス川中流域の王国、特に現在のビハール南部に興ったマガダが台頭し、近隣の王国やガナ・サンガを征服・圧倒する趨勢となった。

ガナ・サンガ構成氏族や王族のクシャトリヤ身分への主張にも見られるように、ガンジス川中流域の諸勢力の台頭には、ドーアーブからの政治的中心の遷移とともに、ブラフマニズムや四ヴァルナに基づく社会観の伝播が伴った。しかしこの地域には、樹木などに宿る半神ヤクシャ／ヤクシーやナーガ（蛇）、それらが宿る聖域チャイティヤの信仰や、盛土による死者の埋葬など、ブラフマニズムとは異なる独特の文化が発達していた。また、分業の進展とさらなる先住民の吸収による社会集団の増大は、四ヴァルナの枠組と矛盾を生じ、新たな支配層の台頭や都市商工業者による富の集積は、前の時代にドーアーブで形成されたものとは異なる階層関係や権力関係をもたらした(8)。

このような社会状況およびブラフマニズムとガンジス川中流域の土着文化との接触は、新たな思想潮流が生じる土壌となった。そこでは、ブラフマニズムの祭式至上主義を疑問視、批判あるいは否定する一方で、宇宙や人間の存在を考究する傾向が共通して見られた。また、思惟を深めるための宗教実践として、森林での居住や出家修行が行われるようになった。ブラフマニズムの内部においては、この動向は後にアーラニヤカやウパニシャッドと呼ばれる文献群として編纂される、様々な思想家の言説・議論として現れた。それに対してガンジス川中流域では、仏教経典が六十二見と呼ぶ様々な思想が興起した。その有力なものは、六師外道として取り上げられている。ブッダを含めた新たな思想の論者たちは、都市を舞台に論争を繰り広げたが、そこには、階層分化と都市化という新たな状況を経験しつつあった社会の要望に応えるべく、唯物論・運命論から因果論に至る、行動の原因と結果についての深い洞察が見られた(9)。

新たな思潮の中で特に人々の支持を集めて一教派をなし、後の時代にも影響を及ぼしたのが、アージーヴィカ教、ジャイナ教、そして仏教である。これらの三教派はいずれも出家修行を宗教実践の中心に置くシュラマナ的伝統に属し、出家修行者（シュラマナ）の集団（サンガ）を在家信者が物質的に支えるという組織原理を採用していた。思想の面では、生が繰り返される輪廻と、行いには来世に及ぶ結果が伴うという業の存在を認め、出家修行による輪廻からの解脱を目指す点で共通していたが、その解釈には相異があった。修行者に厳しい苦行を求めるアージーヴィカ教とジャイナ教に対して、仏教は中庸の、正しい行い（八正道）の実践を唱えた。行いの結果生じる過去・現在・未来の業を苦行によって消滅させることを目指すジャイナ教に対し、アージーヴィカ教は行いの結果はすでに決まっているという運命論の立場を取り、仏教は行いを惹起する意思を重視し、思索を通してその原因を自覚し、停止することを求めた。(10)

仏教はアージーヴィカ教やジャイナ教と競合しつつ、ガンジス川中流域の諸都市を中心に信者を獲得していった。その主な援助者となったのはマガダやコーサラといった新興王国の王族や諸都市の商工業者などであったが、仏教は、ブラフマニズムの社会観ではクシャトリヤとしての正統性が疑われる、あるいは都市住民として低く見られる彼らに高い社会的地位を認めるとともに、在家信者としての倫理的指針を与えた。また、ガナ・サンガの組織原理に基づいて男女修行者（ビクシュ／ビクシュニー）の共同体であるサンガが構成・運営され、ヤクシャ／ヤクシーやナーガが教派の守護者とされ、ブッダの遺骨が納められた墳丘が仏塔（ストゥーパ）として崇拝されるなど、様々な土着要素がその信仰体系に取り入れられた。

以上のような社会変化・思想潮流を背景として登場した仏教は、ブッダの死後、さらに発展してその影響を地理的に広げるとともに、教団としての組織化を進めた。その過程に大きな影響を及ぼしたのは、各地に勃興した世俗権力との関係であった。

三　仏教の発展と拡大――世俗権力との関係

前六世紀半ばに台頭したマガダは、前五世紀前半に、その勢力をガンジス川中流域全体に広げた。前四世紀半ばにマガダの王位を簒奪したナンダ朝は、下賤の生まれとされながらも強力な国家を打ち立てて、ドーアーブを含むガンジス川流域全体を征服・支配した。このナンダ朝を打倒したチャンドラグプタ（前三二一頃～前二九七頃）により創始されたのが、マウリヤ朝（前三二一頃～前一八一頃）である。パータリプトラを都とするマウリヤ朝は、アショーカに至る三代の王達の下で西はアフガニスタン南半から東はベンガル北部、南はデカンに至る広大な領域を支配するようになった。(11) 中央国家が周縁領域の資源を搾取する帝国として、その領域には様々な社会集団が含まれており、支配の在り方も一様ではなかった。(12) 中央国家であるマガダとその周辺では、王とその官僚機構の下、比較的集権的な支配が行われた。すでに国家形成を経験していた、あるいは初期国家の形成途上であった核地域については、それぞれの中心都市に王子が太守として派遣され、その下に置かれた官僚機構と軍隊により統治が行われた。北西部には、六世紀後半にアケメネス朝の属州となった際に定着したペルシア人や、前三二六年にアレクサンドロス大王の東征に従って侵入したギリシア人が居住しており、西方からの文化流入の経路となった。一方、周縁地域であるデカンにも太守が派遣されたが、この地域および隣接する南インド諸地域では、巨石文化を特徴とする部族社会が、首長の下で牧畜・移動農耕を営みつつ定住化を進めていた。(13) マウリヤ朝は一部の都市のみを拠点として支配しつつ、土着の首長層との交渉により、金や鉄鉱石などの資源を獲得していた。(14) 以上に加え、領域内の森林・山岳には林住族（アータヴィカ）と呼ばれる狩猟採集民が居住しており、(15) 西部および北西部にはガナ・サンガも継続して存在していた。(16)

マウリヤ朝の支配は、交易路の整備によって各地域を結ぶとともに、周縁における国家形成と農業拡大に刺激を与えた。また、その支配下でブラフマニズム、仏教やその他の北インド文化が南インドに伝わったが、ブラーフマナや仏教のビクシュ（比丘）らはその触媒としての役割を果たした。

マウリヤ朝の王として最も名高いのが、カリンガを征服して最大版図と最盛期をもたらした第三代のアショーカ（前二六八頃〜前二三二頃）である。彼は『アショーカーヴァダーナ（阿育王伝）』を初めとする後世の仏教文献において、理想的な仏教保護者として伝説化されている。(17) アショーカが熱心な仏教徒であったことは、彼が残した多くの碑文のうち、小石柱碑・小磨崖碑と呼ばれる碑文群から明らかである。それらには、アショーカが仏教の熱心な在家信者となった経緯や、仏跡巡行についての記述が刻まれている。また、ルンビニーにブッダの生誕地を示す石を建て、この地からの租税を軽減した勅令や、サーンチー、カウシャーンビー、サールナートの仏教サンガについて、サンガ分裂を企てる修行者の追放を規定した勅令も、それぞれの地に残された碑文に記されている。これらはアショーカによる仏教保護および教団への介入を示すものである。(18)

しかし、彼の残した他の碑文からは、仏教徒・仏教保護者に限られない、彼の諸宗派との関係が読み取られる。まず、アショーカの保護がアージーヴィカ教にも及んだことは、アショーカとその孫により同宗派の修行者に施与されたバラーバル石窟およびナーガールジュニー石窟と、その入口に刻まれた碑文に示されている。(19)

アショーカの立場がより明らかになるのは、亜大陸各地に石柱碑・磨崖碑として刻まれ、理想とするダルマ（法／規範）に基づく政治・生活を臣民に説いた、いわゆる法勅である。法勅においてアショーカは、（一）不殺生（二）正しい人間関係（父母への従順や友人・親族への施与と礼譲、目上の者への尊敬と目下の者の正しい取扱い、宗教者への礼譲など）（三）自省とすべての宗教者の相互の尊重、といった普遍的な倫理をダルマとして定義し、これらの実践を人民に求めている。また、ダルマの実践と宣布を王の義務として、自ら政務への精励、武力征服の放棄と屠殺抑制による不殺生、すべての宗派の尊重、巡行や使者によるダルマの喧伝を行うことを宣言し、官吏にも公正な統治とダルマの普及を命じている。このダルマは、しばしば仏教に基づくものと解釈されてきた。不殺生や自省などには確かに仏教の影響が認められるが、これらは当時様々な宗派により共有された、普遍的な倫理である。このようなダルマは、階層化により社会が複雑化する一方で、多様な社会集団を内包し、広大な領土を持つに至った帝国を統合する理念として、必要とされたのであろう[20]。

以上のようなダルマの内容に明らかなように、王の保護はすべての宗派に及ぶものとされた。王自身の信仰にかかわらず、仏教もその一つであったにすぎない。しかし、アショーカによる保護が仏教の発展に大いに寄与したことも事実である。サーンチーのように、ブッダの生涯と関係のなかった地に仏教サンガが栄えたのは、アショーカによる仏塔建立によるものである[21]。だからこそ、後世の仏教教団によって彼の下での仏典結集や八万四千の仏塔建立などの伝説が作られ、また、理想の帝王として構想された転輪聖王（チャクラヴァルティン）に、マウリヤ朝の支配やアショーカの影響が認められるのだろう[22]。

アショーカの死後、マウリヤ朝が急速に衰退し、その後継諸王朝の領域が縮小していくと、マウリヤ朝の影響下にあった周縁各地で地方政治権力が成長し、国家形成が進行した。また、亜大陸北西部からはバクトリアのギリシア人勢力、ついで中央アジアを起源とする遊牧諸民族が相次いで進入し、西インドおよび北西インドに勢力を築いた。仏教はこれらの世俗権力の保護を得て、様々な部派に分派しつつ発展し、僧院（ヴィハーラ）の成立に見られるような組織化を果たしていった。その焦点となったのは、デカンから亜大陸西海岸に至る地域と、北西部のガンダーラからマトゥラーに至る地域である。

前者の地域のうち、デカンでは西部のゴーダーヴァリー川上流域にサータヴァーハナ朝（前一世紀〜後三世紀）が興り、東部のアーンドラ地方を含むデカンの大部分を支配した。この王朝の王達は、ヴェーダ祭式を催行するとともに四ヴァルナ・四住期の社会秩序を維持したことを主張するなど[23]、ブラフマニズムの価値観を積極的に受容し、また自らをブラーフマナと称している。一方、西インドでは、バクトリアのギリシア人勢力を圧迫しつつ中央アジアから亜大陸北西部へと進入した、スキタイ系遊牧民シャカ族のクシャトラパ（太守）が、後述のクシャーナ朝に臣従しつつ自立した政治権力として成長し、西クシャトラパ朝（前一世紀～後五世紀初）と呼ばれる勢力を築いて、グジャラートからデカン北西部に至る地域を支配した。ルドラダーマン王のジュナーガル碑文（後一五〇）に見られるように、この王朝の王達はサンスクリットの詩文で自己の功績を表現し、四ヴァルナ・四住期の秩序維持を誇るなど、土着化し、ブラフマニズムの価値に合致する王権として自己を位置づけていた。両王朝は、中央インドのマールワーや亜大陸西海岸、デカン北西部の支配を巡って抗争を繰り広げた(24)。

この時代には、最盛期を迎えた対ローマ交易により商業経済が発達し、亜大陸西海岸には貿易港が栄え、それらとデカンの後背地とを結ぶ通商路も形成されていた。仏教サンガは両王朝の王や王族に加え、交易により富を集積した都市商工業者の保護も受けて隆盛した。それを示すのが、デカンおよび亜大陸西海岸各地に開鑿された石窟僧院である。これらは、仏塔のある礼拝所と修行者の居住する僧院を備えており、残された碑文からは、王族や商工業者による寄進が石窟やその建築要素のみならず、土地や金銭にも及んでいたことが判明する。そこからうかがわれるのは、土地などからの収入によって維持される、サンガの恒常的な居住地としての僧院の発達である。金銭については、寄進された金銭を商工業者に貸与し、その利子により、元金を減ずることなく一定数の修行者の食事や燈明の油などの必要物を永久に賄う、アクシャヤ・ニーヴィー（不滅の元本）と呼ばれる慣習も見られるようになった(25)。ここには、仏教サンガと都市商工業者との密接な関係がうかがわれるが、この時代の石窟僧院が都市の近郊、あるいはデカン各地と亜大陸西海岸諸港を結ぶ交易ルート上に点在していることは、このことを裏付けている(26)。

亜大陸北西部では、中央アジアでシャカ族を駆逐した大月氏の一派で、バクトリアに王朝を建てたクシャーナ朝（後一世紀半～三世紀前半）が、後一世紀半ばにカーブルとガンダーラを征服し、さらにインダス流域、マトゥラーへと勢力を拡大していた。カニシュカ一世（一二七頃～一五〇頃）の代にはガンジス流域の都市にまで影響を及ぼすに至り、ここに中央アジアから北インドにわたる広大な領土を支配する王国が成立した。(27) 中国と地中海世界との交易路を支配したクシャーナ朝の下では、様々な文化の交流が見られ、仏教を含む南アジアの文化にも、他文化、特にヘレニズム以来の西方文化からの影響が及んだ。

仏教の変化としてまず挙げられるのは、仏像の誕生である。アショーカによる仏塔建立以降、亜大陸各地に仏塔が建立され、石窟僧院が開鑿された。それらでは、ブッダの生涯・前世に関わる様々な場面がレリーフとして描かれ、塔門や欄楯、列柱を飾ったが、中央インドのバールフートとサーンチーの仏塔、東インド、ボードガヤーの欄楯、デカンのアマラーヴァティーとナーガールジュナコンダの石窟などに見られる初期の例には、ブッダを人物像として描かず、足跡、座、傘蓋、法輪、菩提樹などでその存在を示す慣習が共通して認められた。これに対し、クシャーナ朝支配の及んだガンダーラとマトゥラーでは、後一世紀よりブッダが人物像として描かれるようになり、さらにブッダおよび将来のブッダであるボーディサットヴァ（菩薩）が独立の像として造られるようになった。ガンダーラ美術にヘレニズム以降のギリシア・ローマ美術の影響が色濃いのに対して、マトゥラー美術はマウリヤ期以来の土着様式からの発展が認められるなど、両地域ではそれぞれ独特の美術様式が発達した。どちらで最初に仏像が造られ始めたかについては未だに議論が分かれるが、この造形上の飛躍に、神格を人物像に象って崇拝する、西方文化の影響があったことは確かである。(28)

一方、思想上の変化として挙げられるのが、後にマハーヤーナ（大乗仏教）として体系化される思潮と、それに関わる文献群の登場である。初期仏教とそこから発展した諸部派が出家修行者個人の解脱に重点を置いて教義を論じ、宗教実践とサンガの規則を定めていたのに対し、この時代に、在家信者を含めたすべての生類の救済を指向して、ボーディサットヴァとしての利他的行いを重視する思想傾向が現れた。その中で新たな経典がブッダの言葉として作成され、アヴァローキテーシュヴァラ（観音）やマイトレーヤ（弥勒）などのボーディサットヴァや、アミターバ（阿弥陀）などの複数のブッダが、救済者として創造された。近年、この新たな思想が単一の伝統として形成されたのではなく、むしろ経典形成運動などの多様な現象として存在し、それらが後代にマハーヤーナとして認識され、その範疇に加えられたことが論じられているが[29]、浄土やアミターバ、マイトレーヤの信仰など、この思想の核をなす要素には、西アジアの楽園思想やメシア信仰の影響が認められる[30]。

このような仏教の発展に寄与したのは、クシャーナ朝やそれ以前にこの地域を支配した王達の保護と、その下で栄えた東西交易によりもたらされた西方文化であった。カニシュカ一世は北伝仏教経典において理想的な仏教保護者として表象され、彼の下で第四次仏典結集が行われたとする伝説も作られている。しかし、彼をはじめとするクシャーナ朝の王達の信仰は、様々な文化の神々に及んでいた。アフガニスタンのラバタク碑文やマトゥラーのマート遺跡から判明するように、彼らは「神の家」を建ててナーナー女神などイラン系の神々を祀るとともに、代々の王達の像もそこに奉じてその神格化を図っていた[31]。また、彼らの貨幣にはイラン系の神々とともに、ヘラクレスなどのギリシア系の神々やオエショ（ヴァーユ／シヴァ）やスカンダなどのインド系の神々も描かれている。カニシュカ一世の貨幣にはブッダを描いたものがあり、彼の仏教信仰を裏付けるが、前述のラバタク碑文や貨幣からは、彼も他の王と同様にイラン系やインド系の様々な神々を信仰していたことがわかる[32]。

以上のようなマウリヤ朝以降の北インドおよびデカンの歴史からは、仏教が、世俗権力および商工業者の保護と援助の下で亜大陸各地に影響を広げ、恒常的な僧院を拠点とする教団としての組織化を果たしてきたことが読み取られる。しかし、前述の例に明らかなように、王権の保護は複数の宗派に同時に及んでおり、仏教はあくまでもその一つに過ぎなかった。また、マウリヤ朝後のほぼすべての王権により、ヴェーダ祭式と四ヴァルナ・四住期の秩序に代表されるブラフマニカルな価値観・社会観が受容され、支配正統化の重要な基盤となっていた。教団としての組織化と恒久的な僧院の形成は、オリッサのブバネーシュワル近郊のウダヤギリ・カンダギリに開鑿されたジャイナ教の石窟僧院に明らかなように、他宗派にも共通して見られる現象であった。(33)

仏教の変化としてもう一つ加えられるのが、経典のサンスクリット化である。ブラフマニズムの宗教文献においては排他的にサンスクリット語が用いられていたが、初期の仏教経典には、ブッダが自身の教えを各地域の言語で伝えるよう教示したとの記述がある。それを裏付けるように、初期経典は後にパーリ語として知られるようになるプラークリット語の一つによって伝えられている。(34)しかし、一世紀から三世紀にサンスクリット語が使用される分野が拡大するに従い、碑文や仏教経典において、プラークリット語の特徴を持つハイブリッドなサンスクリット語が用いられるようになり、(35)四世紀以降は、ほぼ正確なサンスクリット語の使用が一般化した。これは、王権正統化などの政治的主張がサンスクリットの詩文のみで行われるようになり、それが南アジアのみならず、アフガニスタンから東南アジアに及ぶ諸地域で共有された、当時の南アジア全体の傾向に沿うものであった。(36)

以上のように発展した仏教は、続く時代に見られたブラフマニズムの変容に伴い、さらなる質的変化を経験することになる。

四　ブラフマニズムの展開と仏教の変化――タントラ仏教へ

後三世紀にクシャーナ朝が衰退し、その勢力が後退すると、各地に独立の勢力が割拠した。それらのうち、ビハール中南部のマガダに興ったグプタ朝（三一九頃～五五〇頃）は、三代にわたる婚姻同盟と征服事業の結果、「大王達の王」として君臨し、チャンドラグプタ二世（三八〇頃～四一五頃）の代には、北インドを統一する王朝となった。グプタ朝支配下では辺境への農業拡大が進展するとともに、その統治システムや王権正統化の論理を模倣した在地従属王権が各地で成長した。(37)

民族主義的歴史叙述において、グプタ朝はしばしば、外来民族王朝の支配を打破してヒンドゥイズム復興をもたらした土着王朝とみなされ、その治世は「インドの黄金時代」と評価されてきた。(38)近代になって使用されるようになったヒンドゥイズムの語と、そこに含意される単一の宗教アイデンティティーをこの時期のブラフマニズムに適用・投影することの時代錯誤に加え、(39)前節に述べたようにブラフマニズムの社会観や祭式、神格が、前の時代にも外来王朝を含む世俗権力により一貫して受容されていたことを考えれば、このような評価の不適切さは明らかである。しかし一方で、ブラフマニズムに質的変化が生じ、その再編成が試みられたことも事実である。この時代までに、寺院に安置した神像への奉仕による特定神格の崇拝（プージャー）が主要な信仰形態となり、また、ヴィシュヌあるいはシヴァとしての最高神への個人的な帰依が重要となった。この時代にはさらに、活発化したブラーフマナらの辺境への移住および在地社会集団の包含による地理的・社会的拡大と、それに伴う在地文化要素の吸収を通してブラフマニズムが変容し、ヴィシュヌ派やシヴァ派などの宗派ごとに再編成が進められ、各宗派の立場から、神話や伝承、宇宙論や社会慣習など様々な内容を集成したプラーナと呼ばれる諸文献も編纂されるようになった。(40)

ブラフマニズムに生じた質的変化は、王権との関係にも変化をもたらした。グプタ朝の王達は、馬供犠祭を主題としたサムドラグプタ（三五〇頃〜三七五頃）やクマーラグプタ一世（四一五頃〜四五五頃）の金貨に見られるように[41]、前時代から続くヴェーダ祭式を挙行する一方で、「バガヴァットの熱心な崇拝者」を称号とし、乗騎であるガルダ鳥を王家の紋章にするなど、王個人・家系としてヴィシュヌ神を信仰していた。ブラーフマナに対しては、この時代から土地および村落からの税収の施与が、銅板に刻まれた寄進文書（銅板文書）の発行を伴って盛んに行われるようになった。特に辺境では、農業拡大および国家形成と連動して、新たに土地を施与されたブラーフマナの移住が進展し、上述のブラフマニズムの拡大と変容の触媒となった。その一方で、グプタ朝の王達の保護は仏教を含む様々な宗派にも及んだ。サーンチー第一仏塔の欄楯には、現地の仏教サンガにチャンドラグプタ二世の家臣が金銭などを寄進し、王もその果報に与ったことが記されている[42]。また、クマーラグプタ二世およびブダグプタの治世に言及するサールナートの仏像銘からも分かるように[43]、グプタ朝支配下でも仏教は栄えていた。このように、特定の神格に対する王個人・家系としての帰依にかかわらず、ブラーフマナへの保護とブラフマニズムの社会観の保持や、他宗派への保護は、一貫して世俗権力な基本的な態度であり続けた。

世俗権力と宗教との関係のより顕著な例として挙げられるのが、プシュパブーティ朝（六世紀後半〜七世紀半）である。グプタ朝衰退後、北インドで様々な王権が台頭する中、西北インドのターネーサルに地方勢力として興ったこの王朝は、ハルシャヴァルダナ（六〇六頃〜六四七頃）の時代に、カナウジを都として北インド各地の従属王権の上に君臨する一大勢力となった[44]。プシュパブーティ朝の王達の系譜は、ハルシャヴァルダナの銅板文書や粘土印章に残されているが、それによると彼の曾祖父から父プラバーカラヴァルダナに至る王達が「熱心な太陽神帰依者」であったのに対し、兄ラージュヤヴァルダナ二世は「熱心なスガタ（＝ブッダ）崇拝者」、自身は

「熱心なマヘーシュヴァラ（＝シヴァ）崇拝者」であった[45]。このように、王個人が崇拝する神格は同一家系内で異なることもありえたが、ハルシャの銅板文書に見られるように、ブラーフマナへの寄進はそれとかかわらず行われた[46]。また、ハルシャによる仏教の保護は、彼がプラヤーガで五年に一度催した無遮大会およびナーランダーに建立していた僧院についての玄奘の記述や[47]、ナーランダーから発見された彼の粘土印章から明らかである[48]。

この時代の仏教は、アヴァローキテーシュヴァラを中心とするアジャンター石窟の壁画やナーランダーの仏像の主題に明らかなように[49]、マハーヤーナを主流としていた。多くの僧院の集合であるナーランダー大僧院の興隆に見られるように、仏教サンガは世俗権力の保護の下、その組織化をさらに進めていた。六世紀以降は多くの寄進地を経営する領主としての性格が強まり、七世紀後半に東インドを訪れた義浄によれば、ナーランダー大僧院には二〇一か村が属していた[50]。別の僧院に関する彼の記述によれば、サンガはこれらの土地を農民に小作に出し、収穫を折半していたが、修行者自身が経営に携わることもあった[51]。

仏教サンガが領主としての性格を強める六、七世紀に、新たな傾向として現れて来たのがタントラ仏教（密教）である。この伝統においては、修行により呪力や解脱を得ることが目指され、グル（師）を介した入門式、マンダラ（円陣）に配された諸ブッダ集団の観想、ムドラー（手印）、マントラ（真言）の詠唱、女神、性的要素を含む儀礼が宗教実践の重要な要素であった[52]。

タントリズムは仏教に限らず、五世紀以降の南アジアの宗教伝統において広範に見られた現象である。タントラ的要素や実践はそれ以前の時代から伏流として存在しており、火葬場での、死体に宿るヴェーターラ（屍鬼）との儀式による呪力の獲得や彼らの使役など、後にタントリズムに包含される要素が説話文学に描かれている[53]。タントラ的要素を体系化・理論化する試みは、まずシヴァ派の修行者集団によって五世紀頃に始められ、九世紀以降にはカシュミールを中心に理論の精緻化と様々な流派の形成が進んだ。(54) タントリズムが発達した背景には、前述のように定住農耕社会が拡大する中で非農業民を含む周縁の社会集団との接触が増え、女神信仰など彼らの慣習がブラフマニズムに包含されたことが挙げられる。(55) また、各地域に勢力を確立した王権が在地従属王権・領主層に宗主権を及ぼすという、七世紀以降に発達した新たな政治体制は、このような秩序を正統化するモデルとして諸神格のマンダラを提示し、互いに争いあう諸政治権力に呪的な力を与えるタントラへの需要をもたらした。(56)

タントラを採用した仏教は、諸ブッダとそれに属するボーディサットヴァ、それらの配偶者たる女神で構成される神格の体系を築き、(57) またシヴァ派の儀礼体系を模倣・適用して独自の儀礼体系を構築し、それにマハーヤーナの教義に基づく解釈を与えた。(58) また、それらを発展させてシヴァ派を始めとする他宗派と競合する中で、太陽神スーリヤの形象をほぼそのまま取り入れた女神マーリーチーや、象頭神ガネーシャを踏みつけて平手打ちする女神アパラージターに見られるように、ブラフマニズムの神格を吸収し、またそれらに対する自宗派の神格の優位を主張した。(59)

タントラ仏教は八〜十二世紀に南アジアでの最盛期を迎えた。特に東インドでは諸王朝の保護を受け、著名大僧院が隆盛した。ビハールと北・西ベンガルを支配したパーラ朝（八世紀半〜十二世紀）の下では、ナーランダー大僧院が発展したのに加え、ソーマプラやヴィクラマシーラなど、新たな大僧院が王により創建された。(60) また、東ベンガルではデーヴァ朝（八〜九世紀）とチャンドラ朝（九〜十一世紀）の下で、マイナマティーに数々の仏塔や僧院が建立された。(61) これらの王朝の王達は代々「最高のスガタ（＝ブッダ）崇拝者」を称し、ダルマチャクラ（法輪）を紋章とするなど、家系として仏教に帰依していた。しかし、パーラ朝およびチャンドラ朝の銅板文書の大半は、ブラーフマナへの村落からの収入の施与を記録したものである。彼らは除災など王権を助ける儀礼の奉仕者あるいは村落での秩序維持者として、王権の保護を受けた。(62) また、王権の保護は他宗派にも及んだ。パーラ朝の王達はシヴァ派の寺院を建立し、修行者を王師として迎えている[63]。チャンドラ朝末期の王、ラダハチャンドラとゴーヴィンダチャンドラは、仏教徒を公称しつつ、マイナマティーにヴィシュヌとシヴァの神殿を建立し、土地を寄進している[64]。このように、仏教に帰依した東インドの諸王朝は、仏教を含む様々な宗派を保護し、自らの正統化を図ったが、次第にブラフマニズムへと傾斜していき、十二世紀には特にその傾向が顕著となった[65]。

十三世紀以降、仏教はインドにおいて急速に衰退し、タントラ仏教を受容して発達させたネパール、チベットにおいてその命脈を保つこととなった。仏教衰退には、しばしば喧伝されるテュルク勢力による僧院の破壊をはじめ、様々な原因が考えられるが、その一つとして強調したいのが、支持基盤の在り方である。これまで述べてきたように、仏教の隆盛には各時代の世俗権力の保護が大きく貢献していた。仏教サンガが領主化した後も、その地位は王権により保証される必要があった。しかし、王権の保護はブラフマニズムを始めとする他の宗教伝統にも及んでおり、仏教はそれらと競合関係にあった。仏教を信仰する王朝も含めて、ブラフマニズムへの傾斜が強まっていったことは前述の通りであるが、その一つの理由と考えられるのは、ブラーフマナの農村社会への定着である。四世紀以降活発となった土地・村落収入の施与を通してブラーフマナは各地に移住していったが、彼らは移住先村落に定着し、儀礼的奉仕を通して在地住人との繋がりを強めるとともに、拠点村落を設け、さらなる地域内移住を通してそれらを結節点とするネットワークを形成した[66]。ブラーフマナを保護し、辺境を含めた農村に定着させることにより、王権は彼らのネットワークを通して自己の正統性を主張し、農村への支配を強めることを期待できた。また、農村への定着は、ブラーフマナに世俗権力以外の、民衆的支持基盤を与えた。このような基盤を持たなかった仏教は、世俗権力に大きく依存しており、その衰退あるいはその支持の後退は、仏教サンガの衰退を意味した。

まとめ

仏教は、前一〇〇〇年紀半ばの東インドにおいて、特定の歴史的文脈の中で生じた新思潮の一つとして現れた。それは他の思想伝統と競合しつつ、世俗権力および商工業者層の援助の下、地理的に拡大し、また僧院の設立に見られるように教団としての組織化を進め、発展した。その過程では、サンスクリット語の使用範囲の拡大に対応した経典のサンスクリット化、西方文化の影響下でのマハーヤーナの展開、タントラ的要素の包含を志向したタントラ仏教の発達など、同時代の文化的動向への適応が見られた。また、タントラ仏教に顕著なように、保護を得るべき世俗権力の要望への対応も、仏教発展の重要な要素であった。

一方、主要な世俗権力である王権は、王個人や家系の宗教的嗜好にかかわらず、原則的に様々な宗派を保護していた。仏教もその一つとして、王権の保護を巡って他宗派と競い合う状況にあったが、ブラフマニズムが農村社会に浸透し、住民の日常生活にも祭礼を通して関わっていたのに対し、仏教はサンガが広大な寄進地により領主化しながらも、農村社会に根付かなかった。また、ジャイナ教が、西インドの商人層という特定社会層を強固な支持基盤として、現代まで生き残ったのに対し(67)、仏教はそのような基盤を持たずに世俗権力への依存を強め、衰退することとなった。

インド亜大陸における仏教の歴史、特にそれが世俗権力との関わりや文化的動向への適応を通して発展してきたにもかかわらず衰退した事実からは、一つの問いが導き出される。インド亜大陸に根付かなかった仏教は、なぜ東南アジア・東アジアで繁栄したのであろうか？　仏教の亜大陸各地、さらには他の諸地域への拡大を可能にしたのはその普遍性であったが、その定着は、在地の社会・文化・伝統との関わり方に依存していたであろう(68)。

インド亜大陸における仏教の登場・発展・衰退の歴史は、それが繁栄した東南アジア・東アジアにおける権力・社会の在り方が、どのように異なっていたかを、逆説的に問うているのではなかろうか。

注

(1) 山崎利男「前近代日本のインド観」(山崎利男・高橋満編『日本とインド交流の歴史』三省堂、一九九三年)九―二八頁。
(2) 南アジアの地理的特徴については、O. H. K. Spate and A. T. A. Learmonth, *India and Pakistan: A General and Regional Geography* (3rd ed., reprint), New Delhi: Munshiram Manoharlal, 1984.
(3) コーサンビーは、狩猟採集民が現代社会と共存する状況を「生きている先史」として論じた。D. D. Kosambi, "Living Prehistory in India", B. D. Chattopadhyaya (comp., ed. and intro.), *The Oxford India Kosambi: Combined Methods in Indology and Other Writings*, New Delhi: Oxford University Press, 2009, pp.30-48.
(4) このような立場からの中世初期南アジア史の解釈として、B. D. Chattopadhyaya, *The Making of Early Medieval India* (2nd ed.), New Delhi: Oxford University Press, 2012, pp.xix-lxvi.
(5) H. von Stietencron, "Hinduism: On the Proper Use of a Deceptive Term", G. D. Sontheimer and H. Kulke (eds), *Hinduism Reconsidered* (rev. ed.), New Delhi: Manohar, 1997, pp.32-53.
(6) ここで用いられるインド・アーリヤ人は、インド・アーリヤ語話者で聖典ヴェーダに基づく祭式を中心とする文化を保持する人々を意味し、人種を含意しない。
(7) インド・アーリヤ人の拡大と首長制の変化については藤井正人「ヴェーダ時代の宗教・政治・社会」(山崎元一・小西正捷編『南アジア史1　先史・古代』山川出版社、二〇〇七年)五七―八五頁およびロミラ・ターパル著、山崎元一・成沢光訳『国家の起源と伝承：古代インド社会史論』(法政大学出版局、一九八六年)二五―九五頁。
(8) 十六大国の時期の政治・社会については、山崎元一『古代インドの文明と社会』(中央公論社、一九九七年)八九―一一三頁。

（9）六師外道および初期仏教の思想の概略については、早島鏡正・高崎直道・原実・前田専学『インド思想史』（東京大学出版会、一九八二年）二七―四六頁。

（10）各教派の業・輪廻に対する立場の比較として、J. Bronkhorst, *Greater Magadha: Studies in the Cultures of Early India*, Delhi: Motilal Banarsidass, 2013, pp.15-54. ブロンクホーストは、これらの概念やそれに基づく思想の起源を、ガンジス中流域の「大マガダ」の独特の文化に求めている。

（11）マガダの台頭からマウリヤ朝滅亡に至る歴史については、山崎元一「十六大国からマウリヤ帝国へ」（山崎・小西編『南アジア史1』）九一―一二二頁。

（12）帝国としてのマウリヤ朝理解については、R. Thapar, *The Mauryas Revisited*, Calcutta: KP Bagchi, 1987, 1-31.

（13）A. Parasher-Sen, "Introduction: Problems of Interpretation", idem (ed.), *Social and Economic History of Early Deccan: Some Interpretation*, New Delhi: Manohar, 1993, pp.1-65.

（14）R. Thapar, *Aśoka and the Decline of the Mauryas* (2nd ed.), Delhi: Oxford University Press, 1997, pp.94-123.

（15）A. Parasher-Sen, "Of tribes, hunters and barbarians: Forest dwellers in the Mauryan period", *Studies in History, New Series*, 14, 2, 1998, pp.173-191.

（16）西部・北西部におけるガナ・サンガの存続とその再登場については、山崎元一「古代インドの部族貨幣（Tribal Coins）について」（『國學院大學紀要』三四、一九九六年）一―二四頁。

（17）アショーカ伝説の包括的な研究としては、山崎元一『アショーカ王伝説の研究』（春秋社、一九七九年）が未だに最良書である。

（18）アショーカと仏教徒の関係については、前掲注17山崎書、五七―一〇二頁。

（19）A. L. Basham, *History and Doctrines of the Ājīvikas: A Vanished Indian Religion*, Delhi: Motilal Banarsidass, 2002 (reprint), pp.150-160.

（20）アショーカの法勅の詳細な内容およびダルマの政治の解釈については、山崎『アショーカ王伝説の研究』三〇三―三三〇頁。

（21）アショーカによる仏塔建立およびサーンチーについては、D. Mitra, *Buddhist Monuments*, Calcutta: Sahitya Samsad, 1980 (reprint), pp.9-10, 23-24, 96-99.

(22) アショーカによる八万四千塔建立および第三次仏典結集の伝説については、山崎『アショーカ王伝説の研究』七二―八二頁、一二三―一二八頁。仏典における転輪聖王とそれに与えたアショーカの影響の可能性については、同『古代インドの王権と宗教――王とバラモン』（刀水書房、一九九四年）九八―一〇三頁。

(23) 四住期（アーシュラマ）は、師の下でヴェーダを学ぶ学生期、家庭を持ち子孫を残す家長期、妻とともに森林に隠棲する林住期、単身で各地を巡る遊行期の四期に人生を分け、そのすべてを経ることを再生族（上位三ヴァルナ）の理想とする見方で、四ヴァルナとともにその維持はブラフマニズムにおいて正しい社会秩序の在り方とされる。新たに起こった出家の実践を社会秩序に取り込むために創出された制度とする見解については、P. Olivelle, *The Āśrama System: The History and Hermeneutics of a Religious Institution*, New Delhi: Munshiram Manoharlal, 1993.

(24) サータヴァーハナ朝とその後継諸王朝については、石川寛「サータヴァーハナ朝からヴァーカータカ朝へ」（辛島昇編『南アジア史3　南インド』山川出版社、二〇〇七年）四〇―四八頁。西クシャトラパ朝を含むシャカ族の歴史については、定方晟「外来民族王朝の興亡」（山崎・小西編『南アジア史1』）一三三―一三八頁、一四九―一五〇頁。

(25) アクシャヤ・ニーヴィーについては、S. K. Maity, *Economic Life in Northern India in the Gupta Period (Cir. A. D. 300-550)* (2nd ed.), Delhi: Motilal Banarsidass, 1970, pp.39-40.

(26) サータヴァーハナ朝の国家形成、農業拡大および交易の発達と、石窟僧院との関係については、H. P. Ray, *Monastery and Guild: Commerce under the Sātavāhanas*, Delhi: Oxford University Press, 1986.

(27) クシャーナ朝の歴史については、定方「外来民族王朝の興亡」一三八―一五三頁。

(28) 仏像の誕生とその前史およびガンダーラとマトゥラーの美術については、高田修『仏像の誕生』（岩波書店、一九八七年）。ガンダーラ起源説およびマトゥラー起源説双方の議論の展開については、宮治昭「仏像の起源に関する近年の研究状況について」（『大和文華』九八、一九九七年）一―一八頁。

(29) 大乗仏教の新たな理解については、下田正弘「経典研究の展開からみた大乗仏教」（高崎直道監修・桂紹隆・斎藤明・下田正弘・末木文美士編『大乗仏教とは何か』春秋社、二〇一一年）三九―七一頁。大乗経典の成立を教団形成に先行するものとする同氏の興味深い見解については、同「経典を創出する――大乗世界の出現」（高崎直道監修・桂紹隆・斎藤明・下田正弘・末木文美士編『大乗仏教の誕生』春秋社、二〇一一年）三七―七一頁。

（30） 定方「外来民族王朝の興亡」一四六―一四七頁。

（31） ラバタク碑文の内容とクシャーナ朝史におけるその意味については、山崎利男「カニシュカ1世の年代をめぐる新研究紹介」（中央大学『アジア史研究』二三巻、一九九九年）一―三六頁。

（32） カニシュカ一世を初めとするクシャーナ王達の信仰については、定方「外来民族王朝の興亡」一四一―一四三頁。

（33） ウダヤギリ・カンダギリ石窟については、D. Mitra, *Udayagiri and Khandagiri* (3rd ed.), New Delhi: Archaeological Survey of India, 1992.

（34） プラークリットは、「洗練された」を意味するサンスクリットに対する俗語の総称であり、その中には各地方の口語が含まれていた。後には、マハーラーシュトラのプラークリットをもとにした文学語（文学プラークリット）を指す語としても用いられた。

（35） このような「雑種」（ハイブリッド）サンスクリットについては、R. Salomon, *Indian Epigraphy: A Guide to the Study of Inscriptions in Sanskrit, Prakrit, and Other Indo-Aryan Languages*, New York: Oxford University Press, 1998, pp.81-86.

（36） ポロックはこの現象をサンスクリット・コスモポリスと名付けた。S. Pollock, "The Sanskrit Cosmopolis, 300-1300: Transculturation, Vernacularization, and the Question of Ideology", J. E. M. Houben (ed.), *Ideology and Status of Sanskrit: Contributions to the History of the Sanskrit Language*, Leiden: E. J. Brill, 1996, pp.197-247.

（37） 古井龍介「グプタ朝の政治と社会」（山崎・小西編『南アジア史1』）一六三―一八八頁。

（38） このような歴史叙述の問題点については、D. N. Lorenzen, "Historians and Gupta Empire", B. Ch. Chhabra, P. K. Agrawala, A. Agrawal and S. Goyal (eds), *Reappraising Gupta History for S. R. Goyal*, New Delhi: Aditya Prakashan, 1992, pp.47-60.

（39） ブラフマニズムを核として、様々な土着文化を吸収して形成された諸宗教慣習と諸宗派に、ヒンドゥイズムの名が与えられたのは近代の現象であり、また、それらが単一の宗教アイデンティティーとしての自己認識を獲得したのも、イスラームという他者との交流を通した比較的新しい現象である。D. N. Lorenzen, "Who Invented Hinduism?", idem, *Who Invented Hinduism: Essays on Religion in History*, New Delhi: Yoda Press, 2006, pp.1-36.

（40） プラーナの編纂と在地慣習の包含によるブラフマニズム再編については、K. Chakrabarti, *Religious Process: the Purānas and the Making of a Regional Tradiiion*, New Delhi: Oxford University Press, 2001.

(41) P・L・グプタ著、山崎元一他訳『インド貨幣史——古代から現代まで』（刀水書房、二〇〇一年）六三頁。
(42) D. C. Sircar (ed.), *Select Inscriptions Bearing on Indian History and Civilization Vol.1: From the Sixth Century B. C. to the Sixth Century A. D.* (2nd ed.), Calcutta: University of Calcutta, 1965, pp.280-282.
(43) Ibid., pp.328-329, 331.
(44) プシュパブーティ朝、特にハルシャヴァルダナを巡る政治史については、三田昌彦「カナウジの帝国」（山崎・小西編『南アジア史1』）一九四—二〇二頁。
(45) G. Bühler, “Banskhera Plate of Harsha”, *Epigraphia Indica*, 4, 1896-97 (reprint 1979), pp.208-211.
(46) Ibid.; F. Kielhorn, “Madhuban Plate of Harsha; The Year 25”, *Epigraphia Indica*, 7, 1902-03 (reprint 1981), pp.155-166.
(47) 京都帝国大学文科大学編『大唐西域記』（図書刊行会、一九七二年）巻第五、二五—二六頁、巻第九、三三頁。
(48) H. Sastri, “The Clay Seals of Nalanda”, *Epigraphia Indica*, 21, 1931-32 (reprint 1984), pp.74-76.
(49) Mitra, *Buddhist Monuments*, p. 176; F. M. Asher, *The Art of Eastern India 300-800*, Minneapolis: the University of Minnesota Press, 1980, pp.46-48.
(50) 足立喜六訳註『大唐西域求法高僧伝』（岩波書店、一九四二年）九三頁。
(51) 義浄原著・王邦維校注『南海寄帰内法傳校注』（北京、中華書局出版、一九九五年）巻第二、八二—八三頁。
(52) D. Snellgrove, *Indo-Tibetan Buddhism: Indian Buddhists and their Tibetan Successors* (2nd ed.), Boston: Shambhala Publications, 2002, pp.117-303.
(53) C. Dezső, “Encountering with *Vetālas*: Studies on Fabulous Creatures I”, *Acta Orientalia Academiae Scientiarum Hungaricae*, 63, 4, 2010, pp.391-426。
(54) シヴァ派を中心とするタントリズムの全般的な歴史については、A. Sanderson, “The Śaiva Age -The Rise and Dominance of Śaivism During the Early Medieval Period-”, S. Einoo (ed.), *Genesis and Development of Tantrism*, Tokyo: Institute of Oriental Culture, University of Tokyo, 2009, pp.41-349.
(55) B. D. Chattopadhyaya, “‘Reappearance’ of the Goddess or the Brāhmaṇical Mode of Appropriation: Some Early Epigraphic Evidence Bearing on Goddess Cults”, idem, *Studying Early India: Archaeology, Texts, and Historical Issues*, Delhi: Permanent Black, 2003, pp.172-190.

（56） R. M. Davidson, *Indian Esoteric Buddhism: A Social History of the Tantric Movement*, Delhi: Motilal Banarsidass, 2004, pp.113-168.

（57） Snellgrove, *Indo-Tibetan Buddhism*, pp.189-213.

（58） A. Sanderson, "Vajrayāna: Origin and Function", Dharmakaya Foundation（ed.）, *Buddhism into the Year 2000: International Conference Proceedings*, Bangkok and Los Angels: Dharmakaya Foundation, 1994, pp.87-102.

（59） B. Bhattacharyya, *The Indian Buddhist Iconography: Mainly Based on the Sādhanamālā and Cognate Tāntric Texts of Rituals*, Calcutta: Firma K. L. Mukhopadhyay, 1958, pp.207, 246.

（60） K. N. Dikshit, *Excavations at Paharpur Bengal*, New Delhi: Archaeological Survey of India, 1938（reprint 1999）; B. S. Verma, *Antichak Excavations-2*（*1971-1981*）, New Delhi: Archaeological Survey of India, 2011.

（61） A. Imam, *Excavations at Mainamati: An Exploratory Study*, Dhaka: The International Centre for Study of Bengal Art, 2000.

（62） R. Furui, "*Brāhmaṇa*s in Early Medieval Bengal: Construction of their Identity, Networks and Authority", *Indian Historical Review*, 40, 2, 2013, pp.223-248.

（63） D. C. Sircar（ed.）, *Select Inscriptions Bearing on Indian History and Civilization Vol.2: From the Sixth to the Eighteenth Century A. D.*, Delhi: Motilal Banarsidass, 1983, pp.80-86; idem, "Bāṇgaḍh Stone Inscription of the Time of Nayapāla", *Journal of Ancient Indian History*, 7, 1973-74, pp.135-158.

（64） D. C. Sircar, "Mainamati Plates of the Chandra Kings", *Epigraphia Indica*, 38, 5, 1970, pp.197-214.

（65） Furui, "*Brāhmaṇa*s in Early Medieval Bengal", pp.236-239.

（66） ベンガルの場合については、Furui, "*Brāhmaṇa*s in Early Medieval Bengal".

（67） 西インドにおける商人層とジャイナ教との関係については、H. Tambs-Lyche, *Power, Profit and Poetry: Traditional Society in Kathiawar, Western India*, New Delhi: Manohar, 1997, pp.224-228.

（68） 日本の場合についての興味深い論考として、義江彰夫『神仏習合』（岩波書店、一九九六年）。

新発見の仁寿元年の交州舎利塔銘について

ファム・レ・フイ

はじめに

六〇一〜六〇四年（仁寿元〜四）にかけて、隋文帝楊堅は三回にわたって帝国の版図にある百十余州に舎利を分布し、それを奉安する宝塔を建立させた。この前代未聞の仏教事業は、これまで多くの中国や日本の研究者に注目され、政治・仏教・美術史など様々な角度から研究されてきた。当事業は、「中国」の南北統一を果たした文帝が長年の戦乱で疲弊した人心を収攬するために、儒教中心の政策から仏教中心の政策に転換し、いわゆる「仏教治国策」の一環として全国画一的に推し進めた事業だと位置づけられている（山崎［一九四二］ほか）。その一方、大野雅仁・今西智久各氏は、たとえば第二回の事業で隋が統治の困難な旧北斉地域を優先して舎利塔を建立したと大変興味深い指摘もした（大野［一九九〇］、今西［二〇〇九］）。つまり、隋の中央政府は各州の事情などを配慮しながら、その優先順位をつけて意図的に配布先を選定したと考えられるが、従来の研究では個別の舎利塔銘や舎利容器の検討が進んでいるものの、地域社会の視点に立って仁寿年間の舎利塔建立事業を検討する研究がまだ少ない。

隋文帝が仁寿元年に舎利を分布した三十州のうちに、ベトナム北部に当たる「交州」がある。さらに仁寿四年の事業でも、同二年や三年のようにまとまった分布先のリストは残らなかったものの、ベトナムに現存する最古の仏教伝記『禅苑集英』によれば、交・峯・長・驩・愛というベトナム北部から北中部に位置する五州にも舎利が奉送され、舎利塔が建立されたという。そのため、ベトナムでも隋文帝の舎利分布事業は早くから仏教史研究の視点から着目され、紹介された（L.M.Thát［1976］, H.V.Tấn［1993］）。ただし、ベトナムの歴史研究において、六〇一年当時、交州を実質的に支配したのは「前李朝」と呼ばれた李氏の自立政権であり、当地域が隋に併呑されたのはその翌六〇二年の隋将劉方の征討後であったというのは一般的な認識である。そのため、仁寿元年に隋が交州に舎利を分布したとある『広弘明集』の記載に疑問を持ち、同四年の舎利分布しか事実として認めないという意見も出された（L.M.Thát［1999］）。

そうした状況のなかで二〇一二年八月、ベトナム首都ハノイ（河内）から東北に三〇キロ離れたバクニン（北寧）省で仁寿元年の舎利塔銘の「発見」が報告され、同年の考古学総会「考古学の新発見」会議で、バクニン省博物館長Lê Viết Nga氏によって発表された（L.V.Nga［2012］）。当碑文はそれまでベトナム最古とされた隋大業十四年（六一八）の「大隋九真郡宝安道場之碑文」より十七年も早いものとして全国に注目され、二〇一三年十二月にベトナム首相によって国宝として認定された。

ベトナムで仁寿舎利塔銘が出土したのは、銘文や舎利容器の研究に新しい知見を提供するとともに、仁寿年間における隋朝の仏教・政治政策及び隋帝国と周辺地域との関係を再検討するきっかけともなった。本稿では、その新発見の碑文を紹介しながら、仁寿年間の交州への舎利分布の政治的な背景や、六世紀末から七世紀にかけての中国とベトナムの仏教交流について考えてみたい。

一　仁寿年間の事業とベトナムとの関係

先学の研究ですでに明らかにされたように、隋文帝の舎利分布・舎利塔建立事業は**表1**のようにあわせて三回にわたって実施された。これまで肥田路美・大島幸代・萬納恵介各氏［二〇一二］を代表とする先行研究では、その基本的な史料である『続高僧伝』（貞観十九年〈六四五年〉成立）、『広弘明集』（鱗徳元年〈六六四〉成立）、『集神州三宝感通録』が精密に検討され、研究が深化した。ベトナム新出の舎利塔銘を理解するために、本章ではその先学の業績に導かれながら、従来あまり知られていないベトナム側の文献・考古学資料を補足し、仁寿年間の事業とベトナムとの関係について整理しておきたい。

仁寿元年（六〇一）六月十三日、隋文帝は詔を下し、自分が「潜龍」、つまりまだ即位していない時に、ある婆羅門沙門から預かった「法身」の舎利を三十州に分布し、各地でそれを奉安する舎利塔の建立を命じた。

その三十州は、『広弘明集』巻十七所収「隋国立仏舎利塔詔」の冒頭部分に列記されている。その記載をみると、分布先を二つのグループに大別することができる。第一のグループは「隋文帝（自注一十六州等）」の注記ではじまり、その次に「雍州仙遊寺」云々とあるように、州名とともに寺院名も一緒に注記されているものである。それに対して、第二のグループは、文帝の詔の「未注寺」の言葉にも対応しているように、寺院名の注記がなく、州名しか書かれていない諸州である。本報告の対象である「交州」が後者に属していることをまず指摘しておき

表1　仁寿年間の舎利分布事業（大島・萬納ほか［2012］より作成）

年　号	州　数	下詔日付	舎利埋納日付・時刻
仁寿元年	30州	6月13日	10月15日正午
仁寿2年	51か53州	正月23日下詔	4月8日
仁寿4年	30余州	正月某日	4月4日

たい。

このように、交州に対して隋文帝は舎利塔を建立する寺院を具体的に指名せず、建立地の選定を現地に任せたと考えられる。ただし、詔に「其未注寺者、有山水寺所、起塔依前山、旧無山者、於当州内清静寺処建立其塔」とあるように山水がある寺、また山に向けて塔を建立させるという条件が付された。もし州内にどうしても山がなければ、「清静」な寺でも良いとされた。

交州の場合、舎利塔を建立する寺院が指名されなかったのだが、結果的に「禅衆寺」という寺院が選ばれた。それがわかるのは、『広弘明集』巻十七所収の隋王卲撰『舎利感応記』に「禅衆寺」の名称が登場するからである。『隋書』で「符瑞を好む」とされた隋文帝は、舎利分布事業を行う際にその感得を大いに期待した。舎利塔が建立されると、まさにそれに応えるように各地から「感応」とされた不思議な現象が次々と朝廷に報告された。『舎利感応記』はその「感応」をまとめたものだが、それによると、たとえば雍州の仙遊寺では起塔する際に空は曇っていたが、舎利が登場すると、急に晴れてきた。舎利が函に一端納められると、雲がまた覆ってきた。ただ文帝が期待する「感応」を報告しない州も二つあった。後に「敦煌郡」に改名された瓜州のほか、交州も「交州於禅衆寺起塔」とあるように、「禅衆寺」という寺院に舎利塔が建立されたというだけであった。

次に仁寿元年事業の儀式次第をみてみると、まず大興城で隋文帝は舎利を納めた「七宝箱」を開き、御座の案の上に三十の舎利を置き、各沙門とともに香をたいて礼拝する。次に舎利が「瑠璃」を盛った「金瓶」に収められ、その蓋が「薫陸香」で泥封される。[1] 各沙門はそれぞれ「侍者二人」、「散官一人」を同行させ、「薫陸香一百二十斤」をもって「馬五匹」を使って目的地に向かう（「隋国立仏舎利塔詔」）。

それでは、舎利がどのように交州へ奉送されたのだろうか（図1）。隋唐代に広西地域からベトナム北部に入るために陸路と水路が両方あるのだが、陸路は、後漢時代から開発されたものの、その沿線に「夷僚」と呼ばれた多くの非漢族の共同体が居住していたため、彼らの協力を得ないかぎりではそれを利用することが不可能であった。事実上、この陸路が再開通されたのは、劉方が交州を征討する隋の仁寿二年（六〇二）である。『通典』で「劉方故道」[2]とも呼ばれた当陸路は、唐代に入ってもしばしば「不通」の状態に陥る程、険しい路線であった（拙稿［二〇一四］）。

要するに、仁寿元年の時点で、交州へ向かう沙門たちは、完全に陸路で移動することができず、広西からはどうしても水路を利用しなければならなかったと考えられる。大興城から出発した彼らは、朝廷に支給された五匹の馬を使って次第に鄧州（河南鄧州）、襄州（湖北襄陽）、荊州（湖北江陵）、岳州（湖南岳陽）、潭州（湖南長沙）、衡州（湖南衡陽）、永州（湖南零陵）、桂州（広州桂林）、越州（大業年間に「禄州」に、唐代に「容州」へと改称され、今は広西省の北流市か容県の辺り）に移動した。

越州からは二つの水路がある。一つ目は、越州から南流江に沿って、牢州などを経て、合浦江を南下する。そして廉州（西壮族自治区合浦）の合浦から渡海し、ベトナムのハロン湾沿いの各海口から紅河デルタに入るというものである。二つ目は越州から西へ三五〇里行き、欽州に至り、欽州からさらに西南に行き、玉州（唐代は玉州寧海県、広西防城市か）から海を渡って交州に行く路線である（拙稿［二〇一四］）。仁寿元年には沙門たちがどの水路

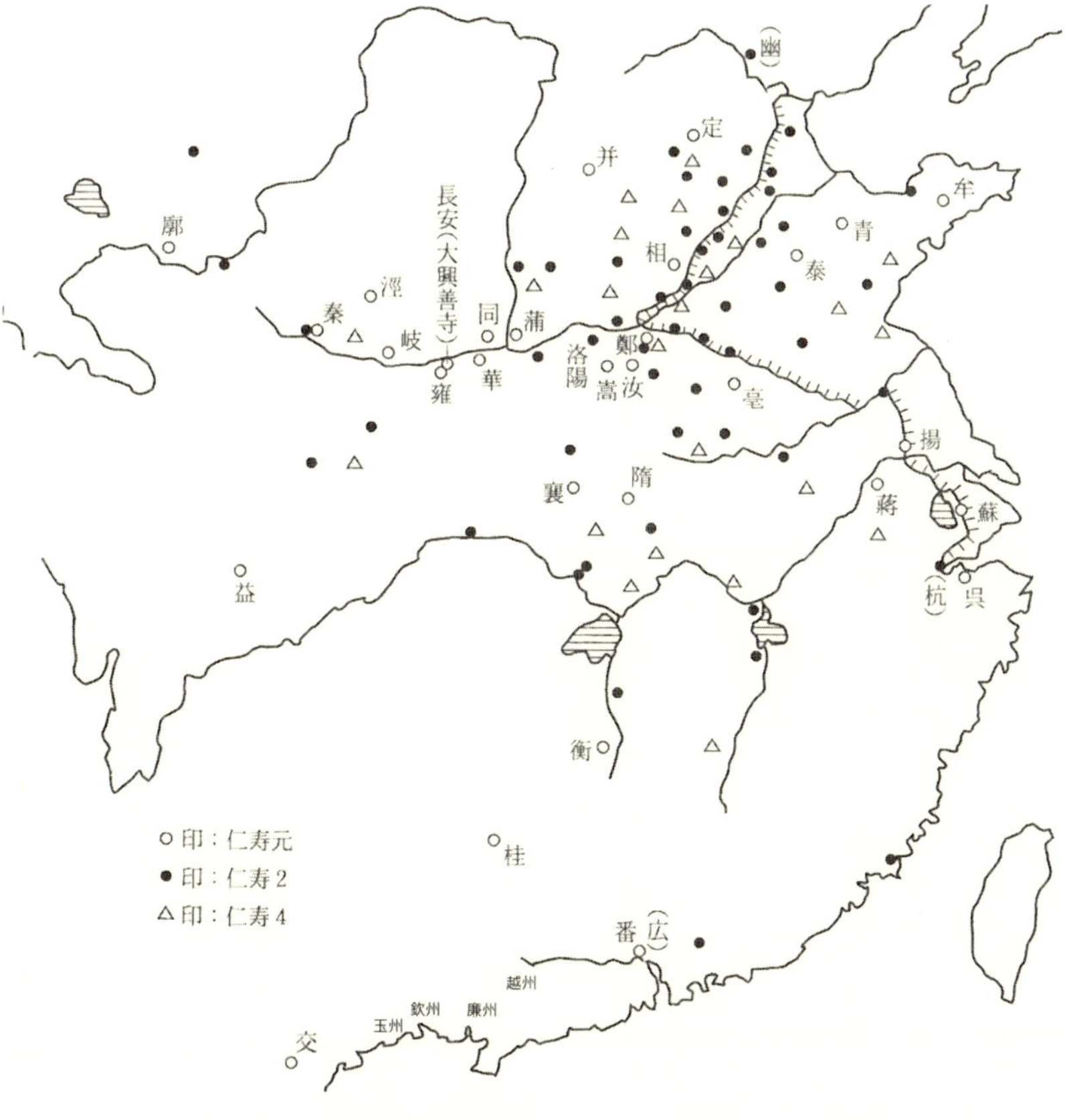

図1　交州への舎利奉送の路線（氣賀澤［2012］の図面をもとに一部加筆）

をとって移動したのか、現在判明しないのだが、彼らが乗馬で越州まで移動した後、さらに南下し、合浦か欽州あたりかで船で渡海したと考えて大過ないだろう。また、沿線の「襄州」、「衡州」、「桂州」なども舎利が分布される州なので、交州へ行く一行は、襄・衡・桂各州へ行く沙門たちと、同行した可能性が高い。

それでは、「交州」ではどんな儀礼が行われたのだろうか。『舎利感応記』によると、派遣僧が各地の州境に到着すると、地元の「道俗士女」に「遠迎」される。総管刺史諸官人は道路を挟んで「歩引」とあるように歩いて引導する。さらに文帝の詔書に「各七日行道幷懺悔、起行道日打刹、莫問同州異州、任人布施」とあるように、各州で「行道」・「懺悔」・「布施」などの儀式が行われる。「行道」を始める日に「打刹」という儀式を行うとある。小杉一雄氏は仁寿二年の「感応」の事例を分析し、舎利埋納が四月八日であるのに対して、「行道」が四月二日、つまり八日のちょうど七日前に開始したと指摘している（小杉［一九八〇］）。それを参考にすれば、仁寿元年の場合も、舎利の埋納日が十月十五日に統一されたから、七日前、つまり十月九日に交州を含めた各州で「行道」が開始され、その際に「打刹」という儀式が行われたと推測できる。

「打刹」という儀式は、ベトナム出土の舎利塔銘の性格を考える上で非常に重要である。小杉氏は六朝時代には仏塔を建立する際に、小木柱をたて、塔建立の場所つまり塔基を表示する習慣があり、それがその後「打刹」と呼ばれるようになり、隋・唐代までその習慣が継承されたと大変興味深い指摘をした（小杉［一九八〇］）。文献史料の解釈によった小杉氏の見解は、ベトナムのゲアン（乂安）省ニャン・タップ（雁塔）遺跡の発掘調査で裏付けることができる（写真1）。当遺跡に古塼塔の遺構が今でも残っているが、フランス極東学院の記録によると、一九一一年に「貞観八年」（六二五）の文字塼が発見されたようなので（R. Mercier・H. Parmentier［1952］）、唐代初期のものだと考えられている。一九八六年のベトナム考古学院による発掘調査では、塔の中央にある塼積みの祭壇

①1986年の発掘現場

②塼積みの祭壇基礎

③「打刹」と思われる木柱

④出土した舎利の金函

写真1　ニャン・タップ（雁塔）遺跡の舎利塔
（①〜③はベトナム考古学院［1986］より、④は2012年の調査で筆者が撮影した写真）

の直下に地面から三・七五〜二・三五メートルの深さで縦方向に埋められた木柱が発見された。その木柱の下部は先端が尖った八二×一二×七センチの木材に貫かれて、固定されていた。木柱は芯部を刳り取られ、そこに木灰を詰められたものであった。更に興味深いことに、その木柱の中からは舎利が入った金函・銅函が発見された（ベトナム考古学院［一九八六］、L.A.Dũng, N.M.Cường［1987］）。このように小杉氏が考えた「打刹」の儀式を実物で確認することができ、仁寿年間に舎利塔の下に埋納された舎利容器の周辺に地宮を含めた塔基の塼、「打刹」としての木柱が存在したと推測できる（図2）。

「行道」とは、大島氏の研究で指摘されたように「礼拝供養のために信仰対象の周囲を右まわりにめぐる、右繞の作法」を指す。その「行道」の様子は「四部大衆容儀

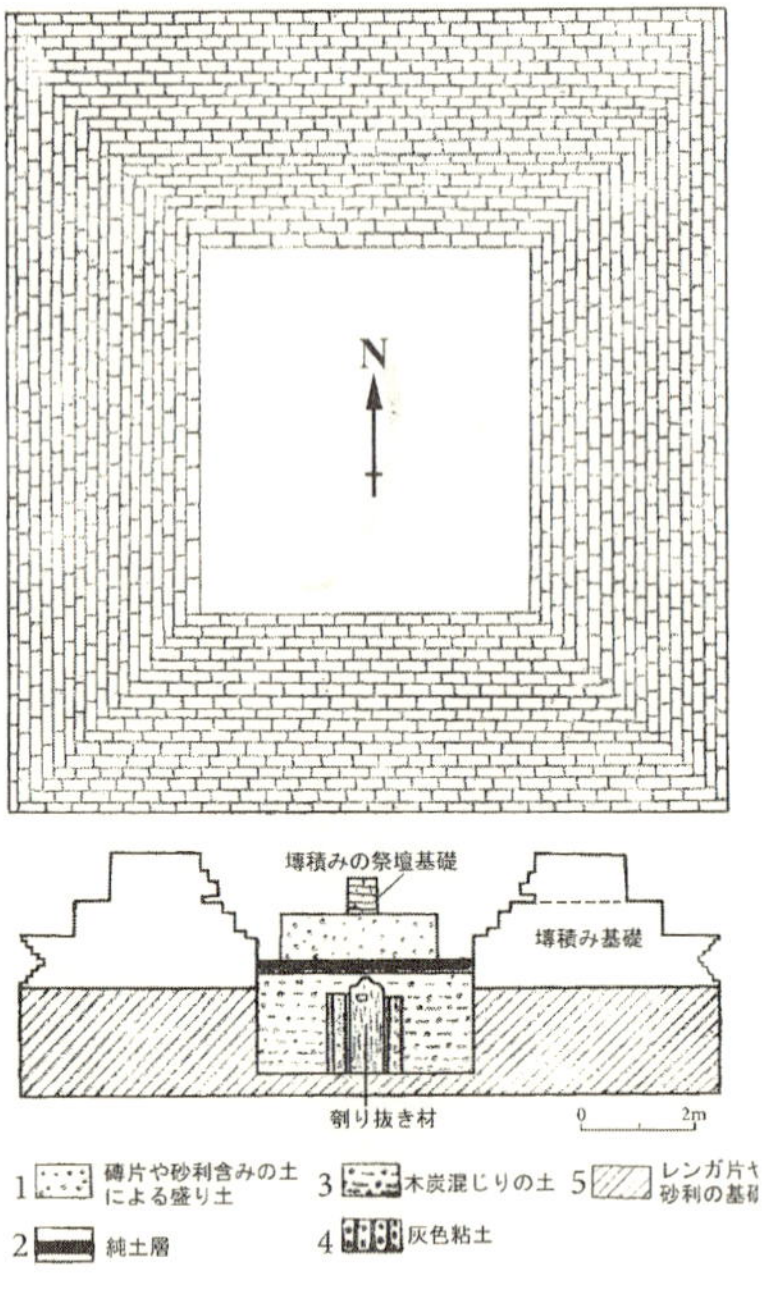

図2　ニャン・タップ（雁塔）遺跡の塔基平面図と断面図（西村［2012］作成）

斎粛、共以宝蓋・旛幢・華台・像輦・仏帳・仏輿・香山・香鉢種種音楽、尽来供養、各執香華或焼或散、圍繞讃唄梵音和雅」とある『舎利感応記』の記載から窺える。つまり、「四部大衆」と呼ばれた比丘、比丘尼、優婆塞、優婆夷たちは宝蓋などの各種の仏具や「種々音楽」をもって供養する。各々「香華」を執り、それを焼いたり、散らしたりして、舎利を「圍繞」し梵音をもって賞賛する。派遣された沙門は「至尊、菩薩大慈無辺無際を以て衆生を哀愍し骨髄を切り、是故に舎利を分布し、天下と共に同じく善因を作らしむ」と唱えて、また「経文」を引用し、色々説明（「方便」）をした。大衆は右膝を地面に付けて合掌し、沙門の懺悔文の宣読を聞き、「生生世世常得作大隋臣子」とあるように、代々隋の臣下になることを宣誓する。最後に大衆に囲まれた沙門は舎利が入った「宝瓶」を高く持ち上げ、四部に巡らせて示した後、それを「銅函・石函」に納めた。埋納の時刻は、三十州とも一律「十月十五日正午」と統一された(3)。

以上、文献史料を中心に第一回（仁寿元年）の事業における交州関係の事象を整理してみた。それでは、第二回と第三回の事業でベトナムに舎利が分布されたのだろうか。

まず第二回に関して、『広弘明集』巻十七所収「慶舎利感応表」に分布先として列記された五十一州のうちに、ベトナムにありそうな「徳州」や「利州」がある。ところが、仁寿二年の時点ではもはや「徳州」や「利州」という地名はもうベトナムになかった。『隋書』によると、開皇十八年（五九八）、同名の州県が多いという広州刺史令狐熙の上奏をうけて隋文帝は州名が重複しないように、ベトナムにある「利州」・「徳州」をそれぞれ「智州」・「驩州」に改名した。(4) なお、『舎利感応記』に「明州表云、四月八日下舎利、掘地安石函、乃得一像」とあるから、「明州」という所から「感応」が報告されたようである。『隋書』地理志によると、「明州」は梁代から「日南郡」（今はベトナム中部のゲアン・ハーティン省辺り）にあった地名である。

第三回になると、隋文帝は再び交州やそれ以南の地域に舎利を分布した。従来あまり注目されなかったが、十四世紀に編纂されたベトナムの仏教伝記『禅苑集英』法賢伝（写真２）によると、劉方が交州を平定した後、隋高祖（文帝）は五函の舎利を交州に送った。それを預かった僧法賢は交州の法雲寺及び峯・長・驩・愛四州で舎利塔を建立し、それを奉安したのである。(5)『禅苑集英』に具体な年紀が書かれていないが、劉方が交州を平定したのは、『隋書』に仁寿二年十二月とあるので、これは第三回（仁寿四年）の出来事だと考えられる。

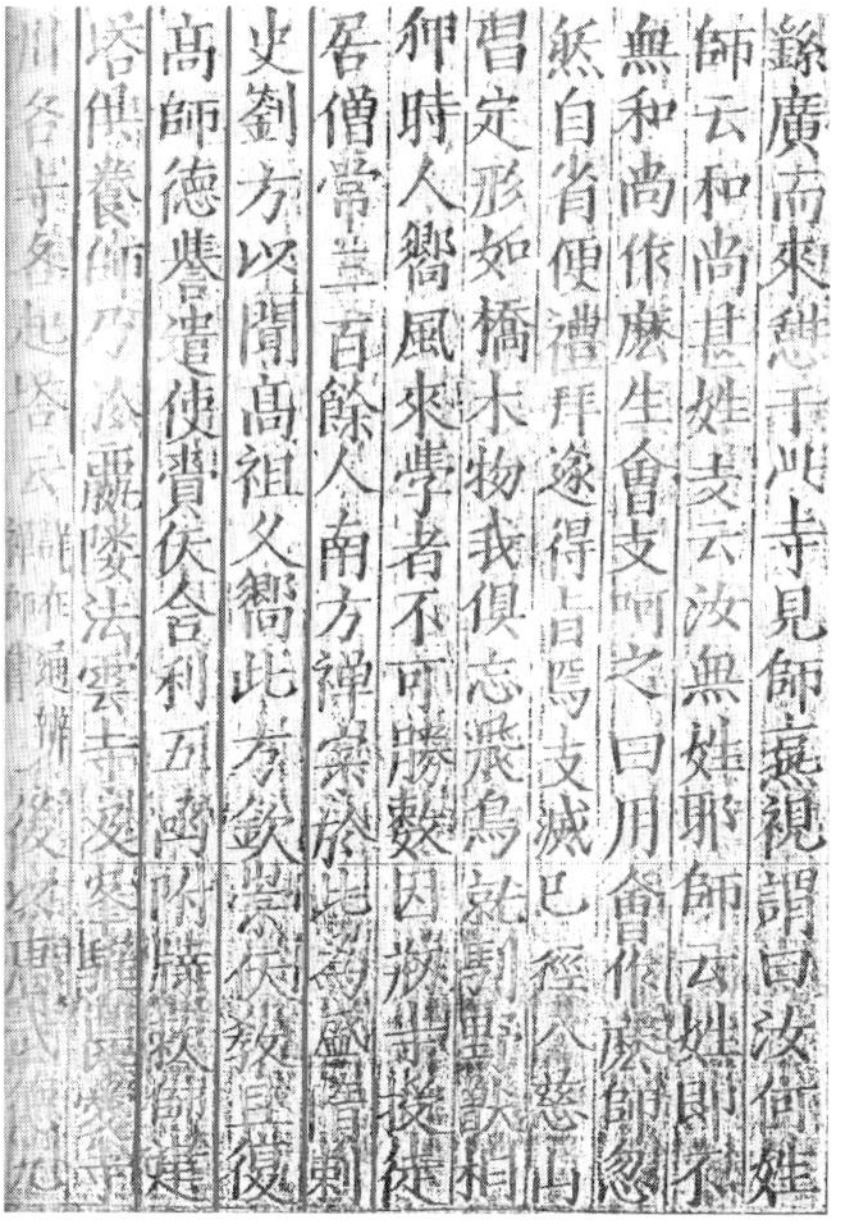
縣廣高來戀于此寺見師[illegible]視謂曰汝何姓
師云和尚甚姓支云汝無姓耶師云姓則不
無和尚作麼生會支呵之曰用會作麼師忽
然自省便禮拜遂得旨焉支滅已徑入慈山
習定形如橋木物我俱忘飛鳥就馴野獸相
狎時人嚮風來學者不可勝數因[illegible]
召僧常至百餘人南方禪業於此為盛[illegible]
史劉方以聞高祖久嚮此方欽崇佛教且復
高師德業遣使賫佛舍利五函附[illegible]建
塔供養師乃於[illegible]法雲寺[illegible]
州各寺各起塔[illegible]

写真２　『禅苑集英』法賢伝（参考文献L. M. Thát [1999] 所載の影印本（1715年）による）

以上、ベトナム側の史料を補足しながら仁寿年間の舎利分布事業とベトナム各地との関係について整理してみた。交州に限っては舎利が仁寿元年と同四年に合わせて二回分布され、それぞれ「禅衆寺」や「法雲寺」という寺院で舎利塔が建立さ

写真3　（左）Xuân Quan寺（右）池になった発見現場

れたことも判明した。

二　ベトナム新出の交州禅衆寺舎利塔銘

一　発見経緯と発見状態

ベトナム新出の舎利塔銘は二〇〇四年、ベトナムのBắc Ninh（北寧）省Thuận Thành（順成）県Trí Quả（至果）社Xuân Quan（春関）村でNguyễn Văn Đức氏によって発見された。発見場所は後漢から南北朝の古城Lũng Khê城から西北に八〇〇メートル離れた、Xuân Quan寺（別名Huệ Trạch〈恵澤〉寺）という村の寺の裏であった（写真3）。

筆者の聞き取り調査によると、Đức氏はレンガを作るために土を採掘する際に、石碑が石函と一緒に石台の上に乗った状態で発見した。石碑は蓋石と胴体（以下「底石」）から構成され、発見当時は「何らかの物質」で接着されていたという。Đức氏はそれをスクープで取り外したので、底石の角が現在一部破損しているのはそのためである。

蓋石と底石はどちらも青石で、四六×四六センチという同じ寸法で作られている。厚さがそれぞれ四・八センチ、八・五センチである。蓋石の底面（底石に接着された面）には、周囲と中央の間にわずかな段差がある。そこに接着剤を塗付され、底石

写真4　Bắc Ninh博物館の収蔵庫で発見状態で展示された石碑、石函、石盤

の表面に刻まれた文字が直接蓋石の裏面に接触しないように工夫されたと考えられる。

一緒に出土した石函も、蓋石と胴体という二つの部分から構成されている。石函も石碑とほぼ同じぐらい四五×四六センチの寸法で作られている。蓋と胴体の厚さはそれぞれ八センチ、三一センチである。Đức氏の証言によると、石碑が出土した時、石函の内面に黒ずんだ物質以外は何もなく、周辺に塼や木材なども確認されなかったという。なお一緒に出土した石台の寸法は一一三×六八×二二センチである。

石碑を発見した後、Đức氏は石函と石台が重いということでそれらを寺の庭に残し、石碑のみを持ち帰り、家で保管した。現在、石碑と石函の風化度合いが違うのはそのためだと考えられる。二〇一二年、村の役人と酒を飲んだ時、Đức氏はたまたま八年前の話を漏らすと、その後Bắc Ninh省博物館に報告された。博物館の職員Nguyễn Thị Thơm氏の説得によりĐức氏は石碑を博物館に寄贈することにした。一方、寺内に残った石函や石台は長年の放置により劣化し、関係者の説得によりそれもやがて博物館に寄贈されることとなった（写真4）。

銘文は一行十三字、十三行にわたって合計一三三字刻まれている。表題一行、本文十行、附注二行に大別することが可能である。その内容は左記のとおりである（写真5）。

写真5　交州舎利塔銘（筆者の撮影）

一　舎利塔銘
二　維大隋仁壽元年歳次辛[6]酉十月
三　辛亥朔十五日乙丑
四　皇帝普為一切法界幽顯生靈謹
五　扵交州龍編縣禅衆寺奉安舎利
六　敬造靈塔願[7]
七　太祖武元皇帝元明皇后皇帝皇
八　后皇太子諸王子孫等并内外羣
九　官爰及[8]民庶[9]六道三塗人非人等
十　生生世世值仏聞法永離苦空同
十一　昇妙果
十二　敕使大德慧雅法師吏部羽騎尉
十三　姜徽送舎利扵此起[10]塔

（注：銘文の内容を正確に把握するために上記の録文に旧体字を用いる）

二　中国出土の仁寿舎利塔銘との比較

中国ではこれまで仁寿年間の舎利分布事業に関して、十二点の銘文が発見されている。そのうち仁寿元年の事業に関するものは六点、二年の事業に関するものは三点、仁寿四年の事業に関するものは三点ある。以下、ベトナム新出の舎利塔銘を仁寿元年の事業に直接関わった雍州仙遊寺、岐州鳳泉寺（写真6）、同州大興國寺（写真7）、青州勝福寺（写真8）、京城大興縣龍池寺の各銘文と比較してみたい。

ベトナム新出の銘文（以下、便宜のために「交州の銘文」）は、基本的に既知の仁寿元年の舎利塔銘とほぼ同様の内容をもっている。ただし、次の相違点も見られる。

第一に、交州舎利塔銘の表題が「舎利塔銘」と書かれているのに対して、雍州、岐州、青州、大興縣各銘文では表題が「舎利塔下銘」となっている。唯一表題がみられないのは同州の銘文である。また、表題が刻まれた位置も銘文によって相違する。たとえば、交州、雍州、青州の銘文では本文の前（右）に書かれているが、岐州と大興縣の銘文では最後に書かれている。なお青州の銘文では「舎利塔下之銘」とある額も付随している。

次に文字の配列について見てみよう。基本的に一行十一字という文字配列をもつ雍州、岐州、同州各銘文に対して、青州及び大興縣の銘文は一行十二字になっている。その一方、交州の銘文は一行十三字という特色がある文字配列をしている。

第三は、当然であるが、起塔地が異なっている。交州の銘文では「交州龍編県禅衆寺」とある。これは前述した『舎利感応記』の「交州於禅衆寺起塔」との内容に一致しているが、銘文ではそれよりさらに詳細に「龍編県」も付記されている。ベトナムでは従来「龍編」という地名をめぐって、本来「龍淵」という地名は唐代に入り、唐高祖李淵の忌避によって「龍編」に改称されたという説が出された。もしこの説が正しければ、新出の銘

写真6　岐州舎利塔銘（追補記参照）

写真7　同州舎利塔銘（追補記参照）

文の「仁寿元年」という年代を問い直さなければならない。ところが、「龍編」という地名は、梁の沈約（四四一～五一三）撰『宋書』や六世紀に蕭子顕によって撰された『南斉書』には交趾の「龍編」という地名がしばしば登場する。特に『宋書』によると、五世紀の盧循の乱を「龍編」で鎮圧した交州刺史杜慧度は、「龍編県侯」に任命された。[11] なお、中国の広西省で東晋代とされた「永和六年太歳庚戌莫龍編侯之墓」の文字塼も出土し、その「龍編」が交趾の龍編だと考えられている。[12] このように龍編という地名はすでに五世紀初頭に存在しており、銘文の「仁寿元年」の記載と特に矛盾がないと言える。

写真８　青州舎利塔銘（追補記参照）

第四に他の銘文が表題と本文という二つの部分のみから構成されているのに対して、交州と青州の両銘文は、最後に「附注」の部分（「附注」は筆者の仮称）がみえる。交州の銘文では「勅使大徳慧雅法師吏部羽騎尉姜徽送舍利於此起塔」とある。

その一方、青州舎利塔銘の附注

は下記のとおりである。

勅使大德僧智能　　長史邢祖俊
　侍者曇辯　　司馬李信則
　侍者善才　　録事參軍丘文安
　　　　　　　　　　孟弼書
勅使羽騎尉李德諶　　司功參軍李偖

このように青州の銘文には「大德僧智能」や「羽騎尉李德諶」、交州の銘文には「大德慧雅法師吏部羽騎尉姜徽」が「勅使」として書かれている。『広弘明集』所収文帝の詔にあわせてみれば、「智能」と「慧雅」は隋文帝が選んだ三十人の沙門のうちの二人である。「羽騎尉」は隋代にしかみられない散官で、唐の武徳年間（六一八〜六二六）に入ると、「将仕郎」に改称された(13)。このように、「李德諶」と「姜徽」の位階である「羽騎尉」は、沙門が「散官一人」を同行させたとある文帝の詔に一致している。附注があるという点では、交州と青州の銘文との間で共通的なところが認められるが、相違する点もある。青州の銘文ではただ「羽騎尉」としかないが、交州の銘文では「吏部羽騎尉」とあるように、より詳細になっている。交州の銘文には青州のように侍者や州の役人や「書」をした「孟弼」などの情報が書かれなかった。その一方、「舎利を此に送り、起塔す」との部分は交州の銘文の特徴である。

以上、銘文の比較検討によって、ベトナム新出の舎利塔銘は隋代の仁寿元年に交州龍編県禅衆寺で建立された舎利塔のもの（以下「交州舎利塔銘」）で、それに伴って出土した石函は舎利を納めたものだと考えられる。

三　銘文の発見現場と禅衆寺の所在地

それでは、交州舎利塔銘や石函は果たして禅衆寺で発見されたのであろうか。発見者Đức氏が二〇〇四年に土を採掘し、銘文を発見した場所は、現在ではすでに池となっている。そのため、考古学的に究明する術がない。ところが、聞き取り調査で幾つの重要な情報が得られた。筆者が聞き取り調査を行った二〇一三年にすでに舎利の話が出回っていた。さらにĐức氏は舎利を見つけたのだが、それを密売したという噂さえ立っていた。事実上、Đức氏は前述のように、石函を開けた時、黒ずんだ何らかの物質しか入っていなかったと証言した。そのため、聞き取り調査では「舎利があったのか」という質問をしても、あまり意味がなかった。そのかわりに筆者は「周辺に塼や木材があったのか」という質問をした。それに対してĐức氏は「ない」と断言した。もしĐức氏のその証言が正しければ、発見場所に塔基、地宮の建設部材としての塼や「打刹」と呼ばれた木柱がなかったということを意味する。つまり、Đức氏が証言した発見状況からみて、交州舎利塔銘や石函は本来別のところから掘り出され、また再び埋納されたと考えられる。

その一方、『禅苑集英』の内容から禅衆寺の立地が銘文の発見地ではなく、仙遊山天福峯という山にあったことも分かる。詳細は後述するが、禅衆寺は本来僧法賢によって六世紀末に開基された寺院である。『禅苑集英』法賢伝（写真9）に「第二世、仙遊天福山衆善（ママ）寺法賢禅師、朱鳶人也」とあるように禅衆寺は「仙遊天福山」にあった。当伝では法賢はその師・比尼多流支[14]が遷化後、「茲《こ》の山に入り」、禅定した後、禅衆寺を開いたとある。「茲の山」の山は上記の「仙遊天福山」である。

それでは、「仙遊天福山」はどこにあっただろうか。Lê Mạnh Thát氏が『禅苑集英』を注釈する際にすでに指摘したとおりに、『禅苑集英』禅老伝に「仙遊天福峯重明寺禅老禅師」、同道恵伝に「仙遊天福山光明寺道恵禅

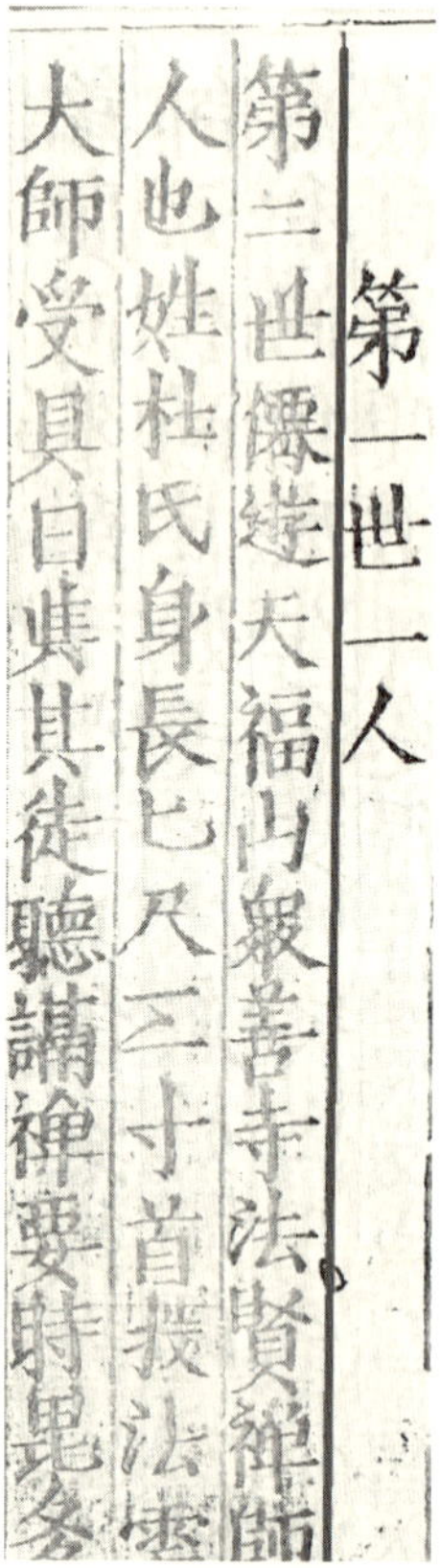
第一世一人
第二世僊遊天福山衆善寺法賢禪師
人也姓杜氏身長七尺三寸首投法雲
大師受具日與其徒聽講禪要時毘多

写真9 『禅苑集英』法賢伝にみえる「仙遊天福山衆善（ママ）寺法賢禅師」（出典は写真2に同じ）

師」という記載が見られ、さらに同究旨伝に究旨が「尋もすれば仙遊山光明寺に入」ったとあるので、天福山は仙遊山と同じ山で、もっと精密にいえば、仙遊山の一峯である（L.M.Thát［1976］）。

仙遊山は、銘文の発見地から北に五キロ離れたBắc Ninh省Tiên Du（仙遊）県にあるTiên Du（仙遊）山である（図3）。仙遊山は全部八本の峯があり、その最高峰が標高約一二七メートルである。現在、仙遊山の南約三キロにĐuống河がある。かつてĐuống河の支流の一つThiên Đức（天徳）川は山の麓まで流れていたが、現在この支流がすでに埋め立てられた。禅衆寺が建立された天福山は、仙遊山のどの峯に当たるか、明らかにしがたいのだが、地形からみて仙遊山一帯は、まさに隋文帝が求めた「有山水寺所」という寺院選定の条件に一致している。

以上のように、発見状況や文献史料の分析により、交州舎利塔銘の発見地は、本来禅衆寺の所在地ではなかったことが判明した。それでは、銘文や石函はいつから仙遊山天福峯から掘り出され、いつ現在の発見地に再埋納されたのだろうか。本稿では、十一世紀に天福峯も含めた仙遊山一帯で寺院、経蔵、仏塔など大規模な仏教施設の建立・拡張工事が行われたことに注目したい。『大越史記全書』によると、一〇三四年八月、李太宗は「仙遊山重光寺」に御幸し、「重興蔵」を建造し、二年後に重興蔵に大蔵経の写経を収蔵させた。[15] 一〇四一年、「銅六千

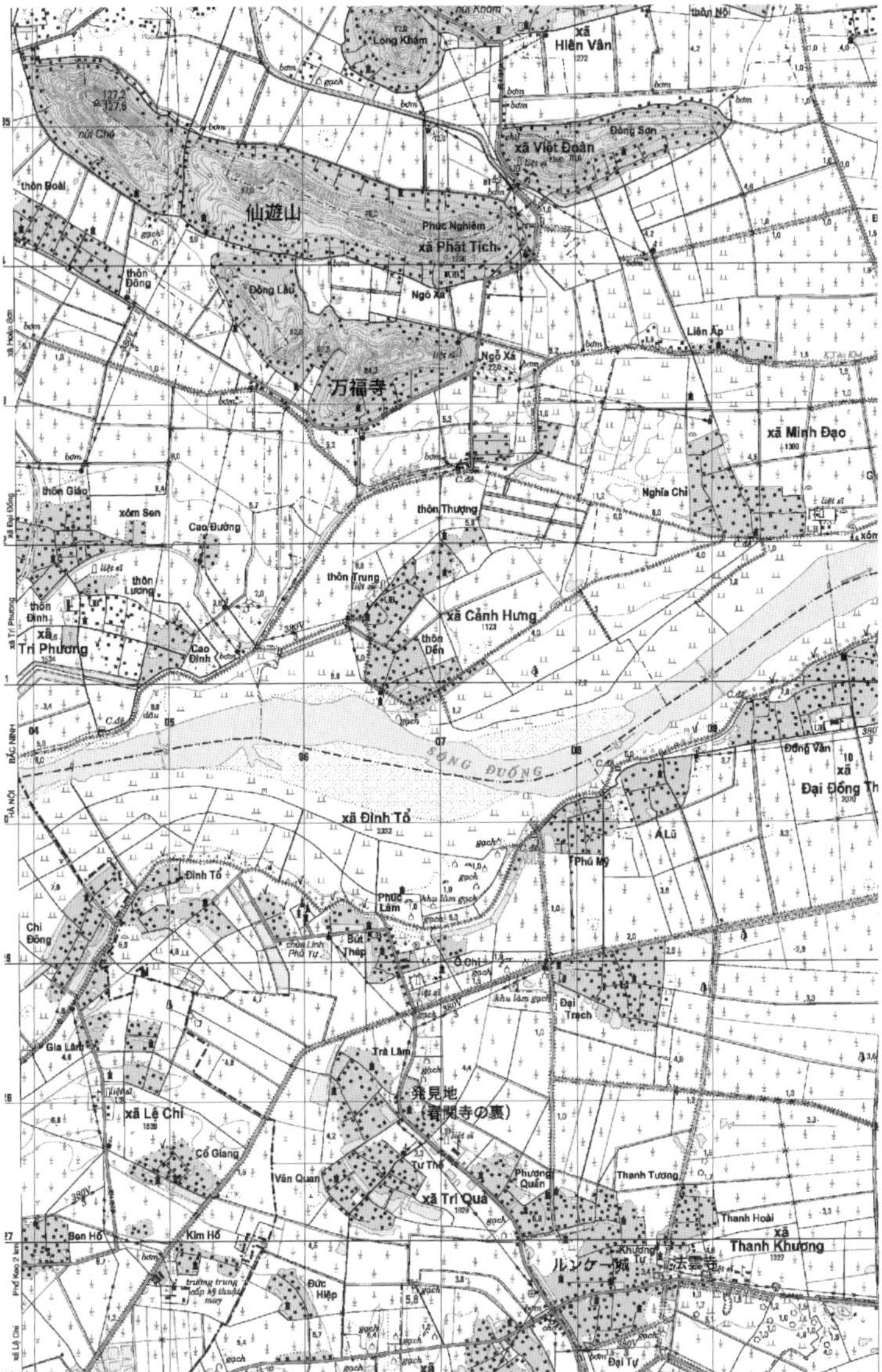

図3　仙遊山、万福寺、銘文の発見地（春関寺）、法雲寺の相関図（ベトナム地図測定局の２万５千分の１地図に筆者加筆）

写真10　仙遊山の仏跡寺から出土した「李家第三帝彰聖嘉慶七年造」文字塼（仏跡寺の宝物館所蔵）

斤」の鐘を鋳造し、「重光寺」に置いたが、その鐘は自ら寺に動いたというエピソードが朝廷に報告された[16]。一〇三七年、「重光寺碑」が建てられた[17]。一〇四一年に李太宗は再び「仙遊山」に御幸し、「慈氏天福院」の起工式を視察した[18]。一〇六六年、郎将郭満は李聖宗の命をうけ、「仙遊山」で塔を建立した[19]。さらに一〇七一年正月、今度は李聖宗が自ら「長丈有六尺」の「仏字碑」を書き、「仙遊寺」に置かせた[20]。

仙遊山は八つもの峯があり、上記の仏教施設が同じ峯に造立されたかどうか、判断が難しいが、一〇六六年の塔は**Phật Tích**（仏跡）峯にあったことは確かである。というのは、**Phật Tích**（仏跡）峯（標高八〇メートル）の**Phật Tích**寺（別名万福寺）に李朝期の仏像や仏塔の基壇が現存しており、その基壇から「李家第三帝龍瑞太平四年造」（一〇五七年）や「李家第三帝彰聖嘉慶七年造」（一〇六五年）等の文字塼が発見されたからである（**写真10**）。

このように、十一世紀に李朝は仙遊山で多くの仏教施設を建立させたが、その背景には李朝の皇帝が仙遊山の禅老・究旨両禅師を厚く信任したことがある。『禅苑集英』禅老伝に李太宗は通瑞年間（一〇三四～一〇三九）、「仙遊天福峯重明寺禅老禅師」のもとに尋ね、禅老の言葉で悟った。李太宗は禅老を朝廷に顧問役として招聘しようとしたが、禅老はそれより先に遷化したため、それを惜しんだ李太宗は山門に禅老の舎利塔を建立し、重明寺を

「広修」させた。(21) 李太宗はまた仙遊山光明寺の究旨禅師に対しても重ねて朝廷に招聘したが、究旨がそれに応じなかったため、李太宗が自ら三回も光明寺に尋ねてきた。究旨は「太師梁公文任」や「宰相公道嘉」からも厚い信頼をうけていた。(22)『禅苑集英』の「重明寺」・「光明寺」は『大越史記全書』の「重光寺」と同一の寺院であった可能性もあるが、それはともかくして、仙遊山の禅老・究旨両禅師のおかげで仙遊山の寺院が李朝の皇帝から厚く信仰を集めたことがわかった。その一方、重光寺の鐘が自ら寺に動いたという一〇四一年の報告からみると、仙遊山の僧侶たちも李朝の皇帝に積極的にアピールしようとしたことが窺える。

仙遊山で寺院の建立・拡張が行われている中で、一〇三四年、仙遊山から東南に約六・五キロ、銘文の発見地から東に二・五キロ離れた法雲寺から舎利が発見されたということが朝廷に報告された。十四世紀の成立とされる『大越史略』によると、天成七年（一〇三四）四月に、「古州法雲寺僧上言すらく、寺中発光すること数道なり。光に随いて之を掘る。石函一を得る。函内に銀函有り、銀函内に金函有り、金函内に瑠璃瓶有り、瓶の中に舎利有り(23)」とある。法雲寺には仁寿四年の舎利塔や、後述するように僧法賢の師比尼多流支の舎利塔という二つの舎利塔があった。この舎利は比尼多流支の舎利なのか、仁寿四年の舎利なのか、それとも仙遊山天福峯の旧禅衆寺から掘り出した仁寿元年の舎利を「法雲寺」のものに仕立てたのか、よくわからない。とりあえず、中国のようにベトナムでも舎利が発掘され、再埋納された事例があるということは確認できよう。

以上、発見状況や文献史料を考察することにより、仁寿元年、交州舎利塔銘及びそれに伴った石函は本来、現発見地ではなく、仙遊山天福峯の禅衆寺に埋納されたことを明らかにした。それはいつ掘り出され、いつ現在の発見場所に再埋納されたのか、未解明のままであるが、十一世紀に天福峯も含めて仙遊山一帯に大規模に仏教施設が建立・拡張されたので、この時期に銘文や石函が移転された可能性がある。なお、仙遊山に八つもの峯があるため、天福峯がどこにあったのか、判断が困難だが、李朝期の仏塔が現存している仙遊山の仏跡峯がその候補の一つであろう。方角からみれば、発見場所は仙遊山の仏跡峯の真南にある。

三　交州への舎利分布の政治的な背景

それでは、仁寿元年に舎利がどんな時代の背景で交州に送られたのだろうか。

冒頭で説明したように、隋文帝の舎利塔建立事業は早くからベトナムの研究者の関心を集め、ベトナム仏教史上の重要な出来事として紹介された。ところが、仁寿元年当時に交州に李仏子の「万春国」という自立政権が存在したから、隋の舎利が交州にもたらされた事実がないとの否定的な意見さえあった(24)。『隋書』をはじめとする中国側の史料では、仁寿年間、交州に李仏子という勢力があったと認められているものの、その正体に関して詳細な記述がなかった。ところが、十三〜十四世紀成立・十五世紀校正とされた『嶺南摭怪』、十四世紀成立の『大越史略』、十五世紀成立の『大越史記全書』に李仏子という人物と六世紀半ばの李賁との関係が詳細に述べられている。

中国の正史にもみられるように、南朝梁の大同七年（五四一）、交州の「土民」李賁は、梁に対して反乱を起こした。梁の鎮圧軍を撃退した李賁は、大同十年（五四四）ごろ、交州で「越帝と自称し、百官を置き、大徳に改元し」て（『資治通鑑』巻一五八）、「万春国」を建国した（『大越史略』）。二年後、梁将陳覇先（後は陳高祖）は交州に進軍し、二年間苦戦した後、李賁を「斬首」することができた。李賁の兄李天宝はその側近李紹隆とともに九真（今はタインホア〈清化〉省）に入り、二万の兵士を率いて徳州刺史陳文戒を殺害し、愛州を包囲したが、それも陳覇先に「討平」された。

『陳書』や『隋書』などの中国の史料では李天宝関係の記述はそこで終わっている。ところが、『大越史記全書』や『嶺南摭怪』一夜沢伝によると、陳覇先に敗れた李天宝はその後、哀牢（今はベトナム・ラオスの国境地帯）の「野能洞」に入り、そこで勢力を温存させた。梁敬帝の紹泰元年（五五五）、李天宝がなくなった後、その後を継いだのは部将李仏子である。(25) その一方、交州の方面で趙光復という李賁の部将は一夜沢という地域に潜んで、「趙越王」と自称し、梁軍にゲリラ戦を展開した。太清二年（五四八）に梁で侯景の乱が勃発し、陳覇先は部将楊孱を交州に残し、自ら軍隊を率いて帰国した。それを狙って、趙光復は楊孱に攻勢をかけ、梁軍を中国に撃退した。趙越王は龍編城に入城し、それを拠点にした。(26)

梁の太平二年（陳の永定元年・五五七）、今度は李仏子が東進し、趙越王と交戦を繰り返した。陳宣帝の太建三年（五七一）になって、ようやく趙越王の勢力を滅ぼした（『大越史記全書』）。李仏子は『大越史記全書』によれば「李南帝」李賁に嗣いで「後李南帝」と呼ばれた。以上のように、中国側の史料では六世紀を通じて、梁が交州での反乱をすべて鎮圧することができたように記載されているが、ベトナム側の史料では、反乱軍はその後も長期的に抗戦し、結果的に李仏子が五七一年に交州を制圧して、万春国を復興することに成功したとある。

『隋書』によると、開皇十年（五九〇）に「婺州人汪文進、会稽人高智慧、蘇州人沈玄懀」の反乱と相まって、「交州李春」は「楽安蔡道人、蔣山李稜、饒州呉代華、永嘉沈孝澈、泉州王国慶、餘杭楊宝英」と並んで「大都督と自称し、州県を攻陥」したという。『隋書』はそれに「上柱国内史令越国公楊素に詔し、これを討平せしむ」という内容を付け加えた。(27) さらに仁寿二年十二月、『隋書』に「交州人李仏子、兵を挙げて反す。行軍総管劉方をして討平せしむ」とあるように、隋は交州の李仏子の反乱を鎮圧した。その一方、『大越史記全書』に「後李

表2　『隋書』開皇十年条及び同楊素伝に見える人名の相違

『隋書』開皇10年条に見える反乱者	『隋書』楊素伝に見える楊素の征討対象者	備　考
「婺州人汪文進」	「賊帥汪文進」	
「会稽人高智慧」	「浙江賊帥高智慧」	
蘇州人沈玄懀	「沈玄懀」	
「楽安蔡道人」	「蔡道人」	
「蔣山李稜」	「江南人李稜」	
「饒州呉代華」		『北史』に「呉世華」とある。「尋從楊素征江表、別破高智慧於会稽、呉世華於臨海、進位上大将軍」（『北史』巻11）
「永嘉沈孝澈」	「永嘉賊帥沈孝徹」	
「泉州王国慶」	「泉州人王国慶」	
「余杭楊宝英」		
「交趾李春」		

南帝、在位三十二年」とあるように、李仏子政権は五七一年〜六〇二年まであわせて三十二年存続したとされている。

　このように六世紀後半の交州支配の実態をめぐって、ベトナム側と中国側の間で史料の整合性が取れていないように見える。フランス人学者Henri Maspero氏は、『大越史記全書』や『嶺南摭怪』の内容を後世の「造作」として否定し、陳から隋にかけて交州が終始陳・隋の支配下にあったとの見解を示した（H.Maspero［1916］）。

　ところが、Maspero氏の見解はその後Đào Duy Anh氏に批判された。Đào Duy Anh氏は『隋書』楊素伝に着目し、そこに「江南人李稜」、「沈玄懀」、「浙江賊帥高智慧」、「賊帥汪文進」、「永嘉賊帥沈孝徹」、「泉州人王国慶」に関する楊素の征討が詳しく書かれているのだが、交州の李春に関する記載が一切なかったことに着目し、五九〇年に楊素が交州に進軍していないとの見解を示した（Đ.D.Anh［1963］、表2）[28]。

　また、氏が指摘したとおりに、次の史料は、隋朝と前李朝の実質的な関係を示している。

【史料】『隋書』巻五六、令狐熙伝

熙奉詔、令交州渠帥李仏子入朝、仏子欲為乱、請至仲冬上道、熙意在羈縻、遂従之、有人詣闕訟熙受仏子賂而捨之、上聞而固疑之、既而仏子反問至、上大怒、以為信然、遣使者鎖熙詣闕（中略）行軍總管劉方擒仏子送於京師、言熙実無贓貨、上乃悟、於是召其四子、聴預仕焉、

仁寿年間、広州刺史令狐熙は隋文帝の詔を奉じて、交州渠帥李仏子に対して入朝するように求めた。ところが、李仏子は反乱の意図があったので、それを延期し、仲冬に出発することを請うた。このように令狐熙は当時、隋の中央政府と李仏子との連絡窓口の存在であった。さらに「熙の意、羈縻にあり」とあるように交州に対して、令狐熙はあくまでも羈縻体制で、つまり李仏子が有した交州の統治権を隋の支配機構に編成しようとした。李仏子を交州刺史ではなく、交州渠帥と呼んだのも、隋が正式に李仏子の統治権を認めなかったことを意味する。その一方、李仏子は「乱を為さんと欲し、仲冬に至り上道を請う」とあるように、隋の征討軍がいつかやってくることに備え、服属するように見せ、できるだけ時間を稼ごうとした。

隋朝と李仏子政権との関係を考える上で「蘇孝慈墓誌」という金石文資料にも注目すべきである（写真11）。蘇孝慈は扶風出身で西魏・北周・隋の三王朝に奉仕した人物で、六〇一年になくなった。六〇三年に作られた蘇孝慈の墓誌は一八八八年（道光十四）に陝西省蒲城県で発見され、原石が現在陝西蒲城博物館に保管されている。当墓誌の内容のなかで特に注目すべきなのは、蘇孝慈が死亡する前に、隋によって交州道行軍総管職に任命されたとの内容である。[29] 一方、『隋書』によれば、蘇孝慈がなくなったのは、「仁寿元年六月己丑日」（一日）であった。[30] つまり、隋はすでに仁寿元年六月以前から交州への侵攻を企画し、その一環として蘇孝慈を指揮官に任命した。

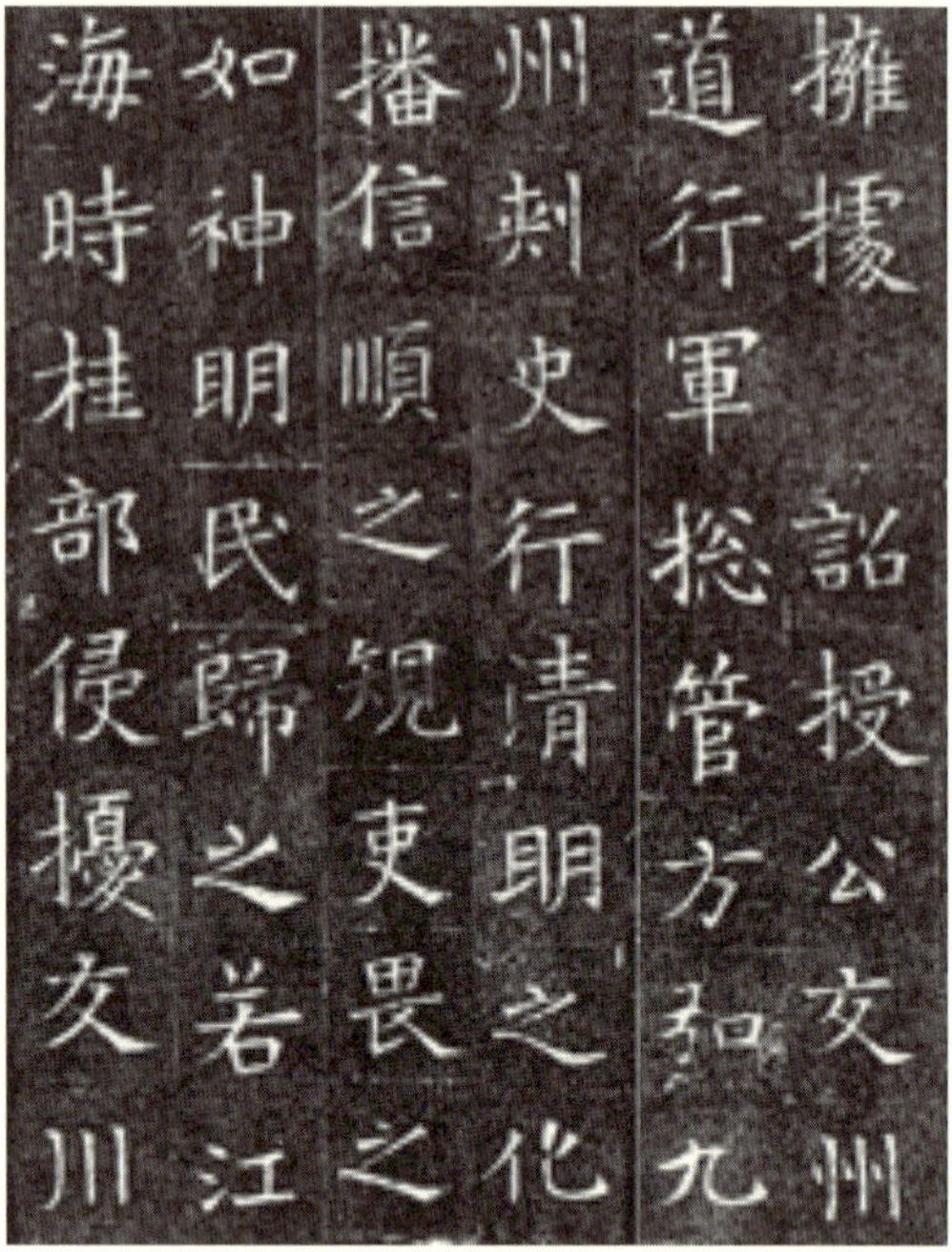

写真11　蘇孝慈悲墓誌（追補記参照）

ところが、たまたま六月の初頭に蘇孝慈は病死したため、その侵攻計画を延期せざるをえなかった。そこで六月十三日に隋文帝は詔を下し、交州に舎利を分布することを命じたのである。

このように仁寿元年に隋文帝が仏教の教化機能で交州を服属させることを期待したと考えられる一方、現実的に隋は舎利を分布し、交州の反応を見て、次の対策を検討しようとしたと解釈することも可能である。

その状況のなかで李仏子政権は隋の舎利分布事業に対してどのような立場をとっただろうか。それを直接示す史料がないものの、上述のように、李仏子は戦争を準備するために、隋からの入朝の要請に対して「仲冬」まで延期を請い、精一杯時間を稼ごうとした。もし隋からのわずか「沙門一人」、「侍者二人」、「散官一人」という小規模な仏教使節団を拒否すれば、その「反乱」の意図がすぐばれてしまっただろう。さらに李仏子も「仏子」という氏名から窺えるように、仏教に対して強い信仰心をもった人物である。その李仏子は隋皇帝が分布する「法身」の舎利に興味があっただろう。要するに仁寿元年の時点で交州を実効支配した李仏子が隋文帝の舎利を受け入れた可能性が十分にあると考えられる。

四　隋文帝の舎利塔建立と比尼多流支の禅宗

第一節で述べたように、仁寿元年の事業において隋文帝は交州での舎利塔建立地を具体的に指名しなかった。それでは「禅衆寺」がどうして選ばれたのだろうか。結論から言えば、禅衆寺の開基僧法賢の師比尼多流支が隋朝の仏教復興政策に密接に関わったからである。

禅衆寺は北天竺出身僧比尼多流支の禅宗に属している寺院である。すでにNguyễn Lang氏［一九七四］やLê Mạnh Thát氏［一九七六］が言及したように、『歴代三宝紀』や『続高僧伝』によると、比尼多流支は隋で「滅喜」という名称で広く知られている北天竺烏場国出身の僧侶である。比尼多流支は隋文帝の仏教復興政策を聞き、隋文帝の招待をうけ、隋の都大興城の大興善寺で、開皇二年二月に「象頭精舎経一巻」、同開皇二年七月に「大乗方広総持経一巻」の漢訳を完了させた。

【史料】『歴代三宝紀』巻十二
象頭精舎経一巻　開皇二年二月訳
大乗方広総持経一巻　開皇二年七月訳
右二部二巻、北天竺烏場国三藏法師毘尼多流支、隋言滅喜、既聞我皇興復三宝、故能不遠五百由延、振錫巡方来観盛化至止、便召入令翻経、即於大興善寺訳出、給事李道宝般若流支次子曇皮二人伝訳、大興善寺沙門長安釈法纂筆受為隋言、幷整比文義、沙門彦琮並皆製序、

本稿で特に指摘したいのは、比尼多流支は交州で二年間ほど活躍してから隋の経典翻訳に従事したということである。『禅苑集英』比尼多流支伝によると、比尼多流支が中国に初めて行ったのは、陳の太建二年（五七四）であった。ところが、比尼多流支は長安で北周武帝の仏法破滅政策を目撃し、北斉の都鄴に行こうとした。当時禅衆第三祖僧璨は司空山に避難中だったが、僧璨に謁見し、璨からの勧めをうけた比尼多流支は南下することにした。広州の制止寺で比尼多流支は六年間かけて「象頭報業差別等経」を訳した。周の大象二年（五八〇）三月に、比尼多流支はさらに南下し、交州の法雲寺に着いた。法雲寺で比尼多流支は法賢を弟子にして「総持経一巻」を訳した(31)。

このようにみると、大興善寺で隋文帝の経典翻訳事業に従事する前に、比尼多流支は二年間ほど（五八〇～五八二年）交州に滞在したことがわかる。また大興善寺における『象頭経』や『総持経』の翻訳は、広州の制止寺や交州の法雲寺の作業を踏まえたと考えられる。その後、比尼多流支はまた交州に戻り、隋の開皇十四年（五九四）に遷化した。大興城で活躍する際に比尼多流支は交州の仏教に関する自分の知見を関係者に伝えたと考えられる。舎利塔が建立された禅衆寺は、比尼多流支の弟子法賢によって開基された。『禅苑集英』法賢伝によると、比尼多流支が遷化した後、法賢は山に入り、「衆善《ママ》寺」を開基（刱）した。時に「居僧三百余人、南方禅宗於此為盛」とあるように、「衆善寺」は常に三百以上の僧侶が集まっている大寺院となった(32)。法賢伝所載の「衆善寺」は禅衆寺の誤記だと考えられている。

要するに、仁寿元年の事業で禅衆寺が選ばれたのは、下記の三つの理由によると思われる。

第一に、禅衆寺の開基法賢の師比尼多流支は隋文帝の仏教復興政策に強く関わっていた人物である。隋朝の大興城に行く前に比尼多流支は二年間交州に滞在し、何らかの形で交州の仏教興隆の様相を関係者に語ったと考えられる。

第二に、比尼多流支の遷化後、その弟子法賢は、禅衆寺を開基し、「三百余人」程の僧侶がいる大寺院に発展させた。舎利分布事業で隋文帝が儀式に求めた僧侶の人数（三六〇人）の条件を考えると、禅衆寺は有力な候補になっただろう。さらに法賢が「茲山」に入って、そこで寺を開いたとあるので、隋文帝が指示した「起塔すること前山に依れ」との条件にも一致している。

第三に、法賢は比尼多流支の法門に精通するのみならず、舎利塔建立の仕事にも経験があった。『禅苑集英』比尼多流支伝によると、比尼多流支が遷化後、法賢は「収五色舎利起塔」とあるように、比尼多流支の五色舎利を集め、法雲寺で舎利塔を建立した。それは「開皇十四年甲寅也」とあるように、隋文帝が交州に舎利を分布した仁寿元年より七年も前のことである(33)。

おわりに

ベトナムにおける隋朝の仁寿元年（六〇一）の舎利塔銘の出土は、非常に有意義な発見である。この発見はベトナムで発表された後、日本でも河上麻由子氏の優れた論考によって詳細に紹介された。当銘文や関係遺物の性格を理解するために、本稿では若干の情報を補足した上で「打刹」という表現に着目し、発見者が証言した発見状態から銘文が発見された場所は七世紀の禅衆寺ではないことを推測した。

そこで、『禅苑集英』の記載に着目し、禅衆寺が本来仙遊山の「天福峯」にあったことを指摘した。仙遊山は発見地より北に五・五キロ離れており、その麓に本来天徳川が流れていたため、隋文帝が求めた「山水寺」という選定条件に一致している。このように、仁寿元年、仙遊山の天福峯にある禅衆寺で舎利が石函とともに埋納されたのだが、いつかの時点に掘り出され、現在の発見地点に再び埋納されたのである。十一世紀に天福峯も含めて仙遊山一帯に大規模に仏教施設が建立・拡張されたので、この時期に銘文や石函が移転された可能性がある。なお、仙遊山に八つもの峯があるため、天福峯がどこにあったのか、判断が困難だが、李朝期の仏塔が現存している仙遊山の仏跡峯がその候補の一つだと思われる。将来の発掘調査に期待しよう。

冒頭で述べたように、ベトナムで仁寿舎利塔銘が出土したことは、銘文や舎利容器の研究に新しい知見を提供した。それとともに仁寿年間における隋朝の仏教・政治政策及び隋帝国と周辺地域との関係を再検討するきっかけともなった。本稿では交州の立場にたって、隋朝と交州との政治的な関係を検討した上で、次のようにまとめたい。第一に、仁寿二年以前、隋は直接交州を支配することができず、あくまでも羈縻体制で交州を実効支配していた李仏子を自分の支配下に再編成しようとした。第二に、隋代の「蘇孝慈墓誌」を検討することにより、仁寿元年六月以前、隋は交州に侵攻する企画をすでに立てていたが、たまたま六月一日に交州行軍総管に任命された蘇孝慈が病死したため、その遠征計画は中止となった。六月十日に隋文帝は舎利分布の詔を下し、そのなかで交州を舎利塔建立地の一つとして選んだ。確かに隋文帝は舎利分布事業によって仏教の教化機能を用いて自分の統治権を強化しようとしたのである。しかし、交州にかぎっては、隋が実効支配できない地域に舎利塔を建立させることによって、在地の統治者の反応をみ、次の手立てを検討しようとするという政治的な意図も読み取れた。つまり、仁寿年間の隋文帝の舎利分布事業は、隋が自ら征服した領土や陳をはじめとした他勢力から受け継いだ領土の支配権の正当性を主張・確認しようとする事業でもあったのである。

また交州の視点に立って検討することにより、禅衆寺で舎利塔を建立した背景には、当時の交州の仏教と中国内地の仏教との複雑な関係や交流がみられた。天竺系の比尼多流支の往来により、禅宗の法門のみならず、広州や交州で行われた経典漢訳の成果も隋の都大興城にもたらされた。比尼多流支が再度訪中をした背景にも、隋が仏教復興政策を開始したという情報が、何らかの形で交州滞在中の比尼多流支に伝えられ、当時仏教の頻繁な情報ネットワークが存在したことが窺えるのである。

注

（1）「皇帝於是、親以七宝箱、奉三十舎利、自内而出置於御座之案、与諸沙門燒香礼拜、願弟子常以正法護持三宝、救度一切衆生、乃取金瓶瑠璃各三十、以瑠璃盛金瓶、置舎利於其内、薫陸香為泥、塗其蓋而印之」（『広弘明集』巻十七所収『舎利感応記』）。

（2）「瀼州（今理臨江県）隋大将劉方始開此路、置鎮守、尋廃不通、大唐貞観中、清平公李広節尋劉方故道、開置瀼州、以達交趾」（『通典』巻一八四）。

（3）「三十州同刻十月十五日正午入於銅函石函、一時起塔（中略）諸沙門各以精勤、奉舎利而行、初入州境先令家家灑掃覆諸穢悪、道俗士女傾城遠迎、総管刺史諸官人、夾路歩引、四部大衆容儀斎粛、共以宝蓋旛幢華台像輦仏帳仏輿香山香鉢種種音楽、尽来供養、各執香華或焼或散、圍繞讃唄梵音和雅、（中略）沙門対四部大衆作是唱言、至尊以菩薩大慈無辺無際哀愍衆生切於骨髓、是故分布舎利共天下同作善因、又引経文種種方便、訶責之教導之、（中略）大衆一心合掌右膝著地、沙門乃宣読懺悔文曰、（懺悔文内容中略）舎利将入函、大衆圍遶塡噎、沙門高奉宝瓶巡示四部」（『広弘明集』巻十七所収『舎利感応記』）。

（4）「熙以州県多有同名者、於是奏改安州為欽州、黄州為峯州、利州為智州、徳州為驩州、東寧為融州、上皆従之」（『隋書』巻五十六、令狐熙伝）。令狐熙伝では時期が書いてないが、『隋書』地理志に「日南郡梁置徳州、開皇十八年改曰驩州」云々とあるように開皇十八年（五九八）の改称だと判断した。

（5）「隋刺史劉方、以聞高祖又嚮此方、欽崇仏教、且復高師徳、譽遣使賷仏舎利五函、附牒勅師建塔供養、師乃於嬴陵法雲寺及峯驪長愛等州各寺起塔」（『禅苑集英』法賢伝）。

（6）「辛」の字体は「辛」。

（7）「願」の字体は「顛」か「䫫」。

（8）「爰及」は「及び」という意味で、隋文帝の詔にも見られる表現である。

（9）「庶」の字体は「庻」。

（10）「起」の字体は「𧺆」。

（11）「交阯郡　龍編　武寧　望海　句漏（後略）」（『南齊書』巻十四、交州）。「封慧度龍編県侯食邑千戸」（『宋書』巻九十二、杜慧度伝）。

（12）趙超『漢魏南北朝墓誌彙編』（天津古籍出版社、一九九二年）。

（13）「其散官文騎尉為承議郎、屯騎尉為通直郎、雲騎尉為登仕郎、羽騎尉為将仕郎」（『旧唐書』巻四二、職官一）。

（14）中国の史料では「毘尼多流支」と記録する場合もあるが、本稿では『禅苑集英』に倣い、「比尼多流支」という表記を統一的に用いたい。

（15）「秋八月、帝幸仙遊山重光寺、詔起重興蔵、遣員外郎何授、杜寛以馴象二遣于宋、宋以大藏経謝之」（『大越史記全書』本紀巻二、天成七年八月条）。「二月、詔写大藏経、留于重興蔵」『大越史記全書』本紀巻二、通瑞三年二月条）。

（16）「詔発銅六千斤鋳鐘置于重光寺、鐘成、使人拽送之、其鐘不待人力、自能移転、頃刻間至其寺」（『大越史記全書』本紀巻二、通瑞二年七月条）。

（17）「冬十月、立重光寺碑」（『大越史記全書』本紀巻二、通瑞五年十月条）。

（18）「冬十月、帝幸仙遊山、観起慈氏天福院、及還、詔発銅七十五百六十斤、鋳弥勒仏、海清、功徳二菩薩及鐘置于其院」（『大越史記全書』本紀巻二、乾符有道二年十月条）。

（19）「秋九月、命郎将郭満建塔仙遊山」（『大越史記全書』本紀巻三、龍章天嗣元年九月条）。

（20）「春正月、帝書仏字碑、長丈有六尺、留于仙遊寺」（『大越史記全書』本紀巻三、神武二年正月条）。

（21）「仙遊天福峯重明寺禅老禅師（中略）将遣使迎師赴闕顧問、而師先以帰寂、帝深悼惜、御製詩哀挽、勅中使厚賷厚礼結壇闍維、納霊骨、塔于山門、又広修其寺、置徒以香火焉」（『禅苑集英』禅老伝）。

(22) 「尋入仙遊山重明寺、頭陀苦行六年、足不下山、演化之声升聞于上、李太宗皇帝、累徵不就、凡三幸其寺、以慰問焉、太師梁公文任、亦加礼敬、龍瑞太平年間、宰相楊公道嘉以其寺請師住持」（『禅苑集英』究旨伝）。

(23) 「古州法雲寺僧上言、寺中放光数道、隨光掘之、得石函一、函内有銀函、銀函内有金函、金函内有瑠璃瓶、瓶中有舍利」（『越史略』巻中、天成七年（一〇三四）四月甲戌条）。

(24) L. M. Thát [1999].

(25) 「天宝兵敗、乃收余衆万人、奔哀牢境夷獠中、見桃江源頭野能洞、地広衍沃可居、築城居之、因地名建国号、至是衆推爲主、称桃郎王」「乙亥八年（梁敬帝方智紹泰元年）桃郎王卒于野能国、無嗣、衆推李仏子為嗣、統其衆」（『大越史記全書』趙越王紀）。

(26) 「王縱兵撃之、孱拒戰敗死、梁軍潰北帰、国乃平、王入龍編城居之」（『大越史記全書』趙越王紀）。

(27) 「是月、婺州人汪文進、会稽人高智慧、蘇州人沈玄懀皆挙兵反、自称天子、署置百官、楽安蔡道人、蔣山李稜、饒州呉代華、永嘉沈孝澈、泉州王国慶、余杭楊宝英、交趾李春等皆自称大都督、攻陥州県、詔上柱国、内史令、越国公楊素討平之」（『隋書』巻二、開皇十年十一月条）。

(28) なお、開皇十年の江南地域で勃発した反乱に関して、氣賀澤保規氏の研究（一九七六）も参照されたい。

(29) 「仁壽元年遷授使持節総管吉江虔饒袁撫七州諸軍事、洪州刺史（中略）時桂部侵擾[交]、友川擁據、詔授公交州道行軍総管、方弘九伐、遽縶千里、遘疾薨于州治」（『北図』蘇孝慈墓誌、第九冊）。

(30) 「六月癸丑、洪州總管蘇孝慈卒」（『隋書』巻二、高祖下、仁壽元年六月癸丑〈一日〉条）。

(31) 「龍編古州郷法雲寺、比尼多流支禅師南天竺国人婆羅門種也、少負邁俗之志、徧遊西竺求仏心印、法縁未契携錫而東南、陳朝太建六年壬午、初至長安、会周武帝隳滅仏法、欲往于鄴、時三祖璨以避難故挈其衣鉢隠司空山、師与之遇見（中略）祖曰、汝速南行接、不宜久住於此、師辞去卓錫広州制止寺、大抵六年、訳得象頭報業差別等経、迄周大祥[象]二年庚子三月来于我土此寺居焉、復訳出総持経一巻」（『禅苑集英』比尼多流支）。

(32) 「支滅已経、入茲山禅定、形如橋木、物我俱忘、飛鳥就馴、野獣相押、時人嚮風来、学者不可勝数、刱寺授徒、居僧常三百余人、南方禅宗於此為盛」（『禅苑集英』法賢）。

(33) 「法賢闍維収五色舍利起塔時開皇十四年甲寅也」（『禅苑集英』比尼多流支伝）。

参考文献

Henri Maspero［1916］「Etudes d'histoire d'Annam」（『Bulletin de l'Ecole française d'Extrême-Orient』Tome 16）

山崎宏［一九四二］『支那中世仏教の展開』（清水書店）

René Mercier・Henri Parmentier［1952］「Eléments anciens d'architecture au Nord Viêt-Nam」（『Bulletin de l'Ecole française d'Extrême-Orient』Volume 45 - Issue 45-2）

Đào Duy Anh［1963］*Cái bia cổ ở Trường Xuân với vấn đề nhà Tiền Lý*, Tạp chí NCLS, 50（5）（ダオ・ズイ・アイン「長春の古碑と前李朝との関係」『歴史研究』五〇（五））

Nguyễn Lang［1974］*Việt Nam Phật giáo sử luận*, NXB Lá Bối（NXB Văn học in lại năm 2000）（グェン・ラン『越南仏教史論』（Lá Bối出版社、後に文学出版社によって二〇〇〇年に再版）

氣賀澤保規［一九七六］「隋代における江南の動向について」（『鷹陵史学』二）

小杉一雄［一九八〇］「六朝及び隋代に於ける塔基表示」（『中国仏教美術史の研究』新樹社）

ベトナム考古学院［一九八六］『ニャン・タップ発掘』（ベトナム考古学院図書室資料：HS三三一一）

Trần Anh Dũng - Nguyễn Mạnh Cường［1987］*Tháp Nhạn ở Nghệ Tĩnh qua hai lần khai quật*, Tạp chí Khảo cổ học, 3（チャン・アイン・ズン、グェン・マイン・クォン共著「二回にわたるゲティン省ニャン・タップ遺跡の発掘調査」『考古学』三）

大野雅仁［一九九〇］「隋朝仏教政策の一側面――舎利塔事業を中心として」（『印度學仏教學研究』第三九巻第一号）

Hà Văn Tấn［1993］*Chùa Việt Nam*, NXB KHXH（NXB Thế giới in lại năm 2010）（ハー・バン・タン『ベトナム寺院』社会科学出版社。後に世界出版社によって二〇〇〇年に再版）

劉呆運［一九九八］「仙游寺舎利塔的考古発見」（『中国文物報』一九九八年十一月二十二日）

李亜新［一九九九］「法王塔之謎（下）」（『橋』一九九九年第一期）

Lê Mạnh Thát［1976］*Nghiên cứu về Thiền uyển tập anh*, NXB Thành phố Hồ Chí Minh (in lại bản của Đại học Vạn Hạnh Sài Gòn), 1999.（レー・マイン・タット『禅苑集英の研究』、バン・ハイン出版社。後にホーチミン市によって一九九九年に再版）

氣賀澤保規［二〇〇一］「隋仁寿元年（六〇一）の学校削減と舎利供養」（『駿台史学』一一一（二））

中村伸夫［二〇〇四］「仁寿舎利塔銘に関する一考察――羅振玉旧蔵〈大随皇帝梓州舎利塔銘〉をめぐって」（『芸術研究報』三七）
長岡龍作［二〇〇四］「隋唐期の舎利容器――かたちの変容と意味をめぐって」（『シルクロード学研究二一　中国・シルクロードにおける舎利荘厳の形式変遷に関する調査研究』）
楊泓［二〇〇六］「中国北朝・隋・唐時代の舎利塔地宮と舎利容器」（『東北学院大学論集　歴史と文化』第四〇号）
今西智久［二〇〇九］「隋文帝の仏教政策に関する一考察――釈曇遷の事跡を手がかりに」（『大谷大学大学院研究紀要』二六）
西村昌也［二〇一一］『ベトナムの考古・古代学』（同成社）
大島幸代・萬納恵介［二〇一二］「隋仁寿舎利塔研究序説（美術史料として読む『集神州三宝感通録』：釈読と研究（五）舎利感通篇、仁寿舎利塔篇（前半）、『奈良美術研究』一二）
肥田路美・大島幸代・小野英二他［二〇一二］「美術史料として読む『集神州三宝感通録』：釈読と研究（五）舎利感通篇、仁寿舎利塔篇（前半）（美術史料として読む『集神州三宝感通録』：釈読と研究（五）舎利感通篇、仁寿舎利塔篇（前半）」、『奈良美術研究』一二）
氣賀澤保規［二〇一二］「倭人がみた隋の風景」（同編『遣唐使がみた風景』八木書店）
Lê Viết Nga [2012] *Về hai cổ vật niên đại thời Tùy tại Bảo tàng tỉnh Bắc Ninh*, Hội nghị Thông báo Khảo cổ học, A（レー・ビェット・ガー「バクニン省博物館所蔵の隋代の遺物について」ベトナム考古学総会『考古学の新発見』）
河上麻由子［二〇一三］「ベトナムバクニン省出土仁壽舎利塔銘、及びその石函について」（『東方学報』第八八冊）
ファム・レ・フイ［二〇一四］『阿部仲麻呂の赴任路線について』（世界出版社）

付記　本稿は二〇一三年に発表されたベトナムの『考古学』雑誌の論文を加筆・修正したものである。資料を調査する際にベトナム考古学院、バクニン省博物館、ゲアン省博物館の方々、日本の学者河上麻由子氏から多大のご助力をいただき、この場で厚く御礼を申し上げる。

図版出典一覧

写真6　岐州舎利塔銘（北京図書館金石組編『北京図書館蔵中国歴代石刻拓本匯編』中州古籍出版社、一九九七年、一四三頁）
写真7　同州舎利塔銘（餘華青・張廷皓編『陜西碑石精華』三秦出版社、二〇〇六年、三〇頁）
写真8　青州舎利塔銘（同写真6書、一四四頁）
写真11　蘇孝慈悲墓誌（同写真6書、一九九七年、一五九頁）
なお、雍州舎利塔銘の写真は、以下を参照されたい。http://hk.plm.org.cn/gnews/2009817/2009817143811.html

大理仏教

――インド仏教と中国仏教の二重構造

侯　沖
翻訳　張　勝蘭

仏教は遅くとも唐の武則天の時代（六八四～七〇五）には雲南に伝わっていた、と一般に考えられている。[1] 十四世紀末まで漢伝仏教・蔵伝仏教・南伝仏教の三大部派は前後して雲南に伝わったが、[2] しかし現在人々がもっとも注目し、議論することの多いのは、大理地域の阿吒力《アタリキ》教についてである。

大理は雲南西部に位置し、唐宋時代（六一八～一二七九）に中国西南地域に盤踞した南詔国（六四九～九〇二）と大理国（九三七～一二五三）は、この大理に都を定め、そのため七世紀初頭から十三世紀中頃まで、大理はずっと雲南の政治・経済・文化の中心だった。一九八〇年代から、多くの学者は明清期の雲南地方文献の中に頻繁に出てくる阿吒力教がインドから直接雲南に伝わったが、それは大理を中心に形成された雲南地方の特色ある密教で、つまり大理密教であると主張している。それは「滇密」[3] あるいは「白密」[4] と呼ばれたりもする。どのような呼び方にせよ、第一にそのインド的特色を強調し、第二にその独自性を強調している。明清の雲南地方文献で大理は妙香仏国と呼ばれ、大理密教に関する研究論文と著作は、明清の雲南地方文献のこの呼び方を裏付けている。大理はほんとうに「妙香仏国」だったのか。明清の雲南地方文献に記されている阿吒力教は、雲南地方の特色ある密教だったのか。なぜ大理地域に阿吒力教が出現したのか。いったい、どのように大理仏教を理解すべきか。これらの疑問をすべて本論文で回答したい。もちろん、これらの問題に回答する前に、まず関連する学術史と研究資料を振り返り、本論文の研究構想を紹介する必要があろう。その上で史料によって関連する問題を考察し、大理仏教の性格についてわれわれ自身の見解を述べたいと思う。

一　学術史と研究資料

阿吒力教が中国の学者に注目されるようになったのは、一九八〇年代ではない。すでに四〇年代から、方国瑜、石鐘健、羅庸、徐嘉瑞らは阿吒力教に対してそれぞれの研究を行っており、阿吒力教研究の開拓者といえよう。ここでは、かれらの研究成果にいくつかの明らかな不足と誤りが存在することを指摘しておく。一、史料の信憑性およびその源流に対する考証が不足している。二、阿吒力教経典などの原資料に対する研究が不足している。三、一次資料によらず、先人の推測を演繹して、雲南仏教はチベットから伝来したという偽説を提起したにすぎない。四、仏教に関して必要な基本知識が欠如している(5)。

八〇年代から、阿吒力教はさらに広い注目を受けるようになった。大量の関連論文が発表されただけでなく、専門的な著書も出版された。しかし残念ながら、これらの論著は方国瑜らの研究成果を踏襲し、演繹しただけである。その構想は先人のありきたりの古い形にこだわり、資料に関する新たな発見を欠き、新たに増えたのはおもに先人の研究成果を総合した後で想像して展開したものである。そのもっとも顕著な表れは、僧侶から寺塔、仏画・石窟から経典に至るまで、雲南仏教にすべて「密」のレッテルを貼っていることである。明清期に出現した伝説は密教神話としてまとめられ、明代に出現した『白古通記』は密僧の手になるものとした。龍に関する伝説は密教の龍の神話としてまとめられ、雲南地方志あるいは碑刻にみえる梵僧、釈儒、師僧、阿左梨、阿吒力教、そして密僧などはみな同義語とされてしまっている。[6] これではまるで密教は仏教の代名詞であり、仏教と関係するものはみな密教ということになる。

ここでわれわれが気づいたのは、次のことである。八〇年代以後、雲南の阿吒力教の研究が重要な突破口を獲得できなかったのは、研究者個人の学識・教養の他にも、関連する研究資料が不足し、系統性を欠いていたからである。陳垣によると、雲南仏教は「僧伝が欠如し、文献に証拠がみられない」[7]。国内の著作の中では、明河『補続高僧伝』がもっとも早く雲南の僧侶に注目した。だが収録された僧侶は指折り数えるだけである。また明代の雲南僧侶の周理編『曹渓一滴』と清代の僧侶円鼎『滇釈紀』は、蒐集した雲南僧侶の伝記は少なくないとしても、前者は「取材の多くが地方志・稗史からで、神話が全編にわたり、考証の多くに中身がなく、依拠して準則とするに足らず」[8]、後者は「蒐集は多いが、ごちゃごちゃして筋道が通っておらず」[9]、前者と同様重大な欠陥があり、信史（確かな史実）とはみなせない。

資料不足のため、ある学者は雲南の地方史志から新しい資料の蒐集を試みた。たとえば八〇年代の中頃、董紹禹が輯録出版した『雲南地方志仏教資料瑣編』は、そのような努力の代表作である。しかし本書の題名の「瑣編」、目録の標題中の「抄録」・「瑣録」・「拾零」・「雑抄」からうかがえるように、雲南地方志の資料はみなバラバラ、細々、ごちゃごちゃして、系統性に欠けている。このように、資料が欠乏し、伝世文献資料が細々で、信史として使えないことが、大理仏教研究を制約するネックとなっている。

みることのできる関連資料は多くはないが、われわれが蒐集した資料は可能な限り全面的なものであったかどうか。蒐集した資料ははっきり識別されているかどうか。またこれらの資料に基づき、総合的な研究を行ったかどうか。これらは、大理仏教を研究するとき直面しなければならない問題である。これらの問題を踏まえて、われわれは自らの研究構想を提示したい。

二　研究構想

一、方向を変えて、広く研究資料を開拓する

「沢を竭《か》らして漁《すなど》る」、つまり広く関連資料を蒐集することは、学術研究が進歩しうるかどうかの重要な基礎である。資料が全面的でなく、情報が完全に把握されないと、その結論も偏りをまぬがれない。僧伝文献が欠如している状況でも、視野を広げて、金石文資料、仏教絵画、新発見の写経、ないし民間で使われている経巻文献まで研究資料とし、必要なフィールド調査を行い、歴史文献を歴史状況の中に位置づけるならば、関連する文献資料を充実させることができ、研究対象に対するわれわれの認識を広げられるであろう。そのため一九九五年にわれわれは、「唐から清までの雲南の碑刻、南詔大理の写経、南詔大理の仏画、雲南地方志に対する調査と研究は、阿吒力教を正しく理解するための前提」と指摘した。(10) これは大理仏教研究に使用する資料として、地方志以外に、大理写経、大理碑刻、仏教造像など様々な資料が含まれることを意味する。阿吒力教の経典の発見・蒐集、およ

び阿吒力僧が行う法会に対するフィールド調査などで得られた経験が増加するにつれ、われわれの資料蒐集は明らかに他の学者たちを超えるものとなった(11)。

二、史源を尋ねて、事実真相を探究する

史源学は陳垣が主唱したもので、史料の出所を探り、考証する学問である。かれは歴史を研究するにあたって、史源がはっきりしないと、土台のない学問になってしまうと考えた。そのためかれは歴史書を読むときは、必ず逐一その史源を尋ね、その誤りを調べ正さなければならないと主張した(12)。陳垣のこの学問研究の原則にしたがって、われわれは雲南の碑刻、南詔大理の写経、南詔大理の仏画と雲南の地方志に対して、史源学の探究を行った。それぞれの一次資料に対して深い研究を行うことを試み、それは先人の研究成果の抜き書きや演繹にとどまらない。新たに蒐集し、発見した阿吒力教の経典についても、われわれはそれらの源を探った(13)。そうすることで、少なくともわれわれの研究が他人の研究成果に基づくものではなく、われわれ自身の一次資料に対する認知を土台とするものであることが保証されるのである。

三、総合的に比較して、史料価値を弁別し分析する

異なる資料には異なる表現方式があり、同じ表現方式の資料の表す意味も全部が同じではない。そのため同類の資料を異なる種類の資料とそれぞれ比較し、それらの異同を検討し、その中の信頼できる記述を確定し、真実の史料の価値を顕彰する必要がある。この作業を欠くと、史料の中にある「歴史贋作」の存在を無視し、すべての資料をみな信史とみなしてしまい、人を信服させる結論を得ることはできない。一九九五年以来、われわれは

広く資料を蒐集するという基礎に立脚し、『南詔図伝』、張勝温絵『梵像巻』、剣川石鐘山石窟、鳳儀北湯天で出土した仏教経典、雲南の阿吒力教経典と敦煌遺書に対する専門研究を行い、文物資料を十分に活用して歴史の真相を考察することにつとめ、新しく大理仏教を理解するための基礎を築いた。

四、共感して理解し、歴史の場面に戻る

中原からみれば、雲南は中国の他の周辺と同じく辺境の地に位置する。数千年にわたって継承されてきた中原文化からすれば、雲南は教化されていない未開地と思われている。中原人が雲南に行くのは、使節として、あるいは辺境を開拓し、あるいは充軍（死刑を免じられた囚人を辺境に流して兵役や労役に服させる）のためである。雲南人が内地に行くのは、しばしば帰化、朝貢、あるいは学習のためである。「華」・「夷」はすでに区別されており、「正統」と「僭偽」（分をこえてその地位にいる者）は分けられ、それに応じた上下の秩序もこれに基づいて打ち立てられた。もしわれわれが、かれらの当時置かれた位置に立ち、彼らの観点に立って歴史と伝記を理解することができずに、すべての歴史と伝記の記述を信史とみなし、弁別や分析をせずに議論するならば、その結論は事実と真逆となるかも知れない。

三　「異質」の大理仏教

大理仏教はインドから直接雲南に伝来し、大理を中心に形成された雲南地方の特色ある密教だと言われる。その重要な原因の一つとなっているのは、大理地域の仏教がインドと密接な関連があり、中国仏教とはかなり異な

る「異質」の仏教のようだ、と多くの雲南文献に記述されていることである。具体的には次の三点を挙げることができる。

（一）大理はインドの妙香仏国である。明清の雲南地方文献の中にこのような見解がみえる。蒼山と洱海をシンボルとする大理は、むかしインドにあった妙香城（国）である。釈迦牟尼は大理の西洱河で修行して悟りを開いただけでなく、大理の点蒼山で『法華経』を説いた。釈迦牟尼が円寂した後、弟子の迦葉は大理の点蒼山から鶏足山に至って釈迦の袈裟を守りつつ入定した。阿難は鶏足山の華首門で自ら尊者迦葉の像を彫った。[14] これらの見解によれば、大理はインドの妙香仏国ということになる。

（二）「阿嵯耶観音」はインドから来た蓮華部尊観音である。四〇年代、**Helen B. Chapin**は、中国やアメリカで保存されている銅製の柳腰の観音像が、雲南仏教造像の一つであることを指摘した。[15] それらが雲南造像であると確定された重要な証拠は、現在京都の有鄰館に収蔵されている南詔中興二年（八九九）の画巻である。この画巻は文字と絵の二つの部分からなる。文字の巻に明確に「保和二年乙巳（八二五）歳、有西域和尚菩立陀訶来至我京都云、「吾西域蓮花部尊阿嵯耶観音従蕃国中行化至汝大封民国、如今何在」。語訖、経於七日、終於上元蓮宇。我大封民始知阿嵯耶来至此也」（保和二年〈八二五〉乙巳の歳、西域和尚の菩立陀訶、来りて我が京都に至りて云う有り、「吾が西域の蓮花部尊阿嵯耶観音は、蕃国中より化を行って、汝が大封民国に至る。如今、何くに在るや」と。語り迄え、七日を経て、上元蓮宇に終わる。我が大封民、始めて阿嵯耶の来りて此に至るを知るなり）と記している。この記述によれば、「阿嵯耶観音」がインドから来た蓮華部尊観音であると言える理由は十分にある。

（三）大理の阿吒力は、観音が授記（成仏を予告）した大理の民家大姓の子孫である。明代の大理地域の数種の碑文は『白古通記』を引用し、次のように記している。唐の貞観年間、観音大士はインドから大理に来て、段道超・楊法律ら二十五姓の僧侶をひきい、仏教の顕教と密教の教えによってこの地方を教化した。呪法や経典を訳し、上は王度（王者の徳行と人格の程度）を蔭で補佐した。下は人民に幸福を施した。南詔の蒙氏細奴羅のとき、細奴羅を奇王と授記し、大理を支配させた。徳行のある人を選び、阿吒力灌頂僧とし、国師とした。おおいに密教を興し、五密壇場を建て、雨天晴天を祈禱した。(16) 現在の大理地域の阿吒力は、みなかれらの後裔である。

このように大理仏教とインドとの密接な関係を示す資料はみられるが、それと同じくらい大理仏教には明らかな中国的要素の資料も数多く発見されるのである。

四　大理仏教の中国的要素

南詔建国のさい、唐朝中央の支持による利益を受けたため、南詔が伝承したのは唐代の漢族文化である。南詔の王室はしばしば「世々唐の臣と為る」・「唐を本とし風化す」をもって、自分たちが中原文明と密接な関係があることを標榜していた。そのため、古代雲南が残した文物の中には、しばしば明らかな中国仏教の要素がみられる。それはおもに次のようなものである。

（1）護国法。唐代の不空が『仁王護国般若波羅蜜多経』を重訳し、『仁王護国般若波羅蜜多経陀羅尼念誦儀軌』を翻訳したので、護国法は漢地における密宗の核心的内容の一つとみられている。大理の写経の中の『護国司南抄』(17) は、良賁の『仁王護国般若波羅蜜多経疏』の疏釈（注疏を加えて詳しく解釈したもの）である。『諸仏菩薩金剛等啓請儀軌』の中に保存されている「（護国）陀羅尼観想布字輪」図は、現在唯一知られている陀羅尼観想布字輪であり、また不空が護国法を制定したことを知りうる貴重な資料である。(18)

（2）禅宗南宗七祖図譜。禅宗は中国特有の仏教宗派である。達磨から神会までの系図は、宋代以降の禅宗の伝承系統ではみることができないが、宋代の大理国の張勝温絵『梵像巻』の中には依然として彩色された画像が残されている。大理国の写経の中に澄観の『華厳経疏』と宗密の『円覚経疏』が多いこと、大理国と元代碑文中に華厳と禅が並挙されていることを結びつけると、この系図は唐代の漢地に華厳禅が確実に存在したことを証明できるかもしれない。[19]

（3）十六羅漢と八大明王。信奉されている仏像について言うと、十六羅漢はインド本土では盛んでなく、おもに西域と中国で流行した。大理国の仏教遺存の中で、安寧の法華寺石窟と張勝温絵『梵像巻』にもみな十六羅漢がみられるので、信奉者が当時少なくなかったことが知られる。他にも、剣川の石鐘山石窟の八大明王は、大理写経の『海会八明王四種化現詩賛』・『密教修行図』と互いに実証しあい、また祖覚が加筆した『水陸斎儀』・『補難科』などの漢地の仏教法会儀式のテキストとも互いに実証しあうことができ、その直接な源流は四川であることが分かる。[20] 現在、四川地域に保存されている数種類の八大明王の遺跡もそれを証明している。

（4）漢地における仏教法会儀式のテキスト。仏教の科儀である『円通科』・『報恩科』・『銷釈金剛経』・『天宮科』は、雲南でかなりよく保存されているが、甘粛や貴州などにもあり、それらがみな漢地由来のものであることを証明している。[21] 敦煌遺書の『金剛峻経』（『壇法儀則』）[22] など、唐宋仏教の儀式テキストの多くは欠けている。雲南で発見されたこれらの仏教科儀と突き合わせれば、『金剛峻経』などの敦煌遺書を法会儀式の背景から新しく解読することができる。[23]

（5）『十王経』・『仏説延命地蔵菩薩経』・『高王観音経』・『般若心経』および旋風装。仏典からみれば、法蔵論述の『十王経』は中国人僧侶が編纂した著述である。大理写経の中には、書き写し形式がかなり規範化された『十王経』が保存されている。これは漢伝仏教の特質を解読する拠りどころとなっている。[24] それだけではなく、大理写（刻）経の『仏説延命地蔵菩薩経』・『高王観音経』・『般若心経』も、漢地僧侶の著述である。[25] 大理写経中の純粋な旋風装（唐代に考案された装丁法）は、唐宋期の旋風装の形状を知るのに、新たな実物資料群を提供している。それは中国の伝統的な書籍の装丁形式という角度から、その源流が漢地に由来することを実証している。[26]

この他にも鳳儀北湯天で発見された三十五冊の阿吒力教経典には、はっきりした中国的要素が表れている。

（1）水陸法会儀式のテキスト。水陸法会は漢伝仏教の法会の中でもっとも影響力の大きい法会である。鳳儀北湯天で保存されてきた三十五冊の「秘教（瑜伽）経儀」には、少なくとも三種類以上の水陸儀が含まれ、水陸法会を行うための専用のテキストは二十冊近くある。その中の祖覚が加筆した『水陸齋儀』は、元代の僧侶師習が編纂した次本（完本に次ぐもの）であり、[27] 明らかに明初に初めて雲南に伝わってきたものである。同じく保存テキストの『冥王科』・『地蔵科』・『華厳科』および『薬師科』も、みな漢地の仏教僧侶が編纂したものであり、漢地の仏教道場儀のものである。[28]

（2）預修寄庫《ヨシュウキク》あるいは塡還受生《テンカンジュショウ》。これらは唐末五代の預修の思想が発展して、かつ受生思想と結びついた産物で、[29] 宋代以後の中国仏教の方向に影響を与えたものである。中国の僧侶が撰述した『仏説受生経』の言い方によれば、人は生を受けて人となる前に、冥界で生を受けるためのお金を借りることがある。生を受けて人となった後は、生前と死後に必ず出生の甲子年によって、受生のお金を返済しなければならない。返済の方法は、紙銭を焼いたり、僧侶に法会の儀式をやってもらったり、誦経してもらうことで受生のお金を贖う。[30] こうした観念の流行によって、さまざまな階層・等級・出身・経済能力の人々はみなその負債者とされ、法会の儀式を行って返金しなければならず、それは経懺の盛行を促進するとともに、仏教を民間に浸透させ、各地の風俗習慣に影響を与えた。塡還受生の経典はかなり多く、鳳儀北湯天の「秘教経儀」の中に関連する経典が数種類ある。[31] これらはみな『仏説受生経』の影響を受けることで登場したもので、これらの科儀が漢地仏教の科儀に属することを証明している。

（3）普庵信仰。普庵印粛（一一一五～一一六九）は江西袁州宜春の人、俗姓は余。臨済宗の僧侶。江西省宜春市の南泉山慈化寺に住んでいた。円寂の後、「普庵寂感妙済正覚昭貺禅師」の諡号を賜った。元の大徳四年（一三〇〇）、重ねて「大徳慧慶」と諡された。明の永楽十八年（一四二〇）、「普庵至善弘仁円通智慧寂感妙応慈済真覚昭貺慧慶護国宣教大徳菩薩」と加諡された。中国南方においてもっとも影響力を持つ、仏教で信仰された人物の一人である。

二十世紀末以来、普庵信仰はますます国内外の学者の関心を集めた。[32] 科儀のテキストによって宗教儀式を行い、普庵呪・普庵符を使うのは、普庵教科法の三つの重要な内容とみなされている。[33] われわれが蒐集した阿吒力教経典の中には、宗教儀式を行うための数種類の科儀・呪文、あるいは呪符がある。[34] 鳳儀北湯天の阿吒力教経典中の、「秘教経儀」である『新集諸斉歴朝空花仏事巻下』中の「迎聖開壇」の部分は、「幸いに中華に処り、忝《そ》えて密嗣と為る」、「霊山世尊の教旨を準《はか》り、天台志（智）者の科儀に拠る」と称している。これはこの種のテキストと僧侶が漢地からやって来て、密法（密嗣）を伝承すると自称し、天台宗の智者大師の系統の科儀を使って法会の儀式を行ったことを示している。そしてこれらはすでにしだいに注目されてきた普庵信仰の重要な表現形式に一致している。とりわけその中の「普庵は大神通にて、旭（雷）火天轟（宮）に満つ。婆羅僧掲諦、鬼神の蹤《あと》を断滅す。昨日は方偶（隅）、今は仏地を昭（朝《とな》）う。普庵、此に到り、百々禁忌無し」の文は、福建・江西あたりで小普庵呪と呼ばれ、これらの地方のいわゆる普庵教と相互に証明しあうことができ、阿吒力教がこの普庵信仰を含めて宋代以後の漢地仏教の重要な表現形式であることを示している(35)。

総じて、南詔大理の仏教の遺存にせよ、明清時代に使われた阿吒力教経典にせよ、はっきりした中国的要素を持っていることである。それらは漢地から伝えられたものであることを表明するものである。

それでは、なぜ大理仏教に対してこのような両種の異なる記述があるのみならず、さらに矛盾する見解があるのか。

五　両種の大理仏教史料

約六十年前、向達は南詔史研究において来源が異なる両種の史料があることを指摘した。一種は『蛮書』のように、唐側から派遣された使者や国境警備の官吏が、自分の目で見て、自ら閲覧し、質問し、訪ねて蒐集して編纂したものである。もう一種は雲南の古代民族の歴史伝説に基づき、翻訳・改編してなったものである。南詔史を研究するときは、このような両種の類型の史料があることを明確に認識しなければならない。そうでないと正確な判断は難しい(36)。方国瑜らは向達の観点に同意しておらず、ただ疑問を出すだけで、反論の証拠を挙げていない(37)。われわれが見た関連資料からすると、南詔史料に対する向達の分類は、理に適っていると肯定され、従うことができる。

大理仏教史料を例にとると、第一種の史料は漢地仏教の文献史料である。第二種の史料は『南詔図伝』やその影響を受けて登場する『白古通記』などの雲南地方史志である。前者は南詔初期からすでに登場していたもので、これより当時雲南に伝わったのは、中原伝来の漢伝仏教であることが知られる。後者は南詔後期に登場し、その特徴は漢文化を排斥し、回避し、希薄化し、非中国化に傾き、東南アジアから請来した観音はインド僧が自分の姿に似せて作った阿嵯耶観音などと言い張る。明代に『白古通記』を編纂したとき、『南詔図伝』の大部分の内容を継承して取り入れて、インドのスタイルとアイデンティティーを重ね、さらに大理はインドであり、大理の住民はインドの血統を持つバラモンであり、大理文化の源はインドだと主張した。

大理仏教の第一種の史料と第二種の史料は、同じ事柄に対する表現にも明らかな違いがみられる。（1）大理の帰属について言えば、疑いなく中国に属するが、しかし第二種の史料の中には大理が鶴拓、すなわちインドの乾陀羅あるいは妙香国と主張するものがある。（2）南詔の建国について言えば、第一種の史料は南詔国が唐朝の支持と援助によって建国されたと表明しているが、第二種の史料は観音が細奴羅らに授記して建国させたと主張している。（3）南詔仏教の源について言えば、第一種の史料の中には大理に伝来した仏教が漢伝仏教であるとするが、第二種の史料の中には胡・梵・蕃・漢から伝えられたと述べるものがあり、新たな起源地が増されただけでなく、漢地を最後に列している。明代の『白古通記』の登場後、さらに大理がインドであり、大理こそ仏教の起源地と言うようになった。（4）阿嵯耶観音の造像について言えば、そのスタイルがチャンパの観音造像と同じなので、東南アジア一帯から伝来したはずだが、第二種の史料の中には、阿嵯耶観音はインド僧侶が自分の姿に似せて作ったもので、インド伝来のものだと述べるものがある。（5）阿吒力教について言えば、「阿吒力（教）」の語は明初に書かれた『白古通記』に最初に登場する。大量の阿吒力教経典はみな明代に内地から雲南に伝わった瑜伽教僧侶が用いた科儀である。[38] しかし、第二種の史料の中には、阿吒力教が観音とインド僧侶賛陀崛多によって伝えられ、南詔の頃はすでに重要な影響力を持っていたと主張するものもある。

人々が大理仏教に対して相異なる認識を持っているのは、大理仏教に関する両類の史料が存在することに原因がある。第一種の史料は文章と実物を互いに裏付けることができ、かつ明らかに中国的要素が含まれている。その記述の多くは真実性があり、信頼できる。しかし第二種の史料は歴史伝説・付会・宗教的奇跡などが多く、文章の記述と現存の実物資料を互いに裏付けることができないので、信憑性が乏しい。まさにこの第二種の史料があるため、大理をインドの妙香仏国と称し、また阿嵯耶観音と阿吒力教などの「異質」の大理仏教が存在するのである。

それでは、第二種の史料はどのようにして出現したのであろうか。

六　インドにアイデンティティーを重ねる大理の地方的民族意識

古代の書籍には、大理においてインドにアイデンティティーを重ねる地方的民族意識があったことを伝える明確な記述はまったくない。この見解を打ち出した拠りどころは、われわれが『南詔図伝』と『白古通記』という二つの第二種の資料に対して行った研究である。このことは先に専門的に議論しているので(39)、ここではすでに出された研究成果だけをまとめてみる。

（一）阿嵯耶観音

名称にせよ、造像スタイルにせよ、阿嵯耶観音は雲南の特徴をそなえ、注目すべきである。最初に阿嵯耶観音を記述して表したのは、南詔中興二年に描かれた『南詔図伝』である。しかし、Nandana Chutiwongは、阿嵯耶観音の造像スタイルが東南アジア、とりわけチャンパの観音造像と似ていると指摘した。(40) 彼女のこの結論は、『南詔図伝』中の阿嵯耶観音が、梵僧（インド人僧侶）が老人に化してその姿に似せて鋳造したとする記述を否定する。

もし、阿嵯耶観音が東南アジアから伝来した真相を、阿嵯耶観音に対する『南詔図伝』の称賛と比較し、南詔の建国史を『南詔図伝』に観音が細奴羅を王とするように授記したとある見解と比較し、『南詔図伝』登場以前の雲南仏教の遺物を、『南詔図伝』に描かれた雲南仏教の歴史と比較し、『徳化碑』の中で南詔王が唐中央と漢文化に対して尊敬している記述を、『南詔図伝』中の隆舜らの服装と比較すれば、両者の巨大なコントラストが、また『南詔図伝』が漢文化を排斥し、回避し、希薄化させている傾向が、ともにみえてくるであろう。それはなぜか。それは南詔の国力が強盛になるにつれ、唐王朝との交流過程で、南詔が旧来の臣属関係ではなく、兄弟あるいは伯父甥の関係を結ぶことを望むようになったからである。しかし唐の使臣はこれを拒否し、南詔は唐中央の支持によって初めて六詔を統一し、唐は南詔に厚い恩恵を与えてきたので、南詔の祖先が唐中央を敬って従った伝統に背くべきではなく、南詔王がたとえ唐中央と兄弟あるいは伯父甥関係を結んだとしても、やはり唐に臣従しなければならない、と指摘した。

では、南詔はどのようにして唐に大人しく臣従することなく、また唐との交流の中で以前よりもさらに高い政治的地位を獲得することができたのか。

それは、南詔がそれまでと異なる道を選んだからである。一方では、自分たちが唐の援助を得たことや漢文化の影響を受けたことを希薄化し、他方で漢文化と対抗できる異文化、すなわちインド文化を拠りどころにして、漢文化と対抗できる文化体系を作り、強大な国力と独立した政治を擁する南詔にふさわしい思想・文化的な支えを保持しようとした。そこで、隆舜の時代に南詔は大理を鶴拓と称し、国号を立てて大封民国としただけでなく、言うところの老人がインドの原型を元に造ったとされる阿嵯耶観音像を鋳造したのである。

しかし、東南アジアの観音の象徴としての手中の持物は、阿嵯耶観音の手にはない。これはわれわれが疑問を抱く理由である。阿嵯耶観音は正常のパイプで雲南に伝来したものではなく、南詔王世隆が各地を征討して辺りを拡張した時期に交趾を攻略し、チャンパの国境まで到達したとき得たものである。そのため、その身分を象徴する手中の持物を欠いているのである。

ともあれ、阿嵯耶観音はインド伝来のものでないのに、インドで作られたと言い張ったり、「鶴拓」・「大封民国」・「摩訶羅嵯」など多くの「梵名」が南詔後期に登場するのは、『南詔図伝』で阿嵯耶観音が細奴羅らに授記し、南詔国内の四箇所で巡化するなどの「非漢」の内容とみな同じである。それらは南詔の国力が強盛となり、唐中央とほぼ対等の地位になることを試みたものであるが、文化的原因により実現するすべがなかったとき、隆舜と舜化貞の時代に南詔で採用された漢文化に対抗する新たな産物だった。その意義は真実かどうかにあるのではなく、漢文化ではなく、漢文化と対抗できるものという点にあった。真実を表すのではなく、民族意識を表しているのである。

（二）妙香国と阿吒力

大理を妙香国（城）とする見解、また阿吒力教をインド伝来のものとする見解、それらが最初に登場するのは『白古通記』においてである。『白古通記』は明代に初めてその引用が知られ、清初以降に散逸して存しない。王叔武はその佚文を輯め[41]、さらに関連資料を蒐集して、この本を知るための基礎を作った。

『白古通記』の成書時期についてはさまざまな見解がある。ある人は唐宋とし、ある人は元代とする。しかし、唐代から元代までの雲南地地方史料では、雲南がインドに近く、人々は仏教を信奉している、と述べている。それに対して『白古通記』では、大理がインドの妙香城であり、点蒼山が霊鷲山であり、洱海東岸の九曲山が鶏足山であり、喜洲が阿育王の治城パータリプトラであると述べている。しかも明代になって『白古通記』の名が初めて雲南地方史志と碑刻資料の中に現れる。これは『白古通記』の成書時期が明代より早くはないことを説明している。『白古通記』の佚文中の関連史事と『白古通記』が引用された時期を結びつけて考えると、『白古通記』は明の洪武から永楽年間の著述、正確に言えば洪武十七年から永楽十四年（一三八四～一四一六）の間となる。

『白古通記』が明初に著述されたのは、特定の歴史背景がある。洪武十四年（一三八一）に朱元璋は傅友徳らを派遣し、三十万の兵を率させて雲南を攻め取り、翌年に大理を攻略した。雲南での明の統治を強化するため、重臣を派遣して鎮守させるとともに、租税の制定、学校の建設、仏教の普及、衛堡の設立、移民と屯田など一連の政策を行った。これらの政策によって、一部の少数民族は功利目的のため、自分の民族意識を希薄化し、漢族であることを光栄として、自分たちは漢族の後裔であると偽るようになった。それと同時に新たな対抗を誘発することになった。たとえば、大理喜洲の名も知られぬ楊姓の知識分子のように、「肉体が没すれば、その心を後世にみてもらえぬことを憂慮する」という目的から、「国は滅んでも、史は滅びない」という精神で『白古通記』を撰述し、明朝中央の「武威と徳化を併せ施す」ようなさまざまな「聖化」政策に対抗した。

『白古通記』は夷夏を同一視する、堯舜・周公と孔子を祖述する、儒教を尊び仏教を重んずる歴史を編纂する、という三方面から、自らの「夷夏之辨」の思想を表した。雲南古代の歴史、雲南仏教の歴史の源流、および歴代の支配上層階級の仏教に対する崇拝と信仰を記述し、儒家が歴代にわたって尊崇された歴史を記述した。しかし、故国の史事を叙述するとき、『南詔図伝』の内容を引用するだけでなく、『南詔図伝』が史事を記述するのに神話伝説を参考にして付け加える特徴も継承した。さらに伝説をねつ造し、仏典にこじつけ、神話を寄せ集め、史事を創作し、「十のうち九は仏教神僧の霊跡を載せ、でたらめでおぞましい」著作となった。(42)

『白古通記』は朱元璋が雲南で仏教を普及したことに対抗する目的から、次のように主張している。大理はインドの妙香城であり、諸仏菩薩は常にここで修行・説法し、道場を開いた。観音菩薩は無量の間この地を守護し、民衆を済度した。さらに細奴羅を摂受して王とし、段・楊・董・趙・尹らを阿吒力とし、かれらに瑜伽教を教授した。大理は観音菩薩が蔭でひそかに助けてくれたので、それで仏国と称するのである。(43)

(三)『南詔図伝』から『白古通記』へ

『南詔図伝』と『白古通記』は異なる歴史段階に現れた雲南地方文献である。しかし、それらはみな大理地方の知識分子による「夷夏之辨」の産物であり、大理地方の民族意識の反映である。『南詔図伝』の中には「阿嵯耶」などの語があるだけである。「阿吒力」や「阿吒力教」などの語は、明代の『白古通記』の成書後に初めて出てくる。結局、「阿嵯耶」とは何を指すのか、「阿吒力」あるいは「阿吒力教」は何の意味なのか、それはここでは重要ではない。なぜなら、これらの名詞の概念は、『南詔図伝』や『白古通記』と同様に、「夷夏」をはっきり見分ける目的から、インドにアイデンティティーを重ねて、漢文化との繋がりを希薄化して、素知らぬ顔を装うためのものである。かなり重い感情的色彩を含んでおり、歴史の真実の表現ではなく、民族意識の象徴なのである。

結論

以上述べてきたように、大理仏教にはまったく異なる両種の史料がある。その中の信憑性ある資料は、大理仏教はインドから直接雲南に伝わったのではなく、まずインドから中国内地に伝わり、それからふたたび雲南に伝わったことを表明している。大理仏教の中には漢地の密宗・禅宗（華厳禅）、漢地で流行した神祇、漢地の仏教の法会儀式のテキスト、漢地の僧侶の著述、漢地の仏教経典の独特な装丁など中国的要素を含み、大理仏教は漢地の仏教が雲南で普及したことを証明する。大理仏教がインドから直接雲南に伝わって形成され、雲南の特徴を持った密教であると主張する論者は、史料の来源をきちんと整理せず、雲南地方史料には中国伝統の「夷夏之辨」という精神がすでに溶け込んでおり、地方の民族意識を表していることを知らない。その意味において、大理仏教はインド仏教と「夷夏之辨」に基づく中国仏教の二重構造なのである。

注

（1）昆明市宗教事務局・昆明市仏教協会編『昆明仏教史』（雲南民族出版社、二〇〇一年）二―三頁。

（2）昆明仏学研究会編『仏教与雲南文化論集』（雲南民族出版社、二〇〇六年）二―一三頁。

（3）一九八八年十月、江蘇省常熟市にて「全国印度宗教与中国仏教学術討論会」が開催され、黄心川が発表した「中国密教的印度淵源」は、おそらく雲南大理地区の密教を「滇密」と名づけた最初の論著である。『南亜研究』編集部編『印度宗教与中国仏教』（南亜研究増刊、一九八八年）一七頁。

（4）李東紅『白族仏教密宗阿吒力教派研究』と張錫禄『大理白族仏教密宗』は疑いなくその中の比較的代表的な著作である。二冊とも雲南民族出版社により出版された。前者は二〇〇〇年に出版され、後者は一九九九年に出版された。

（5）侯沖「雲南阿吒力教研究学術史――以民国時期研究文章為中心」（趙寅松主編『白族文化研究二〇〇八』所収、雲南人民出版社、二〇〇八年）二四三―三三四頁。

（6）侯沖「指空的仏教活動真的帯有濃厚密教色彩嗎?」（『雲南宗教研究』一九九七年一期）。

（7）陳垣『明季滇黔仏教考』巻一「概論」。

（8）前掲注7陳垣。

（9）前掲注7陳垣。

（10）侯沖「雲南阿吒力教辨識」（『世界宗教研究』一九九五年四期）七四頁。

（11）その他の学者らはその著作の中に五十種類余りの阿吒力教経典を蒐集したと述べたが、われわれは二〇〇七年以前にすでに二〇〇種類近く蒐集した。二〇〇八年に四〇〇種類以上に達した。侯沖『雲南阿吒力教経典研究』（中国書籍出版社、二〇〇八年）序言四頁、第一章、第二章参照。

（12）陳智超『陳垣史源学雑文・前言』。

（13）侯沖「雲南阿吒力教研究：学術史・史料考辨・経典和法会」（未刊行）（中国国家社科基金項目「雲南阿吒力教経典研究」成果発表、二〇〇七年五月）。

（14）侯沖『白族心史――『白古通記』研究』（雲南民族出版社、二〇〇二年）二三九―二四〇頁。

（15）Helen B. Chapin, "Yunnanese Images of Avalokitesvara", Harvard Journal of Asiatic Studies, Harvard-Yenching Institute, Cambridge Mass.,Vol.8,1944-1945,pp.131-186. 中国語訳は、Charles Bucker（林超民訳）『南詔国与唐代的西南辺彊』（The Nan-Chao Kingdom and Tang China's Southwestern Frontier）（雲南民族出版社、一九八八年）二六七―三二〇頁。

（16）侯沖『白族心史――『白古通記』研究』（雲南民族出版社、二〇〇二年）二五九―二六〇頁。

（17）侯沖整理（方廣錩主編『蔵外仏教文献』第七輯所収、宗教文化出版社、二〇〇〇年）七〇―一一三頁。

（18）侯沖「大理国写経研究」（汪寧生主編『民族学報』第四輯所収、民族出版社、二〇〇六年）二五―二六頁。

（19）侯沖「唐宋至元的雲南華厳禅」（二〇一三浙江華厳国際文化節・華厳国際学術研討会論文、浙江龍泉崇仁寺にて、二〇一三年十一月三〇日から十二月二日まで）。

（20）侯沖「大理国写経研究」五八―五九頁。

(21) 侯沖・陳大為「誰的密教？——以雲南「天宮科」和甘粛「天功科」的比較為例」（『二〇一二崇聖論壇・唐代仏教密宗与大理白族仏教密宗論文集』雲南大理、二〇一二年十一月二十三日〜十一月二十五日）八二—九三頁。侯沖「麦積山石窟芸術研究所蔵文書考察記」（『敦煌遺書研究通迅』総第一期、二〇一三年八月）一七—一九頁。

(22) 侯沖整理「金剛峻経金剛頂一切如来深妙秘密金剛界大三昧耶修行四十二種壇法経作用威儀法則　大毗盧遮那仏金剛心地法門密法戒壇法儀則」、「金剛峻経金剛頂一切如来深妙秘密金剛界大三昧耶修行四十九種壇法経作用威儀法則　大毗盧遮那仏金剛心地法門密法戒壇法儀則」（方廣錩主編『蔵外仏教文献』第十一輯所収、中国人民大学出版社）一七—二三一頁。

(23) 侯沖「密教中国化的経典分析：以敦煌本「金剛頂迎請儀」・「金剛頂修習瑜伽儀」和「壇法儀則」為切入点」（『円光仏学学報』第十九期、二〇一二年）一四一—一七二頁。

(24) 侯沖「大理国写経研究」五二—五四頁。

(25)『心経』は昆明地蔵寺の経幢にみえる。とくに『諸仏菩薩金剛等啓請儀軌』の中に『心経啓請』がある。『心経』が漢地僧侶が撰述した点について、最新の研究成果は方広錩「般若心経——仏教発展中的文化彙流之又一例証」（『深圳大学学報——人文社会科学版』二〇一三年四期）六—一四頁。

(26) 侯沖「従鳳儀北湯天大理写経看旋風装的形制」（『文献』二〇一二年一期）四〇—四八頁。

(27) 侯沖「祖覚「水陸斉儀」及其学術価値」（峨眉山仏教協会編『歴代祖師与峨眉山仏教』、四川人民出版社、二〇一二年）二五一—二六三頁。

(28) 整理した「地蔵科」のテキストは方広錩主編『蔵外仏教文献』第六輯所収（宗教文化出版社、一九九八年）二七—三一三頁。「楽師科」の整理したテキストは方広錩主編『蔵外仏教文献』第七輯所収（宗教文化出版社、二〇〇〇年）一一五—二二五頁。

(29) 侯沖「中国仏教儀式研究——以斉供儀式以中心」（上海師範大学博士学位論文、二〇〇九年三月）第六章。

(30) 侯沖整理「仏説受生経」（方広錩主編『蔵外仏教文献』第十三輯所収、中国人民大学出版社、二〇〇一年）一〇九—一三六頁。

(31) 侯沖「白密何在？——以大理鳳儀北湯天「秘教経儀」為中心」（『首届大興善寺唐密文化国際学術研討会論文集』所収、陝西師範大学出版総社有限公司、二〇一一年）五三—五四頁。

(32) 黄建興「福建普庵信仰和普庵教初探」(学愚主編『出世与入世』、中国社会科学出版社、二〇一〇年) 二三八頁。
(33) 黄建興「福建普庵信仰和普庵教初探」二二五―二五六頁。
(34) 侯沖『雲南阿吒力教経典研究』一六八―一六九、一九九―二〇〇頁。
(35) 侯沖「白密何在?――以大理鳳儀北湯天「秘教経儀」為中心」五五―五六頁。
(36) 向達『南詔史略論』の中にある「論南詔史上的史料問題」一節の、南詔の史料を分類し辨析した部分を参照。この論文は『歴史研究』一九五四年第二期に発表し、後に向達『唐代長安与西域文明』所収(『三聯書店』一九五七年) 一八〇―一八七頁。
(37) 方国瑜『滇史論叢第一輯』(上海人民出版社、一九八二年) 一七五頁。
(38) 関連の証拠がますます多くなってきた。たとえば大理鳳儀北湯天董氏霊廟で発見された南宋僧侶祖覚の加筆、元代師習の編次した『水陸斉儀』などは、明初に初めて雲南に伝わった。また大理剣川、洱源で保存され、さらに法会儀式を行うときに依然として使用されている「天宮科」は、中国西北の甘粛でも同じ儀式のテキストを発見できる。紙数に限りがあるので、また別稿で論じたい。
(39) 侯沖『白族心史――『白古通記』研究』、『雲南与巴蜀仏教研究論稿』の中の関連部分と論文を参照。
(40) Nandana Chutiwong, Avalokitesvara 'Luck of Yunnan',The iconography of Avalokitesvara in mainland South East Asia, Leiden,1984,pp.477-483.
(41) 王叔武『雲南古佚書鈔』(雲南人民出版社、一九七九年) 五〇―七二頁。王氏が散逸したものを集めた『白古通記』と『玄峰年運志』は実は同じ本である。
(42) 謝肇淛『滇略』巻四。
(43) 寂裕刊行『白国因由』(大理白族自治州民族社会歴史調査研究委員会、一九五七年二月再版本) 二九―三〇頁。

高麗時代の王室と華厳宗(1)

南　東信
翻訳　赤羽目匡由

緒　論

文明としての仏教は、古代・中世の長い期間、東アジア社会に非常に大きな影響を及ぼした。この時期、仏教は出世間のみならず、学術と教育、文化と芸術、さらには政治と経済のような世俗の領域にまで根深く浸透した。それは韓国社会とても例外ではない。四世紀後半から高句麗、百済、新羅の順で伝播した仏教は、統一新羅時代に飛躍的発展を遂げ、高麗時代（九一八～一三九二）には、学問と信行、建築と芸術、出版と印刷など、多方面にわたり独特の仏教文化が花開いた。仏教は高麗建国以来、社会と密接に連関しつつ繁栄したので、高麗仏教を知らずして高麗社会を理解することはできない。

高麗を建てた太祖（位九一八～九四三）は、千年王朝新羅を滅亡に導いた主要な原因の一つが行き過ぎた仏事であると明確に認識していた。にもかかわらず、太祖は仏教に対し現実的で賢明な態度を取った。人々に多大な影響力を有する仏教に正面から立ち向かうよりは、仏教のもつ力を認めうまく利用することで、新生王朝の限りない発展をもくろんだのである。太祖は、王朝と仏教とは運命共同体だとする遺訓を残し、子孫たちはその遺訓を先王の典範として重んじた。高麗時代の仏教は事実上国教であり、教団は準官僚集団として名誉と富と権勢とを享受した。仏教本来のありかたである出世間を指向すると同時に世俗の王政を輔佐したこと、まさにそこに高麗仏教の史的特質を見出すことができる。

運命共同体としての両者の関係を端的に示すのは、王室出身僧の存在である。そもそも釈尊が王子の地位を捨てて出家したことから、東アジア仏教において王子の出家は模範とすべき美徳とされた。特に高麗社会では王室子弟の出家がつとに慣例化し、長期にわたり継続した。『宋史』高麗伝は、「仏教を嵩尚し、王の子弟といえども必ず一人は僧となる[2]」と特記しており、朝鮮初期のある儒者は、「仏に従い王の第一子は太子となり、第二子は剃髪して僧となったので、儒林の名士といえどもみなこれに倣った[3]」と記した。もちろんこれらは仏教に批判的な儒者が残した史料であるから、額面どおり歴史的事実と見なすのは難しいが、以上を通じ高麗社会における、王室主導の仏教に対する熱気がうかがえる。王室子弟の出家の慣行は、高麗仏教の特質、特に王室と仏教教団との提携関係を理解するのに間違いなく重要である。

筆者は以下、従来の研究成果[4]をもとに議論を進めようと思う。高麗時代、王室出身の出家者はこれまで小君二十五人[5]を含め、少なくとも三十七人が知られる（図1参照）。このうち、七人が最高の名誉職である国師に冊封されたが、うち高麗中期[6]に活躍した五人が何れも華厳宗の僧であるという事実は大へん興味深い。筆者はこの華厳宗の五人の国師を含め、十一世紀中葉から十三世紀中葉まで、およそ二世紀にわたって王室出身僧が華厳宗に出

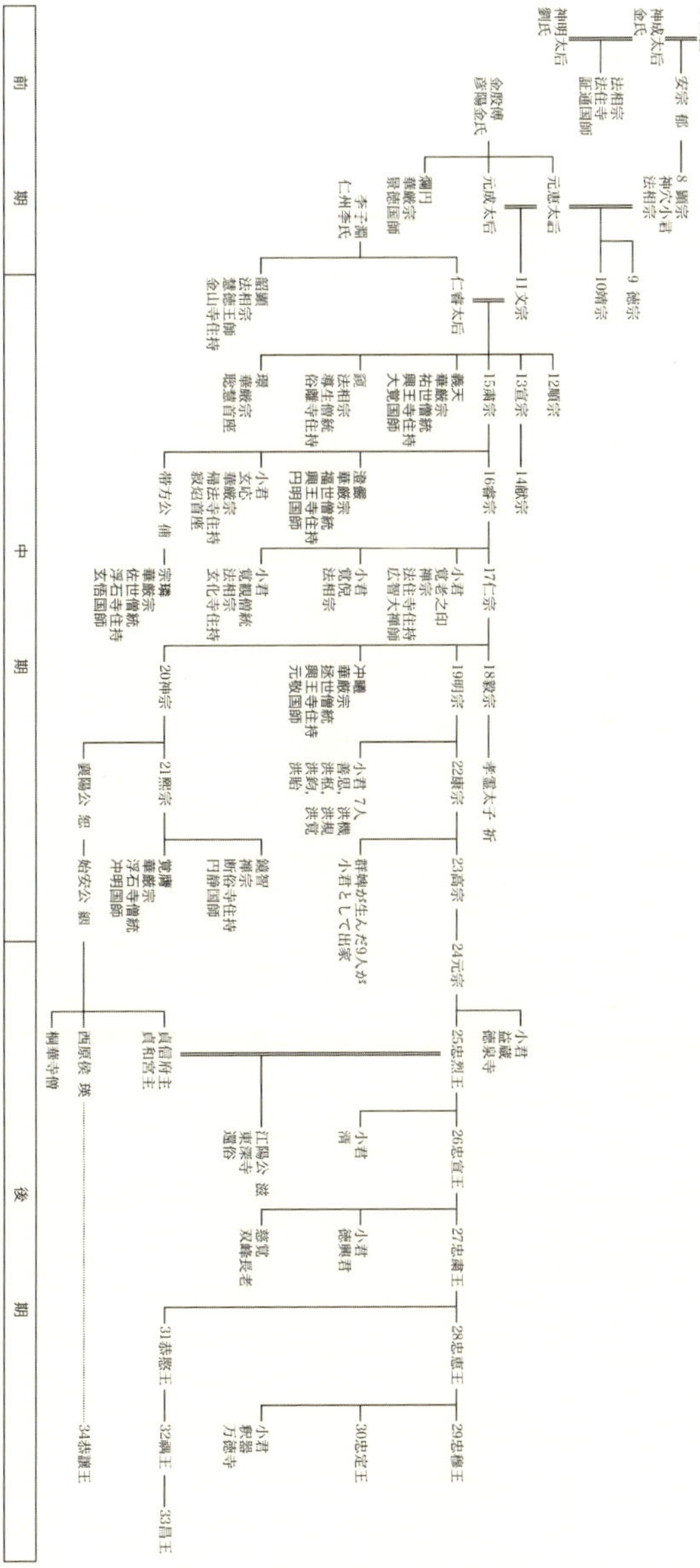

図1　高麗時代の王室出身僧

家し、入寂直後に仏教界最高の名誉職である国師に追封される現象に焦点を合わせ、高麗中期の王室と華厳宗との関係を検討しようと思う。こうした研究は、今後中国や日本の事例と比較することで、東アジア仏教としての共通点とともに、韓・中・日三国それぞれの仏教の独自性を理解するところに寄与するであろう。

一　「護法＝護国」の時代

一　王室の仏教信仰

高麗時代の文献史料は、すでに太祖王建以前から王室が仏教を篤く信仰していたと伝える。代表的な文献が、金寛毅撰『編年通録』と閔漬（一二四八～一三二六）撰『編年綱目』である。これらは『高麗史』冒頭の「高麗世系」に引用されて伝わるが、王室の家系を仏教的に神聖化しようという意図が多分にうかがえる。これら文献によれば、王建の曾祖父宝育は、いっとき智異山に出家したが後に還俗し、祖父作帝建は晩年に俗離山長岬寺に入り仏典を読むのに専念して、余生を終えたという(7)。

いっぽう『高麗史』などによると、宝育の父である康忠以来代々住んでいた五冠山摩訶岬を、後に喜捨して崇福院とし、一一二五年（仁宗三）、修理を終えた後に名を興聖寺と改めた(8)。興聖寺は華厳宗の中心的寺院である霊通寺の北側に隣接する。そして作帝建が移り住んで松岳山南麓に構えた居宅は、太祖が喜捨して広明寺とした。

太祖の仏教観は、こうした代々にわたる仏教信仰の延長にある。太祖の仏教観を示すよいたとえ話がある(9)。太祖は後百済との最終決戦のとき駐屯していた場所（現在の忠清南道論山市の天護山麓）に、後百済征服を記念して開泰寺を創建したが、その落成式で仏に宛て自ら祈禱文を書き、「菩薩戒弟子」と自称した(10)。太祖が菩薩戒弟子を自任するや、これは直ちに子孫が倣うべき典範となった。仏ではなく菩薩を自任したのは、これより先、弓裔が弥勒仏を自任して滅亡したことに歴史の教訓を得たためである。以後太祖をはばかり誰もあえて仏を自任することはなかった。『高麗史』は徳宗から恭愍王まで、歴代王が何れも菩薩戒を受けた事実を伝える。(11) このことは、高麗時代一貫して「国王＝菩薩」の観念が通用していたことを意味する。高麗王は菩薩であるから、仏はもちろん、成仏したと認定される高僧、そして同格の他の菩薩を王は礼拝しなければならなかった。すなわち世俗権力である王権よりも、精神世界では仏教のほうが優位にあったのである。(12)

いっぽう、国王は特定の宗派や教団を超越して統治者として君臨しようとしたが、特定血縁集団としての王室は、時の経過とともに特定の教団と癒着しがちである。高麗王室も例外でなく、高麗前期には教宗、とりわけ法相宗との結びつきが際立つ。高麗王室と法相宗との関係に言及する際、真っ先に挙げられる事例が、顕宗による玄化寺の創建である。(13) 顕宗は自らの願刹として玄化寺を創建したのち、土地と奴婢そして財貨を惜しみなく寄進し、王に倣って臣僚もみな金品を少なからず寄進した。

玄化寺は王室の願刹という寺格とあわせ、相当の経済力を有していたので、玄化寺を何れの宗派に属させるかという問題は、仏教・政治両面で焦眉の関心事であった。ところで顕宗が、当時法相宗の三川寺の寺主であった法鏡（九四三～一〇三四）を玄化寺に招き住持としたことで、玄化寺は自動的に法相宗に属することになった。

玄化寺が法相宗に属することになった背景に、何より顕宗が大良院君であった折、法相宗の寺院である崇教寺と神穴寺で僧として過ごしたことが挙げられる。(14) では何故、時の王穆宗は大良院君を法相宗の寺院である崇教寺に出家させたのか。何故、穆宗は自らの願刹である崇教寺を法相宗に属させたのか。これまで引き続き懸案となってきたこうした問いは、高麗王室と法相宗との因縁が、従来知られるより遙かに早くから生じていたことを暗示する。[15]

その濫觴は、高麗建国以前の九世紀中葉に遡る。禅僧の順之は九世紀中葉、五冠山に出家したが、九世紀後半に太祖の祖母と父が五冠山竜巌寺を寄進して順之を寺の主とした。[16] 順之ははじめ俗離山で具足戒を受け公岳山で修行したが、俗離山と公岳山とは高麗時代、法相宗の中心寺院だった法住寺と桐華寺がそれぞれあった場所でもある。恐らく順之は当初法相宗の教理を学び、後に禅宗に改宗したのであろう。

太祖と関連して注目すべきは、新羅僧釈冲（または釈聡）が真表律師の袈裟一具と戒簡子一八九枚を太祖に奉献したという記録である。[17] こうした説は十二世紀中葉、金寛毅が撰した『王代宗録』に初見するが、いっとき沈滞していた国勢を中興しようとした毅宗の要求に応え、金寛毅が儒教的でない神異史観を取り入れ、高麗王室の系譜を神聖化したものであるという。[18] 従って釈冲が戒簡子を太祖に奉献したという記事が、歴史的事実であるか断定しがたい。ただしこれに先立ち、弥勒仏を自称して手ずから仏経二十巻余りを撰述した弓裔を釈聡が批判したところ、釈聡は死を賜ったという事実に留意すべきである。[19] 釈聡と釈冲とは同一人物なので、高麗建国以前、すでに王建が法相宗の僧である釈冲と接触していた蓋然性は十分にある。

いっぽう、太祖が忠州劉氏との間にもうけた子に証通国師がある。[20] 後代の史料に証通国師が俗離山法住寺を重修したとか、[21] 太祖五年（九二二）に旧宅を喜捨して寺となし、法相宗の僧を住持としたという記録が伝わる。[22] また、高麗初期に法相宗に属していた三川寺の遺址で出土した碑片に、「竜巌寺」の文字が見えるが、[23] 竜巌寺は太祖の先祖が順之に喜捨したという、まさにその寺であると推定される。

以上断片的ではあるが、王建家門が代々仏教を篤く信仰しており、とりわけ法相宗[24]との関係が際立っていたことを見た。もちろん関連する記録が大部分後代のものであるという点は、史料的信憑性を減ずるが、こうした史料が絶えず作られたという事実は、当時の雰囲気をある程度反映していると考えられよう。

二 「保護と統制」の仏教政策

歴代君主は、国王をピラミッドの頂点とする強力な中央集権体制を目指したが、そのためには何より人心を捉えていた仏教の掌握が不可欠であった。先に見たように、王建家門は久しく仏教を信奉していたので、王建が創始した高麗が、仏教に友好的な政策をとったのは自然の流れのようである。ところで、新羅から高麗への王朝交替が、必ずしも仏教にとってすべて有利に作用したわけではなかった。高麗の支配層は、行き過ぎた仏事を千年王朝新羅が衰亡に至った原因の一つに数えた。特に儒臣は、新羅滅亡にあっては、仏教が決して無関係ではなかったと認識していた。

建国当初の仏教政策は、このように相反する仏教観における妥協と折衷の産物であった(25)。理想と現実とのはざまで、妥協点を見いだそうとする姿は、太祖が日頃信任していた側近との対話によく現れている。

> 新羅末に仏の説が人々の骨髄まで入り込み、人ごとに生死禍福がみな仏によって決められていると思っている。今三韓が統一されたが、人心がいまだ定まっておらず、もしにわかに仏法を排除したなら、必ず造反が起こるであろう(26)。

このように太祖は新羅滅亡の責任を仏教に問うよりは、むしろ仏教の大衆への影響力を認め、利用することにより新生王朝の繁栄を図ったのであった。「保護と統制」という仏教政策を端的に表す史料が、『訓要十条』のあの有名な一節、「我が国家の大業は、必ず諸仏護衛の力を資とせん（我国家大業、必資諸仏護衛之力）」[27]である。「訓要十条」が果たして太祖自ら述べたものかについて、学界には異論がある。[28]とはいえ、はっきり言えるのは、「訓要十条」が顕宗代に「発見」されてから高麗末に至るまで、誰も太祖自ら述べたものであることを否定しなかったという事実である。すなわち太祖の子孫は、王朝滅亡のその瞬間まで、太祖の遺訓である「護法＝護国」を先王の典範として尊重し、その強固な基礎の上に、歴代王による仏教保護政策が打ち立てられ、施行されたのであった。

ここで筆者が特に注意を喚起したいのは、護国の概念である。一九七〇〜八〇年代には「護国仏教」を、仏教が天変地異や戦争等の危機から国家を護るものと定義し、これが韓国仏教の主要な伝統の一つであると喧伝された。ところで「護国仏教」論は、現代の権威主義的な政府のもと、政権の安定保持の論理へと変質しつつ、多くの批判にさらされた。それゆえ一九九〇年代以降、「護国仏教」はナショナリズムに基づく近代仏教の産物に過ぎず、韓国仏教の伝統ではないという反論が有力になった。筆者は通説と反論の双方が、仏教経典のいう「国家」の概念を中国的文脈により誤解していることを指摘しようと思う。

辞書的な定義に従えば、国家（State）は領土、住民、主権で構成される。政治より宗教の優位を認めた古代インドにおける国家とは、この三つのうち領土を意味し、それはそのまま仏典に反映される。[29]反面、中国は国家を伝統的に主権、ひいては唯一の主権者である国王と同一視してきた。訳経家がインド伝来の仏典を漢訳する際、インドと中国との文化の違い、そして国家概念の違いをどれだけ正確に認識していたか確認しがたい。ただ現存する漢訳仏典とそれへの東アジアの僧による註釈書とを見ると、できるだけインド的ニュアンスを生かそうとしたと考えられる。それを如実に示す仏典が、代表的な護国経典として知られる『仁王経』である。七世紀に活躍した吉蔵と円測が残した著作を見ると、『仁王経』でいう護国の「国」を、すべて「国土」と正確に理解している。[30] 国家の概念をいかに解釈するにせよ、韓国のばあい、仏教の受容と発展の過程において、国家（ないし国王）の役割は非常に重要であった。「護国」は韓国仏教に固有の伝統というわけではないが、とはいえ近代ナショナリズムの産物として片付けてしまうこともできない。今更の感もあるが、『涅槃経』は釈尊自ら仏教の将来を国王に付嘱したことを証言する。[31] そして国家の概念をインド的・仏教的文脈に戻し、その本来の意味を理解するならば、護国の概念もまた「仏教が国王のために何をなすか」という従来の通念から離れ、新しい解釈が可能であろう。これと関連して、あまりに有名な『仁王経』護国品の次の一節に今一度注目しよう。

国土が混乱して、破壊され焼けたり、敵が来て国を破壊しようとしたりする際、仏像百軀、菩薩像百軀、羅漢像百軀を安置して百人の比丘と四部大衆を招請し、百人の法師による般若波羅蜜の講経をともに聞き、百の獅子高座の前に百の灯火をともして百香を焚き、百色の花を三宝に供養して衣と日用品を法師に供養し、食事もまた時にあわせて供する。大王は日に二度仁王経を講ずる。そうすればなんじの国土にいるあらゆる鬼神がこの経を聞き、喜んで国土を守護するであろう。[32]

これは釈尊が十六大国の王に、国土守護の方法を説いたものである。『仁王経』がいわんとするところは、世俗の君主（仁王）がまず「仏教を保護（護法）」すれば、仏教の守護神が喜んで外敵の侵入や自然災害、及びさまざまな病気から「国土を守護（護国）」するというにある。すなわち『仁王経』で釈尊は、「仏教が国王のために何をなすか」ではなく、「国王が仏教のために何をなすか」を問うているのである。こうした釈尊の問いに答えようと、高麗の諸王は『仁王経』に基づく百高座の法会を定期的に開いたのである。高麗時代には『仁王経』と並んで代表的な護国経典とされた『金光明経』の趣旨も同様であり、国王が仏教を外部から保護すれば、仏教の守護神である四天王がもろもろの危険から国土を護ってくれるという。

ここで注目すべきは、護法の主体は国王であるが、護国の直接的な行為主体は三宝（仏・法・僧）ではなく、あくまで仏教の守護神だという点である。こうした信仰をもとに、高麗時代には燃灯会と八関会を始めとして実に様々な――国王名義で開かれるものであろうとそうでなかろうと、定期的であろうと非定期的であろうと――仏教儀礼が開かれたのである(33)。

いっぽう国王は、「保護と統制」のため、仏教教団を世俗権力の統制下に置こうとし、結果国王は俗権・教権双方ともに握る唯一の存在となった。教団の人的・物的資源については、僧政制度と寺院経済とを通じて統制した。仏教教団を王権に隷属させ、一元的に統制することによって、仏教教団はインド社会のような治外法権の特権を失ってしまった。その結果、僧は国王に対して自ら「臣某」と称することになった。もちろん、国師と王師を教団の精神的な最高指導者とする制度は行われた。特に後三国時代、太祖が国師とは別に王師を独自に新設し高麗末期まで続いたが、王師は東アジアで高麗だけに見られる固有の制度であった。国師と王師とは何れも称臣しないのみならず、却って国王から崇敬される栄誉を享受した。国師・王師は名目上国王より上位に置かれたが、しかし実際のところ、国王によって任免されたのである(34)。

このように高麗時代の仏教教団は、王権を頂点とする中央集権体制に編入された。その結果、仏教教団は普遍的な真理を追求する集団として世俗権力の暴走を抑止するよりは、世俗権力を正当化し、さらには神聖化するイデオロギーを提供するにまで至った。こうした観念が支配する社会において、歴代国王と王妃は、願刹の建立に自ら名を連ねたのである。願刹の建立について、祖先崇拝の施設であり、教団統制の結節点であり、王室の財政基盤であるという現実的意味を見いだすこともある。(35)

そうであるならば、何故高麗王室は代々願刹を建立し、朝鮮王室はそうしなかったのか。文宗が一〇五五年、興王寺建立の着工に際して下した次の制は、願刹建立に臨む高麗王室の考えをよく表している。

古の帝王が仏教を尊崇したことは、文献から詳細にうかがうことができる。聖祖以来、代々寺院を建立して幸福を祈った。私は王統を継いだが、徳政を修めることができず、天変地異がたびたび現れた。願わくは法力によって国に福利をもたらさんと思うので、担当官司をして土地を選び寺を建立せしめよ。(36)

永遠の特権と利益とを願わない王朝はない。本質的な相違は、高麗は仏教寺院を仏、菩薩に奉献することにより、その功徳で王朝の安寧が保証されると信じた一方、朝鮮は信じなかったというところにある。この点で、高麗は「護法＝護国」のイデオロギーが強く機能していた社会だったと言える。

二　王子出身の華厳宗国師五人

一　王室子弟の出家

高麗時代に確認される王室出身の出家者は、小君二十五人を含め少なくとも三十七人である（図1参照）。彼らが世俗的な富貴栄華を捨て、出家修行者として生きることを選んだ動機は何か。個人的求道や王位継承争いの火種を絶やすため、そして王室の仏教教団掌握などの理由が挙げられることもある。(37)特に有力貴族の家門が、特定の仏教宗派と癒着した風潮を勘案すれば、こうした貴族家門を牽制するため王室が仏教教団を掌握することが重要であったという見解は、一面で妥当である。王室の地位の優越を宗教の助けを借りてさらに強化した事例は、高麗前期のみならず、洋の東西を問わず中世社会であまねく見られる。貴族家門出身の僧が幅を利かせた教団を、王室出身僧に統率させるのは、事実効果的である。

この問題を高麗中期に特徴的に見られる王子出身の華厳宗の国師五人を中心に検討してみようと思う。まず、出家の動機であるが、世俗的な動機と宗教的な動機とが双方ある。宗教的動機は、国家や王室のための攘災招福という崇高な任務と関連がある。高麗時代には、国家や王室のために開かれた仏教儀式に、国王と臣僚が参加したり、経費を負担したりした。(38)そして洪水や旱魃などの天災が起これば、必ず僧に福を招く法会の開催を要請したように、(39)精神的な指導者ならばすべからく、重要な国家的仏教儀式を執り行わねばならなかった。

攘災と関連して、興味深いのが「三川寺大智国師法鏡碑」碑片（奎章閣拓本四七）に見える「国重降魔」の一句である。(40)すなわち高麗では「降魔」を重視したというのである。太祖以来、高麗五〇〇年の間、王室と国家が仏教を保護し優遇した一番の理由は、そうすることによって仏教の神が外敵の侵入や自然災害、そして疫病から国土を守ってくれると信じたからである。上記の一節は、危機から王室と国家を守る宗教戦士の役割を仏僧が担っていたことをよく示している。

降魔が攘災ならば、福田の利益は招福であった。福田とは、およそ功徳を積む対象である三宝（仏法僧）を指す。仏教的善行を功徳と言い、功徳を積み幸福を得ることが、あたかも畑に種をまき、作物を収穫するのと同じ、と見なしたからである。輪廻説によれば、現世で仏教的善行を積んでこそよりよい来世での生が保障された。高麗時代の人々は、これを農業に喩えて「麻を植えたところに麻が出で、苧を植えたところに苧が出る」といった(41)。人々は未来の幸福を期待し、仏教の福田に希望の種を喜んで蒔いたのである。寺院・仏像・塔碑の建立、教団と僧侶に対する布施、道路と橋の建設、貧民救済、旅人のための宿の提供、医療施設や庶民のための金融機構の設立などはみな、功徳を積むことに当たった。

特に子を出家させることは高尚な行為とされた。当時の東アジアでは、子を一人出家させればその功徳で九族が天に生まれると広く信じられていた(42)。次の史料は、高麗王室がこうした信仰を率先して実践し、模範となっていた様子をよく表している。

> 王（文宗）がある日、諸子に「誰か僧になって福田を耕し仏の利益となるものはいないか」とたずねた。僧（義天）が起ちあがって、「臣には世俗を離れる志がありますので、王のご命令どおりに致しましょう」と言った(43)。

王命に従い出家した王子僧の宗教的使命は、国王より賜った法号――祐世、福世、拯世、佐世――に端的に表れている。それは精神的な指導者となり、究極的には世俗の王政を補佐せよということである。

王室子弟の出家には、高尚な動機のみならず、極めて世俗的な動機もあった。世俗的動機はさらに政治的排除と経済的保障とに分けて考えることができる。前者は王位継承をめぐる内紛を未然に防ごうと出家させるもので、政治的無力化とも言える。次の史料はこれをよく示す。

祖王以来、庶出の子を必ず僧としたのは、嫡庶の別を明らかにし、王位をうかがう芽を摘もうとしたものである。(44)

このように庶出の子弟の出家には、政治的無力化の側面がはっきりと認められる。一例として穆宗の生母である千秋太后は私生児を生んだ直後に、当時十二歳であった大良院君（後の顕宗）に迫って出家させ、後には寺に刺客を送り暗殺しようとした。(45) 太后の立場からすると、大良院君の出家は将来起こるであろう王位継承争いの有力な競争相手を、あらかじめ排除する巧妙な策略ということになる。

経済的保障の面からいわゆる「余った子弟」を出家させることも、政治的排除の面に引けを取らない。身分が微賤な妾が生んだ諸子を一度に出家させたのは、経済的基盤の強固な仏教教団に、余った王室子弟の養育の義務を課したものである。中世ヨーロッパや日本でも、王室の社会経済的特権や財産を、宗教分野で相続させた例はいくらでもある。

動機が世俗的であれ宗教的であれ、王室子弟の出家には共通点がある。高麗時代の王室子弟の出家が、釈尊を模倣した出家であることは明らかであるが、釈尊が自らの意思で出家したのとは異なり、王室子弟のばあい、必ず王命により童真（子供のうちに）出家したことである。童真出家の性格上、王室による継続的な配慮と後援とが不可欠であった。特に王子僧は、出家から入寂まで事あるごとに特別に優遇された。(46) 王子僧は最高位の聖職者――たいていは叔父にあたるか、または他の王子僧――が宮中に入り、手ずから剃髪の儀式を挙行し、出家直後に王室の願刹である開京の仏日寺で具足戒を受け、僧科も経ずに十代の若さでただちに僧階の最高位（僧統）に登った。開京の主要寺院や王室の願刹の住持を歴任し、開京に留まりながら地方寺院の住持を兼ねることができた。そして死後には王師を跳び越え国師を追贈された。

結局、高麗中期には世俗勢力が教団内の地位を左右する、社会と教団との同調が最高潮に達していた、と言うことができる。

二　王室と華厳宗との提携関係

王子僧と関連して看過できないのが宗派の問題である。義天は王室の後援を受け天台宗を開創したが、天台宗に出家した王室の子弟は皆無である。また王子出身の国師七人のうち、禅宗と法相宗に所属する者がそれぞれ一人で、残り五人はみな華厳宗に属する。特定の時期に華厳宗所属の王子僧だけが続けて国師に追封されたのは、王室と華厳宗との特殊な関係を強くものがたる。

先に見たように、高麗王室はもともと法相宗と近しい関係にあった。王室が法相宗から華厳宗へと提携する宗派を変更したのは、文宗代である。文宗が提携宗派を変えた理由については、仁州李氏と法相宗との結びつきを牽制するため、という牽制説が広く受け入れられている(47)。牽制と合わせて注目すべき動機が教団への粛正である。教団への粛正は文宗代にのみ当てはまる問題ではないが、確かに文宗の仏教対策は吟味に値する。

一〇五五年に文宗が興王寺を創建した当時だけとっても、歴代国王は即位後に自らの願刹を建立するという慣例に従っていたらしい。次の史料は一〇六七年の興王寺落成式に関する記事である。

興王寺が完成した。およそ二八〇〇間で、十二年かけて完工した。王は落成齋を催そうとしたが、四方から数え切れないほどの僧が集まった。ここに兵部尚書の金陽と右街僧録の道元らに命じて、戒行のある者千人を選抜して法会に参加させ、そのまま常住させた。(48)

ここでは興王寺がどの宗派に属するのか何ら言及しない。これは一〇六七年の完工の頃まで、興王寺の属する宗派が決まっていなかったことを暗示する。ただ戒行ある僧を選抜して常住させたという事実に注目する必要がある。文宗が戒行を強調するのは、これに先立つ一〇五六年に下した次の制と関連がある。

釈迦が教えを闡明するにあたり、清浄を優先し遠く穢れから離れ、貪欲を断《た》った。ところで今日《こんにち》、労役を避けようとする輩が沙門に名を借りて財貨を殖やし生計を立て、農業と畜産を生業とし、商売することが流行のごとくである。進んでは戒律の条文にたがい、退いては清浄の誓約がない。袒肩の方袍は、ほしいままに酒甕のふたとし、講経・梵唄の場を割いてニンニク畑とした。商賈の輩と通じて商売し、流れ者と交わっては酔って楽しむ。花院は喧騒にあふれ、盂蘭盆は悪臭に満ちている。俗人の冠を着け、俗人の服をまとっては、寺の修造にかこつけて旗と太鼓と歌と楽器をそろえ、むらざとやまちに出入りして血みどろになるまでけんかする。朕は善悪を分別し、紀綱を厳粛に定めようと思う。内外の寺院をふるいにかけ、戒行に精勤するものはみな安住させ、戒行を犯すものは法でもって罪を論じさせよ。(49)

即位して十年を迎え、文宗は教団の腐敗と堕落を厳しく批判し、俗法によって処断することを断固宣言した。教団を粛正しようという文宗の思いが、十年後に完工した興王寺の教団構成とその運営に反映したのではないかと思う。それまでの法相宗ではなく、なぜ華厳宗なのかについては依然として疑問が残るが、仁州李氏をはじめとした有力な貴族家門を牽制するためにも、教団粛正という大義名分が必要だったのであろう。

三　王子出身の華厳宗国師五人

以下、高麗中期を特徴づける王子出身の華厳宗の国師五人を順に見てゆこう。

第一は、東アジア仏教史上、初めて教蔵編纂の偉業を成し遂げた大覚国師義天（一〇五五～一一〇一）である。義天が一〇六五年、王命に従い出家した時、法相宗の海麟（九八四～一〇六七）が国師、華厳宗の爛円（九九九～一〇六六）が王師として、それぞれ健在であった。重ねて強調するが、太祖の子の証通国師と孫の大良院君（後の顕宗）とが何れも法相宗に出家したにも拘わらず、義天を法相宗ではなく華厳宗の爛円門下に出家させたのは、明らかに意外なことであった。そこには教団改革という名分とともに、有力家門にのし上がった外戚の仁州李氏に対する牽制という意図が働いていた。義天に先立ち一〇四八年に仁州李氏出身の韶顕（一〇三八～一〇九六）が法相宗に出家したことで、仁州李氏と法相宗が急速に接近していた。文宗が母方にあたる安山金氏出身の爛円（華厳宗）に子を委ねたのには、妻方にあたる仁州李氏と法相宗との結びつきを牽制する意味があった。

文宗は一〇六五年五月、子ども三～四人につき一人の割合で出家させた当時の慣習に従い、義天を出家させた。宮中に入り手ずから義天を剃髪した華厳宗の爛円は、文宗の母方の叔父かつ王師として教団を率いていた。義天が爛円に従い、開城郊外の霊通寺に向かった際には、文宗が同行した。その後すぐに義天は光宗が創建した開城仏日寺の戒壇で具足戒を受けた。そして一〇六七年、わずか十三歳の若さで教宗の僧としては最高位の僧統に登り、祐世の号を受けた。当時外戚出身の韶顕が四十七歳で僧統となるや、僧俗みな栄誉なことだと思ったというので、[50]十三歳での僧統就任は、王子僧に対する特別な恩恵にほかならない。

王子僧は身分上は出家者であるが、もともと王子であるがゆえに、内・外の政治情勢から自由ではあり得なかった。義天は遼に配慮した大臣の反対により、一〇八五年春、宋に密かに渡らざるをえなかった。いっぽう宋の新法党は義天一行を手厚く歓待したが、これは宋にとっては義天はなお「高麗王子」であったからである。

義天は一〇八六年、北宋留学を成功裏に終え故郷に錦を飾ってすぐ、王室の願刹であり、高麗最大の寺院である興王寺の住持となった。義天が住持となったので、一〇六七年に完工した興王寺も当然華厳宗に属するものであったと考えられがちである。しかし興王寺は初めから所属宗派が決まっていたのではなかった。義天の一世代前にあたる華厳宗の景徳国師爛円と元景王師楽真は、何れも興王寺に住したという記録が見えない。王室のための願刹として創建されたが、興王寺の運営には朝廷も長く腐心し、義天が住持となってようやく華厳宗所属に落ち着いたと言えよう。[51]仁州李氏の執政期に、義天は三年間、やむを得ず海印寺に退居し、実兄の粛宗が宮中クーデターで仁州李氏を排除した後、開京に復帰し、再び興王寺住持に就任した。そして太后と粛宗の後援で国清寺を開創し、その住持を兼ねることになった。義天が出家し、入寂後に塔墓が建てられたのが霊通寺であるにも拘わらず、墓誌が「興王寺大覚国師墓誌銘」と名づけられたのは、このように二度にわたり長く興王寺の住侍に任じたためである。

興王寺は文宗の願刹という寺格、二八〇〇間で常住の僧一〇〇〇人という規模のみとっても開京仏教界の中心寺院であった。しかし名実ともに仏教界の中心寺院としての権威を備えるようになったきっかけは、義天が粛宗元年（一〇九六）、興王寺に教蔵都監を置き、東アジア仏教史上空前絶後の五千巻に達する教蔵の編纂を推進したことにある。[52]

哀れ義天は一一〇四年、四十七歳で入寂した。「霊通寺大覚国師碑」と「仙鳳寺大覚国師碑」は、何れも義天の輝かしい功績を称え、それぞれ華厳宗と天台宗とで建立したものである。これより先に作られた「興王寺大覚国師墓誌」は「（義天が）我が国家の繁栄に大いに寄与した」と評しつつ、入寂二日前に国師に冊封されたことを特筆する(53)。生前・死後を問わず四十七歳で国師となった事例は、高麗史上後にも先にもない。

このように義天が比較的若くして入寂したとき、後継者はまだ幼かった。円明国師澄儼（一〇九〇〜一一四一）は、粛宗の第四子として(54)、八歳で父王の命により興王寺にゆき叔父にあたる義天と対面したことで、義天の後継予定者となった。澄儼は翌年、宮中で剃髪し正式に義天の弟子となり、王室の願刹である仏日寺の戒壇で具足戒を受けた。そして実兄の睿宗が即位した翌年の一一〇五年に十六歳で僧統に登り、福世の号を受けた。一一一八年、二十九歳で睿宗の特命により興王寺住持となり、翌年病を口実に住持を退いた。そして外戚である仁州李氏が専権を振るった十年ほど、政治的な迫害を避け、自ら請うて地方の寺院に身を隠した(55)。

澄儼は仁宗が李資謙一党を粛清した一一三一年になってようやく、興王寺に復帰することになった。澄儼はここから仁宗の篤い尊崇を受け、十年ほど興王寺住持を勤めたようである。ところで彼もまた遺憾ながら五十二歳という比較的若くして死を迎え、死後、慣例に従い国師を追贈された。

澄儼の実兄睿宗（位一一〇五〜一一二二）は、高麗中期の王のうち、華厳学を後援した代表的な王である。睿宗はすでに太子時代より華厳教に志し、即位しても華厳教が国に裨益するところ多いことを忘れなかったという(56)。王は義天の弟子のため、華厳学の本山である浮石寺の程近くに覚華寺を創建し、華厳の教理を大いに宣揚させた(57)。

ところで残念なことに睿宗には出家して澄儼の跡を継ぐべき「余った王子」がいなかった。王妃が産んだ子は太子の楷（一一〇九〜一一四六、仁宗）ただ一人であった。妾が産んだ子は三人に上ったが、何れも出家して小君となった。禅宗の広智大禅師覚老と法相宗の覚倪及び覚観がそれである。このように余った王子がいない状況で、結局澄儼の跡を継ぐべき適任者を、王子に代えて王族中に求めるほかなかった。

玄悟国師宗璘（一一二七～一一七九）は、睿宗の弟である帯方公俌の子である。[58] 俌は一一二三年に李資謙により地方に追われ、一一二八年、開京に召還される直前に幽閉先で亡くなった。[59] 従って宗璘は開京ではなく父の幽閉先で生を享けたと推測され、あまつさえ誕生の翌年には実父をも失ったのである。

こうしたなか、平素「義天の余風」を継ぐ適任者がいないことを憂慮していた仁宗の命で、宗璘は一一三九年、十三歳で叔父澄儼のもとに出家し、十五歳で仏日寺において具足戒を受けた。厳密に言えば、宗璘は国王の子ではないが、仁宗のいとこなので、王子僧の系譜を継ぐべき次善の人事であった。そのため、宗璘は他の王子僧が跳び越した首座の位に、それも二十歳になってようやく登った。このように出発は遅れたが、同年、浮石寺を始めとする地方の主要な華厳寺院の住持を歴任しつつ、僧階も僧統へと一気に跳ね上がった。これは翌年、毅宗が弟の冲曦を出家させるために打った布石の意味合いが色濃い。ただ他の王子僧が若くして僧統となるや「某世」の号を受け、さらには弟子の冲曦さえ一一五六年以前に拯世僧統となっているのに較べ、宗璘は武臣の乱で明宗が即位した一一七〇年になって遅咲きの四十四歳でようやく佐世の号を受けた。明宗は即位の翌年、宗璘に満繡の袈裟を賜い、百高座会を主管させることで宗璘を引き立てようとした。

しかし依然として宗璘の存在感は他の王子僧に較べて薄く、『高麗史』列伝にも伝記を逸している。興王寺との関係にしても、宗璘の碑銘を興王寺所属の僧が刻したという事実が確認できるに止まり、他の王子僧のように興王寺住持に任じた事実も見出せない。碑が建立された瑞峯寺は、宗璘と何ら縁故もない地方の小寺院に過ぎない。以上の事実は、宗璘に課された責務がひとえに円明国師澄儼と元敬国師冲曦という二人の王子僧をつなぐ

「世代の架け橋」に止まったことを意味する。

「義天の余風」という表現にうかがえるように、義天の継承者の権威は、継承者が独自に獲得したものではなく、義天との関係にもとづき賦されるものであったことを意味する。

それにもかかわらず、宗璘こそは出家修行僧の本分に最も忠実な僧であったことを、碑銘の撰者ははっきりと証言する。(60) 富貴に生まれながら控えめで、礼儀正しく身を処し、官位と俸禄とを履き古した靴のごとく考え、煩わしい場所を嫌って静寂を求め、善を楽しむことを厭わなかったという。有名寺院の住持を歴任しながらも、やましい富を恥じ財貨をためる代わりに倹約に努め徳を積み、ついに久しく積んだ徳により僧統となったが、これこそ儒教で言う篤行の君子だと激賞された。

ところで宗璘もあたかも運命であるかの如く、比較的若くして五十三歳で病を得て入寂した。そして王子僧の例に従い国師に追封された。義天・澄儼・宗璘の出家は王命によるものではあったが、何れも修行者としての、また高麗王室が求める宗教戦士としての職責を二つながら誠実に全うし、世の人々の評判も非常によかった。しかし時代が降るにつれマンネリ化は避けられなかった。

宗璘の後継者、元敬国師冲曦（または玄曦。?〜一一八二）は、仁宗の第四子である。(61) 明宗（一一三一年生まれ）の弟で神宗（一一四四年生まれ）の兄にあたる。冲曦は一一四七年（毅宗元）、王命により父の従兄弟にあたる宗璘のもとに出家した。冲曦はそれまでの王子僧とは異なり、修行者としての清浄な生き方をもとめるよりは、世俗的な快楽に耽溺した。冲曦はかなりの期間、興王寺に住しつつ宮中に出入りしたが、このため政治的に謀反に巻き込まれたり、道徳的な醜聞により指弾されたりした。一一五五年頃、王族の王璋と交わったことをその意が測りがたいとして告発された。(62) 一一六七年には毅宗のために饗宴を催し、侍臣を呼んで共に飲み、夜遅くまで遊興にふけったが、そこには仁宗の弟で小君であった法相宗の覚倪も同席した。(63) 冲曦は興王寺に住していた一一七七年

（明宗七）に再び謀反の嫌疑で告発された。一一八〇年には、太后の看病を口実とし宮中に出入りして、宮女や公主と芳しからざる醜聞を起こし弾劾された。繰り返される不義と疑惑にも拘わらず、毅宗が庇っていると、賄賂と請託が沖曦に殺到した。(64) 毅宗自身、公平さに欠け、節度のない言行で武臣の乱を引き起こしたのであれば、沖曦はこれに劣らず終始一貫、腐敗・堕落した姿を『高麗史』に留めた。皮肉にも、沖曦が僧統に登って受けた法号は「世を救う（拯世）」であった。

一一八二年（明宗十二）に沖曦が急死したとき、毅宗は太后が悲しむと心配して知らせなかったが、数ヶ月後、太后が始めて事実を知った際には、武将が殺害したものと思い、怒りのあまり病を得たという。(65) これは、沖曦が武臣により殺されたことを強く示唆する。このとき歳は五十手前であったと推定される。慣例どおり死後国師に追封され、塔碑が寧越の興教寺に建てられたが、朝鮮初期にはすでに一節も読めないほど碑面が剥落していた。(66)

以上考察したところによれば、高麗中期には王一代に王子出身の国師一人という「一代一師」の原則が存在したようである。それならば、毅宗（位一一四六〜一一七〇）の次代にも王子僧がいなければならない。従来、金石文に見える「皇子極世僧統」を毅宗の子と推定してきた。しかし「極世」は「拯世」の誤読である。(67)『高麗史』を見ると、毅宗と王后との間に生まれた子は、孝霊太子ただ一人である。すなわち毅宗にもやはり出家すべき余った王子がいなかった。そして毅宗の弟明宗（位一一七〇〜一一九七）もまた嫡子としては漢南公（後の康宗）ただ一人しかおらず、七人もの庶子は何れも出家して小君となった。明宗のもう一人の弟神宗（位一一九七〜一二〇四）も子が二人しかいなかった。結局、毅宗兄弟は三人が国王となったが、それぞれ嫡子が一人か二人しかいなかったので、毅宗の次代には王子僧が一人も輩出しなかった。

幸い次の世代で王子僧が輩出したが、それが五人目でかつ最後の沖明国師覚膺（生没年未詳）である。覚膺は煕宗（位一二〇四〜一二一一）の第五子であるが、『高麗史』列伝に名が辛うじて伝わるのみである。[68] その活動については一二五〇年（高宗三十七）七月、浮石寺僧統として『仏説阿弥陀経』を刊行したという事実が唯一伝わる。[69] このように関連史料が皆無に近い原因の一つは、父熙宗が時の執政者崔忠献を排除しようとして失敗し王位を追われ、ついには復位を謀ったというかどで不遇の人生を終えた事実と決して無関係ではない。覚膺の実兄である大禅師鏡智が、太上王に退いていた熙宗の命に従い一二二〇年に出家したのも、こうした政治情勢と関連がある。

これまでは、おじとおいの関係がそのまま師弟関係となる慣行が守られたが、覚膺の先代には王子僧がいなかったので、覚膺は王室ではなく他の家門出身の華厳僧のもとに出家したのであろう。覚膺が国師に冊封――やはりこれも追封のようである――された事実は、王室出身の華厳僧を国師とするという慣行が、十三世紀中葉まで続いていたことを示す。

しかし最後に覚膺に至り、新たな変化が現れた。熙宗は別の子（鏡智）を華厳宗ではなく禅宗に出家させたが、これは前例のないことであった。それまで王子出身者で禅宗に出家した例はなかった。小君では睿宗の子覚老が唯一の禅僧であった。こうした変化は、武臣執権期と対モンゴル抗争期に入り、仏教教団内で教宗に対し禅宗の優位が明確化する傾向と相通ずる。こうした変化を象徴するのが、まさに王子出身の禅僧を初めて国師に冊封――これもやはり追封のようである――した事実なのである。十三世紀中葉の禅僧鏡智を国師に追封したのは、それまで一五〇年以上にわたり華厳宗所属の王子僧を国師に追封した長い伝統に、変化が生じ始めたことを意味するのである。

結論

以上、高麗中期に出現した王子出身の華厳宗国師五人に焦点を合わせ、高麗時代の王室と仏教との運命共同体的な関係を考察してきた。本主題の検討において筆者は二つの新たな見方を強調した。第一に、『仁王経』の「護国」概念が従来、中国的・儒教的に誤解されてきたことを指摘し、インド的・仏教的原義に立ち返って理解することに努めた。第二に、王権と仏教との関係が『涅槃経』等の経典に根拠を有するという点、言い替えれば釈尊当時に遡る非常に根深く、それだけ普遍的な問題であることを強調した。

王子僧は、王室ないし国家のための攘災招福という宗教的使命から、すなわち積極的動機で出家した。そしていわゆる余った子弟にあたる小君は、王室内の厄介事を仏教教団に転嫁するという消極的な動機で出家した。王子僧であれ小君であれ、何れも自らの意志ではなく国王の命令により、年端もゆかぬ十歳前後で童真出家した。世俗の富貴栄華を捨て出家したという点では釈尊の出家と類似するが、二十九歳で父王の反対を押し切って敢行した釈尊の出家とは性質が大きく異なると言えよう。

高麗時代の三十七人の王室出身僧を時期別に見ると（前掲図1）、前期（太祖～靖宗）には王子僧一人と小君一人が確認されるのみである。王室子弟の出家は中期（文宗～高宗）に慣例化し、八人の王子僧と二十人の小君が確認される。八人の王子僧のうち、六人が死後国師に冊封されており、さらにうち五人が華厳宗に属した。高麗後期（元宗～恭譲王）には、王室子弟の出家の慣行が目に見えて減り、還俗した二人を含めわずか七人が史料に見えるのみである。

華厳宗国師五人は、大覚国師義天（一〇五五～一一〇一）↓円明国師澄儼（一〇九〇～一一四一）↓玄悟国師宗璘

（一一二七～一一七九）→元敬国師沖曦（?～一一八二）→沖明国師覚膺（生没年未詳）と、一代一師の原則に従い、おじ・おいの関係を通じて世襲された。彼らは王子出身という血筋の良さのみならず、義天の宗教的後継者という何人も否定できない権威を有していた。彼らは王命を受けて童真出家したが、叔父であり教団内の最高位にある僧統が、宮中で手ずから剃髪の儀式を挙行し、ただちに王室の願刹である仏日寺で具足戒を受けた。通常の僧とは異なり、僧科を経ずとも一足跳びに教宗の最高位である僧統に任じられた。その際、国王から世の中を救えという意味の法号を受けた。そして高麗中期最大の王室の願刹興王寺や、これに匹敵する主要な華厳寺院の住持を歴任した。時に地方寺院の住持となったとしても、開京に留まって住持を務める特権を有した。また教団の上層部を占め、国家と王室のための仏教儀礼を主宰した。不幸にも多くは四十代後半から五十代初めで世を去ったが、みな死後に国師を追贈された。

王室子弟の出家は、仏教が盛行していた東アジアで普遍的に見られる現象であって、とりわけ「護国＝護法」の理念が確立していた高麗社会で、それは崇高な功徳と看做された。高麗は王室子弟の出家を巧みに制度化し、長期間にわたり継続した。上は王公貴族と高官顕爵から、下は下級貴族や一般庶民、さらには賤民に至るまで広範囲に、子を出家させようとする社会現象を誘発した。ついに高麗中期には、世俗の王族や貴族家門が超世間の価値を追求する仏教教団を掌握し、血縁関係を梃子に教団内の特権的地位を世襲することによって、国王を頂点とする世俗社会の身分秩序が教団組織にそのまま持ち込まれる、という同調現象が表面化したのである。

もちろん宗教が世俗の王政を補佐するのは、高麗仏教にのみ特有の現象ではない。外来文化である仏教が東アジア社会を仏教化する過程において、何よりも世俗権力の支援と保護が必要不可欠であった。いっぽう強力な中央集権体制を目指した歴代王朝にとっても、他のいかなる宗教よりも大衆への影響力が大きい仏教との協調は避けられない命題であった。宗教と世俗権力との友好関係は、東アジアにおいては普遍的現象であって、ただ時代と地域によりその程度に差があるに過ぎない。その中でも高麗は仏教と王権との提携関係が絶妙に均衡しており、関係が安定して継続したという特徴がある。本稿で検討した王子出身の華厳宗国師五人こそ、「護法＝護国」という高麗王朝と仏教との運命共同体的関係を端的に物語る事例といえよう。

注

（1）本稿は拙稿（"Buddhism in Medieval Korea," *Korea Journal Winter*, vol.43, No.4, 2003及び「高麗中期の王室と華厳宗」『歴史と現実』七九、二〇一一年）を本書企画の趣旨に合わせ修正・増補したものであることを断っておく。
（2）『宋史』巻四八七・列伝二四六・外国三・高麗。
（3）成俔『慵齋叢話』巻八。
（4）代表的な研究成果としては、許興植「高麗時代の小君の身分上の特性」（『擇窩許善道先生停年紀念 韓国史学論叢』一潮閣、一九九二年）、李貞蘭「高麗時代の小君と国庶」（『韓国史研究』一二二、二〇〇三年）、李貞薫「高麗前期の王室出身僧の出家と活動」（『歴史と現実』七一、二〇〇九年）が挙げられる。
（5）小君とは、国王と身分の賤しい女性との間に生まれ、僧となった者を指す高麗時代特有の呼称である。
（6）高麗時代の時期区分については諸説ある（蔡雄錫「高麗社会の変化と高麗中期論」『歴史と現実』三二、一九九九年、一二三—一五九頁参照）。諸説のうち、筆者は差しあたり十一世紀中葉の文宗代から十三世紀中葉の高宗代までを「中期（または第二期）」とする三期区分に従った。
（7）『高麗史』高麗世系、参照。
（8）『高麗史』巻一五・世家一五・仁宗三年（一一二五）三月己亥条。
（9）高麗太祖の仏教政策については、韓基汶「高麗太祖の仏教政策——創建寺院を中心に」（『大邱史学』二二、一九八三年）を参照のこと。

(10)『東人之文四六』巻八・「神聖王親制開泰寺華厳法会疏」（『高麗名賢集』巻五、成均館大学校大東文化研究院、一九八〇年、八九頁c）。
(11) 二宮啓任「高麗朝の恒例法会」（『朝鮮学報』一五、一九六〇年）二二―二四頁。
(12) 南東信「羅末麗初の国王と仏教の関係」（『歴史と現実』五六、二〇〇五年）八七頁参照。
(13) この問題を扱った古典的論文として、崔炳憲「高麗中期の玄化寺の創建と法相宗の隆盛」（『韓沽劤博士停年紀念史学論叢』知識産業社、一九八一年）がある。
(14) 前掲注13崔論文、二四七頁。
(15) 南東信「高麗前期の金石文と法相宗」（『仏教研究』三〇、二〇〇九年）一五六―一五八頁。
(16) 韓国歴史研究会編『訳註羅末麗初金石文』上・「瑞雲寺了悟和尚真原塔碑」（慧眼、一九九六年）四二頁、『祖堂集』巻二〇・順之伝。
(17)『三国遺事』巻四・心地継祖。
(18) 蔡雄錫「毅宗代の政局の推移と政治運営」（『歴史と現実』九、一九九三年）一一二頁。
(19)『三国史記』巻五〇・列伝一〇・弓裔。
(20)『高麗史』巻八八・列伝一・后妃一・神明順成王太后劉氏。
(21)「報恩郡俗離山大法住寺之来歴」（朝鮮総督府内務部地方局編『朝鮮寺刹史料』上、一九一一年）一二七頁。
(22) 高裕燮『松都古蹟』四・「広明寺と温鞋陵」（『高裕燮全集』巻四、通文館、一九九三年）一二六頁。
(23) ソウル歴史博物館『北漢山三川寺址発掘調査報告書』（ソウル歴史博物館、二〇一一年）一六四頁。
(24) 現在学界で通用する「法相宗」という宗派は、歴史的経緯を踏まえたものではない。韓国仏教史上、「法相宗」ではなく「慈恩宗」と呼ばれた。この名称は十三世紀以降の史料に初めて現れ、朝鮮初期まで使われた。それ以前には「瑜伽業」といったが、これも一〇二四年に作成された文書に初めて現れる。ただし「華厳業」の用例が十世紀前半の金石文に確認されるので、「瑜伽業」の名称も新羅末高麗初に遡る可能性は十分にある（前掲注15南論文、一六二―一六六頁）。
(25) 高麗太祖の仏教政策については、以下の研究成果を参照のこと。前掲注9韓論文、Sem Vermeersch, *The Power of Buddha: The Ideological and Institutional Role of Buddhism in the Koryŏ Dynasty*, Cambridge (Massachusetts) and

London, Harvard University Press, 2008。
（26）『高麗史』巻一二〇・列伝三三・尹紹宗伝。
（27）『高麗史』巻二・世家二・太祖二十六年（九四三）四月条。
（28）「訓要十条」については、今西竜が最初に偽造説を提起した（「新羅僧道詵について」『東洋学報』二─二、一九一二年）、「高麗太祖訓要十条に就いて」（『東洋学報』八─三、一九一八年）。これに対し李丙燾は偽造説の論拠を批判して、太祖自ら述べたものであることを改めて明らかにし（『高麗時代の研究』乙酉文化社、一九四八年、二八─四八頁）、崔炳憲がこの見解をさらに補強した（「道詵の生涯と風水地理説」『先覚国師道詵の新研究』霊巌郡、一九八八年）。
（29）金岡秀友著・金喜午訳『仏教の国家観』（総和閣、一九七八年）一一八─一一九頁、中村元著、車次錫訳『仏教政治社会学』（仏教時代社、一九九三年）二〇四─二〇八頁。
（30）「護国者、仁王是能護、国土是所護。由仁王如法治道、万民適楽、国土安穏。若仁王望般若、般若是能護、由持般若、故仁王安穏由人柄法。仁王是能護、般若是所護。今仁王般若皆是能護、国土是所護」（『仁王般若経疏』巻上（T.33,314b））、「般若能護人天国土、故名護国」（『仁王経疏』巻下・本（T.33,407c））。
（31）『大般涅槃経』巻三・寿命品一之三（T.12,381a-b）に「如来今以無上正法、付嘱諸王・大臣・宰相・比丘・比丘尼・優婆塞・優婆夷」とある。
（32）鳩摩羅什訳『仁王般若経』巻下・護国品（T.8,829c-830c）。
（33）燃灯会と八関会に関する最近の研究成果としては、安智源『高麗の国家仏教儀礼と文化』（ソウル大学校出版部、二〇〇五年）を参照のこと。
（34）許興植「高麗時代の国師、王師制度とその機能」（『高麗仏教史研究』一潮閣、一九八六年）、前掲注12南論文、九三─一〇一頁。
（35）韓基汶『高麗寺院の構造と機能』（民族社、一九九八年）二二〇─二六二頁参照。
（36）『高麗史』巻七・世家七・文宗九年（一〇五五）十月丙申条。
（37）前掲注4李［二〇〇九］論文、一〇二─一〇四頁参照。
（38）『高麗史』巻一六・世家一六・仁宗八年（一一三〇）四月辛丑条。

(39)「般若寺元景王師碑」（朝鮮総督府編『朝鮮金石総覧』上、朝鮮総督府、一九一九年、三一九頁）に「凡国朝有水旱災変、必請師為邀福之事」とある。

(40) 前掲注23書、一六二頁。

(41) 天頙『湖山録』巻四・「答芸臺亜監閔昊書」（『韓国仏教全書』第六冊、東国大学校出版部、一九八四年、二一二頁b～c）に「因果不昧、種麻得麻、種苧得苧。……若撥無因果、如採芙蓉於木末、搴薜蘿於水中。此乃波旬之見、非西聖一路涅槃門也」とある。

(42) 張商英『護法論』（T.52,639a）に「古語有云、一子出家、九族生天哉」とある。

(43)「霊通寺大覚国師碑」（『大覚国師外集』巻一二・二丈（『大覚国師文集』建国大学出版部、一九七四年、所収））。

(44)『高麗史』巻三九・世家三九・恭愍王五年（一三五六）十月戊午条。

(45)『高麗史』巻三・世家三・穆宗六年（一〇〇三）是歳条、同巻四・世家四・顕宗一・即位年条、同巻八八・列伝一・后妃一・献哀王太后皇甫氏。

(46) 王子僧の行跡は、金竜善「高麗僧侶の一代記」（『人文学研究』七、翰林大学校人文学研究所、二〇〇〇年。『高麗金石文研究』一潮閣、二〇〇四年に再録）、及び前掲注4李［二〇〇九］論文に整理されている。

(47) 牽制説の代表的な研究としては、前掲注13崔論文がある。

(48)『高麗史』巻八・世家八・文宗二十一年（一〇六七）春正月庚申条。

(49)『高麗史』巻七・世家七・文宗十年（一〇五六）九月丙申条。

(50)「金山寺慧徳王師碑」（前掲注39書、二九八―二九九頁）。

(51)「興王寺大覚国師墓誌」（前掲注39書、二九四頁）、「霊通寺大覚国師碑」（前掲注39書、三〇九頁）。

(52) 大屋徳城『高麗続蔵雕造攷』（便利堂、一九三七年）五四―六七頁参照。教蔵の木版は大邱八公山の符印寺に所蔵されたが、十三世紀前半のモンゴル侵入時に初彫大蔵経板とともに焼失した。幸い、一〇九〇年に義天が編纂した『新編諸宗教蔵総録』によってその規模と内容を推測することができる。

(53)「興王寺大覚国師墓誌」（前掲注39書、二九四頁）。

(54)「興王寺円明国師墓誌」（前掲注39書、三四三頁）、『高麗史』巻九〇・列伝三・宗室 粛宗。

(55)「興王寺円明国師墓誌」（前掲注39書、三四三頁）に「至是、知外戚擅権、欲危王室、超然有遁世之志、抗章乞退。

上優詔従之、遣中使護送。其時、宗室名臣、相踵斥逐、而師独泰然、不及於難。時人、以此服其先知」とある。
(56)「般若寺円景王師碑」（退耕堂権相老博士全書刊行委員会編『退耕堂全書』六（同会、一九九八年、四一〇頁））に「睿王代、能以花厳大教、補益国家者多矣、予其敢忘耶……睿王之在東宮也、遊心於華厳教（以下、欠）」とある。
(57)「竜寿寺開刱記」（許興植『高麗仏教史研究』一潮閣、一九八六年、六五四頁）に「先祖睿王、嘗為膺公、刱立覚華、俾弘揚華厳教理」とある。
(58)「瑞峯寺玄悟国師碑」（前掲注39書、四〇六頁）。
(59)『高麗史』巻一五・世家一五・仁宗六年（一一二八）四月己巳条、同巻九〇・列伝三・宗室一・帯方公俌、同巻一二七・列伝四〇・叛逆一・李資謙、参照。
(60)「瑞峯寺玄悟国師碑」（前掲注39書、四〇五頁）。
(61)『高麗史』巻九〇・列伝三・宗室 仁宗。
(62)『高麗史』巻九〇・列伝三・宗室 粛宗。
(63)『高麗史』巻一八・世家一八・毅宗二十一年（一一六七）四月壬午条。
(64)『高麗史』巻九〇・列伝三・宗室 仁宗、同巻九九・列伝一二・諸臣 崔惟清・崔詵。
(65)『高麗史』巻八八・列伝一・后妃 仁宗。
(66)『新増東国輿地勝覧』巻四六・寧越郡・仏宇・興教寺。『大東金石書』（亜細亜文化社、一九七六年）九一―九二頁に拓本の一部が掲載されている。
(67)韓国金石文綜合影像情報システム（http://gsm.nricp.go.kr）。「李軾墓誌銘」は現在国立中央博物館に実物が所蔵されているが、保存状態がよく全文の釈文が可能である。釈文は李蘭暎『韓国金石文追補』（亜細亜文化社、一九六八年）、金竜善『高麗墓誌銘集成（第三版）』（翰林大学校アジア文化研究所、二〇〇一年）一五〇頁、許興植『韓国金石全文』中世上（亜細亜文化社、一九八四年）などを参照のこと。
(68)『高麗史』巻八八・列伝一・成平王后、同巻九一・列伝四・宗室 熙宗。
(69)「伏為聖徳遐昌、隣兵不作、朝野含安、法輪普転、兼及含生、共登楽岸、募工雕板、印施無窮者。庚戌七月日、誌。浮石寺僧統、覚膺」（千恵鳳『韓国典籍印刷史』汎友社、一九九〇年、八三頁註一九〇より再引用）。

倭の入隋使（第一回遣隋使）と倭王の呼称
――『隋書』倭国伝を読み直す

新川登亀男

はじめに

魏徴・長孫無忌ら奉勅撰の『隋書』全八十五巻（帝紀五巻・志三十巻・列伝五十巻）は、唐の貞観十年（六三六）に帝紀と列伝が完成し、顕慶元年（六五六）、志（梁・陳・北斉・北周・隋）の上進をもって編纂完了した。そのなかの巻八十一列伝四十六東夷倭国条（いわゆる『隋書』倭国伝）には、仏教を含む倭と隋との交流や、倭王の呼称などがみえる。

『隋書』倭国伝は、三度にわたる倭と隋との交流を記録している。一度目は、開皇二十年（六〇〇）の倭王による「遣使詣闕」であり、二度目は、大業三年（六〇七）の倭王による「遣使朝貢」である。三度目は、この翌年（大業四、六〇八）の隋使・裴世清の倭国到来および「宣諭」である。ただ、二・三度目は、一連のものとして捉えることができる。

本稿では、この倭国伝にみえる倭王の呼称（主に「阿毎」と「多利思比孤」）を検討することによって、一度目の遣隋使（入随使）の歴史的位置づけを明らかにしたい。

一　開皇二十年の「遣使詣闕」

一　「遣使詣闕」の特徴

一度目の遣隋使については、『日本書紀』に記載されていないが、否定すべき理由があるわけではない。むしろ積極的に、どのような遣隋使であったのかを考えてみる必要がある。その前提として、両度の遣隋使の差異が、「遣使詣闕」（一度目）と「遣使朝貢」（二度目）との違いにあらわれていることに注目したい。以下、『隋書』巻八十一から巻八十四までの東夷・南蛮・西域・北狄各伝から「遣使詣闕」型を抽出すると、つぎのような例がみられる。

（1）高祖受禅、湯復遣使詣闕（高麗伝）
（2）開皇二十年、倭王（中略）遣使詣闕（倭国伝）
（3）六年、嵬王訶、復懼其父誅之、謀率部落万五千人戸将帰国、遣使詣闕、請兵迎接（吐谷渾伝）
（4）連兵不已、各遣使詣闕、請和求援（突厥伝）
（5）其国、遣使詣闕、頓顙謝罪（契丹伝）

以上、五例のほか、「遣使詣闕」型に准じるものとして、以下の三例がある。

（6）煬帝嗣位、天下全盛、高昌王、突厥啓人可汗、並親詣闕貢献（高麗伝）

（7）帝大悦、（中略）遣尚書起部郎席律詣百済、与相知（百済伝）

（8）五年、拓抜寧叢等、各率衆詣旭州内付（党項伝）

では、これらの用法には、どのような特徴があるのであろうか。（1）は、隋楊堅（文帝）が北周の静帝から禅譲されて帝位についたので、高句麗王（湯・陽成・平原王）の使者が楊堅のもとに赴いたことをいう。『隋書』巻一高祖紀上の開皇元年（五八一）十二月壬寅条では、これを「高麗王高陽、遣使朝貢」と記しているので、「遣使朝貢」型と「遣使詣闕」型とが混用されている。すると、両者に大差はないように見受けられるが、逆に、「遣使朝貢」型に比重をおく本紀と、そうでない列伝との差異を示唆するであろう。また、列伝の「遣使詣闕」については、受禅直後の楊堅が、まだ新都大興城を造営する以前のことであり、新都での儀礼が未成立であったこと。さらに、同年の百済王（扶余昌）による「遣使来賀」（十月乙酉条）と類似した性格であり、「朝貢」というよりも、もっぱら受禅の祝意のためであったことが配慮されてよい。

（2）については後述するとして、（3）は、開皇六年（五八六）、西域の吐谷渾の太子である嵬王訶が、父王の横暴を恐れて帰国するにあたり、隋に救兵を求めてきたことをいう。これは、定例の「朝貢」ではなく、皇帝との任意の直談判であったと言える。（4）は、開皇初年、北狄の突厥が複数の可汗勢力間で争いを繰り返し、それぞれが隋に和を請い、かつ救援を求めてきたことをいう。したがって、（3）に類似した行為である。さらに、

（5）は、開皇六年、契丹部族内での争いや、突厥との争いを批判した文帝のもとに契丹が使者を送り、急拠、謝罪したことをいう。これも、定例の「朝貢」などではない。

つぎに、「遣使詣闕」型に準じる（6）は、煬帝の大業三・四・五年（六〇七・六〇八・六〇九）の出来事であろう。つまり、煬帝は北方の内モンゴルへ行幸し、楡林郡の行宮に突厥啓民（啓人）・義成公主らが「来朝」したのである（『隋書』巻三煬帝紀上大業三年条など）。また、煬帝は西方の張掖（甘粛省）へも行幸し、高昌王（麴伯雅）らが「来朝」したが、高昌王はとくに厚遇された。時に、「観風行殿」（移動式宮殿）には「蛮夷」三十余国が列し、盛大な饗宴が催されている（同大業五年六月条など）。

（7）は、大業七年（六一一）、隋の高句麗遠征にあたり、百済が「軍期」を問うてきたことに悦んだ煬帝は、使者を百済に派遣して、その戦略を打ち合わせたことをいう。これは、「詣闕」と異なるのであるが、対象者に直接会って、臨時に談合したことでは一致する。さらに、（8）は、開皇五年（五八五）のこととするが、高祖紀上の開皇六年正月甲子条の「党項羌内付」にあたるであろう。つまり、「党項羌」（拓抜寧叢等）が旭州に直接赴いて帰順したということになる。

さて、以上のようにみてくると、「遣使詣闕」の意味は、定例の「朝貢」などと異なり、遣使と皇帝（周辺）とのイレギュラーな面談や交渉をさし、その場は正規の宮殿に限るものでもないことが分かる。

このような用法は『日本書紀』にもみられ、斉明元年（六五五）是歳条の「蝦夷・隼人、率衆内属、詣闕朝献」、同四年（六五八）七月甲申条の「蝦夷二百余、詣闕朝献」、そして天武九年（六八〇）十一月戊寅条の「詔百官曰、若有利国家、寛百姓之術者、詣闕親申、（後略）」などがその例である。最後の例は、『隋書』巻二高祖紀下開皇十一年（五九二）五月癸卯条の「詔百官、悉詣朝堂、上封事」に類似している。したがって、『日本書紀』にみられる前二者は、蝦夷（隼人も）らのイレギュラーな「詣闕」をいい、最後の例は、これまた天皇へのイレギュラーな意見具申をいうのである。

今、開皇二十年の倭からの遣隋使を理解するためには、上述したような「遣使詣闕」の用法に注意すべきである。

二 「遣使詣闕」の目的と事情

既述の限り、開皇二十年の倭の遣隋使は、つぎの大業三年の遣隋使と異なる形態にあったことが予想される。では、開皇二十年の遣隋使は、どのような事情で何のために入隋したのであろうか。

まず、この遣隋使は、二度目の遣隋使と違い、「国書」を持参していた記録がない。また、開皇二十年の高祖文帝は、岐州の離宮・仁寿宮にいた。この仁寿宮は、開皇十三年（五九三）二月に造営がはじまり、同十八年（五九八）末には行宮十二ヶ所が置かれた。当時、文帝は、しきりに仁寿宮へ行幸していたが、開皇十九年（五九九）二月から開皇二十年九月以前まで仁寿宮にいたもようである（『隋書』巻二高祖紀下）。とすれば、かの遣隋使は、仁寿宮に赴いた可能性がある。

そこで注目したいのは、『隋書』巻二高祖紀下開皇二十年正月辛酉朔条が「上在仁寿宮、突厥・高麗・契丹、並遣使貢方物」と記していることである。ただ、同じ記事が『冊府元亀』巻九七〇外臣部朝貢三の開皇十二年条にみえるが、この時、仁寿宮はまだ造営されていないので、二十年を十二年に誤って編集したものであろう。したがって、開皇二十年正月元日、文帝のいる仁寿宮に突厥・高麗・契丹の使者がそろってあらわれ、貢献したとみてよい。この場合は「遣使朝貢」型に属し、旧来からの「朝貢」に配慮したものとみられる。

一方、この年には、倭と交流のある百済や新羅が入隋した記録がない。すると、問題の開皇二十年の遣隋使は、突厥・高麗・契丹の同時「朝貢」と深くかかわるものとみられ、端的には高句麗の誘導による可能性が高い。つまり、高句麗の遣隋使に随行・同行した倭の入隋使が想定されるのである。「国書」の記録がないのも、けだし当然であろう。

この入隋使（以後、遣隋使と区別）は、言うまでもなく、倭と隋とのはじめての接触になる。文帝から間接的に「風俗」を訊ねられたというのも（『隋書』倭国伝）、そのことを物語っている。イレギュラーな「遣使詣闕」型によく叶うのである。

では、なぜ、このような入隋使が実現したのであろうか。まず、この時の突厥は、複数の可汗勢力によって混乱をきわめていた。しかし、さきに一部言及したように、安義公主、ついで義成公主を妻に迎えた突利可汗が、隋によって啓民可汗（唐代、李世民の「民」の字を忌諱して啓人可汗となる）とされ、隋との関係を深めていった（『隋書』巻二高祖紀上開皇十九・二十年条、同巻八十四突厥伝、同巻五十一長孫晟伝など）。開皇二十年正月に仁寿宮へ赴いたのは、この啓民可汗の使者であろう。

また、契丹についても既に触れたが、かの突厥と争いを繰り返していた。加えて、高句麗からの圧迫も受けていた。しかし、開皇末年には、突厥や高句麗から離反して隋に帰順する者が多くあらわれるようになった。隋は、突厥との融和関係を重んじ、この対応に苦慮したもようである（前掲突厥伝・契丹伝・高麗伝）。開皇二十年正月の仁寿宮には、このような状況にある契丹の使者が赴いたことになる。

さて、問題の高句麗は、隋が陳を平定した開皇九年（五八九）以降、隋の脅威を強く感じるようになり、軍事・防衛体制を強化しはじめた。果たせるかな、隋の文帝は、同十八年、高句麗王（元・嬰陽王）が靺鞨兵（万余騎馬）を動員して遼西に侵攻したことに激怒して、「水陸三十万」の兵を遠征させ、高句麗王の官爵もおとした。しかし、隋の遠征軍は疫病、食糧難、暴風・海難などに悩まされた。

一方、この大遠征に恐怖した高句麗側は隋に謝罪し、何とか戦闘は回避された。以後、一応は、旧来の「朝貢」関係に復帰したとされる（前掲高麗伝、高祖紀開皇十八年条など）。ただ、この隋軍の大遠征にあたっては、百済が隋に「軍導」を請うたが、戦闘回避によって実現しなかった。その後、この事実を知った高句麗は、百済国境に侵攻したという（前掲百済伝）。

したがって、開皇二十年正月の仁寿宮に赴いた高句麗の使者は、隋への謝罪と畏怖の念を懐きながら、通常の「朝貢」を装ったのであろう。しかし、突厥・契丹・高句麗の使者がそろって正月元旦の仁寿宮に出向いたのは、いささか不自然でもある。これは、北方民族対策として隋が意図的に召集したものか。それとも逆に、三国（種族）が意図的に連携して隋に対処したものか。いずれかの可能性が高い。しかし、いずれであるにせよ、北方三国（種族）と隋との融和が図られたか、装われたかであろう。

では、倭はこれにいかにかかわるのか。そこで留意したいのは、『日本書紀』推古七年（五九九）九月癸亥朔条の「百済貢駱駝一匹・驢一匹・羊二頭・白雉一隻」である。この百済からの贈与物のうち、駱駝や羊などの西域・北方の動物が多いのは実に興味深い。かつて開皇八年（五八八）、突厥部落の大人が隋に使者を派遣して、馬万匹、羊二万口、駝・牛各五〇〇頭を贈り、「縁辺」に市を置いて隋との交易を申請し、隋もこれを許可したという経緯も参考になる（前掲突厥伝）。

一方、百済の遣隋使は、開皇八年以後、同十九年（推古七）までの間、隋の平陳を祝賀した同九年と、隋の高句麗遠征の「軍導」を要請した同十八年のみである（前掲百済伝など）。そうすると、推古七年（開皇十八）に百済が倭に贈ってきた駱駝・羊などは、前年の百済の遣隋使が隋で得たものの一部であった可能性が高い。そして、この贈与は、百済が突厥などの北方勢力の動向に強い関心を懐いていたことを物語っており、その関心は、これらの贈与物をもって倭に伝えられたはずである。

その関心の焦点は、つぎのように要約できる。すなわち、百済と緊張関係にある高句麗が、突厥などの北方ないし西域勢力といかに交流して自身の勢力を拡大強化しようとしているのか。また、北方や西域の諸部族の複雑な流動的情勢が、高句麗や隋にどのような影響をもたらすのか。百済は、以上のような観点から、北方ないし西域の動向に神経をとがらせていたとみるべきであろう。

百済から、このような汎アジア的な視野と関心を教唆された倭は、その直後の開皇二十年（推古八）、はじめての使者を隋に送った。突厥・高句麗・契丹がそろって遣隋使を送るという得難い好機の情報も、百済からもたらされた可能性さえある。ただし、百済は、隋の平陳後、毎年の遣隋使「入貢」と、百済への隋使派遣とを隋側から断わられており（前掲百済伝）、さらに高句麗遠征の「軍導」要求が挫折したこともあって、遣隋使派遣には消極的にならざるを得ない状況であった。

これに対して、高句麗は隋への「朝貢」を促されていた。また、新羅と百済が倭を「大国」とみなし、多くの「珍物」を倭に贈って常時「通使往来」しているという情報も、高句麗から隋に伝えられていたのであろう（前掲倭国伝）。一方、倭は、百済からのみならず、高句麗の人材や文化・技能をも受容しつつあったことは、『日本書紀』からもよく知られているところである。

以上のことを踏まえると、開皇二十年の倭の入隋使は、百済からの教唆を受け、高句麗の遣隋使「朝貢」に付帯する形で実現したものと考えられる。もちろん、倭の入隋に関しては、百済側と高句麗側とでは認識に大きな違いがあった。百済側は百済のために、高句麗側は高句麗のために倭の入隋を促し、あるいは容認したのである。

このうち、高句麗側としては、新羅や百済に対する倭の「大国」的存在の情報伝達を背景にして、自国と倭との友好関係を、ひいては倭が高句麗に従属しているかのような関係性を隋に見せる意図があったものと推察される。

しかし、百済と高句麗、そして新たに倭が共有する基盤はあった。それは、隋の北方や西域の諸勢力が複雑な環境にあり、かつ予断を許さぬ不透明さがあること。しかも、それは隋と朝鮮三国ひいては倭の関係を左右するということとの共通認識である。倭の入隋使は、以上のような共通認識と、個別のくい違いとを内包しながら、はじめて実現したものとみられる。

三　入隋使の情報伝達

かくして、『隋書』倭国伝は、開皇二十年の入隋使の記事を「倭王、姓阿毎、字多利思比孤、号阿輩雞弥、遣使詣闕」ではじめる。ついで、文帝が「所司」を通じて「風俗」を問うたのに答えて、「使者言、倭王、以天為兄、以日為弟、天未明時、出聴政、跏趺坐、日出便停理務、云委我弟」とある。これを聞いた文帝は、「此太無義理」との理由をもって、改めるように指示したという。さらに、「王妻号雞弥」、「名太子為利歌弥多弗利」、「軍尼」、「伊尼翼」などの説明がつづく。

以上の記述は、入隋使（第一回遣唐使）らがもたらした情報にもとづくはずである。この時、倭からの正式の「国書」はなかったので、口頭による質疑応答がもとになっていたと一応は解される。「使者言」とは、そのことを示唆していよう。また、固有名詞が、翻訳型字音表記（仮称：いわゆる万葉仮名表記形式）になっているのも、口頭言語の介在を思わせる。

しかし、「使者言」であるとしても、「倭王、以天為兄」以下は漢文になっており、口頭発言をそのまま書記したわけではあるまい。そこには、通訳・翻訳の存在が不可欠であり、「国書」以外の書記類が用いられた可能性もあろうか。

いわんや、この入隋使は、複雑な関係のもとで実現している。加えて、同伝が「敬仏法、於百済求得仏経、始有文字」と説いていることにも注意が必要である。すなわち、倭の文字受容や使用は、仏経典を百済に求めたことに起因しているという理解であった。また、同じ東夷伝のなかでも、翻訳型字音表記の多用は他に例がない。これは、隋、あるいは、いわゆる中国史において、倭が、高句麗・百済・新羅とは異なる特異な歴史関係にあったことを物語っている。その意味では、倭国伝における翻訳型字音表記の頻用そのものが、検討課題の前提になるのである。

そこで、以下、翻訳型字音表記をとる固有名詞、とくに倭王の呼称のうち「阿毎」「多利思比孤」に限って、その語義と表記方法を問題視したい。

二　「阿毎」の問題点

一　「阿毎」と「阿梅」

倭王の姓は「阿毎」とある。これは「アマ」「アメ」のことで、「天」の字があてられるものと、ふつう考えられている。しかし、このような「アマ」「アメ」は、かつて例示されたように、「阿麻」「安麻」「安万」「阿米」「安米」などと記される場合が多く、「阿毎」と表記した例は皆無に近い(1)。

ただし、この「阿毎」表記については、日本側の資料に稀少な例が見出せる。それは、『日本書紀』雄略二十三年八月丙子条の歌謡であり、「瀰致儞阿賦耶、鳴之慮能古、阿毎儞挙曾、枳挙曳儒阿羅毎、矩儞儞播、枳挙曳底那」（道にあふや、尾代の子、天にこそ、聞えずあらめ、国には、聞えてな）という。意味は、一応、「新羅出兵で闘う（吉備臣）尾代の子よ、その闘いぶりは天に聞こえなくても、国には聞こえてほしいものだ」となる。

ところが、問題もある。それは、卜部家本は「阿毎」とするが、古本系の前田尊経閣本や宮内庁書陵部（図書寮）本は、これを「阿母」（アモ）とするからである。(2)もし、「阿母」であれば、母（東国語）になり、東国防人歌にもみえる（『万葉集』二十の四三七六～四三七八、四三八三）。しかし、「阿母」の場合、「尾代の子」に対応するかのようであるが、ここに東国語が登場するのは不自然であり、母に聞こえなくて、国に聞こえるというのも不可解である。したがって、以下のような理由も加味して、これは「阿毎」とすべきであろう。

まず、「阿毎」は、「聞えずあらめ」の「め」が「毎」の字であることからして、「アメ」になる。ついで、「アメ」と「クニ」が対応しているとみるのが自然であり、「アメ」に聞こえなくて、「クニ」に聞こえるというのも、この歌の前に「領制吾国天皇既崩」（国を治める天皇が死んだ）と解説されていることと矛盾しない。したがって、ここは、「矩儞」（クニ）こと「国」に対応する「阿毎」（アメ）（派生して「天皇」）とみるのがよいであろう。

そこで、この「アメ」（阿毎）について、あらためて注意すべきことがある。それは、「アメ」を「阿梅」と表記する例がみられるからである。つまり、『日本書紀』仁徳四十年二月条の二種の歌謡と、同安康即位前紀の歌謡に用いられている。その内容によると、前二者は、「雌鳥」や「隼」ないし「鶺鴒」を介して「天皇」の所在や価値を暗喩する「天」との借字関係が想定できる。しかし、最後の一例は、「雨」の字との借用が想定される。だが、「雨」の字を想定したとしても、「皇子」や「太子」の存在価値と連携しているところがあり、むしろ、「アメ」と「天」と「雨」と、いわゆる皇位とのかかわりが問題となるが、これについては、後考に期したい。

なお、この「阿梅」の「梅」は、『日本書紀』天武元年（六七二）七月条の「高市郡大領高市県主許梅」などにも用例があり、「許梅」は「コメ」となる。同皇極二年（六四三）十月戊午条・十一月丙子条の歌謡にみえる「渠梅」（米）と類似の用法である。したがって、「阿梅」が「アメ」であることを再確認できるが、この「阿梅」と「阿毎」との関係については、「梅」と「毎」の字（字音・字形・字義）の通用関係が予想される。

二　倭国伝の「阿毎」表記

ここで、はじめに、注目したいのは、使者の発言とされる「倭王、以天為兄」「天未明時」の「天」と「阿毎」（アメ）との関係である。この「天」は、「アメ」をさらに説明した結果の言説とみられるが、まずは「アメ」を「天」ではなく、「阿毎」と翻訳表記している。それは、「アメ」が、既存の「天」観念に直ちに換言できないからである。この点、倭国伝が「軍尼」（クニ）を「猶中国牧宰」と言い、「伊尼翼」（イネキか）を「如今里長也」と補説している例に近い。逆に言えば、「軍尼」は「中国牧宰」と異なり、「伊尼翼」も「今」の「中国」の「里長」ではないのである。

ただ、このような関係を踏まえると、使者の言とされる「倭王、以天為兄、以日為弟、天未明時、出聴政、跏趺坐、日出便停理務、云委我弟」は、「姓阿毎、字多利思比孤、号阿輩雞弥」という倭王の呼称自体を文章化した性格のものとなる。つまり、「姓阿毎、字多利思比孤、号阿輩雞弥」は、単語の羅列ではなく、全体としての体系的な意味をもつことを示唆している。また、「（今の）中国」の事例（文）を持ち出して補説したわけではなく、むしろ、文帝から「太無義理」とさえ「訓令」されているので、「（今の）中国」ないし隋側で任意にあてはめて説明した文でもない。入隋使側から、何とか既存の用語（天・兄・日・弟・跏趺坐など）を持ち出しながら補説したことになろう。

したがって、この特異な説明は、倭側でなければできない。しかし、倭側のみでも困難であろう。では、倭国伝の「阿毎」表記は、いかにして生まれたのか。そこで、つぎに注意したいのは、『隋書』の東夷・南蛮・西域・北狄各伝のなかで、「阿毎」表記も「阿梅」表記も他にはみられないが、翻訳型字音表記のなかに「阿」の字をもつ「阿波」（北狄突厥伝の可汗の名）などの例があり、同様の例は突厥伝や西域鏺汗国伝・穆国伝に限られることである。逆に、南蛮伝にはみられない。

しかし、このような「阿」表記は、むしろ倭国伝に散見し、「阿毎」のほかに「阿輩雞弥」や「阿輩台」（『北史』巻九四倭国伝は「何輩台」）、あるいは「阿蘇山」などがある。なお、この入隋使と密接な関係にあった百済と高句麗の一次資料の場合、高句麗の辛卯年（推定五七二）銘金銅三尊仏光背に「善知識」として「阿王」「阿琚」の名がみえる。(3) そうすると、北方および西域種族とも交流のある高句麗の介在と、倭側での意見とが混じり合って伝達・書記化されたものと仮定しておきたい。

その場合、「阿毎」表記の「毎」の字義が留意されてくる。まず、『春秋左氏伝』僖公二十八年四月戊辰条に「原田毎毎」とある。これは、杜預注によると、「晋軍美盛」を喩えて、「若原田之草、毎毎然」という意味になる。すなわち、原田の草が生い茂る様を晋軍の盛んな様子にたとえ、「毎毎然」と言ったのである。一方、『荘子』胠篋篇は「故、天下毎毎大乱」と記し、『経典釈文』は、「毎毎」を「昏昏」の意味にとる説を採用している。つまり、くらい様（くらやみ）をいうのである。これは、「天未明時、出聴政」という倭王の様態にふさわしい。

さらに、『礼記』玉藻篇は「視容、瞿瞿梅梅」という。これについて、鄭玄注は「不審貌也」とする。ついで、孔穎達等疏は「瞿瞿」を「驚遽之貌」（驚きあわてる様子）とし、「梅梅」を「猶微微、謂微味也、孝子在喪、所視不審、故瞿瞿梅梅然」と説く。要するに、孝子が親の喪に服している時の様子を述べたものであり、茫然自失として、どこを視ているのか定まらない。あるいは、「微微」「微昧」の意味に傾斜すると、量りがたい幽静さとでも言えようか。

これによると、「梅梅」の「微微」「微昧」とは、「跏趺坐」にふさわしい釈尊の影を示唆するであろう。たとえば、燈火城（那掲羅曷城）の西南にある瞿波羅龍王所住の窟に描かれた仏影は「華坐已下、稍似微昧」とされている（『大慈恩寺三蔵法師伝』巻二）。このような仏影と暗闇のなかの倭王とが、重ね合わされた可能性もあり得ようか。

このような「毎」の字義への配慮については、やはり高句麗の介在が想定されてよかろう。たとえば、高句麗での『礼記』を含む「五経」学習は、『南斉書』以下の高句麗伝に繰り返し記されているのである（『周書』『北史』『通典』『旧唐書』など）[4]。

三　「多利思比孤」の問題点

一　『古事記』と『日本書紀』

つぎに、倭王の字（ナ）は「多利思比孤」とある。これが「タリシヒコ」であることは問題あるまいが、この表記は、他に類例がない。

たとえば、『古事記』序は「於名帯字、謂多羅斯、如此之類、随本不改」と説明して、「タラシ」の名を「帯」の字で表すことは、もとのままに改めないとする。事実、『古事記』は「タラシヒコ」を「（大倭・大・天押・若など）帯日子」（孝昭段以下）と表記している。この「タラシ」は、「タリシ」とみてよい。また、「日子」は「ヒコ」

であるが、「比古」や「毘古」「毗古」で表記される例も多い（神武・孝霊段ほか）。

これに対して、『日本書紀』は、「（天・日本・大・稚など）足彦」（孝昭紀以下）と表記する。逆に、「日子」の例はなく、類例として「日神之子」（神代上六段第三の一書）、「日神子孫」（神武即位前紀）がわずかにみえる。また、「比古」「毘古」「毗古」の用法も稀少であり（神代上一段第三の一書、神武二年二月乙巳条、垂仁二年是歳条）、いずれも注である。(5)

以上によると、「タリシヒコ」（タラシヒコ）は、『古事記』で「帯日子」、『日本書紀』で「足彦」と表記される。また、「ヒコ」については、「比古」「毘古」「毗古」、あるいは「毗故」などの表記もみられるが、一部の例外を除いて、これらは『古事記』に圧倒的に多い。

二　記紀編纂のなかの「タリシヒコ」

ところが、『古事記』『日本書紀』においても、「タリシヒコ」の用法は限定的である。まず、「天皇」の名としては、孝安・景行・成務・仲哀のみであり（仲哀は「タリシナカ（ツ）ヒコ」）、記紀ともに共通する。このうち、『古事記』の場合は、中巻のみとなり、下巻では、「タリシヒコ」がなくなるかわりに、「（御）子」「弟」「兄」「妹」「〜孫」が付記されていく。したがって、「タリシヒコ」（帯日子）には、いわゆる皇位継承を示す含意がうかがえる。

一方、『日本書紀』の場合は、「足仲彦」の仲哀のあと、「日」を含む名が安閑・用明・舒明・皇極・孝徳・斉明とつづくが（『古事記』では安閑・用明）、「ヒコ」（彦）はみられない。ただ、『日本書紀』では、「息長足日広額」とする舒明、「天豊財重日足姫」とする皇極（斉明）が知られており、「タリシヒ」（足日）や「ヒタリシヒメ」（分注によれば、「重日」の「イカシヒ」と「足姫」の「タリシヒメ」とを分ける）と、「タリシヒコ」（足彦）との関係を指摘するむきもある（リ・ラは互用）。しかし、「タリシヒコ」（足彦）の「ヒコ」がなく、「日」（ヒ）表記であるという違いは無視できない。

ついで問題なのは、『古事記』の場合、上巻では「帯日子」表記の神はいない。ただ、「日子」表記の神はいる。また、中巻では、「帯日子」のみならず、「日子」とされる人物も「天皇」であるが、すべてが「天皇」とは限らず、「天皇」の兄弟には「日子」型表記が多い（「帯日子」型表記は、孝安の兄とされる「天押帯日子命」が例外）。逆に、中巻末尾の応神は「日子」型「天皇」ではない。これは、下巻との関係でとらえるべきかもしれない。

以上によると、まず、「帯日子」表記は、神ではない人としての皇位継承を示す意味がある。つぎに、「日子」表記も、その皇位継承候補者を示唆し、「天皇」にあてられることも少なくないが、「帯日子」表記は基本的に「天皇」に限られる。また、垂仁の「日子」は「毗古」とも記され（『釈日本紀』巻十三述義九所引の「上宮記」では「比古」）、神武にも「毗古」が付されて「日子」表記はみられない。神武の場合は、人からの皇位継承ではないとみなされたからであろうか。垂仁の場合は、人為的な「日子」表記と、慣習的・一般的な「毗古」（比古）表記とが混じり合って残ったのであろう。その場合の「比古」は、男女間での男をさすとみられ、のち天平年間とみられる平城京木簡（宮概報十九）に「比古天皇」とあるのも、いわゆる男帝のことであろう。

そうすると、「比古」型表記は、「ヒコ」の基礎的な意味である男を言い表わしており（「天皇」以外の「登美毗古」など）、これに「日子」型表記が付加され、さらに「帯日子」型表記が上乗せされたものとみられる。その使用も、「天皇」とその兄弟らへ、さらに「天皇」へと独占されていく。そして、これらの重層的な積み上げ表記は、それぞれの文字の意を踏まえたものであったと考えられる。

一方、『日本書紀』の場合、既掲の「足彦」以外に、「彦」の名をもつ「天皇」は多い。ただ、この「足彦」表記と「彦」表記は、『古事記』中巻の「帯日子」表記と「日子」表記とによく対応しており、共通の資料（編纂途上の記紀相互も含む）をもとにして、それぞれの立場でかき分けた可能性がある。その意味からすれば、既述のような『日本書紀』の「日」表記（安閑～斉明）は、『古事記』の「日子」表記（中巻）や「日」表記（下巻の安閑・用明）と相互に関係し合って編み出された可能性があろう。その間、『日本書紀』では、「比古」型表記が抹消され、仲哀以前における「彦」表記への統一度が高い。さきの神武も垂仁も例外ではなかった。

さて、本章の最後に、「タリシ」の意に言及しておきたい。そもそも、「帯」や「足」の字に「垂れる」や「降る」（天から降臨する）という意味が積極的にあるわけではなく、満ちる、充足する、おびる、めぐる、などの意味となる。この点は、『万葉集』二の一四七が「大王乃　御寿者長久　天足有」と歌っていることとも矛盾しない。つまり、「長久」をもって時間の長さを言い、「（天）足」をもって空間的な広さや密度を表現しているのである。ということは、「帯」や「足」の字をあてたことには必然性があり、「タリシヒコ」の本義に、「アメ」（天）から降る倭王という意味はなかったものと考えられる。

以下、この「タリシヒコ」について、問題点を個別にとりあげていきたい。

四　「多利」の問題点

一　「タリ」表記

「多利」表記は、「阿毎」表記と異なり、必ずしも珍しいものではない。まず、倭（日本）側での人名呼称に限っても、「多利」「多利売」（大宝二年の御野国加毛郡半布里戸籍）、「乎多利」（大宝二年の筑前国島郡川辺里戸籍）などのほか、「吉備韓子那多利」（『日本書紀』継体二十四年（五三〇）九月条）、「多利支弥」（『聖徳太子平氏伝雑勘文』下の三所収の「上宮記下巻注」）などの例がある。一方、「太利」「多理」「太利売」「多理売」（前掲御野国戸籍。神亀三年の山背国愛宕郡雲上里計帳ほか）、あるいは「許太利」や「乎太利」（大宝二年の豊前国仲津郡丁里戸籍）などの名もある。さらに遡ると、観音菩薩立像（東京国立博物館蔵）の台座に刻まれた辛亥年（六五一）銘に「布奈太利古臣」とある。

これら「多利」「太利」「多理」は、同じ「タリ」の異なる表記と言えよう。そして、このような「タリ」は、「足」の字を借用しており、たとえば、大宝二年の御野国肩県郡肩々里戸籍には「足」の名が複数みえる。この傾向は、先述の「タリシヒコ」が「足彦」になることと同じ現象である。

一方、『隋書』の東夷・南蛮・西域・北狄各伝では、「多利」表記が一例みえる。それは、南蛮真臘国伝の「婆多利」（神名）である。しかし、「多」や「利」の個別の翻訳型字音表記となると、さらに例は多い。その代表は、むしろ倭国伝の「利歌弥多弗利」（太子の呼称）であり、後述のように「多利」表記との関連をうかがわせる。同伝には、さらに「哥多毗」（大礼の人名）もある。ついで、赤土国伝の「利富多塞」（王の名）以下、南蛮伝に多い。加えて、北狄突厥伝や西域鏺汗国伝にも、わずかにみえる。

以上の範囲内によると、「多」や「利」の字表記は広くおこなわれていた。また、さきの「阿」の字表記の傾向と比較すれば、南蛮伝に多いという特徴もみられる。

二　百済の「多利」

ところが、この『隋書』当該諸伝とは別に、「多利」および関連の表記が百済（関係）資料に集中するという特徴がある。その代表は、百済武寧王陵出土の銀製釧銘であり、「庚子年二月多利作大夫人分二百卅主耳」と刻まれている。これは、庚子年（五二〇）に、「多利」が武寧王の「大夫人」のために作ったという趣旨に読める。[6]

ここにみえる「多利」とは、一応、製作者の名かと思われるが、実名なのか、その他なのかは定かでない。一方、『日本書紀』継体六年（五一二）十二月条は、百済（武寧王）の使者がもたらしたとされる上表文のなかで、「任那国上哆唎・下哆唎・娑陀・牟婁、四県」の請求を記し、穂積臣押山が「哆唎国守」であることを述べている（同二十三年三月条は「下哆唎国守」）。この「哆唎」は、欽明二十三年七月是月条にもみえる。一応、地名であるが、上下に分かれるほどの広い地域であり、枢要な拠点としても機能していたもようである。

さらに、同雄略二十一年三月条分注は、「久麻那利者、任那国下哆呼唎県之別邑也」という。『釈日本紀』巻十七秘訓二は、この「下哆呼唎県」を「アルシタコリノコホリ」と訓じており、「アル」は「下」をさす古代朝鮮語。「シ」は連辞である「の」。「タコリ」は「タリコリ」（哆唎呼唎）の誤りか。「コリ」は、「コウル」（コホリ）（県などの地域行政区呼称）であろうと言われている。[7]今、上記の正誤関係を判断できる知識を欠くが、とにかく、「下哆唎」（県・国呼称）が「下哆呼唎県」をさすことは確かであろう。

以上によると、百済とその周辺に「多利」や「哆唎」と表記する人名や地名などが存在したことになる。それは、「タリ」と言われるが、場合によっては「タヲリ」と言うこともあろうか。なぜなら、「哆唎」から「多利」のように「口」偏を除くと、「呼」は「乎」になり、「ヲ」の古訓をもつからである（稲荷山古墳鉄剣銘以下）。

この「多利」や「哆唎」の本義は定かでないが、「哆」は「口を張る」、「大きい口」、「大きいさま」などの意味があり、「唎」には、「こえ（声）」という意味があるとされる。[8]もし、これらに准じるならば、大きい、広い、人口が多い、などの意味になろうか。さらに、『古事記』序は「帯」の字を「多羅斯」というが、「多羅（国）」と表記された「任那」地域の地名もある（『日本書紀』神功摂政四十九年三月条以下）。「多羅（斯）」は「多利（思）」にあたり、「帯」が「大」の対訳とすれば[9]、やはり大きいなどの意になろう。

一方、これと関連して、既述のように、赤土国の王名が「利富多塞」と表記されていることに注意したい。この表記は、もちろん、王名を漢字音で翻訳したものであるが、「利」が「富」み、「多」く「塞」(みちる)という意味になる。事実、同国伝は、王の在位の長さ(十六年)や、国や城が豊かで盛んなさまを延々と綴っており、そのなかには、「飛仙」の図像、「菩薩」の像などで飾り立てた門や、「仏塔」と「金剛力士」の像を想起させる意匠などがふんだんにみられるという。まさに、王名が「利富多塞」と表記されるに似つかわしいのであり、その要件に仏教関係の装飾が数多く含まれている。

とすれば、百済武寧王陵から出土した「大夫人」用の銀製釧が「多利」によって作られたというのも、「利富多塞」に類似した意味が「多利」表記に託されていた可能性がある。事実、同陵には多くの副葬品が含まれており、この「大夫人」(王妃)の金製冠飾には仏教的世界が図像化され、木枕にも天人誕生図が描かれていた[10]。このような仏教世界観の顕現(文様)も、「多利」表記たる所以であろう。

加えて、仏典類にも「多利」はみえる。たとえば、『大般涅槃経』(北本巻九如来性品四の六、南本同経巻九菩薩品十六)には「貪多利」(多利を貪る)とあり、この「多利」は否定的な意味で用いられている。しかし、北本同経巻六如来性品四の三、南本同経巻六四依品八では「能多利益」(よく多く利益する)とあり、このような用法は他の仏典類にも多い。「能多利益」の場合は、「多利」という単語ではないが、「多利」の両義性を示唆しており、肯定的な意味として「益」の字を付加している。

なお、『大般涅槃経』は、北涼の玄始十年(四二一)に北本全四十巻が訳出され、元嘉年中(四二四~四五三)に宋の建業へと南伝した。そして、ただちに南本全三十六巻が再編集された(『高僧伝』巻二・七の曇無讖伝・慧厳伝など）[11]。一方、武寧王の死後、百済王位を継いだ聖王は、梁中大通六年（五三四）と大同七年（五四一）、梁武帝に「涅槃等経義」「涅槃等経疏」を請求し、ついに実現させた（『梁書』巻五十四百済伝、同巻三武帝紀下など）。

今、この時系列に準拠するなら、五二〇年段階の「大夫人」銀製釧に『大般涅槃経』の「多利」や「多利益」用法が影響を及ぼしていたとは考えにくいかのようである。しかし、百済は、少なくとも五三四年段階以前から既訳の『大般涅槃経』に関心をもっていたとみてよい。また、既述の武寧王陵出土品と仏教世界との結び付きや、赤土国の王名表記、武寧王代における梁との通交などを考慮すると、たとえ『大般涅槃経』に限定されなくても、世俗的な「多利」と仏教的な「多利益」表現とが未分化な、あるいは混在した形で五二〇年段階の百済王室周辺に受け容れられていたことを否定する根拠はない。

そうすると、倭（日本）で「多利」（タリ）が「足」や「帯」の字を借りて、充足の意（大きい・広い）をもって表現されるようになるのも、やはり必然性があったことになる。また、倭国伝が「太子」を「利歌弥多弗利」と表記したのも、単なる字音表記ではなく、「弗」の字が、「おさめる」、「たすける」、あるいは「ず（あらず）」、などの意[12]をもつことを考慮したものであった可能性が高い。つまり、「多利」表記と「（弥）多弗利」表記とは、相互に連環し合いながら編み出されたものとみてよかろう。

以上の推認を踏まえると、『隋書』倭国伝の「多利」表記は、倭側と百済側（同渡来人を含む）との間で調整しながらまとめられていった可能性があろう。先述の南蛮伝に「多」や「利」の字音表記が多いのも、そのことを示唆していようか。なぜなら、百済と中国南朝（梁など）との緊密な交流を媒介として、いわゆる南蛮諸国と百済との結びつきが認められるからである[13]。

五　「比孤」の問題点

今度は、「比孤」表記を問題にするが、これは、まず、「比古」、「比㐌」、「比跪」表記の系譜として取り上げるのが適切であろう。

一　「比古」型系譜の位相

すでに、「比古」表記が男をあらわす慣習的・一般的な意をもち、簡便な表記として流布したことに言及しておいた。したがって、それは「天皇」とその兄弟などに限るものではなく、広く活用されている。たとえば、「比古」「比古売」という名（大宝二年の豊前国仲津郡丁里戸籍・御野国味蜂間郡春部里戸籍、伊場木簡など）や、「阿比古」姓（藤原宮・京木簡、大宝二年の御野国肩県郡肩々里・郡里未詳戸籍など）も知られている。

また、「比古」ではないが、「コ」を「古」と表記する例も多い。たとえば、菩薩半跏像（東博蔵）の丙寅年（六〇六）銘に「阿麻古」とあるのをはじめ、さきにみた観音菩薩立像（東博蔵）の「辛亥」年（六五一）銘には「左古臣」「布奈太利古臣」、根津美術館蔵の「戊午」年銘光背には「伊之沙古」「汙麻尾古」とある。さらに、法隆寺金堂四天王（多聞天）像銘には「鐡師手古」、法隆寺幡銘にも「山マ名嶋弖古連公」や「丁丑」年（六七七）銘の「針間古」がみえる。

しかし、これに関連して注目したいのは、「戊辰」年（六六八）銘の船王後首墓誌（三井記念美術館蔵）が、同じ「コ」でも、「那沛故」「安理故」「刀羅古」というように「故」と「古」の字を使い分けていることである。また、『河内国古市郡西林寺縁起』に収められた「宝元五年己未」年（六五九）銘の阿弥陀仏像光背にも、「大阿斯高」「栴檀高」「長兄高」「羊古」「韓会古」というような「高」と「古」の字の使い分けがみられる。

以上、「コ」の表記の多様性がうかがえる。しかも、上記の墓誌銘・造像銘は、「児」や「子」の字をもって親子関係をあらわしているが、その用字は、名に付された「コ」（故・古・高）と混同することがない。とすれば、名に用いられた「コ」（故・古・高）は、子供（子孫）である「コ」（子など）とは異なる本義をもっていた可能性が出てくる。つまり、同じ「ヒコ」でも、「比古」型系譜と「日子」型系譜とでは位相を異にしていたことが考えられるのである。

では、「日子」型系譜と異なる「比古」型系譜とは、どのようなものなのか。以下、個別に検討したい。

二 「比古」型系譜の諸層

まず、前史として、いわゆる『魏志』倭人伝の「卑狗」（ヒコ：ヒク）をあげておく。この「卑狗」は、「対馬国」や「一大国」（一支国）の官名としてあらわれ、「狗奴国」にも「狗古智卑狗」という官があるという。したがって、三世紀の倭人社会の一部に「ヒコ」などと称する官ないし官人が存在していたことになる。とすれば、「比古」の原義も、ただ男という属性をこえて、指導的な職務を負う官や官人をいう可能性もある。しかし、だからといって、男であることを否定するものではない。

また、ここで、あらかじめ注意しておきたいのは、「卑狗」表記が、単なる翻訳型字音表記ではなく、記者側の蔑視観を反映させていないのかという問題である。さらに言えば、漢字を活用する漢字文化圏にある限り、漢語・漢文表現への意識や企てから免れることはできないであろう。この点は、「ヒコ」という言葉に各種の文字があてられていくことにおいて、より明らかになるはずであり、「比古」型系譜もけっして例外ではなく、むしろ、その好例とみてよい。

そこで、以下、「比古」型系譜の諸層を取り上げていく。その最初は、「辛亥年」（四七一）銘の埼玉県稲荷山古墳出土鉄剣に「意富比垝」と記されていることである。この「意富比垝」は「オホヒコ」であり、「大日子」[14]や「大彦」にもなる。しかし、表記としては、「大日子」や「大彦」などとは疎遠であり、やはり「比古」型とのかかわりで理解されるべきであろう。

「比垝」の「垝」については、たとえば、『爾雅』巻五釈宮が「坫」であると言い、郭璞は「堂隅」にあると説く。要するに、宮室の隅にある土製の台をいうようであり、これを用いた儀礼が想定される（『礼記』明堂位篇など）。また、日本の『新撰字鏡』は、「垝」の字を「豆伊加支乃破処」（築垣の破れたところ）と説明している。

「比垝」とは、このような「垝」の字義を意識した表記であったとみられる。つまり、「左治天下」する「杖刀人首」の「上祖」として「大王」とは明確に区別された「意富比垝」、あるいは、「大王」の「宮」「寺」における「杖刀人首」の行為や様態が想定されていたことになる。別な言い方をすれば、この「比垝」は「大王」（倭王）をさすのではなく、むしろ、「大王」（倭王）との区別を鮮明にした表記なのである。

つぎは、「比跪」表記であり、これに関連して「奴跪」表記も問題にしたい。以下、項を改めて検討する。

三　「比跪」表記

『日本書紀』に残る「比跪」表記については、まず、神功摂政四十七年四月条分注において、「百済記」が「千熊長彦」を「職麻那那加比跪」のことではないかとしている。『釈日本紀』巻十七秘訓二は、これを「シ□マナヽカヒク」と訓じているが、「千熊長彦」との対応関係でみれば、「ヒク」と「ヒコ」には互換性があり、「チクマナナガヒコ」と解してもよいであろう。そうすると、「ヒコ」（彦）が「比跪」に表記されていたことになる。

これと同様の例は、「百済記」と「百済新撰」が、（葛城）襲津彦を「沙至比跪」（サチヒコ）と表記しているとこころにもみられる（神功摂政六十二年条分注。前掲『釈日本紀』参照）。

ついで、やはり『日本書紀』にみえる「奴跪」表記がある。神功摂政四十九年三月条に「沙沙奴跪」が登場し、彼は百済の軍将であるらしい。前掲『釈日本紀』は、これを「サヽトク」と訓じている。これと同じ例は、雄略二年七月条分注の「百済新撰」が伝える「阿礼奴跪」や、欽明五年二月条の「百済本記」が伝える「津守連己麻奴跪」にもみえる。前掲『釈日本紀』および同巻十八秘訓三は、前者を「アレトク」、後者を「ツモリノムラシコマトク」としている。ともに、「奴跪」を「トク」と訓じているが「ク」と「コ」には互換性がある。

今、これらを踏まえると、「跪」の字を用いる「比跪」表記や「奴跪」表記が、百済系の資料に集中するという特徴が見て取れる。したがって、これらは、一応、百済系の「ヒコ」表記と言えよう。

ここに登場する「跪」の字義は、「垝」の字義よりも明確である。それは、まさに「跪拝」の「跪」であり、ひざまづく行為をいう。そして、百済三書にみえる「比跪」表記が、「天皇」の呼称でないことに注意すべきである。むしろ、「天皇」から怒りを込めて「比跪」と呼ばれる存在であり（前掲神功紀）、いわば「跪拝」する「臣」、あるいは、その男をさして呼んだものとみなされる。

ただ、現存する百済側の数少ない第一次資料からは、このような「跪」の用例を見出すことができない。むしろ、高句麗側の資料からうかがえるのである。たとえば、四一四年の広開土王碑で「跪王」（原石拓本）と読める箇所があり、「残主」（百済）が「王」（高句麗王）にひざまづくという意味である。また、五世紀の中原高句麗碑には「跪営」と読めそうなところがあり、新羅人が高句麗の軍「営」に来てひざまづくという意味になる。[15] もし、「跪営」を「跪官」と読むならば、高句麗の「官」にひざまづくということになろう。[16] いずれにせよ、これらの

「跪」は、「跪拝」の「跪」と原義を等しくしている。

一方、「奴跪」の「跪」も、同様の字義にもとづく表記とみられるが、やはり高句麗側の資料に「奴客」とあることが留意される。たとえば、さきの広開土王碑には「奴客」が二例登場するが、これは、百済人をさし、高句麗側の敵対的な感情が込められているという。また、同じ五世紀の牟頭婁墓誌にも「奴客」が複数例みえる。この「奴客」（牟頭婁）は、「聖王」（広開土王）のそれであり、卑称である。[17] なお、「奴」とは、「臣」のことであるとする理解も広くおこなわれていた（『隋書』突厥伝）。

このようにみてくると、「比跪」や「奴跪」は、王にひざまづく存在を示すための表記であり、さきの「比埦」と同じく、けっして倭王の呼称ではない。それが、百済三書に集中するのは、たしかに百済の文字文化の影響を受けたことを示唆している。しかし、高句麗でも、同様の文字認識をもっていたことを等閑すべきではない。

四　仏典のなかの「跪」表現

一方、百済系表記の「比跪」や「奴跪」については、仏教の影響も考慮されてよい。たとえば、『梁職貢図』に収められた普通元年（五二〇）の胡蜜丹国上表文は、「揚州天子」（梁武帝）に対して「遥長跪合掌」と述べている。[18] ここに、既述のような「跪」（ひざまづく）の用法が登場するが、この「長跪合掌」とは、仏典類から採られたものであった。

たとえば、宋の元嘉年中（四二四～五三）に求那跋陀羅が訳したとされる『雑阿含経』巻二十三・二十五では、「王」が、あたかも「仏」に対するかのように、「如来弟子」である「尊者」に対して、「五体投地」「五体著地」のような「長跪合掌」をおこなったという。それは、「頭面足礼」とも言われ、文字通り「尊者」の「足下」に

「頭面」をつけて礼拝するのである（訳出については、『出三蔵記集』二の新集撰出経律論録を参照）。

また、既掲の『大般涅槃経』（北本巻十四聖行品七の四・巻二十一光明遍照高貴徳王菩薩品十の一、南本同経巻十三聖行品下・巻十九光明遍照高貴徳王菩薩品二十二の二）にも、菩薩が「仏」に向かって「長跪合掌」する行為が描写されている。同経（南北両本）では、同様の作法として「長跪」や「合掌長跪」という場合も多い。

さらに、四四五年（北魏太平真君六、劉宋元嘉二十二）に訳出整備され、広く南北朝、そして倭（日本）にも影響を及ぼした『賢愚経』にも、(19) 同様の「長跪合掌」が繰り返し記述されている。たとえば、梵天が「仏」に向かっての「頭面礼足、長跪合掌」、「小王」「士民」らが「太子」に向かっての「長跪合掌」（以上、巻一梵天請法六事品）、阿羅漢が「仏」に向かっての「長跪合掌」（巻六五百盲児往返逐仏縁）、阿難が「仏」に向かっての「長跪合掌」（巻八蓋事因縁品、巻九浄居天請仏洗品・善事太子入海品）、「弥離」（長者）が「仏」に向かっての「長跪合掌」（巻十二檀弥離品）などである（巻品は大正蔵による）。なお、「長跪」のみの用例は、さらに多い。

このような仏典類や上表文にみえる「長跪合掌」や「長跪」は、「仏」を典型とする尊者への礼拝行為を示している。百済はもとより、高句麗も、かのような用法を知らないはずはなく、仏教世界における尊者との強い、激しい崇拝的な結び付きを繰り返し言い表わす訳語「跪」用法が、「跪」の行為と意味をさらに自覚させ、強調させることになるであろう。

五　「比孤」表記の考案

これまで確認してきた「比埦」、「比跪」、「奴跪」の各表記は、倭王や王に従属する「臣」としての男呼称であったが、『隋書』倭国伝に記録された「比孤」表記は、倭王の呼称として考案された。これは、同じ「比孤」

型系譜とはいえ、「ヒコ」の大きな転換である。あるいは、異質の層にあることを示唆している。

この転換ないし異層性は、言うまでもなく、「跪」の字義と「孤」の字義との異なる採用にあらわれている。では、「孤」の字義は何か。日本古代で流布した「孤独」「鰥寡孤独」（『日本書紀』持統即位前紀以下）の「孤」とは、戸令集解鰥寡条古記が引く『礼記』王制篇に倣うなら、「少而無父者、謂之孤」と説明できる。すなわち、早く父を失った者を「孤」というのである（『日本書紀』仁徳六十七年是歳条、安康元年二月戊辰朔条など参照）。一方、人間ではなく、一国がいわば孤立して危うくなることをも「孤危」という（同欽明五年三月条）。

もし、「比孤」の「孤」の意味が、上述のような「孤」の字義に叶うものとすれば、父王を失って王位についた者、あるいは、存在が唯一の者ということになるであろう。しかし、ここでは、同じ『礼記』の玉藻篇が、「天子」以下の「自称」として、「小国之君、曰孤、擯者、亦曰孤」（「擯者」は接待者）と説くこと。また、同曲礼下篇では、「庶方小侯」（東夷・北狄・西戎・南蛮のそれ）が「自称曰孤」としていることに注目したい。つまり、「孤」とは、「小国之君」「庶方小侯」の自称とされていたのである。『隋書』倭国伝が書記化した「比孤」の「孤」は、このような『礼記』にもとづく表記であった可能性が高い（「比」は、同じ、等しい、ならぶ、などの意か）。

このような推定は、以下のように補強される。まず、新羅真興王碑のうち、最初のいわゆる辛巳年（五六一）銘の昌寧碑に「寡人」（真興王の自称）とみえることである。この「寡人」は、さきと同じ『礼記』玉藻篇によると、「諸侯」が「其於敵以下、曰寡人」（「敵」は、つりあう者）と説くそれである。また、鄭玄注は「大国之君、自称曰寡人」とも言う。さらに、先述の曲礼下篇でも、「諸侯」が「其与民言、自称曰寡人」とされ、鄭玄注は「謙也、於臣亦然」と説明している。つまり、「寡人」とは、「諸侯」（「大国」説がある）が同等の「諸侯」とそれ以下に、あるいは「民」に言う時の謙遜した自称とされていたのである。

以上によると、五六一年段階の新羅は、『礼記』に則った「寡人」用法を承知していたことになる。とすれば、『礼記』の同じ箇所に説かれた「孤」用法が、間接的に倭王の呼称のなかに取り込まれたとしても不思議はない。実は、「阿毎」表記に関連して「梅梅」用法を先に例示したが、これも同じ『礼記』玉藻篇の当該箇所直前に記されている。やはり、『隋書』倭国伝の倭王呼称記事は、『礼記』の知識を欠いたところに成り立たないものとみられる。

ついで、『日本書紀』にも「寡人」用法は多くみられる。それは、「天皇」が即位前に辞退ないし謙遜する場面での自称（A）と、高句麗王や百済王（聖明王）が述べる時の自称（B）に大別される。そして、（A）の場合は、『漢書』巻四文帝紀からの採用（允恭即位前・元年十二月条、継体元年二月甲午条、舒明元年正月丙午条）であり、（B）の場合は典拠がうかがえない（雄略二十年条、欽明二年四月・七月条、同四年十二月条、同十五年十二月条）。また、継体元年条の場合、「寡人不才」とするが、これは『漢書』顔師古注の「不材」を改変したものとみられ、（A）は、師古注本が完成した唐貞観十五年（六四一）以降、霊亀元年（和銅八）（七一五）までに日本へ伝えられた師古注本『漢書』による潤色であろう。[20] しかし、（B）は、このような（A）と性格を異にし、朝鮮三国で独自に「寡人」用法が早くから知られていたことを物語っている。その（B）を基盤にして、むしろ（A）の選択採用が可能になったとも言える。

いずれにせよ、朝鮮三国では、「寡人」用法がよく知られていたと推認される。とすれば、これと類同の「孤」用法も知られないはずがない。その知識は、両者の用法を同時に説く『礼記』によるとみるのが、やはり自然であろう。

では、このような知識は、いかなる経路で『隋書』倭国伝の倭王呼称記事に反映されたのであろうか。それは、隋側（場合によっては初唐）での産物なのか。しかし、その可能性は薄い。なぜなら、すでに指摘したように、『隋書』東夷・南蛮・北狄・西域各伝にみられる翻訳型字音表記に編纂上の統一性はなく、それぞれの個性がうかがえる。また、その各伝においても、件の「孤」表記となると南蛮真臘伝の「孤落支」(五大臣の呼称)があげられるに過ぎない。よって、倭王の呼称表記は、倭国側からの情報提供を基盤として成り立っていたものと考えられる。

だが、倭が『礼記』の知識をどこまで独自に駆使できたのかは疑わしい。これは、やはり、百済や高句麗の教唆ないし翻訳・通訳を介して隋側へ伝達され、書記化されたものとみるのが妥当である(当該期に、新羅の教唆を想定することはできない)。事実、百済からは「五経博士」が倭に派遣されることがあった(『日本書紀』継体七年六月以下)。また、高句麗における「五経」学習については、すでに言及しておいた。

このうち、百済と高句麗のどちらの教唆に比重がおかれていたのかは、確言しにくい。ただ、既述のように、隋に及んだ情報によると、新羅と百済は倭を「大国」とみなすが、高句麗は倭を「大国」とみなしていないという認識がうかがえる。とすれば、『礼記』に準拠した高句麗側が、新羅の「大国」系の「寡人」用法に比して、「小国」系の「孤」用法を倭に適応してみせたこともあり得ようか。もっとも、その場合、倭が高句麗側の教唆の真意を充分理解できていたのかは、また別の問題である。

なお、ここで、かの『礼記』曲礼下篇が「孤」を説いたところで、鄭玄が「謂戎狄子男君也」と補足説明していることにも留意したい。つまり、このような「孤」は「男(君)」と言いたいのであり、「ヒコ」が男であることを、あらためて強調したことになる。件の「鰥寡孤独」の「孤」観念からは導き出せないところである。『日本書紀』神代上4段本文分注に「少男、此云烏等孤」とみえることは、その稀有な副産物であろう(「少女、此云烏等咩」ともいう)。つまり、「少男」を「ヲトコ」、「少女」を「ヲトメ」といい、若い男をさす場合の「コ」に「孤」の字をあてている。ふつう、「ヲトコ」は「袁登古」「袁等古」「乎止古」などと表記され(『古事記』、『常陸国風土記』香島郡条、『続日本紀』宝亀元年三月辛卯条歌謡など)、「烏等孤」と表記するのは例外的である。

六 「比孤」表記からみた入隋使の位置づけ――おわりにかえて

上述のように、『隋書』倭国伝に記録された「比孤」表記は、倭王に対する「臣」としての「比跪」表記と異なり、倭王自身を形容するものであった。これは、大きな転換ないし差異と言えるが、『礼記』による限り、隋の「天子」を中心としたうえでの「小国の君」「庶方小侯」の自称（接待者を介在とした自称も含む）が「孤」なのである。その意味では、はじめて経験する華夷秩序構想のなかで倭王の相対化を「比孤」表記によって示したことにもなる。そうすると、さきの「比跪」も相対性を示す表記であるから、その限りにおいては、「比孤」表記との連続性ないし類同性も認められてよい。

かくして、「比跪」表記と「比孤」表記との間には、断絶ないし差異と、連続性とが共存している。しかし、倭王の呼称か否かということのみを単独に取り上げるなら、明らかに断絶や差異が認められる。また、「比孤」に男性観念が強調されることも、あらたな要素となる。

このような画期を経過して、はじめて、『古事記』の「帯日子」や「日子」表記、『日本書紀』の「足彦」や「彦」表記、ひいては「天皇」の名に「日」の字を加えることが実現していったと考えられる。これは、総じて、「日子」型表記である。しかし、これについては、後稿に譲らざるを得ないが、さしずめ、以下のようなことを指摘しておきたい。

第一は、「比跪」ならぬ「比孤」表記の考案と自覚が、高句麗や百済のそれぞれの思惑に左右されながらも、東アジア総体において倭王の存在を位置づけさせるはたらきをした。それは、華夷秩序構想という要件から無縁であることはなかったが、少なくとも、臣従関係を示す「比跪」表記の「ヒコ」とは峻別される「ヒコ」、つまり「君」としての「ヒコ」たる倭王を確立させる契機となった。『隋書』倭国伝が、さらに「号阿輩雞弥」と記録しているのは、その証左である。「阿輩雞弥」を何と言うのかは再考が必要であるが、少なくとも「雞弥」は「キミ」とみて大過ない。

第二は、この「比孤」表記の段階を経ることで、はじめて「日子」型表記が可能になった。この「日子」型表記は、倭王およびその家系の独占呼称となり、主従関係や個別の「キミ」「ヒコ」表現とは異なる継承関係を、「日」を介在としながら標榜することになる。これについては、高句麗の始祖「日子」伝説の影響があろう（『魏書』巻一〇〇高句麗伝が初見）。

第三は、「比孤」表記の段階と、「日子」型表記の段階との差異にも注意が必要である。なぜなら、『隋書』倭国伝では、倭王は「日」を「弟」としているのであり、「日」の「子」ではないというのである。その意味においても、「日子」型表記は「比孤」表記の前段階を示すものではなく、その逆でなければならない。つまり、「日子」型表記は、六〇〇年段階以降の誕生であり、難波宮跡出土の木簡に記された「日子」がそれにあたるとすれば、七世紀前半ないし前期難波宮段階の誕生である可能性が出てくる（『難波宮址の研究』十四など）。

第四は、これまで部分的に触れ、また、「阿毎」表記のところでも指摘したように、そもそも、『隋書』倭国伝に残された倭王の呼称「姓阿毎、字多利思比孤、号阿輩雞弥」は、総体として、はじめて倭王の存在意味を発揮するのであり、その意味のまるごとの変換が「倭王、以天為兄、以日為弟、天未明時、出聴政、跏趺坐、日出便停理務、云委我弟」という文章である。しかし、既存の文字概念を借用して何とか成り立った件の文章化をいかに理解するのかは、再度、「姓阿毎、字多利思比孤、号阿輩雞弥」とつき合わせながら検討することが大切である。この検討は、六〇〇年段階の倭王の様態を解明する重要な課題となるが、同時に、六〇〇年段階以降に進行する倭王（天皇）の様態との差異を知ることにもなろう。

第五は、『隋書』倭国伝が述べたように、「仏経」がもたらした「文字」の役割をあらためて探るべきである。それは、倭国伝が言う百済との関係はもとより、高句麗との関係にも及ぶ（新羅との関係は後次的）。

第六は、第四で自ら指摘したことに鑑みて、本稿は、部分的な問題を論じているに過ぎない。今後は、「倭王、姓阿毎、字多利思比孤、号阿輩雞弥」と「倭王、以天為兄、以日為弟、天未明時、出聴政、跏趺坐、日出便停理務、云委我弟」との総体的な関係解明こそが求められる。

注

（1）北康宏「天皇号の成立とその重層構造――アマキミ・天皇・スメラミコト」（『日本史研究』四七四、二〇〇二年）。

（2）天理図書館善本叢書和書之部五五『日本書紀兼右本』二（八木書店、一九八三年）、尊経閣善本影印集成26『日本書紀』（八木書店、二〇〇二年）、宮内庁書陵部本影印集成二『日本書紀』二（八木書店、二〇〇六年）等。

（3）黄寿永編『韓国金石遺文』掲載写真（一志社、一九九四年第五版）等。

（4）新川登亀男『日本古代文化史の構想』（名著刊行会、一九九四年）。

（5）「彦舅」を「比古尼」、「珍彦」を「于駱毗故」とし、また、「伊都都比古」とある。

（6）大韓民国文化財管理局編集『武寧王陵』（学生社、一九七四年日本語版）。なお、金元龍『武寧王陵』（近藤出版社、一九七九年日本語）は、「一百卅主」の「主」は「銖」であり、二十四銖が一両であるので、十両に少し足らない重さという。「大夫人」については、新川登亀男『『仏教』文明化の過程――身位呼称表記を中心にして」（同編『「仏教」文明の東方移動――百済弥勒寺西塔の舎利荘厳』（汲古書院、二〇一三年）参照。

（7）新編日本古典文学全集3『日本書紀』②当該条頭注（小学館、二〇〇四年版）。

（8）諸橋轍次『大漢和辞典』当該項目（大修館書店）。

(9) 鮎貝房之進『日本書紀朝鮮地名考』(国書刊行会、一九八七年復刻再版。旧『雑攷』七輯上、一九三七年)。
(10) 前掲注6、吉村怜「百済武寧王妃木枕に描かれた仏教図像」(同『天人誕生図の研究 東アジア仏教美術史論集』、東方書店、一九九九年)。
(11) 尾崎勤「『涅槃経』の北本南伝と南本編纂の時期」(『仏教史学研究』五六の一、二〇一三年)は、北本当該経は元嘉三年(四二六)に南伝し、南本は同五年(四二八)までに完成したという。
(12) 諸橋轍次『大漢和辞典』当該項目(大修館書店)。
(13) 新川登亀男「南西アジア文化と日本古代史」(二〇一三年度早稲田大学・奈良県連携事業成果報告書『古代における南西アジア文化とヤマト文化の交流に関する調査・研究(総集編)――南天竺婆羅門僧正菩提僊那をめぐって』(研究代表者　新川登亀男、二〇一四年)。
(14) 山形県埋蔵文化財センター調査報告書83『山田遺跡遺跡発掘調査報告書』(二〇〇一年)所収の平川南「山形県鶴岡市山田遺跡出土木簡」は、「大日子マ」(大日子部)などのウジ名が記されている当該木簡を八世紀後半頃とする。
(15) 武田幸男『高句麗史と東アジア』第六章「高句麗勢力圏の展開過程」(岩波書店、一九八九年)。
(16) これまで「跪官」と読まれることが多く、たとえば、木村誠「中原高句麗碑立碑年次の再検討」(同『古代朝鮮の国家と社会』(吉川弘文館、二〇〇四年)は「跪官」と読んで、「高句麗の官の体系への従属」という意味にとらえている。
(17) 前掲注15武田論文。
(18) 新川登亀男「『梁職貢図』と『梁書』諸夷伝の上表文――仏教東伝の準備的考察」(鈴木靖民・金子修一編『梁職貢図と東ユーラシア世界』(勉誠出版、二〇一四年)。
(19) 新川登亀男「法隆寺金堂釈迦三尊像光背銘の成り立ち」(『国立歴史民俗博物館研究報告』一九四、二〇一五年刊行予定)において、『賢愚経』の影響を論じた。
(20) 新川登亀男「『続日本紀』編纂と安史の乱――年号制定記事を中心として」(河野貴美子・王勇編『東アジアの漢籍遺産――奈良を中心として』(勉誠出版、二〇一二年)で、『漢書』の伝来を検討した。

弘法大師の成立
——真言宗の分裂と統合

川尻秋生

近年、筆者は、従来等閑視されてきた入唐僧、宗叡に関心を持ち、彼が所持していた聖教目録の復原や[1]、彼の門流が別当を務めた神護寺の一切経目録の研究などを手がけてきた[2]。その結果、宗叡は、当時の真言宗にあって、現在考えられているより、重要な地位を占めていたことがみえてきた。

本稿でも、この視点から、宗叡の真言宗での位置づけを再検討することにするが、図らずも弘法大師号の成立と宗叡流の存在に密接な関係があるとの結論に達した。本稿は、従来、明らかにされてこなかった空海死後の真言宗の実態を明らかにすることになるであろう。

一　仁和寺円堂院の御影像

現在伝えられている宗教の歴史は、時として史実と異なっている場合がみられる。それは祖師の死後、その宗派にとって好ましくない事情は排除され、体面上、ことさら祖師が美化されたり、祖師の地位が高められるからである。

しかし、歴史学からみた場合、なるべく正確な史実を描き出し、その意義を明らかにすることが重要である。本稿ではこうした視点から、これまで本格的な研究がなかった空海死後の初期真言宗の歴史について、検討してみようと思う。

真言宗の血脈については、恵果によって制作された真言七祖像を空海が請来し、空海自身の御影とともに真言八祖像として、東寺に伝存することはよく知られている。さらに、空海の血脈が現在に至るまで、脈々として受け継がれてきたことも、一般常識といってよいだろう。だが、この点を認めつつも、筆者は別な観点からも考察が可能ではないかと考える。まず、この点から検討を開始したい。

延喜四年（九〇四）年三月二十六日、仁和寺の円堂院で斎会が行われ、閏三月二十一日には、三摩耶形の立体曼荼羅が宇多法皇によって落慶法要が催された。『日本紀略』には、「太上法皇於二仁和寺円堂一初設二斎会一」、「法皇於二仁和寺円堂一、安二置金剛界三十七尊、并外院天等一」とあり、宇多法皇が仁和寺円堂で、金剛界三十七尊および外院天等を供養したことがみえる。この史料のもとは、『本朝文集』巻三十二に収められる、紀長谷雄の手になる仁和寺円堂供養願文である。

仁和寺内地、建二八角一堂一、奉レ安二置金剛界会卅七尊、并外院天等三摩耶形一、斯廼弟子、一生瞻仰之基、三時観念之所也、抑夫法界皆謂二道場一、何方非二修行之地一、世間惣是虚仮、何処為二常住之栖一、然而為レ慕レ徳、為レ恋レ恩、追二山陵之近辺一、望二松柏之荒色一、是猶下思二古人一廬二墓側一之意至上也、至二于今春一、如レ法供養、開会一日、請二参百僧一、各々運レ心、観二虚空之月一、声々異レ口、任二周遍之風一、於レ是国王有レ勅、供二楽一部一、紅桜乱飛之候、黄鳥和鳴之晨、飄二舞袖於花間一、混二歌曲於声裏一、将下以驚二動諸尊之境界一、娯中楽諸天之降臨上也、弟子昔為二人君一、万姓所レ犯之罪、自帰二於我一、今作二仏子一、一身所レ修之善、尽利二於他一、既云二四恩一、更亦誰別、凡厥四生之類、被二以一子之悲一、弟子敬白、

円堂院は八角円堂で、曼荼羅の周りには「弟子」、すなわち祖師像が配されていたこともわかる。この史料は、『扶桑略記』延喜四年三月二十六日条の前半の典拠となり、さらに続けて『扶桑略記』には、盛大な法会のようすが記されている。また、仁和寺の根本史料である『本寺堂院記』や『本要記』によれば、この時の導師は、真言宗で僧正の益信であったという(3)。益信については、後に述べることになる。

ここで、仁和寺について簡単に触れておく。仁和寺は、光孝天皇の創建にかかるとする説もあるが、実際には、宇多天皇が父光孝天皇の追善のために、光孝陵近くに建立したことにはじまる。『類聚三代格』巻二、経論并法会請僧事、延喜七年五月二日太政官符には、仁和寺別当観賢の奏上として「仁和寺、是寛平御代奉二為仁和先帝一所二建立一」と、そのことがはっきりみえる(4)。そして、出家した宇多法皇は、仁和寺に居住することになり、その居所は御室と呼ばれ、円堂はその念誦堂として創建されたのである。

また、現在、仁和寺は真言宗であるが、もともとは天台宗であり、権律師幽仙が別当を務めていた(5)。しかし、ここに益信が登場する。『伊呂波字類抄』巻十、恵、諸寺に(6)、

円成寺　藤ー〔原〕淑子病悩、請二益信僧正一、得レ験噫レ病、仍為二師檀一、以二山庄東山樒峯〔ママ〕西麓之家一為レ寺、即円

成寺是也、
右大臣正二位藤原朝臣氏宗終焉之地、故尚侍贈正一位藤━淑子発願建レ斯、寛平《(宇多)》殊有二御願一、作二起宝塔一、聴衆立義亦具備焉、准二貞観・安祥・元慶寺例一、賜二度者三《(二カ)》人一、々々々々

とあるように、藤原淑子が病に罹った際に、益信の祈禱によって快復し、彼女は益信に帰依して円成寺を建立したのである。淑子は、藤原基経の姉で、藤原氏宗の妻、元慶八年（八八四）四月二日に尚侍になった人物であった。『政事要略』巻三十、年中行事、阿衡事に収められた菅原道真の手になる奉昭宣公書に、

尚侍殿下《(藤原淑子)》者、今上《(宇多)》之所レ母事、其労之為レ重、雖二中宮《(班子)》一而不レ得、其功之為レ深、雖二大府一而不レ得、

とみえるように、宇多の養母でありながら、実母よりも親しく、宇多の即位に当たっても、基経に働きかけ、尽力したのである。(7)

このような理由から、宇多も益信に信頼を寄せるようになり、出家の際の師主とした。そして、宇多は、仁和寺を益信に託すべく活動をはじめ、ついに幽仙を仁和寺別当から排除した。幽仙は、昌泰二年（八九九）十二（十一月とも）月十四日、前例としないとの条件で延暦寺別当に転任され、仁和寺を追われることとなった。彼は、翌年三月、比叡山に登ろうとしたところ、麓にあった月輪寺の馬場で、手輿から落ちて亡くなったという。(8)おそらく、彼の延暦寺別当への就任を快く思わない延暦寺僧によって暗殺されたのであろう。

代わって、仁和寺の別当には聖宝の弟子観賢が任じられた。このあたりの事情を物語るのが、『類聚三代格』巻

二、年分度者事、昌泰三年十一月二十九日太政官符、応レ置二仁和寺円堂院分声明業年分度者一人一事である。それまで仁和寺には、天台摩訶止観（光孝天皇の追善のため）および真言毘盧遮那経（宇多法皇の安寧祈願のため）を学ぶ者一人ずつの年分度者が与えられていたが、別当観賢の奏上によって、円堂院分の声明業の年分度者一人がさらに認められた。円堂院の落慶法要は延喜四年であったが、その開創は、少なくとも昌泰三年まで遡ることになる。

さて、円堂院は、現在の仁和寺門徒会館の地下にあることがわかっている。その場所からは、古来、瑠璃瓦、すなわち緑釉瓦が出土し、大正年間には越州窯産の陶磁器などを含む鎮壇具が発見され、現在、国宝に指定されている。(9) また、近年では付近の発掘調査も行われ、円堂院の僧坊跡らしき遺構も検出されている。(10) 緑釉瓦は平安宮以外で葺かれることはほとんどなく、その点からも、円堂院の格式の高さがうかがえよう。

以上のように円堂院の重要性を確認した上で、筆者が注目したいのは、そこに描かれた祖師像である。この像は現在失われているが、仁和寺の根本史料である『三僧記類聚』(11) 第十には、「円堂図」とよばれる指図がある。なお、円堂院は、天慶二年三月、宇多法皇の子式部卿敦実親王によって改造の手が加えられて再度供養されている（『日本紀略』）。画像はその際に描かれた可能性も残るが、この当否については後に譲ることとし、以下では延喜四年に描かれたものとして、とりあえず論を進めたい。

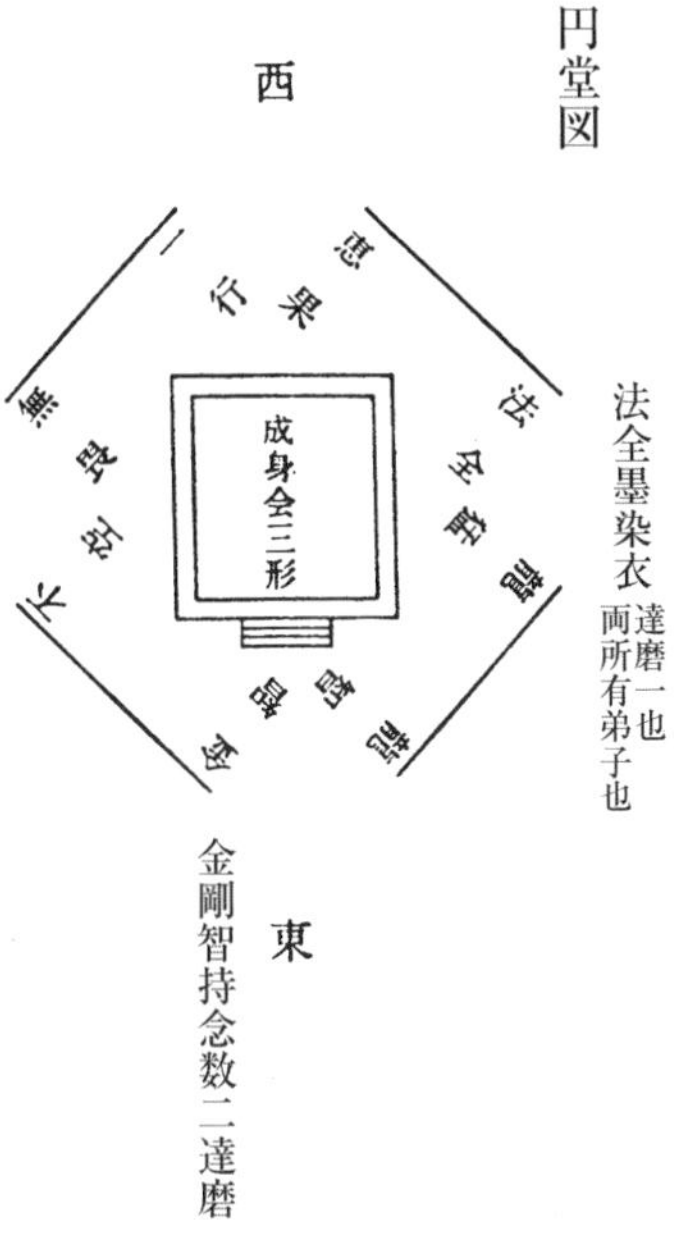

図1　円堂院指図

さて、『本寺堂院記』裏書には、

（裏書）仁和寺円堂院

上障子内外

「（頭書）或記云、艮為レ初、逆廻之、」

艮面 北竜猛 南竜智　内 北弘法 南実恵　巽面 北金剛智 南不空　内 北真雅 南真然

坤面 東善無畏 西一行　内 東真済 西真紹　乾面 南恵果 北法全　内 南宗叡僧正 右聖宝

「或記北源仁 益信、聖宝、」

（中略）

或記云、仁和寺円堂院御影次第、

上障子面、従二龍猛一至二于恵果一如レ常、　加二法全一、

（中略）

上障子裏

東北　北弘法大師　南檜尾僧都（実恵）

東南　東高雄僧正 真済　〔真歟〕正〔南カ〕真観 真雅

西南　南円覚寺僧正（宗叡）　北真紹僧都 禅林寺

西北　西後僧正真然　北南池院僧都（源仁） 聖宝 益信

已上教乗房説、

とあり、『本要記』裏書にもほぼ同様の記載がある。

円堂院の内部には中央に金剛界成身会三摩耶形の曼荼羅（仏像ではなく印相などで仏を表す）の壇が築かれ、円堂の四隅を上下に分けて、上の障子には龍猛・龍智・不空・善無畏・一行・恵果・法全の画像が北東から時計回りに、その裏には日本の真言僧十人、下の壁には達磨以下禅の祖師および行基と鑑真が描かれていたのであった。この点は「仁和寺円堂供養願文」に、「斯廼弟子」とあることからも裏づけることができる。

『本寺堂院記』と『本要記』では若干順番が異なるが、北から空海・実恵・真済・真雅・宗叡・真紹・真然・源仁・益信・聖宝と時計回りに描かれていたらしい。金剛智は念珠を持ち、法全は墨染めの衣をまとい二人の弟子を引き連れていたとの書き込みもある。

一見して真言八祖と空海の弟子を描いていることが明らかである。しかも、宇多の師である益信と、益信の兄弟弟子である聖宝までが記されていることからすれば（両人とも円堂院供養時点では存命）、単なる祖師像などではなく、大日如来から延喜はじめまでの真言宗の血脈を可視化した血脈図ともいえる。さらにいえば、益信の次には宇多が位置し、円堂自体宇多のために建立されたのであるから、宇多自身の正統性を明示・保証するために、大日如来から「現在」までを置いたと言い換えることもできる。

しかしながらここに大きな問題が生じる。それは図像に法全という僧侶がみえる点である。このことを意識したのか、或記では「龍猛より恵果に至るは常の如し」とした上で、「法全を加う」としている。これはなぜ法全が加えられたのか、言外に疑問を呈した書き方であろう。ちなみに、天治元年（一一二四）に再建された仁和寺宝塔内部に描かれた祖師像群に法全が存したことからも[12]、円堂院に法全の像が存在したことに疑いはない。

それでは法全とは、どのような僧侶なのだろうか。

実は、法全は、円仁・円珍・円載の中国での師としてよく知られている。円仁の『入唐求法巡礼行記』や円珍関係の史料に、彼の名をしばしばみることができる。円仁については、『類聚三代格』巻二、修法灌頂事、嘉祥元年（八四八）六月十五日官符、応レ修二灌頂一事に「従二会昌三年二月一、於二善無畏三蔵第四弟子玄法寺法全阿闍梨所一、入二灌頂壇一、受二胎蔵大法幷諸尊法一、至二于三年三月一、受二伝法灌頂一」とあり、法全は善無畏の四代目の弟子で、会昌三年（八四三）に法全から胎蔵界法と伝法灌頂を伝授された。円珍は、法全から両部灌頂を授けられ、法全から授与された『五部心観』が現在も園城寺に現存している。[13] 法全は、胎蔵界については恵果―義操―法潤―法全、金剛界については恵果―義操―法全という血脈系譜であった。[14]

しかしながら、円仁・円珍・円載は天台僧であり、この御影像群とは直接関係ない。幽仙に関わる可能性もあるが、円仁・円珍の師が真言に交じって突然現れるとするのも腑に落ちない。ところが、日本の真言僧のなかにも、法全を師とした人物がいた。真如と宗叡である。ただし、真如は平城天皇の皇子高丘親王の法名で、薬子の変で廃太子となって仏門に入り、入唐の後、求法のためインドをめざしたものの、途中の羅越国で没したから[15]、対象にはならない。

残るは宗叡である。そして彼の御影は円堂院に掲げられていた。『日本三代実録』元慶八年二月二十六日条に収められる宗叡の卒伝には、「至二青龍寺一、随二阿闍梨法全一、重受二灌頂一、学二胎蔵界法一、尽二其殊旨一、阿闍梨以二金剛杵幷儀軌法門等一、付二属宗叡一、用宛二印信一」とあり、胎蔵界法を学び、法全から伝法灌頂を受け、法具や経典類、そして印信などを授与されたことがわかる。したがって、法全の御影の存在は、宗叡なしには理解できないことになる。少なくとも十世紀のはじめ、真言宗のなかに、法全―宗叡という、恵果―空海とは異なった血脈が存在したことになる。この点を血脈図に表すと次のようになる。

これまで法全の法脈はほとんど想定されていなかった。しかも、宗叡は、空海―実恵―真紹―宗叡という実恵流の血脈も引いているから、二重の意味で重要になるのである。

なお、東寺に伝来した五大尊・十二天についても関説しておきたい。真言院の五大尊・十二天像は、大治二年（一一二七）、東寺宝蔵が焼失した際に焼けてしまった。そこで、代わりに、最初、小野経蔵（随心院）にあり、後に宇治御経蔵（平等院）に移されていた「弘法大師御筆様」の画像を手本として制作された。しかし、それが「疎荒」であると伝え聞いた鳥羽院は責任者を責め、新たに「仁和寺円堂後壁」の像を手本にするように命じた。それが現存する五大尊・十二天像であると伝えられている。[16] 制作年代がはっきりしており、国宝に指定されているために、「疎荒」の理由をめぐって、美術史学会では活発な議論がなされてきた。[17]

筆者は、「疎荒」といわれた理由については述べる立場にないが、円堂院像が選ばれた理由は、画質が優れていただけではなく、円堂院が中国・日本の真言宗の正統な血脈を伝えた場であり、宇多法皇が建立した由緒正しい建物に描かれていたためではないかと考える。また、この画像が宗叡にかかわるものであった可能性も指摘しておきたい。[18]

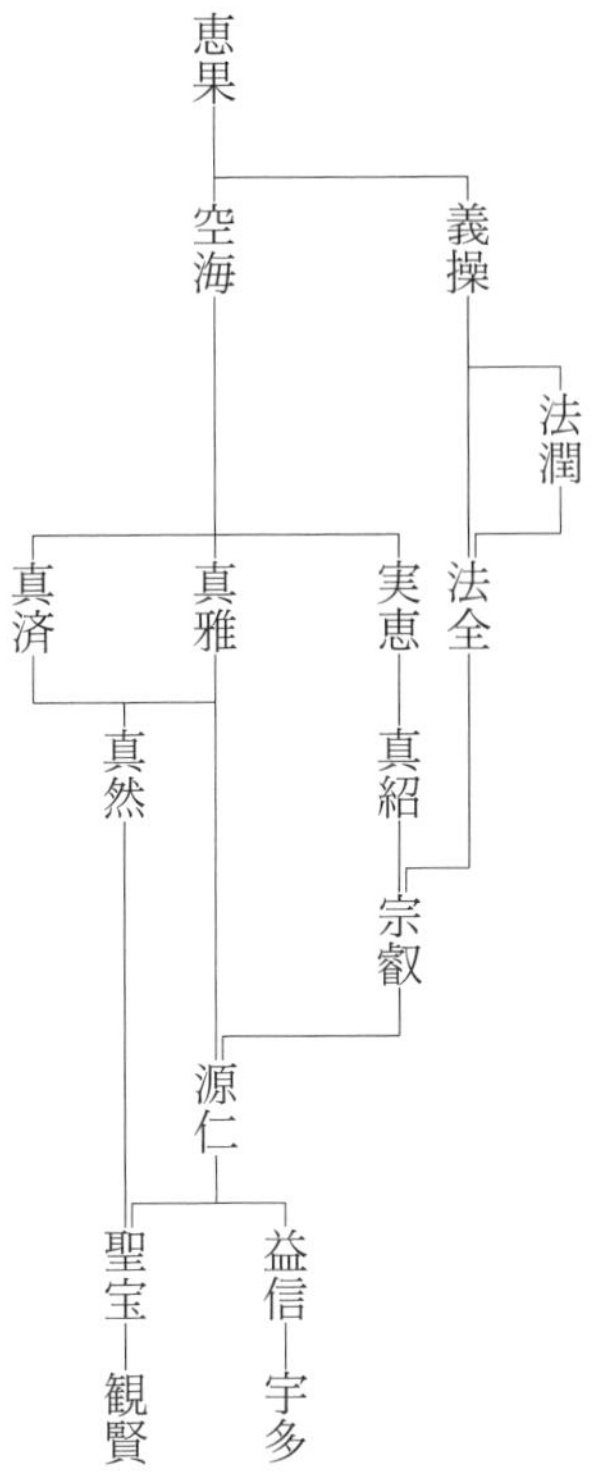

図2　初期真言の血脈

二　宗叡流・真然流の排除

現在伝えられる真言宗本流の血脈には法全―宗叡の系譜はみられない。それでは、なぜ、存在しないのであろうか。その原因を探ってみよう。

『類聚三代格』巻二、年分度者事には、

太政官符

応レ加二置真言宗年分度者四人一事

右、太上(宇多)法皇勅命曰、伏検二案内一、真言宗年分惣六人、其三人者依二大僧都空海上表一、去承和二年正月廿三日置之、同年八月廿日更亦上表於二金剛峯寺一試之、所レ謂高野年分是也。其三人者依二少僧都真済上表一、去仁寿三年四月十七日置之、即於二神護寺宝塔院所一試之、所レ謂高雄年分是也、受戒之後各栖二一寺一、出山之期令レ終二六年一、爰二師没後、衆論遙起、或謂下初称二宗分一須中於二東寺一試上之、或執下有二本願一何於二他処一行上之、各有二所由一、時議難レ定、数遷且改彼争此愁、遂依二権大僧都益信申請一、可下於二東寺一試度上之状、去寛平九年六月廿六日下レ符已畢、厥後至レ今十有余年、雖レ云三公議一定更無二一論一、然而不平之声新聴聞鬧、難レ抑之訟故山猶満、伏以相二尋宗分一永付二一寺一、則二師遺跡応レ含二埋没之悲一、更随二本願一、欲レ返二両山一、(中略)伏望、恩議依レ件処分、旧来六人各返二本山之分一、便於二彼山一試之、新加二四口一将レ為二東寺之料一、即於二其寺一試之、(中略)者、左大臣宣、奉レ勅、依二御願一特置レ之、

延喜七年七月四日

とある。この史料によれば、真言宗はもともと年分度者六人を有しており、金剛峯寺分は空海の申請、神護寺分は真済の申請により、それぞれ三人ずつの試をすることになっていた。[19] ところが、二人の死後、東寺で試を行うのか、それとももともとの二寺で行うのかという点で相論が起きた。そこで、寛平九年、権大僧都益信の申請により、その六人の試と度を東寺で行うことになった。しかし、その後、「故山」（金剛峯寺・神護寺）で不平が盛んに唱えられたため、ここに至って六人をそれぞれの寺院に返し、新たに東寺に四人の年分度者を認めることを宇多法皇が申請し、許可されたのであった。真言宗の得度制の変遷については後ほど詳述することとして、ここでは右の点が確認できればよい。宇多法皇が申請すること自体、他に例がなく、それだけ年分度者の帰属問題は、真言宗にとって大きな問題であったことが想定される。

それではどのような勢力が金剛峯寺・神護寺それぞれで年分度者の分配について異を唱えたのだろうか。まず、金剛峯寺である。金剛峯寺には空海・真雅（空海の実弟で付法弟子）の甥で、真雅の付法弟子であった真然が東寺から分かれ住持していた。彼は寛平三年（八九一）九月、高野山で亡くなるが（『日本紀略』など）、その後は、彼の弟子が金剛峯寺の座主を継いだ（『血脈類聚記』巻二）。[20]

神護寺はどうか。神護寺で、空海が最澄たちに灌頂を施したことはよく知られているが、その後、空海の高弟実恵が承和のはじめから別当を務め、承和七年には真済に交替した。[21] 真済は空海の弟子で実恵の弟子でもあった。神護寺に三人の年分度者が認められたのは、彼が別当の時のことである。真済は貞観七年に亡くなったが、その後の神護寺の役僧については従来不明であった。しかし、前稿で明らかにしたように、[22] 真済の後を継いだのは、実恵弟子の真紹であった。[23] 彼は貞観十五年（八七三）七月に亡くなったが（『日本三代実録』）、その後は、宗叡（真紹の弟子）の弟子が別当になっていた。[24] 神護寺は実恵・真紹の系統によって運営されていたのである。

こうしてみると、円堂院の祖師像は、対立を含みつつも、空海の有力な弟子を網羅していたことになる。また、空海の死後、東寺と高野山が対立関係にあったことは以前から指摘されてきたが、[25] 東寺は神護寺とも対立関係にあったことを新たに指摘することができる。円堂院の祖師像群の解明は、空海の死後の真言宗の分裂と統合の問題を含んでいることになる。

それでは、東寺と高野山・神護寺に分派した真言宗は、その後、どのようになったのだろうか。その点を僧綱、寺院別当などの点からみてみよう。

①僧綱

宗叡は大僧正で元慶八年二月二十六日に亡くなった（『日本三代実録』）。宗叡の弟子のうち、僧綱に登った者は四人いる。律師三修は昌泰二年に亡くなり（『僧綱補任』）、少僧都峯学・律師禅念は延喜八年、律師禅安は延喜十四年に没した（『日本紀略』など）。ちなみに、禅念・禅安は、宗叡に随行し入唐した従僧であり、[26] 禅念は後述のように仁和三年から延喜四年年まで神護寺の別当であった。[27] 神護寺の年分度者を返還すべく声を挙げていたのは、峯学・禅念・禅安を核とした宗叡の弟子であったことは確実である。

ところが、その後はこの門流から一人を除いて僧綱は輩出しない。その一人とは律師禅念の付法弟子の会理で、金剛界を宗叡、胎蔵界を禅念から授法したが、彼は別に宇多法皇からも付法され（『血脈類聚記』巻二）、また、著名な仏師であった。[28] 例外としてよいだろう。

一方、真然は三年九月に、その付法弟子の律師无空は延喜十六年に亡くなった（『僧綱補任』『歴代皇紀』など）。

高野山で不平を述べていたのは真然の弟子である。この点は後述する。

②法務

宗叡の弟子禅安は、延喜十二年から没する延喜十四年まで法務であった（『僧綱補任』）。

③別当・座主

・神護寺別当

先に、神護寺別当が実恵・真済・真紹と継承され、その次に宗叡の弟子禅念が連なることを指摘したが、そのあたりをもう少し詳しく追ってみよう。「神護寺承平実録帳写」には、九世紀末から十世紀前半までの別当が任期も含めて記載してあるので列記してみる。

峯斅　仁和三年（八八七）まで
禅念　延喜四年まで
修証　延喜十九年まで
寛空　延喜二十二年まで
観印　延長元年（九二三）まで
観宿　承平元年（九三一）まで

峯綜は宗叡の弟子（『血脈類聚記』第二）、修証（證）はみえないが、修澄という人物が峯学の弟子として記載される（『血脈類聚記』第二）。さんずいとごんべんは、草行体では混同されやすいから、同一人物の可能性が高いだろう。この推測が正しいとすれば、延喜十九年までは、宗叡流の僧侶によって別当が占められていたことになる。ところが、これ以降血脈が大きく変化する。寛空は、宇多法皇の付法弟子で、康保三年（九六六）には僧正となる。観宿は聖宝（真雅の弟子）の付法弟子（『血脈類聚記』巻二）で、延長六年（九二八）には大僧都、天暦三年には一長者となった（『東寺長者補任』第一）。延喜十九年を境として、真雅流の血脈に入れ替わったのである。

ここで注目したいのは、宇多と神護寺との関係である。宇多は昌泰三年に神護寺に御幸し（『神護寺承平実録帳写』）、寛空は先述のように宇多の付法弟子であると同時に、延長八年時点で仁和寺円堂院三僧であった。[29] おそらく、寛空は、宇多法皇によって神護寺に送り込まれたのであろう。

先に、筆者は「神護寺五大堂一切経目録」を紹介し、これが延喜十九年に修証から寛空への別当交替時の交替公文を基礎台帳にしていることを示した。[30] しかし、この時の交替は、単なる別当の入れ替えではなく、宗叡流から宇多流への劇的な血脈の交替であった。おそらく、両者の間には、悲喜こもごもの複雑な感慨が入り交じっていたことであろう。

・観心寺・禅林寺座主

両寺は、かつて述べたように、真紹によって建立された。そして、その座主については、宮内庁書陵部所蔵『禅林寺古文書』と、『東寺文書』乙号外に収められている「禅林・観心両寺座主職相承次第」によってわかる。[31]

真紹　貞観十年まで
宗叡　元慶七年まで
峯学　延喜六年まで
禅安　延喜十四年まで
円性　延長四年まで
神行　延長五年まで
神予　承平四年まで
神隆　天慶七年まで
円明　天暦八年（九五四）まで
寛忠　貞元二年（九七七）まで

前述したように、峯学・禅安は宗叡の弟子である。円性は峯学の弟子（『血脈類聚記』第二）、神行は『血脈類聚記』には記載がみえないが、「禅林・観心両寺座主職相承次第」では「門弟子」とする。以降、律師神予、神隆、円明については現在のところ師資関係は不詳である。ところが、寛忠は宇多法皇の孫（父は敦固親王）で、淳佑（観賢の付法弟子）の弟子、安和二年（九六九）には少僧都となった。以後、大僧正深覚、法務大僧都深観へと継承されるが、(32) いずれも寛忠の血脈に属する（『血脈類聚記』第二）。少なくとも、天暦八年の寛忠以降、宇多・観賢の血脈に大きく変化したことがわかる。

・金剛峯寺座主

これまでの寺院のようにはっきりしないが、寛平のはじめに寿長が座主となり、延喜十六年に座主律師无空が亡くなっている（『血脈類聚記』第二）。いずれも真然の弟子である（『歴代皇紀』『僧綱補任』、ただし年代には揺れがある）。ところが、延喜十九年九月十九日には、権大僧都観賢が金剛峯寺座主となり（『醍醐寺縁起』[33]、『東寺長者補任』は検校とする）[34]。以後、東寺一長者が兼務するようになった。この時点で、血脈が大きく変化したことがわかる。

以上の結果を総合すると、興味深い史実がうかがえる。観心寺・禅林寺を除いて、延喜十九年に、いっせいに宗叡流や真然流から、益信・聖宝流に血脈が変化したのである。観心寺・禅林寺についても、延長五年を最後に宗叡流はみえなくなり、代わって天暦年間に宇多流に変化した。両寺は宗叡の本拠とした寺であったから、変化が遅かったのであろう。

逆説的に言えば、円堂院が建てられた延喜四年には、いまだ宗叡流・真然流の隠然たる勢力があったのであり、宇多法皇をはじめとする東寺・仁和寺も万全な基盤を築いていなかったことになる。神護寺・金剛峯寺の勢力が年分度者の東寺への一本化に反対した理由もここにあった。

もちろん、真雅流への変化は、宗叡・真然流の僧侶が相次いで亡くなったことを契機として起こった。しかし、宗叡・真然の直弟子は、僧綱・法務や諸寺の別当・座主になることができたが、その弟子、つまり宗叡・真然の孫弟子には、その道はほぼ閉ざされていた。その意味では、宇多法皇をはじめとする真雅流の用意周到な作戦が、延喜末年頃になって奏功したと評価することもできよう。

なお、最初に御影像の制作年代を延喜四年として論を進めてきたが、天慶二年段階では、すでに法全—宗叡の血脈は重視されていないことが明らかである。よって、この画像が円堂院当初からのものであったことはほぼ確実といえよう。

三　排除の理由

それでは、なぜ、真然流と宗叡流は排除されたのであろうか。

まず、空海の弟子どうしの確執が考えられる。宗叡は、空海―実恵―真紹と続く血脈に属していた。実恵は空海の初期の弟子のうち、もっとも重視された人物であった。彼は、空海の金剛峯寺開創や東寺の修造に尽力し、東寺の一切経書写にもかかわった。貞観十三年に亡くなったが、九世紀前半段階では真言宗の中心であった。

実恵の跡を継いだ真済は、空海の文を集めた『遍照発揮性霊集』を編纂したほか、真然とともに承和の遣唐使に加わったが、途中難破し別の僧に差し替えられてしまった。だが、彼は仁明・文徳の信頼を得、承和十年（八四三）十一月に権律師（『続日本後紀』）となった。さらに承和十四年四月には律師、仁寿元年七月には少僧都、十月には権大僧都に任じられる。斉衡三年十月には僧正になるが、自分に代わって空海に贈ることを望み、ついに天安元年十月、文徳は、空海に僧正を追贈し、真済も僧正とした。これみな、文徳の引き立てによるものと思われる。[35]ところが、天安二年八月、文徳が突然倒れ、真済の祈禱も空しく亡くなってしまうと、世の激しい非難を浴び、蟄居することになった（『日本三代実録』貞観二年二月二十五日条）。

この背景には、文徳の引き立てが著しかった点もあろうが、兄弟弟子の真雅との確執を見逃すことはできない。『江談抄』巻二には、真雅が文徳皇子の惟仁皇子（後の清和天皇）の護持僧であり、惟喬皇子を推す真済と不仲であったと伝える。これは院政期の聞き書きであるが、当時の碩学大江匡房の談話であったこと、惟喬の母は紀名虎の娘で、真済も紀氏の出であることからみて、惟喬に肩入れした可能性は十分考えられること、真雅が良房とともに清和の健やかな生育を厚く念じていたことは、正史や『類聚三代格』からうかがえること、[36]元慶六年十一月十一日に真雅が記した「本朝伝法灌頂師資相承血脈」[37]のなかで、真済の付法弟子は一人もいないが、彼の経歴をみた場合信じ難いことなどから、実際に真済と真雅の間には隙があった可能性が強いだろう。[38]真雅流が主流となる中で、真済は排除されたと考えられる。[39]

それでは、宗叡はどうであろうか。真雅と藤原良房が手を組み、清和の健やかな成長を祈願していたのに対して、宗叡は個人的に清和と近しかった。宗叡は真如とともに入唐するが、その主たる目的は五台山での千僧供にあった。これは清和の御願の実現と考えられる。[40]また、彼は清和が出家する際の戒師であり、禅林寺の隣に、清和が円覚寺を建立したことも二人の関係の親密さを物語っている。[41]真雅亡き後、元慶年間には、彼は大僧都を経ずして僧正となった。当時、真言宗でもっとも勢力を持っていたと推測される。

しかし、宗叡流を認め続ければ、真言宗には空海以外の唐僧、すなわち法全の血脈が入ったことを承認することになる。これば、恵果直伝の密教を標榜する真雅流としては看過し得ないことではなかったか。

また、法全の血脈を認めると、もう一つの問題も生まれる。すなわち、法全は、円仁に胎蔵界、円珍には胎蔵界・金剛界を付法した人物であり、天台との差異が明確でなくなることになる。また、宗叡は真紹の弟子になる以前、円珍の付法弟子であったことも（『日本三代実録』元慶八年三月二十六日条）、大きな問題となったであろう。

さらに、陽成天皇から仁明皇子光孝天皇への交替は、王朝交替とみなされていた。[42]さすれば、清和・陽成と関係も深く、真雅亡き後もっとも勢力をもっていた宗叡流は、宇多・醍醐にとって是認しにくかったのではないか。すなわち、仏教界でも、王朝交替にともなって、宗叡流から真雅流への交替が起きたのではなかろうか。

ただし、真雅流も実恵流を無視はできなかったらしい。何となれば、空海が唐からもたらした真言密教のうち、実恵流は胎蔵界法に、真雅流は金剛界法に優れていたらしいからである。(43) 例えば、観心寺は真紹によって建立された寺院であるが、元慶七年の『河内国観心寺縁起資財帳(44)』には胎蔵界曼荼羅しか記載がない。両部の継承を必要とする真言宗にあっては、実恵流（空海―実恵―真紹―宗叡）の胎蔵界の法脈を取り入れる必要もあった。

そこで重視されたのが源仁であろう。源仁は、「顕密の学匠なり」（『北院御室拾要抄(45)』）と称された学僧で、はじめは護命に師事して法相宗を学び、その後、実恵に密教を習い、真雅・宗叡に真言を授けられた人物である。彼は「三密の学行、尤も高く、一朝の帰依、殊に厚し」（『東寺長者補任』第一、仁和三年条）と称された。源仁は金剛界を真雅、胎蔵界を宗叡から付法されたから（『血脈類聚記』巻二）、真雅流と実恵流両方を備えた僧侶であった。彼の弟子から、聖宝と益信が出て真言宗の中心となり、後に広沢流と小野流に分かれることになる。もちろん両人の能力も大きく関係したであろうが、源仁の弟子が重視される理由もあった。真雅流にとって、実恵流の法脈を継承する結節点が源仁であったといえるだろう。(46)

一方、真然は、空海・真雅の甥で、空海に師事し真雅から付法された。承和の遣唐使に真済とともに留学僧に選ばれたが、渡唐に失敗した。彼は、高野山に居住し、聖宝に付法した。さらに彼は、宗叡亡き後、真言宗でもっとも力を有していたらしい。この点を、年分度者の点からみておこう。

先に、真言宗の年分度者について、『類聚三代格』所収の史料から検討したが、実は、もう少し細かい変遷があった。『東宝記』八、僧宝下、真言宗年分度者、寛平九年六月二十六日官符によりつつ、真然の視点からみておきたい。

まず、先にみたように、仁寿三年、真済の申請により、六人は東寺において「試」を行い、三人は高野山で、もう三人は神護寺で、得度することになった。しかし、高野山分は、都から遠く往復に困難が伴うという理由から、東寺で度することにした。その結果、金剛峯寺は人まばらという状態になってしまったので、元慶六年、真然等の奏により、高野山から学業優秀な者を東寺に送り、「試」することとした。さらに、元慶八年には、真然の奏により、人は宗全体から求めるものの試・度も高野山で行うことになった。これは、前年に宗叡が亡くなったことを背景としていると考えられ、年分度者制が高野山の影響下になったことを意味する。

　仁和五年には、また真然の奏上により、高野山においては高野分のみ試・度を行うことになったが、他所からの反論による揺り戻しであろう。そして、寛平七年には、神護寺分の三人は、神護寺で試・度を行うことになった。おそらく、禅念・峯学らの申請であろう。ここにおいて、東寺はまったく年分度者制に関わらなくなってしまったのである。

　こうしてみると、宗叡亡き後、真言宗を領導していたのは真然であったことがわかるだろう。この点は、仁和四年八月、仁和寺金堂の供養導師を真然が務めたことからも裏づけられる[47]。彼は、真雅の付法弟子で、聖宝の師であったから[48]、真雅流と直接的な対立関係にあった訳ではあるまい。しかし、空海・真雅の甥であったこともあり、空海の跡を継ぐ者は自分であるとの強い自負心を持っていたらしい（『東寺長者補任』第一、寛平三年条）。また、後述するように、真言宗の重宝である『三十帖策子』を東寺から持ち出したことからも、東寺に対して高野山の正統性を主張するとともに、対抗心を持っていたことがうかがわれる。

　ところが、真然の死後、状況は一変する。先に述べたように、寛平九年六月二十六日、益信の奏上により、もとの如く、東寺において六人の年分度者の試を行うことになったのである。この官符のなかで、益信は年分度者が「根本の東寺を去りて、更に枝葉の山寺に移る」と高野山や神護寺よりも東寺の優位性を述べ、宣者の菅原道真は、宇多天皇の勅を奉って「意、愛憎に渉る」「偏に異党と称し同宗を妨害することを得ざれ」と強い調子で、宗派内部の対立を誡めている。宗内部での確執の大きさを如実に示す。

もう一つ注目されるのは、この官符の日付と形式である。この六日後、七月三日に宇多天皇は醍醐に譲位すること、益信の奏上に対応したこと、そして奉勅の太政官符であることからすれば、この官符には宇多天皇の意思が強く反映しているとみてよい。前出の延喜七年官符が宇多の奏上に基づいた、きわめて特異なものであることとを併せてみれば、従来、あまり着目されていないが、宇多は寛平九年の時点で将来出家する意思を固め、さらに言えば、すでに東寺を中心とした真言宗のあり方を構想していた可能性すら考えられる。(49)

この時点で、いまだ高野山・神護寺の勢力は温存されていたものの、真言宗内部における抗争は、宇多・益信によって、収束される方向に大きく舵を切ったと推測されるのである。その意味で、寛平九年官符の存在意義にはきわめて大なるものがある。

今まで、編纂史料によって、勢力の推移をみてきたが、この章の最後に、二通の文書史料によって、振り返っておきたい。

東寺　　案

与二前都維那伝灯満位僧神忠解由一事

右、依二元慶八年四月廿三日符一任之、仁和四年四月十一日得替、仍与二解由一如レ之、

仁和四年五月廿四日　都維那伝灯満位僧「寿仁」

別当権大僧都法眼和尚位「真然」

伝灯大法師位「峯学」
上座伝灯大法師位「延高」
寺主伝灯法師位「峯秀」[50]

□

与前上座伝灯大法師位神□

右、以二去夏□五月廿三日一得替解任、□〔仍与カ〕解由如レ件、

昌泰三年三月□日　都維那伝灯法師位
別当僧正法印大和尚位「益信」
少僧都法眼和尚位「聖宝」
権律師法橋上人位「岑〔峯〕学」
伝灯大法師位「命雋」
上座伝灯満位「貞栄」
寺主伝灯法師位「慶進」[51]

両者ともに三綱の解由に関する文書であるが、前者には第一の別当として真然、第二の別当に峯学がみえ、寺主の峯秀も峯学の弟子である（『血脈類聚記』第二）。したがって、真然と峯学（宗叡の弟子）が優勢であった。ところが、その十二年後、第一の別当が益信、第二の別当が聖宝、第三の別当が峯学、第四の別当が命雋となってい

る。このうち、命隽は宗叡の弟子であるから（『血脈類聚記』第二）、別当は源仁の弟子二人と宗叡の弟子で構成されていた。東寺では勢力図が大きく塗り替えられているが、その原因が真然の死と、昌泰二年に出家した宇多による益信、聖宝の厚遇にあったことは明白である。宗叡流が後塵を拝しているとはいえ、別当としてみえるのは、宗叡が東寺の別当であった余光でもある。(52) 東寺ひいては真言宗の勢力図がわずかの間に大きく変化したことがうかがえて興味深い。

なお、この時期、まだ東寺長者は出現しておらず、東寺別当を後に長者とみなすようになったと推測される。(53) しかし、現存する編纂史料には、命隽が僧綱や東寺別当・東寺長者になったことはみられない。しかし、古文書学的にみて、命隽が別当であったことは動かし難いから、(54) 一方で、寺院や宗派の論理でつくられた編纂史料を扱うことの難しさを教えてくれる。

四　弘法大師号の成立

一　『三十帖策子』の帰属問題

延喜末年、真言宗でもう一つ問題となったのが『三十帖策子』の帰属問題であった。その点については、すでに概説書でもしばしば説かれきたが、本稿の視点から再度検討しておきたい。そもそも『三十帖策子』とは、空海が唐から持ち帰った聖教の一部で、真言宗ではその正統性を示すものとして、大切に東寺で所蔵されていた。(55) ところが、この重宝が真然によって高野山に持ち去られてしまい、その帰属をめぐって問題が生じた。(56)

この経緯を語る史料として、『東寺要集』所収「三十帖策子勘文」をあげよう。(57)

御記延喜十八年三月一日、午刻、大僧都観賢、令レ持二故大僧正空海、自レ唐齎来真言法文策子卅帖一参入訖、覧訖返付、仰下令レ蔵二東寺一、永代不中紛失上、此策子、是空海入唐、自所二受伝一之法文・儀軌等也、其文即空海及橘逸勢書也、其上首弟子者相次受伝、至二于僧正真然一、随身蔵二置高野寺一、其後律師无空為二彼寺座主一、持二此法文一、出二於他所一、无空没後、其弟子等不二返納一、所々分散、右大臣忠平（藤原）奏事之次、語二此事一間、惜三根本法文、空欲二散失一、去年十二月、語二観賢一令二尋求一、昨日令レ申二求得由一、故召見レ之、同十九年十一月二日、令レ仰二右大臣忠平二事一、亦令レ仰下故大僧正空海、自レ唐持来真言法文策子令レ蔵二東寺一、不レ出二他所一、幷真言長者阿闍梨一人、永代可二守護一之由、可上レ被レ仰二彼寺一事、此法文事由、具去年三月一日記、権大僧都観賢、請レ蒙二公家宣旨一、厳二重此物一、又新下造納二此策子一料筥上、以二今日一可レ送二遣彼寺一、仍令レ仰二此事一、令下蔵人所藤原幾県、送中付納二真言法文一筥一合、於権大僧都観賢許上、

左弁官下　東寺

　応三真言根本阿闍梨贈大僧正空海、入唐求得法文冊子参拾帖、安二置経蔵事一、

右、右大臣宣、奉レ勅、件法文、宜下全収二経蔵一、不レ出二閫外一、令中宗長者、永代守護上者、寺宜二承知、依レ宣行一之、不レ得二粗略一、

　　延喜十九年十一月二日　　大史菅野朝臣清方

大弁橘朝臣澄清

延喜十九年十一月二日、従二内裏一被レ給下納二件策子一革筥一合上、有二錦縫立菟褐袋一、又有二左弁官下東寺勅書一枚一、

勘申真言根本阿闍梨入唐求得法文冊子卅帖、如レ本可下納二本寺経蔵一、令中宗長者代々相承上之事

（中略）
而真然僧正為㆓少僧都㆒、与㆓宗叡僧正㆒共行㆓宗事㆒、両人不知、件冊子法文、不㆑返㆓納東寺㆒、称㆓是先師随身
法文㆒、随㆓身持去高野山㆒二三年、此間転㆓任大僧都㆒、至㆓元慶八年㆒、在京僧正（宗叡）永寂滅、住山僧都転㆓任僧正㆒、
独出守㆑道无㆑傍㆓領宗㆒、僧正余年晩暮、寛平之初、遂帰㆓本山㆒、爰請申云、公家初置㆓山座主㆒、寿長大法師
是其元也、以㆓同三年九月㆒、黄葉易㆑散、泉流難㆑停也、寿長堅閉㆑山、持㆓件法文㆒、次座主権律師无空、毎
㆑常随身往㆓還山城㆒、无空去延喜十六年、於㆓円提寺㆒卒去之後、観賢件冊子早可㆑返㆓納東寺㆒之由、告㆓彼
弟子僧等㆒、而左右遁申、都不㆓進納㆒、爰具注㆓事由㆒、奏㆓聞川原（字多）院㆒、即召㆓彼弟子僧等㆒、殊下㆓勘責㆒、取出所
㆑給也、（中略）寔以根本一師之後、枝葉繁茂、別居之寺雖㆑有㆓其員㆒、東寺是根本、自余皆枝葉、今以㆓件法
文㆒置㆓根本一所㆒、枝葉諸寺自然帰仰、設令㆘先師以㆓件法文㆒随身㆖雖㆑云㆑留㆑山、今至㆓末世㆒護持人乏、門
徒僧綱宗之長者、取出護持、更有㆓何妨㆒、況元来収㆓東寺㆒、今亦置㆓本所㆒、代々宗之長者相承者、此尤可
㆑叶㆓先師本意㆒也、観賢以㆓愚昧之質㆒、忝為㆓宗長者㆒、就㆓先師遺迹㆒、蓋尋㆓其本意㆒乎、以前、依㆓仰旨㆒、勘
申如㆑件、

延喜十九年十一月九日　　権大僧都法眼和尚位観賢

「御記」、すなわち『醍醐天皇日記』と観賢の上表を総合すれば、『三十帖策子』は、もともと東寺に所蔵され、空海の最上位の弟子が受け継ぐものであった。ところが、真然は高野山に運び去ってしまい、その後も初代金剛峯寺座主の寿長、二代の権律師无空も返還せず、延喜十六年に无空は亡くなった。そのことを右大臣藤原忠平が醍醐天皇に話したところ、延喜十七年十二月、観賢に命じて探索させた。観賢は、東寺に帰すように无空の弟子

たちに要求したが言を左右にして承知しなかったので宇多法皇に訴え、法皇の譴責によって返還され、翌年三月一日、観賢は天皇に奏覧した。そして、延喜十九年十一月二日の宣旨により、永く東寺経蔵に収めることを命じたのである。このことは『日本紀略』延喜十九年十一月二日条にもみえる。

ここで注目しておきたいのは、真然が少僧都の時、宗叡と共に真言宗のことを執行したが、「両人不知にして、件の冊子法文を東寺に返納せず」とあり、両者が不仲であったことである。これは、宗叡が元慶三年から、真然も元慶八年から東寺別当であった期間のことであろう。したがって、真然が持ち出した時期もほぼ推測できる。

さらに、宗叡も『三十帖策子』を東寺の外、すなわち、禅林寺に持ち出していた可能性がある。現在、仁和寺に所蔵される「十地経・十力経・廻向輪経」は、二帖からなる冊子経であるが、『三十帖策子』との書風や装丁の類似性、また、『三十帖策子』の十四帖の策子目録に「十地経策子二帖」とある記載と一致すること、「十地経・十力経・廻向輪経」の表紙裏に「禅林寺」と墨書されていることからすれば、もともとは『三十帖策子』の一部で、禅林寺に所在した時期があったことが推測される。(58)禅林寺は宗叡の本拠とした寺院であり、宗叡の請来典籍がその経蔵に納められていた。(59)宗叡が真言宗の指導的立場にあったことを考慮すれば、一時、禅林寺に収納されていたことが推し量られるのである。(60)

二　弘法大師号の成立

もう一つ、『三十帖策子』問題が起きていたほぼ同時期に大きな事件があった。空海への大師号追贈である。まず、延喜十八年八月十一日、宇多法皇が空海に諡号を賜るべきことを奏上した（『諡号雑記』一弘法大師諡号事）。(61)ついで、同年十月十六日、権大僧都観賢が、大学頭大江千古の手になる同様の内容を奏上した。天皇も許可しそうなようすであったが、詔は下らなかった（『高野大師御伝』下）。さらに、延喜二十一年十月二日、観賢は重ねて大江千古による表を奉り、空海に本覚大師の号を賜ることを申請した（『高野大師御広伝』下）。

その結果、『日本紀略』延喜二十一年十月二十七日条には、

勅、諡㆓号故贈大僧正空海㆒、曰㆓弘法大師㆒、依㆓権大僧都観賢上奏㆒也、令㆑齎㆓勅書於少納言平惟扶㆒、発㆓遣于紀伊国金剛峯寺㆒、

とあり、空海に弘法大師号が下されたのであった。

この経緯を検討してみると、大師号取得に関わったのは、宇多法皇と観賢であり、醍醐天皇をも巻き込んでいたといえよう。先にみたように、観賢は第二代仁和寺別当で、宇多と観賢は『三十帖策子』の東寺への返還にも関与しており、『三十帖策子』の返還と大師号の下賜には、密接な関係にあったことがわかるだろう。

この点は、次の事状も加えると一層はっきりする。東寺一長者観賢は、延喜十九年九月十七日に醍醐寺座主に、また十九日には、先に触れたように金剛峯寺検校（座主とする史料もある）に任じられた（『東寺長者補任』、『醍醐雑事記』巻三など）[62]。周知のように、醍醐寺は、醍醐天皇が聖宝に命じて建立させた御願寺であるが、聖宝の付法弟子が観賢であった。醍醐と観賢の深い関係もうかがわれる。

また、観賢は延喜十年三月二十一日に、東寺で空海の御影供をはじめた（『貞信公記』、『弘法大師御広伝』下）[63]。さらに、延喜二十一年十一月二十七日、観賢は勅を奉じて、弟子の淳佑とともに空海の廟に入り、入定していた空海に御衣を賜ったという（『弘法大師行状集記』[64]など）。『続日本後紀』承和二年三月二十一日条では、空海は死後、

荼毘にふされたとされており、この伝承は史実ではないという指摘があるが[65]、ここではその実否はともかく、延喜年間に、観賢によって空海信仰が高められていたことを読みとっておきたい[66]。

以上から次のようにまとめることができるだろう。

空海の死後、真言宗は三派（東寺、金剛峯寺、神護寺）に分裂し、仁和寺円堂院の供養が行われた頃にはまだ対立が続いていた。しかし、当時、もっとも真言宗で力を持っていたのは宇多法皇であり、彼は親密な関係を結んでいた益信・観賢の協力を得ながら、徐々に他の二派から僧綱、別当、座主を締め出し、延喜十九年を画期として、東寺は他の二派を圧倒するに至った。延喜十九年という年は真言宗にとって記憶されるべき年である。

次の課題は、分裂した真言宗を一つに統合するシンボルを設けることであった。そこで、宇多法皇と観賢は協力して、『三十帖策子』を金剛峯寺から東寺へ取り戻し、門外不出とすることで真言宗のレガリアにすることに成功し、東寺の位置づけを決定的に高めた。さらに、彼らは、ほぼ同時に真言宗の統一のシンボルとして、空海に大師号を追贈したのであった。

こうしてみると、「東寺長者」という名称の出現もこの時期ではなかったかと推測される。この初見は延喜十九年の観賢の奏上であるが[67]、東寺の長が「真言宗の長」を兼ねるようになったのはまさにこの時であり、ことによると、この奏上が直接の根拠になった可能性もあり得るだろう。

さらに、初期の弘法大師信仰成立に大きく関わった僧が観賢であり、その年紀を延喜二十一年と伝えていることは誠に示唆的であろう。空海信仰もまた、同じ時期に高まりをみせたのである。

おわりに

今まで、九世紀半ば以後における真言宗の分裂と統合について、私見を述べてきた。真言宗には、恵果―空海以外に、恵果―法全―宗叡という唐の別の血脈も入っており、十世紀のはじめまでは正式に認知されていた。しかし、空海を唯一の宗祖としたい真雅流にとっては認めがたいことであり、さらに王朝交替の面からも真雅流への回帰を希求した宇多法皇は、益信・観賢の協力を得ながら、法全―宗叡という血脈を排除したのである。この地ならしが完成するのは延喜十九年であり、その象徴として『三十帖策子』の東寺での重宝化を行い、空海に弘法大師号が追贈されたのであった。そしてほぼ同時に、東寺長者という名称も成立したと推測できる。

筆者は、宇多朝には昇殿制や蔵人所の整備など、近臣制の整備が行われた一方[68]、菅原道真等、反藤原氏的な文人貴族が登用され、王権の政策基調が「公」から「私」へ大きく変化したと考えてきた[69]。

しかし、出家してからの宇多は、真言宗の首座となったばかりでなく、分裂していた真言宗を統一し、以後の真言宗の基盤を整備したことが、本稿で明らかになったと思う。中世に向けて言えば、御室や法親王の成立は、この延長線上にあるということもできるし、王法と仏法が車輪の両輪のごとき関係を有するようになった、重要な転機であったと評価することも可能である。宗教上でも、宇多の果たした役割を再評価する必要があろう。

なお、宇多が退位以前から出家の志を持ち、真言宗に対して強い関心を抱いていたことも史料的に推測されるようになった。この点についても、今後、注目していかなければならない。

注

（1）川尻秋生「入唐僧宗叡と請来典籍の行方」（『早稲田大学會津八一記念博物館　研究報告』一三、二〇一一年）。以下川尻Ａ論文とする。

（2）川尻秋生「「神護寺五大堂一切経目録」の性格」（『日本史研究』六一二、二〇一三年）。以下川尻Ｂ論文とする。

（3）奈良国立文化財研究所史料六『仁和寺史料』寺誌編二（吉川弘文館、一九六七年）。

（4）仁和寺および仁和寺円堂院については、和田英松「仁和寺の宝蔵及び経蔵」（『国史説苑』明治書院、一九三九年）、杉山信三「仁和寺の院家建築」（『院家建築の研究』吉川弘文館、一九八一年）、福山敏男「仁和寺の創立」（『寺院建築の研究』下、中央公論美術出版、一九八三年）、平岡定海「仁和寺の成立」（『日本寺院史の研究』吉川弘文館、一九八六年）、古藤真平「仁和寺の伽藍と諸院家（上）」（『仁和寺研究』一、古代学協会、一九九九年）、田島公「婆羅門僧正（菩提僊那）の剣――仁和寺円堂院旧蔵「杖剣」相伝の由来」（薗田香融編『日本古代社会の史的展開』塙書房、一九九九年）参照。

（5）『類聚三代格』巻二、年分度者事、寛平二年十一月二十三日官符　応レ置二仁和寺年分度者二人一事。

（6）藤田経世編『校刊美術史料』寺院篇上（中央公論美術出版、一九七二年）。

（7）藤原淑子および宇多即位の事情については、角田文衛「尚侍藤原淑子」（『平安人物志』上、法蔵館、一九八四年）に詳しい。

（8）渋谷慈鎧編『天台座主記』幽仙律師条（第一書房、一九七三年）。

（9）総本山仁和寺・京都国立博物館監修『仁和寺大観』（法蔵館、一九九〇年）。

（10）京都市埋蔵文化財研究所『仁和寺境内発掘調査報告――御室会館に伴う調査』（一九九九年）。

（11）「仁和寺所蔵七冊本『三僧記類聚』第一・二冊影印」（『仁和寺研究』一、一九九九年）に写真版が収められているが、不鮮明なので『三僧記類聚』を転写した『本要記』から翻刻する。

（12）『本寺堂院記』宝塔条裏書。

（13）佐伯有清『慈覚大師伝の研究』（吉川弘文館、一九八六年）、同『智証大師伝の研究』（吉川弘文館、一九八九年）、同『悲運の入唐僧――円載の数奇な生涯』（吉川弘文館、一九九九年）参照。

（14）「大唐咸通六〔五〕年乙酉八月十七日、長安城左街慈恩寺造玄阿闍梨付属師資血脈」（『続卍大蔵経』五九、No.一〇七四）。なお、これは宗叡が持ち帰ったと推測されている。

（15）佐伯有清『高丘親王入唐記――廃太子と虎害伝説の真相』（吉川弘文館、二〇〇二年）参照。

（16）『東宝記』第二、仏宝中。『続々群書類従』一二、宗教部二によりつつ、東宝記刊行会編、山本信吉・小久保和夫解説『国宝東宝記　原本影印』（東京美術、一九八二年）を適宜参照した。

（17）詳細な研究史は省略するが、展覧会図録として、東寺国宝館『東寺の五大尊十二天　その美しき対照――大治本と建久本』（一九九七年）に鮮明な写真と、研究のあらましが掲載されている。

（18）中野玄三氏は、『三僧記類聚』三に「四明王ヲ安タルハ、天台方ノ本歟トオホユルナリ、幽仙律師カ沙汰ニテ奉」画歟云々」とあることを根拠に、この画像が天台の影響を受け、その原因は幽仙にあったのではないかと推測された（「国宝十二天画像の研究」（『日本仏教絵画研究』法蔵館、一九八二年））。しかし、幽仙は仁和寺を追われた僧であって、それほど影響力があったとは思われない。むしろ、筆者は宗叡に着目したい。真言八祖像は、東寺のものを粉本にした可能性が強いが、法全像は他に求めなければならない。法全像は「青龍寺全阿闍梨影二副」とあるとおり、宗叡が請来したことが知られるから（「新書写請来法門等目録写」『大正新脩大蔵経』五五）、宗叡請来像を基にしたと考えるべきだろう。さすれば、五大尊十二天像も円仁・円珍と師を同じくする宗叡の請来品との関係を考慮すべきではないか。天台というよりも、法全の影響を想定する必要性を感じる。

（19）金剛峯寺分および神護寺分を許可した太政官符は、『類聚三代格』巻二、年分度者事にそれぞれみえる。

（20）『真言宗全書』三九（真言宗全書刊行会、一九三四年）。

（21）『東宝記』第七、凡僧別当初例。

（22）川尻B論文。

（23）『平安遺文』金石文編二九号。

（24）川尻B論文。

（25）例えば、辻善之助「寛平延喜以後における真言宗」（『日本仏教史』第一巻、上世篇、岩波書店、一九四四年）。

（26）川尻A論文。

（27）「神護寺承平実録帳写」（『平安遺文』二三七号文書）。

(28) 西川新次「聖宝・会理とその周辺」(『国華』八四八、一九六二年)。
(29) 「金剛頂瑜伽修習毗遮那三摩」(『平安遺文』題跋編一〇九)。なお、彼は、天禄三年に入滅する前年まで、仁和寺円堂三僧を務めていた(前掲注3『仁和寺史料』寺史編一所収『御室相承記』一など)。
(30) 川尻B論文。
(31) 川尻秋生「「観心寺縁起資財帳」の作成目的」(『日本古代の格と資財帳』吉川弘文館、二〇〇三年)。
(32) 川尻B論文。
(33) 『大日本仏教全書』寺誌叢書一。
(34) 『続々群書類従』二。
(35) 真済については、小山田和夫「真済について――実恵・真紹との関係」(『立正史学』四二、一九七八年)参照。
(36) 真雅は、清和が生まれた当初から護持僧となり、良房とはかって清和のために嘉祥寺西院(後の貞観寺)を建立した(『日本三代実録』元慶三年正月三日条)。
(37) 『大日本古文書』家わけ一九、醍醐寺文書一、二七九号。
(38) 真済が清和の生母である藤原明子に惚れ、死後悪鬼となって、比叡山無動寺の相応に封じられるという説話は、すでに延喜年間にはみられ(『天台山無動寺建立和尚伝』)、後には『拾遺往生伝』巻下、相応伝や『古事談』巻三などに引き継がれる。真済に対するある種の悪感情は、かなり早い段階で形成されていたといえるであろう。
(39) 紀長谷雄『紀家集』所引の「東大寺僧正真済伝」が『日本三代実録』貞観二年二月二十五日条の真済卒伝の原史料である(坂本太郎「六国史と伝記」(坂本太郎著作集三『六国史』吉川弘文館、一九八九年))。しかし、『日本三代実録』には、「東大寺僧正真済伝」にみえない真済が蟄居した理由が記載されている。『日本三代実録』は藤原時平等により編纂されており、当時、あまり快く思われていなかったことがここでも想定される。
(40) 川尻A論文。
(41) 平岡定海「円覚寺の成立」(前掲注4書)。
(42) 川尻秋生「成熟する平安王朝」(シリーズ日本古代史五『平安京遷都』岩波新書、二〇一一年)。
(43) 大野達之助「真言宗」(『新稿　日本仏教思想史』吉川弘文館、一九七三年)。
(44) 『平安遺文』一七四号文書。

（45）『続群書類従』二八下。
（46）宇多の法名が金剛覚で、円堂院に金剛界曼荼羅を設置したことは、ことによると実恵流の胎蔵界を意識してのことかもしれない。また、後に、聖宝と益信の流派は小野流と広沢流に別れ、小野流は金剛界、広沢流は胎蔵界を得意とし、互いに真言宗の本流を意識するようになる。小野流は、本流である根拠を真雅流の相承に求め、野沢流が傍流である根拠を法全—宗叡流が入っている点に求めている（前掲注20『真言宗全書』三九所収『野沢血脈』第一、源仁条）。平安後期にも法全—宗叡流に関する知識が残っていたと同時に、小野・池上二派の分裂の契機を源仁まで遡らせて考えていたことは興味深い。
（47）『本寺堂院記』本地同院、金堂寺道場条、『本要記』仁和寺草創など。
（48）聖宝については、大隅和雄『聖宝理源大師』（醍醐寺事務所、一九七六年）、佐伯有清『人物叢書　聖宝』（吉川弘文館、一九九一年）参照。
（49）宇多の退位については、いろいろな説があるが、政治的には議政官に皇親が数多く任命され、藤原氏を圧倒していた。とくに政治上の不満によって、退位を決意したものではないと考えられる。所功「〝寛平の治〟の再検討——寛平前後の公卿人事を中心として」（『皇學館大學紀要』五、一九六七年）参照。
（50）『平安遺文』一七七号文書。
（51）『平安遺文』補五号文書。
（52）『東寺長者補任』によれば、宗叡は元慶三年正月に一長者になっている。この時点で一長者という僧職は未成立であるが、おそらく第一位の東寺別当になったことを示しているのであろう。
（53）牛山佳幸「諸寺別当制をめぐる諸問題」（『古代史研究の最前線』二、政治・経済編［下］、雄山閣出版、一九八八年）、武内孝善「東寺長者——九・十世紀を中心として（下）」（『密教文化』二二二、二〇〇八年）。ただし、凡僧別当は、長者とはみなさなかったと推測される。
（54）前掲注53牛山論文。
（55）東寺の宝物については、新見康子『東寺宝物の成立過程の研究』（思文閣出版、二〇〇八年）参照。
（56）文治二年（一一八六）十月、守覚法親王の命により仁和寺に移され、現在も同寺に所蔵されている。国宝。
（57）『続群書類従』二六下。なお、『東宝記』第六、法宝下、安置聖教にも収められている。

(58) 高梨真行「十地経・十力経・廻向輪経」解説（図録『空海と密教美術展』東京国立博物館、二〇一一年）。なお、筆者は当展示会でも「禅林寺」の墨書を実見した。山本信吉「古典籍が教える書誌学の話」（『古典籍が語る――書物の文化史』八木書店、二〇〇四年）も参照。
(59) 川尻Ａ論文。
(60) 禅林寺の座主は、十一世紀前半以降、深覚・深観・良深など、東寺一長者が兼ねる場合が間々みられる。したがって、それらの時期に持ち出された可能性もあるが、宗叡の時期がもっともあり得べき想定だと考えている。
(61) 『続群書類従』二八下。
(62) 中島俊司編纂『醍醐雑事記』（醍醐寺、一九三一年）。
(63) 長谷宝秀編纂『弘法大師伝全集』一（ピタカ、一九七七年）。
(64) 前掲注63書。
(65) 喜田貞吉「弘法大師の入定説について」（喜田貞吉著作集三『国史と仏教史』平凡社、一九八一年）。
(66) 弘法大師信仰については、橋本初子『中世東寺と弘法大師信仰』（思文閣出版、一九九〇年）参照。
(67) 前掲注53武内論文。
(68) 古瀬奈津子「昇殿制の成立」（『日本古代王権と儀式』吉川弘文館、一九九八年）。
(69) 川尻秋生「日本古代における「議」」（『史学雑誌』一一〇―三、二〇〇一年）、同「画期としての宇多朝」（『全集日本の歴史四　揺れ動く貴族社会』小学館、二〇〇八年）、前掲注42川尻書。

第二部　聖地の構築と人びとの移動

中国・山西太原の政治文化的背景
――旧太原城の自然・交通・地政学的位置

石見清裕

はじめに

あらためていうまでもないが、人間の生活は自然的条件によって左右され、文化はその風土の上に築かれ営まれる。

しかしながら、その一方で、人間が生活し社会を形成する場所には、隣接する、あるいはそれよりも離れた他集団との勢力関係の問題が生じる。自然や風土だけでは説明しきれない、地政学上の問題である。

ユーラシア大陸の気候風土帯は、①西から黒海・カスピ海・アラル海それぞれの北岸、シル・ダリア、天山山脈を結ぶ線の北側に広がるステップ地帯、②西アジアから中央アジアを通って中央部を東西に横たわる乾燥砂漠地帯、③インド・東南アジアから日本に及ぶモンスーン帯に大別できる。このうち、ステップ地帯に生活する人々は遊牧狩猟文化を、乾燥砂漠地帯の人々はオアシス農耕文化を、モンスーン帯の人々は稲作農耕文化を、それぞれ形成した[1]。

この三地帯の風土・文化は、地理的にユーラシアの東部で凝縮され混じり合う。そこで中国では、秦嶺山脈と淮水を結ぶ線の南方に稲作文化が、北方に乾燥農耕（主に粟作）文化が、そして現在の内蒙古自治区を含むさらにその北方に遊牧文化が展開された。中国の歴史が、南北朝期または金・南宋期のようにしばしば南北に分裂する様相を示すのはこの風土・文化を背景にしており、さらには北方には遊牧文化圏を控えるのでそこからの征服王朝が現出し、複雑な展開を見せたのである。

本稿は、中国史の展開に大きな作用をもたらした以上の異なる三つの文化地帯のうち、華北乾燥農耕地域と北方遊牧文化地域との接壌地帯を取り上げ、特に山西・太原の歴史的あり方に焦点をあててその地政学的な意味を考察するものである。華北を取り上げるのは、中国において多くの時代の政治的中心がこの地域に置かれて歴史が展開されたからであり、山西・太原を取り上げるのは、その際に同地が常に重要な役割を演じてきたからである。そのような場所だからであろう、太原西方の山岳には龍山・天龍山・瓦窰《がよう》・懸甕寺《けんおうじ》・琉璜溝《りゅうこうこう》・石門寺等々の仏教石刻が残されており、この地が華北の仏教聖地の一つであった痕跡を伝えている。

それならば、太原とはいったいどのような場所だったのであろうか。これが小論に課されたテーマである。

一　五代十国期以前の旧太原城

太原が中国史の展開において重要な舞台となったとはいっても、かつての太原は現在の山西省都の太原市とは場所を異にする。旧太原城は、今の太原の南方約十五キロメートルの晋源区にあり、溯れば春秋・晋および戦国・趙の時代から北辺の要地であった。『春秋左氏伝』定公十三年に、晋の趙鞅《ちょうおう》が邯鄲午《かんたんご》に語った言葉として、

　我に衛の貢せる五百家を帰《おく》れ。吾、諸《これ》を晋陽《しんよう》に舎《お》かん。

と見える「晋陽」や、『史記』巻五、秦本紀、昭襄王四十八年十月の条に、

　司馬《しば》梗《こう》、北のかた太原を定め、尽く韓の上党を有す。

とあり、同じく荘襄王二年の条に、

　蒙驁《もうごう》をして趙を攻め、太原を定めしむ。

とある「太原」は、いずれも旧太原の祖城を指すと考えられる。

以後、この城市は、前漢初期の韓国の都となり、後期には并州《へいしゅう》の州治とされ、後漢の并州太原郡、魏・晋期の太原国の治所「晋陽」として受け継がれた。五胡十六国初期には劉淵《りゅうえん》（劉元海）の拠点となり、北魏でも太原郡の治所とされた。東魏・北斉は都を鄴に置いたが、西魏・北周に対抗するために晋陽に覇府を置いた。隋初期には河北道行台尚書省が、その後に太原郡が置かれ、隋末には唐がこの地より興り、唐前半期には并州の治所（北

図1　旧太原城壁址（『中国文物地図集』山西文冊・上、中国地図出版社、2006年、408頁）

都太原）、後半期には河東節度使府として機能した。さらには、五代十国期には沙陀系王朝の後唐・後晋・後漢の発祥地となり、五代十国末期の北漢国の拠点となった。

九七九年に北宋の太宗が北漢を滅ぼして中国統一を回復すると、その際に常に北方の拠点となる太原を徹底的に破壊した。かわりに太宗は、太原の北約十五キロの地に陽曲県を移して并州の治所とした。そこが明・清期に山西省都として発展し、現在の大都市太原になったのである。

五代期以前の旧太原（晋陽）の城壁は、現在の晋源鎮東郊の農村地にその遺址が残っている（図1）。現在の太原市から大雲高速道路に乗って南方に向かうと、ほどなく進行方向の左手に、道路と並行してこの城址が続いている様を眺めることができる。これは、唐代太原城内の北西に位置した大明城址と考えられている。(2) 唐代の太原城は、汾水の旧河道を跨いで築かれていた。今、復原見取り図を三枚示してみよう（図2～4）。この三図を見比べれば、汾水《ふんすい》の東側の構造に大きな違いがあることが知られよう。実は、唐・太原城の東部は考古学的調査が進んでおらず、また文献史料からも詳細がわからないのである。

それはともかく、五代期以前のこの地は、つねに山西地域の中心として機能し続けたばかりか、華北の要衝の一つであり続けた。それならば、太原はどのような地だったのであろうか。

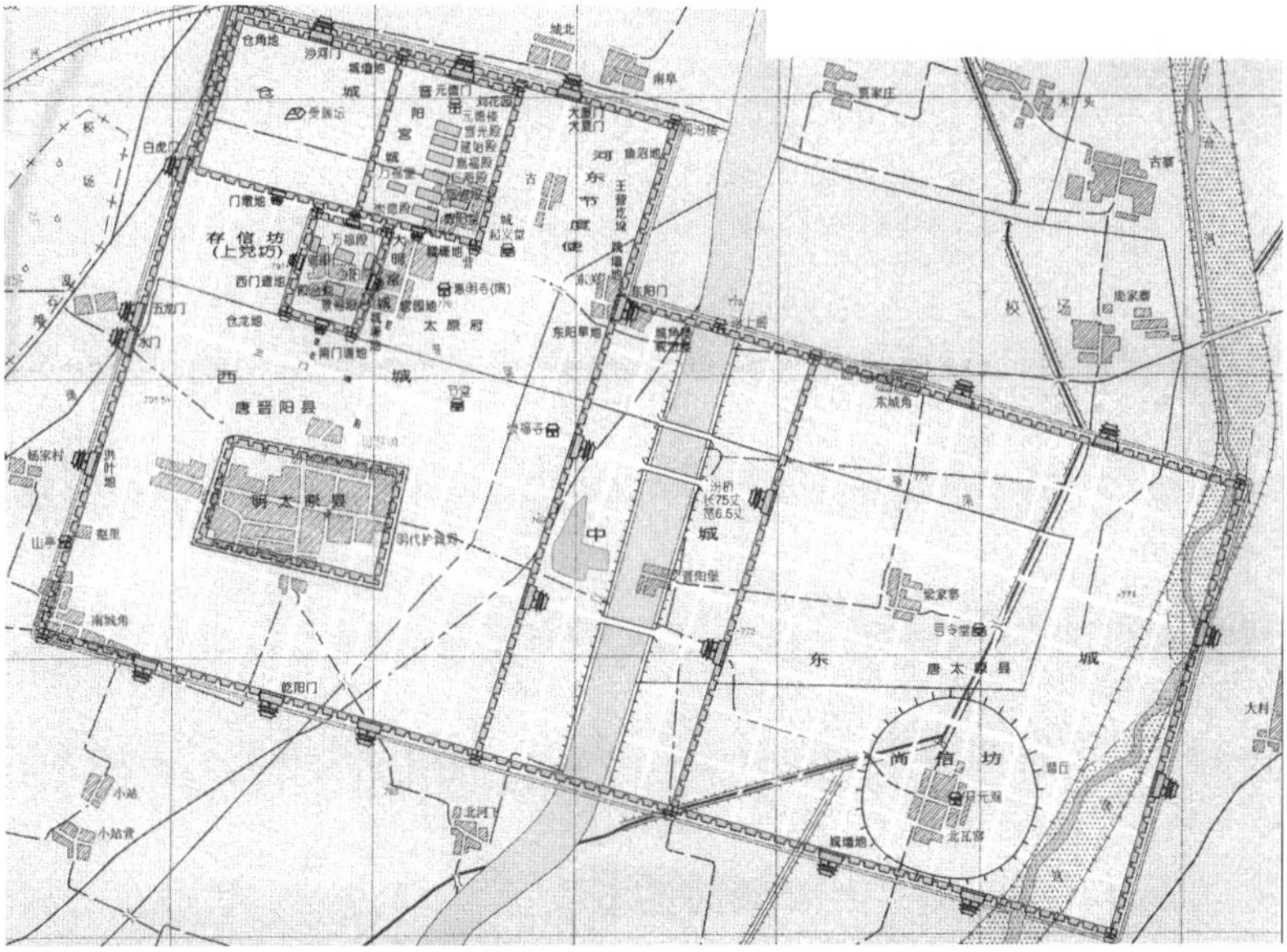

図2　唐太原城（『山西省歴史地図集』中国地図出版社、2000年、239頁）

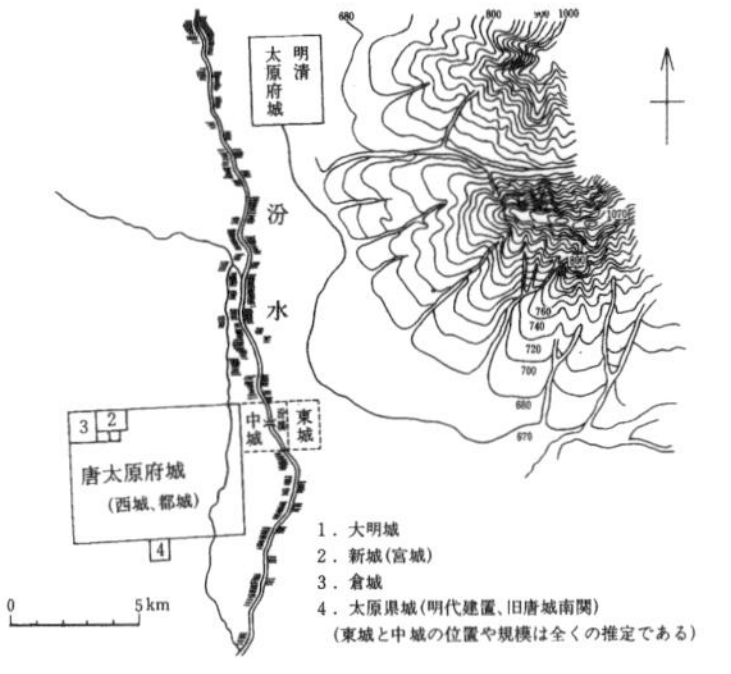

図4　唐太原城（愛宕元『唐代地域社会史研究』同朋舎、1997年、194頁）

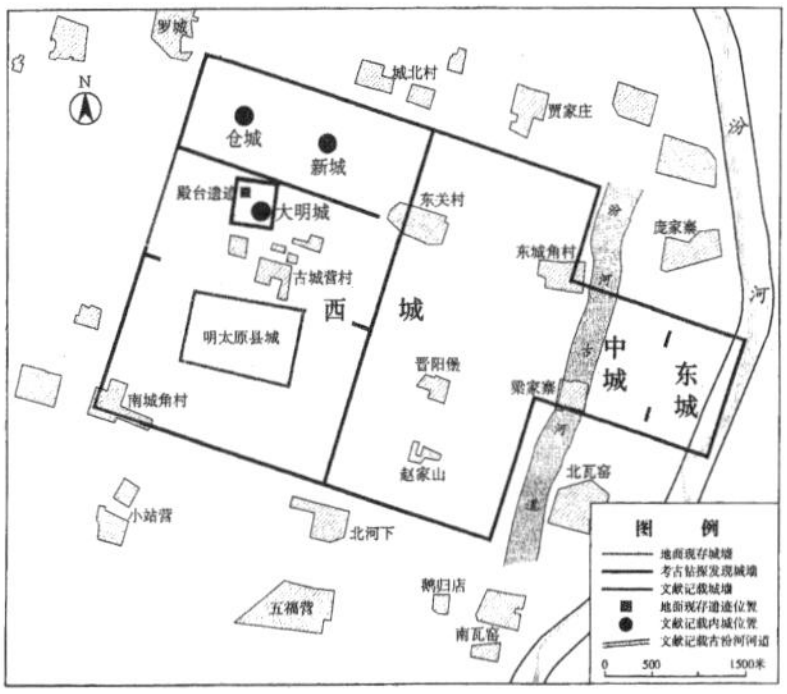

図3　唐太原城（『中国文物地図集』山西文冊・上、408頁）

二　山西の自然・風土と文化・民族

まず、山西全体の自然・風土を見てみよう。

土壌から見れば、現在の山西省の大部分は、北京の東北にまでつながる半湿潤排水土壌の褐土地帯に属す。北方には褐色土（粟鈣土、Castanozems）地帯が、南方・東方には黄河デルタ沖積土壌である潮土地帯が、西方のオルドスには黄錦土地帯が控えている（図5）。

ただし、植被から見た場合、土壌の区分と大方においては重なるのであるが、若干修正しなければならない。山西北部はその北方と同じく温帯乾燥草原地帯に属し、山西南部はその南方と同じく暖温帯広葉落葉樹林黄棕壌地帯に属し、両者に挟まれた山西中部は暖温帯森林草原地帯に属するのである。そして、この植被区分による山西中部が、北方と南方との風土・生活文化の中間地帯に位置付けられる。

図6は、妹尾達彦氏による農業・遊牧境界地帯を示したものである。妹尾氏は、十九世紀の人文地理学者パウル・ブラージェやアナール創始者の一人リュシアン・フェーブルなどの唱えた、自然・風土による生活文化圏の境界に原初の都市や国が築かれるという考え方を援用し、中国における境界をこの地帯に設定された。境界が、上記の植被区分による山西中部を通っていることを、見て取ることができる。

それならば、その中間地帯のあり方は歴史学的にはどのように裏付けられるであろうか。図7は、熊谷滋三氏の作成になる前漢期の属国都尉・部都尉の位置を示す地図である。属国都尉・部都尉とは、漢に投降した異民族（この場合は匈奴）を安置し、それによって対匈奴戦の防衛ラインを形成し、同時に彼らを漢の兵力として動員するための軍事組織である。匈奴本来の内部秩序に従って、より高位の者に属国都尉が、下位の者に部都尉が授け

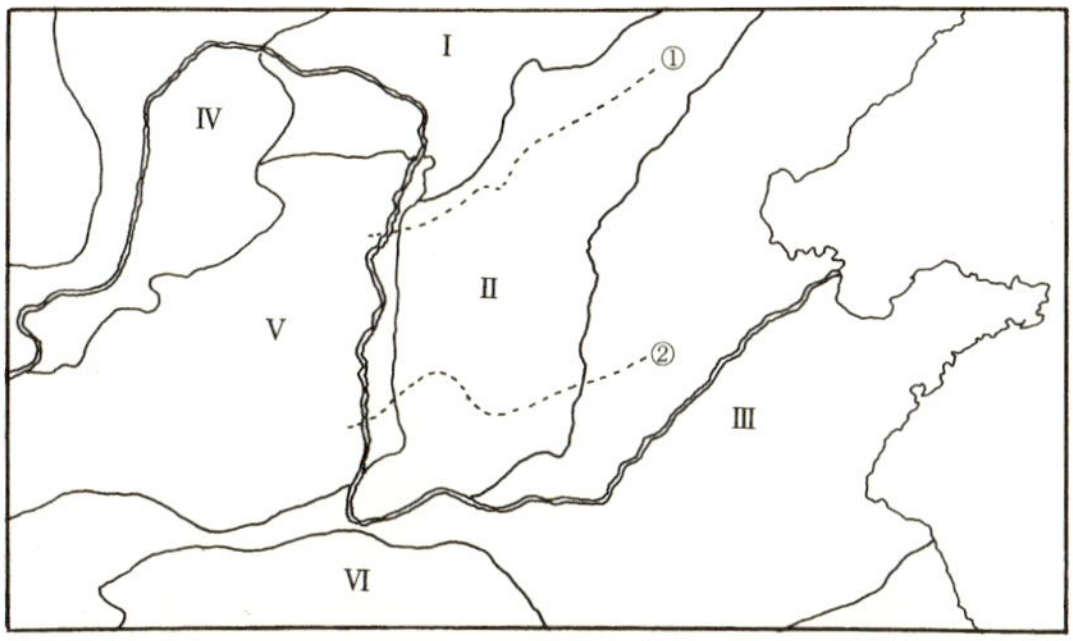

図5　華北の土壌と山西の植被（Ⅰ褐色土地帯、Ⅱ半湿潤排水土壌地帯、Ⅲ潮土地帯、Ⅳ乾草原黒壚土地帯、Ⅴ黄錦土地帯、Ⅵ黄棕壌地帯、点線①より北が温帯乾燥草原地帯、南が暖温帯森林草原地帯、点線②より南が広葉落葉樹林黄棕壌地帯）

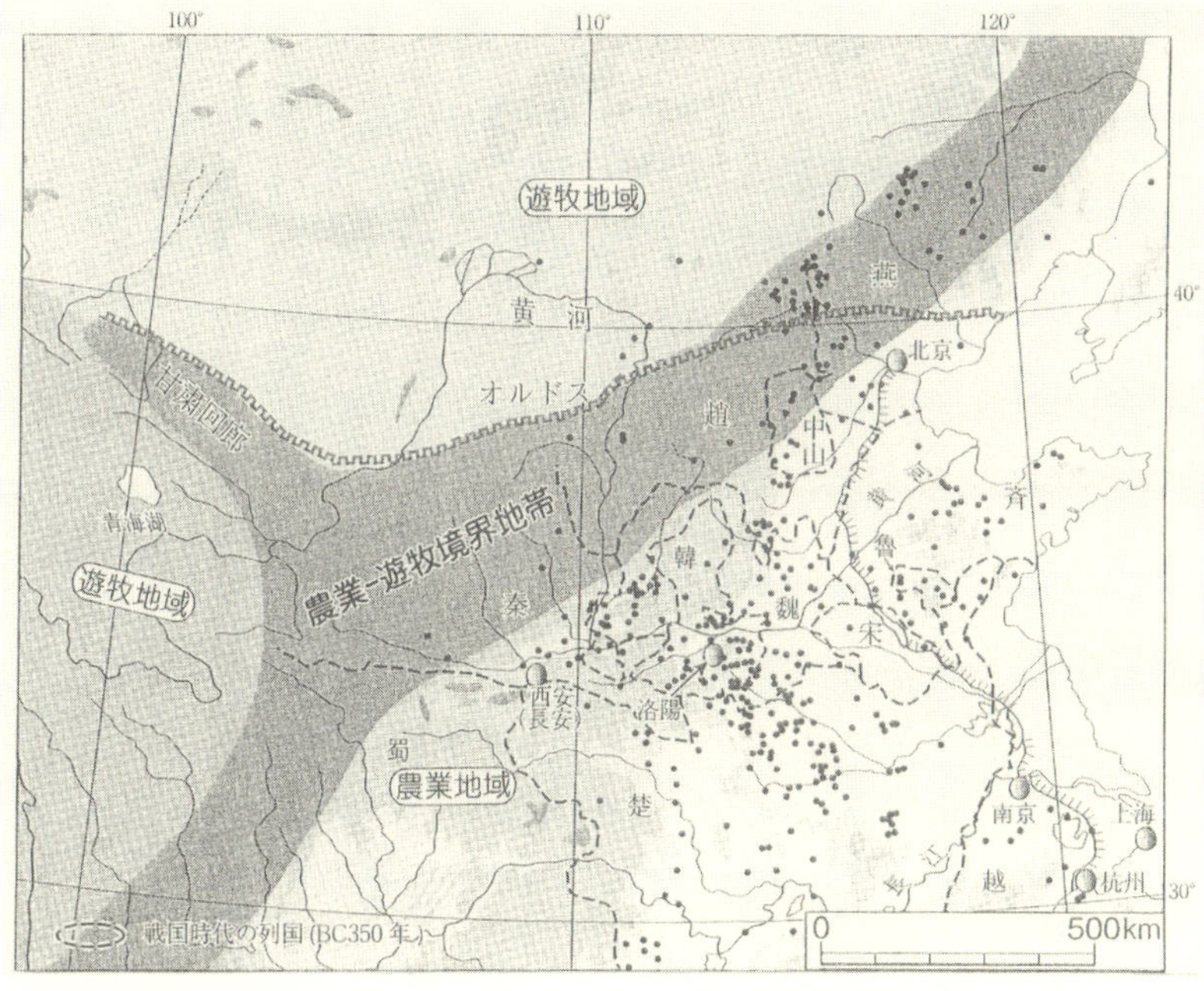

図6　妹尾達彦「中国の都城とアジア世界」（『シリーズ都市・建築・歴史1記念的建造物の成立』東京大学出版会、2006年）より

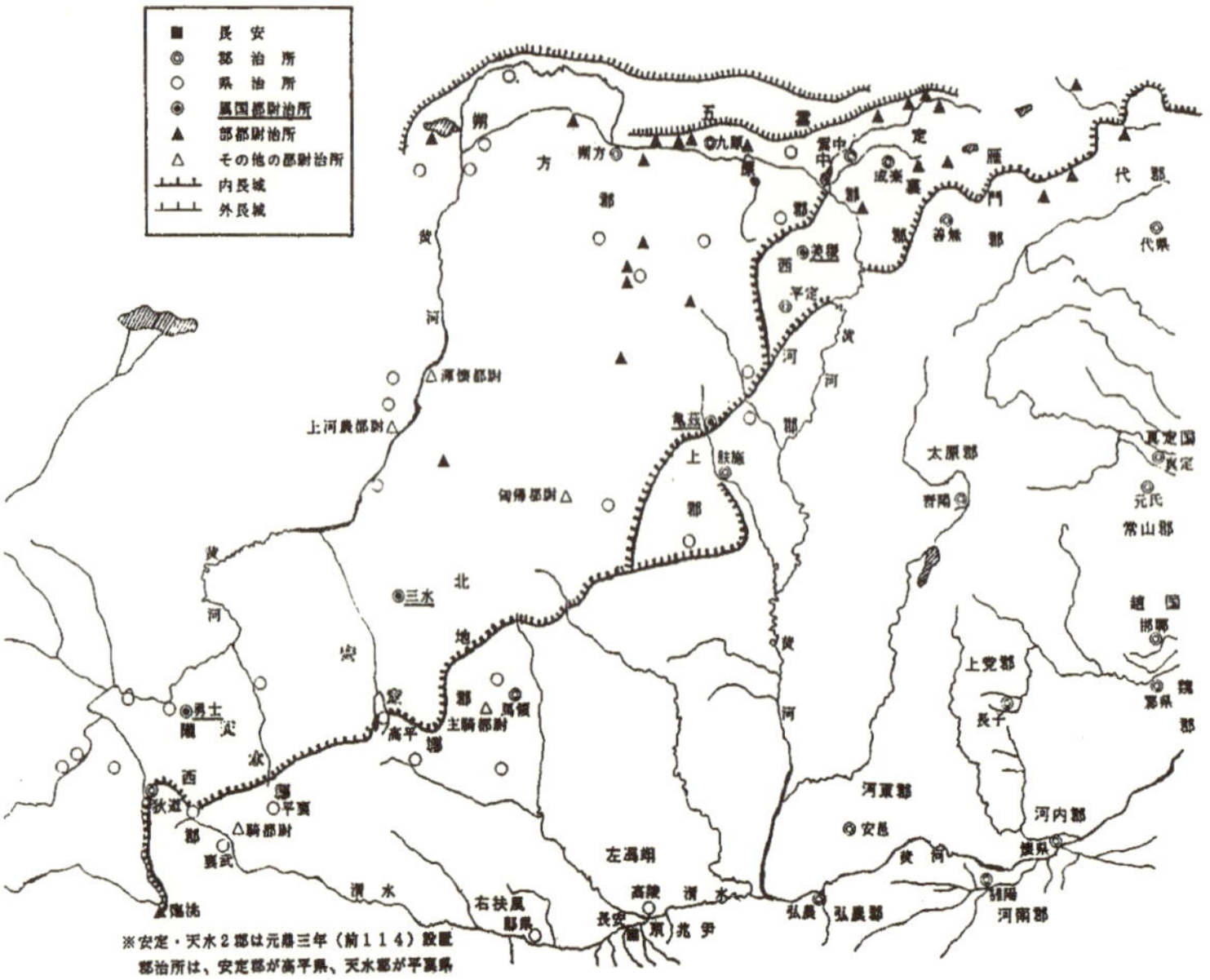

図7　前漢の属国都尉・部都尉（熊谷滋三「前漢における属国制の形成――「五属国」の問題を中心として」『史観』134、1996年）

られたと考えられている。図7を見れば、属国都尉は後世の隋代・明代に築かれた内長城の北に配置され、部都尉はさらにその北方に分布している。つまり、前者は対匈奴戦線の後背地に、後者はより前線の軍事力を担わされたと考えてよい。そして、それらを前掲図6と照合すると、属国都尉・部都尉は内長城を南限、黄河を北限とする地帯に分布するので、図6の農業・遊牧境界地帯の北方に置かれたことがわかる。

ところが、魏晋期になると匈奴の軍事力を利用する比重はより高まり、彼らの一部は山西中部にまで移住させられた。「五部匈奴」と称されるのがそれであり、『晋書』巻九七、匈奴伝に、

魏末……其の左部都尉の統ぶる所は万余落可《ばか》りにして、太原の故茲氏県に居す。右部都尉は六千余落可りにして、祁県に居す。

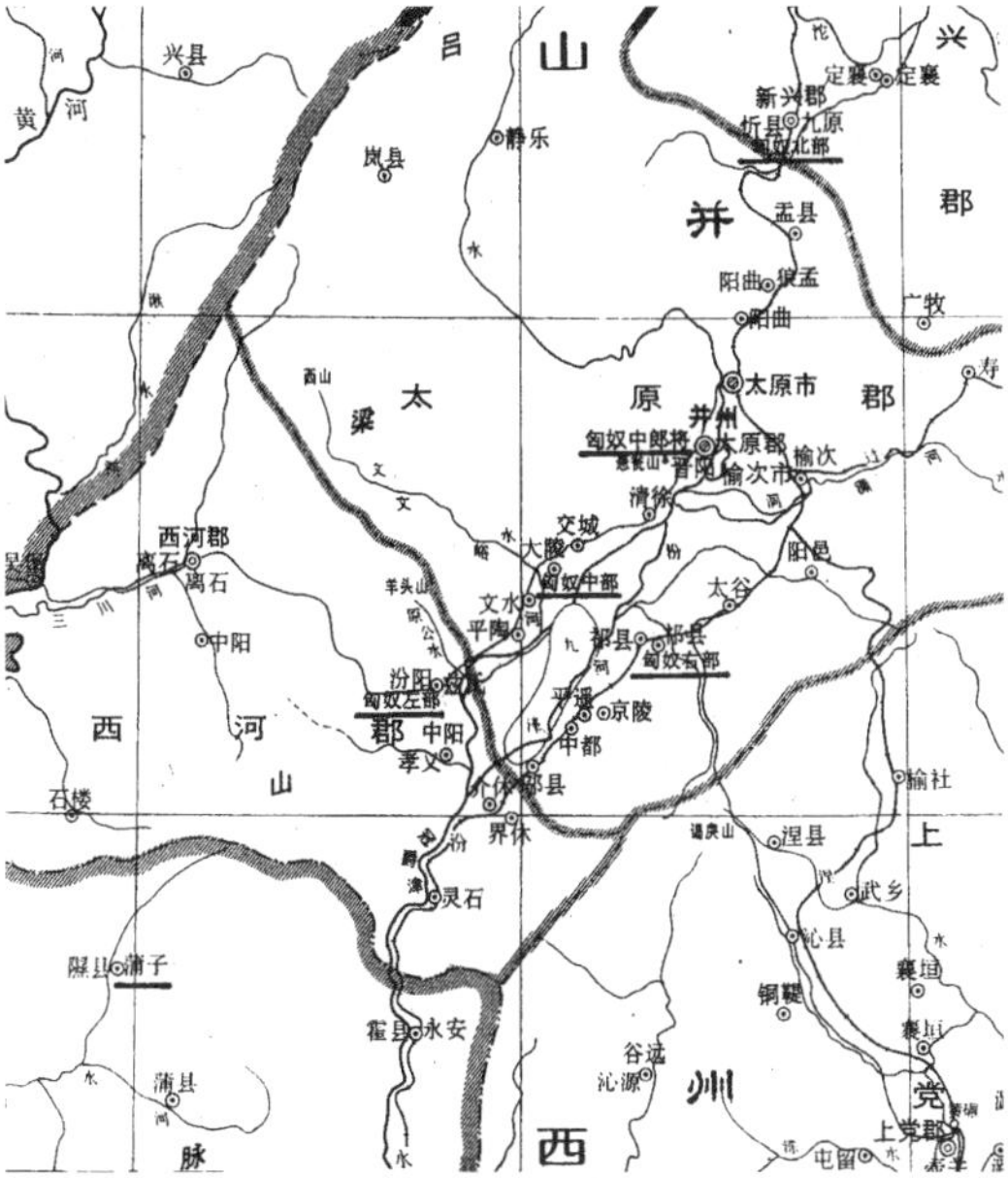

図8　魏晋の五部匈奴（譚其驤『中国歴史地図集』第3冊、三国魏・并州）

南部都尉は三千余落可りにして、蒲子県に居す。北部都尉は四千余落可りにして、新興県に居す。中部都尉は六千余落可りにして、大陵県に居す。

とある。これを地図に載せれば、図8のとおりである。すなわち、魏末には太原周辺にまで匈奴の勢力は入り込んでおり、ここで劉淵が自立して五胡十六国時代の幕が切って落とされた。

五胡十六国を統一した北魏時代には、北方民族はさらに農業・遊牧境界地帯に確認できる。図9は、吉田愛氏が作成された、北魏の洛陽遷都から末期までに「酋長」の存在が確認される地点を示したものである。史料に現れる酋長とは、北方遊牧民族固有の氏部族制のリーダーを指す。北魏が部族解散を行ったことはよく知られているが、この政策を、北魏が部族組織の解体と部族民の編民化を図り、それによって北魏の郡県制が一律に施行されたとする従来の解釈に対しては、今日の学界では懐疑的である。むしろ今は、部族解散とは、北魏が各部族を部族単位で分散させ、あるいは各部族を再編し、それによって自己に反抗する部族連合体の形成を防ごうとした政策と解するのが一般的である。(3) したがって、洛陽遷都後の北魏領内に部族長が登場して矛盾はないのであるが、図9でその存在地点を確認すれば、いずれも図6の農業・遊牧境界地帯の南限の線まで南下していることが知られよう。

さらに唐代になると、第二代太宗の初期にモンゴリアの東突厥《とっけつ》（テュルク）第一可汗国が崩壊し、多くの突厥民が南下してきた。唐は彼らを北辺の地に受け入れるのであるが、その際の状況を、『旧唐書』巻一九四上、突厥伝上は、

> 太宗、遂に其の（温彦博《おんげんはく》の）計を用い、朔方の地に於て、幽州より霊州に至るまで、順・祐・化・長の四州都督府を置く。

と記している。(4) ここに見える順・祐・化・長の四州都督府とは、降附した突厥民に置かれた羈縻州《きびしゅう》である。羈縻州とは、異民族固有の生活文化・組織の存続を認め、一朝ことが起これば彼らの兵力を利用する、いわば軍事的自治区である。つまり、唐は漢代の属国都尉・部都尉と類似した異民族統御策を講じたのである。そして、それらが置かれたのは、幽州より霊州に至る地域であった（図10）。まさに、農業・遊牧境界地帯の北限一帯に相当する地域なのである。

すなわち、図6の農業・遊牧境界地帯は、中国側に強大な政権が樹立された時期には、この地帯の北限に沿っ

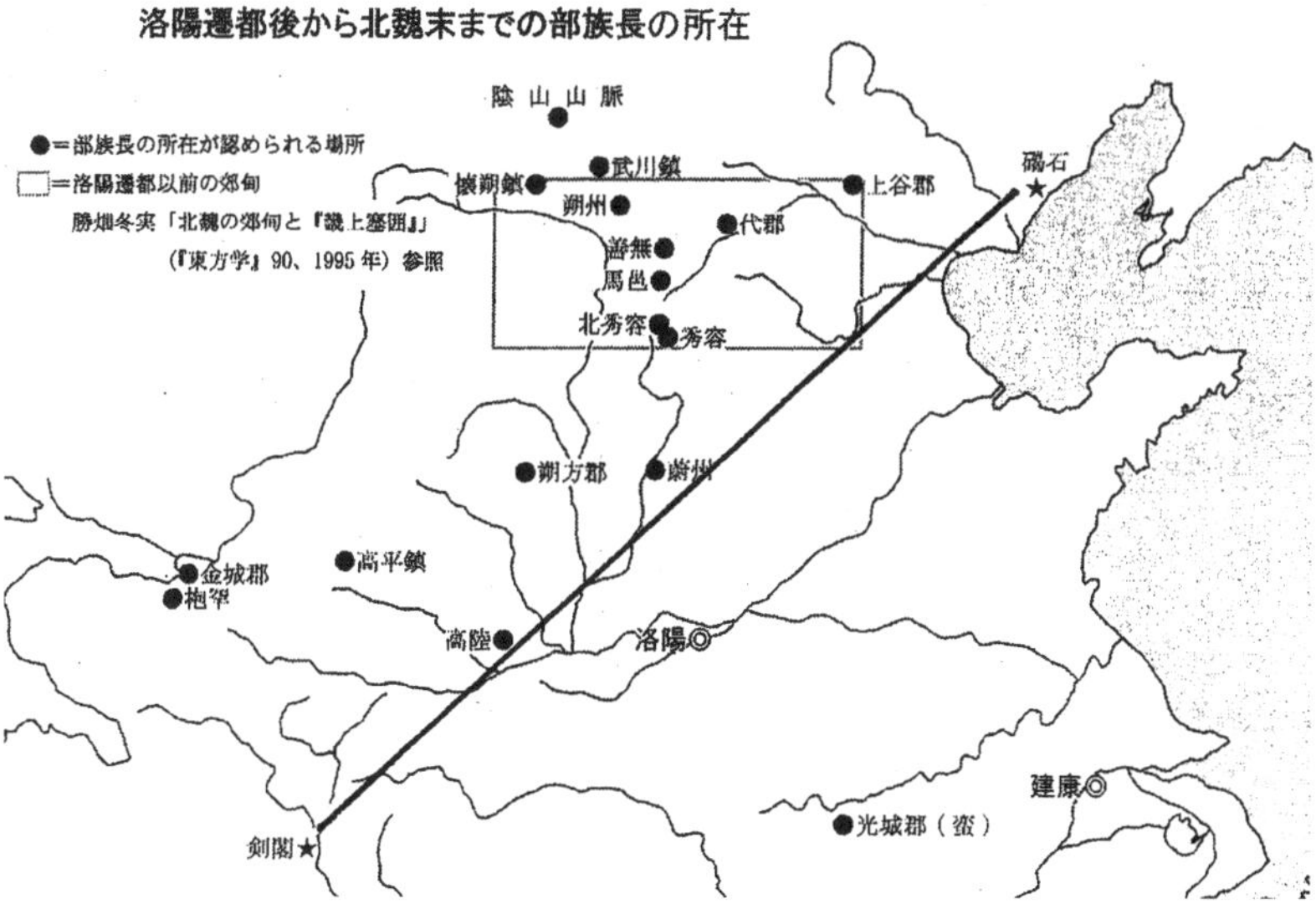

図9　吉田愛「北魏雁臣考」（『史滴』27、2005年）

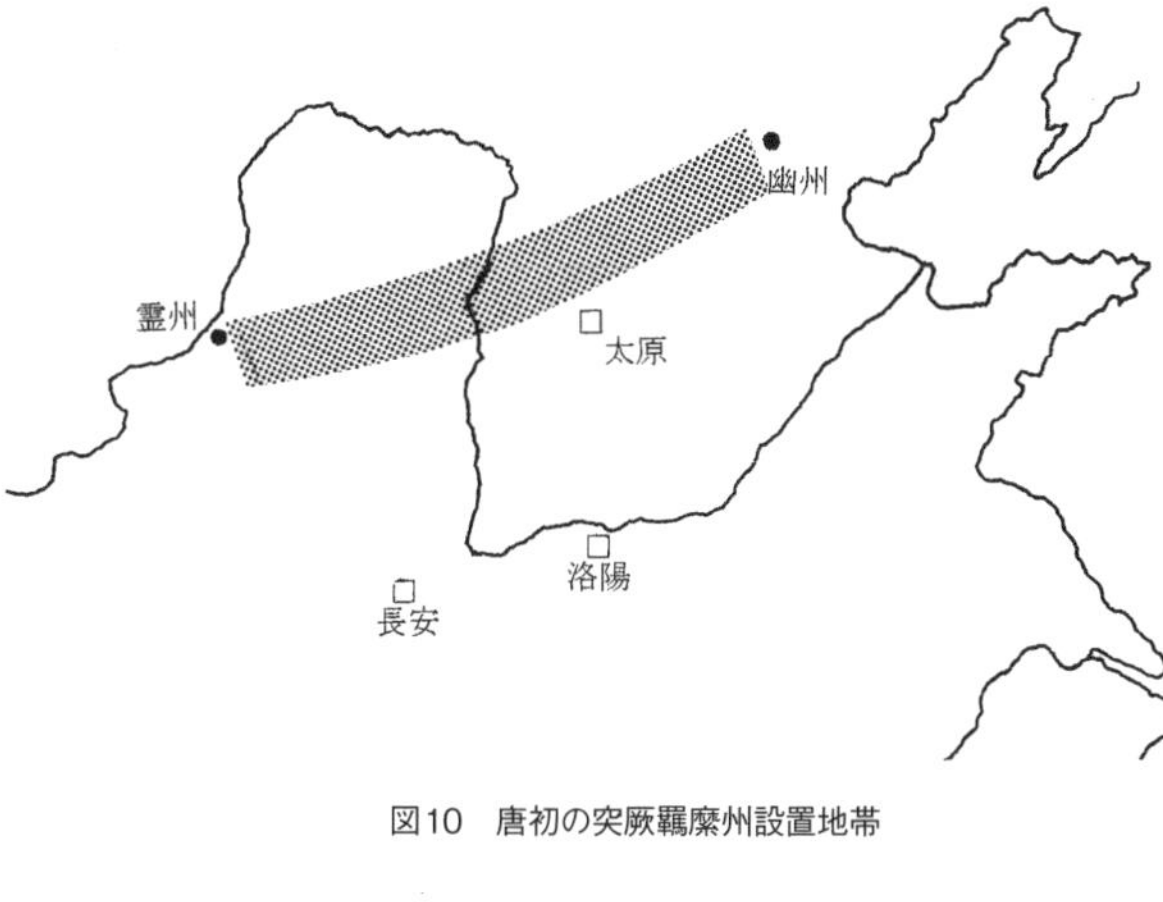

図10　唐初の突厥羈縻州設置地帯

て対北方防衛ラインが形成され、逆に北方民族が南下した時期には、その南限までが農業・牧畜の混在する地帯となり、そしてそこから次の時代を揺り動かす勢力が生みだされるのである。

右にあげた史料では、南下した北族の居住地は多くオルドスにその姿を見出すが、山西も連動している。『太平寰宇記』巻四九、雲中県条所引「冀州図」に、

晋陽より以北は、地勢漸《ようや》く寒し。平城・馬邑は凌源二丈、雲中・五原は積水（氷）四、五十尺なり。唾の口を出づれば氷を成し、牛凍りて角折れて、畜牧滋繁たり。

とある。山西北部の平城（大同）・馬邑（朔県）・雲中（大同北西）・五原（包頭付近）は牧畜を生業とする寒冷地域であり、そしてその風土は晋陽（太原）から北に展開されると伝えているのである。

三　山西の交通と駅伝路

それならば、山西の交通路はどうなっていたであろうか。

今、情報が比較的豊富に残される唐代の駅路・伝路を地図に載せてみれば、図11のとおりである。山西は、東には恒山・五臺山・太岳山・中条山と続く太行山脈が、西には呂梁山脈がそれぞれ南北に連なるので、両者に挟まれた盆地平原を交通路が南北に通るのは自然の成り行きである。今日でも、鉄道や高速道路はこのルートを通り、山西の大動脈となっている。注意すべきは、唐代の駅路においても、東方に向かっては旧太原（現在の晋源

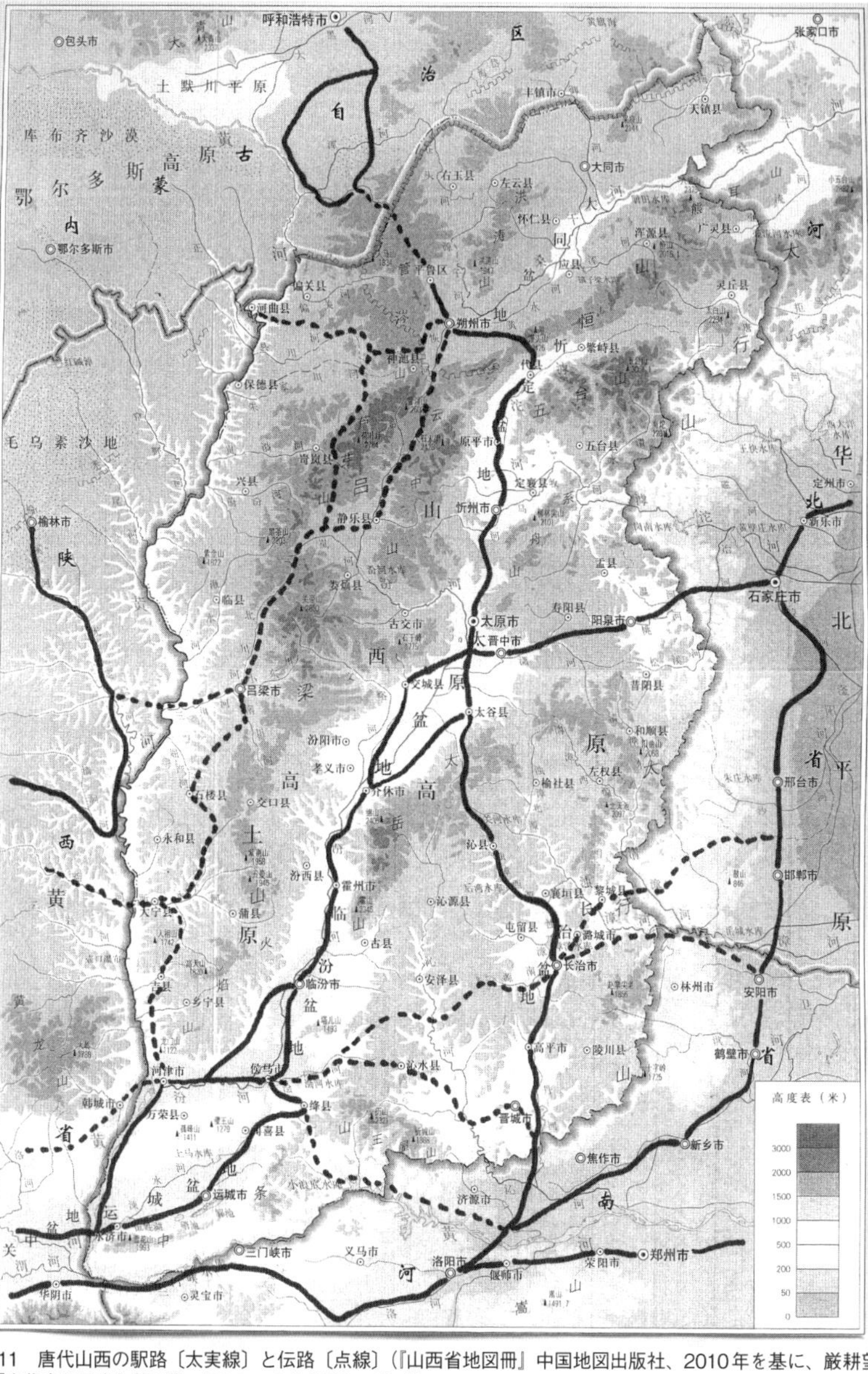

図11　唐代山西の駅路〔太実線〕と伝路〔点線〕（『山西省地図冊』中国地図出版社、2010年を基に、厳耕望『唐代交通図考』第5巻、図18・19を参照して作成）

区）より太行山を越えて現在の石家荘経由で河北平野に通じており、南東に向かっては太行山中の谷間をつたって現在の長治経由で洛陽方面に通じていることである。今日でも、太原から北京に向かう高速は唐代とほぼ同じルートを通っており、太行山越えはさして険しくはない。北京までの時間も、太原・北京両市街地の渋滞を除けば、さほどは要しない。

『旧唐書』巻三九、地理志二、河東道太原府の条には、京師（長安）・太原間の距離は一三六〇里、東都（洛陽）・太原間の距離は八〇八里とある。『元和郡県図志』巻一三、太原府の条は、長安・太原間を一二六〇里、洛陽・太原間を八九〇里とし、『通典』巻一七九、州郡典九、太原府の条は、長安・太原間を一三〇〇里、洛陽・太原間を八八五里とする。これはもちろん直線距離ではなく、駅路の里程である。唐の駅は三十里ごとに設置され、通常の公的交通の行程は一日六駅、すなわち一八〇里とされた。今、長安・太原間を一三〇〇里とすればその行程は七日強、洛陽・太原間を八九〇里とすればその行程は五日弱ということになる。

それでは、実際に当時の人たちはどのようなルートで移動しているであろうか。

まず、唐の高祖李淵が西暦六一七年に太原で挙兵し、長安に入城して唐を建国したルートをたどってみよう。『大唐創業起居注』および『旧唐書』高祖紀・太宗紀を見ると、彼の軍勢は次の地点を通っている。

七月癸丑、太原発。丙辰、霊石県。
八月辛巳、霍邑。癸巳、龍門。
九月庚申、蒲津《ほしん》で渡河（長春宮泊）。乙亥、下邽。丙子、櫟陽《やくよう》。
十月辛巳、長楽宮。

十一月丙辰、長安進攻。

これを地図に載せれば、図12のごとくである。これを図11と照らし合わせれば、李淵の軍勢は太原・長安間の駅路を辿っていることがわかる。これほどの日数を要したのは、先鋒隊と本隊とに分かれ、各地の勢力と戦い、あるいは吸収して進軍しているからである。

図12　唐・高祖の長安入城ルート

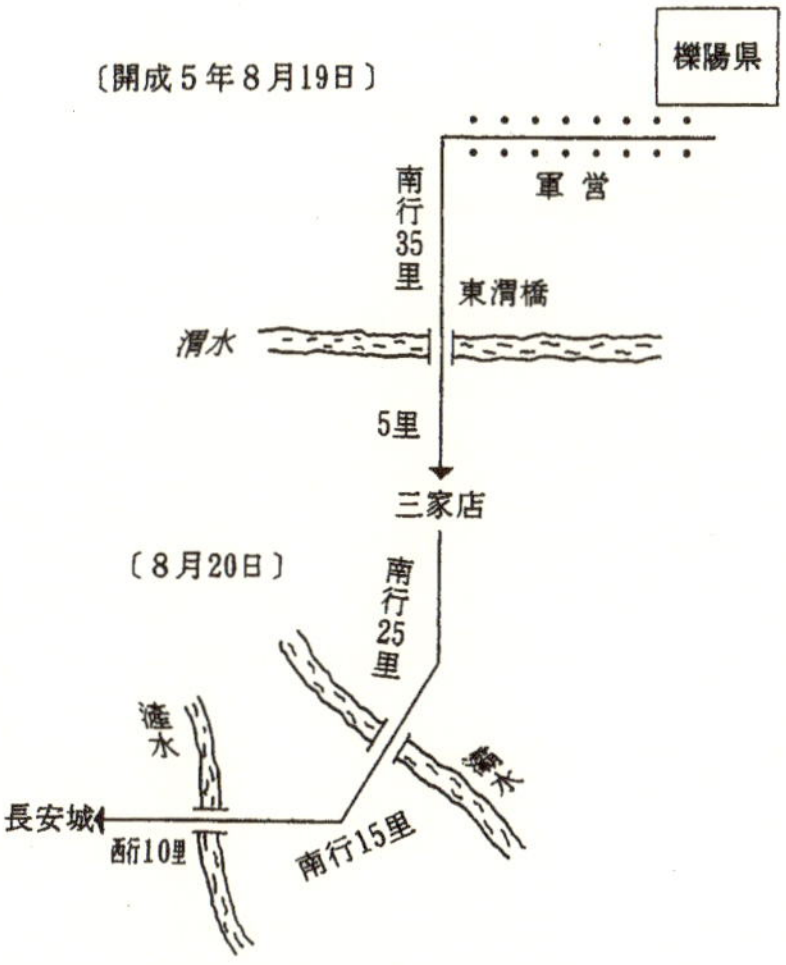

図13　円仁の櫟陽～長安間のルート

同じルートを、九世紀に日本の求法僧円仁《えんにん》も通っている。『入唐求法巡礼行記』によれば、開成五年（八四〇）七月、五臺山の巡礼を終えた円仁は南に向かい、石嶺関を通関して太原城に入った。前日の七月十二日に三交駅を通った際、定覚寺の荘で水碾を見ているが、この三交駅の地が今日の太原市街にほぼ相当する見当である。その後、彼は太原から李淵と同じコースを通って蒲津で黄河を渡り、八月下旬に長安城に入った。櫟陽以降のコースを図示すれば、図13のごとくである。

以上が、太原・長安間のメインルートである。円仁は外国人なので、旅行は裏道ではなく幹線道路を使ったのである。

次に、太原・洛陽間の交通を見てみよう。『北斉書』巻三、文襄帝紀に、武定六年（五四八）三月条に、

三月辛亥、王（文襄帝）、南のかた黎陽に臨み、虎牢にて（黄河を）済《わた》る。洛陽より太行に従いて晋陽に反《かえ》る。

とある(5)。東魏の実質上の建国者高歓《こうかん》の後を継いだ長子高澄《こうちょう》（文襄帝、当時は渤海王）は、大丞相として太原の丞相府で東魏の実権を握っていたが、彼は洛陽に立ち寄った際に、太行山ルートで晋陽に帰ったという。このコースは、図11の長治・太谷を通るルートに違いない。

一方、東方へのルートの実例はどうであろうか。こちらの方面への移動といえば、隋の文帝・煬帝、唐の太宗・高宗が行った高句麗遠征が想起されるが、史料は派遣軍の往復の道筋までは記してくれない。ただし、幸いにして唐・太宗の対高句麗遠征は親征であるので、皇帝の辿ったコースがわかる。両唐書本紀や『資治通鑑』によれば、太宗は次の地点を通過している。

【往路】

貞観十八年十月甲寅、長安発。十一月壬寅、洛陽着。

十九年二月庚戌、洛陽発。三月壬辰、定州発。四月癸卯、幽州。五月丁丑、遼河を渡る。甲申、遼東城包囲。

【往路】

貞観十九年十月丙辰、臨渝関。戊午、漢武台。

十一月辛未、幽州。十二月戊申、幷州。

貞観二十年三月己巳、長安着。

これによれば、太宗の軍は往路は洛陽から河北平野を通っているが、復路は太行山を越えて太原経由で長安に帰っている。皇帝の行軍であるから、通常はできるだけ険阻な道は避けるものである。幽州から太原経由で長安に向かうのは、決して無理なコースではなかったのである。

以上の交通路は、もちろん政治的用途や軍事的移動にのみ使用されるのではない。普段は庶民が通行する。一例をあげてみよう。山西北部に聳える五臺山は文殊菩薩信仰の聖地であるが、唐代後半期にその五臺山巡礼が人々の間に流行した。そこで、五臺山への交通路にあたる山西の街道には、各地に「普通院」が設置された。普通院とは、聖俗を問わず巡礼者が無料で利用できる宿泊所・休憩所である。おおよそのところ、二十〜三十里ごとに置かれていた。当時の歩行者の一日行程は、『大唐六典』巻三、戸部、度支郎中員外郎の条に、凡《およ》そ陸行の程は、馬は日に七十里、歩及び驢《ろ》は五十里、車は三十里。

とあるごとく、歩行は一日五十里が目安であった。つまり、普通院は歩行者のほぼ半日行程ごとに置かれたことがわかる。当然ながら、これらは駅伝の幹線道路沿いに置かれたのであり、『入唐求法巡礼行記』を見れば円仁も盛んに利用している様子が記されている。(6)

すなわち、昔も今も山西の太原は、北は五臺山や内蒙古に、東は河北平野に、南は洛陽に、南西は長安（西安）に通じており、公私の通行を支えていたのである。ただし、西の呂梁《ろりょう》山脈越えの道は史料からは確認できず、今日でも離石《りせき》方面に向かう交通はあまり便利ではない。

四　華北における太原の地政学的位置

それならば、太原はなぜ常に華北の政治的・軍事的要衝たり得たのであろうか。それを知るためには、太原の地政学的な位置づけを考えてみなければならない。

六世紀前半、現在の内蒙古自治区に北魏が置いたいくつかの軍鎮で反乱がおこり、華北は混乱に陥った。これを六鎮《りくちん》の乱という。その結果、北魏の実権は一時秀容《しゅうよう》出身の爾朱栄《じしゅえい》が握ったが、爾朱氏の没落後、実権は懐朔《かいさく》鎮《ちん》出身の高歓《こうかん》に移った。ところが、西方の長安方面平定に出向いていた勢力は高歓に対抗し、やがて武川鎮《ぶせんちん》出身の宇文泰《うぶんたい》を擁立し、洛陽より北魏の皇帝を迎え入れて長安に自立した。こうして北魏は東西に分裂し、以後しばらくは東魏と西魏の熾烈な抗争が続くこととなった。

ところで、その東西対峙形勢の一場面として、東魏側の歴史書である『北斉書』巻二、神武紀下、天平三年（五三六）正月条に、

西魏の霊州刺史曹泥《そうでい》と其の壻の涼州刺史劉豊《りゅうほう》、使いを遣わして（東魏に）内属せんことを請う。周文（西魏の宇文泰）、（曹）泥を囲み、水もて其の城に灌ぎ、没せざるは四尺なり。

とある。同じ出来事を、西魏側の歴史書『周書』巻一、文帝紀上、孝武帝三年（五三四）十一月条には、

儀同の李虎《りこ》と李弼《りひつ》・趙貴《ちょうき》らを遣わし、（曹）泥を霊州に討たしむ。虎、河を引きて之に灌ぐ。明年、泥降り、其の豪帥を咸陽《かんよう》（西安北西）に遷す。

と記されている。両史料間に一年二ヵ月の時間差があるが、『資治通鑑』巻一五七は五三六年正月を採っている。これらの史料は、オルドス（黄河が矩形に流れる内側一帯）の西端に位置する霊州の勢力（曹泥）が、東魏と手を結んだので、西魏側が霊州攻撃に出たことを伝えている。なぜ西魏がはるか離れた霊州に意を注いだのかというと、太原を押さえている東魏が霊州と連動すれば、長安一帯は東北・西北両面からの攻撃にさらされるからである（図14）。長安のある渭水盆地の南端は終南山（秦嶺山脈）が聳え、長安側には南からの援軍は望めない。西魏にとって霊州の動向は、まさに死活問題だったのである。

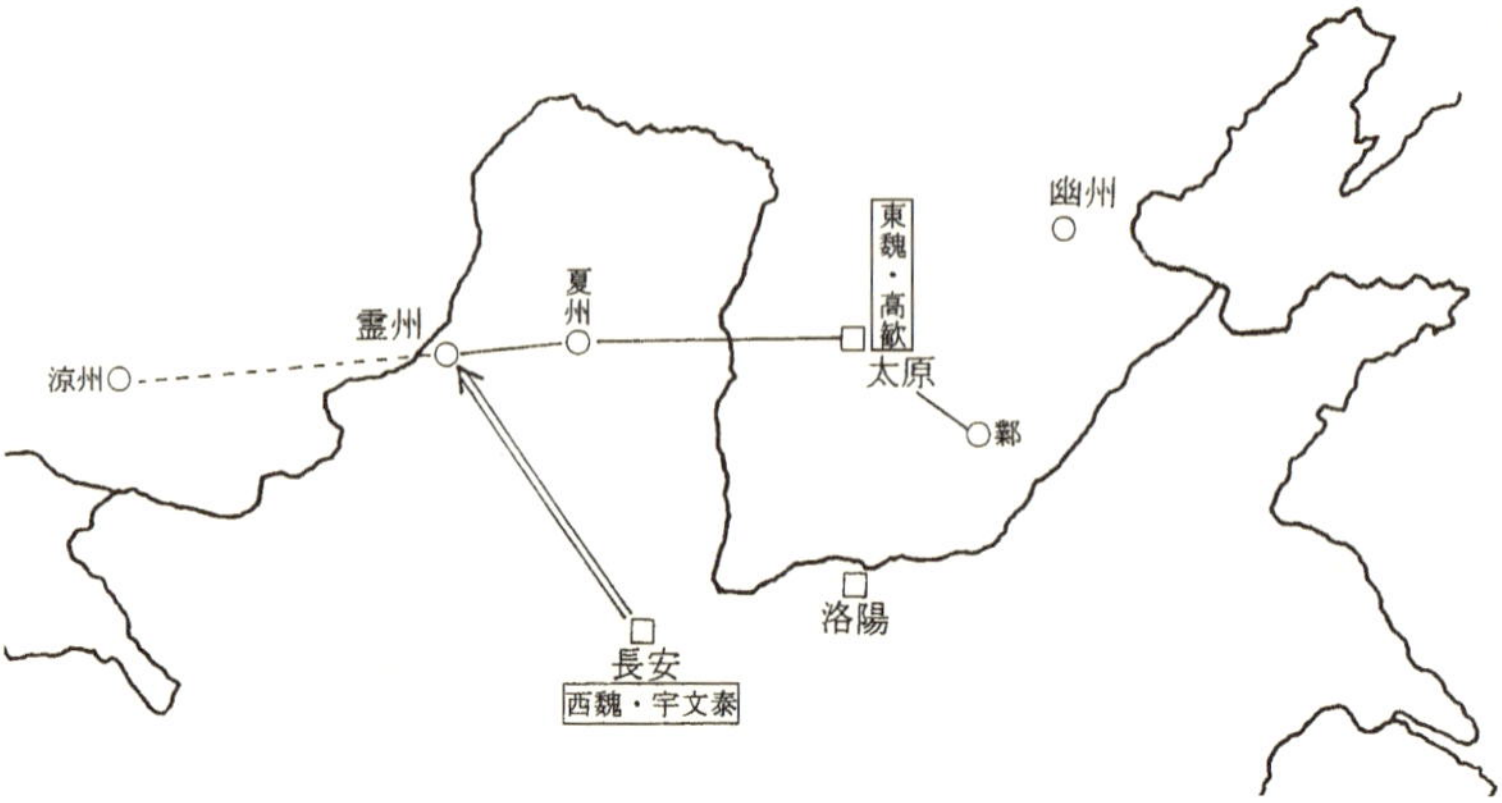

図14　東魏・西魏の対峙形成

実は、天平二年（五三五）正月から三月にかけて、太原の高歓は呂梁山脈南部からオルドス東南部の山岳一帯に分布していた山胡《さんこ》（『周書』は「稽胡《けいこ》」と表記）を討伐した。その後も、高歓と長安勢力は山胡の争奪戦をくりひろげるが、それはこの民族が東西両陣営の緩衝地帯に位置していたためである。(7) 高歓は、このころ黄河の渡し場の龍門にも出兵している。前節で触れたように、太原から長安方面に向かうには蒲津で黄河を渡るのが主要ルートであるが、これは当然ながら長安側も警戒するので、その北方の渡し場を押さえようとしたのである。こうした東西両陣営の動きを見れば、霊州が太原側に与することは、長安側にはいかに深刻な事態であったかが理解できるであろう。

時代を下らせて、七世紀前半の唐代初期を見てみよう。モンゴリアを統一した突厥は、自己の内部分裂のためもあって、中国を統一した隋に一時劣勢に立たざるをえなかったが、逆に隋末の乱によって中国が群雄割拠の状態になると、華北の群雄は突厥の援助を仰ごうとしたので、再び中国に対して優勢に立った。ところが、その中国で長安に建国した唐が勢力を伸張してくると、中国の安定化を願わない突厥の処羅可汗《しょらかがん》は、唐に対して大規模な軍事遠征を計画した。唐建国の三年後、高祖・武徳三年（六二〇）のことである。この時の対長安侵攻計画は、『旧唐書』巻五六、梁師都伝に、

（処羅可汗）謀りて、莫賀咄設《ばくがとっせつ》をして原州より入らしめ、泥歩設《でいほせつ》と（梁《りょう》）師都《しと》をして延州より入らしめ、処羅は幷州より入り、突利可汗《とつりかがん》と奚《けい》・霫《しゅう》・契丹《きったん》・靺鞨《まっかつ》をして幽州より入らしめ、竇建徳《とうけんとく》と合し、釜口道《ほこうどう》を経て晋（州）・絳（州）に来会せしめんとす。兵、発するに臨み、遇《たまたま》処羅の死せば、乃ち止む。

と記される。ここに見える梁師都とは隋末の乱に際してオルドスに割拠した群雄、竇建徳とは河北に割拠した群雄である。すなわち、処羅可汗は、自らの本隊を太原経由で南下させて河北からの軍と合流し、別働隊をオルドスの原州・延州から攻め込ませ、長安を攻略しようと計画したのである（図15）。この軍事行動は処羅の急死によって中止されたが、長安をめぐる太原とオルドスの地政学的意義をうかがい知ることができよう。

それどころか、唐を建てた李淵自身が、自軍は太原で挙兵して長安攻略を企図したのであるが、その際に妻の一族である匈奴系費也頭の紇豆陵《こつとうりょう》氏にオルドスを押さえさせた上で、長安侵攻を果たしたのである。[8]

太原・長安・オルドスをつなぐ地政学的な関係は、安史の乱において如実に現れる。西暦七五五年に幽州で挙兵した安禄山は、本隊が河北を南下して陳留から洛陽を陥落させたが、その途上で別働隊を山西に派遣して太原を押さえさせた。反乱軍によって潼関を突破されて長安を攻め落とされた玄宗は蜀に避難したが、皇太子（後の粛宗）扶風で父と分かれて西北に向かい、原州経由で霊州に至り、ここで即位して郭子儀・李光弼を派遣してまず太原を攻略させた。そしてウイグルの援軍を得て、霊州と太原の両方面から長安を再び押さえ、都を回復して

滅亡を免れた（図16）。つまり、太原・長安・霊州をむすぶ三角形は、三点のうち二点を押さえた者がやがて残る一点を取るという形勢を示すのである。

似たことは、洛陽などの河北平野から太原を見てもその重要性が認められる。小論第一節で触れた五代十国の十国最後の北漢（太原）を、開封の北宋が攻略した時のこととして、『宋史』巻四、太宗本紀一には、

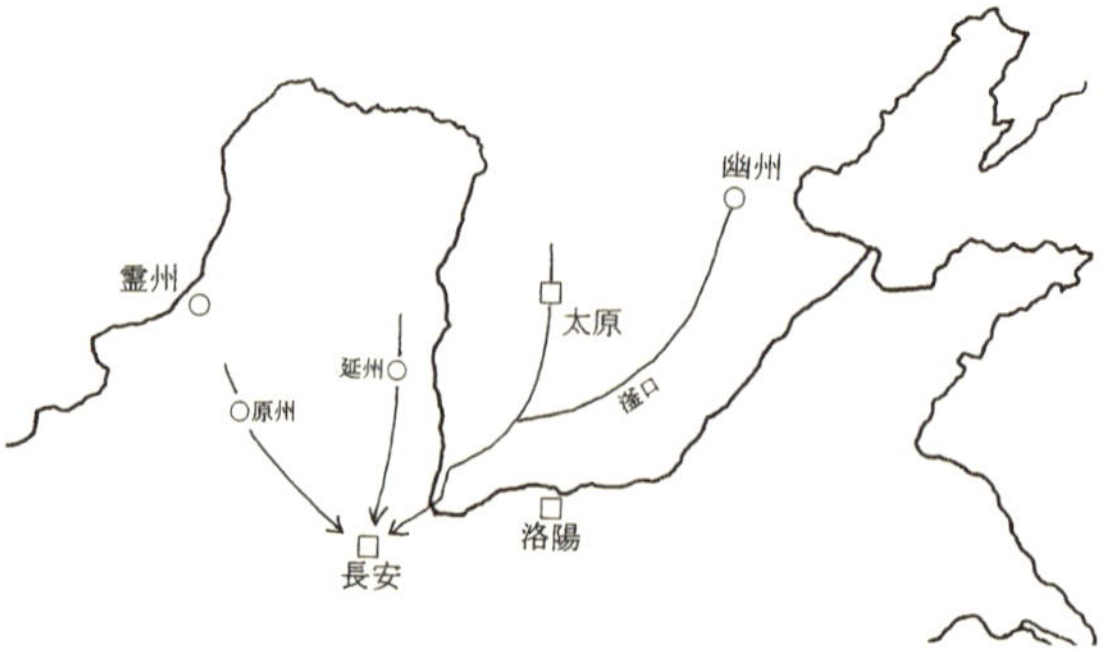

図15　武徳3年（620）突厥の対唐侵攻計画

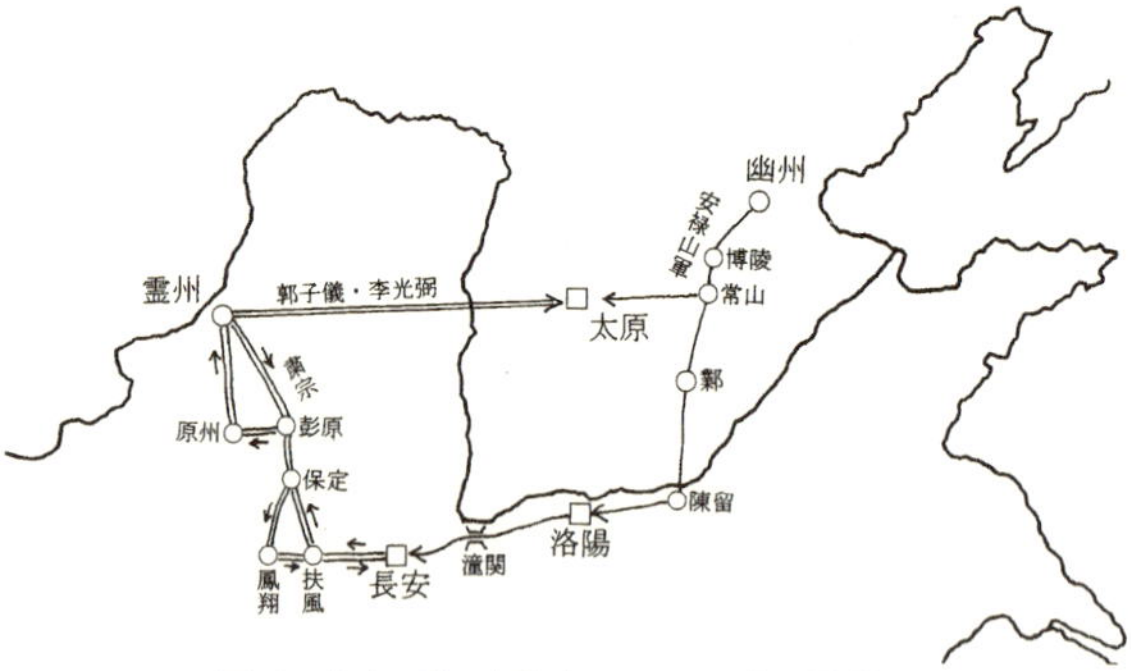

図16　安史の乱の攻防（755～757年の形勢）

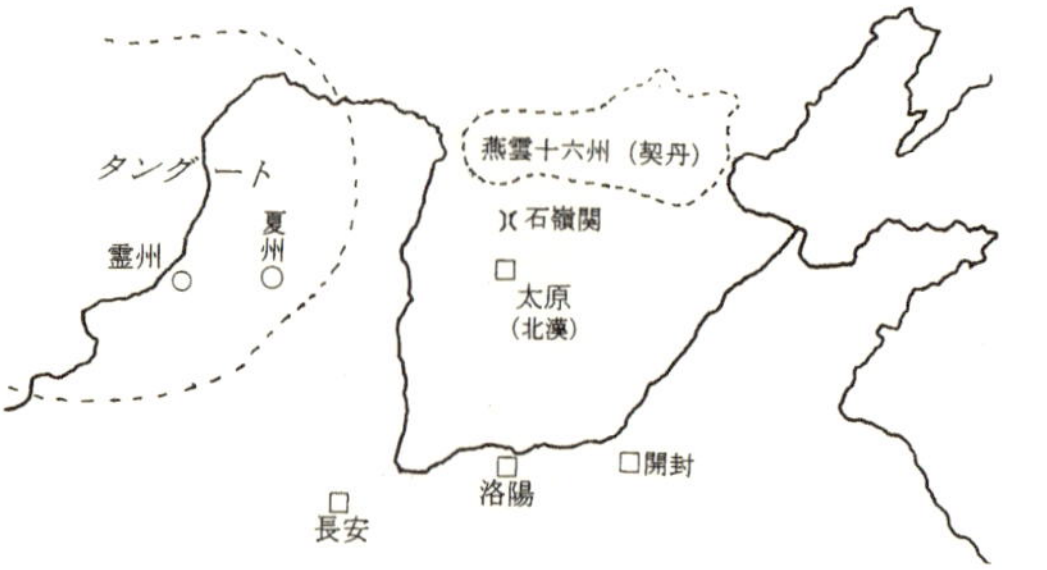

図17　宋初の開封・北漢・タングートの位置関係

太平興国四年（九七九）正月辛卯、雲州観察使の郭進《かくしん》に命じて太原・石嶺関都部署と為し、以て燕（州）・薊（州）の援師を断たしむ。三月……乙未、郭進、大いに契丹を関の南に破る。乙巳、夏州の李継筠《りけいいん》、部する所を帥いて北漢を討つを助けんことを乞う。

と記される。ここに見える李継筠とは、後に西夏を建てる李元昊の祖先の血統につながるタングート系の人物で、当時は夏州を拠点としてオルドスに勢力を張っていた。宋側は、まず太原北方の石嶺関を押さえて契丹に対する防衛を固め、ついでオルドスの西夏タングート族の援助を取り付け、太原攻略に成功したのである（図17）。太原をめぐる地政学的位置関係では、長安・洛陽や東方の河北平野だけでなく、西方オルドスの有する重要性が見てとれよう。ただし、太原から真西に向かうと、この付近の黄河は谷底を流れるので適当な渡し場は極めて限られる。多くの場合、オルドスの勢力はより上流で黄河を渡り、太原と繋がっていたのではなかろうか。

むすび

歴史上、山西北部の勢力が太原にまで進出してそこに勢力を蓄えると、次はすぐに洛陽や長安まで進出する。具体的な例をあげれば、北魏末に秀容から太原に南下して洛陽の実権を握った爾朱栄の勢力、あるいは唐末にやはり山西北部から太原に進出して長安に入り、後には洛陽・開封に後唐以降の五代諸王朝を形成した沙陀族などが想起されよう。

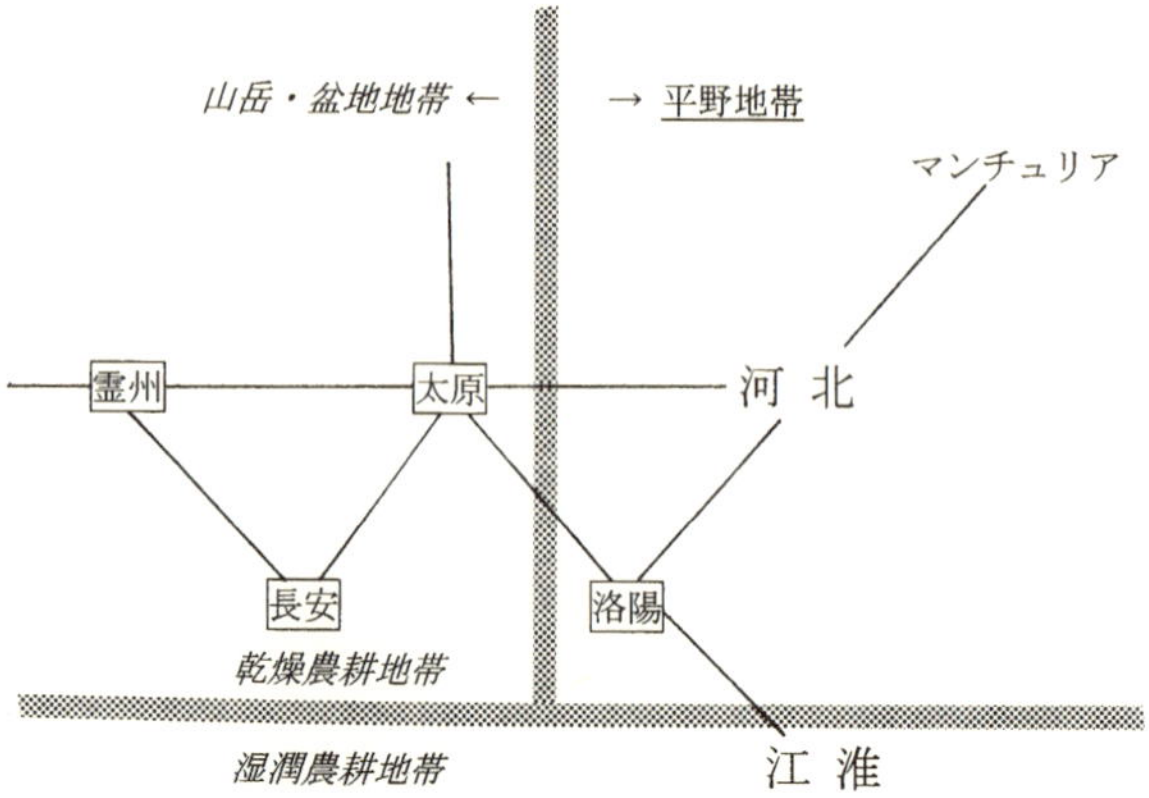

図18　歴史上の太原のあり方

太原が常に華北の政局を動かすほどの意味を持つのは、この地がちょうど北方遊牧勢力と華北乾燥農耕民との境界に位置しているからであり、同時に長安・洛陽・河北平野とをつなぐ交通の要衝にあるからである。だからこそ、長安・洛陽など当時の政権の拠点をめぐる攻防にあって、太原は必ず押さえねばならないほどの重要性を持った。そうしなければ、北方からの勢力を防げない。まさに太原は、単に交通の要衝であるだけでなく、北方勢力の進入ルートに位置し、境界上の絶妙の位置にあった。それを概念図にしてみれば、図18のごとくになるであろう。

こうした状況を背景として、五代以前にあっては旧太原城が、その後は現太原城が、常に山西地域の中心都市として機能し続けたのである。したがって、この地を人々が行き交い、ここに人口が集中し、太原は大都市であり続けた。異なる集団に属する人々が多く行き交う町であれば、そこには聖地が必要となる。太原は大都市であるので、町中に寺院・道観が建てられたが、交通の要衝には町からやや離れた聖地が造られる。ちょうどクチャとキジール石窟、トゥルファンとベゼクリク千仏洞、敦煌と莫高窟、安西と楡林窟、酒泉と文殊山石窟等々の関係と同様である。それが、太原の場合は、西方山岳の龍山・天龍山・懸甕寺・石門寺等々の仏教寺院群だったのである。

注

（1）松田壽男『アジアの歴史』（『松田壽男著作集』五、六興出版、一九八七年、二三―二六頁、初版一九七一年）。
（2）愛宕元「唐代太原城の規模と構造」（『唐代地域社会史研究』同朋舎出版、一九九七年、一九四―一九五頁、初出一九八八年）。
（3）勝畑冬実「拓跋珪の『部族解散』と初期北魏政権の性格」（『早稲田大学文学研究科紀要』別冊二〇、一九九四年）、太田稔「拓跋珪の『部族解散』政策について」（『集刊東洋学』八九、二〇〇三年）。
（4）石見清裕「唐の突厥遺民に対する措置」（『唐の北方問題と国際秩序』汲古書院、一九九八年、初出一九八六年）。
（5）現行『北斉書』巻三は「武定六年」の紀年が脱落しているが、『北史』巻六と照合すれば、この「三月」は武定六年三月である。中華書局標点本『北斉書』四〇頁、校勘記一〇参照。
（6）普通院については、那波利貞・道端良秀・小野勝年・吉田靖雄・日比野丈夫等の諸氏が論じているが、今は最新の研究である髙瀬奈津子「中唐期における五台山普通院の研究――その成立と仏教教団との関係」（『札幌大学総合論叢』三六、二〇一三年）をあげるにとどめる。
（7）滝川正博「北周における『稽胡』の創設」（『史観』一六〇、二〇〇九年）、北村一仁「『山胡』世界の形成とその背景――後漢末～北朝期における黄河東西岸地域社会について」（『東洋史苑』七七、二〇一一年）。滝川論文は、「山胡」を『周書』だけは「稽胡」と称して巻四九異域伝に「稽胡伝」を立て（『旧唐書』『通鑑』など後世の史書は「稽胡」の名称を継承）、単一のエスニック集団であるかのように認識したのは、北周が『周礼』に基づく国家形成を企図したとき、稽胡を四夷の一つの北狄として位置付ける必要があったからだとする。
（8）石見清裕「唐の建国と匈奴の費也頭」（前掲注4石見書、初出一九八二年）。

天龍山石窟の早期窟の造立について

――石窟の造立と高斉政権の構築

葛　継勇

序文――天龍山石窟の研究とその問題点

中国山西省太原市の西南に位置する天龍山石窟は、その造像技術の成熟度・洗練と、表現の細やかさで、名を馳せている。また、濃厚な民族性・地方性を特徴とするゆえに、中国石窟芸術史における輝かしい真珠にもたとえられている。

天龍山石窟は日本の学者関野貞によって初めて紹介された。一九一八年、関野は太原で調査を行った際に、地方誌に記載される天龍山石窟の記録に基づき、現地で計十四窟を発見した。その後、一九二〇年と一九二三年に常盤大定が、一九二二年と一九二八年にスウェーデンの学者O.Sirenが、それぞれ現地を二回訪ねて調査を行った。一九二一年、田中俊逸は当地を踏査した時、関野貞が言及しなかった石窟を五つ発見して、それぞれ第一、

一八、一九、二〇、二一窟と編号した。また、彼は関野貞が第九、一〇窟の付属窟とした二つの小さい石窟を独立させて扱い、詳細な報告を発表した。現在、広く使用されている第一窟から第二一窟までの番号は、田中俊逸の報告書によるものである。同時に、小野玄妙は田中俊逸の調査に基づいて、関連研究を深く進めると同時に、天龍山石窟の写真集を出版した。その後、一九四一年に水野清一は天龍山石窟を踏査した成果をまとめ、また日本に流出した天龍山石窟の仏頭について解説した。

実は、O.Sirenによれば、関野貞が天龍山をはじめて訪ねる前の一九〇八年と一九一〇年に、アメリカの学者E. BoersmaとCharlesFreerが、それぞれ現地で調査を行ったという。残念なことに、今日まで彼らの調査報告は発表されておらず、当時の様子は不明である。

また、天龍山石窟発見の情報を知った日本の美術商である山中定次郎は、一九二四年と一九二六年の二回にわたって天龍山現地に赴き、同石窟から切られた仏頭を購入した。しかし、山中定次郎はそれらの仏頭を仏像の復元に使うどころか、日本やアメリカなどで売却してしまった。このことは天龍山石窟のさらに甚だしい破損を引き起こした。

外国の学者にやや遅れて、中国の学者による調査と研究は、一九三四年の王作賓による調査報告に始まった。もっとも詳しい研究報告は李裕群の「天龍山石窟調査報告」（一九九一年）である。近年の成果として、李裕群・李鋼の『天龍山石窟』（二〇〇三年）が注目されている。

二十世紀六〇年代以降、天龍山石窟についての研究は大きく進展した。それらの研究は以下の幾つかの方面に分けることができる（参考：天龍山石窟研究論著の一覧表）。

第一は、天龍山石窟の彫刻芸術をめぐる研究である。日本では、斎藤龍一・神谷麻理子・肥田路美らの成果が著しい。ほかに、田村節子・神谷麻理子・八木春生らが天龍山石窟の個別の石窟について研究を展開した。中国では、沈海駒・崔文魁・連穎俊・李崢・王金華・于灝らが知られ、特に、史岩・傅天仇編『天龍山石窟の彫刻芸術』（一九六三年）と連穎俊編『天龍山石窟芸術』（二〇一二年）が相次いで出版されている。連穎俊は「天龍山石窟と『維摩詰経』」において天龍山石窟と『維摩詰経』との関係を論じ、天龍山石窟芸術と経典との関わりという新しい研究分野を開いたという点で注目すべきである。

第二は、天龍山石窟の分期と編年をめぐる研究である。戦前の関野貞・常盤大定・O.Siren・小野玄妙・水野清一、および戦後のアメリカの学者Vanderstappen. Harry・Rhie. Marylinおよび日本の鈴木潔・神谷麻理子らは天龍山石窟の編年について考証を行った。また、中国では、閻文儒・李裕群の研究が注目を浴びている。特に、李裕群の「天龍山石窟分期研究」が学界に大きな影響を及ぼした。

第三は、天龍山石窟の石碑・題記をめぐる研究があげられる。現在、隋の開皇四年（五八四）に制作された「石室銘」と、唐の景龍元年（七〇七）に制作された「大唐勿部将軍功徳記」の所在が確認されている。最も早く天龍山石窟の石碑に注目したRhie.Marylinは、「大唐勿部将軍功徳記」は本来、第二一窟の前に刻まれていた石碑で、それゆえ同窟は唐初期のものであると指摘した。しかし、顔娟英は、勿部将軍が造った石窟は第六窟の可能性があると推測した。その後、李裕群・李鋼は『天龍山石窟』（二〇〇三年）においてこの功徳記がもとは第一五窟の前にあり、第一五窟は神龍二年〜景龍元年に造立されたと指摘している。第一五窟前の石碑を削った穴の寸法および現存している拓本の寸法などから、李裕群・李鋼の結論が当しいものとして広く承認を得ている。[1]

「大唐勿部将軍功徳記」の碑文について、日本の小野勝年・神谷麻理子、韓国の朴現圭、文明大、尹龍九と中国の李裕群、そして葛継勇もこの功徳記の銘文の釈読を行った。また、謝楓・于灝は「従天龍山碑文看天龍山石窟芸術的歴史沿革」という論文において、隋の「石室銘」・「大唐勿部将軍功徳記」の研究成果に基づき、現存する石窟題記と石窟造立年代について簡単に整理を行った。最近、李成市は「大唐勿部将軍功徳記」に記される将軍勿部珣は倭系百済官僚であると指摘し、森美智代は天龍山石窟第八窟の外側に刻まれている隋の「石室銘」について詳しく検討した。(2)

最後に、天龍山石窟の海外流失および保護・復原をめぐる研究がある。中国では、閻文儒・左保国・王幼松・任建光・楊剛亮・連穎俊・孫迪・武恵民らが知られる。中でも、孫迪は『天龍山石窟――流失海外石刻造像研究』を著して、先行研究を詳細に整理した。日本では、朽木ゆり子の『ハウス・オブ・ヤマナカ――東洋の至宝を欧米に売った美術商』が、山中定次郎の天龍山調査と天龍山石窟の国際販売経過について論じている。現在、天龍山石窟の保護・復原について、連穎俊をはじめとする現地の学者は「天龍山石窟データ復原」というプロジェクトを立ちあげて、現存する石窟と海外に流失した仏像をデータベース上で合成し、天龍山石窟の輝かしい盛況を再現できるよう研究を進めている。

上述の研究成果をまとめてみると、天龍山石窟研究には以下の二つの問題点があると言えよう。

第一に、天龍山石窟の石碑・題記、麓の天龍寺（現在の聖壽寺）に現存する石碑の検討および、天龍山石窟と天龍寺との関わりについての研究は、まだ乏しい。現在、天龍山石窟は人為的な破壊と自然の風化が極めて深刻であり、数多くの石窟の前にあった石碑・題記が消え去って跡形もない。ただ、「大唐勿部将軍功徳記」の拓本や残片が現存しているように、関連文献を整理すれば、石碑の原所在や銘文の全体を知ることができるのではないか。これらの石碑は天龍山石窟や天龍寺の造立を知るための重要な史料であるのみならず、天龍山石窟の分期編年、及び造立者の仏教信仰などの研究にも有益な材料である。

第二に、天龍山石窟とその周辺の仏教石窟、天龍山石窟と北斉の高氏政権との関連についてはより一層の検討の必要がある。天龍山石窟の開鑿は決して特殊な例ではなく、おそらく大同の雲崗石窟、洛陽の龍門石窟、鄴城近くの響堂山石窟などと密接な関係があると思われる。これらの石窟間の影響関係については、なお検討の余地があると思われる。仏教石窟が各地で建てられたことは、君主政権の中心の移動による結果なのではないか。

そこで、以上の問題点につき、先行研究の成果に基づきつつ、天龍山石窟の早期窟をめぐって、石窟の開鑿と高斉政権の構築との関わりを検討したい。

一　天龍山石窟の早期窟の造立と高氏集団

天龍山石窟の分期と編年について、顔娟英と李裕群が作成した「分期編年表」をもとにして以下のように一覧表を作成し、先行研究をまとめた（参考：表1　天龍山石窟の分期と編年についての諸説）。本文でいう「早期窟」とは第一、二、三、一〇、一六窟などの五窟、すなわち隋唐時代以前に開鑿されたといわれる石窟を指している。なかでも、第一、一〇、一六窟の三窟を北斉とする見方は、現在では通説となっている。ただし、天龍山石窟の中でもっとも早く開鑿された第二、三窟の年代に関しては、東魏・北斉と東魏末北斉初の三説に分かれている。

李裕群は造像形式の特徴をもとにして、第二、三窟は五三二年から五四六年までに造られたと考えている。しかし、Vanderstappenは、第二、三窟の造営年代は五三〇年だという。このように、第二、三窟の造窟は五三〇年開始説と五三二年開始説二つがある。両者の差は僅か二年であるが、高歓一族の活動に注目すると、この二年間

表1　天龍山石窟の分期と編年についての諸説

窟号／学者	1	2	3	4	5	6	7	8	9	10
関野貞		北斉	北斉	初唐	初唐	初唐	初唐	隋	北斉	北斉
O.Siren	北斉	北斉	北斉	700～720	700～720	700～720	700～720	584		北斉晩期
小野玄妙	隋	北斉早期	北斉早期	唐	唐	唐	唐	隋	北斉	551
常盤大定	北斉	北斉	北斉	唐	唐	唐	唐	隋	北斉	隋
水野清一	隋	東魏	東魏	700初期	約700	約700	唐	584	北斉	北斉
Vander-stappen	約560	約530	約530	730年代	730年代	730年代	715～750	584		570
鈴木潔				680～700	680～700	710～730				
閻文儒	北斉	北斉	北斉	唐	唐	唐	唐	隋	北斉	隋
李裕群	約552	532～546	532～546	673～681	673～681	673～681	673～681	584	673～681	560～561
顔娟英	北斉	東魏末北斉初	東魏末北斉初	705～710	705～710	705～710		584		北斉

窟号／学者	11	12	13	14	15	16	17	18	19	20	21
関野貞		初唐		初唐	初唐	北斉	初唐	初唐			初唐
O.Siren				700～710		北斉	710～720	710～720			710～720
小野玄妙	唐	唐	唐	唐	唐	北斉	唐	唐	唐	唐	五代
常盤大定	唐	唐	唐	唐	唐	隋	唐	唐	唐	唐	唐
水野清一	開元	開元	開元	開元初期	約700	北斉	740～750	開元初期			開元初期
Vander-stappen	715～750		715～750	約725	715～750	570	約750	730年代	715～750	715～750	703～711
鈴木潔				700～710			730～750	700～750			710～730
閻文儒	唐	唐	唐	唐	盛唐	隋	盛唐				唐
李裕群	681～704	681～704	681～704	681～704	705～707	560～561	673～681	681～704	681～704	681～704	681～704
顔娟英				叡宗～開元初期		北斉					開元初期

の意義は極めて大きい。

武泰元年（五二八）、爾朱栄は挙兵して入洛し、河陰でクーデターを起こして孝荘帝を即位させた。爾朱栄に従って入洛した高歓は晋州刺史に任じられた。永安三年（五三〇）、爾朱栄が孝荘帝に殺害されたことを受けて、息子の爾朱兆は晋陽（并州、今の太原）で挙兵し、孝荘帝を殺した。晋州に拠っていた高歓は最初爾朱氏と連合したが、その後爾朱氏への討伐に参加して、定州・冀州で諸勢力を鎮圧した後、中興元年（五三一）、鄴城に侵入し、ここを拠点とした。翌年、爾朱氏を撃破した高歓は鄴城から洛陽に入り、孝武帝を擁立した。晋陽を割拠した爾朱兆が敗走すると、高歓は晋陽に大丞相府を置いて居を定めた。永熙三年（五三四）七月、孝武帝は洛陽から長安に向かい、宇文泰集団に推戴され、西魏が誕生した。十月、高歓は孝静帝を即位させ、東魏の都を鄴城に移した。高歓および長男の高澄の死後、次男の高洋は孝静帝を退位させ、自ら皇帝に即位して、北斉の誕生を宣告した。

したがって、五三〇年の段階では高歓はまだ晋陽を占拠していないのである。もし第二、三窟の開鑿が五三〇年から始まっていたのであれば、その造立者は爾朱兆集団である可能性が大きい。しかし、爾朱氏は仏教を尊崇しなかったから、晋陽の天龍山で石窟を開く可能性はない。(3) 天龍山石窟の近くには、高歓避暑宮が建てられたことから、第二、三窟は高歓が晋陽を占拠した五三二年から没年の五四六年までに開鑿されたという見方がより妥当であろう。つまり、第二、三窟の造営者は仏教信仰者の高歓及びその勢力集団であると考えられる。

李裕群は、高歓の義弟高隆之が天平（五三四〜五三七）初期に并州刺史に任じられたことがあることから、第二、三窟の建営は高隆之、沙門都統慧光及びその弟子霊詢と関係があると指摘している。(4) ただし、高歓は晋陽に大丞相府を設置した後、しばしば洛陽や鄴城に行ったが、五四六年十一月に没するまでずっと晋陽に居住している。したがって、第二、三窟の建営に直接あたったのは高隆之、慧光らであっても、高歓の許可を得て、ないしは高歓の意思によって行われたのであろう。

李裕群は第一窟の年代を五五二年と考える。北斉の文宣帝高洋は父の高歓が世を去る前に太原公に任じられたから、天龍山に造営された石窟を知っていたであろう。『永楽大典』巻五二〇三の寺院条に引く『太原志』に「避暑宮在本県西南三十里天龍寺東北、有重岡数畒。昔北斉高帝及東魏文宣帝避暑離宮」とあり、明の嘉靖年間の『太原県志』巻一には「仙岩寺在県西南三十里葦谷山、北斉二年建為避暑宮」とあるように、高洋は北斉二年（五五一）に父の高歓と同じく天龍山で避暑離宮を造ったとされる。彼が天保元年に即位した後、父・兄の追福のために天龍山で石窟を開鑿したと考えるのが、より自然であろう。「大唐勿部将軍功徳碑」には「沓故天龍寺者、兆基有斉、替虜隋季」とあり、明の万暦年間の「重修天龍山寿聖寺殿閣記」には「中建寿聖禅刹一區、剏建于北斉天保之間、重建于隋開皇之世」とあるように[5]、天龍寺（寿聖寺）は北斉の天保年間に建てられたのである。石窟と寺が一体になるのは、鞏県石窟寺と同様である。

実は、田中俊逸の調査によると、第一窟の前には元来石碑が立てられていたという。第一窟が五五二年に開鑿されたとするならば、文宣帝高洋は天龍寺を建造する際、先に開鑿された第二、三窟の側に第一窟を開き、記念碑を造ったと考えることができる。残念ながら、第一窟の前にあった石碑はもう摩滅してしまっており、その内容を知りようがない。

また李裕群は、第一〇、一六窟は五六〇年から五六一年までの間に作られたと推測する。明の嘉靖二十年（一五四六）に建てられた「重修天龍聖寿寺記」に「寺在聚山深処。按『志』、去太原三十里王索二都、北斉建皇（皇建の誤り）元年立」とある[6]。文中の『志』とは、明の洪武十三年（一三八〇）に編成された『太原志』を指すものだと思われる。この『太原志』には「天龍寺、在本県西南三十里、北斉置。有皇建中、幷州定国（寺）僧造石窟銘」とあり、幷州定国寺の僧侶が皇建年間（五六〇～五六一）天龍山石窟を造り、銘文を刻んだという。

幷州定国寺の僧侶が第一〇、一六窟を開鑿したのであれば、やはり「石窟銘」を刻んだはずである。田中俊逸の報告書には、第一六窟の「窟外椽の東西に各一個の碑を鐫造してあるが、碑面はいたく風化して、一字も読むことを得ない」とあり[7]、第一六窟の両側にもともと石碑があったという。第一一、一二、一三、一四、一五窟の五窟はすべて唐代に開かれたことから、第一〇窟から一六窟までの間に残る石碑は北斉の皇建年間（五六〇～五六一）幷州定国寺の僧侶によって刻まれた「石窟銘」であるということになる。したがって、第一六窟は幷州定国寺の僧侶によって開鑿されたと考えられる。

『北斉書』巻三十九祖珽伝に「会幷州定国寺新成、神武謂陳元康・温子昇曰、昔作「芒山寺碑文」、時稱妙絶。今定国寺碑当使誰作詞也。元康因薦珽才学幷解鮮卑語。乃給筆札、就禁所具草。二日内成、其文甚麗。神武以其工而且速、特恕不問」とあるように、神武皇帝すなわち高歓は幷州定国寺の建立を記念する碑の撰文について関心を示していることから、定国寺は高歓の援助を得て造立されたのであろう。よって幷州定国寺の僧侶が天龍山に石窟を造り、銘文を刻んだのは、高歓・高洋一族のためであると推測される。つまり、天龍山石窟の早期窟の造立は高歓・高洋一族との繫がりが深いといえよう。

二　太原・鄴城周辺地域の早期石窟と高斉集団

天龍山石窟のほかに、高斉政権は晋陽を経営した時代に、さらに二つの巨大な仏像――龍山の童子寺大仏と蒙山（西山）の開化寺大仏が造られた。

前出の洪武年間の『太原志』に「童子寺在県西十里。天保七年、北斉弘礼禅師棲道之所。有二童子于山望大石儼若尊容、即鐫為像、遂得其名」（『山西通志』巻一六八寺観にも見える）とあり、天保七年（五五六）に鐫り始めたことがわかる。円仁『入唐求法巡礼行記』巻三開成五年（八三九）七月二十六日条に、

従石門寺向西上、行二里許、到童子寺。（中略）于両重楼殿、満殿有大佛像、見碑文云、「昔冀州礼禅師来此山住、忽見五色光明雲、従地上空而遍照。其光明雲中、有四童子坐青蓮座遊戯、響動大地、岩巘頽落。岸上崩処、有彌陀仏像出現。三晋盡来致礼、多有霊異。禅師具録申送、請建寺、遂造此寺。因本瑞號為『童子寺』。敬次鐫造彌陀仏像、出現顔容顒、皓玉端麗、趺座之体、高十七丈、闊百尺。観音、大勢各十二丈」云云。

とある。この条にみえる碑文には、童子寺は北斉時代に、弘礼禅師が朝廷に申請して造立したもので、彌陀仏・観音・大勢至の三像の高さは十丈以上であるという。これほど規模の大きい大仏は、権力者の支援なしでは造立できないであろう。『北斉書』巻四十唐邕伝に「（天保）十年、従幸晋陽、除兼給事黄門侍郎、領中書舎人。顕祖嘗登童子仏寺、望幷州城曰、此是何等城。或曰、此是金城湯池天府之国」とあり、顕祖すなわち文宣帝高洋は天保十年に童子寺を訪ねたという。

また、蒙山開化寺は天保二年（五五一）に造立されたものである。『北斉書』巻八後主紀に「鑿晋陽西山為大仏像、一夜燃油万盆、光照宮内」とあり、蒙山すなわち西山の開化寺大仏は後主高緯の出資により鑿られた。摩崖大仏と寺が一体になるのは、鞏県石窟と希玄寺、天龍山石窟と天龍寺（寿聖寺）と同様である。

鄴城遷都の後、晋陽が副都とされた。また、北斉の誕生後、鄴城は上都、晋陽は下都にそれぞれ定められた。そこで、石窟・寺院が皇帝の行宮とともに、東魏・北斉の皇帝・王侯・将軍などが頻繁に行き交う二都の間の交通の要衝に建てられた。途中に位置する遼陽県（現在の左権県）の石仏寺石窟、高歓雲洞石窟と邯鄲の響堂山石窟は、この頃立てはじまったものである。

遼陽県の石仏寺石窟で最も年代が早いのは、三壁三龕式の第一窟である。これは三つの壁の前に「凹」の字を逆さまにした形の低い壇を設置しており、典型的な東魏石窟の形式であると思われる。また、三壁の中尊の配置は以下のとおりである。すなわち、正面は結跏趺座像、左側と右側はそれぞれ半跏座の思惟菩薩像と倚座の彌勒像が安置される。その仏像の組み合わせは鞏県石窟の第五窟、天龍山石窟の第二窟（共に東魏時代）と類似する。また、これらの仏像の造型と着衣の特徴は天龍山石窟の第二、三窟と近いことから、遼陽県の石仏寺石窟の第一窟は北魏末年から東魏時代に造られたものと考えられる。(8)

遼陽県の高歓雲洞石窟は、その規模からみれば、民間人や僧侶の力が及ばないほど大きな規模を有している。清の雍正十一年（一七一三）に編集された『遼州志』巻四古跡条によると、ここは東魏丞相高歓の避署宮の一つであり、また芸文条所収の清初期の「重修高歓避署宮橋記」という題記から、高歓雲洞石窟は石仏寺石窟の第一窟とともに鄴城・晋陽の間を行き交う高歓集団によって開鑿されたと考えられる。また、『北斉書』巻四文宣帝紀に「(天保十年正月)甲寅、帝如遼陽甘露寺。(中略)二月丙戌、帝於甘露寺禅居深観、唯軍国大政奏聞」とあるように、文宣帝高洋は高歓雲洞石窟近くの甘露寺で座禅したことがあることがわかる。

響堂山石窟は、地理的に三つの区域に分けられる。すなわち、北響堂山石窟、南響堂山石窟、小響堂山石窟である。北響堂山石窟は北洞（大仏洞）・中洞（釈迦洞）と南洞に分けられる。高歓雲洞石窟と内部構造が似ているのは北洞・中洞である。北洞は大型の中心柱窟であり、東魏末年から開鑿が始まり、北斉の天保時代（五五〇〜五五九）に完成したと言われる。同窟は内部構成と彫刻飾りなどの面において、明らかに鞏県石窟の北魏中心柱窟の作りを継承している。中洞は北斉の特色を備えている塔形窟であり、文宣帝高洋に造立されたと思われる。(9)南洞は刻経洞とも呼ばれ、中には、高澄・高洋に信頼された重臣唐邕が天統四年（五六八）に書いた碑文や、『維摩詰経』『弥勒下生経』『无量寿経』などの経典が刻まれている。北響堂山石窟の麓にある常楽寺に現存する正隆四年（一一五九）に立てられた石碑によると、北響堂山石窟の北洞窟・中洞（釈迦洞）窟と南洞窟は、ともに文宣帝高洋によって造立されたという。以上から、北響堂山石窟はすべて高氏一族によって造立されたものということができる。

なお、北響堂山石窟早期窟の仏像が北魏晩期の痩せたスタイルと異なり、逞しくがっしりとした体軀の重厚な風格を見せることは、高氏政権が鮮卑族の習俗を堅持したことに関わると思われる。(10)

南響堂山石窟の第一、二窟は、中心塔柱式洞窟である。第二窟の外側にある「滏山石窟之碑」（隋の沙門道浄による制作）に「草創於霊化寺比丘慧義。時有国大丞相淮陰王高阿那肱羽帝出京、憩駕於此、因観草創、遂発大心、廣舍珍愛之財、開此滏山石窟」とあるように、霊化寺僧慧義により天統元年（五六五）に草創されたものであるが、出資者は高歓の寵臣で、当時の丞相高阿那肱であることから、皇室高氏一族のために造立されたと考えられよう。

そのほか、鄴城近くの安陽にも数多くの石窟が造られた。中でも、霊泉寺（宝山寺）の大留聖窟は窟外の銘文に「大留聖窟、魏武定四年歳在丙寅四月八日、道憑法師造」とあるように、東魏の僧道憑が弟子霊裕と武定四年（五四六）に造ったものである。『続高僧伝』霊裕伝に「宝山壹寺、（霊）裕之経始、（叁）叡為施主、傾撤金貝」とあり、霊泉寺（宝山寺）の施主は、東安王婁叡である。東安王婁叡は高歓の嫡妻、高澄・高洋の生母婁太妃の姪であり、高歓をはじめ、北斉の諸帝に信頼された高氏集団の一人である。ここから、霊泉寺（宝山寺）の造営は高氏北斉の王権と関わりがあることがわかる。そして、続く記事に「又営諸福業、寺宇霊儀。後於宝山造石窟壹所、名為金剛性力住持那羅延窟」とあるように、霊裕は金剛性力住持那羅延窟すなわち大住聖窟を造立した。

北斉に至って、石仏寺石窟の第一窟の前にある逆「凹」字形の壇を造り、三尊坐仏像を安置し、隣に典型的な北斉風の風神・火神など八人の神王像が刻まれる。これらの神王像の形は整っていて、素朴な古風が見られる。このような風格は、鞏県石窟の第四窟および小響堂山石窟の西窟に彫られる神王の風格とよく似ている。(11) これらの東魏時代に草創された石窟には、北響堂山石窟の北洞と同じ様式が見られる。おそらく鞏県石窟寺の造立に参加した僧侶や工匠たちが響堂山石窟の造立に関与したためであろう。

周知のように、鞏県石窟は洛陽龍門石窟の賓陽中洞に次いで北魏の宣武帝時代に開鑿がはじまった。鞏県石窟寺の北魏石窟は洛陽龍門石窟の早期窟と極めて近似することから、両者の造立は密接に関係すると言えよう。

鄴城遷都の際、洛陽の大寺院の移転に伴って、僧侶や工匠たちも鄴に移った。『洛陽伽藍記』巻五に「(京師洛陽)寺有一千三百六十七所。天平元年遷都鄴城、洛陽餘寺四百二十一所」とあり、多くの寺院が鄴城に移った。また同書の作者自叙伝に「暨永熙多難、皇輿遷鄴、諸寺僧尼亦与時徙」とあるように、洛陽の諸寺の僧侶もこれに従って鄴城に移住した。また『北斉書』巻二神武帝紀に「詔下三日、車駕便発、戸四十万、狼狽就道」とあり、この「戸四十万」には龍門石窟の工事に参加する僧侶と工匠たちも含まれているはずである。

現在では、鄴城周辺の石窟（邯鄲の響堂山石窟や安陽の大留聖窟）は鞏県石窟と龍門石窟からの影響が大きいとされる。したがって、洛陽龍門石窟の造立に参加した僧侶や工匠たちが、鞏県石窟寺、安陽霊泉寺の大留聖窟や北響堂山石窟の造立に参加した可能性は高い。

また、天龍山の近くには、北斉期に制作されたと思われる龍山の姑姑洞石窟と懸甕山の瓦窯村石窟がある。この石窟には下窟、中窟と上窟があり、これらの洞窟の内部に造られた仏・菩薩などの像は、いずれも天龍山の北斉石窟と類似の造型風格を持っている。姑姑洞の下窟は三メートル四方、窟頂が覆門形の中心塔柱窟であり、鞏県石窟のつくり方を直接継承したと思われる。また、懸甕山瓦窯村石窟は内容の構成、造像の風格などの面において、天龍山・姑姑洞の北斉石窟と同じ特色を持っており、鞏県石窟の影響を受けたことが明らかである。(12)

天龍山石窟第二、三窟に見られる東魏時期の三壁三龕式洞窟は、まさに北魏晩期の石窟形式が発展したものである。内部に造られる菩薩像は、龍門・鞏県などの洛陽周辺地域における北魏晩期から東魏時期までの菩薩像と非常に近い。(13)したがって、天龍山石窟は間接的に鞏県石窟の影響を受けたと考えられる。

三　高氏一族の仏教信仰と政権の構築

先に分析したとおり、天龍山石窟の早期窟の建造は高斉政権の構築と密接な関係がある。高氏一族と仏教の関係について、『北斉書』の諸帝紀には関連する記載が少ない。しかし、『続高僧伝』などの僧伝によってその一端を伺い知ることができる。例えば、『続高僧伝』巻七慧嵩伝に「于時元魏末齢、大演経教。（中略）高氏作相、深相器重」とあり、同書巻二十五円通伝に「自神武遷都之後、因山上下、并見伽藍」とあり、高歓は仏教の信仰者であることがわかる。鄴城遷都の後、高歓は洛陽の旧宮を太平寺、安陽の南台を安国寺に改めて、塔を建てた。また、先に述べたように、高歓は并州定国寺の建造に関心を示した。

『芸文類聚』巻七十七の内典下寺碑条に「献武皇帝寺銘」が載せられている。献武皇帝高歓が世を去った後追贈された諡号であるから、この寺は高歓の死後に建てられたに違いない。そのほか、『資治通鑑』巻一六〇梁武帝紀太清元年（五四七）八月条に「甲申、虚葬斉献武王於漳水之西、潜鑿成安鼓山石窟佛寺之旁為穴、納其柩而塞之」とあるように、高歓は死後、鼓山（即ち響堂山）石窟寺の旁に葬られた。ここから、高歓は仏教を首位において信仰したと思われる。

実は、高歓は東魏の政権を握った後、沙門都統慧光の地位を認め、仏教教団を統括して、政権の統治を強化した。沙門都統慧光およびその弟子霊詢は高歓の義弟である高隆之の招請を受けて天龍山石窟第二、三窟を建造していることから見て、東魏末期、高歓の集団はすでに仏教界と密切に関わっていることがわかる。

高歓の長男高澄もひたむきな仏教信者であった。諏訪義純は、高澄を補佐する崔暹が熱心に仏を信奉する人物であり、高澄は崔暹の影響を深く受けて仏教経典の翻訳に出資して援助したことを指摘している。(14)『続高僧伝』巻八法上伝に「為魏大将軍高澄奏、入鄴都」とあり、高澄は慧光の弟子法上を招いて鄴都に行かせた。法上は僧統に任じられ、仏教綱紀を整頓して寺制戒律を制定させることに力を注いだ。『古清涼伝』巻下に「起四部衆大斎、王（高澄）躬百僚、詣斎所」とあり、武定年間、高澄は生母婁太妃のために太原で盛大な法会を催している。

武定八年（五五〇）、高洋は帝位に就いた後、僧稠禅師を招いて北斉の仏教界を指導させ、国費の三分の一を費やして三宝を供養した。高洋自身も僧稠に従って禅道を習し、酒肉や殺戮を禁止した。『続高僧伝』巻十六僧稠伝の「爾後彌承清誨、篤敬殷重。因従受菩薩戒法」という記載は、当時の状況を如実に反映していると思われる。

その後、山林に帰った僧稠のために、高洋は雲門寺を造立し、石窟を開鑿して、石窟大寺主を兼任させた。

『広弘明集』巻四所収の「叙斉高祖廃道法事」に「帝大起佛寺、僧尼溢満諸州。冬夏供施、行道不絶」とある

（『法苑珠林』巻四十一にも同文が見える）ように、高洋が仏教を固く信じた影響の下、北斉の各地で仏寺が造営され、仏教信仰が盛んになった。『続高僧伝』巻十六靖嵩伝に「属高斉之盛、仏教中興。都下大寺略計四千、見住僧尼僅将八万、講席相距二百有餘、在衆常聴出過一万。故宇内英傑、咸帰厥邦」とあり、鄴城はまさに仏教の聖都の観を呈するかのようである。『資治通鑑』巻一六六の梁敬帝紹泰元年（五五五）八月辛巳条に「斉主還鄴、以佛道二教不同、欲去其一。集二家論難於前。遂勅道士皆剃髪為沙門、有不従者殺四人、乃奉命。於是、斉境皆無道士」とあり、文宣帝高洋は道教を弾圧する政策を実施し、北斉には道士が一人もいなくなるという状況であった。高洋は篤い仏教信仰者であり、その点は南朝の梁武帝とよく似るように思われる。(15)

『続高僧伝』巻十六僧稠伝の「魏孝明帝夙承令徳、前後三召、乃辞云、普天之下、莫非王土。乞在山行道、不爽大通。帝遂許焉、乃就山送供」という記述によると、僧稠は北魏の孝明帝の招請を受けず重要な職務につかなかったにもかかわらず、仏教は王権の一部を構成し、しかも国家を保護することをその務めとするという考えを持っている。慧光・霊詢・法上などの有名な高僧が高澄・高洋の招請をうけて重要な職務についたことからみれば、当時の仏教界の主流は東魏・北斉の皇室と密接に繋がり、協力していたことがわかる。

文宣帝高洋が亡くなった後、北斉の政権はますます衰えていく一方であったが、石窟の開鑿や寺の造立は少しも滞らなかったようである。上述の「重修天龍聖寿寺記」と『太原志』の関連記事によると、皇建元年（五六〇）、幷州定国寺僧が天龍山に石窟銘を造った。その当時は、高歓の第六子、孝昭帝高演が在位していた。高歓の第九子、武成帝高湛は河清二年に鄴城の南において大総持寺と大興聖寺、太原で大基聖寺と大崇皇寺を建立した。そして、斉後主は丞相高阿那肱とともに南響堂山石窟の開鑿を援助した。それはいずれも太原の政権を握る高歓の仏教信仰の影響を受けたのであろう。

『北斉書』巻八後主紀に「鑿晋陽西山為大仏像、一夜燃油万盆、光照宮内。又為胡昭儀起大慈寺、未成改為穆皇后大宝林寺、窮極工巧、運石塡泉、労費億計。人牛死者、不可勝記」とあり、斉後主は大規模な土木工事を行って、寺院や仏像などを造ったという。これは北斉が早く滅亡した原因の一つだと考えられる。したがって、高歓から後主まで、仏教を奉じて、石窟を掘り、寺を建てたことは高斉一族の盛衰に伴っていたと考えられる。換言すれば、仏教石窟の建造と高斉政権の構築とは密切に関わっている。

注目に値するのは、上述の晋陽西山（蒙山）大仏の燃燈の光が晋陽宮の内（遺址は晋源鎮古城営村九龍廟辺りであり、晋陽西山大仏から約二〇キロメートル）まで照らすということである。晋陽西山大仏像の高さは六六メートル（唐代の記録では高さ二〇〇尺）で、晋陽宮から晋陽西山大仏像を眺められたことである。晋陽西山大仏は、もともと東魏時代に建てられた大荘厳寺の傍らにあり、天保二年（五五一）から開鑿が始まり、皇帝五代、二十年余りにわたって続き、後主高緯の時に完成した。周知のとおり、六人の北斉皇帝は、夏は晋陽宮で避暑し、冬は都の鄴城に戻っている。なかでも文宣帝と孝昭帝は晋陽宮で亡くなり、廃帝・孝昭帝・武成帝は晋陽宮で即位した。したがって、西山大仏が晋陽宮から眺められるように建造されたのは晋陽宮に住む高歓・高澄を含む北斉政権の創立者を祀るためであり、また高氏一族の栄華隆盛を守護するためであろう。つまり、高氏一族の仏教信仰は政権の構築と同調・一致していると言えよう。

後晋の開運二年（九四五）に制作された「千仏楼碑記」、洪武年間の『太原志』、万暦年間の「重修天龍山寿聖寺殿閣記」などの記載によると、高歓だけでなく、文宣帝高洋も天龍山に避暑宮を立てたという[16]。天龍山に避暑宮、寺院あるいは石窟を造営したことから見て、高洋の仏教信仰はその父高歓よりさらに甚だしい。天保年間の太原における崇福寺・懸甕寺などの造立は、高洋の仏教を尊ぶ政策と関係すると見られる。

その他にも、「紅林渡仏龕記」に「敬為皇帝永祚、八表寧安、又願大王（高歡）、令公（高澄）神算独超」とあり、元象元年（五三八）、大行台令・并州刺史高澄の部下である張法楽は、樂平郡で石窟三窟を造った。「張保洛等造像記」に「敬造石碑像四仏四菩薩。藉此微功、仰願先王（高歓）・婁太妃（高歓の妻）・大将軍（高澄）・令公（高洋）兄弟等亡者升天、托生西方無量寿仏国。現在眷属四大康和、輔相魏朝、永隆不絶」とあり、[17] 武定七年（五四九）、征西大将軍張保洛は、東雍州で高氏一族のために石碑像四仏四菩薩を造立した。そして、「大斉趙郡王口口口之碑」（天保八年（五五七）二月制作）に「仰為亡伯大斉献武皇帝、亡兄文襄皇帝」とあり、高歓の甥である趙郡王高叡は定州の幽居寺で高歓、高澄及び王妃のために釈迦、阿閦、无量寿等三佛を建造したという。これらの皇族、貴族や高官にとって、石窟を開鑿し、寺を建てることは、東魏の皇帝、権臣高歓・高澄に忠心を表し、帝・王の長寿と、国運の隆盛を祈るという政治的な機能をも備えている。[18] すなわち、窟龕造営の隆盛・荒廃・変遷は、いずれも当時の政治背景と密接に関わっているということができる。

『資治通鑑』巻一五六の梁武帝中大通六年（五三四）十月庚午条に「丞相歓以洛陽西逼西魏、南近梁境、乃議遷鄴。書下三日即行」とあり、鄴城遷都は高歓の意向によってすぐさま行われた。洛陽の寺院と僧侶の移動は、高歓の仏教信仰と関係しよう。慧光とその弟子霊詢などが晋陽で石窟を掘り寺を建てたのは、高歓の占拠により晋陽が当時の事実上の政治的中心になった後の出来事である。つまり、石窟・寺院の造立は、権力者の移動と密接に関わっているといえよう。

まとめ

沈濤『常山貞石誌』巻四所収の「大唐開業寺李公之碑」（開耀二年（六八二）制作）に「先是有沙門僧明、曇宝等、並不知何許人。属魏氏之遷都、随孝文而戾止」とあるように、北魏の孝文帝が平城（大同）から洛陽に遷都した時、僧侶たちも随行し洛陽に移住したのであった。おそらく、平城（大同）雲崗石窟の造立に参加した僧侶・工匠たちも洛陽に移住し、龍門石窟・鞏県石窟の開鑿に参加したのであろう[19]。

古代中原の交通路において、鞏県は平城と洛陽、洛陽と鄴城の間を往来するにあたって必経の場所である。鞏県石窟寺は黄河と洛川との交差点である河洛鎮に位置し、孝文帝と宣武帝もしばしば行幸している。鞏県石窟寺第四窟東側の一一九龕の下部に刻まれている「後魏孝文帝故希玄寺之碑」（龍朔二年（六六二）制作）には「昔孝文帝発迹金山、途遙玉塞。彎拓弧而望月、控驥馬以追風。電転伊瀍、雲飛鞏・洛。爰止斯地、創建加藍」とあり、北魏の孝文帝は大同の平城から洛陽に遷都した際、鞏県を経由し、ここで希玄寺を造ったという。その後、宣武帝時代に石窟を造立したのは、孝文帝の希玄寺造立と関わっているのであろう。つまり、鞏県は都ではないが、窟内の浮彫りの帝后礼仏図が石窟と北魏の帝室との関係を明らかにしているように、鞏県石窟は北魏政権の移動に伴って開鑿されたと考えられる。まず雲崗の曇曜五窟、次に龍門賓陽中洞、最後に鞏県石窟と年代も連続し、系統は明らかである[20]。

ところで、大同（平城）の近くにある天龍山石窟の早期窟には中心塔柱式石窟がないことに見られるように、雲崗の北魏時代の石窟から直接影響を受けたとは言い難い。龍門石窟は首都が大同（平城）から洛陽に移った後に誕生し、雲崗石窟から生まれたと言われているように、天龍山石窟の早期窟は、北魏・東魏政権の権力者高歓一族が太原を拠点としたこと、北斉の歴代皇帝が太原を陪都としたこと、および東魏政権が洛陽から鞏県を経由して鄴城（安陽）に遷都したことと密接な関係がある。つまり、天龍山石窟の早期窟は北魏・東魏・北斉政権の重心の移動に伴って誕生したものであると考えられる。仏教文明の移動と君主権力の構築との間の密接な関係は、石窟の開鑿活動において充分に現れている（参考：石窟の造営と政権の移動の関連図）。

仏教は外来の文明として東アジアに伝わる過程において、土着文明の抵抗を受けながらも、現地固有の宗教との相克があったに違いない。北斉の初期、仏教が国教になると道教が甚だしく排斥され、北斉地域には道士が一人もいないという状況になった。しかし、建徳三年（五七四）五月から「廃仏」を実施した北周王朝の武帝は、建徳六年に北斉を滅ぼした後、旧北斉地域の仏教施設を毀した。前出の「滏山石窟之碑」には「然功成未幾、武帝東並掃蕩塔寺、尋縦破毀。及周氏徳衰、擅帰有道、隋国建號、三宝復行」とあるように、響堂山石窟は北周の「廃仏」によって破壊された。したがって、近くの天龍山石窟もおそらくその法難を免れ得なかったと思われる。また、唐の会昌年間の廃仏運動の際、長安の近くに位置している太原天龍山石窟も破壊されたと考えられる。これらの破壊或いは抵抗が、当時の君主の権力とどのような関係があるのか、今後の課題としたい。

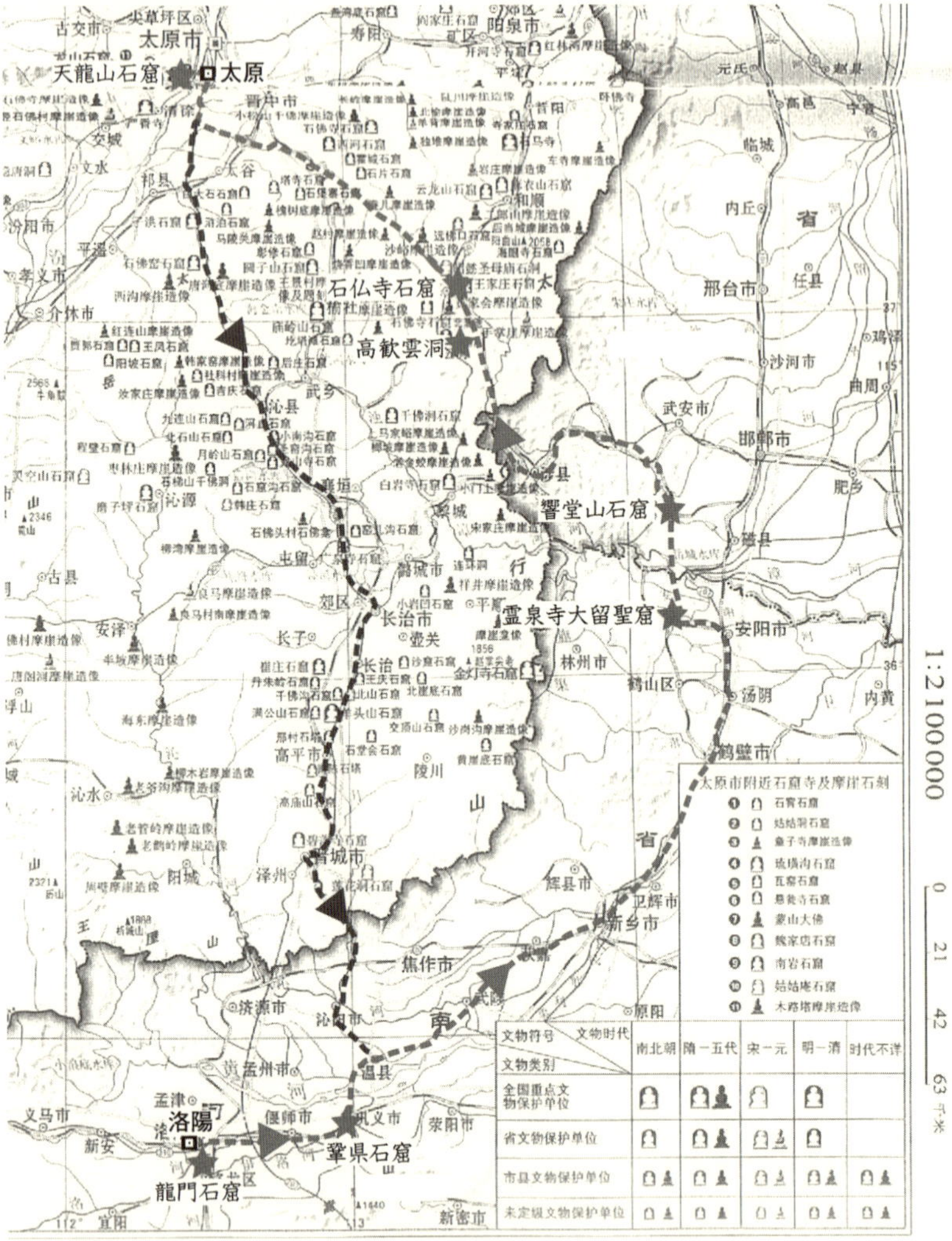

石窟の造営と政権の移動の関連図
（『中国文物地図集（山西巻）』（中国地図出版社、2006年）所収の「山西省石窟寺摩崖造像図」を改訂）

附録：天龍山石窟研究論著一覧表

1、中国語で発表されたもの

番号	文章名または書名	作者	雑誌または出版社	発表年
1	天龍山石窟仏像調査報告	王作賓	『古物保護委員会工作彙報』北平大学出版社	一九三五
2	我国北方的幾処石窟寺	温廷寛	『文物参考資料』一九五五年第一期	一九五五
3	『天龍山石窟的雕刻芸術』（著作）	史岩、傅天仇	人民美術出版社	一九六三
4	天龍山石窟	閻文儒、閻萬石	『並州文化』一九八一年第一〇期	一九八一
5	天龍山石窟芸術	沈海駒	『美術』一九八四年第六期	一九八四
6	天龍山漫山閣復原方案的探討	左保国	『山西建築』一九八五年第一期	一九八五
7	天龍山石窟	閻文儒	『中国石窟芸術總論』第二章、天津古籍出版社	一九八七
8	天龍山石窟調査報告	李裕群	『文物』一九九一年第一期	一九九一
9	天龍山石窟分期研究	李裕群	『考古学報』一九九二年第一期	一九九二
10	天龍山石窟的再省思	顔娟英	中央研究院歴史語言研究所会議論文集『中国考古学与歴史学之整合研究』	一九九七
11	天龍山仏教雕塑芸術	崔文魁	『仏教研究』一九九八年第一期	一九九八
12	『天龍山』（著作）	李計生	山西経済出版社	一九九九

13	天龍山石窟危岩加固方法的研究	王幼松、張燕	『華南理工大学学報』二〇〇二年第一期	二〇〇二
14	『天龍山石窟』（著作）	李裕群、李鋼	科学出版社	二〇〇三
15	『天龍山石窟——流失海外石刻造像研究』（著作）	孫迪	外文出版社	二〇〇四
16	天龍山石窟研究概述	武新華	『文物世界』二〇〇四年第六期	二〇〇四
17	天龍山石窟雕塑芸術	連穎俊	『文物世界』二〇〇五年第一期	二〇〇五
18	天龍山石窟：仏教造像的人性美	李峥	『文物世界』二〇〇五年第五期	二〇〇五
19	天龍山石窟与維摩詰経	連穎俊	『文物世界』二〇〇六年第二期	二〇〇六
20	天龍山与響堂山同期石窟的比較分析	蘇玲玲	『文物世界』二〇〇八年第五期	二〇〇八
21	天龍山石窟区域地質特性研究	任建光等	『太原師範学院学報』二〇〇九年第三期	二〇〇九
22	天龍山石窟数字復原専案——〝法相荘厳〟天龍山造像数字復原研究	李慶華、連穎俊、金濤	敦煌文化遺産与数位化技術国際学術研討会論文集	二〇一一
23	淺析天龍山石窟第九窟的両個審美特徴	李錚	『文物世界』二〇一一年第五期	二〇一一
24	天龍山石窟芸術特色淺析	王金華	『文物世界』二〇一一年第五期	二〇一一
25	天龍山石窟現状調査与保護	楊剛亮	『石窟寺研究』第二輯	二〇一一
26	從天龍山碑文看天龍山石窟芸術的歴史沿革	于灝、謝楓	『文物世界』二〇一二年第二期	二〇一二
27	天龍山石窟保護性窟檐建設探討	連穎俊	『文物世界』二〇一二年第五期	二〇一二
28	从天龍山石窟芸術看唐代文化的特征	于灝	『古建園林技術』第六期	二〇一二
29	『天龍山石窟芸術』（著作）	連穎俊	外文出版社	二〇一二

30	仏首魂帰何所？——太原天龍山石窟仏首盗凿流失史	武恵民	『文物世界』二〇一三年第三期	二〇一三
31	从天龍山第八窟透視中心塔柱窟的演変	崔暁東	『文物世界』二〇一三年第四期	二〇一三
32	論天龍山石窟東峰区造像的相関問題	蘇玲玲、楊超傑	『文物世界』二〇一三年第五期	二〇一三

2、日本語で発表されたもの

番号	文章名または書名	作者	雑誌または出版社	発表年
1	天龍山石窟	関野貞	『国華』第三七五号（『仏教学雑誌』第三巻第四号収録）	一九二一
2	天龍山石窟調査報告	田中俊逸	『仏教学雑誌』第三巻第四号	一九二三
3	天龍山石窟造像考	小野玄妙	『仏教学雑誌』第三巻第五号	一九二三
4	『天龍山石窟写真集』（著作）	外村太治郎	金尾文淵堂	一九二三
5	天龍山石窟	関野貞、常盤大定	『支那仏教史蹟』第三輯	一九二六
6	『天龍山石仏集』（著作）	山中定次郎	山中商会出版	一九二八
7	天龍山石仏	田中俊逸	『日本美術協会報告』第二一輯	一九三一
8	天龍山石窟探検思い出記	田中俊逸	『日本美術協会報告』第二三輯	一九三三
9	天龍山石窟	関野貞	『関野博士論文集第四巻（支那の建築と芸術）』、岩波書店	一九三九
10	天龍山石窟	関野貞、常盤大定	『支那文化史蹟』第八輯	一九四〇

11	天龍山	常盤大定	『支那仏教史蹟踏査記』、龍吟社	一九四二
12	天龍山石窟造像考	小野玄妙	『大乗仏教芸術史の研究』、金尾文淵堂	一九四四
13	天龍山北斉仏頭――図版解説	水野清一	『東方学報』（通号一九）	一九五〇
14	天龍山石窟	水野清一	『山西古蹟志』、京都大学人文科学研究所	一九五六
15	旧長尾氏蔵薬師如来像と天龍山如来侍像	西川新次	『Museum』（通号一一一）	一九六〇
16	天龍山石窟	山本智教	『密教文化』（通号五五）	一九六一
17	天龍山石窟の現状	林良一、鈴木潔	『仏教芸術』第一四一号	一九八二
18	天龍山石窟第十六窟・第十七窟について	田村節子	『仏教芸術』第一四五号	一九八二
19	右金吾衛将軍勿部珣の功徳記について―天龍山の百済の一帰化人	小野勝年	『史林』第七一巻三号	一九八八
20	天龍山唐朝窟編年試論	鈴木潔	町田甲一先生古稀紀念会編『論叢仏教美術史』吉川弘文館	一九八六
21	天龍山石窟の研究―研究史と問題点	神谷麻理子	『愛知県立芸術大学紀要』第三四号	二〇〇四
22	天龍山石窟北斉窟に関する一考察	神谷麻理子	『愛知県立芸術大学紀要』第三五号	二〇〇五
23	天龍山石窟北斉窟に関する一考察	八木春生	『芸術研究報』通号二七	二〇〇六
24	中国南北朝時代後期～隋時代の山西省天龍山石窟における如来像の一考察	齋藤龍一	『中国学志』大阪市立大学中国学会編（通号二一）	二〇〇六
25	「大唐勿部将軍功徳記」と天龍山石窟の唐代窟について	神谷麻理子	『愛知県立芸術大学紀要』第三六号	二〇〇六
26	天龍山石窟考―唐代窟を中心に	神谷麻理子	『美術に関する調査研究の助成研究報告』第二五号	二〇〇七

27	天龍山石窟第九窟の千仏表現について	神谷麻理子	『愛知県立芸術大学紀要』第三八号	二〇〇八
28	『ハウス・オブ・ヤマナカ：東洋の至宝を欧米に売った美術商』（著作）	朽木ゆり子	新潮社	二〇一一
29	『初唐仏教美術の研究』（著作）	肥田路美	中央公論美術出版	二〇一一
30	祢軍墓誌についての覚書—附録：唐代百済人関連石刻釈文	葛継勇	『東アジア世界史研究センター年報』第六号	二〇一二
31	『中国仏教造像の変容：南北朝後期および隋時代』（著作）	八木春生	法蔵館	二〇一三

3、英語・韓国語で発表されたもの

番号	文章名または書名	作者	雑誌または出版社	発表年
1	『The Chinese Sculpture from the Fifth to Fourteenth Century（五至十四世紀の中国雕刻）』（著作）	O.Siren（喜龍仁、スイス）	London:E.Benn、ltd.	一九二五
2	The Sculpture of Tien lung shan:Reconstruction and Dating（天龍山雕刻の復原と年代）	Vanderstappen·Harry、Rhie·Marylin（美国）	『ArtibusAsiae（アジア芸術）』第二七巻	一九六五
3	A Tang Period Stele Inscription and Cave at Tien lung shan（天龍山唐紀年碑与第二一窟）	Rhie·Marylin（美国）	『Archives of Asian Art（アジア芸術档案）』第二八号	一九七四
4	珣将軍功徳記（韓国語）	宋基豪（韓国）	『訳註韓国古代金石文』第一巻、韓国古代社会研究所	一九九二
5	中国出土韓国古代遺民資料の幾つか（韓国語）	尹龍九（韓国）	『韓国古代史研究』第三二号	二〇〇三
6	天龍山石窟第一五窟と勿部珣将軍功徳記—先行学者たちの研究動向を中心に（韓国語）	朴現圭（韓国）	『西江人文論叢』二五	二〇〇九

注

（1）二〇一二年三月、筆者は李成市氏、植田喜兵成智氏と現地を踏査し、第一五窟の前にある石碑の穴の長・寛・深の寸法を計り、また晋祠博物館の倉庫に保存される残片を調査し、厚さを計った。その後、同年九月の再調査で、改めて確認した。

（2）李成市「天龍山勿部珣功徳記にみる東アジアにおける人の移動」、森美智代「天龍山石窟第八窟の初歩的考察」は、共に「天龍山石窟 龍山石窟」国際学術研討会（二〇一二年九月十三日〜十六日、太原にて）で報告されたものである。

（3）李裕群「天龍山石窟分期研究」（『考古学報』一九九二年第一期）。

（4）前掲注3李裕群論文。

（5）「重修天龍山寿聖寺殿閣記」の銘文は李裕群・李鋼『天龍山石窟』（科学出版社、二〇〇三年）の釈文による。

（6）「重修天龍聖寿寺記」の銘文は李計生『天龍山』（山西経済出版社、一九九九年）の釈文による。

（7）田中俊逸「天龍山石窟調査報告」（『仏教学雑誌』第三巻第四号、一九二二年）。

（8）李裕群「山西左権石仏寺石窟与高歓雲洞石窟」（『文物』一九九五年第九期）。

（9）前掲注8李裕群論文。

（10）『北斉書』神武帝紀には「神武既累世北邊、故習其俗、遂同鮮卑」とある。

（11）河南省古代建築保護研究所編『宝山霊泉寺』（河南人民出版社、一九九一年）第一九、六〇頁。

（12）常青『仏祖真容：中国石窟寺探秘』（四川教育出版社、一九九六年）。

（13）前掲注12常青書。

（14）諏訪義純『中国中世仏教史研究』（大東出版社、一九八八年）の第二章第一節「東魏帝室と仏教」を参照。

（15）前掲注14諏訪書の第二章第二節「北斉帝室と仏教（二）」を参照。

（16）李裕群は、文宣帝高洋の避暑宮のそばに建てられたのが仙岩寺であり、明の洪武年間、仙岩寺と天竜寺を合わせて一つにしたと指摘している（前掲注3李裕群論文。明の万暦年間に制作した「重修天竜山寿聖寺殿閣記」に記された寿聖寺は、この二つの寺院が合併した後の寺院であると思われる。

（17）「紅林渡仏龕記」と「張保洛等造像記」の銘文は顔娟英「天竜山石窟再省思」（中央研究院歴史語言研究所会議

論文集四『中国考古学与歴史学之整合研究』一九九七年）。

（18）前掲注17顔娟英論文。

（19）章涪陵は雲崗石窟の造立に参加した僧侶・工匠たちも洛陽に移住してから、雲崗石窟の造立が衰えたと指摘している。章涪陵「龍門石窟造像芸術風格成因初探」（龍門石窟研究所編『龍門石窟一千五百周年国際学術討論会論文集』文物出版社、一九九六年）。

（20）安金槐「序説」（河南省文物研究所編『中国石窟　鞏県石窟寺』平凡社、一九八三年）。

追記　本稿の作成にあたっては、日本語表現について森美智代氏・井上正望氏にご教示頂いた。また、附録の「石窟の造営と政権の移動の関連図」は河野保博氏に制作して頂いた。記して謝意を表したい。いずれも、最終的な責任は執筆者にある。

天龍山勿部珣功徳記にみる東アジアにおける人の移動

李　成市

はじめに

天龍山石窟の唐代造営に関わる資料である「大唐勿部珣功徳記」（以後、功徳記と略す）は、清代の顧炎武や洪頤煊らによって注目されるところとなり、多くの金石書に関連した記録が残されている。(1) 近年になり、日本、韓国においても功徳記を通じて百済遺民としての勿部珣が注目されている。(2)

この功徳記の内容に関しては、日本の学界では、米国のマリリン・リー氏の研究を受けて小野勝年氏による功徳記の全文訓読が試みられているが、(3) それとは別に、中国では、李裕群氏による天龍山石窟の調査を踏まえた拓本の判読が行われ報告されている。(4) また韓国でも、文明大氏によるマリリン・リー氏の研究紹介をへて百済遺民の記録として功徳記の註釈がなされるに至り、(5) さらには勿部珣の歴史的な位置づけを試みようとする研究も現れている。(6)

このような唐代百済遺民研究に関わって、近年、日本と韓国では陝西省西安で発見された百済人・祢軍（六一三～六七八）の墓誌が注目される。(7) 彼の一族の系譜と官人としての業績を記す祢軍墓誌によると、祢氏一族は、四世紀初頭の西晋の混乱期に中国を脱して百済に渡り、彼の曾祖父・祖父、父たちは三代にわたって最高官位（佐平）に就き百済国政の中枢にあった。その子孫である祢軍もまた最高官位にあって百済末期に唐軍との戦闘に活躍したが、百済の義慈王に投降を勧めた功により唐にとりたてられ（六六〇）、唐の官職をえて唐官人として活躍した。麟徳年間（六六四～六六五）に二度におよぶ日本への派遣と、六七〇年から二年間におよぶ新羅における捕虜生活を経験して、六七二年に新羅人有力貴族を伴って唐への帰還をはたした後、六七八年に長安の地で没した。(8)

留意すべきは、このような祢軍や彼の一族は、当時にあっては決して希少な一族というわけではなかった事実である。というのも、中国の混乱期に高句麗など東方諸国に渡り、各々の国で高官として活躍した人々の墓誌などが多数確認されているからである。(9)

近年、中国において高句麗遺民、百済遺民の墓誌が多数発見されており、それらに基づく活発な研究によって、今後は古代東アジアにおける諸国間の多様な人の移動に関する研究が盛んになるものと思われる。(10) 勿部珣功徳記は、まずは天龍山石窟の現地調査を踏まえ十全な検討がなされなければならないが、本稿では二〇一二年における二度の現地調査に基づき既往の学説を再検討して、功徳記は第何窟の造像銘なのかを推定した上で、石窟造営の主体となった勿部珣の出自を中心に考察してみたい。

一　天龍山石窟「勿部珣功徳記」の釈文と訳文

功徳記は、今日、約八十字を記した尖端部の石刻残碑が天龍山晋祠博物院に伝わるのみである。幸いにも中国北京図書館に拓本が所蔵されており、それによれば功徳記は、横十八行、縦三十一字からなる。(11) 拓本や諸氏の釈文を比較検討してみると、功徳記の拓本がとられた時にはすでに左辺の一部に欠損部があって全体の文字数の正確を期すことは困難であるが、全文は約四八〇字と見られる。本稿では李裕群氏、小野勝年氏、宋基豪氏らの釈文を参照し、拓本の写真に基づいて新たに釈文を試みた。以下に掲げる釈文は、拓本にしたがって空格を明示した。釈文中の□は判読不明な文字であり、太字は論者によって釈文が異なることを示している。(12)

大唐勿部珣将軍功徳紀　郭謙光文及書

咨故天龍寺者兆基有齊替虖隋季蓋教理歸寂載宅玆山之奥龕室千萬弥亘
崖岊因广增修世濟其美夫其峰巒岌礏丹翠含赮灌木蕭森濫泉觱沸或叫而
合壑詛譁者則參**虛**之秀麗也雖緇徒久曠禪廡荒闃而邁種徳者陟降遐險固
無虛月焉大唐天兵中軍副使右金吾衛将軍上柱國遵化郡開國公勿部珣本
枝東海世食舊徳相虞不臘之奇族行　　太上懐邦由余載格歴官内外以貞
勤騄徒天兵重鎭實佐中軍于神龍二年三月與内子樂浪郡夫人黒齒氏卽大
将軍燕公之中女也躋京陵越巨壑出入坎窞牽攣莖蔓再休再呬迺詹夫淨域
焉於是接足禮巳**却**住一面瞻顒**履**歴**歎**未曾有相與俱時發純善誓博施財具

富以□上奉爲　先尊及見存姻族敬造三世佛像幷諸賢聖刻彫衆相百福
荘嚴冀籍勝因圓資居往曁三年八月功斯畢焉夫作而不記非盛徳也遵化公
資孝爲忠仗義而勇顚頽以國蹇連匪躬徳立□行事時禮順塞卽清只人亦寧
只大蒐之隙且閲三乘然則居業定功於斯爲盛光昭將軍之令徳可不務虖故
刻此樂石以旌厥問其辭曰
□鑠明徳知終至而忠信孝敬元亨利而摠戎衛服要荒謐而乘縁詣覺歸□□
　　大唐景龍元年歳在鶉首十月乙丑朔十八日□午建
（欠）部選宣徳郎昕　次子吏部選上柱國暕　次子上□□　次子
（欠）兵部選仲容　公婿天兵中軍摠管祢義

上記の釈文に基づき、小野勝年氏の書き下し文を示せば次の通りである。傍線部は修正した部分を示している。なお、〔　〕内は語義を示し、【　】は碑文にはない補足した文字であることを示す。

　大唐勿部珣将軍功徳紀　郭謙光の文及び書
峇《ああ》、故《もと》の天龍寺は基《いしずえ》を有齊に兆《きざ》し、隋季に替《かわ》る。蓋し教理は寂に歸すれば載《すなわ》ち茲《こ》の山の奥に宅《いえ》す。龕《がん》室は千萬ありて、崖岊《がいせつ》に弥亘《びかん》〔わたる〕たり。因りて廣く増修し、世々その美を濟《な》せり。その峰巒《ほうらん》は岌礫《きうこう》〔山のかたいかたち〕たり、丹翠は椵《あかき》を含み、灌木は蕭森《しょうしん》〔しげる〕たり、濫《らん》泉は觱沸《ひちふつ》〔わきでる〕し、或は叫びて壑《たに》に合す。誼譁《けんか》〔にぎやか〕なるものは則ち參虚の秀麗なり。緇徒《しと》〔僧侶〕は久しく曠《むな》しく、禪廡《ぶ》〔禅室〕は荒闃《げき》〔あれてしずか〕たりと雖も、而も邁《すす》みて徳を種《うゆ》るものは遐《けわし》く險《けわ》きを陟《のぼ》り降りて、固より虚《むなし》き月とて無し。

大唐の天兵中軍の副使・右金吾衛将軍・上柱國・遵化郡開國公の勿部珣、本枝は東海にあり、世々舊徳を食む。虞《ぐ》が朧《ろう》せざるを相うて、【宮】之奇が族《やから》を【あげ】太上の懐邦に行き、由余が載《すなわ》ち格りて内外に官を歴たるが【ごとく】、貞勤を以てす。驟《にわ》かに天兵の重鎭に徒《うつ》り、實に中軍に佐たり。神龍二年三月、内子〔おくがた〕の樂浪郡夫人の黑齒氏は卽ち大将軍燕【國】公【黑齒常之】の中女なり。與もに京陵〔みやこ〕を躋《ふ》み、巨壑を越え、坎窞《けつかん》〔くぼちのそこ〕を出入し、莖蔓《くきつる》を牽攣《けんれん》〔まげる〕す。再び休み、再び呬《やすら》いて、迺《すな》わち夫《か》の淨域を詹《み》たり。是に於いて接足の禮を巳《お》わり、却《もど》りて一面に住《とど》まる。瞻頫《せんちょう》〔みる〕し履歴して未曾有を歎じ、相い與《とも》に時を倶として、純《まこと》の善誓を發《おこ》し、博く財具を施し、富《とま》して以て□上す。先尊及び見《げん》存の姻族の奉爲《おんため》に、敬《つつ》しみて三世の佛像、幷びに諸賢聖を造る。衆相を刻彫し、百福は荘嚴《しょうごん》たり。冀《ねがわ》くば勝因を籍《か》りて、居るもの往けるものを圓《まどか》に資《たす》けたてまつらんとす。三年八月に曁《およ》んで功は斯《ここ》に畢《おわ》る。

夫《そ》れ、作《な》して記さざるは徳を盛んにするに非ざるなり。遵化【郡】公【珣】は孝に資《よ》りて忠を爲《な》し、仗義にして勇あり。顛頼《しょうすい》〔うれえる〕するに國を以てし、蹇連《けんれん》〔ゆきなやむ〕して匪躬《ひゆう》〔身をかえりみない〕たり。徳は立ち□行われ、事と時とは禮に順《したが》い、塞《さい》は既に淸《す》みて、人も亦た寧《や》すらかなり。大蒐〔兵馬訓練〕の隙には且さに三乗〔仏教〕を閲《けみ》す。然らば則ち業《なりわい》に居りて功《いさを》を定むること、斯に於いて盛んたり。將軍の令徳を光《かがや》かせ昭かにするは、務めざるべけんや。故に此の樂《うるわし》の石に刻《ほ》りて以て厥《そ》の間《ところ》に旌《あらわ》す。其の辭に曰く。

□鑠《うるわ》しの明徳は終に至るを知るのみ。忠と信と孝と敬とは元《はじ》め亨《とお》り利すのみ。戎《えびす》を摠《す》べて衛服〔まもり〕たらしめ、荒《すべ》て謐《やすらぎ》を要《もと》むるのみ。縁《えにし》に乗じて覺《さと》りに詣《いた》るは□に歸して□なるのみ。

大唐景龍元年（七〇七）歳は鶉首《ひつじ》に在り。十月乙丑朔、十八日壬午に建つ。
（欠）部選宣徳郎の昕。次子の吏部の選・上柱國の暕。次子の上□□《（桂）（国）》の□。次子の
（欠）兵部選の仲容。公の婿の天兵中軍摠管の祢義。

二　勿部珣功徳記と天龍山石窟

小野勝年氏はその論考の中で、「造像紀の所在が確定すれば、仏像の製作年代も明らかにされ、様式の基準を提供する。中国金石家が果たして、悉く現場に到って録したとは思われないが、恐らくは、当初、石窟の入り口に、この碑石が嵌入されたのではあるまいか」と述べている。(13) こうした小野氏の指摘をまつまでもなく、功徳記が天龍山石窟中のどの石窟に該当するかは、これまでも最も重要な課題の一つであった。

この問題については、幾つかの仮説が提起されているが、中でも注目されるのは、実際に調査を担当された李裕群氏(14)と既往の諸説を検討された神谷麻里子氏との指摘である。(15)

功徳記の内容から、勿部珣が石窟を造営したのは神龍二年（七〇六）の春から景龍元年（七〇七）の秋にかけてであり、また功徳記に「敬造三世佛像幷諸賢聖」とあるところから、窟内には、釈迦・阿弥陀仏・弥勒の三尊の他に諸眷属が備わっていたものと推定される。

神谷麻里子氏は、天龍山石窟中の唐代窟と諸家によって指摘されている功徳記の「原所在地」に関する諸説を検討し、上述のような造営時期やその様式、石窟の規模や造営主体の財力などを勘案しながら、天龍山石窟中で功徳記の「原所在地」に最も可能性の高い候補として、顔娟英氏が指摘する第六窟、あるいは李裕群氏が指摘す

る第一五窟のいずれかであると絞り込んだ上で、最終的には李裕群氏の第一五窟が最も相応しいと結論付けている。(16)

神谷氏が、最終的な決め手としたのは、功徳記の寸法と、碑石が嵌め込まれていたとする第一五窟の碑龕の寸法が近似している点にある。すなわち、天龍山石窟には、石窟の崖面の岩肌をくりぬき、上部を円頭にして下部を亀趺座にしている碑龕があって、このくりぬいた空間に碑石が嵌め込まれていたと推定している。李裕群氏の調査に従えば、第一五窟の東の崖壁には、高さ九八センチメートル、幅六七センチメートル、深さ二〇センチメートルの規模で碑龕が穿たれており、この大きさが功徳記の拓本の大きさ（高さ九八センチメートル、幅六四センチメートル）とほぼ一致するという。(17)

李裕群氏の指摘を確認すべく、二〇一二年三月に鄭州大学の葛継勇氏と天龍山石窟に訪れ第一五窟の碑龕を実測したが、われわれが得た寸法は、高さ一〇一センチメートル、幅六五・五センチメートルであり、李裕群氏の測定値と殆ど変わらなかった。ただ、碑龕の現状は長年の風化で崖壁がもろく崩れており、正確に測定することは困難であった。(18)とりわけ、下段部の破損はかなり進んでおり、どこまでを下端とするかは測定が容易でない。

李裕群氏の所説に従うべきであると考えつつも、最後まで疑問を払拭できなかったのは、碑石が嵌め込まれていたとされる碑龕のスペースと、碑石の重量やその厚さとの関係である。すなわち、晋祠博物院に所蔵されている勿部珣功徳記の石刻残碑（縦三九センチメートル、横二八・五センチメートル）によれば、碑石の厚さは場所によって一八～二〇センチメートルとなっている。(19)つまりは、裏面は整形されていないため碑石の厚さは一定していないのである。また、碑石全体の六分の一に過ぎない残碑ではあったが、大人二人で持ち上げるのも容易でない重量であった。このような過重な碑石が、軟弱な石灰質の第一五窟に穿たれた碑龕に嵌め込まれていたとすると、その重量をどのように支えていたのか、碑石の厚さや重さと、くりぬかれた碑龕の深さの具合から、碑石を安定的に支えることが技術的に可能であるのか否かについて再検討の必要があるように思われた[20]。

こうした疑問について、二〇一二年九月に再度の天龍山石窟調査に際し、第一五窟と同様にかつて碑石がはめ込まれていた石窟の幾つかの碑龕を精査してみたところ、すべてに共通するのは、碑石との接触する壁面が意図的に不整形に荒く彫りこまれている点であった。また、これらの壁面には漆喰のようなものが残存しているものもあった。上述した石碑の裏面を考慮すれば、壁面と碑石との間に漆喰が塗りこまれ、両者を接着していたのではないかと推察された[21]。こうした仮説が成り立つとすれば、「勿部珣功徳記」の所在として、碑龕と拓本の寸法がほぼ一致する第一五窟の可能性が最も高いことを認定できると判断するに至った。

三　勿部珣の出自とその一族

勿部珣についての関連資料については、すでに尹龍九氏によって指摘されているように、『文苑英華』や『唐大詔令集』に収められた「命姚崇北伐制」がある。そこには「右領吾衛大将軍勿部珣」と現れており[22]、しかも同文中には、左驍将軍「論弓仁」なる人物と勿部珣について、「弓仁及珣並前鋒揔管」と記されており、「勿部」が姓（複姓）であることに疑いの余地がない[23]。

さらに、勿部珣が異民族の出自であることは、すでに多くの指摘があるように、功徳記には、

本枝は東海にあり、世々舊徳を食む。虞が臘せざるを相《み》、【宮】之奇が族もて太上の懐邦に行き、由余が載ち格めて、官を内外に歴たるがごとく、貞勤をもってす。

とあって、「東海」が彼の出自であると記しているのみならず、異国ないし異族から来投した宮之奇や由余のように、勿部珣が唐皇帝のもとで忠勤に励んだことが述べられている。さらに功徳記は、石窟造営に関わった妻について

内子の樂浪郡夫人の黑齒氏は、卽ち大将軍燕【國】公【黑齒常之】の中女なり。

と刻して、勿部珣の「内子」[24]つまり妻は、百済滅亡後に唐に投降した後に長安に赴き、その後、唐将軍として吐蕃や突厥との戦闘に大活躍した黒歯常之の次女であったことから、出自の「東海」や黒齒常之の娘との婚姻関係などからも、勿部珣が百済遺民とみなせると指摘されてきた。[25]

また勿部珣の姓である「勿部」については、元来、「物部」であったとの指摘が尹龍九氏によってなされていた。[26]百済には、六世紀中頃に百済と倭国の外交・軍事に活躍した倭国の物部一族が、その後も百済の王都に居住して支配層の一員として百済王権を支えていたことは広く知られた事実である。[27]尹龍九氏の指摘はこれに基づくものである。

そこで問題となるのは、「勿」字と「物」字の異同をどのように考えるかである。言うまでもなく、「牛」偏と「勿」からなる「物」字は、「勿」字とは異なる。しかしながら、音は同じであり、「勿部」が元来、「物部」と表記されていた可能性は十分あるであろう。ただ何ゆえに「牛」偏が省略されたのか、また、このような事例が他にあるのか検討する余地は残されているが、本稿では「勿部」が「物部」に由来するとみておきたい。

ところで、勿部珣が元来、「物部」であったことを前提に、上述した六世紀以来、百済王権と関わりをもった倭系百済人とみなす説の他に、百済滅亡時に日本列島からの援軍のために派兵された兵将であった可能性を指摘する説もある。それに加えて、彼の出自を示す「東海」とは日本を示すとする解釈もある。(28)

諸氏の推定どおり、勿部珣の「勿部」が「物部」なる姓ないし氏（うじ）に由来するものとなれば、いずれにしても彼が唐に到った契機は、百済滅亡時（六六〇～六六三）である可能性が最も高いであろう。そこで問題となるのは、彼が六世紀以来、倭国と百済の間を往還し百済王権との間に君臣関係をもった所謂「倭系百済官僚」の末裔であったのか、あるいは、百済滅亡時に復興軍として倭国から赴いた援軍の兵将であったのかという点にある。

倭系百済官僚については、つとに笠井倭人氏による先駆的な研究がある。(29) 笠井氏は、『日本書紀』に記された百済の官位を帯びる倭人たちに注目し、彼らを倭系（日系）百済官僚と規定した。すなわち彼らは、「百済の位階をもつ日本人系百済官僚であり、本質的には百済官僚でありながら、倭国とも深い親縁関係に結ばれた特殊官僚」と定義している。(30)

また、こうした倭系百済官僚については、「その史料は極めて偏在し、僅かに『日本書紀』を通じてのみ、その存在を知り得るにすぎず、しかもそこに語られる彼らの姿の多くが、百濟の対倭関係派遣外交団の一員としてである」という特殊なあり方が注目されてきた。(31) そもそも笠井氏が倭系百済官僚と定義する者たちとは、具体的には下記の八人である。

上部徳率科野次酒、紀臣奈率弥麻沙、許勢奈率奇麻、物部連奈率用奇多、物部奈率奇非、上部奈率物部烏、上部奈率科野新羅、物部施徳麻奇牟

『日本書紀』によれば、ヤマト王権による彼らの派遣は、欽明二年（五四一）七月に始まり、欽明十五年（五五四）をもって終わる。それらの時期から、倭系百済官僚「起用の意義は、新羅との和睦の間隙をぬって、任那方面における百濟の南下体制を強化しようとする所にあった」とされる。(32)

歴史的存在としての彼らにとって重要な点は、彼らは当初、百済の官位（徳率・奈率・施徳）を帯びるだけであったが、欽明十三年から十四年に至ると、百済の王都の五部の居住地（上部）を帯びるものが現れることであって、「彼らに部名が与えられたということは、彼等にも王都下に住処、もしくは在籍地が与えられ、百済貴族層の一員としての資格が与えられたことを意味する」と解されている。百済の五部とは、王京における居住地域を示すだけでなく、支配共同体の確固たる一員として彼らの百済における地位を明示するものであることから、(33)きわめて適切な解釈といえる。また五五三年以後の「日系百済官僚の中には、深く百済の上部官僚層に食い込み、もはや純百済官僚と変わらざる処遇をうけるようになった者も出てきた」(34)との指摘がなされているが、帯びている官位の高さからも従うべき指摘である。(35)

笠井氏が明らかにしたとおり、六世紀中葉に、ヤマト王権が百済の新羅との抗争に対し、外交・軍事面で積極的に関わることを通じて、倭人が百済の官僚として百済王に臣下として仕え百済王朝の一員として王権を支えていた集団が実在したことは間違いない。上掲したように、倭系百済官僚には、物部のみならず、科野、紀臣、許勢といった集団も存在したことが確認されるが、『隋書』百済伝に記されているように、(36)六世紀末七世紀初には、百済の支配層に少なからず倭人が存在していたことが国際的にも知られていたのである。一部には七世紀にいたると百済において「物部」などの倭系百済官僚の史料が残存していないことをもって疑義をさしはさむ見解もあるが、次章で検討する勿部珣一族の婚姻関係からも、勿部珣が六世紀半ばに倭国と百済との間で外交軍事に活躍した物部氏の一族に起源する百済貴族であった可能性は十分にあると考えられる。

四　勿部珣一族と百済遺民

勿部珣を六世紀以来、百済王権と関係をもった倭系百済貴族であり、百済滅亡後に唐にわたった百済遺民と推定した際に興味深いのは、彼らの唐における役割や彼らの婚姻関係などにみられる唐朝における動静である。功徳記には、勿部珣が「天兵中軍副使・右金吾衛将軍・上柱國・遵化郡開國公」という高位の軍官職についていることを伝えており、末尾には、昕、暕、仲容（一人は欠字であるため不明）など四人の子供とともに、天兵中軍摠管の武官職を帯びた婿の名が記されている。

すでに、拙稿で論じたことがあるが、百済遺民は唐の羈縻支配に積極的に動員されており、それは旧百済故地の熊州都督府にとどまるものではなかった。[37] そのような一端を功徳記に伝えられた勿部珣の一族にも見ることができる。

ところで、この功徳記の末尾に記された公（珣）の婿の官職は「天兵中軍總官」となっているが、その人名は、従来、「珍」と読まれてきた。ツクリは、明らかに「尒」となっているが、宋基豪氏は、[38]「彌（?）」と釈文しているように、「尒」は、「尓」とも記され「爾」の略字であるので、「彌（?）」とした宋基豪氏の推定は卓見である。ただし、ヘンの残画は、明らかに「弓」ではなく、むしろ「示」の右半分のようにみえる。従来、「珍」と読まれてきた文字は、珍ではありえず、他の文字に改めなければならないが、最も可能性の高いのは、「禰」

（祢）である。

勿部珣の出自については、既述のように韓国学界において、古代日本の「物部氏」の求める見解が尹龍九氏によって提起されて以来、一部には勿部珣を白村江の戦いで日本列島から出陣した人物とする見解もある。しかしながら、勿部珣の娘婿が祢氏であるとすると、これまで祢氏一族の墓誌で明らかにされた一族の系譜[39]に留意すべきであり、勿部珣が黒歯常之の娘と婚姻関係を結んでいることと併せて、百済遺民の上層部の者同士が唐朝においても相互に婚姻関係にあったことが推測される。勿部珣の出自を探る上でも、勿部珣の娘婿が祢氏である点は注目に値する事実である。

なぜならば、勿部珣の妻の父・黒歯常之は唐への投降後、熊津都督府司馬に就いていたことがあったが、その前任者は、他ならぬ祢軍であった。

さらに勿部珣一族に関わって付言すべきは、勿部珣の妻の父である黒歯常之の名誉回復に関する問題である。周知の通り黒歯常之は、百済復興軍に加わったが、顕慶三年（六六三）に唐に投降し、その後、儀鳳年間の吐蕃との戦闘で軍功をあげ、垂拱二年（六八六）の突厥との戦闘でも勝利して功徳記に記すように燕国公に封じられている。[40]翌年には大総管に昇進したものの、永昌元年（六八九）に誣告によって刑死している。ところが、現在に伝わる黒歯常之墓誌とは、その後に黒歯常之を陥れた周興の失脚（六九一）などもあり、黒歯常之の子である黒歯俊の尽力によって徳暦元年（六九八）に名誉回復がなされ、翌年には改葬され邙山に葬られた際に作成されたものである。[41]黒歯常之は、六八九年の刑死からようやく約十年の後にして名誉が回復されたのである。その父の名誉回復に努めた黒歯俊は、神龍二年（七〇六）に死去しており、享年三十一であった。

功徳記によれば、勿部珣が石窟を造営したのは、黒歯俊が死去した神龍二年から翌年（神龍三年、九月に改元の景龍元年（八月に完成、碑は十月十八日に建立）にかけてであり、勿部珣夫妻が天龍山を訪れたのは妻の父・黒歯常之の名誉回復をはたした黒歯俊が病をえて死に直面していた時期に該当する。(42)それゆえ勿部珣の天龍山における石窟造営には、妻方の黒歯常之一族に深く関わっていたとみることができるのではあるまいか。すなわち、勿部珣にとってみれば、ようやくにして名誉回復が果たされた義父・黒歯常之の冥福や、それに功績のあった義弟・黒歯俊の疾病快癒の祈願が石窟造営の大きな契機となっていたのではないかと推測されるのである。

一方、勿部珣の婿である祢義は、今日まで発見されている祢氏一族の墓誌（祢軍、祢寔進、祢素士、祢仁秀）には、その名を確認することはできない。しかしながら、興味深いのは、勿部珣が帯びている武官職（天兵中軍副使・右金吾衛将軍・上柱國・遵化郡開國公）は、勿部珣が石窟を造営した景龍二年（七〇八）に死去した祢素士の帯びていた武官職（雲麾将軍・左武衛将軍・上柱国・来遠郡開国公）とほぼ同格である事実である。

もし、勿部珣の婿である祢義が今日伝わる百済遺民・祢氏一族に連なるものであるとすれば、祢素士はほぼ同じ世代あるいは少し前の世代に属するであろう。そのような同じ境遇の百済遺民の占めている地位として類似している点にも留意しておきたい

おわりにかえて——古代東アジアの動乱と人の移動と勿部珣

ひるがえってみるに古代東アジアでは、紀元前二世紀の秦末の混乱以来、中国大陸から朝鮮半島への人口移動があり、紀元三、四世紀の高句麗、百済、新羅の国家形成期にも西晋末の混乱から逃れた中国系人士たちの流入があった。(43)この当時は、楽浪郡の滅亡やその後の高句麗と百済による朝鮮半島南北の対立が激化するに伴って、

朝鮮半島から日本列島への人口移動が顕著になる。五～七世紀には、朝鮮半島の高句麗、百済、新羅、加耶の諸国は、相互の対立が深まると日本列島の倭国との外交を重視し、各々に技能集団の派遣を活発化させている。さらに七世紀後半の朝鮮半島における百済、高句麗の滅亡は、両国の人々が中国大陸、日本列島へと政治的に移住させられたり、難を逃れて故国を離れたりした。

こうした東アジアの人口移動については、日本史学界では、「帰化人」、「渡来人」という視角から、日本列島への人口移動が日本古代国家形成に果たした役割を論じてきた。(44) それらの研究がもたらした研究成果は日本古代国家形成史研究の重要な位置が与えられている。

ただ、東アジア古代史の規模で見るならば、これまでの「帰化人」、「渡来人」研究は必ずしも十分とは言えない。というのも、「帰化人」、「渡来人」という分析視角が日本古代史の特殊具体的な問題に特化され、広く東アジアにおける古代国家の普遍的なあり方としては必ずしも論じられてこなかったからである。外来者が古代国家形成に果たした役割は、決して倭国のみにとどまるわけではなく、高句麗、百済、新羅においても同様であったからである。(45)

冒頭で述べたように近年注目されるのは、祢軍を始め祢氏一族の墓誌であって、それらの墓誌の記述に従えば、彼らは固有の百済人ではなく、彼らの起源が中国大陸にあり、中国大陸の混乱期に故国から百済に渡った人々であったという事実である。(46)

本稿で検討した勿部珣は、百済滅亡後に百済王族と共に唐軍によって強制移住させられた人々の末裔であるとすれば、彼らの起源は、六世紀中頃の倭国の支配層にあった者たちであって、百済との外交、軍事の交渉の中で活躍し、やがて百済の王都・泗沘城に定住し、百済の支配層の一員として活躍した一族まで遡ることができる。

そのような氏族に連なる集団が、朝鮮半島における古代国家間の対立に荷担しながら、百済の地に土着し、百年余りを経て、さらに百済の滅亡後に唐へわたり、唐という新天地における営みを展開していた痕跡を天龍山の勿部珣功徳記にみてとることができる。すなわち、古代東アジアの人口移動は、これまで中国大陸↓朝鮮半島↓日本列島へという一方向のベクトルが強調され当然のように考えてきたが、勿部珣の事例は、全く逆の方向に人が移動していたことを示すものとして注目される。

決して多くはなかったであろう希有な例ではあるが、日本列島から朝鮮半島へ、あるいは朝鮮半島から中国大陸へといった人の移動は、文献のみならず、出土文字資料などからも認めることができる。

勿部珣の一族を遡れば、六世紀中頃の朝鮮半島南部をめぐる百済と新羅の抗争の中で、元来、倭国から百済に遣わされた外交使節として活躍した集団であったが、その後も百済の王都にとどまり、百済貴族として重要な役割を果たした一族であった。彼らは百済滅亡後に百済王族とともに唐の長安に移住した者たちであり、その後においても唐朝における彼らの軍事的な活躍は小さくなかった。また勿部珣と同様に百済遺民であった祢氏一族が唐の地において八世紀に至るまで、その後孫たちの命脈が墓誌で確認されているが、こうした人々の唐朝における活動や信仰形態に注目していくことは、今後の古代東アジア史の内実を豊かにしていくものと信じている。

注

（1）　李裕群・李剛編『天龍山石窟』（北京：科学出版社、二〇〇三年）によれば、「大唐勿部珣功徳記」が顧炎武『金石文字記』、葉奕苞『金石録補』、銭大昕『潜研堂金石文文字跋尾』、王昶『金石萃編』、洪宣煊『平津讀碑記』、羅振玉『雪堂金石文字跋尾』などに掲載されていることを指摘している。

（2）小野勝年「右金吾衛将軍勿部珣の功徳記について――天龍山の百済の一帰化人」（『史林』七一―三、一九八八年五月）、宋基豪「珣将軍功徳記」（『訳註韓国古代金石文』第一巻、ソウル：韓国古代社会研究所、一九九二年）、尹龍九「中国出土韓国古代遺民資料数種」（『韓国古代史研究』三二、ソウル：二〇〇三年十二月）、朴現圭「天龍山石窟第十五窟と勿部珣将軍功徳記――先行学者たちの研究動向を中心に」（『西江人文論叢』二五、ソウル：二〇〇九年）、呉澤呟「勿部珣功徳記に対する検討」（『木簡と文字』一二、ソウル：二〇一四年六月）。とりわけ朴現圭論文は、自身の二度の踏査を踏まえ、この間の中国、韓国の研究動向を詳細に検討しており、有益である。

（3）MarylinM.Rhie A T'ang Period Stele Inscripton and CXave XXI at T'ien-LShan*Archives of ASIAN ART XXVIII*1974-75. 小野勝年「右金吾衛将軍勿部珣の功徳記について――天龍山の百濟の一帰化人」（前掲誌）。

（4）前掲注1李裕群・李剛編書。

（5）文明大「天龍山第二一窟と唐代碑銘の研究」（『仏教美術』五、ソウル：東国大学校博物館、一九八〇年）、宋基豪「珣将軍功徳記」（『訳註韓国古代金石文』第一巻、ソウル：一九九二年、韓国古代社会研究所）。

（6）前掲注2尹論文。なお、尹龍九氏の研究は、注3に掲げる小野勝年氏の論考を参照していないものの、独自の調査を通じて、洪宣煊が『文苑英華』に収められた「命姚崇北伐制」から、それまで不明とされた「勿部珣」の「勿」字を補ったことを論じており、韓国における「勿部珣功徳記」研究の書誌学的な面で大きく寄与している。

（7）王連龍「百済人『祢軍墓誌』考論」（『社会科学戦線』二〇一一―七、二〇一一年七月）、葛継勇「『祢軍墓誌』についての覚書――附録：唐代百済人関連石刻の釈文」（専修大学社会知性可否発研究センター『東アジア世界史研究センター年報』六、二〇一二年三月）、金栄官「中国発見百済遺民祢氏家族墓誌銘検討」（ソウル：新羅史学会　第一一一回学術発表会、二〇一二年一月）、東野治之「百済人『祢軍墓誌』の日本」（『図書』七五六、二〇一二年二月）。なお明治大学古代学研究所・東アジア石刻文物研究所は、二〇一二年二月に、新発見百済人「祢氏墓誌」と七世紀東アジアと『日本』」と題する国際シンポジウムを六人（氣賀澤保規、張全民、王連龍、田中俊明、金子修一、小林敏男）の報告者によって開催した。祢軍墓誌発表当初の日本学界における関心の高さを物語るものとして記録に留める必要がある。ここで留意したいのは、祢軍墓誌が日本国内で注目されたのは、墓誌に記された祢氏一族の内容自体ではなく、墓誌の一節に「日本」なる用語が用いられていることであって、これが最古（六七八年）の日本国号の登場である可能性が高いことにある。一方、韓国では祢氏一族を百済遺民

（＝韓国ディアスポラ）としての視角であり、日韓において徹底的に近代的な枠組みからの関心であることで共通している点に注目される。このシンポジウムの後に発表された祢軍墓誌関係の論考も大同小異である。ちなみに祢軍墓誌の「日本」は大方の期待を裏切って日本国号とは関係なく、百済を指称することは間違いない。この点については、東野治之氏の論考および注8の拙稿を参照。

（8）その後の祢軍墓誌研究については、古代東アジア史ゼミナール「祢軍墓誌訳注」（『史滴』三四、二〇一二年十二月）、同「祢寔進墓誌訳注」（『史滴』三四、二〇一三年十二月）、李成市「六―八世紀の東アジアと東アジア世界論」（『岩波講座日本歴史』二、岩波書店、二〇一四年）を参照。

（9）こうした事例については、李成市「東アジアの諸国と人口移動」（『古代東アジアの民族と国家』岩波書店、一九九八年）。

（10）近年の研究成果については、拜根興『唐代高麗百済移民研究――以西安洛陽出土墓誌為中心』（北京：中国社会科学院出版社、二〇一二年）を参照。

（11）前掲注1李裕群・李剛編書、一六八頁。

（12）釈文は、註に掲げた李裕群、宋基豪、小野勝年、尹龍九、神谷麻里子の五氏が行ったものを拓本と比較対照して改めた部分がある。

（13）前掲注2小野書、一五二頁。

（14）前掲注1李裕群・李剛編書。

（15）神谷麻里子「『大唐勿部将軍功徳記』と天龍山石窟唐代窟について」（『愛知県立芸術大学紀要』三六、二〇〇七年三月）。

（16）前掲注15神谷書、一九頁。

（17）前掲注1李裕群・李剛編書、一六九頁。

（18）第十五窟に限らないが、石窟の崖壁は相当に風化が激しく、碑龕の正確な測定値を得ることは容易ではない。

（19）今一つの疑問は、王昶『金石萃編』には、碑の形状を「碑高四尺五寸、廣三尺七寸」とあることであって、これに従えば、碑の高さは一三〇センチメートルを越える。「碑高」が碑龕全体の高さとすれば、拱形（アーチ型）をした部分は実測によれば三七センチメートルであったので、碑石の高さとあわせればおおよそ符合することになる。

(20) 晋祠博物院館長・連穎俊氏のご配慮により、二〇一二年三月二十二日に原碑の測定を許可して頂いた。碑石の大きさは右側の縦三九センチメートル、横二八・五センチメートル、厚さには箇所によって異なるが、左上一八・三センチメートル、左中辺一九センチメートル、左下に〇センチメートル弱、右下二〇センチメートル強である。二度にわたる現地調査を御支援して下さった連穎俊氏に感謝したい。
(21) 当日、調査をともにした川尻秋生氏の御教示による。
(22) 前掲注2尹論文、三一三頁。
(23) 前掲注2尹論文、三一四頁。
(24) この「内子」の解釈についての研究史については、前掲注2朴書、五二、五三頁を参照。
(25) 前掲注2小野書、一五一頁。
(26) 前掲注2尹論文、三一五頁。
(27) 武田幸男「朝鮮の姓氏」(井上光貞他『東アジアにおける日本古代史講座』一〇、学生社、一九八四年)五七頁。
(28) 詳細な論証は省くが、功徳記に記された「東海」を日本と解すことはできない。あえて百済を明示する地名を避けて「東海」と記すことについては、同時代の百済遺民である黒歯俊墓誌にも、「日域」と記している点に留意すべきである。
(29) 笠井倭人「欽明朝における百済の対倭外交――特に日系百済官僚を中心として」(『日本書紀研究』一、一九六四年〔原載〕、『古代の日朝関係と日本書紀』吉川弘文館、二〇〇〇年〔所収〕)。
(30) 前掲注29笠井書、一一〇頁。
(31) 前掲注29笠井書、一一〇頁。
(32) 前掲注29笠井書、一一四頁。
(33) 武田幸男「六世紀における朝鮮三国の国家体制」(井上光貞他『東アジアにおける日本古代史講座』四、学生社、一九八〇年)四四頁。
(34) 前掲注29笠井書、一二七頁。
(35) 八人中の七人が帯びている官位(徳率・奈率)は百済官位十六等の四位、六位に当り、上位六位の者たちは共通して紫の冠・帯を着し、銀花の装飾が許される特権階層であった。前掲注33武田論文、三五頁参照。

(36)『隋書』百済伝には、「其人雑、有新羅、高麗、倭等、亦有中國人」とある。
(37)前掲注8李書参照。
(38)前掲注2宋書、五七七頁。
(39)前掲注8論文、同「祢寔進墓誌訳注」（前掲誌）。なお現在までに発見されている祢軍一族の墓誌から、一族の系譜を図示すれば以下のとおりである。
(40)『旧唐書』巻　黒歯常之伝。
(41)黒歯常之の編纂資料と墓誌の記事をめぐる諸問題については、植田喜兵成智「黒歯常之関連史料の総合的再検討――在唐百済遺民史の分析視角のための試論」（平成二十六年度九州大学史学会、二〇一四年十二月十四日）参照。
(42)黒歯俊墓誌には、黒歯俊の死去の経緯を「以神龍二年五月廿三日遘疾、終洛陽縣善之□、春秋三二」と伝えており、一方、功徳記には、勿部珣夫妻が天龍山を訪れた時期を「神龍二年三月」としている。
(43)前掲注9李書。
(44)帰化人渡来人の歴史的評価に関する代表的な研究を挙げれば、下記の通りである。関晃『帰化人――古代の政治・経済・文化を語る』（至文堂、一九五六年）、上田正昭『帰化人――古代国家の成立をめぐって』（中央公論社、一九六五年）、平野邦雄『帰化人と古代国家』（吉川弘文館、一九九三年）。また、最新の研究成果については、丸山裕美子「帰化人と古代国家・文化の形成」（『岩波講座日本歴史』二、岩波書店、二〇一四年）がある。
(45)日本歴史学界における「帰化人」「渡来人」問題についての私見は、李

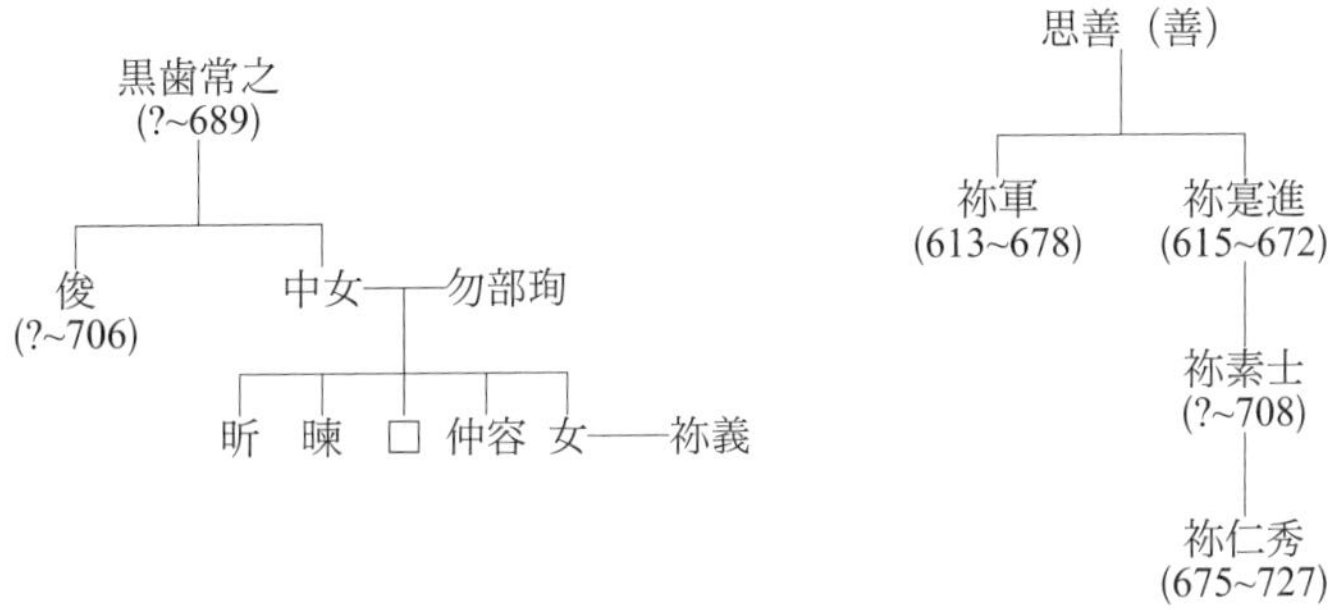

注（39）図

成市「古代史研究と現代性——古代の帰化人・渡来人問題を中心に」(盧泰敦教授停年記念論叢刊行委員会編『韓国古代史研究の視角と方法』四季節、二〇一四年、ソウル)参照。

(46) 祢軍一族の墓誌を始め唐に入朝した異民族の子孫の墓誌は、時代を経るに従って時代をさかのぼって中国との関連づける記述が増大する傾向がある。それらを単純に事実の反映とみるのは史料批判の観点から注意を要する。

隋開皇四年銘天龍山石窟第八窟の意義

森　美智代

はじめに

天龍山石窟第八窟（図1）は隋開皇四年の銘文を有し、その基準作としての重要性は、天龍山石窟を再発見した関野貞が既に指摘するところである。(1)また第八窟は、太原地区で最大規模の石窟でもある。(2)それにも関わらず、天龍山の北朝窟や唐代窟に比して、第八窟を取り上げた先行研究は少ない。その理由として、天龍山石窟の研究は石窟の編年を中心に行われてきたため、年代が明らかでしかも唯一の隋代窟である第八窟には、かえって充分な注意が払われなかったということが考えられる。また、第八窟は隋初の開鑿でありながら、その様式と形式は守旧的で北朝石窟の集大成と評価する向きが多く、(3)隋様式を論じる上でも取り上げられにくかった、という事情もあろう。(4)

本稿では、まず第八窟の造形上の特徴を、その計画にあたって参考にされたであろう太原の北朝期石窟と比較

図1　天龍山石窟第八窟外観（李鋼・李裕群『天龍山石窟』カラー図版23）

しつつ把握する。次に銘文内容について、第八窟の造営にあたった儀同三司真定県開国侯劉瑞以下の義邑はどのような集団であったのかという問題を中心に検討する。最後に、上述の造形的特徴と銘文内容の分析結果を踏まえて、同じく開皇初年の旧北斉領における造像例と比較し、隋初の幷州における第八窟造像の意義について考察したい。

一　第八窟の石窟形式と造像様式

一　石窟形式

第八窟は、天龍山石窟唯一の中心柱窟である（図2）。周知の如く、中心柱窟は中国北朝期に流行した窟形式で隋代には下火になり、中原においては天龍山第八窟がその掉尾を飾る作例である。

太原地区における中心柱窟は、他に北斉期の姑姑洞石窟下洞があるのみである(5)（図3）。同窟は中心柱の四面を帳形龕とする点も第八窟と共通しており、地理的にも近いことから直接的な影響関係があったと考えて問題ない。もっとも、第八窟では後壁（北壁）と左右両壁（東西壁）の三壁にそれぞれ一龕を開くのに対し、姑姑洞下洞では後壁に三龕、左右両壁に二龕を開く点は異なる。また、第八窟は柱間三間の木造建築を模した前廊を備え、左右に力士像を配するのに対し、姑姑洞下洞の前室は少なくとも現状では開放式であり、像はない。

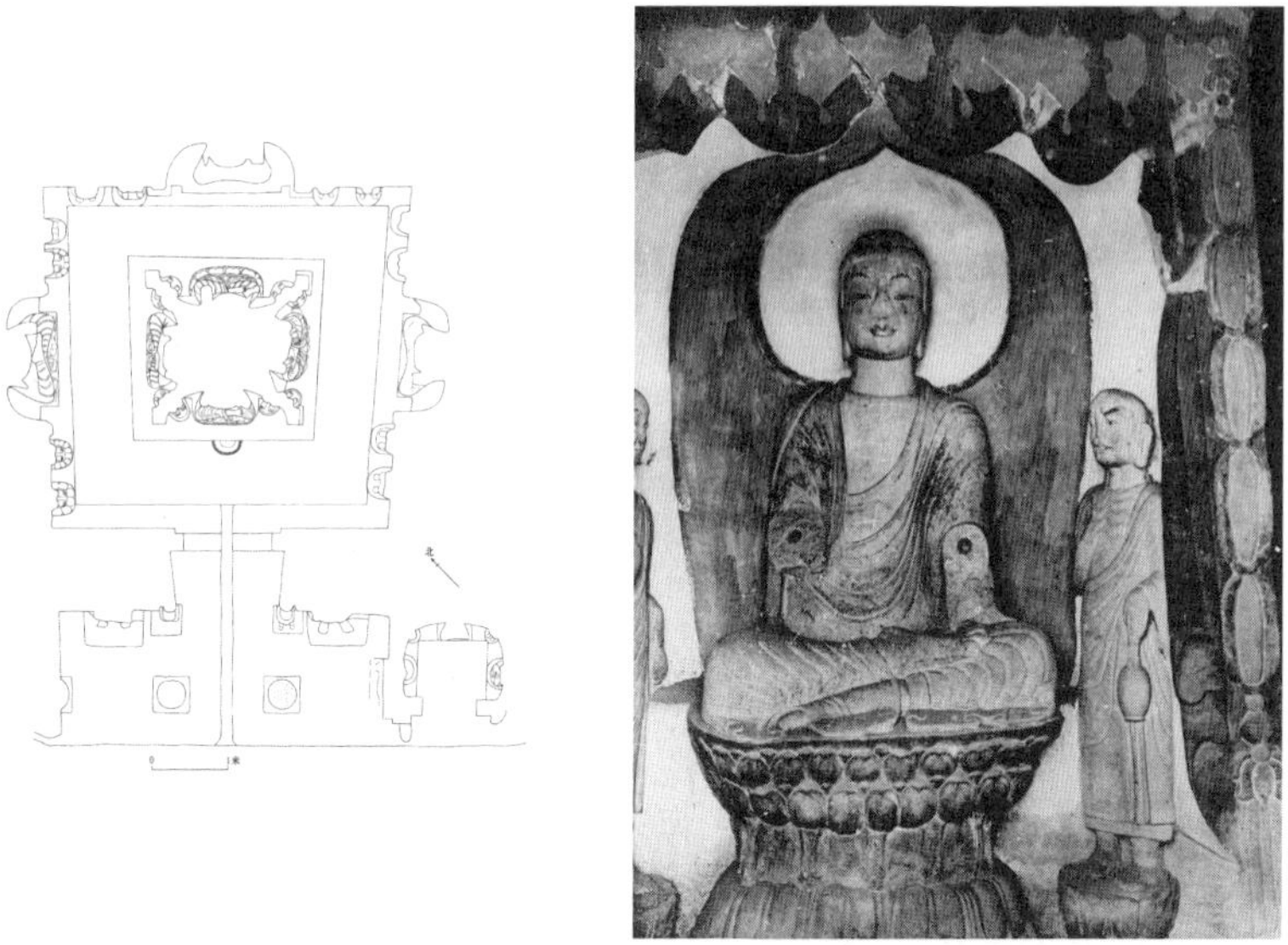

図2　a天龍山石窟第八窟平面図（同上　図28）、b　同　中心柱立面（南面）旧状（常盤大定・関野貞『支那文化史蹟』第八巻、法蔵館、図版Ⅷ-18（1））

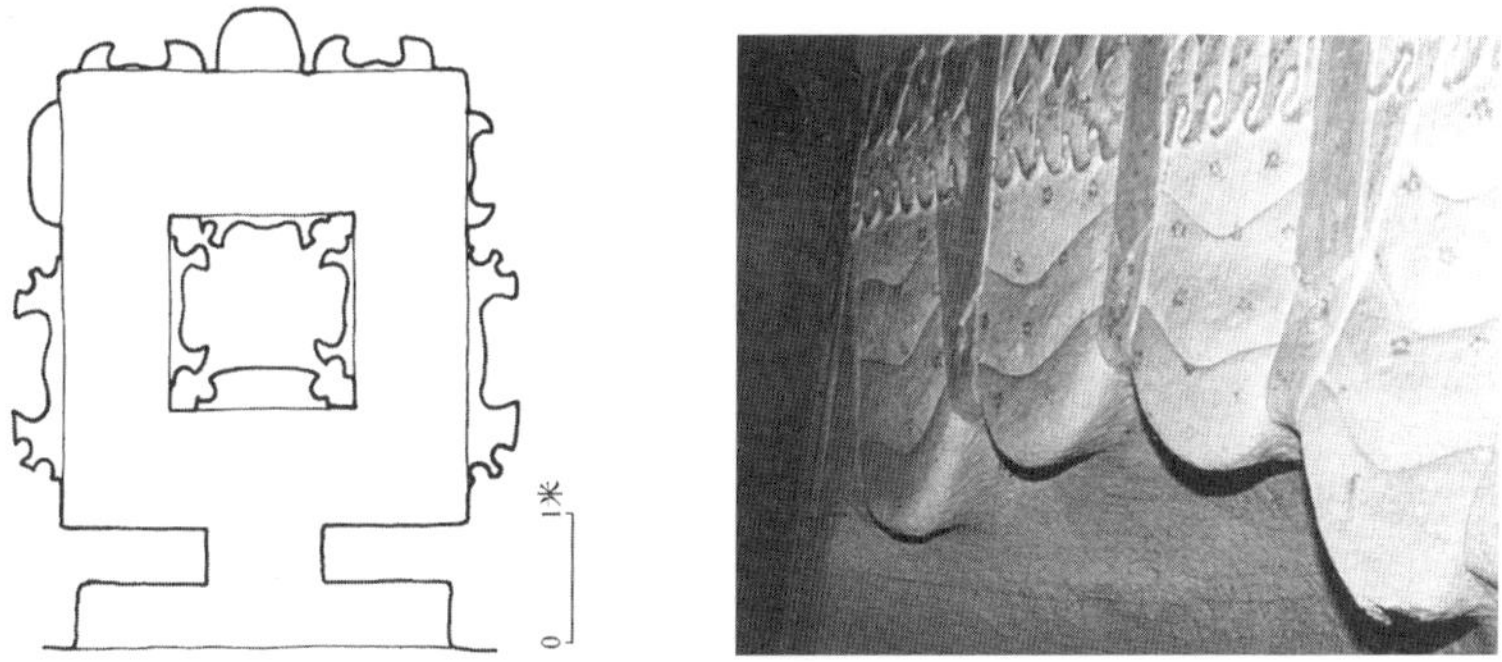

図3　a姑姑洞石窟下洞平面図（李鋼・李裕群前掲書　図101）、b同中心柱帳形龕（西面）（同上　カラー図版85）

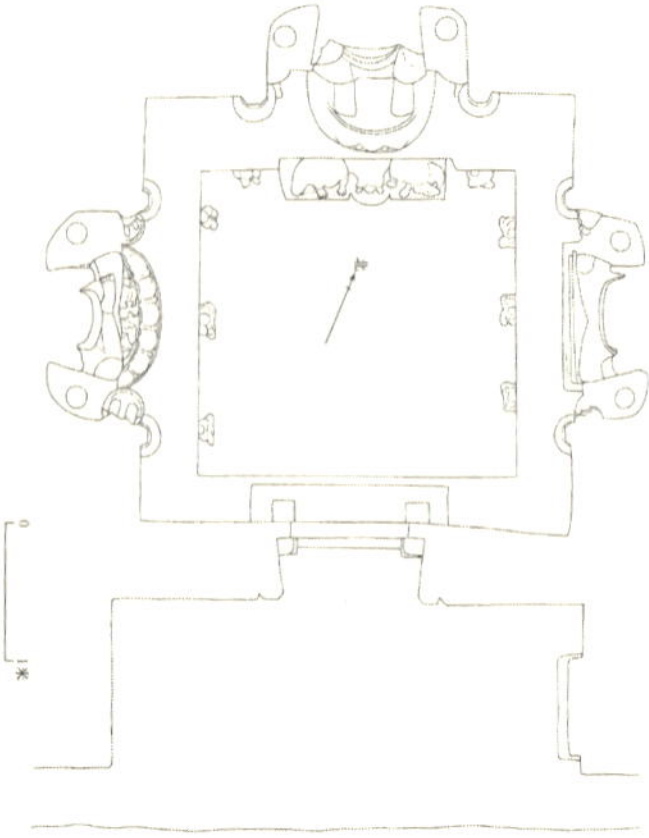

図4　天龍山石窟第一窟平面図（同上　図5）

図5　天龍山石窟第一六窟前廊旧状（外村太治郎『天龍山石窟』第61図、金尾文淵堂、1922年）

第八窟と同様の三壁三龕形式は天龍山石窟の東魏・北斉諸窟（東魏第二・三窟、北斉第一・一〇・一六窟、図4）に、柱間を備えた前廊は同じく天龍山石窟の北斉諸窟（第一・一〇・一六窟、図5）に見られ、第八窟はこれらを継承したものと見られる。また、第八窟では中心柱四面と周壁の尊像構成をそれぞれ統一し、七体の如来像を全て結跏趺坐像として、全体の統一性を重視している。同様に、天龍山石窟第一六窟の周壁の構成も一律である（図6）。これに対して天龍山第一窟、第一〇窟、姑姑洞石窟北斉窟では各壁の尊像構成や中尊の坐勢に変化がつけられている。

　個々の壁面や龕の構成に目を転じると、第八窟の周壁では龕外両側に比丘・菩薩像が並び立ち、尊像が壁面全体に散開している。また拱形龕一杯に中尊をつくるため、像の存在感が強調されている。これに対して、天龍山北斉窟では周壁の拱形龕の大きさに対して像を小さめにつくり、龕の内外とも彫刻をほどこさないままに残された壁面が目立つ。姑姑洞下洞周壁の拱形龕と像の大きさの比率は第八窟に最も近いが、ここでは龕内壁の曲面が像の円筒に近い形状と呼応して親密で温かみのある空間を現出させており、第八窟の造形感覚とは異なっている（図7）。第八窟の空間構成感

図6　a第一六窟北壁龕旧状（同上　第62図）、b同　東壁龕旧状（同上　第63図）、c同西壁（同上　第64図）

図7　姑姑洞石窟下洞北壁東龕（李裕群・李鋼前掲書カラー図版82）

覚は、太原北朝窟のいずれとも異質であるというべきであろう。

以上のように、天龍山石窟第八窟の石窟形式は姑姑洞下洞に最も近く、次いで天龍山石窟第一六窟に近似しており、各部分は北朝期太原西山の極めてローカルな形式に範をとったことが明らかである。しかしその一方で、これらの各部分を統合する空間構成感覚が太原北朝窟のいずれとも異なっていることもまた、第八窟の看過できない特質であるといえよう。

二　造像様式

天龍山石窟の諸像は一九二〇年代に毀たれ、主に日本の美術商の手を経て中国国外に流出した。第八窟も例外ではなく、同窟由来の像は日本、アメリカ、ドイツに分散している(6)。これらの像について、切り取り前に現地で撮影された窟旧状の写真と、切り取られた後の写真を比較すると、この間に修復の手が入っていることが明らかで、欠けていた鼻先などが補修されている他、若干の彫り直しも行われたことが疑われる。その一方で、窟旧状を撮影した古写真が開鑿当時の像容を伝えているかといえば、必ずしもそうとは言い切れない。例えば一九二〇年に現地調査を行った田中俊逸は、第八窟尊像は表面に紙などを貼り重ねて彩色されており、本来の彫りを損ねていたので剝ぎ取ったという記録を残している(7)。

以上のように、第八窟の旧状を写した写真も、切り取られた後の像も開鑿当時の像容をどれだけ残しているかは個別に検討する必要があり、とりわけ像の面部表現への言及は慎重にならざるを得ない。そこで、本稿では後刻の影響を蒙っていないと見られる要素に重点をおいて第八窟の様式を確認したい。なお現状では、第八窟の東壁中央から北壁全体にかけては浸水のためか像が甚だしく損なわれている。東壁龕に関しては古写真も残らず、同壁

図9　天龍山石窟第一窟西壁如来像旧状（外村太治郎前掲書　第34図）

図8　天龍山石窟第八窟北壁如来像旧状（外村太治郎前掲書　第35図）

中尊の詳細を確認できないため、考察の対象から除く。

さて各壁面毎に如来像の特徴をみていくと、①北壁および中心柱北壁・中心柱東壁と、②それ以外の壁面では様相を異にしている。まず如来像頭部の造形を古写真に拠ってみていくと、①の北壁如来像（図8）は肉髻がほとんどあらわされず、頭部全体が球状を呈する。②の西壁（図9）、中心柱窟西壁と中心柱南壁（図2b）の如来像は、下頬が豊かで顔面が四角を呈する。また素髪で、肉髻の根元と地髪部の中心に陰刻線を刻むことは、北斉の天龍山第一窟（図10）に近い。もっとも第一窟では髪際線が二本ひかれるのに対し、第八窟の三像では一本である。天龍山石窟の附近にある姑姑洞石窟下窟の如来像頭部は、地髪部中央に陰刻線を刻まないことを除けば、素髪で、肉髻を低くなだらかにあらわすこと、顔面が四角を呈することなど、第八窟の②グループに近い。

体部に目を転じると、②の上記三像は、右を上に脚を組み、右足先を露出させる点が共通している。一方、①の中心柱東（図11）・北面像は左足を上にして趺坐してい

図10　天龍山石窟第一窟西壁如来像頭部（『流失海外石刻造像研究』　図8）

図11　天龍山石窟第八窟中心柱東面如来像（李裕群・李鋼前掲書　カラー図版33）

る。八木春生氏によると、これはこれまで天龍山石窟になかった新たな形式で、その先例として南響堂山石窟第一・二窟など、五七〇年代前半の鄴近辺の石窟からの影響を想定できるという[8]。また上半身に対する膝前の大きさは①では自然な比率を保っているが、②では幅、奥行きともことさらに大きくつくる。②の如来像はまた、肩を広く厚くつくり、胸から腹にかけて起伏があまりなく、平板である。このような②如来像の身体のプロポーションは、天龍山北斉窟の第一六窟に近い。

比丘・菩薩像に関しては、北壁とそれ以外の壁面とで作風が異なっている。北壁龕外西側の比丘・菩薩像（図12）は中央の龕（中尊）の方を向く四分の三正面観にあらわされており、とりわけ面をややうつむけて灯火をかかげる菩薩像の姿態は優雅で、余の壁面の菩薩像・比丘像（図13）がいずれも正面を向いて直立するのと著しい対照をなす。

以上のように、第八窟には二系統の造像様式が併存している。同窟の規模と像の多さを考慮するなら、異なる

図12　天龍山石窟第八窟北壁龕外西側比丘・菩薩像旧状（外村太治郎前掲書　第36図）

図13　天龍山石窟第八窟東壁龕外南側比丘・菩薩像旧状（外村太治郎前掲書　第37図）

系統の工人が結集して制作にあたったとみて何ら不思議はない。(9) 二つの系統のうち、①は五七〇年代前半の鄴からの影響が指摘されているのに対し、②は天龍山北斉窟や姑姑洞石窟など太原西山のローカルな造像様式に倣ったものということができる。しかしこの②の系統は、太原北朝窟の円熟味に及ばないという印象が否めない。そのような印象は、作風の異なる幾つかの範に由来する要素が組み合わされており、各要素が緊密に連携していないことに起因すると思われる。(10)

ここまでの考察をまとめると、第八窟の石窟形式と造像様式は、一部に鄴からの影響が想定できるが、総じて太原西山の北朝石窟に見られる諸要素を受け継いでおり、とりわけ天龍山石窟北斉窟や、姑姑洞石窟下洞と近似する。しかし、これらの諸要素が北朝石窟とは異質な構成原理のもとに結びつけられ、しかも北朝石窟ほどの円熟味を感じられないことも看過できない。このことは、太原北朝石窟を集大成しようとしたことや造像の大型化に因るのかもしれないが、やはり廃仏によりわずか数年とはいえ造像が途絶したことの影響も想定されよう。

二　第八窟銘文について

第八窟造像碑は、前廊東壁に彫出されている。碑の通高は二・二二メートル、碑身は縦一・三四メートル×七六センチメートル。[11] 全文二十行、各行三十五字である。現在、標題の部分は完全に磨損しており、本文も風化のため現在では部分的に判読できるにすぎない。台湾の顔娟英氏は、本碑文の最も完全に近い翻刻が清代の金石録である『金石文抄』に収録されていることを指摘し、これを古写真（図14）など照合して校訂した。[12] 小論においても、顔氏の校訂文に依拠しつつ碑の内容を検討したい。

【録文】

（石室銘）

1 開皇四年十月十□、竊以仁者楽山、能仁宣法於鷲嶺[1]、智者楽水、能知弘道於連[2]河。晋陽□
2 □、是称形勝、有巌嶂焉、蔽虧光景、有淵泉焉、含蘊霊異。故使蜀都九[3]折、高擅葳迂、秦[4]隴四注、
3 遙□□咽。長松茂柏、塵尾香爐之形、麗葉鮮花、□翠散金之色。嚶嚶[5]出谷、容與相□、呦呦[6]食
4 苹、騰[7]倚自得。重[8]崖之上、爰有舊龕、鐫範霊石、莊厳浄土。有周[9]統壹、无上道消、勝業未圓、妙功
5 斯廢。皇[10]隋撫運、冠冕前王、紹[11]隆正法、弘宣方等。一尉一侯、處處[12]燻脩、招[13]提支提、往往経搆。
6 儀[14]同三司眞定縣開國侯劉瑞、果行毓德、宿義依仁。都督劉壽、都督夏侯進、別將侯孝達、□

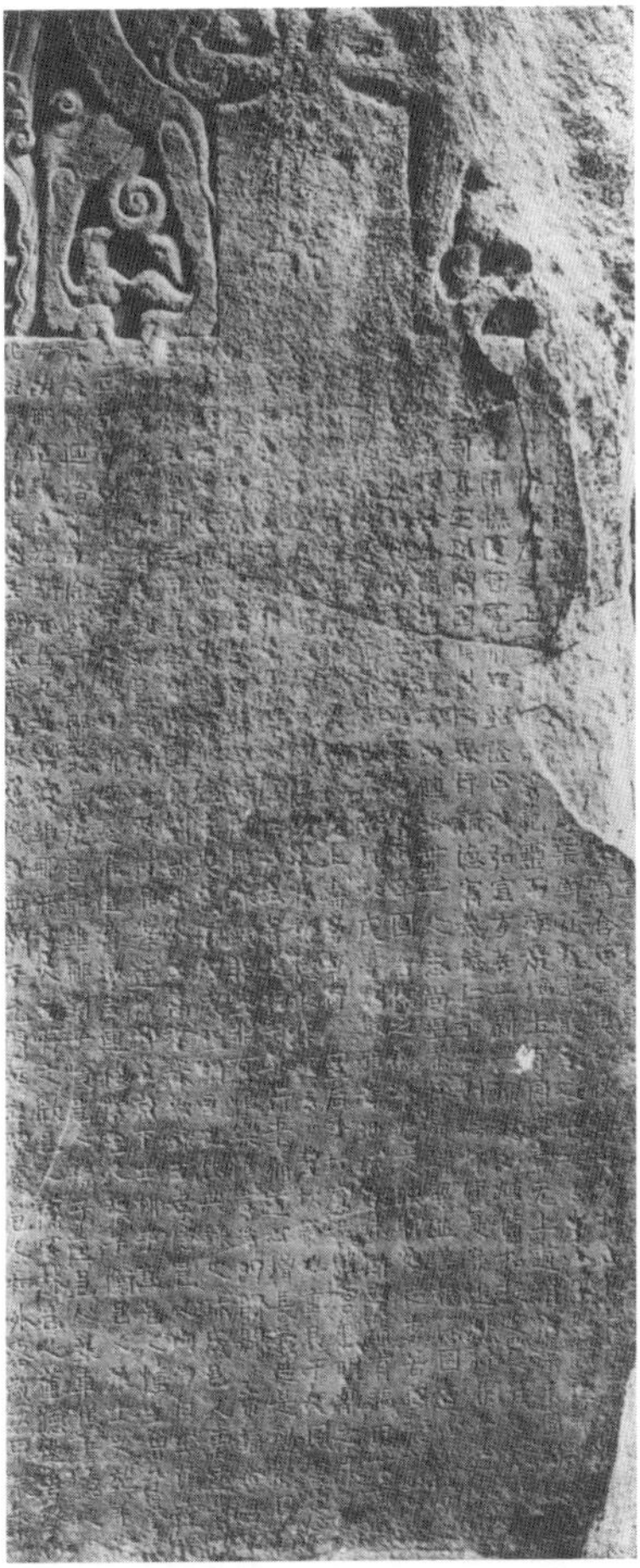

図14　天龍山石窟第八窟「石窟銘」旧状（『支那文化史蹟』図版Ⅷ-35（1））

7 □欣、懷瑾握瑜、外朗内潤。復有陳迴洛卅一众、志尚温恭、摻履端潔。並善根深固、道心殷廣。
8 倶發菩提、共加琱飾。置安[15]養之界、萬寶相輝、圓[16]舍衛之儀、千光交映。聊観従歩、若聞震動、□
9 入[17]慈陰、便無憂畏。香烟聚而為蓋、花雨積以成臺。樹散雅音、池流法味。斯實希有福田、不可
10 思議者也。以兹浄業、仰祚天朝。聖上壽等乾行、皇后季等厚戴、儲[18]宮體明離之□、
11 晋[19]王則磐石之安。玉燭調時、薫風偃物。導揚功徳、敢作頌云：習[20]坎帯地、重艮干天。風雲出
12 矣、金玉生焉。清流之側、崇巌之前、應[21]供浄土、菩提福田。善行聿脩、道心増長。義徒是勵、勝因
13 剋廣。遠寫浄[22]居、遙摹安養。日□寶樹、風搖珠網、非空非有、惟楽惟常。法門開闢、帝福會昌。
14 山龕顯相、石室流光。積木雖朽、傳燈未央。邑師顔成、燈明主□体、典録史珍成、邑人曹遠貴、

15 邑主像主儀同三司眞定縣開國侯劉瑞、香火主高孝譽、都録王孝德、邑人□壽伯、王須達、
16 邑主事成睪縣君李敬妃、邑都齋主別將侯孝達、清浄主前下士柳子直、邑人幢主曾子譽、
17 邑正都督劉壽、邑正幷□経主都督夏侯進、清浄主連德常、邑人張子衡、邑人張士文、施手
18 齋主陳迴洛、齋主徐歸、都維那夏侯巖、邑都維那劉子峻、邑人孫子遠、邑人張車慁、書銘人
19 左維那道場主光明主烏丸□□、右維那幷香火主蔣文欣、邑人蘭客林、邑人董德、李均粲、
20 化主段高□、高□正、明孝恭、邑正□像主西門子元、開経主張慶、邑人和外洛、[23]歳次甲辰季。

【語釈】

〈1〉「鷲嶺」霊鷲山、サンスクリット語のGṛdhrakūṭaのこと。釈迦在世中のマガダ国の首都、王舎城の東北にあたる。『法華経』はここで釈迦が同経を説いたといい、また釈迦久遠常住の処という。

〈2〉「連河」尼連禅河、サンスクリット語のNairañjanāのこと。上述の霊鷲山の傍らに流れる。

〈3〉「蜀都九折、高擅葳迂」「蜀都九折」とは『後漢書』志第二十三郡国五、蜀郡属国の条に記載される「邛僰九折の坂」とよばれる巌道を指し、山道が険しく折れ曲がった様をいう。葳はカズラ、迂はまがりくねることを意味することから、ここではカズラのように曲がりくねると訳した。

〈4〉「秦隴四注」『後漢書』志第二十三郡国五、漢陽郡の条に記載される隴坻という名の大きな坂の註に『三秦記』に曰く、「其の坂は九廻し、高さ幾許か知らず、上らんと欲する者は七日にして乃ち越ゆる。高處は百餘家を容れる可し、清水四注して下れり。」というのを指す。また校刊註に「故歌に曰く、「隴頭の流水、分離して四下す」という。山の高所から四方に水がしたたり落ちる様。

〈5〉「嚶嚶」鳥が鳴き合う声。又、鳴き声の和するさま。

〈6〉「呦呦」鹿の鳴く声。

〈7〉「騰倚」動物が後足でたつこと。

〈8〉「重崖之上、爰有舊龕」天龍山石窟の第二・三窟は東魏、第一・一〇・一六窟は北斉の開鑿と考えられている

（詳しくは本文に後述）。また、第三窟と第四窟の間の崖面には三つの拱形龕を浅く彫っており、これも北斉の開鑿と考えられている（蘇玲玲、楊超傑「論天龍山石窟東峰区造像的相関問題」（『文物世界』二〇一三—五）。銘文にいう旧龕とは、これらを指すと考えられる。

〈9〉「有周統壹、无上道消。」北周による北斉の併呑と、北周武帝による廃仏を指す。武帝は建徳三年（五七四）五月から仏教・道教の廃滅が断行した。その後、建徳六年に北周が北斉を滅ぼすと、弾圧はその領内にも及んだ。

〈10〉「皇隋撫運、冠冕前王。」周隋革命を指す。北周大象元年（五七九）五月、宣帝が崩御すると、外戚の楊堅は左大丞相となり、静帝を補佐する名目で百官をすべ、禁軍を掌握した。その専横を憎んだ相州総管尉遅迥をはじめ、鄖州総管司馬消難、益州総管王謙らが各地で次々と蜂起するが、いずれも平定され、翌年正月に隋朝が成立し、楊堅は高祖文帝となる。なお、即位前の楊堅は左大丞相であり王ではなかったが、ここでは文脈から「王」＝楊堅ととった。

〈11〉「紹隆正法、弘宣方等」「方等」は大乗のこと。文帝による仏教復興を指す。文帝の仏教政策については以下をはじめ、多数の研究がある。山崎宏「隋の高祖文帝の仏教治国策」（『支那中世仏教の展開』清水書店、一九四二年）。

〈12〉「燻脩」仏教の修行。

〈13〉「招提・支提」「招提」は寺院の異名。「支提」は塔のこと。

〈14〉「儀同三司……都督……別将……」本文中に後述。

〈15〉「安養之界」阿弥陀仏の浄土のこと。

〈16〉「圓舎衛之儀」釈迦在世中のコーサラ国の首都、Śrāvastī（舎衛城）の祇園精舎で釈迦が説法する様。

〈17〉「慈陰」慈悲をこうむったこと。

〈18〉「儲宮」当時の皇太子である文帝の長男、楊勇を指す。開皇二十年（六〇〇）に皇太子を廃され、弟の楊広が立太子された。

〈19〉「晋王」文帝の次男、楊広。後の煬帝。開皇元年（五八一）～同六年（五八六）、開皇九年（五八九）～同十年（五九〇）の二回、幷州総管に任じられた。

〈20〉「習坎帯地、重艮干天。風雲生矣、金玉生焉」「坎」と「艮」はいずれも易の八卦の一つである。『易経』（以下、黒岩重人『全釈　易経（全三巻）』（藤原書店、二〇一三年）を参考にした）によると「坎」は水を象っており、この卦を上下に二つ重ねると六十四卦の「習坎」となる。「習坎」の象伝には、水が重なるように艱難が重なっていることを意味するが、その中にあっても誠信を失うことがなければ志を貫くことができて人から尊ばれるという。またその象伝に水がしきりに流れて止まらないさまであり、君子はこれを手本に徳行を常として、民に教え示すという。「艮」は山を象っており、止まるという意味である。「艮」を二つ重ねると六十四卦の「艮」になり、偈の「重艮」はこの卦を指すものと考えられる。これは山が二つ重なった象であり、やはり止まることを意味する。止まるべき時であれば止まり、行くべく時に行き、動静が時機を失うことがなければ、その道は光り輝いて明かであり災いにあうこともない。またその象伝に君子は山が静止した姿を手本とし、自分の職分以外のことを考えず、欲心を出さないという。以上の如く、「習坎」と「重艮」は、困難が重なる時も己の本分を失うことがなければ志を貫徹することができるという意味が共通している。続く「風雲生矣、金玉生焉」について見ると、「金」と「玉」はいずれも純粋な陽の卦である「乾」の象である（『易経』「説卦伝」）。また「乾」は事物のはじまりの卦である。ここから問題の句は全体で、艱難の時が過ぎて、万物が本来の性質を正しく実現し、調和する泰平の時が至ることをいい、さらに具体的には、劉瑞等が北周による華北統一と廃仏に遭っても誠信（仏教信仰）を貫いたことを自ら称揚し、隋朝のはじまりを「乾」の象に譬えて言祝ぐものと解釈できる。

〈21〉「應供」　如来の十号の一つ。
〈22〉「浄居」　浄居天のこと。
〈23〉「歳次甲辰季」　隋の開皇四年を指す。

【現代語訳】

開皇四年十月十[日]、ひそかに思いをめぐらせると仁者は山を楽しむがゆえに、能仁（釈迦）は霊鷲山に於いて（仏）法を宣べ、智者は水を楽しむがゆえに、能知（釈迦）は尼連禅河に於いて（仏）道をひろめられたのである。晋陽は……、形勝の地と称され、巌からなる険しい峰は、景色をかくしており、深い泉には、霊異が含みたくわえられている。故に蜀都の九折の坂は、高さをほしいままにしカズラのごとくまがりくねり、秦隴の山上から四分して注ぐ水は、遙かに……。松は生長し柏は繁茂して、麈尾や香炉のような形をなしており、葉は麗しく花は鮮やかで、（翡）翠や散じた金のごとき色をそえている。鳥が鳴き交わす声は谷から出て、のびのびと相……し、鹿は鳴いてよもぎを食べようと、（身を）騰らせて立てば自ずと得ることができる。重なりあう崖の上に、旧い龕があり、霊石を範にしたがって鐫り、浄土を荘厳している。（北）周が（国土を）統一するにいたって、無上の道（＝仏道）は消えてしまい、勝れた業は未だ満ちわたらず、妙なる功は廃されてしまった。皇朝たる隋は天運をやすんじ、王（楊堅）をすすめて帝位につけた。正法を受け継いで盛んにし、大乗の教えを弘宣した。一人の尉官（都尉）や一人の物見の官（のような下端の役人といえど卑しくも位あるものは）諸処で仏道を修し、寺塔を往々にしていとなみ構えている。儀同三司真定県開国侯の劉瑞は、果断にして徳を養い、かねてから義があり仁にしたがっている。都督の夏侯進、別将の侯孝達は、……善美の才が内にも外にもあらわれている。また陳迴洛ほか三十一人の衆は、志は高くおだやかでつつしみ深く、とりおこなうところはただしく潔い。みな善根は深く固く、道心はおおきく広い。ともに菩提心を発し、ともに雕飾を加えた。阿弥陀仏の浄土においたかのように、万の宝が相輝き、舎衛城の威儀をうつしたかのように、千の光が交わり映える。しばし観ては従容と歩くと、（大地の）震動を聞くようであり、（仏の）慈悲のかげに入れば、すなわち憂いも畏れもない。香烟は聚まって（仏をおおう宝）蓋となり、花の雨は積もって（仏のおわす）台となる。樹（の葉）は散って雅びな音をたて、池（の水）は流れて法の味をふくむ。（この石室をひらいた）福田は希有にして、思議することができない（ほどである）。この浄業をもって、天朝（＝隋朝）の祖を仰ぐ。聖上（皇帝）の寿命が天と等しく、皇后の季が地と等しく、皇太子の体明が……、晋王に則ち磐石のような安寧があらんことを。四時の気候が調和する時、薫風が諸物をおおう。功徳を導き発揚しようとして、敢えて（次のように）頌を作した：後から後から流れる水は地をめぐり、重なる山は天にいたる。（ひとたび）風雲がたてば、金玉が生じる。清流の側ら、崇高な巌の前に、如来の浄土、菩提の福田がある。善行をのべおさめ、道心を増長させよう。義のあるものが励めば、勝れた因縁はひろく剋つのである。遠くから天界を写し、遙かに浄土を摸す。日は宝樹を……、風は珠玉でできた網を揺らす。（一切は）空に非ず有に非ず、ただ楽であり、ただ常である。法門は開闢し、皇帝の福はさかんである。山に穿たれた龕は（仏の）相をあきらかにし、石室は光をはなつ。積みかさねた木は朽ちてしまっても、（仏法の）伝灯は未だつきることがないであろう。（以下省略）

以上のように、銘文にはまず天龍山一帯の風光明媚なこと、「旧龕」が存在したこと、北周の廃仏を経て隋が興ると仏法が再び興隆したことなど、石窟開鑿の背景が述べられている。次に、儀同三司真定県開国侯劉瑞をはじめ、都督の劉壽・夏侯進と、別将の侯孝達、さらに陳迴洛ほか三十一名がともに菩提心を発して窟の造営にあたったことを述べ、この功徳をもって皇帝（隋文帝）、皇后、太子（楊勇）、晋王（楊広）の長寿・平安を祈願している。頌の後には、窟の造営にあたった義邑の構成員の名前と、義邑における役職が記されている。(13)

従来、本銘文に見える義邑について、上述の顔娟英氏は都督・別将など武官の出身者が多いことを指摘されている。(14)また、天龍山石窟の悉皆調査を行った李裕群氏は、銘文中に皇帝・皇后・皇太子に加え、晋王、すなわち後に煬帝となる楊広の「磐石之安」が特に祈願されていることに注目するとともに、楊広が開皇元年～六年と、開皇九年～十年の二度にわたって并州総管に任命されていることから、劉瑞が楊広配下の属吏であり、長安から派遣されたものと推測された。(15)たしかに、晋王楊広の名が皇太子と並んで特記されている点は興味深いが、劉瑞が果たして楊広の属吏であったかは、なお検討の必要があるように思われる。そこで本稿では劉瑞をはじめとする義邑の構成員について、銘文そのものから読み取れる情報と時代背景を手がかりに、いま一歩踏み込んで検討したい。

一　邑人の姓について

まず邑人の姓に注目すると、銘文には俗人三十三名と、僧侶二名、計三十五名の姓名が記されている。こころみに俗人の姓別の内訳をみると、張姓が四名、劉姓が三名、高・王・李・夏侯の各姓がそれぞれ二名ずつみえる他は、各姓一名ずつであり、姓が不明の一名をのぞくと二十三種の姓がみえる。同姓であることは必ずしも血縁関係を意味しないから、この数字は第八窟の造営に参加した血族の最低限の数を示すものといえる。一般に、北朝期の義邑は二、三の姓が核になっており、主に血縁で結ばれた集団であることが知られている。(16)天龍山石窟第八窟の造営主体である義邑は、北朝期の典型的な義邑のあり方とは大きく異なっており、その紐帯を成り立たせている理由は血縁関係以外に求められよう。

さらに、この中には史姓、曹姓など、ソグド系の出自と覚しい姓がみえることも注目される。和氏も胡人系の可能性がある姓である。姓のみから彼らがソグド系であったと断定することはできないものの、当時の并州にソグド人聚落が存在したことを考慮するならば、(17)第八窟を造営した集団にソグド系の構成員が含まれていても何ら不思議はない。また烏丸姓は北族出身であることを示しているものと思われる。以上から、第八窟の造営に関わった義邑はソグド系や北族をまじえた雑多な姓氏からなる集団であり、并州社会の構成を反映するものであったと推測される。

二　銘文に見える官名について

次に銘文にみえる官名について、先行研究を踏まえて見ていくと、儀同三司、都督、別将は北魏末に軍の現役部隊長の職名がそのまま官位となったもので、北周では散官化して戎秩の名でよばれた[18]。隋文帝期にこの一系統は散実官と名付けられ勲功に対する報酬として授けられており[19]、儀同三司は正五品、都督は正七品に位置づけられている[20]。よって銘文にみえる儀同三司劉瑞、都督劉壽、都督夏侯進、別将侯孝達は、軍の一司令系統の上官・下官の関係にあったということができる。

ところで、隋初においては軍府は十二衛府のいずれかに所属し、さらに衛府ごとに左右の別と番号が割り振られていたため、所在州名・所属十二衛府・左右の別・番号の全てか一部で表示されていた[21]。しかし、第八窟の銘文では官位のみ見え、実職や所属先の軍府を特定できるような表示が一切ないことに気づく。所属や実職を全て略記するとは考え難いことから、劉瑞等はそもそも軍府に所属するものではなかったと推断される。とすれば、彼等を晋王楊広の属吏と位置づけられるのか疑問であり[22]、中央から派遣されたという推測も成り立ち難い。

それでは劉瑞は、どのような功績をもって儀同三司に叙勲され、真定県開国侯に封爵されたのか。一般的に言って、開皇の初めにおける第八窟の開鑿が、官爵を授かったことと関係する可能性は極めて高い。そしてこの時期に官爵を賞賜される理由といえば、隋朝革命に何らかの功績があったと考えて差し支えない。

ここで想起されるのは、同時期に同じく幷州で活動したソグド人虞弘の事蹟である[23]。虞弘については多くの研究が蓄積されてきているが、ここでは山下将二氏の研究に依拠しつつ周隋革命前後の事蹟のみ見ていきたい。墓誌によると、虞弘は北周のもと大使に準ずる地位を与えられて郷団を統轄していたが、大象の末に左丞相府（楊堅勢力）によって幷州・介州・代州の三州に跨る地域の郷団（軍府）の統轄と、薩保府（ソグド人をはじめとする西方出身の胡人の聚落に置かれ、胡人を統治する機関）の検校を命じられた。しかし当時、并州には歴とした并州総管の李穆がいて并州一帯の軍府を統轄していたはずであることから、山下氏は虞弘が統轄した郷団とは、尉遅迥の乱という危急の事態に際して、山西北部のソグド人勢力を軍府の形式によって掌握しようとしたものという見解を示されている。(24)虞弘は開皇に入ってから儀同三司に転じ、勅によって左帳内を領し、并部を鎮押したという。

虞弘の例は、尉遅迥の乱にあたって地方の有力者に統轄される集団を軍府に擬えて左丞相府のもとに取り込む場合があったことを示している。(25)ソグド人である虞弘はやや特殊な例といえようが、劉瑞とは同時期に并州で活動して儀同三司に叙勲された経歴が重なっている。敢えて推測を重ねるならば、劉瑞らも郷兵集団であった可能性が高いように思われる。

以上のように、第八窟を造営した邑義は、散官的武官の劉瑞とその部下を筆頭に、おそらくはソグド系や北族を含む雑多な姓氏からなる集団であったと推定できる。第八窟の施主等の出自は、造像様式や石窟形式にもある程度は反映されていることが想像されるが、次にこのような視点から、隋初の旧北斉領において中央官吏が関わった摩崖造像二例を概観し、この二例との比較を通して天龍山石窟第八窟の特質を浮彫にすることを試みたい。

三　隋初の旧北斉領における摩崖造像と、隋様式の出現

隋の仏教造像様式は、北周と北斉の旧領においてそれぞれ展開してきた造像様式の対立・融合の中で育まれたが、とりわけ廃仏後の北周長安に出現した造像様式がその基調をなしたと考えられている。(26)次に挙げる山西省平

定開河寺の摩崖石像と、山東省青州駝山石窟第二・三龕は、いずれも開皇年間初頭に旧北周の名家出身の官吏が造像に関与した例であり、北斉造像の伝統に拠りつつも、それまでになかった新たな形式が出現している点で注目される。[27] 文帝の仏教政策は多分に旧北斉地域の安撫を意識したものであったことが明らかにされてきているが、[28] その中で旧北斉領に出現したこれらの石窟・摩崖造像はどのように位置づけられるのであろうか。このような問題を念頭に置きつつ、それぞれの造立背景と造形的特徴を概観したい。

一　山西平定開河寺石窟大仏龕

開河寺石窟は山西省平定県城の西南八キロメートル、桃河北岸の崖面に南面して開鑿されている。[29] 東魏・北斉代に開鑿された三つの小型窟が並んでおり、その西一〇メートルの位置に隋開皇元年銘の摩崖仏龕（図15）がある。いずれも銘文があり、東魏・北斉の三つの小型窟は幷州楽平郡石艾県安鹿交村の村民による集団造像であること、一方、隋の摩崖仏龕は同村の村民と定州刺史豆盧通らが共同で造像したものであることが知られる。伝によると、豆盧通の父の寧は北周の重臣で、弟の勣は尉遅迥に呼応して挙兵した益州総管王謙勢力との戦役に功があった。通自身も、尉遅迥配下の軍を破った功で大将軍位をさずかっている。[30]

開皇元年銘を有する摩崖仏龕は、[31] 中央に仏半跏像、その両側に円彫の仏弟子像（現存せず）を配置し、そのさらに外側に菩薩像を彫出する。中央の仏像は通高四・六三メートル、脇侍菩薩は約二メートル。中尊の像容は、北斉様式の特徴を継承しながらも、鉤紐式の袈裟は新しい要素で、山西省における最も早い例であることが指摘されている。[32] この前の東魏・北斉時代に村民らが造営した三窟は平面が一辺一・五メートル前後の小窟で、いずれも三壁に各一龕（一仏）を配しており、いわば同じ形式の焼き直しである。これに対して摩崖仏龕は、規模と形式の上で前代の造像とは明らかに一線を画している。このような新形式をとりいれた大規模造像の出現は、豆盧通という中央から派遣された貴顕の関与と容易に結びつけられよう。

豆盧通が安鹿交村の造像に参加するに至った経緯について、李裕群氏と侯旭東氏はそれぞれ、開河寺石窟が晋陽と鄴を結ぶ重要な交通路である「井陘路」の脇に位置することが関係する可能性を示唆している。(33) 井陘路は、とりわけ東魏・北斉間には、皇帝・百官が頻繁に往来した道であった。第一〜三窟の題記は窟門の上方に刻まれており、桃河河谷の井陘路中路をゆく通行人の目を惹く。なお、題記を窟門の上方に刻むことは、他に類例をみないという。さらに、東魏武定五年（五四七）の第二窟造像記では、「皇帝陛下」に加えて「渤海大王」（高澄のこと）、「群龍伯官、守宰令長」「国土」の安寧を祈り、同様に北斉皇建二年（五六一）の第三窟造像記・北斉河清二年（五六三）の第一窟造像記においても皇帝・臣僚・国土の平安を祈願している。このような題記の位置と内容からは、井陘路を通

図15　開河寺石窟大仏龕（肥田路美氏撮影）

行する皇帝・百官の目にとまるようにした村民の意図が明らかに看取され、豆盧通もおそらく都と任地定州の間を往来する際に安鹿交村の造像活動に目をとめて自ら出資するに至ったと推測されている。

侯旭東氏は、安鹿交村村民の立場から一連の造像活動の成果をみたとき、開皇元年銘造像に豆盧通の参加を得たのはいうまでもなく、州県の官員が参加していることも、同村の声望が高まっていたことを示すものという。また、開皇元年銘にみえる石艾県司功張宝明は、その約二十年前の第一窟造像に参加したときは、一介の庶人にすぎなかった。張宝明が一連の造像銘にあらわれる村民の中ではじめて公職を得たことも、数次にわたる造像とあるいは関連する可能性を指摘している(34)。ここに、造像活動を通じて仏教信仰を顕示することと、社会的地位の向上を願うことが密接に関連していた北朝社会以来の構造を見ることができる(35)。

翻って、豆盧通の立場から開皇元年銘像をみると、仏教造像を通じて旧北斉領民との連帯感をはぐくみ、隋朝統治の一層の安定をはかる効用があったことが想定できる。豆盧通は定州刺史在任中に定州において七帝寺の重建事業も援助しており(36)、領民の造寺造仏活動に目を配り援助することは、豆盧通の行政手法の特色と捉えられる。開河寺石窟開皇元年銘像は、村の地位の向上をはかる村民と、「仏教治国策」の一翼を担い旧北斉の民を安撫しようとする豆盧通、そして両者の間にある地方官らの三者それぞれの意図が仏教造像を通じて出会い、実現されたものと評価されよう。

二　山東青州駝山石窟第二・三龕

駝山石窟は山東省青州市の城東四キロメートル、駝山山頂の崖面に開鑿されており、五つの摩崖仏龕が南北に並んでいる(37)。うち四龕が隋代、一龕が唐代のものである。

図16　a駝山石窟第二龕（中國石窟雕塑全集編輯委員會編『中國石窟雕塑全集　六　北方六省』（中國美術分類全集）図166、重慶出版社、2001年）、b同　第三龕（同上　図170）

隋代の龕のうち、第二・三龕（図16）には造像銘が多く残る。第三龕の仏座の正面には「大像主青州総管柱国平桑公」「像主楽安郡沙門都僧蓋」の題記がある。この「平桑公」とは、隋書に伝のある韋操に他ならないことが明らかにされている。(38) 韋家は京兆の著姓である。韋操の伯父の孝寛を筆頭に、一族は尉遅迥の征伐に功があったため軒並み官爵が進められた。韋操も、尉遅迥の乱後、官位は柱国に進み、平桑郡公に封爵され、青州総管等を歴任した。(39) 第二龕仏座下には、「儀同三司青州総管府長史趙良供養、儀同妻郡君裴供養仏」の題記がかつては確認できたという。(40) 両龕にはこの他にも多くの僧俗供養者銘が各所に彫られており、出家者の名に注目すると、第三龕はすべて比丘の、第二龕はすべて比丘尼の名であるという。(41) 以上から、第二・三龕は青州総管韋操のもと、その配下の官吏と、無官の庶人、比丘・比丘尼が結集して造営した双龕であることがわかる。また造営年代は、銘文にみえる「楽安郡」の設置期間と、韋操が青州総管に在任した可能性のある期間を踏まえて、開皇元年（五八一）から同三年（五八三）の間と推測されている。(42)

北朝期、今日の山東省一帯には、天然の岩石の窪みを利用した造像はあったが、人工的に大龕を開鑿する摩崖造像は隋の駝山第二・三龕がはじめてであった。また第二龕の中尊の服制は、先述の開河寺摩崖仏像と同様、新形式である鉤紐式の袈裟が採用されている。さらに、第二・三龕とも中尊は頭部が身体に比して極端に大きく、身体の各部を単純な幾何学的形状にデフォルメされており、隋新様式を代表する作例と位置づけられている。新様式の出現は、やはり、中央から派遣された貴顕の参与にともなうものと見られる。

韋操の造像においては、配下の官吏に加えて当地の住人とみられる多くの無官の庶人や僧尼が造像に参加しており、造像事業を通して隋朝の為政者と当地の臣民との連帯が期待されていたことがうかがわれる。韋操の場合は任地における造像であり、通りがかった村で造像に参加した先の豆盧通の場合よりも、統治の安寧を願う気持ちはより切実であったに違いない。

以上にみた平定開河寺摩崖仏龕と青州駝山石窟第二・三龕は、いずれも開皇初頭に、旧北周出身の中央官僚が旧北斉地域において現地の庶民とともに開鑿した石窟であり、隋新様式の代表作である。天龍山石窟第八窟は、開河寺・駝山と同じく開皇の初年に開鑿されたが、旧北斉以外の造像系統に明らかに由来する形式が見られないことは注目すべきである。また先に銘文内容の検討を通じて、同窟造営集団の筆頭にあった劉瑞以下の散実官号を有するもの等が軍府に所属していたとは考え難く、したがって中央から派遣された可能性は低いことを示した。そうであるならば、天龍山石窟第八窟において北斉石窟が集大成されていることは、造像にあたった工人の系統を示しているのみならず、造像主の出自を考えるにあたっても示唆的である。第八窟は、隋朝革命に協力的であった旧北斉領民が、文帝の「仏教治国策」に呼応し、旧北斉領、わけても太原西山一帯の石窟の先例に倣いつつ、旧来の太原石窟を規模の上で凌駕する意気込みをもって開鑿したものと考えられよう。

むすび

天龍山石窟第八窟について造形的特徴や銘文内容の角度から検討した結果、同窟は旧北斉領民が造営を主導したものと考察した。しかし、天龍山石窟第八窟銘文が「旧龕」の存在に言及するのみでその由来について一切述べていないことはどう解釈すべきであろうか。北周が北斉を滅してその旧領における廃仏を断行した建徳六年（五七七）から隋開皇四年までは七年しか経っていない。もし銘文の紀年が窟完成の年を示しているのであれば、開鑿が始まったのは開皇に入ってまもなくのことに相違なく、廃仏前とはさらに近接する。第八窟を造営した人々が天龍山の由緒を知らなかったとは到底考え難い。

これまでも度々指摘されてきたように、天龍山石窟の草創と初期窟の開鑿に高氏一族が密接に関係していたことは疑いない。高歓と高洋はともに避暑宮を天龍山に建てたといい、(43)また皇建年間に并州定国寺の僧が石窟を造ったというが、(44)この定国寺は高歓が創建した皇家寺院であったと見られている。(45)すると、第八窟銘文が天龍山の由緒について詳述しないのは、天龍山が高氏一族ゆかりの地であった記憶がまだ新しい時期であればこそ当然のことと理解されるのである。(46)

銘文中の頌の末尾に「積木雖朽、傳燈未央」というが、この「積木」とは北斉の滅亡と廃仏のために廃墟と化した避暑宮など、石窟周辺に存した種々の木造構築物を暗に指していると解せる。(47)たちまち朽ちていく木材とは対照的に、王朝の交代と廃仏を経てなお旧状を保っていた石窟はいかにも堅固に感じられたに違いない。天龍山石窟第八窟は、隋初の并州社会に生きた人々の奉仏国家を標榜する新王朝への期待と、移ろいゆくものへの不信という、相反するようにも見える想いを交々に映し出すモニュメントであるといえよう。

注

（1）関野貞『支那文化史蹟 解説 第八巻』（法蔵館、一九二一年）九―一一頁。
（2）大仏を擁する天龍山石窟第九窟は大龕形式であり、厳密には石窟ではない。なお第八窟の大きさは、前廊幅四・二六、奥行一・七、高三・〇五、主室最大幅四・八、奥行四・三二、高三・八メートルである。李裕群・李鋼『天龍山石窟』（科学出版社、二〇〇三年）四一―五六頁。
（3）小野玄妙「天龍山石窟造像攷」（『大乗仏教芸術史の研究』金尾文淵堂、一九二七年、一九七頁）。前掲注2書、一七八―一七九、一九一頁。八木春生「天龍山石窟北斉窟に関する一考察」（『芸術研究報』二七、二〇〇六年）。
（4）曾布川寛氏は、開皇の初年に開鑿された石窟造像の一つとして第八窟を取り上げ、身体のブロック状の造形など、隋独自の様式を抽出することが可能とされる。同「隋・唐の石窟彫刻」（『世界美術大全集 東洋編第四巻 隋・唐』（小学館、一九九七年）一八一―一八三頁。その一方で、八木春生氏は、第八窟のブロック状の造形は、北斉の都、鄴附近で五七〇年頃に流行した様式に影響を受けたものと見ておられ（前掲注3小野論文）、「ブロック状」の造形の影響源をめぐって解釈が分かれている。
（5）姑姑洞石窟については下記の調査報告がある。李裕群「太原姑姑洞与瓦窑村石窟調査報告」（『文物季刊』一九九五―三）、前掲注2書、一四〇―一四七頁。
（6）孫迪『天龍山石窟――流失海外石刻造像研究』（外文出版社、二〇〇四年）所収「天龍山石窟流失造像一覧表」（六二一―六八頁）。
（7）田中俊逸「天龍山石窟調査報告」（『仏教学雑誌』三―四、一九二二年）三三八―三四五頁。
（8）前掲注3八木論文。
（9）田中俊逸氏も、第八窟の諸像が同一流派の手になるものではないという見解を示している。前掲注7田中論文。
（10）八木春生氏は、第八窟の中心柱窟の形式も鄴附近からの影響とみられており、太原の姑姑洞下洞については言及しない。また同氏は第八窟を鄴と晋陽の仏教美術を融合させた折衷的造像で、天龍山石窟の工人がそれを完全に消化していなかったと評価されている。前掲注3論文。
（11）前掲注2書、四四頁。
（12）顔娟英「天龍山石窟的再省思」（『中央研究院歴史語言研究所会議論文集之四』一九九七年七月）八六二―八六五

頁。田中俊逸は現地調査の際に解読可能な部分について翻刻を試みているが、誤読も散見される。前掲注7田中論文。

（13）本銘文には、義邑の役職名が十八種類以上みえ、特に斎会に関係すると思われる役職が数多いことが指摘されている。山崎宏「隋唐時代に於ける義邑及び法社」（同『支那中世仏教の展開』清水書店、一九四二年）。

（14）前掲注12顔論文。

（15）前掲注2書、一五八―一五九頁、一九一頁。

（16）佐藤智水『北魏仏教史論考』（岡山大学文学部研究叢書一五号、一九九八年）。また北朝の邑義に関しては下記も参照。劉淑芬「五至六世紀華北郷村的仏教信仰」（『中央研究院歴史語言研究所集刊』六三―三、一九九三年）。

（17）栄新江「隋及唐初幷州的薩保府与粟特聚落」（『文物』二〇〇一―四）。なお、幷州の土地柄を考慮するならば、漢人の姓名をもつものであっても出自は北族系であるものの含まれることが想定されよう。

（18）浜口重国『秦漢隋唐史の研究』上・下（東京大学出版会、一九六六年）。

（19）『隋書』百官志下「高祖又採後周之制、置上柱国、柱国、上大将軍、大将軍、上開府儀同三司、開府儀同三司、上儀同三司、儀同三司、大都督、師都督、都督、総十一等、以酬勤。……戎上柱国已下為散実官。」

（20）宮崎市定『九品官人法の研究――科挙前史』（中央公論社、一九九七年）五〇七―五〇八頁。

（21）谷霽光『府兵制度考釈』（上海人民出版社、一九六二年）一〇七―一一五頁。孫継民『唐代行軍制度研究』（文津出版社、一九九五年）六三―六七頁。

（22）北朝期の銘文、とりわけ義邑による造像銘には、皇帝・皇家の平安を祈願する語句がしばしばみられ、また時代は遡るが東魏・西魏期には、実権を握る高歓・高澄や宇文泰が皇帝の後に附される例が知られている。第八窟銘文がこのような北朝以来の伝統を継承している可能性も考慮される。

（23）虞弘の墓誌については以下を参照。張慶捷「隋虞弘墓誌考釈」（山西省考古研究所『太原隋虞弘墓』文物出版社、二〇〇五年）二〇九―二三四頁。

（24）山下将二「新出土史料より見た北朝末・唐初間ソグド人の存在形態――固原出土史氏墓誌を中心に」（『唐代史研究』七、二〇〇四年）六五―六六頁。

（25）谷霽光氏は隋初（陳の併合前）に多くの郷兵が出現し、後に多くが隋の府兵の系統に取り込まれていったことを指摘している。前掲注21谷書、九八―一〇一頁。

(26) 松原三郎「隋造像様式成立考――とくに北周廃仏と関連して」(『美術研究』二八八、一九七三―七)。同「隋造像様式成立の一考察――石造如来立像の場合」(『仏教芸術』二〇八、一九九三―五)。
(27) 梁銀景『隋代仏教窟龕研究』(文物出版社、二〇〇四年)五〇頁。
(28) 大野雅仁「隋朝仏教政策の一側面――舎利塔事業を中心として」(『印度学仏教学研究』三九―一、一九九〇年)。同「隋文帝時代の仏教――開皇期の名僧の招致をめぐって」(『大谷大学大学院研究紀要』八、一九九一年)一三九―一六五頁。今西智久「隋文帝の仏教政策に関する一考察――釈曇遷の事蹟を手がかりに」(『大谷大学大学院研究紀要』二六、二〇〇九年)一六三―一九六頁。
(29) 開河寺石窟の調査報告に下記がある。李裕群「山西平定開河寺石窟」(『文物』一九九七―一)。また石窟銘文に関しては下記も参照。侯旭東『北朝村民的生活世界――朝廷、州県与村里』(商務印書館、二〇〇五年)。
(30) 『隋書』巻三九、「豆盧勣附通伝」。
(31) 斉藤達也氏は『隋書』や石刻史料「隋重建七帝寺記」の記述から豆盧通が定州刺史に着任したのは開皇二年頃と推定した上で、開河寺石窟銘を採録する胡聘之『山右石刻叢編』が銘文末尾の像主らの官称号に見える州名から見て当該部分を後の補刻とすることに注目、豆盧通の名・肩書きも後の補刻であるか、造像記自体も後の作成とされている。斉藤達也「隋重建七帝寺記(恵鬱造像記)について――訳註と考察」(『国際仏教学大学院大学研究紀要』六、二〇〇三年。
(32) 前掲注28李論文。
(33) 前掲注28。
(34) 前掲注28侯書、二六二頁。
(35) 北朝期における仏教的信仰と社会的地位の向上に関しては、佐藤智水「華北石刻史料の調査――南北朝の造像史料から」(『唐代史研究』七、二〇〇四年)など。
(36) 前掲注30斉藤論文。
(37) 駝山石窟の調査報告に下記がある。李裕群「駝山石窟開鑿年代与造像題材考」(『文物』一九九八―六)。
(38) 閻文儒「雲門山与駝山」(『文物参考資料』一九五七―一〇)。
(39) 『隋書』巻四七「韋世康附操伝」。

（40）段松苓『益都金石記』。
（41）前掲注36李論文。
（42）李裕群氏は、第二龕は第三龕に比べてやや新しい様式を示すと見て、第二龕は或いは五九〇年頃までくだる可能性もあるという（前掲注37論文）。
（43）『永楽大典』巻五二〇三に引く明洪武年間『太原志・太原府』宮室の条に「避暑宮は、県の西南三十里天龍寺の東北に在り、重岡数匝有りて、昔、北斉高帝及び東魏文宣帝の避暑離宮なり」という。また明嘉靖年間の『太原県志』巻一には「仙岩寺（天龍山石窟の一部に比定される）は県の西南三十里葦谷山に在り、北斉二年に建てて避暑宮と為す」という。
（44）『永楽大典』巻五二〇三に引く明洪武年間『太原志・太原府』寺観の条に「天龍寺は、本県の西南三十里に在り、北斉置く、皇建中に并州定国（寺）僧の造れる石窟銘有り」という。
（45）前掲注2書、二〇一―二〇三頁。
（46）北斉宗室が建造した太原西山大仏は、明嘉靖年間『太原県志』巻五に引く『重修蒙山開化荘厳閣記』によると、「仁寿元年（六〇一）、隋朝は大閣を造りて尊像を庇う。乃ち改めて浄明寺と為せり。」といい、隋朝の開始から二〇年経過した仁寿元年に至ってはじめて高氏ゆかりの摩崖大仏を庇護する窟外建築を建てている。
（47）石窟周辺に存した木造構築物は避暑宮の他、窟前建築が想定できる。また田中俊逸氏は、西峰第二〇窟の正南断崖の麓の当時畑であった場所に礎石が散在しており旧寺院の跡かと推測されているが（前掲注7論文、三七八頁）、李裕群氏はこの寺址を天龍寺に比定されている。前掲注2書、一六三―一六四頁。

付記　本稿は、科研基盤（A）「文明移動としての「仏教」からみた東アジアの差異と共生の研究」の一環として二〇一二年九月十五日に開催された天龍山石窟・龍山石窟国際学術研討会（於中国太原市・晋祠賓館）における口頭発表「天龍山石窟第八窟的初歩考察」に基づくものである。発表と現地調査の貴重な機会を与えて下さった科研研究代表者の新川登亀男先生と、天龍山石窟研究所に感謝いたします。

第三部　守護と対敵

退敵の毘沙門天像と土地の霊験説話
――唐末五代期の毘沙門天像の位置づけをめぐって

大島幸代

はじめに

仏教の天部の諸尊について、経論等からの引用を多用しつつ総合的に解説をおこなう『重編諸天伝』（南宋・一一七三年、行霆撰）は、北方天王、すなわち毘沙門天について、次のように説く[1]。

唐立像儀、令身被金甲、而足踏女人之肩、下作雲以擁之。或云乃其母也。其手中執捉與前。亦同於其左右羅列八部、風水雷電諸鬼囲繞。其子祇那利沙并九十一子、前後随従。

A由唐天宝中、西番大石康居三国兵、囲西涼府、詔不空三蔵、誦仁王密語。玄宗乃見神人五百員、在乎殿庭。帝問不空。不空曰、毘沙門天王子領兵救安西、請急設食発遣。四月二十日、果奏二月十二日、城東北三十里雲霧間、見神兵長偉。鼓角喧鳴、山地崩震、番部驚潰。彼営壘中有鼠金色、咬弓弩弦皆絶。北門楼有光明、天王怒視、番師大奔。帝覧表勅諸道城楼置天王像、此其始也。（中略）

B又唐懿宗咸通三年、西川及四州(2)現僧相天王。皆有記録。（中略）凡所祈響応猶形声、豈特西涼川蜀者乎。

引用冒頭には、唐の毘沙門天像、なかでも立像の一般的な形が述べられ、それに続いて、毘沙門天が持つ威力、示す効験の内容が、唐代に起こった二つの霊験説話（A・B）によって説明される。Aは、中国だけでなく日本においても毘沙門天信仰の核となった安西城（現、新疆ウイグル自治区クチャ）を舞台にした説話（以下、安西城説話と称す）を下敷きにし、舞台を西涼府（甘粛省武威周辺）に置き換えたものである。Bは、咸通三年（八六二）に四川に示現したという「僧相天王」の話である。ここに取り上げられた両説話が、毘沙門天の霊験を語る説話のなかで最も周知されていたという、当時の認識がうかがえる。

また引用末尾は、毘沙門天の力が及ぶのは西涼（甘粛地域）や川蜀（四川地域）にとどまるはずがないと結ばれ、こと毘沙門天信仰に関しては、この両地域が信仰の中枢であったことを示唆する。それは、毘沙門天像の現存作例の分布にも明確に表れており、中国全土に遍在するのではなく、甘粛・四川・陝西・江南等の限られた地域に偏ってみられ、さらには『重編諸天伝』が述べる通り、甘粛地域と四川地域に最も豊富に残されている。『重編諸天伝』の編まれた南宋時代の認識は、現在の現存作例の分布状況と左程隔たっていないことがわかる。

こうした四川を舞台にした霊験説話の存在と、四川における毘沙門天信仰の盛行という二点を理由に、本稿では四川地域に焦点を当てていきたい。安西城説話は、東アジアにおいて様々な文献に繰り返し引用・記述されており、毘沙門天信仰の基層を形成した重要な説話であったといえる。だが一方で、その広まりの故に、毘沙門天信仰がそれぞれの土地にどのような形で根付いたか、具体的な様相が追いにくいのもまた事実である。

そこで本稿では、ある特定の土地に根差した霊験説話、つまり四川に現れた僧相天王の霊験説話に着目する。(3)王朝交代を挟む唐後半期から五代期にかけて、敵を退ける退敵神あるいは軍神としての毘沙門天をもっとも真摯に信仰したであろう人々――各地を治める節度使や刺史等が、それぞれの土地でどのように毘沙門天像を造る、祀るという行為に関与したのか。彼らをしてそのように動かせた事情は如何なるものだったのか。そして彼らの動向が彼らの活動する地域でどのような意味を持ち得たのか。こうした問題について、地域独自の霊験説話と造像活動との関係、特に説話と実在の毘沙門天像との接点に留意しながら論を進めていきた。

一　西域を舞台とする退敵説話と唐の毘沙門天信仰

中国唐代の毘沙門天信仰については研究の蓄積があり、それを踏まえると概要は次の通りである。(4)毘沙門天は、敵を退け国家・王朝とその領域を護る退敵の神、護国の神として信仰され、四天王から独立して単独で祀られた。その信仰の核となったのは、先述したように安西城説話である。節度使や刺史等は、政庁・軍衙・軍営など、政務・軍務を執り行う役所の建物に必ず毘沙門天像を造り祀ったとされる。(5)この毘沙門天信仰は、平安時代初期頃の日本にも伝わり、京都東寺の兜跋《とばつ》毘沙門天像やその模刻像等で知られるように、日本でも大いに流行した。

安西城説話を載録する最も古い文献は、八世紀半ば頃には成立していたと推測される『太白陰経』である。(6)本書は、軍隊の実際の運用法や運用思想について書かれた兵書であり、李筌が撰述し乾元二年（七五九）に上表との記がある。その中に、神仏に戦いの守護を祈願する際の、「祭文の文例」を集成した篇があり、その序文に安西城説話が載録される。戦の守護を願う対象には、名山や大河の神々、風伯・雨師等の中国古来の神々があり、それに混じって、仏教尊としては毘沙門天が唯一挙げられている。そして、毘沙門天がどのような神であるのか、という説明として退敵の霊験説話が二種引用される(7)。

毘沙門神、本西胡法。仏説四天王、則北方天王也。于闐城有廟、身被金甲、右手持戟、左手擎塔、祇従群神、殊形異状、胡人事之。往年吐蕃囲于闐、夜見金人被髪持戟、行于城上。吐蕃衆数十万、悉患瘡疾、莫能勝兵。又化黒鼠、咬弓弦無不断絶。吐蕃扶病而遁。国家知其神、乃詔于辺方立廟。元帥亦図其形于旗上、號曰神旗。出居旗節之前、故軍出而祭之。至今府州縣多立天王廟焉。

一本云、昔吐蕃囲安西、北庭表奏求救。唐玄宗曰、安西去京師一万二千里、須八箇月方到。到則無及矣。左右請召不空三藏、令請毘沙門天王。師至請帝執香炉、師誦真言。帝忽見甲士立前。帝問不空、不空曰、天王遣二子独揵、将兵救安西。来辞陛下。後安西奏云、城東北三十里、雲霧中、見兵人各長一丈約五六里。至西時、鳴鼓角、震三百里。停二日、康居等五国抽兵。彼営中有金鼠、咬弓弩弦、器械並損。須臾北楼天王現身。

于《う》闐《てん》城が吐蕃の軍に囲まれた時のこと、ある夜に被髪で戟を持った金人が現れ、城の上を過ぎて行った。すると、吐蕃の兵数十万がみな瘡疾に罹り、戦闘不能に陥った。また、毘沙門天が黒い鼠に化して弓の弦を咬み切ったため、吐蕃軍は遁走するしかなかった、との内容である。これが于闐城の霊験説話である。この一件を知り、毘沙門天を祀る廟を立てさせ、軍旗に描かせたという「国家」とは、唐王朝のことである。具体的には『宋高僧伝』巻二六の慧雲伝、『図画見聞誌』巻五の相藍十絶条に謂うところの、于闐に画家を派遣し、唐に初めて毘沙門天図像の写しを伝えさせた玄宗を想定していると推測される。(8)毘沙門天信仰と玄宗との結びつきはこの他にも断片的に伝えられるが、(9)この玄宗に纏わる記録においても毘沙門天の図像の源流は于闐とされている。玄宗が毘沙門天像の模写を将来したという、逸話の内容すべてをそのまま史実として鵜呑みにすることはできないが、玄宗の時代にそれに近い何らかの動きがあったことを反映していると考えられる。

この于闐城説話に続いて引用されるのが、安西城説話である。玄宗の頃、安西城が吐蕃の兵により包囲された際、不空三蔵の修法により、毘沙門天の第二子獨揵と彼の率いる神兵が現れ、安西を救った。その時、毘沙門天も北の楼に姿を現した、という内容である。

毘沙門天の霊験説話のうち、退敵に関する霊験を説くものは、これまでに述べてきた三種が主なものである。『太白陰経』に引く于闐城説話、安西城説話、そして『重編諸天伝』にある四川説話である。これらのうち、西域を舞台とする両説話が敵国を吐蕃《とばん》とし、四川説話のみ敵国を南詔としている。また、于闐城、安西城の両説話はその内容が酷似しており、源を同じくする話にそれぞれのアレンジが加わり成立した説話であると推測される。四川説話の成立については後述するが、九世紀半ば以降に語られ始めたと考えられるため、他の二つに比べるとかなり後発となる。

『太白陰経』は、于闐城説話を筆頭に挙げ、「一本云」として安西城説話を加えている。さらに、玄奘が西域求法の帰路に立ち寄った于闐の毘沙門天信仰の見聞にはじまり、(10)玄宗の毘沙門天信仰と于闐との関係を踏まえると、唐における毘沙門天信仰の初期には、于闐をその源流とする見方が間違いなく存在していた。しかしながら、この後、于闐城説話が広く流布することはなく、代わりに安西城説話が東アジアにおける毘沙門天信仰の牽引役を務めていくことになる。

現存する史資料からその理由を推察すると、以下の事情が考えられる。安西城説話は、中国においては『毘沙門儀軌』『北方毘沙門天王随軍護法真言』『北方毘沙門天王随軍護法儀軌』『毘沙門天王経』『宋高僧伝』『大宋僧史略』等、日本においては『勝語集』『東宝記』等、主に仏教書を中心に引用載録されていく。それに対し、于闐城説話、あるいは于闐の毘沙門天信仰に関する逸話は『太白陰経』『図画見聞誌』等の仏教書以外の文献に書き留められていることや、『保唐寺燈幢讃』等のように仏教関係の撰文であっても、石刻等に引用されたという事情が関係すると推測されるのである。説話内容からも同様の痕跡が読み取れ、安西城説話は登場人物の一人として玄宗が出るものの、重要な役割を担うのは不空とされている。一方、于闐城説話の霊験の場面は、于闐と叶蕃とのやり取りに終止し、そこに唐の存在は語られない。そして、この説話あるいは于闐における毘沙門天信仰の盛行を承けて、唐から働きかけを行い、于闐と唐をつなぐ重要な役割を担うのは、皇帝たる玄宗である。両説話とそれにまつわる逸話は、毘沙門天信仰の唐での流行に核心的な役割を果たした人物を、不空とするか、玄宗とするか、という点で相違があり、これがその後の説話の引用載録状況に影響を与えたものと推測される。安西城説話が引かれる経軌は、不空訳に仮託されたものが多く、あるいは不空周辺の関与が、仏教書における安西城説話の広まりに密接に関係している可能性がある。(11)

さて、唐の毘沙門天信仰の地盤である安西城説話であるが、その特質の最たるものは、毘沙門天が「戦に勝たせる神」ではなく「敵を退けある一定の範囲（国土）を守護する神」とされている点といえるだろう。攻撃力よりは守護力を期待されており、本来、毘沙門天は積極的な侵攻を後押しするような軍神ではなかったことが示されている。またその際、西域であっても、唐の支配が及ぶ地域・土地が舞台となっており、全体として唐の国土を守護する神というイメージが強い。唐で毘沙門天信仰が広がり定着したのは、唐の国土の守護神、あるいは唐王朝の守護神として語られた、その性格付けがアピールしやすかったことにも関係があったと考えられる。

この国土あるいは国、それを治める王朝の守護神としての性格は、于闐における毘沙門天伝説の影響を受けたものと考えられる。玄奘が伝えているように、于闐では、国王が毘沙門天の末裔であると信じられ、それを説く建国伝説が唱えられていた。敦煌莫高窟等にはこれを主題とした壁画も描かれた。唐王朝自体は、毘沙門天を于闐で行われていたほどの地位に高めることはなかったが、唐末から五代期にかけて、各地に勃興した諸藩鎮や軍閥君主では状況が異なる。この辺りの事情については後述することにしたい。

上述のような土壌の上に広まった唐の毘沙門天信仰において、信仰対象となる毘沙門天像は祀られ方にも特色がある。主な安置場所として記録されるのは、他の仏教尊像と異なり、政務・軍務を行う庁堂等の建物の周辺である。この点は、早くに宮崎市定氏の研究で明らかにされており、寺院・石窟摩崖等、仏教尊として一般的な祀られ方もみられるが、一方で、宗教空間から距離を置いた政治空間の周辺に祀られることが習慣化していた。[12] 京都東寺の兜跋毘沙門天像が、平安京の正門である羅城門に安置されていたという伝説を持つように、城門への安置もこの類に含まれよう。

また、旗旄（特に軍旗）に描いて祀ることも行われた。玄宗は旗に毘沙門天の像を描いたとされ、その行為は玄宗の毘沙門天信仰を物語る定型句として詩文に詠み込まれた。[13] 遺憾ながら、そうした旗の実例は現存していないが、類例として敦煌莫高窟蔵経洞から発見された布製や紙製の幡には、毘沙門天像が描かれたものがあり、当時の状況を髣髴させる。

そして、最後にもう一点だけ加えておくと、毘沙門天像は、他の様々な尊像と組合せて造像される例が多い。長岡龍作氏は、特に四川地域の石窟摩崖では毘沙門天像の龕に隣接して、千手像、釈迦・文殊・普賢の三尊像等の龕が同規模で造られる、という特徴がみとめられると指摘する。(14) 長岡氏は、これを毘沙門天の現世での効験は、他の尊種との組合せでより効果的に高められたのではないか、と推論する。事は毘沙門天信仰にとどまらず四川地域における仏教造像のあり方全体に及ぶ問題であるため、現段階で筆者にはこれを論ずる力はない。後考を期したい。

二　資中県西岩の毘沙門天像と成都城の霊験説話

唐で安西城説話をもとに広まった毘沙門天信仰は、四川地域においても、八世紀から九世紀半ば頃にかけて他の地域と同様に受け容れられ、他地域よりは熱心に信仰活動が行われた。それは現存する毘沙門天像の作例が端的に物語る。毘沙門天像の形式の上でも、敦煌や西安、山東等の毘沙門天像と大きな差異はない。ところが、九世紀半ばを過ぎると、四川は独自の毘沙門天信仰を形作っていくことになる。

四川省東部の資中県西岩にある毘沙門天龕（第三五号龕、図1・2）を最初に見ておきたい。西岩は比較的規模の大きい摩崖造像であり、仏龕は、切り立った高い崖面ではなく、低い断崖や巨石に彫出される。

毘沙門天龕は、龕高三〇〇センチ、龕幅三四〇センチ、龕奥二四〇センチという大型龕で、四川地域で造られた毘沙門天像の完成形というのにふさわしい、規模と内容を持つ作例である。龕内の右壁に刻まれた造像記によれば、その造立は五代後唐治下の天成四年（九二九）五月頃に始まり、十月には完成した。造立者は資州（現在

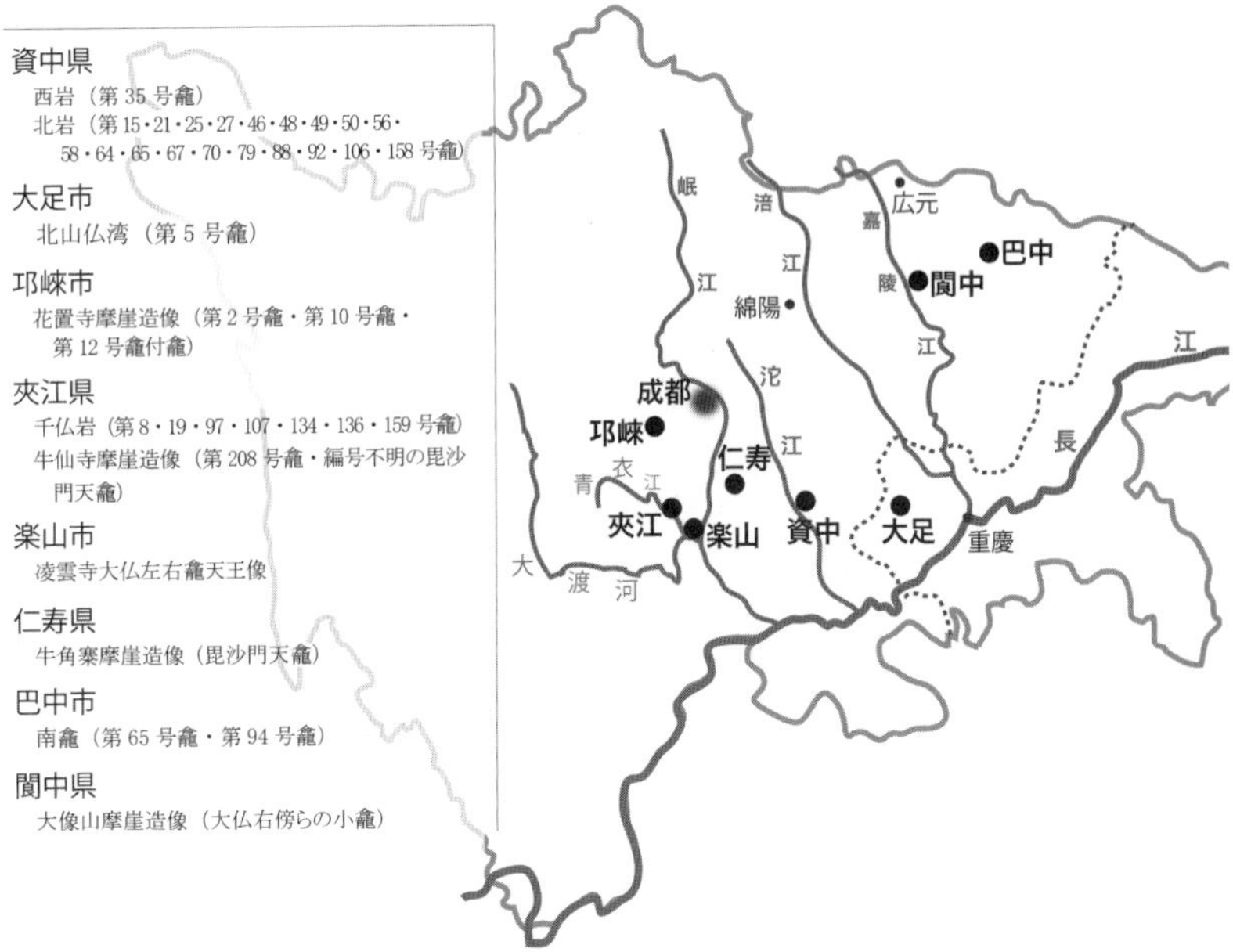

図1　本稿と関連する四川地域の毘沙門天像

の四川省資中県）刺史である「元弘習」とその妻「曹氏」、息子「通進」、および資州の衙軍に所属する「蘇罕賓」なる人物であるというが、いずれの人物についても経歴は不明である。当時は、剣南西川節度使にあった孟知祥が、後唐明宗（李嗣源）と表面下で対立している時期にあたる。明宗は西川に対し警戒を強め、監軍を任命、派遣して孟知祥の動向を監視させ、また精兵を有する刺史や節度使をその領内に配置する等の対策を講じていた。

惜しまれることに、図版に見る通り像の表面は摩損が進み、特に龕口付近は甚だしく、像の詳細を確認するのが困難な状態である。そのため、これとほぼ同様の規模・内容を持つ大足県北山仏湾第五号龕（図３）もあわせてみておきたい。

大足も資中と同じく四川地域の東部に位置する。毘沙門天像は唐末の景徳元年（八九二）頃

図2　資中県西岩　毘沙門天龕

に造立されたものであり、韋君靖が築いた永昌寨に所在する。両作例は、いずれも唐末から五代期に造立されたものであり、唐の毘沙門天像が行き着いた姿をうかがうのに格好の作品といえる。

まずは両作例の特徴を、これに遡る唐代後半期の作例と比較しつつおさえておく。毘沙門天像は像高が二メートルを超え、体軀は肩が広く腹が丸く、総じて恰幅がいい。実人大とかけ離れた大きさではないことと相まって、「大人相」と称するのが最も適当であると思われる。唐後期の毘沙門天像は、例えば邛崍市花置寺第二号龕（図4）のように、腰を細く搾った甲を身に纏い、そのために細身の体軀であらわされるのが一般的である。四天王の北方天王とは区別され、単独の毘沙門天像として特徴づけられる最たる形式が、この細身の体にぴったりと沿う搾腰の外套形の甲である。四川の仏教造像は、尊種にかかわらず時代が降るにしたがって肉付きがよくなり、童子のようなふくよかな体型になっていく傾向がある。その典型ともいえるのが、夾江県千仏岩の毘沙門天像であるが（図5）、資中・大足の両作例はそのふくよかさともまた異なり、固く締まった肉付きで、壮年期を思わせる堂々たる体格となっている。

そしてもう一点の特徴が、毘沙門天の左右に伴う眷属の数にある。両作例はいずれも毘沙門天像を中尊として、

図3　大足県北山仏湾第5号龕

図5　夾江県千仏岩第159号龕

図4　邛崍市花置寺摩崖造像第2号龕

その左右に各四軀、計八軀の眷属像を伴う（図6）。西岩像は、保存状態が悪いために、眷属像の形を若干でも確認できるのは図6の①②③④⑥のみで、⑧⑤⑦は台座等の痕跡が残るにとどまる。大足像は、右壁の上部が大きく損壊しており、その失われた部分に本来はもう一軀の眷属像⑥が存在していたと考えられる。吉祥天と考えられる女神像、着甲する神将形像、これに夜叉形、侏儒像を加える構成であるが、西岩像と全く同一というわけではない。

〔資中西岩像の眷属〕
①棍棒または剣を持つ夜叉形
②神将形
③吉祥天
④棍棒または剣を持つ夜叉形
⑤不明
⑥足首まで覆う衣をつけた像
⑦不明
⑧不明

〔大足北山仏湾像の眷属〕
①棍棒を持つ夜叉形
②剣を持つ夜叉形
③吉祥天
④神将形
⑤官人装形
⑥笏を持ち鬚髯のある人物
⑦侏儒
⑧侏儒

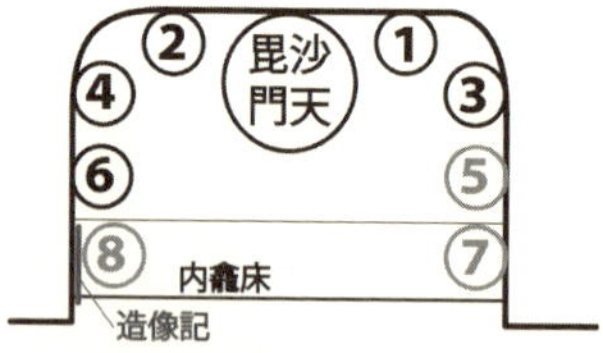

資中西岩第35号龕

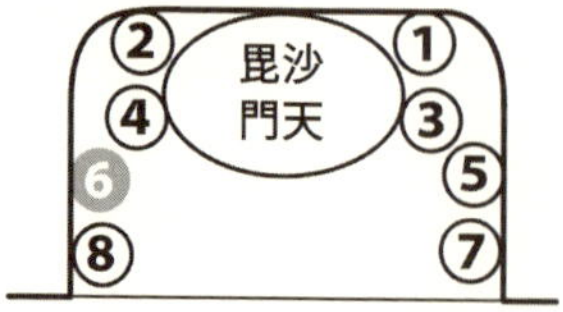

大足北山仏湾第5号龕

図6　尊像配置図

吉祥天は、いずれも毘沙門天にほど近い左位置に配される点が共通している。

八軀という眷属数は、四川地域に現存する毘沙門天像には珍しく、その大多数は、眷属が二軀もしくは四軀であり、その他に眷属を全く伴わないもの、眷属を六軀伴うものも若干確認できる。多くの作例に共通する基本的な眷属は、吉祥天と神将形像、それに夜叉形像である。そのため、資中西岩像と大足北山像の両作例で共通して眷属が増加すること、他の作例に見出せない眷属が出現することは、両作例がかなり密接な関係を持ち、四川において最も要素の多い複雑化した作例であることを示している。

この眷属像の詳細については別稿を用意するとして、眷属数の増化という現象は、晩唐期頃から特に敦煌地域で流行した「行道天王図」と称される一群の絵画作品と関連することが、既に金香淑氏によって指摘されている。[15]行道天王図は敦煌画の作例が集中的に残り、そのほか四川の資中北岩第四八龕や來江千仏岩第八号龕も類例として挙げられる。

その主題について、松本榮一氏は、毘沙門天が眷属衆を率い、由乾陀山頂の居城を出て、那稚尼池を渡り、迦毘延多園に遊行しようとするところを描いたものと解する。[16]つまり、毘沙門天が移動する様を描くことに特徴があり、地天の上に直立する他の単独毘沙門天像とは意味合いも像容も本質的に相違する。ただ、行道天王図に描かれた情景の大枠は松本氏の解釈で概ね理解されるものの、画面上部の飛行する夜叉形をこの話の中でどう解釈するか、そして、そもそも何故そのような遊行の場面を描き出す必要があったのか、という制作意図の点で疑問が残る。先述した『太白陰経』の于闐城説話中には、「往年吐蕃囲于闐、夜見金人被髪持戟行于城上」とあり、于闐を救難した毘沙門天は上空をゆく様であったと説かれている。また、『太白陰経』中には「祇従群神（群神を従える）」とあり、于闐で祀られていた毘沙門天像には多くの眷属が伴っていたことが推測され、行道天王図は、毘沙門天信仰の源流・于闐における毘沙門天像の造られ方に近いものであったと考えられる。これを踏まえると、唐末五代期に四川で造立された群像形式の作例は、むしろ西域の毘沙門天信仰の原型を復活させるものであったとみなすこともできよう。

　さて、四川に残る多くの毘沙門天像のなかから西岩像に注目したのは、上述のような造形上の特色が注意を要することに加えて、龕内右壁の造像記に、四川の霊験説話が含まれているためである。もとは左壁にも題記があったということであるが、現在は確認できない(17)。

　右壁の造像記もかなり摩耗が進み、判読不能の文字が多い。この造像記は、清道光二十八年（一八四八）に編纂された『金石苑』巻二に載録されており、本題記をはじめて紹介した岡田健氏の録文を踏まえ(18)、筆者の現地調査の結果も勘案すると下記のようになる。

天宝初西……犬羊之衆萬隊、豺狼之暴肆兇、戎軍陪■於□■、似有難色、都護告虔於　真聖、如響随聲。是時　天王顕……興雲雨而四望昏暗、鳴剱戟而百里晶■電巻■氣風駆□類。洎咸通中、南蛮叛乱、圍逼成都、聚十萬衆、蛇……鵝鸛之陣、焚廬掠地、窮悪恣兇。列郡之将軍、未■會府之城池、将陥此際、天王茂昭聖力、邃顕神威、楼上現……耀光明之彩、蛮蜑瞻之而胆讐、忠豪視之而心■。即時遁躍於遐郷、是日塵清於錦里、威徳示平凶之験、異霊……功……

（適宜、旧字を新字に改めた。■は欠損字。□は判読困難な字。）

　引用箇所の前半は、「天宝の初」の話として、「真聖」すなわち玄宗が登場する安西城説話と推定される。それに続く後半には、咸通年間（八六〇～八七四）に、南蛮が乱を起し成都が包囲されたという事件があり、まさに陥落しようかというところで、天王（毘沙門天）が姿を現し、敵軍は退却していったとある。この時、毘沙門天が現したのは「平凶」、凶賊を平らげるという霊験であったと記される。

本稿冒頭に引いた『重編諸天伝』と、安西城・四川の両霊験説話を引く点で同様の構成となっているが、前半の安西城霊験説話よりも、後半の四川の霊験説話に多くの文字数を割くのが特徴である。資中という土地で造られた像の題記であるから、四川の当地説話をより詳しく盛り込むのはごく自然な発想といえる。四川の霊験説話に基づいて造られた毘沙門天像の実作例としては、この西岩像が管見の限り唯一のものである。

この題記にある成都を舞台にした霊験説話（以下、成都城説話と称す）であるが、筆者はかつてこれについて論じたことがあるため詳細はそちらに譲り、ここでは概述するにとどめたい。[19]

成都城説話がまとまった形で載録されるのは、『宋高僧伝』巻二十七の智広伝である。[20]それによると、五代前蜀の皇帝として立つことになる王建は、乾寧（八九四〜八九八）の初めに成都に入り[21]、それ以後、智広を聖師と呼び尊崇した。両者が協同して行った事業に、成都城郊外の宝暦寺天王閣の修理があった。成都城説話とは、この宝暦寺天王閣に祀られていた毘沙門天像の由緒を説明する説話である。

その由緒とは、咸通年間（八六〇〜八七四）中に、南蛮王（南詔王世隆）と坦綽（南詔の文官、この時は杜元忠）の率いる兵士達が成都城を包囲し、府城は陥落寸前まで追い込まれた。咸通十一年（八七〇）に南詔が四川盆地深くに侵攻したことは史書にも記述される。[22]その時、「僧相」（僧の姿）の毘沙門天が示現した。高さは五丈ばかり、眼光鋭く睨みをきかせたため、南詔の兵士達はすぐさま退却した。それ故に、蜀の人々は成都城北の宝暦寺に、この示現した毘沙門天の姿形を写した像を安置したという。

宝暦寺の位置は、智広伝には成都城の北と記されるが、当寺の創建を伝える基本史料『宝暦寺記』や『道教霊験記』「南康王韋皐修黄籙道場験」を踏まえると[23]、成都城の南、錦江にかかる萬里橋を渡ったところに位置すると考えられ、智広伝は何らかの誤記か、もしくは宝暦寺の移転を伝えている可能性がある。宝暦寺の創建者は、九世紀初頭に西川節度使の任にあった韋皐である。韋皐は在任中に楽山大仏を完成させた人物でもあり、楽山大仏の左右に配された巨像の毘沙門天像の造立にも関係をもったと推測される。この楽山大仏および毘沙門天像の完成は、四川地域における毘沙門天信仰の盛行を準備したものであり、成都城説話に登場する僧相の毘沙門天像を安置する寺院として、成都城内の他の大寺院をおいて宝暦寺が選ばれたことには、この韋皐の存在が何らかの影響を及ぼしたと考えられる(24)。

三　地方統治者と毘沙門天像──造り方、祀り方の特徴

この宝暦寺の五丈毘沙門天像を例に、四川地域の地方統治を任じられた者と毘沙門天像との関わりをまずは見ていきたい。宝暦寺像は、造立・安置の時から後々まで、断続的に歴代の統治者と接点を持ち続けたという特色ある像である。

まず、本像の造立者は、智広伝において王建が見た夢に登場する呉行魯という人物と推測される。『資治通鑑』によれば、呉行魯は、件の咸通十一年の南詔成都包囲の際に、彭州（現在の四川省灌県）の刺史であったが、時の西川節度使盧耽の求めに応じて成都に移り参謀を務め、南詔の包囲から成都を守護した人物とされる(25)。この呉行魯が、王建の夢中に現れ、宝暦寺の毘沙門天像の行く末を案じたというのである。宝暦寺像を造ったその人、もしくは造立事業に関与した中核人物の一人でなければ、ここに登場する意味が見えてこない。呉行魯は、宝暦寺像の他、成都の衙城の北門にある大安楼下に天王院を創建したこと等が伝えられており(26)、毘沙門天をはじめとす

る天王信仰に篤い人物であったとみられる。

そして、成都城説話に「牛尚書」として登場する剣南西川節度使の牛叢との関わりも注目される。牛叢はその任期中（八七三〜八七五）に、宝暦寺毘沙門天像を破壊するという行為に出た。その後兵火が相次いだため、蜀人はそれを毘沙門天像が壊れたままであることと結び付けて考え、恐れたという。実際、牛叢の任期中の四川は南詔による大規模な攻撃を再び受けた。『資治通鑑』によると、南詔軍は北上し、黎州・雅州（現在の四川省雅安市）・邛州（邛崍市）へと進軍したため(27)、牛叢は成都城に攻め入られることを怖れ、城外の民の居住地を焼き払ったという。こうした窮地にあった牛叢が、何故、退敵に霊験のある宝暦寺像を破壊したのか、またその時期や理由については史料に見出せない。しかし状況を鑑みるに、南詔軍を怖れるあまり成都城外の家々を焼き払った際、あるいは成都城郊外に位置していた宝暦寺の天王閣も延焼し、天王像が損壊したことを指している可能性がある。いずれにしても、宝暦寺像の損壊を、四川の人々が、四川に兵火が絶えないことと結びつけてみる眼差しがあった点は重要である。

この牛叢が破壊した毘沙門天像を修造するのが、智廣の協力を得た王建である。王建の修理事業は規模の大きなものであり、像本体や天王閣の修理だけではなく、閣内に天王信仰に基づく壁画が新たに描き加えられた。『益州名画録』によれば、王建の頃に活躍した画家の房従真は「宝暦寺の五丈天王閣の下に、天王・部属・諸神」の像を描いたとされる。そのほか、蒲師訓、常重胤等による天王像の壁画も加えられた(28)。

王建の関与を経た唐末の宝暦寺天王閣には、四川を守護したという霊験説話の伴う毘沙門天の巨像があり、それを取り巻くように天王図、あるいは天王変相と称すべき壁画が多数存在していた。この修造事業に、節度使王建の積極的な関与があったことから推して、宝暦寺は四川地域における毘沙門天信仰の中心的存在たる位置を占めるようになっており、宝暦寺毘沙門天像はますます盛んな信仰を受けていたと考えられる。

この宝暦寺毘沙門天像の成都城説話において、注意を要する問題が二点ある。一点目は、像は僧相で姿を現した毘沙門天を写し造ったものであると説かれる点である。[29]当然、毘沙門天像には僧の姿を想起させる何らかの要素があったと考えられるが、四川に現存する作例や史料にはその形について伝え残すものがない。実作例である西岩像も成都城説話を題記に含みながら、その姿は甲冑を着けた通常の神将形であり、僧相と解せられる形式的な特徴は見出せない。

これらの断片的な記録を考え合わせるに、成都城説話の僧相の要素は、ある時を境に像の形の上からも説話からも消えてしまったのではないか、という推測が成り立つ。その「ある時」に、王建の修造事業が当たる可能性を想定できないだろうか。成都城説話の舞台年代と、西岩像の制作年代との間に、牛叢の破壊、王建の修造があり、これを経ることで、像の形が僧形から神将形にあらためられた可能性である。西岩像が宝暦寺毘沙門天像を念頭に置きつつ造立されたものであるならば、その神将形という形の選択に積極的な意味を見出すこともできよう。この推測が妥当ならば、王建の修造事業は、像の形式だけの改変に留まらず、四川に伝えられた毘沙門天の霊験説話の内容をも改めさせてしまったと解することができる。霊験説話を体現する像の実在の力は、可視できるという訴求力の強さでもって、伝承されてきた霊験説話の中身にも影響を与えてしまったのである。

そして問題の二点目である。宝暦寺毘沙門天像をめぐる四川の統治者等の動向は実に賑やかであるのだが、それ以外の毘沙門天像には、果たして彼らのどのような関与がうかがえるのかという点である。安西城説話を詳録する『毘沙門儀軌』には、安西城で示現したという毘沙門天の図様が玄宗の元に届けられた後の事柄を、「有天霊異、奉勅宣付十道節度。所在軍領令置形像、祈願供養」と記す。[30]玄宗は節度使のもとに図様を頒布させ、各々

図7　巴中市南龕第94号龕の毘沙門天像（右）と第93号龕の『巴郡太守榮陽鄭公新建天王記』（左）

の軍令に造立・安置させたという。説話自体は架空のものであろうが、この一節には、退敵に力ある毘沙門天の図像を節度使が所有していたこと、節度使の周辺が毘沙門天信仰の発信地となっていたという現実の状況がある程度投影されていると考えられる。では、その具体的な信仰活動の様相は如何なるものであろうか。

ここで一つの作例を確認したい。巴中市南龕第九四号龕の毘沙門天像である（図7）。厨子形の龕内に、地天・二鬼の上に立つ毘沙門天、左右に神将形・吉祥天の両像、龕口近くに持剣の小神将形像（二天像？）が造られる。毘沙門天像は両手が後補である上に、面部や足下の地天・二鬼に後世の手が入る。頭頂は龕内天井に彫出された天蓋に付かんばかりであり、他の像に比して毘沙門天像の法量が大きい。また厨子形に象った龕の口縁部には、帳状の布が形作られ、左右の柱には龍が取りつく。

本作例には会昌六年（八四六）に撰述された造像記『巴郡太守榮陽鄭公新建天王記』（第九三号龕）が伴う。図7の左の碑がそれである。(31)

巴郡太守滎陽公、恵於民、信於士、虔於浮図者也。居家必潔室厳香、大□□之具置毘沙、其間歳時月往朔、必儼黙簪裾、跪礼至再。前剖郡符、皆建厥像於其土、必盡厳飾、果求精妙。既迨巴川、於郡之南山、視峭嶂斗絶、有厳黄門武、鐫鏤釈像之所。乃命工為。

国及闔境寮庶、立毘沙於其側、姿容端荘丹□顕布。就建華屋以護風雨。豈唯将来之勝因、亦郡城之佳翫。

巴郡太守の鄭公はもとより毘沙門天信仰に篤い人物で、自らの邸宅にも毘沙門天像をそなえ、日々これを供養・礼拝してきた。加えて、これまで刺史として赴いた土地に毘沙門天像を造り荘厳してきたという。このたび巴中に赴任することになったため、同様にここにも毘沙門天像を造った、との内容である。本作例がやや凝った厨子形にあらわされるのは、鄭公が自邸で祀っていたという毘沙門天像の安置形態と関係があるのかもしれない。

また、鄭公は赴任先の各地でその都度、毘沙門天像を造立してきたとあり、毘沙門天の功徳の及ぶ範囲を空間的に捉える意識があるのは興味深い。その土地を護る毘沙門天は、その土地において造立するものとされており、土地に深く根ざし、存在する空間と強く結びつく毘沙門天の性格が垣間見えてくる。

この巴中の作例は、毘沙門天信仰をもつ官人が任地の先々で造像を行い、自らの造った像を供養してきたという、毘沙門天信仰の重要な側面を浮彫りにするものである。特に四川では、一箇所の石窟摩崖造像に複数の毘沙門天像が造立されたサイトがしばしば確認される。鄭公のような毘沙門天信仰の在り方は、こうしたサイトの造像事情を説明してくれるものとなろう。該当するのは、資中県北岩、夾江県千仏岩（図8）、同牛仙寺摩崖、邛崍市花置寺摩崖等である（図1）。鄭公が毘沙門天像を造立した巴中南龕にも、第九四号龕の他に第六五号龕の毘沙門天像があり、方形の龕内いっぱいに地天に支えられた毘沙門天が単独であらわされている。いずれも各州の治城から近距離に位置するのは、こうした造像事情と関係があるものと考えられる。自らが造り自らが祀る自らの毘沙門天像を、地方統治を任された官人達のいくらかは持っていたのである。毘沙門天像が複数軀造立されたサイトは、その土地に赴任してきた代々の統治者や官人等による毘沙門天信仰が凝縮した姿として立ち現われてくる。

図8　夾江県千仏岩摩崖造像の毘沙門天龕

　これと関連して、敦煌の石窟壁画においてしばしば見られる毘沙門天像を並置する、あるいは対置する作例を見ておきたい。(32) 並置作例には、吐蕃支配期の莫高窟第一五四窟があり、毘沙門天と女神像・菩薩像（観音カ）がそれぞれ組み合された二対の像が縦列して描かれている。(33) 対置作例としては、瓜州楡林窟第一五窟の、門口を挟んで二軀の毘沙門天像が対に描かれた例、(34) 莫高窟第二二二窟、同第一〇七窟の西壁龕の左右に描かれた毘沙門天立像が確認でき、さらに同第二三一窟にも類例がある。

　これらの造像背景として、敦煌文書のP.２８５４第八篇『転経画像祈願文』が注目される。本資料は、経典の読誦、並びに弥勒経変相図と毘沙門天像二軀の造立によって、張議潮の北方征伐の戦勝とそれによる安寧を祈願するという内容の祈願文である。[35] 張議潮は、大中二年（八四八）に敦煌にて兵を起し、吐蕃の支配から沙州・瓜州・張掖・酒泉・伊州を次々と収復し、[36] その功によって大中五年（八五一）に、検校吏部尚書兼金吾大将軍帰義軍節度使兼十一州営田處置観察等使を拝した。[37] ここで言う北征とは、吐蕃の支配からの収復を期した一連の戦いの他に、回訖や吐谷渾との戦いを含めた帰義軍初期の出征を指すと推測されるが、具体的にいずれを指すのか定かではない。この造像を行ったのは「釈門教授和上」とあり、当時、敦煌教団をまとめる都教授の任に就く僧であった。

弥勒経変と毘沙門天像二軀がどのような位置関係で造られたかは、この史料からは明らかにできないのが惜しまれるが、帰義軍節度使時代の初期、確固たる支配権の確立を目指し周辺諸国との攻防を繰返す逼迫した時機に、戦勝あるいは退敵を祈願する対象として弥勒経変と毘沙門天像二軀の組合せが選択されたことは、その方面の効験が絶大であると信じられたからこそであろう。[38] 先述した長岡氏の指摘、異なる尊種を組合せて効験を高めた作例に該当するものと考えられる。

弥勒経変、あるいは弥勒と毘沙門天が組合された根拠について今のところ明確な答えは出せないが、この組合せは四川の楽山大仏（弥勒大仏）と左右の毘沙門天像にも共通するものである。楽山大仏は、叶蕃・南詔からの四川地域の守護と安寧を願って、韋皐が完成させた。この願いの一部分を更に重点化するために、毘沙門天が造り加えられたと考えられる。さらに、四川地域には、仁寿県の牛角寨摩崖の大仏とその左側壁に表された毘沙門天立像、閬中市大像山摩崖の大仏と龕外右壁に表された毘沙門天像、夾江県千仏岩の第一三五号龕倚坐大仏とその周辺に表された毘沙門天龕（図8）等、倚坐大仏あるいは大仏の傍らに毘沙門天像が造立された例が確認できる。これらを楽山やP.２８５４『転経画像祈願文』の弥勒・毘沙門天二軀の例と全くの同列に扱うことはできないが、その延長上にある造像と考えることができよう。

現存する敦煌の毘沙門天像対置あるいは並置作例には、弥勒との関係が明確なものはない。(39) しかし、毘沙門天像を二軀並置・対置して造立する、あるいはそれに弥勒を組合せるという図像構成が、四川・敦煌両地域である一定の広まりをみせたことには意味があろう。先に述べた巴中南龕の鄭公の造像とは状況が異なるが、『転経画像祈願文』の造像にしろ、楽山大仏の例にしろ、強い戦勝・護国祈願という動機が毘沙門天の複数造像を行わせた一つの要因となっていると考えられる。毘沙門天像を重ねて造立することで、戦勝・護国という効験の増大を狙ったと解せられるのである。

四　五代期軍閥君主の毘沙門天像への眼差し

晩唐期の毘沙門天像の造像活動から、地方統治を担う刺史や節度使と毘沙門天信仰との関係の一端を見てきたが、その考察をさらに進めたい。唐末の混乱期から唐王朝の滅亡、そして各地の軍閥の勃興という変動の時代に、その関係はどのような形に行き着いたのか。先に論じた前蜀王建が、宝暦寺像を修造し天王閣に荘厳を加えたことに見られるような、毘沙門天信仰との深い関わりは、ひとり王建のみにみられる個人的、単発的な現象なのであろうか。

『旧五代史』巻四十六唐書の末帝紀同光二年（九二四）条には、次のようにある。


二年、以帝為衛州刺史。時有王安節者、昭宗朝相杜譲能之宅吏也。安節少善覃、得相術於奇士、因事見帝於私邸、退謂人曰、真北方天王相也、位当為天子、終則我莫知也。

同光二年、末帝（李従珂、廃帝、在位九三四～九三六）は衛州刺史となった。時に王安節という者がおり、昭宗（在位八八八～九〇四）の宰相である杜譲能の宅吏であった。安節は幼くしてよく商いをし、人相を見る術を奇士より習っていた。私邸で末帝を見、末帝が退出した後、次のように人に話した。「真に北方天王の相である。位は天子に上るでしょう、その先は私には分からない[40]」と。

即位前の末帝を見た人相見が、末帝の姿を毘沙門天の相と評し、それを先々天子にものぼる瑞相である、と語ったとあり、「毘沙門天王のような容貌」という文句が相手を称賛する文句として周知されている状況が読み取れる。これは毘沙門天の姿を理想視する見方にほかならない。

その後日談として次のような話も伝わる[41]。これを知った末帝は密かに喜んでいたところ、後に即位して、臣下より「天王甲」を贈られ、これに歓喜したという。天王甲は、毘沙門天像が着けている甲を模して造られたものと推測され、実際に着用することが可能なものであった。これを贈り、贈られるという行為があったこと、天王が着すべき甲冑を人の身でまとえるようにあつらえたこと等、いよいよ毘沙門天という神が人の地平へと降りてきたことを感じさせる。毘沙門天と自らとを同一視することさえ可能な眼差しが介在していると考えられるのである。この天王甲であるが、実際には末帝は着用せず、臣下の中から一番体格のよいものを選んで着用させ、諸道にも天王甲を製らせるよう命じたという。

さらに、『錦里耆旧伝』巻二の同光四年（九二六）条（宋・勾延慶撰）には、後唐の荘宗と後に後蜀の後主となる孟知祥の逸話が出る。

甲戌北都留守孟知祥、除授同中書門下平章事、充剣南西川節度使到府。戊寅魏王以孟公至大慈寺、拝僖宗御容。又至延祥院、見偽蜀少主真容。並令掃抹、塑北方天王一身。至今存焉。

前蜀が、後唐荘宗（李存勗）が派遣した魏王李継岌《りけいきゅう》（李存勗の実子）の率いる大軍によって平定されたのは九二五年のことである。その後、孟知祥が後唐の命を受け、剣南西川節度使として成都入りした。その際、魏王は孟知祥に命じて、成都城内の大聖慈寺にあった僖宗の「御容」（真容像）を拝し、また延祥院にあった前蜀の後主王衍の真容像を巡見させた。その後、それらをすべて取り除き、代わりに北方天王（毘沙門天）の像を置かせたという。僖宗、王衍の真容像が安置されていたその場所に、毘沙門天像を安置したという単純な交換関係にあるかは、これだけの記事では分からないが、皇帝の真容像と毘沙門天像が交換可能な、同種類の性格の像として認識されていたことがうかがえる。寺院では他にあるべき仏教尊像ではなく、皇帝の像と毘沙門天像が交換可能だというのである。

さらに積極的に解するならば、後唐の皇帝の真容像のつもりで、毘沙門天像を祀らせた可能性がある。この時の李継岌にとっては、実父である李存勗（荘宗）の肖像としての毘沙門天である。そうであるならば、唐・前蜀という前代の皇帝像である僖宗像・王衍像に替えて、当代の後唐皇帝像を安置し祀ったという、自然な流れとして捉えられてくる。

というのは、特に五代後唐の君主と毘沙門天信仰との密接な関係が、彼らの事跡を伝える記録中に見出せるからである。五代孫光憲撰述の『北夢瑣言』巻十七「朱邪先代」条には、存勗の父・李克用の毘沙門天信仰が記される。(42)

曾於新城北以酒酹毘沙門天王塑像、請與僕交談。天王被甲持矛、隱隱出於壁間。或所居帳内、時如火聚、或有龍形。人皆異之。

李克用は太原を拠点にする軍閥である。新城北に祀られていた毘沙門天の塑像に酒を注ぎ、自分と交談するよう請願すると、毘沙門天が壁間より姿を現したという。また、帳内に居る李克用の姿が、火が集まったかのように見えたり、龍の形に見えたりしたこともあった。先述の『旧五代史』で後唐末帝の在藩時代のことが説かれたように、ここでも克用が若い頃から、他と異なる抜きん出た存在であったことを物語る逸話に、毘沙門天が登場する。五代の軍閥君主が君主たる所以を、毘沙門天との関係が保証するかのような構造となっているのである。

このように、唐末の混乱により各地に跋扈した軍閥、そしてそれが位を得て皇帝となった時、彼らが拠って立つところの武力を具えた理想的な君主の表象として、毘沙門天をみる眼差しが存在した可能性がある。毘沙門天を自らと同一視する眼差しは、毘沙門天像を自らがあるべき理想の姿として捉えさせただろう。後唐諸帝に特にその傾向が強いことは特筆される。これが、五代期に毘沙門天信仰が行き着いた形であった。

こうした軍閥君主の毘沙門天信仰は、毘沙門天像の形にも当然影響を及ぼしたと推測される。その影響の結果が、資中西岩像や大足北山像に見られる特色、すなわち毘沙門天像のサイズや体格の変化、そして眷属像の増加という二点の変化として捉えられてくる。理想像として自らの姿を投影したからこそ、実人大よりやや大きい法量という人間の地平で捉えられる大きさが選ばれ、さらに当時望ましいとされた美丈夫の体格が選ばれたと推測される。また、『重編諸天伝』において唐の毘沙門天立像の儀形とは、「身に金甲を被い足に女人の肩を踏ましめ、下に雲を作りて以て之を擁す。亦た其の左右に同じく八部を羅列し、風水・雷電・諸鬼囲繞す。其の子の祇那利沙并びに九十一子、前後に随従す」と説かれる。ここでいう毘沙門天の子の一人が、西岩像や大足像にみられる神将形像と考えられる。毘沙門天の眷属は、妻とされる吉祥天、太子とされる神将形、それに毘沙門天が統率する夜叉という構成である。これらは軍閥君主らの家族・子孫・臣下という身辺に投影しやすいものであったと考えられる。

おわりに

成都宝暦寺の毘沙門天像は五丈という巨像で、四川地域の毘沙門天信仰を牽引した存在だった。その成立の契機は、九世紀前半に特に強勢を誇った南詔の四川侵攻である。この時、四川を守護するために毘沙門天が示現したとする成都城の霊験説話は、危機感を共有したであろう四川の人々に、毘沙門天像の効験を強烈に知らしめることになり、その結果、宝暦寺像は後々まで篤い信仰の対象となった。この宝暦寺像の存在を受けて造立されたのが、資中西岩の毘沙門天像であり、それと構成・形式が類似する大足北山仏湾の毘沙門天像であったと推測される。

唐末五代期の西岩像や大足像が、恰幅の良い美丈夫で造形され、そして八軀もの眷属を引き連れるという、造形上の変化は、この時期に各地に勃興した軍閥君主らが毘沙門天へ向けた眼差しの変遷を私たちに伝えてくれる。そこに投影されたのは自らの姿であり、家族・後継・臣下等、人に恵まれ、武力・知力に長け、困難な時代を乗り越えてゆく、徳を備えた理想的君主像としての自画像であったとも捉えられるのである。

それを踏まえると、五代の軍閥君主らには、僧形の毘沙門天像ではなく、甲冑をつけた武将姿の毘沙門天像こそが必要であったと考えられる。宝暦寺毘沙門天像は、このような眼差しの変遷のなか、王建によって僧形から神将形へとその形を改変されたのではなかろうか。その結果が、資中西岩毘沙門天像の題記に、僧相の要素を含まない説話となってあらわれたといえる。資中西岩の毘沙門天像は、神将形として修造を受けた宝暦寺毘沙門天像を念頭に置き、造立されたものと捉えることができるのである。こうした毘沙門天像は、政治上の施策とともに打たれたであろう、信仰面における「対敵」の方策の一つの形であり、軍閥君主の願いの凝縮した形であると思われる。

図9　大足北山仏湾第3号龕

最後に、大足北山仏湾第五号龕毘沙門天像と、通路を挟んで左隣に並ぶ第三号龕を見ておきたい（図9）。従来、両龕はともに毘沙門天像とされてきたが、以上の検討を踏まえると果たしてそうであろうか。北山仏湾の入り口には、第二号龕に韋君靖とその配下にある文武の官人名が列記された碑がある。碑の向かって右側に、官服装の韋君靖が立像で彫出されている。その大きさは、実人大よりもやや大きく、第五号龕毘沙門天像と同等である。碑の向かって左側に回り込んだところに、いま述べた第三号龕がある。第五号龕毘沙門天像と同じ形の宝冠を戴き、膝上丈の甲をまとった武将形であり、両手先は欠損するが、左手は屈臂して肩前に挙げている。宝塔を捧持する毘沙門天と同じ手勢である。また、右には長袂衣を着けたおそらく女性像が、左には円袍を着け、裾をまくってベルトに差し込み、長靴を履く若々しい男性像が伴う。

北山仏湾の端、摩崖造像全体の中核的位置づけの龕が集まる場所に、韋君靖の文官装の肖像、武将形の像、そして毘沙門天像が並んでいるのである。上述の考察を経たとき、中央にある武将形像が、韋君靖の武装した姿として見えてくる。文官姿の肖像と武将姿の肖像、そして自らの理想像である毘沙門天像を並べ置いたところに、唐・五代期を経て毘沙門天信仰が辿り着いた完成した姿を見るのである。

注

（1）『重編諸天伝』巻上、北方天王伝（『卍続蔵経』巻一五〇、二六一頁）。
（2）ここでいう四州とは、西川の東側に位置する大足・合川・重慶・安岳等の土地を指す。引用文末に「川蜀」とまとめられており、本稿でも両者を合わせて四川地域と称する。
（3）四川以外にも、各地で独自の説話が発生していたと推測される。その一例としては、『陔餘叢考』巻三十四に、秀州（現、浙江省嘉興市）の城上に示現し敵将を撤退させた天王の霊験説話が載録される。
（4）中国の毘沙門天信仰について総括的に論じた先駆的研究に、宮崎市定「毘沙門天信仰の東漸に就て」（京都帝国大学文学部史学科編『紀元二千六百年記念史学論文集』一九四一年、『宮崎市定全集一九』〈岩波書店、一九九二年〉再録）があり、本稿はこれに大いに裨益された。その他、毘沙門天信仰に関連する造形作品についての主な先行研究には、下記のものがある。
源豊宗「兜跋毘沙門天の起源」（『仏教美術』第一五冊、一九三〇年）
松本榮一「兜跋毘沙門天像の起原」（『國華』第四七一號、一九三〇年）
松本榮一『燉煌画の研究』「兜跋毘沙門天図」「行道天王図」（東方文化研究所、一九三七年）
松本文三郎「兜跋毘沙門攷」（『東方學報』京都、第一〇冊第一分、一九三九年）
佐々木剛三「兜跋毘沙門天像についての一考察」（『美術史』第三八冊、一九六〇年）

神田雅章「城門楼上の毘沙門天について――東寺兜跋毘沙門天立像の羅城門安置をめぐって」（『美術史学』第一六号、一九九四年）
金香淑「中国四川省における毘沙門天図像の概観――資料の紹介」（『名古屋大学古川総合研究資料館報告』一二、一九九六年）
岡田健「東寺毘沙門天像――羅城門安置説と造立年代に関する考察（上・下）」（『美術研究』第三七〇・三七一号、一九九八・一九九九年）
北進一「四川省兜跋毘沙門天紀行」（『象徴図像研究』Ⅵ、一九九二年）
北進一「四川石窟における毘沙門天像の諸相――邛崍石筍山石窟第二八号龕像と大足北山石窟仏湾第五号龕像を中心に」（『和光大学表現学部紀要』第三号、二〇〇二年）

（5）前掲注4宮崎論文。

（6）安西城説話が『太白陰経』に載録されることを初めて指摘したのは、小師順子「中国における毘沙門天霊験譚の成立――安西城霊験譚を中心に」（『駒澤大學佛教學部論集』第三四號、二〇〇三年）である。『太白陰経』の史料的性格や撰述年代については、湯浅邦弘「『太白陰経』の兵学思想」（『大阪大学大学院文学研究科紀要』第四十巻、二〇〇〇年）参照。

（7）『太白陰経』巻七・祭文総序。ここでは、守山閣叢書本に拠る『伝世蔵書 子庫 兵書』（誠成文化出版、一九九五年）に拠り、適宜簡体字をあらためた。

（8）『宋高僧伝』慧雲伝および『図画見聞誌』相藍十絶条は、いずれも開封相国寺の堂内壁画に描かれた毘沙門天像の由緒を説くという内容である。慧雲伝では、開元十四年（七二六）の封禅の儀に際して毘沙門天の写本を将来したという、具体的な年代と将来意図が記される。ただし、『旧唐書』巻八玄宗本紀によれば、玄宗が封禅の儀を執り行ったのは開元十三年十一月のこと。

（9）拙稿「唐代中期の毘沙門天信仰と造像活動――玄宗から憲宗へ」（『美術史研究』第四五冊、二〇〇七年）において、玄宗の毘沙門天信仰の内容について論じたためそちらを参照されたい。

（10）『大唐西域記』巻十二・瞿薩旦那国条、『大慈恩寺三蔵法師伝』巻五・瞿薩旦那国条。

（11）安西城説話の成立と不空との関係については、頼富本宏「中国密教の一断面（下）――賛寧の密教観を中心として」（『南都仏教』第三八号、一九七七年、『中国密教の研究』〈一九七九年、大東出版〉第四章に再録）、前掲注4松本文三郎論文で論究される。頼富氏は、中国密教の大成者である不空が、特に護国の面で力を発揮し、それが毘沙門天の役割と共通したため、毘沙門天の霊験を説く説話に登場したと指摘する。また、松本文三郎氏は、唐代に毘沙門天の図様が将来され、不空没後まもなくそのもととなる説話が作成されたとする。

(12) 前掲注4宮崎論文。

(13) 前掲注9大島論文。

(14) 長岡龍作『世界美術大全集 東洋編5 五代・北宋・遼・西夏』「第3章　彫刻」（小学館、一九九八年）。

(15) 美術史学会第四十九回全国大会（一九九六年）にて金香淑氏は「中国四川省における毘沙門天図像の一考察——大足北山第五窟を中心に」と題する研究発表を行い、その中で大足像の眷属について検討を行い、行道天王図を継承していることを指摘されたという。『美術史』一四二（一九九七年）に発表要旨が掲載される。

(16) 前掲注4松本榮一論文（一九三七年）。

(17) 『金石苑』巻二には、左壁の題記の録文が載る。内容は、節度使の衙前の諸官に就く者の名が列記されていると推測されるが、欠損部分もあり全体像が摑みにくく、また現段階ではその年代も判断し難い。

(18) 前掲注4岡田論文（一九九八年）。

(19) 拙稿「成都宝暦寺の創建と発展」（奈良美術研究所編『仏教美術からみた四川地域』雄山閣、二〇〇七年）。

(20) 『宋高僧伝』智広伝は下記の通りである。

乾寧初、王氏始定成都、雅郡守羅〈亡名〉罷任、携広来謁。蜀主王氏素知奇術、唯呼為聖師焉。先是咸通中、南蛮王及坦綽、来囲成都、府幾陷。時天王現沙門形、高五丈許、眼射流光、蛮兵即退。故蜀人於城北宝暦寺、立五丈僧相。後為牛尚書預毀。次兵火相仍、唯懼毘沙明之頽圯耳。王氏乃語広曰、師之異術、道徳動人、乗此可料理天王否。往呉尚書行魯、曾夢令修吾像、方事経営、除書忽到。請法力成之。広唯其命、徒就天王閣下、居一隅、小榻而已。翌日、病者塡噎其門、日収所施二十萬至三十萬錢。又発言勧人出材木、浹旬皆運至、堆、令三綱掌管焉。（中略）光化元年修天王閣、向畢。

(21) 実際に王建が成都に入城して西川節度使の任に着いたのは大順二年（八九一）であり、智広伝には齟齬がある。

(22) 咸通十一年の南詔の侵攻については、『資治通鑑』巻二五二、『新唐書』巻二二二中の南詔伝に詳述される。この前後の時期には南詔の四川侵入が相次いでおり、咸通十一年の他に、太和三年（八二九）には成都城が包囲され陥落寸前にまで追い込まれ、当時、東川節度使の所管であった成都北東の梓州（現、四川省三台県）まで侵入を許した（『資治通鑑』巻二四四、『旧唐書』巻一六三杜元穎伝、同巻一九七南詔蛮伝、『新唐書』巻九六杜元穎伝、同巻二二二中南詔伝下）。

（23）『宝暦寺記』は『全唐文』巻四五三、『全蜀芸文志』巻三十八、『成都文類』巻三十六等に載録される。宝暦寺の創建者である韋皐自身の撰述になる。「南康王韋皐修黄籙道場験」条は、『雲笈七籤』巻一二一所収の『道教霊験記』に含まれる。

（24）拙稿「四川省楽山市凌雲寺大仏の造営と左右龕の毘沙門天像について」（『てら ゆき めぐれ 大橋一章博士古稀記念美術史論集』（中央公論美術出版、二〇一三年）。

（25）『資治通鑑』巻二五二咸通十一年条。

（26）『益州名画録』巻中の趙忠義伝。また、『益州名画録』巻中「真二十二処」条には、呉行魯の真容が四天王寺に所蔵されているとあり、天王信仰と行魯との関係がうかがえる。

（27）その年代に関しては、『唐書』巻二二二中南蛮伝の咸通十四年と、『資治通鑑』巻二五二等の乾符元年（八七四）とするものと両説がある。宋末元初の人である胡三省は、『資治通鑑』の註の中で既にこの両説に考察を加え、乾符元年が正しいとする。

（28）『益州名画録』巻上房従真伝、同巻中蒲師訓伝、同巻上常重胤伝。

（29）宝暦寺毘沙門天像の霊験説話は、これまでに挙げた『重編諸天伝』『宋高僧伝』、資中西岩毘沙門天龕の題記の他に、『鑑戒録』巻二「判木夾条」にも載録され、西川節度使の李福が任に就いていた咸通五年から七年（八六四〜六六）の南蛮の梓潼侵犯の際、宝暦寺の毘沙門天像が大いなる僧形で成都城内に示現したため、南蛮兵は遁走していったという内容となっている。この『鑑戒録』にも、宝暦寺の毘沙門天像が僧形であることを示唆する記述がある点は注意を要する。ただし、李福任期中、南詔による大規模な侵攻、ましてや梓潼まで侵入される大事は記録に残っていない。智広伝にも登場した牛叢の名が見えることもあり、おそらく智広伝と同じく咸通十一年の成都包囲の一事を誤述したものと考えられる。

（30）『大正新脩大蔵経』巻二一、二二八頁c。

（31）造像記は第九三号龕と編号される。『金石苑』巻二に録文がある。毘沙門天龕の左隣の第九五龕には観音菩薩立像が彫出されるが、本龕は鄭公の妻劉氏の造立になり、造像記には両龕の造立のことが記される。先述の長岡氏による指摘が当てはまる一例であり、本作例においては毘沙門天と観音が組合されて造立された。

（32）敦煌石窟の毘沙門天像についての先行研究には、臺信祐爾「敦煌の四天王図像」（『東京国立博物館紀要』二七、一九九一年）、佐藤有希子「敦煌の毘沙門天王像──石窟内壁画における位置と図像の関連性」（『朝日敦煌研究員派遣制度記念誌』朝日新聞社、二〇〇八年）等がある。

（33）本窟にはこの他、西壁の龕外北側にも塑造の毘沙門天像が安置されており、莫高窟の中でも毘沙門天像の数の多さで特異な窟といえる。

（34）南北両像ともに脚下は摩損しており図像は模糊として詳細を確認できないが、頭飾の一部が看取できるため、いずれも本来は足下に地天を伴う形式であったと推測される。

（35）作文年代は明記されないが、尚書・張議潮が吐蕃の鎮将を駆逐し沙州を収復、その結果、唐より検校吏部尚書兼金吾大将軍に除され、帰義軍節度使兼十一州營田處置觀察等使に任命された大中五年以降であることは、張議潮を「尚書」と呼ぶことから確実である。また、前後の祈願文の中には「大中皇帝」の語が見出せ、これは大中年間（八四七〜八六〇）に帝位にあった宣宗を指すと考えられる。したがって、これらの祈願文の筆記年代は宣宗代、大中五年以降であると推測される。この時期、都教授位にある高僧は、竺沙雅章「敦煌の僧官制度」（『東方學報』（京都）第三一冊、一九六一年）掲載の「帰義軍歴代都副僧統表」によれば、洪辯か法榮であるとされる（一四三頁）。吐蕃支配期の後期（八〇〇〜八四八）に用いられた「都教授」の称は、帰義軍節度使時代初期まで使用されたようであるが、その後はこれに代わりに「都僧統」が使われたという。

（36）藤枝晃「沙州帰義軍節度使始末（一）（二）」（『東方學報』（京都）第十二冊第三分・第四分、一九四一年・一九四二年）。

（37）『唐会要』巻七一・州縣改置下・隴右道。

（38）吐蕃支配期の敦煌にあっては、毘沙門天信仰は決して軍神的性格ばかりに目が向けられたものではない。S.４８１『龍興寺毘沙門天王霊験記』からは、現世的な福徳を与える神、信心・不信心をはかる神として信仰された形跡がみられ、S.２３４１v『行人願文』には、毘沙門天が往来の安泰を与える神として信仰されたことがうかがえる。

(39)　吐蕃支配期の莫高窟第一五四窟では西壁龕内に主尊として塑造の菩薩倚坐像が安置され、南壁には弥勒下生変相図が描かれるが、とりわけ二軀の壁画毘沙門天像あるいは塑造の毘沙門天像と関係が深いわけではない。また、楡林窟第一五窟は現在主室中央に設けられた壇上に、清代造立の塑像七軀が安置されており、主室の壁画も後代の補修が入り、当初の中尊・壁画については不明である。莫高窟第二二二窟と第一〇七窟の毘沙門天像両軀は、西壁の龕を挟んで左右に配置されており、龕内の主尊との強い関連性を思うかがわせるが、いずれも龕内には当初像が残っていない。

(40)　中華書局標点本に拠る。

(41)　『旧五代史』巻四十六唐書末帝紀、清泰二年春正月条。

(42)　賈二強点校『北夢瑣言』（唐宋史料筆記叢刊、中華書局、二〇〇二年）に拠る。同様の話は『旧五代史』巻二十五唐書の武皇紀上にもある。
新城北有毘沙門天王祠、祠前井一日沸溢、武皇因持卮酒而奠曰、予有尊主済民之志、無何井溢、故未察其禍福、惟天王若有神奇、可與僕交談。奠酒未已、有神人被金甲持戈、隠然出於壁間、見者大驚走、唯武皇従容而退、繇是益自負。

図版出典一覧

図1・6　筆者作成
図2・3・4・8・9　筆者撮影
図5　四川省文物考古研究院・西安美術学院『夾江千仏岩——四川夾江千仏岩古代摩崖造像考古調査報告』（文物出版社、二〇一二年）
図7　雷玉華・程崇勛『巴中石窟』（巴蜀書社、二〇〇三年）

「対敵」の精神と神仏の役割
――古代日本の事例に着目して

長岡龍作

はじめに

「対敵」と仏教について考えることは、仏教の現世における意義を考えることに等しい。いうまでもなく、仏教が作り上げる世界観は、現世のみでできているわけではない。いや、むしろ、仏教にとって最重要な世界は他界である。仏教における現世の問題は、必ず他界の対として認識されるべきことが、まずはこの議論の前提となるだろう。

そもそも、大乗仏教は、他者への奉仕を旨とする思想である。そのような思想の内部において、敵と対峙し、敵を排除するためには、相応の論理が必要となることは言うまでもなかろう。「対敵」と仏教の関係を問うことは、本来相反しあうものを結びつける論理を探る作業と言ってもいいのだ。

本稿の関心は、古代日本において、そのような論理がどのように準備され、どのような方法が行使されたのかを確認することである。仏教が行使する方法を具体的に確認する際には、造形が果たす役割に注目することがとりわけ重要になる。以下、時代を追いながら、その様相を辿っていくことにする。(1)

一　戦勝祈願と四天王

『日本書紀』用明二年（五八七）（崇峻即位前期）秋七月条の四天王寺と飛鳥寺の草創譚は、戦勝祈願と造寺の関係を考える上での好適な事例である。よく知られているとおり、蘇我馬子と物部守屋の戦いに加わった厩戸皇子は、白膠木で自ら造った四天王の像を頂髪に置き、「この乱に勝たせてくれたなら、四天王のために、必ず寺塔を建てる」と誓願を発した。このことを伝える『日本書紀』の記述は以下のとおりである。

『日本書紀』崇峻前記・用明二年（五八七）秋七月(2)

是の時に、厩戸皇子、束髪於額して、（中略）軍の後に随へり。自ら忖度りて曰く、「将、敗らるること無からむや。願に非ずは成し難けむ」とのたまふ。乃ち白膠木を斮り取りて、疾く四天王の像に作りて、頂髪に置きて、誓を発てて言はく、「今若し我をして敵に勝たしめたまはば、必ず護世四王の奉為に、寺塔を起立てむ」とのたまふ。蘇我馬子大臣、又誓を発てて言はく、「凡そ諸天王・大神王等、我を助け衛りて、利益つこと獲しめたまはば、願はくは当に諸天と大神王との奉為に、寺塔を起立てて、三宝を流通へむ」といふ。誓ひ已りて種種の兵を厳ひて、進みて討伐つ。

太子に続き、馬子も誓願を発し、誓い終わって進軍すると勝利が得られたとある。太子は「誓願によらなければ勝利を得難い」と考えたと『日本書紀』が説明することからも、この勝利は、まさに誓願の力によってもたらされたことがわかろう。

誓願自体が力を持つと考えられていたことは、法隆寺金堂釈迦三尊像の光背銘文に「願力」という用語が使われていることからも確かめられる。(3) この場合、施主たちは造像を誓願し、その力に基づいて上宮法皇の病気平癒と浄土往生を祈願している。

厩戸皇子の戦勝祈願に際して用いられた仏像は、頂髪の中に置かれた小さい四天王像である。誓願力が祈願成就をもたらしたのだから、ここで仏像はそれ自体が祈願を叶えたわけではない。四天王像は、太子が誓願を発した時にいわば立ち会っているに過ぎない。言うなれば、太子の誓願を聞き届けていることがこの仏像の役割である。別稿で論じたように、(4) 四天王の基本的な役割が観察であることと、この役割は正しくつながっている。

厩戸皇子が戦勝祈願した際の四天王像の用いられ方について、十世紀に成立した(5)『聖徳太子伝暦』(6)においては、『日本書紀』が描くのと異なったありようが生まれていることが注目される。

是時太子生年十六、随大軍後、自忖曰、非願難済。乃命軍允秦造川勝、取白膠木、尅作四天王像、置於頂髪、一云、擎立軍鉾。而発願曰、今使我勝敵、必奉為護世四天王起立寺塔。大臣又発願如此。進軍相戦。太子復迫。此時大連登大榎木、又云。昇衣摺朴枝間云々 誓放物部府都大神之矢、中太子鐙。太子命舎人迹見首赤梼放四天王之矢、定弓和須恵箭。遠逸中大連胸、倒而堕木。

注記は、一に云うとして、四天王像は軍鉾に擎げ立てられたとする説を紹介している。この場合、四天王像には、軍の先頭に立ち敵に対峙するという意味が与えられていることがわかろう。また、太子は舎人迹見首赤梼に命じて「四天王の矢」を放たせた。ここにも、敵に対抗する者としての四天王の意味があるだろう。

つまり、戦勝という対敵の局面において当初四天王は、誓願の力を見届けそれを保証する者として振る舞ったが、後には、四天王自体が敵に対する役割を持つようになったという変化を見て取ることができる。この変容の過程は、「対敵と仏教」という問題における、仏教の役割あるいは意義の根源的な変化として映る。六世紀と十世紀の間に重大な転換が起きている可能性が予見されるだろう。

二　対敵と誓約――その対象物

そこでまず、七世紀の「対敵」にまつわるありようを確認しよう。注目するのは飛鳥における誓約の光景である。孝徳天皇・皇極上皇・中大兄皇子は、大化元年（六四五）、飛鳥寺の西の大槻木の下に群臣を集め誓盟をおこなった。

『日本書紀』大化元年（六四五）六月乙卯条

天皇・皇祖母尊・皇太子、大槻の樹の下に、群臣を召し集めて、盟曰はしめたまふ。天神地祇に告して曰さく、「天は覆ひ地は載す。帝道唯一なり。而るを末代澆薄ぎて、君臣序を失ふ。皇天、手を我に假りて、暴逆を誅し殄てり。今共に心の血を瀝づ。而して今より以後、君は二つの政無く、臣は朝に貳あること無し。若し此の盟に貳かば、天災し地妖し、鬼誅し人伐たむ。皎きこと日月の如し」とまうす。

誓いの内容は、今後君主には二つの政治はなく、臣にも二心はなく、もし背いたときには、天と地が災いし、悪鬼が人を抹殺することは明らかというものである。この一節で特に注目されるのは、暴逆の者の誅罰（「乙巳の変」を指す）は、「皇天」が孝徳天皇の手をかりておこなったとされていることだ。皇天とは、神仙思想の最高神である皇天上帝つまり天帝を意味する。「対敵」の是非は、皇天の意志によって決まるという考え方が窺えるだろう。また、大槻木の下でおこなわれたこの誓盟が、天神地祇に対するものであることからは、この木が天神地祇の依り代として意識されていることもわかろう。

『日本書紀』敏達天皇十年（五八一）閏二月条は、「対敵」の文脈ではないものの、誓約の対象が山である例だ。

是に綾糟等、懼然り恐懼みて、乃ち泊瀬の中流に下て、三諸岳に面ひて、水を歃りて盟ひて曰さく、「臣等蝦夷、今より以後子子孫孫、古語に生兒八十綿連といふ。清き明き心を用て、天闕に事へ奉らむ。臣等、若し盟に違はば、天地の諸の神及び天皇の霊、臣が種を絶滅えむ」とまうす。

蝦夷綾糟らは朝廷への忠誠を誓った。誓約は三輪山（三諸岳）（図1）に向かっておこなわれ、違約時には、天神地祇および天皇霊が子孫を絶滅させるという。この構図から、三輪山には、やはり天神地祇ならびに天皇霊の依り代という意義があることがわかろう。

図1　初瀬川より三輪山を望む

「対敵」の是非が天神地祇に問われている例が、天武天皇元年（六七二）の壬申の乱における大海人皇子（天武天皇）の野上行宮での誓約《うけひ》である。天神地祇が我を助けるならば雷雨が止むだろうと天武天皇が述べると、まもなく雷雨は止んだ。

『日本書紀』神代上で、素戔嗚尊が天照大神への邪心がないことを証明するために、大神とともに「天真名井」（天の井戸）・「天安河」（天の河）に向かって誓約し、剣や瓊《たま》をその中に散じ、生まれた子が男ならば潔白であり、女ならば邪心がある証拠だとしたのと同様、誓約は神意を伺う占いである。

雷雨の止んだことで、天神地祇の意志は、天武天皇の勝利にあることが示されたのである。ところで、素戔嗚尊が「天真名井」と「天安河」に向かって誓約したように、誓約には向かうべき対象があってしかるべきだが、野上行宮

図2　垂井より伊吹山遠望

での天武天皇の誓約には対象が言及されない。これはいかにも不自然である。野上行宮の明確な所在地は不明だが、現在の岐阜県不破郡関ケ原町野上の北方一キロメートルに伊富岐神社（不破郡垂水町伊吹）が所在するように、この地域からは伊吹山山頂がちょうど遠望される（図2）。天武天皇の誓約の対象が伊吹山だった可能性は小さくないと思われ、そうであれば、これもまた山に向かい誓約した事例と見ることができる。

以上のように、七世紀半ばまでの「対敵」文脈では、皇天または天神地祇が重視されていることがわかる。「対敵」の是非はそれらの神意に基づいて決まり、その意志を知るために人は樹木や山に向かい誓約するという光景が見られるのである。つまり、七世紀段階では、「対敵」の文脈に仏教は基本的に関わっていないと認識するべきであろう。それが、八世紀における転換を考える前提となる。

三　知識と逆賊──『金光明最勝王経』と盧舎那仏

『日本書紀』天智天皇十年（六七一）十一月丙辰条には、大友皇子と蘇我赤兄らが、内裏西殿の織の仏像の前で、天皇への忠誠を誓ったときの光景が以下のように描写される。

大友皇子、内裏の西殿の織の仏像の前に在します。左大臣蘇我赤兄臣・右大臣中臣金連・蘇我果安臣・巨勢人臣・紀大人臣侍り。大友皇子、手に香鑪を執りて、先づ起ちて誓盟ひて曰はく、「六人心を同じくして、天皇の詔を奉る。若し違ふこと有らば、必ず天罰を被らむ」と、云云。是に、左大臣蘇我赤兄臣等、手に香鑪を執りて、次の随に起つ。泣血きて誓盟ひて曰さく、「臣等五人、殿下に随ひて、天皇の詔を奉る。若し違ひこと有らば、四天王打たむ。天神地祇、亦復誅罰せむ。三十三天、此の事を證め知しめせ。子孫当に絶え、家門必ず亡びむか」と云云。

この誓いに違約したならば、大友皇子は天罰を被ってもかまわないといい、蘇我赤兄らは、四天王と天神地祇に懲罰されてもかまわないとした。一方、三十三天はこの誓約を見届ける役割が期待されている。ここにおいて、四天王と三十三天という仏教尊が、天神地祇と並んで力を行使していることが注目される。また、これは、四天王が懲罰者として振る舞う最も早い例である。四天王が懲罰を行使する根拠は、『金光明最勝王経』の旧訳『金光明経』（北涼曇無讖訳）の経説にあると考えられる。

『金光明経』は、次のように四天王の負の行為に言及する。

『金光明経』巻第二十四天王品第六(7)

世尊、若し人王あって、此の経典に於て、心に捨離を生じ、聴聞を楽はず、其の心に恭敬・供養・尊重・讃歎を欲せず、若しは四部の衆のこれを受持し、読誦し、講説する者あれども、亦復恭敬し、供養し、尊重し讃歎すること能はざれば、我等四王、及び余の眷属無量の鬼神、即ち便ち此の正法を聞くことを得ず、甘露の味に背き、大法利を失ひ、勢力及《およ》び威徳有ること無し。天衆を減損し、悪趣を増長す。世尊、我等四王、及び無量の鬼神、其の国土を捨つ。但だ我等のみならず、亦た無量の国土を守護する諸の旧善神あれども皆悉く捨て去らん。我等諸王及び諸鬼神既に捨離し已らば、其国は当に種種の災異有るべし。（中略）世尊、我等四王及び諸の無量百千の鬼神、幷びに国土を守る諸の旧善神、遠離して去る時、是の如き等の無量の悪事を生ず。

この経典を信仰しない王があれば、四天王は鬼神や善神と無量の悪事を起こすとして、懲罰を行使する四天王の様子を描写するのである。『日本書紀』における『金光明経』の初出は、天武天皇五年（六七六）十一月甲申条の「使を四方国に遣して、金光明経・仁王経を説かしむ」だが、すでに天智天皇十年（六七一）の段階で、その経説が受容されていることは確かだ。しかし、この段階での四天王の役割は、誓約の際の懲罰者であって、「対敵」の文脈で力を行使する者ではない。

「対敵」文脈において仏教尊が明瞭な役割を担うようになるのは、八世紀の聖武天皇による国分寺建立と大仏造立という二つの大事業を通してである。「国分寺建立の詔」（天平十三年（七四二）二月十四日）の巻末願文には、その考え方が明確に現れている。

「国分寺建立の詔」願文(8)

また諸願等有りて、条例左の如し。

（中略）

一　願はくは、若し悪君邪臣、この願を犯し破らば、彼人及び子孫は、必ず災禍に遇ひ、世世長く仏法の無き処に生ぜん。

これは、国分寺の建立によってもたらされる祈願の妨害者を、仏教が排除することを願う内容である。国分寺の正式名称が「金光明四天王護国之寺」であるとおり、排除者として働くのは、まずは四天王だと見てよい。四天王がこの役割を持つ根拠は、『金光明経』と同様、『金光明最勝王経』が以下のように、四天王が懲罰を行使すると説くことにある。

『金光明最勝王経』巻第六「四天王護国品」(9)

世尊、我等四王、幷に諸の眷属、及び薬叉衆等、斯の如き事（金光明最勝王経を信仰しないこと）を見て、其の国土を捨てて擁護の心無し。但だに我等が是の王を捨棄するのみならず、亦た無量の国土を守護する諸大善神有るも、悉く皆捨て去らん。（中略）世尊、我等四王、及び無量百千の天神、幷に国土を護る諸の旧善神、遠く離れ去る時、是の如き等の無量百千の災怪と悪事とを生ぜん。

『金光明最勝王経』に基づく国分寺の造立への敵対は、『金光明最勝王経』を信仰しないことに等しい。それゆえに四天王は、天神や在地の神とともに災怪を引き起こすのである。

天平勝宝元年（七四九）閏五月二十日、聖武天皇が諸大寺へ『華厳経』ほかの一切経を施入したときの願文（「聖武天皇施入勅願文」[10]）には、沙弥勝満と自称する聖武天皇自身の祈願成就を願う前半部に続いて、次のような誓約がある。

復た誓ふ。其れ後代の不道の主、邪賊の臣有りて、若し犯し、若し破障して行はざれば、是人必ず十方三世の諸仏菩薩、一切賢聖を破辱するの罪を得て、終に大地獄に落ち、無数劫中、永く出離すること無かるべし。復た十方一切の諸天、梵王帝釈、四天大王、天竜八部、金剛密跡、護法護塔、大善神王、及び普天率土の大威力有る天神地祇、七廟の尊霊、幷びに命を佐け功を立てし大臣将軍の霊等、共に大禍を起こし、永く子孫を滅せん。若し犯触せざりて、敬懃に行なはば、世世福を累ね、紹隆する子孫は、共に塵域を出で、早く覚岸に登らん。

この誓約では、これらの経典の転読・講説を妨げる者に対して、当人と子孫に懲罰が下ることが願われている。ここに登場する懲罰者は、「十方一切の諸天、梵王帝釈、四天大王、天竜八部、金剛密跡、護法護塔、大善神王、普天率土の大威力有る天神地祇、七廟の尊霊、幷びに命を佐け功を立てし大臣将軍の霊」であり、これらの者が大禍を起こし子孫を滅するという。

　ここに、懲罰者の種類が増大している事態を確認できるが、特に仏教的な天とともに、在地の天神地祇や祖霊が入っていることが注目されよう。つまり、六世紀以来の懲罰の行使者だった存在が、仏教の枠組みの中に入り込んでいるのである。これは、『金光明経』において「四王」・「諸の無量百千の鬼神」・「国土を守る諸の旧善神」とされ、『金光明最勝王経』においては「四王」・「無量百千の天神」・「国土を護る諸の旧善神」とされている懲罰者のうちの「旧善神」というカテゴリーに天神地祇や祖霊が入ったというように理解できる。『金光明経』ならびに『金光明最勝王経』の経説は、伝統的な超越者を懲罰者の文脈に組み込ませる、巧妙な構造を持っているのであり、この願文は、奈良時代に規定された具体的なその範囲を明かすものとして捉えることができる。

　天平十五年（七四三）十月十五日の大仏造立の詔に、「菩薩の大願を発して、盧舎那仏金銅像一軀を造り奉る。国銅を尽して象を鎔、大山を削りて堂を構へ、広く法界に及して朕が知識とす」の一節があることはよく知られている。聖武天皇は、大仏造立を「知識」（仲間）事業として位置づけている。仏像を知識が造ることは、法隆寺金堂釈迦三尊像にその先蹤があるとおり、造像の正しい作法である。ここには、多くの者の誠を結集することによって仏像により高い価値が具わるという考え方がある(11)。

　ここで、詔の文言をあらためて見るならば、「事成り易く、心至り難し。但恐るらくは、徒に人を労すことのみ有りて、能く聖に感くること無く、或は誹謗を生して反りて罪辜に堕さむことを。是の故に知識に預かる者は、懇に至誠を発し、各介なる福を招きて、日毎に三たび盧舎那仏を拝むべし」の一節が注目される。聖武天皇が万民を知識として位置づけたのは、この事業に自ら進んで参画させるという意図からである。知識である以上、負担を感じながらではなく、誠意を持って参画するのが当然である。仏を感応させるのは至誠であり、それによって福を招くことができる。それゆえ、知識には一日に三回盧舎那仏を拝むことを命じた。

聖武天皇の大仏造立事業は、知識造像という仕組みを国土全体に及ぼしたところに重大な意味がある。これにより、国家への叛逆は、知識を離脱するという仏教的意味を帯びることになるからだ。『金光明最勝王経』が仏敵を排除する役割を負わせた諸神を、同時に国家の守護者とするために、聖武天皇は大仏造立を国家による知識事業としたのである。

詔には、「広く法界に及して朕が知識とす」とある。盧舎那仏を造る事業において想定された「法界」は、華厳思想に基づく盧舎那仏浄土である蓮華蔵世界を指すことはいうまでもなかろう(12)。つまり、聖武天皇は、この国土を蓮華蔵世界に見立てようとしている。このことは、七世紀の国土の秩序が、天神地祇や天皇霊によって維持されていたことからの重大な転換を意味する。すでに見たように、『金光明最勝王経』の経説は、これらの伝統的な超越者を懲罰者の文脈に組み込ませる巧妙な構造を持っていた。聖武天皇は、華厳思想と『金光明最勝王経』の思想を組み合わせ、仏教によって国家の秩序を維持する仕組みを作り上げたのである。

聖武天皇のこの思想は、大仏の鍍金のための黄金が陸奥国から産出されたときの宣命(13)に明瞭に示されている。その趣意は以下のようなものである。

私は、国家を護る思想としてさまざまな法の中で仏教が最も勝れていると聞き、諸国に最勝王経を置き、盧舎那仏を造ろうとして、天神地祇に祈り、遠き天皇の御世を始めとして拝み仕えた。人々を率いて仕えたのは、災いが止んで善くなり、危ういことが平和に変じるようにと願うためだ。その間、多くの者は完成しないのではないかと疑い、私は金が足りないと心配していたところ、勝れて霊妙な仏法の働きの験を得た。それはまた、天神地祇がよしとして受け入れ祝福を下さり、あるいは天皇霊が撫でいつくしんで顕したものと思うと、喜ばしくも貴くもある。どうしてよいか迷った状態で、夜昼畏まって思えば、政治が道理にかなっている天皇の御世にあるべきものが、頼りない自分の治世に現れたことを、勿体なくはずかしく思う。

諸国に『金光明最勝王経』を置き、盧舎那仏を造ることは、天神地祇への祈りと歴代天皇への拝礼が前提となっている。聖武天皇が万民を知識として率いこの事業をおこなったのは、災いが止み平和が訪れることを願ったからである。この事業の完成が疑われたとき、産金があった。産金は、仏法の霊験によるものだが、それは、天神地祇と天皇霊が受け入れてくれたことの証明だった。聖武天皇にとり産金は、『金光明最勝王経』と盧舎那仏による国土の維持という方針の正しさが認められたできごとだったのである。

この考え方を前提とすれば、大仏造立を着想したとき、聖武天皇は天神地祇と天皇霊に許可をもらう必要があったと考えられる。一般に「関東行幸」として知られる聖武天皇の東征の目的についてはさまざまな解釈があるが、見逃してならないのは、この行幸の表明が、聖武天皇が新羅僧審祥から『華厳経』の講説を受けた天平十二年（七四〇）十月八日の直後の同年十月二十六日であることである。[14]行幸において聖武天皇は、伊勢神宮に奉幣し、不破頓宮には六日ほど滞在している。不破は、壬申の乱の時、天武天皇が天神地祇に誓約をした野上に当たる。これらの行為が、皇祖である伊勢神宮へ拝礼し、天武天皇ゆかりの地で天神地祇へ祈禱したことであるとすれば、それは、天神地祇と天皇霊に大仏造立の方針を告げたことを意味している可能性がある。その意味をこのように捉えることによって、この行幸は、国土の秩序維持と「対敵」文脈における仏教の意義を、前代から転換した画期と捉えることができるのである。

さて、大仏造立以後の、「対敵」文脈における超越者は、次のふたつの宣命に顕らかである。

『続日本紀』天平宝字元年（七五七）七月十二日

又、盧舎那如来、観世音菩薩、護法の梵王帝釈四大天王の不可思議威神之力に依りてし、此の逆に在る悪しき奴等は顕れ出でて、悉く罪に伏しぬらし。

『続日本紀』神護景雲三年（七六九）五月二十九日

然れども、盧舎那如来、最勝王経、観世音菩薩、護法善神の梵王帝釈四大天王の不可思議威神の力、挂けまくも畏き開闢《あめつちひら》けてより已来《このかた》御宇しし天皇の御霊、天地の神たちの護り助け奉りつる力に依りて、其等が穢く謀りて為《せ》る厭魅《まじ》事《わざ》皆悉く発覚《あらは》れぬ。

前者は、橘奈良麻呂らの変の後に出されたものであり、発覚後、奈良麻呂は尋問に対して、東大寺を造立し人民を苦しめる政治の無道が変の動機だと答えている。後者は、県犬養姉女らが称徳天皇の髪を髑髏に入れておこなった厭魅に際してのものだ。いずれも、盧舎那如来以下の諸尊の不可思議威神力によって罪が発覚したと語られている。ここに登場する神仏は、盧舎那如来・最勝王経・観世音菩薩・梵天・帝釈・四天王・天皇霊・天神地祇の八尊（経典を含む）である。これらのうち、盧舎那如来、最勝王経、観世音菩薩が、天平勝宝元年（七四九）の「聖武天皇施入勅願文」には見られなかったものだ。

この三者が何を指しているかは比較的容易に想像が付く。盧舎那如来は、いうまでもなく、天平勝宝四年（七五二）開眼の東大寺大仏（図3）である。最勝王経は、国分寺七重塔内に置かれた聖武天皇自筆の『金字金光明最

図3　盧舎那如来像　東大寺金堂

勝王経』（天平十三年・七四一）（図4）だろう。天平勝宝元年（七四九）の宣命に見たとおり、聖武天皇が国家の秩序を維持するために人びとを率いておこなったことは、『金光明最勝王経』を諸国に置き、盧舎那仏を造立することだった。この両者はその二つに相当する。両者が不可思議威神力を発揮し、逆賊の罪を露見させたことは、聖武天皇の構想した秩序に基づいている。そして、観世音菩薩は、天平十二年（七四〇）九月十五日に藤原広嗣の乱に際して国ごとに造立された七尺の観音菩薩像だと考えられる。これもまた、聖武天皇の命じた事業によって生み出された仏像である。

観音菩薩は、『華厳経』によって特に補陀落山観音という意味が与えられた。一方、『不空羂索神変真言経』によっても、補陀落山観音というありようは繰り返し説かれている。[15]補陀落山観音とは現世に降臨した観音である。近年の研究によって、『不空羂索神変真言経』の請来時期は、天平七年（七三五）の玄昉帰朝時であることが判明した。[16]国ごとに安置された観音菩薩は、国土に降り立った観音という意味で理解するのが自然だろう。そうであれば、それは補陀落山観音であることがふさわしい。天平十二年（七四〇）造立の観音菩薩が不可思議威神力を発揮したのは、補陀落山観音であるゆえと考えればより納得がいく。

図4　『金字金光明最勝王経』巻八（伝備後国分寺伝来）　奈良国立博物館

そのようにみると、ここに登場する、盧舎那如来・最勝王経・観世音菩薩・梵天・帝釈・四天王・天皇霊・天神地祇という神仏はすべて、聖武天皇が構想した、『金光明最勝王経』と蓮華蔵世界に関わる尊格であることが明らかになる。大仏造立事業を通して、聖武天皇は、国家を知識による共同体に作りかえた。この事業によって生み出された尊像が、逆賊を、知識の外側に正しく排除している事態がここに窺われるだろう。

四　対敵と八幡神

「対敵」文脈において、次に着目したいのは八幡神の役割である。『続日本紀』天平九年（七三七）四月乙巳条には、「使いを伊勢神宮、大神社、筑紫住吉、八幡二社、及び香椎宮に遣わして、幣を奉り、以て新羅の無礼の状を告げしむ」とあり、八幡神はここにおいて突如として史書に現れる。ここに併記される大神社、筑紫住吉、香椎宮の諸社がいずれも神功皇后伝説に関わる神であることから、この段階から八幡は、神功皇后の子たる応神天皇であり、新羅を帰属させる神としての意味があるとする説が出されている（17）。

その後、八幡神は、天平十二年（七四〇）十月の藤原広嗣の乱に際して祈請の対象となり、天平十三年（七四一）閏三月に報賽が奉られた。これは乱の平定をもたらした八幡神の働きに対するものであり、報賽の内容は、秘錦冠一頭、『金字金光明最勝王経』・『法華経』各一部、度者十人、封戸、馬五疋、三重塔一区であった。

ここで注目されるのが二種の経典である。『金字金光明最勝王経』一部は、聖武天皇が書写し、国分寺七重塔に安置したものと同一であり、『法華経』一部も国分寺建立に際して書写されたものだ。八幡神への報賽として奉納された経典は、国分寺造営を支えた経典と共通している。このことは、八幡神が広嗣という逆賊を、国分寺造営と同様の思想に基づいて排除したことを示しているだろう。

国分寺建立と大仏造立以後、国土の秩序を維持する懲罰者が、『金光明最勝王経』の経説に基づいて再編されたことはすでに見た。伝統的懲罰者である天神地祇や天皇霊は、『金光明最勝王経』の説くカテゴリーのひとつ「国土を護る諸の旧善神」として、この枠組みの中で力を行使したのである。したがって、広嗣の乱を平定した八幡神もまた、この「国土を護る諸の旧善神」の一員だったと理解できる。

さらに、『続日本紀』天平勝宝元年（七四九）十二月丁亥条の著名な下記の一節からは、神祇一般と八幡神との関係がより明瞭になる。

> 勅りたまはく、「神我天神・地祇を率ゐいざないて必ず成し奉らむ。事立つに有らず、銅の湯を水と成し、我が身を草木土に交へて障る事無くなさむ」と勅り賜ひながら成りぬれば、歓しみ貴みなも念ひたまふる。

え為さざりし間に、豊前国宇佐郡に坐す広幡の八幡大神に申賜へ、大仏造立事業の先行きが危ぶまれたとき、八幡神は天神地祇を率いその成就を導くと託宣した。八幡神は、天神地祇を率いる神と位置づけられていることがわかる。

八幡神のこの意味合いは、後の『日本三代実録』貞観三年（八六一）正月二十一日条[18]を見ることでさらに判然とする。ここには、「但、先帝、本願天皇の弘願に准據し、八幡大菩薩を以て主と為し、天下の名神及び万民を知識衆と為し、初めて修理を行ふ。今当に時に至りて、この事遂に成ず。始終殊なると雖も、徳業惟一なり。然れば則ち、八幡大菩薩をして、別に解脱を得さしめ、諸の余の名神をして神力の自在たらしめん」とあり、「八幡大菩薩」を主とし天下の名神・万民を知識衆とするという考え方が現れている。八幡が「大菩薩」と称された初例は、延暦十七年（七九八）の太政官符[19]とされているが、『三代実録』の記述からは、大仏造立事業に天神地祇を率いて助成したという振る舞いがそもそも菩薩行であるという理解が読み取れる。

大仏造立事業への助成を経て、八幡神は、天神地祇を統率する菩薩としての神という地位を獲得したと見られるのであり、それゆえ、『金光明最勝王経』の「国土を護る諸の旧善神」というカテゴリー内の、最重要の神として振る舞うに至ったと理解できる。

一方、天平九年（七三七）に新羅の無礼の状が告げられた諸神のうち、仲哀天皇と神功皇后（大帯姫）を主神とする香椎宮（図5）は、特に「対新羅」という文脈に特有の役割を果たしたとみることができる。『続日本紀』天平宝字三年（七五九）八月条に、「香椎廟に新羅を伐つべき状を奏せしむ」とあり、天平宝字六年（七六二）十一月条に、「香椎廟に奉幣せしむ。新羅を征めむ為に軍旅を調え習はしむるを以てなり」とあるとおり、香椎宮（廟）は「対新羅」の局面において、特に祈りの対象となっている。その後の弘仁十四年（八二三）、宇佐八幡に「大帯姫」が合祀されたという。[20]当初二神だった八幡神が三神になるのはこの時と考えられる。「大帯姫」の合祀は、

図5　仲哀天皇香椎宮址

「対新羅」文脈での八幡神の力を増大させることになったと想定される。

「対敵」文脈での八幡神の働きは、よく知られるとおり、道鏡排斥の一件において顕著に表れている。帝位を窺う道鏡に対して八幡神が和気清麻呂に下した託宣は、『続日本紀』神護景雲三年（七六九）九月己丑（二十五）条においては、「我が国家開闢けてより以来、君臣定りぬ。臣を以て君とすることは、未だ有らず。天の日嗣は必ず皇緒を立てよ。无道の人は早に掃ひ除くべし」とされ、『日本後紀』延暦十八年（七九九）二月二十一日条[21]においては、「我が国家は君臣の分定れり。而るに道鏡悖逆無道にして、輙ち神器を望む。是を以て神霊震怒し、其の祈を聴かず。汝帰りて吾が言の如く奏せ。天の日嗣は必ず皇緒に続ぐ。汝、道鏡の怨を懼るること勿かれ。吾必ず相済わん」とされている。

この両者にあらわれている八幡神の振る舞い

は微妙に相違している。前者において八幡神は、無道の人すなわち道鏡を排除する力を行使すると述べているのに対し、後者ではそれに加えて清麻呂を守護する役割も強調しているからである。

道鏡に対峙した八幡神の働きを考える上で重要なのが、『類聚国史』巻百八十に所収される天長元年（八二四）の太政官符である。神護寺の成立事情を伝える著名なこの史料には、「大神、自威の当り難きを歎き、仏力の奇護を仰げり」と説明した上で、八幡神が清麻呂に下した託宣が以下のように記載されている。

時に大神託宣していわく、夫れ神に大小有りて、好悪同じからず。善神は淫祀を悪み、貪神は邪幣を受く。我、皇緒を紹隆し、国家を扶済するを為す。一切経及び仏を写造し、最勝王経万巻を諷誦し、一伽藍を建たば、凶逆を一旦に除き、社稷を万代に固めん。汝此言を承け、遺失有る莫かれと。

皿井舞氏も指摘するとおり[22]、ここには、「仏力をもって神威を増す」という考え方のあることが、まず注目される。加えて重要なのは、「神威を増す」ために諷誦されるのが、「最勝王経」（『金光明最勝王経』）万巻であることである。八幡神は、『金光明最勝王経』の力を得て道鏡を排除し、国家を護持するのだ。護国神としての八幡神を支える思想的枠組みは、『金光明最勝王経』が支えていることをここにも確認できる。

その後、八幡神は、いわゆる「薬子の変」に際して効験を顕したことが、『日本後紀』弘仁元年（八一〇）十二月壬午（十六日）条に、「参議正四位下巨勢朝臣野足を遣し、八幡大神宮・樫日廟に幣帛を奉る。静乱の禱を賽すればなり」とあることから知られている。天平十二年（七四〇）の広嗣の乱の場合と同様、八幡神の国家秩序の維持者としての側面が窺える。いずれの場合も乱の平定後に報賽がおこなわれたが、広嗣の場合は仏教的な内容が具体的に知られるのに対し、ここでは幣帛を奉るとされるのみで、内容の詳細は不明である。一方で、『東宝記』第三仏宝下「鎮守八幡宮」は「寺家旧記」を引用しながら、以下のように、この時八幡神像の造像があったことを伝えている。

嵯峨の聖代に至り、平城天皇の御事出来の時、大師と御密談有りて、先に御立願あり。御願成就の後、去る弘仁年中、大師勅を奉り重ねて之を勧請す。三所の御躰法躰、俗躰、并びに女躰武内宿禰、親しく虚空に影現す。初め紙形に写し、後に木像に刻み、社壇に安置し奉らる。

この記述は、神像の造立年代や構成に関して史実性が疑われているものの、それ以上に、神像造立の経緯を具体的に示している点から評価されるべきだろう。弘仁元年に平城天皇の御事（薬子の変）があったとき、まず御立願があった。これは、嵯峨天皇が八幡神に対し乱の平定を願い、成就の後は報賽をおこなうことを誓願したと理解できる。御願成就の後、空海は嵯峨天皇の勅を受けて八幡を勧請すると、三所の御体と武内宿禰の影現があった。これは空海の法力に神が感応したことを示そう。その姿は、まず紙形に写されその後木像となった。この経緯は、神像とは影現した神の写像であること、その写像は紙から木へという二つの段階を経て定着することを示している。いうまでもなく、神の本体により近いのは紙形であり、木像はその写しに過ぎない。しかしながら、社壇に安置されたのは木像である。これは、礼拝儀礼の対象となるのは彫像であるという意識を反映していよう。

以上の経緯は、神像が、祈願成就の報賽を受けるべく造像されたことを示している。これは、弘仁元年（八一

図6　八幡三神像　東寺鎮守八幡宮

〇）十二月十六日に、嵯峨天皇が巨勢野足を八幡大神宮と樫日廟に遣わし、幣帛を奉った事情と軌を一にしている。東寺鎮守八幡宮の当初像が『東宝記』のいうとおり、弘仁元年に成立したかは不明ではあるものの、この時期神像がどのような存在と見なされていたのかは、この記述から読み取ることは十分に可能である。

ところで、この八幡神像は、「法体、俗体、女体」であり、現存する東寺八幡三神像（図6）が、法体と二体の女体であることと相違している。『東宝記』は、これについて、中の僧形は八幡大菩薩、右の女体は神功皇后、左の俗体は仲哀天皇と説明する。比咩神と神功皇后（大帯姫）と考えられる二体の女体を配する現存像の形式は、本来、大神と比咩神の二神であった八幡神に大帯姫が合祀された形である。一方、『東宝記』の伝えるのは、応神天皇である八幡大神に仲哀天皇と神功皇后という両親を組み合わせた形である。この配合は、弘仁元年（八一〇）十二月十六日に、八幡大神宮と並んで樫日廟（香椎宮）に幣帛を奉ったという事情を踏まえるとたいへん興味深い。つまり、これは、八幡大神に香椎宮の祭神二柱を合わせた形と見ることができるからである。すでに見たとおり、東寺の当初の八幡神像は、「薬子の乱」平定の報賽を受けるために造像されたと考えられる。そうであれば、八幡宮と香椎宮のそれぞれの祭神を組み合わせる形式はまさにふさわしいといえるだろう。ここから、『東宝記』の伝える当初の三所御体は、現存像の形式が確立する以前の組み合わせとして、史実を伝えている可能性も認められてくるのである。

以上のとおり、八幡神が「対敵」文脈において力を行使した背景には、『金光明最勝王経』の思想に基づいて作り上げられた、神仏が協働して守護と懲罰を掌る仕組みがあったことを見た。また、八幡神像は、礼拝という行為によって、人間がその仕組みに関わるために作られたことも確認した。八幡神は、神でありながらも、仏教の文脈において「対敵」の効験を発揮していることにこそ、最大の意味と意義があることが、以上の議論から明らかになったことと思う。

五　対新羅と神仏

「対敵」をめぐる議論の最後に、「対新羅」という文脈について見ることにしたい。宝亀五年（七七四）三月三日の太政官符は、大宰府に対し、高六尺の塑造の四天王像を造ることを命じている。

太政官符す。応に四天王寺埝像四軀を造り奉るべきこと。〈各高六尺〉(23)
右、内大臣従二位藤原朝臣宣を被るに偁く。称せらる。勅を奉るに、聞くが如く、新羅は兇醜にして恩義を顧ず、早くに毒心を懐き常に呪詛を為すと。仏神は誣き難く、慮れば或は報応す。宜しく大宰府をして新羅国に直たる高顕の浄地に件の像を造り奉り、その災を攘却せしむべし。仍りて浄行僧四口を請し、おのおのまさに像前にて、一事以上、最勝王経四天王護国品に依りて、日は経王を読み、夜は神呪を誦すべし。但し春秋二時は一七日を別にせよ。

新羅の呪詛に対抗するため、「新羅に直たる高顕浄地」に四天王像を造立し、浄行僧四人を呼び、各像の前で『金光明最勝王経』四天王護国品を読誦するよう指示している。新羅に真っ直ぐ向かう高地に四天王像を安置すべきという指示に、四天王像自体が国外を見張るという考え方が含まれていることは明らかである。四人の浄行僧が各像の前で、『金光明最勝王経』四天王護国品を読誦するのは、それにより四天王の力を引き出す意図からである。

四天王像のこのあり方は、第一節で見た、厩戸皇子が頂髪の中に小さな四天王像を置き、戦勝を祈願したというあり方から大きく変容していることがわかろう。厩戸皇子の場合は、四天王に向かい誓願を発し、その誓願の力によって祈願を成就しようとした。祈願成就をもたらしたの誓願力であり、四天王像は、太子の誓願を見届ける役割を果たしていたにに過ぎない。四天王像自体が直接力を行使したわけではないのだ。

ところが、第一節で述べたとおり、十世紀に成立した『聖徳太子伝暦』は、この時、四天王像は軍鉾に擎げ立てられたとする一説を紹介している。軍の先頭に立ち敵に対峙する四天王像というあり方は、大宰府四天王像に与えられた役割と共通することがわかろう。『聖徳太子伝暦』が紹介する説は、八世紀後半に変容した四天王像の意義を踏まえたものだったのである。

大宰府四天王寺の四天王像の新しい意味は、国内の逆賊を懲罰するという、大仏造立以後の秩序の維持者らが行使していた力を、国外に向けたという点にある。それにより、四天王像の安置場所が、新羅との関係の中でより具体的に問題となった。

同様の文脈から、九世紀には、日本海沿岸域に四天王寺が建てられた(24)。『三代実録』貞観九年(八六七)五月二十六日条は、以下のようにその様子を具体的に伝えている。

八幅四天王像五鋪を造り、各一鋪を、伯耆・出雲・石見・隠岐・長門等国に下す。国司に下知して曰く、彼国地は西極に在りて、堺は新羅に近し。警備の謀、当に他国に異なるべし。宜しく尊像に帰命し、誠を勤めて法を修し、賊心を調伏し、災変を消却すべし。仍りて須く地勢高敞にして賊境を瞼瞰するの道場を点択すべし。若し素より道場无くば、新たに善地を択び、仁祠を建立し、尊像を安置し、国分寺及び部内の練行精進僧四口を請じ、おのおの、まさに像前にて、最勝王経四天王護国品に依りて、昼は経巻を転じ、夜は神呪を誦し、春秋二時は一七日を別にし、清浄なること堅固にして、法に依りて薫修すべし。

伯耆・出雲・石見・隠岐・長門等の五国に対し、やはり、新羅を見下ろせる見晴らしのよい高地に四天王画像を安置し、『金光明最勝王経』四天王護国品を読誦するよう指示している。この事例で注目されるのは、八幅という巨幅の四天王画像を中央政府が製作して各国に下したことである。これは、大宰府四天王寺の場合と、画像と彫像という素材、像の製作者という二点において相違している。大宰府の場合は、像の製作も当事者に命じられている。

高敞な土地で敵に睨みを利かすという意図にふさわしいのは彫像である、というのが奈良時代以来の伝統的考え方だったと見られる。大仏造立以後に懲罰の力を行使したのは、いずれも聖武天皇の事業の中で造立された彫像だった。宝亀五年（七七四）の太宰府四天王寺は、その考え方を正しく継承している。貞観九年（八六七）において、画像が同様の機能を発揮すると考えられるようになったことは注目していい。この間に造形への意識に大きな変化があったことを示しているからだ。この変化の背後に、画像を重視する密教の受容があったことは間違いないだろう。

また、政府が製作し各国に配布した理由は、在地に財力や技術が不足していたからとも考えられるが、最大の理由は、国家が境界守護を特に重要視したことにあったろう。四天王画像を効験あるものとするためには、正しい作法で製作される必要がある。政府はその責任において、製作を差配したと考えられるのである。

この前年の十一月、政府は、能登・因幡・伯耆・出雲・石見・隠岐・大宰府に命じ、邑境の諸神に班幣し、鎮護の殊効を祈らせている。それは、恠異の頻発の原因が、新羅の賊兵が間隙を窺っているためと占われたからである。[25]『三代実録』は、「災未だ兆さるを攘ひ、賊の将来を遏むるは、ただこれ神明の冥助にして、豈に人力の所為と云はんや」と、新羅を排除するのは、「神明の冥助」だと述べている。

以上の二例は、日本海沿岸域の各国を、四天王と神明が協働して守護していることを伝えている。これは、奈良時代に、『金光明最勝王経』に基づいて再編された神仏が、国内の秩序を維持していたことと通じている。

九世紀において、神と『金光明経』が関わっていることを示すのが、『三代実録』貞観元年（八五九）八月二十八日に、恵亮の表請により実現した、延暦寺の二人の年分度者である。彼らはそれぞれ、賀茂と春日の神に経典を奉じる役割を負ったが、その経典は、賀茂神に「大安楽経」、春日神に「維摩詰所説経」であるほか、両神に共通して『法華経』と『金光明経』が用いられた。恵亮は、その表の中で、「皇覚物を導くは、且つは実、且つは権なり。大士迹を垂るるは、或は王、或は神なり。故に聖王国を治むるは、必ず神明の冥助を頼む。神道累を剪るは、ただ調御の慧刃を憑む」と述べ、仏は権と実を用いて導き、神は大士の垂迹であるゆえ、聖王は必ず神明の冥助を頼んで治国するべきとした上で、神道は仏の智慧の刃によって累《わずらい》を断つとしている。年分度者が経を捧げるのは、神の累を断つためであり、そこに『金光明経』が用いられたのだった。

九世紀においても、神明の力を支える経典のひとつは『金光明経』である。このことは、四天王と神明はともに、『金光明経』・『金光明最勝王経』の世界観の中で働いており、大仏造立に際して再編された国土の守護者という意味を継承していることを示している。両者はその立場において、協働して新羅から国土を護ったのである。

九世紀において「対新羅」に効験のあった神の具体名が知られるのが、『三代実録』貞観十二年（八七〇）二月十五日条である。中臣国雄は勅により、八幡大菩薩宮、香椎、宗像大神、甘南神（山稜）に派遣され、それぞれに告文を捧げた。そこには、新羅の賊船二艘が筑前国那珂郡の荒津に到来し、豊前国の貢調船の絹綿を掠奪して逃げた一件が述べられ、兵寇が懸念されるものの、神明の助護を賜わればその恐れはないとある。それぞれの神に捧げられた告文はほぼ同文なので、これらが対新羅に効験ある神と考えられていたことがわかる。その中で、八幡神については、「大菩薩、国内の諸神たちを唱へ導き賜ひて」新羅に対することが期待されているのが注目されよう。すでに見たとおり、八幡神が大菩薩と称されたのは、大仏造立事業に天神地祇を率いて助成したことが理由である。「国内の諸神を唱道する大菩薩」という認識が、八幡神に対して変わらずあることがここに確認できるのである。

以上のとおり、九世紀の「対新羅」という文脈において、四天王と神明が働くありようを確認した。画像が力を行使するという造形への新たな認識が見られるものの、奈良時代に作られた枠組みは基本的に維持されていることが、ここからわかろう。神明あるいは八幡神が国家の守護者として働く論理は、仏教の世界観が支えていることを確認できるのである。

おわりに

以上、「対敵」という文脈に着目し、仏教がいかなる論理で敵を排除するかを時代を追って見てきた。以下、各節の内容を振り返って議論のまとめとしたい。

第一節「戦勝祈願と四天王」では、飛鳥時代の例として、厩戸皇子の戦勝祈願の仕方を確認した。ここには、「誓願力」が戦勝をもたらすという考え方があった。これは、大乗仏教の根源的な原理に依拠したものと評価できる。飛鳥仏教が真摯な枠組みを維持していることが了解される。いうまでもなく、仏像は、直接力を行使はしない。

第二節「対敵と誓約――その対象物」では、七世紀半ばまでの「対敵」の事例を見た。この時期、「対敵」の是非は、皇天または天神地祇の神意によって決まり、その意志を知るために人は樹木や山に向かい誓約した。この段階では、「対敵」の文脈に仏教は基本的に関わっていない。

第三節「知識と逆賊――『金光明最勝王経』と盧舎那仏」では、七世紀後半からの転換を確認した。仏教尊が「対敵」の文脈で力を行使し始めるのは、『金光明経』の受容が契機となっている。『金光明経』ならびに新訳『金光明最勝王経』は、「四天王」・「鬼神」・「旧善神」という三つのカテゴリーの尊格が、不信心者を懲罰すると説く。これに基づき叛逆者を排斥する枠組みがまず用意され、国分寺はそのうち特に四天王が力を行使する場として造営された。さらに聖武天皇は、大仏造立を国家による知識事業とした。これにより、国家への叛逆は知識からの逸脱という仏教的な意味を帯びることになった。『金光明最勝王経』の懲罰者は、それゆえ国家への叛逆者を懲罰することができた。この文脈に沿い、聖武天皇の事業の中で生まれた仏像は、叛逆者を排斥するに至る。

第四節「対敵と八幡神」では、この文脈における八幡神の意味を確認した。八幡神は、藤原広嗣の乱、道鏡の排斥、「薬子の変」において力を行使した。その力を支えたのは、『金光明最勝王経』だったと見なされることから、八幡神は同経が説く上述の三つのカテゴリーのうちの「旧善神」として国土の守護を果たしたと考えられる。また、八幡神が「大菩薩」と称されるのは、天神地祇を率いて大仏造立事業を助成したことが理由である。したがって、八幡神は、「大菩薩」である限り、天神地祇の統率者たり得る。この論理により、八幡神は、『金光明最勝王経』の「旧善神」中の最上位の神として振る舞うことが可能となった。「対敵」の文脈に沿い八幡神像の造立はおこなわれたが、その意義は像が直接力を行使するものではなく、祈願成就後の報賽を受けるという役割が確認された。

第五節「対新羅と神仏」では、「対敵」の方向性が、国外へ向き始めた時期の問題を確認した。八世紀末に始まる「対新羅」のこの文脈には、まず四天王像が対応した。国外を敵視するこの文脈が要請したのは、四天王像を安置する場所の地理と地形である。それにより境界域の高地が安置場所として選定された。「対新羅」の文脈には、四天王と同時に神明も対応した。これは、前代に確立した『金光明経』・『金光明最勝王経』の懲罰者のカテゴリーに沿った働きと理解される。四天王像に関しては、画像がこの文脈に沿って製作されるに至るが、それは密教の受容と連動した事態と捉えられる。八幡神もまた「対新羅」文脈において効験を示すが、この時期においても八幡神は「諸神を率いる大菩薩」という理解の中でその力を行使した。

以上の経緯を振り返るならば、古代日本の「対敵」文脈にとり、国分寺建立と大仏造立事業が、いかに重大な意味を担ったかが理解されよう。この二つの事業が、きわめて周到な構想の下に遂行されたことは間違いないが、その基本構想を支えたのが『金光明最勝王経』であった。この経典の意義については、今後さらに注目していく必要があるだろう。

注

（1）本稿は、既刊の以下の拙稿の内容を踏まえつつ、新たに書き下ろしたものである。長岡龍作「平安初期彫像の基礎的問題――彫像の「場」をめぐって」（科学研究費補助金一般研究（A）研究成果報告書『東アジア美術における人のかたち』東京国立文化財研究所、一九九六年）、同「仏像の意味と上代の世界観――内と外の意識を中心に」（『講座日本美術史　第三巻　図像の意味』東京大学出版会、二〇〇五年）、同「神像成立に関わる一考察――古代日本の八幡神」（『ザ・グレイトブッダ・シンポジウム論集』第三号、二〇〇五年十二月）、同「悔過と仏像」（『鹿園雑集』第八号、二〇〇六年三月）、同『日本の仏像　飛鳥・白鳳・天平の祈りと美』第五章・第六章（中公新書、二〇〇九年）。

（2）『日本古典文学大系68　日本書紀下』（岩波書店、一九六五年）。

（3）法隆寺金堂釈迦三尊像光背銘文。
「蒙此願力轉病延壽安住世間、若是定業以背世者、往登浄土早昇妙果」

（4）前掲注1長岡（二〇〇五―二）・（二〇〇九）。

（5）『飯田瑞穂著作集一　聖徳太子伝の研究』（吉川弘文館、二〇〇〇年）。

（6）『続群書類従』第八輯上伝部。

（7）『大正新修大蔵経』第十六巻、三四三頁。

（8）『類聚三代格』巻三。

（9）『大正新修大蔵経』第十六巻、四二九頁。

（10）『大日本古文書』第三巻、二四〇頁。

（11）長岡龍作『仏像――祈りと風景』第二章（敬文舎、二〇一四年）。

（12）蓮華蔵世界については、以下の拙稿を参照されたい。
長岡龍作「蓮華蔵世界と観音」（『ザ・グレイトブッダ・シンポジウム論集一〇　華厳文化の潮流』二〇一二年）、同「蓮華蔵世界と正倉院の屏風」（『仏教美術論集五　機能論――つくる・つかう・つたえる』竹林舎、二〇一四年）。

（13）『続日本紀』天平勝宝元年（七四九）四月一日条。『新日本古典文学大系14　続日本紀三』（岩波書店、一九九九二年)。
(14)『東大寺要録』巻五「東大寺華厳別供縁起」。
(15)前掲注11長岡書。
(16)石田幸子「滋賀県聖衆来迎寺蔵『不空羂索神変真言経巻第三』について」(『博物館学年報』三一、一九九九年十二月)。
(17)津田勉「応神八幡神の成立年代及びその発生過程」(『神道宗教』一七五、一九九九年七月)。
(18)『新訂増補国史大系　日本三代実録前篇』(吉川弘文館、一九三四年)。
(19)『新抄格勅符第十巻抄』神封部(『新訂増補国史大系二八』吉川弘文館、一九三三年)。
(20)『宇佐八幡宮弥勒寺建立縁起』(承和十一年〈八四四〉)(『神道大系神社編四七　宇佐』)。
(21)『新訂増補国史大系　日本後記』(吉川弘文館、一九三四年)黒坂伸夫・森田悌編『日本後記』(集英社、二〇〇三年)。
(22)皿井舞「神護寺薬師如来像の史的考察」(『美術研究』四〇三、二〇一一年三月)。
(23)『新訂増補国史大系　類聚三代格』巻二仏事上(吉川弘文館、一九八〇年)。
(24)三上喜孝「古代の辺要国と四天王法」(『山形大学歴史・地理・人類学論集』五　二〇〇四年三月)、同「「古代の辺要国と四天王法」についての補論」(『山形大学歴史・地理・人類学論集』六、二〇〇五年三月)は、この時期の日本海沿岸域にあった四天王寺について詳しく紹介している。
(25)『三代実録』貞観八年(八六六)十一月十七日条。

図版出典一覧

図3　『奈良六大寺大観10　東大寺二』(岩波書店、一九六八年)
図4　『天平展図録』(奈良国立博物館、一九九八年)
図6　『新東宝記――東寺の歴史と美術』(東京美術、一九九六年)

境界世界の仏法

――四天王法の広まりと四天王寺の変容

三上喜孝

はじめに

かつて筆者は、平安時代初頭の九世紀以降、海を隔てた新羅を調伏する目的で、日本海側の諸国を中心に四天王法が行われるようになることを指摘し、そこには、「国境」意識の醸成と「見えざる敵」に対する恐怖心が相俟って、仏法による外敵調伏と国土鎮護をめざしたことが背景にあると考察した(1)。

本稿では、これまでの筆者の研究をふまえて、次の三つの観点から、あらためて古代における「対敵」と「仏法」の関係を考えてみることにしたい。一つは、四天王寺や四天王法の問題、二つめは、そのなかでもとりわけ毘沙門天像の問題、三つめは、観世音寺（観音寺）の問題である。なお、行論の都合上、これまでの著者の論考と一部重複するところがあることをご容赦願いたい。

一　八、九世紀における四天王寺・四天王法と境界世界

まず、古代における四天王法の広まりを、文献史料から簡単にみていくことにする。

Ⅰ　西海道

古代の辺要国と四天王法との関わりでよく知られているのが、西海道の大宰府・大野城である（図1）。文献によれば宝亀五年（七七四）に創建されたという。

【史料1】『類聚三代格』巻二　宝亀五年（七七四）三月三日官符

太政官符す

応《まさ》に四天王寺　像四軀を造り奉るべきこと〈各高さ六尺〉

右、内大臣従二位藤原朝臣の宣を被《こうむ》るに偁《いえら》く、勅を奉《うけたまわ》るに、聞くならく、新羅の兇醜、恩義を顧みず、早く毒心を懐き常に呪咀を為し、仏神誣し難く、慮或いは報応す。宜しく大宰府をして新羅に直する高顕の浄地に件の像を造り奉り、その災いを攘却せしむべし。よりて浄行僧四口を請い、おのおの像の前に当たり、一事以上最勝王経四天王護国品に依りて、日は経王を読み、夜は神咒を誦せ。但し春秋二時一七日ごとに、いよいよ益々精進し法に依りて修行せよ。よりて監已上一人その事を専当せよ。それ僧ごとに法服、麻袈裟蔭脊各一領、麻裳絁綿袴各一腰、絁綿襖子衫各一領、襪菲各一両、布施の絁一疋、綿三屯、布二端、供養の布施は並びに庫物および正税を用いよ。自今以後、永く恒例と為せ。

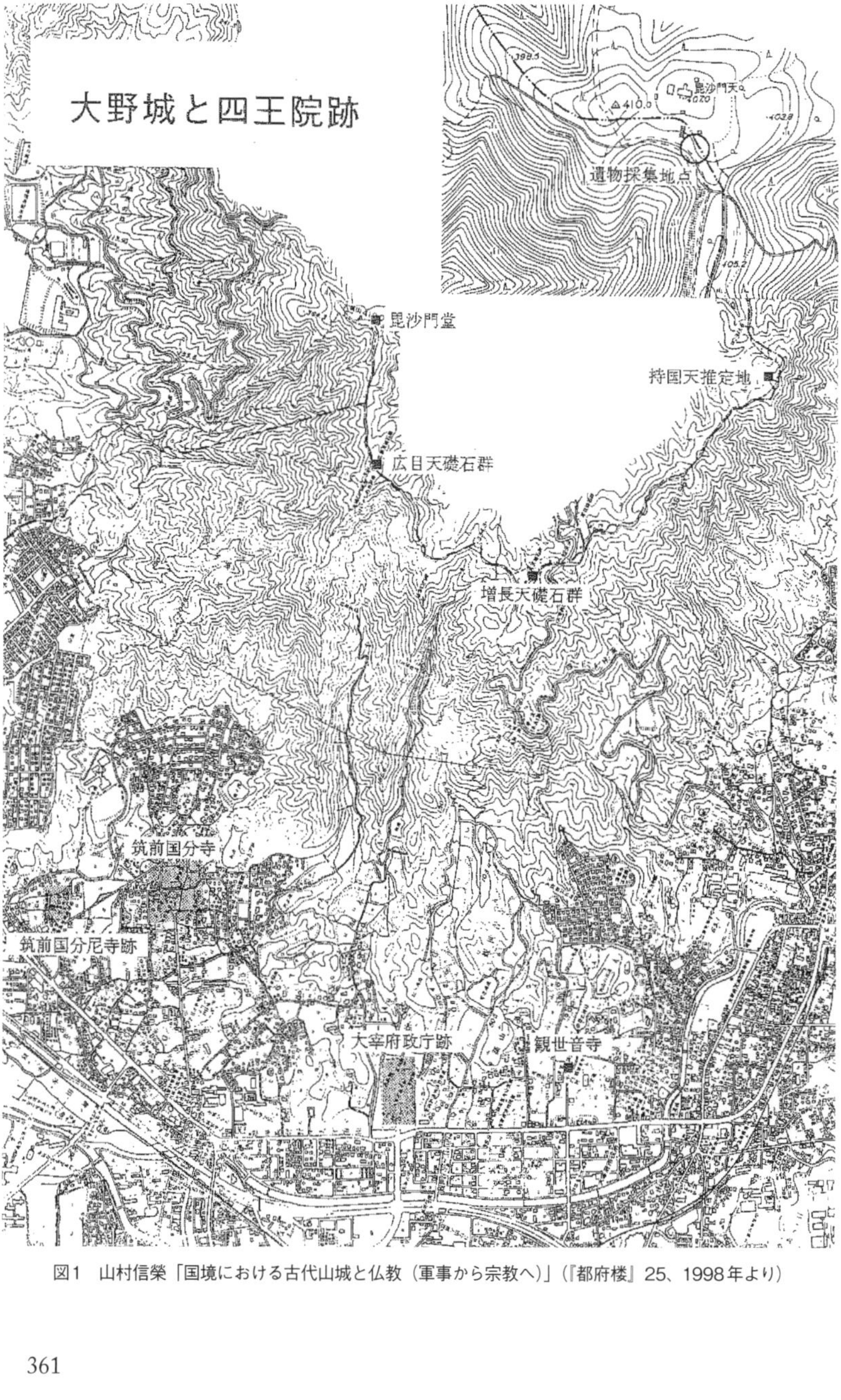

図1　山村信榮「国境における古代山城と仏教（軍事から宗教へ）」（『都府楼』25、1998年より）

宝亀五年三月三日

【史料1】には、大野城に四王院が設置された目的や、そこで行われる「四天王法」の具体的な内容が記されている。それによれば、四王院は新羅との軍事的緊張を背景に、国家鎮護を目的として設置され、そこで行われる四天王法については、僧四人が、四天王の各像の前で最勝王経四天王護国品によって、昼は経巻を読み、夜は神咒を誦すこと、春秋の四天王修法を行うべきこと、供養の布施は大宰府の庫物ならびに正税を用いること、などが定められている。

【史料2】『類聚国史』巻一八〇　延暦二十年（八〇一）正月癸丑

大宰府大野山寺の四天王法を行うを停む。其の四天王像及び堂舎・法物等は並びに便に近き寺に遷す。

大宰府大野城で行われていた四天王法を停止し、四天王像などを近くの寺（筑前国分寺）に移した。

【史料3】『類聚国史』巻一八〇　大同二年（八〇七）十二月甲寅朔

大宰府言す。大野城の鼓峰において、堂宇を興建し、四天王像を安置し、僧四人をして如法修行せしむ。而るに制の旨により、既に停止に従い、其の像ならびに法物等、並びに筑前国の金光明寺に遷し置きおわんぬ。其の堂舎等は今なお存す。而るに像を遷せし以来、疫病尤も甚だし。伏して請うらくは、本の処に遷し奉らんことを、てえれば、これを許す。但し請僧の修行は停む。（巻一七八修法にも同様の記事あり）

大野城の鼓峰に堂を建てて四天王像を安置したが、これを筑前国分寺に移した。ところがその後疫病が甚だしくなったので、もとの場所に戻した。ただし僧侶は置かなかった。

【史料4】『類聚国史』巻一七八　大同四年（八〇九）九月乙卯
復た大宰府をして、大野城の鼓峯において、四天王法を行わしむ。

大野城鼓峰で四天王法が復活した。

【史料5】『日本後紀』弘仁二年（八一一）二月庚寅
大宰府の鼓岑の四天王寺において、釈迦仏像を造らしむ。

大野城の四天王寺で釈迦仏像を造った。

【史料6】『日本三代実録』巻十二　貞観八年（八六六）二月十四日条
神祇官奏言すらく、肥後国阿蘇大神、怒気を懐蔵す。これにより、疫癘を発し隣境の兵を憂うべし。勅すらく、国司は潔齋し、至誠奉幣し、あわせて金剛般若経千巻、般若心経万巻を転読し、大宰府司は城山四王院において、金剛般若経三千巻、般若心経三万巻を転読し、以て神心に謝し奉り、兵疫を消伏せよ。

阿蘇大神の怒気による疫病、あるいは隣国の兵の脅威を消伏するため、城山（大野城）四王院において金剛般若経、般若心経の転読が行われた。

大宰府大野城の四天王寺は、その端緒を八世紀の第Ⅳ四半期とし、九世紀以降も引き続き、十一世紀初頭ごろまで確認できる。大野城には、北西方に毘沙門天、東方に持国天、南方に増長天、西南方に広目天の地名が遺っており、おそらく四峰に設けられた堂宇にそれぞれ四天王像を各一体ずつ安置するという形態をとっていたと想定されている。(2) その各堂舎に浄行僧四人が一人ずつ専当したのであろう。

Ⅱ　出羽国

次に出羽国の場合についてみてみよう。まず注目されるのは、『延喜式』主税上である。

【史料７】『延喜式』主税上

出羽国正税廿五万束。公廨卌四万束。月山大物忌神祭料二千束。文殊会料二千束。神宮寺料一千束。五大尊常燈節供料五千三百束。四天王修法僧供養幷法服料二千六百八十束。健児粮料五万八千四百十二束。修理官舎料十万束。池溝料三万束。救急料八万束。国学生料二千束。

これによれば、出羽国では「四天王修法僧供養幷法服料」として二千六百八十束の予算が計上されている。隣国の陸奥国にはみられないことから、出羽国ではとくに四天王法が重視されていたことがうかがえる。

【史料8】『類聚国史』巻一七一　天長七（八三〇）年正月癸卯条

出羽国駅伝して奏して云く、「鎮秋田城国司正六位上行介藤原朝臣行則今月三日酉時の牒に偁く、今日辰の刻、大地震動し、響くこと雷霆《らいてい》の如し。登時《すぐ》に城郭官舎幷びに四天王寺丈六仏像、四王堂舎等、皆悉く顚倒し、城内の屋仆れ、撃死せる百姓十五人、支体折損の類一百余人なり。歴代以来未だ曽て聞くこと有らず。地の割れ辟《さ》くること、或る処は卅許丈、或る処は廿許丈、処の辟けざるは無し。また城辺の大河を秋田河と云う、其の水涸れ尽くし、流れ細きこと溝の如し。疑うらくは是れ河の底辟け分かれ、水漏れて海に通うかと。吏民騒動して、未だ熟《つらつら》尋ね見ず。添河《そえがわ》・覇別河《はべつがわ》、両岸各崩塞す。其の水汎濫し、近側の百姓、暴流に当たるを懼れ、競いて山岡に陟《のぼ》る。理は須く損物を細録して牒を馳すべし。而るに震動は一時に七八度、風雪相い幷び、今まで止まず。後害知り難し。官舎雪に埋まり、弁録する能わず。夫れ辺要の固めは、城を以て本と為す。今已に頽落して、何ぞ非常を支えん。仍て諸郡の援兵を差して、見兵に相副えて不虞に備うべし。臣、未だ商量を審《つまびらか》にせざるも、事は意外に在り。仍て且つは援兵五百人を差して配遣し、令に准じて馳駅して言上せんとす。但し損物の色目は細かく録して追て上らん」と。

これによれば、天長七年（八三〇）の大地震で、秋田城が倒壊し、死者十五人、負傷者一〇〇人余りが出た。その際に、城内の「四天王寺」と「四天王堂舎」が倒壊したという。これは、秋田城内に四天王寺、四天王堂舎が置かれていたことを示す初見記事である。

ここにみえる「四天王寺」と「四王堂舎」について虎尾俊哉氏は、「四天王寺」には、本尊の丈六仏が安置されているが、「四王堂舎」とは、大宰府大野城の例に倣い、東西南北の要所にそれぞれ堂舎を設け、一堂に一王を安置する形をとったのではないか、としている。[3]

秋田城における四天王寺の存在は、現在京都国立博物館が所蔵している銅印「四王寺印」からも裏付けられる（図3）。この「四王寺印」は、江戸時代の寛文年間以後に京都の聖護院末の積善院に伝来し、昭和二十八年（一九五三）三月三十一日に重要文化財の指定を受けた。その後、文化庁が購入し、昭和五十四年（一九七九）四月一日に京都国立博物館に管理換となり、今日に至ったものである。[4]

四王寺印はもと秋田県の四王寺に伝えられていたという。この四王寺印が積善院に移った経緯は、古四王神社の神宮寺が聖護院末（積善院は聖護院の塔頭）であることによると考えられている。

では、四天王寺は、秋田城のどのあたりにあったのだろうか。これについては、秋田城東門の外側に広がる鵜ノ木地区（図2）から、体部を取り囲むように「□玉寺」と書かれた九世紀代の土器片が出土している点が注目される[5]（図4）。これはおそらく「四王寺」あるいは「四天王寺」と書かれていたと考えられ、四天王寺が、秋田城東門外側の鵜ノ木地区に存在していたことをうかがわせる。

ここで重要なのは、秋田城東門外側の鵜ノ木地区が、渤海使節を饗応する客館としての役割を果たした場所でもあるとも考えられていることである。八世紀には、渤海使節がしばしば出羽国の沿岸部に漂着し、そのさいには出羽柵である秋田城において初期の対応が行われていた。秋田城は、渤海使節の来着が常に意識される場所であり、その意味で、大宰府における新羅の場合と同様、対外的な脅威に対して無関心ではいられなかったものと思われる。外交使節を迎え入れる場に隣接して四天王寺が建立されたとすると、四天王寺建立の目的の一つに、

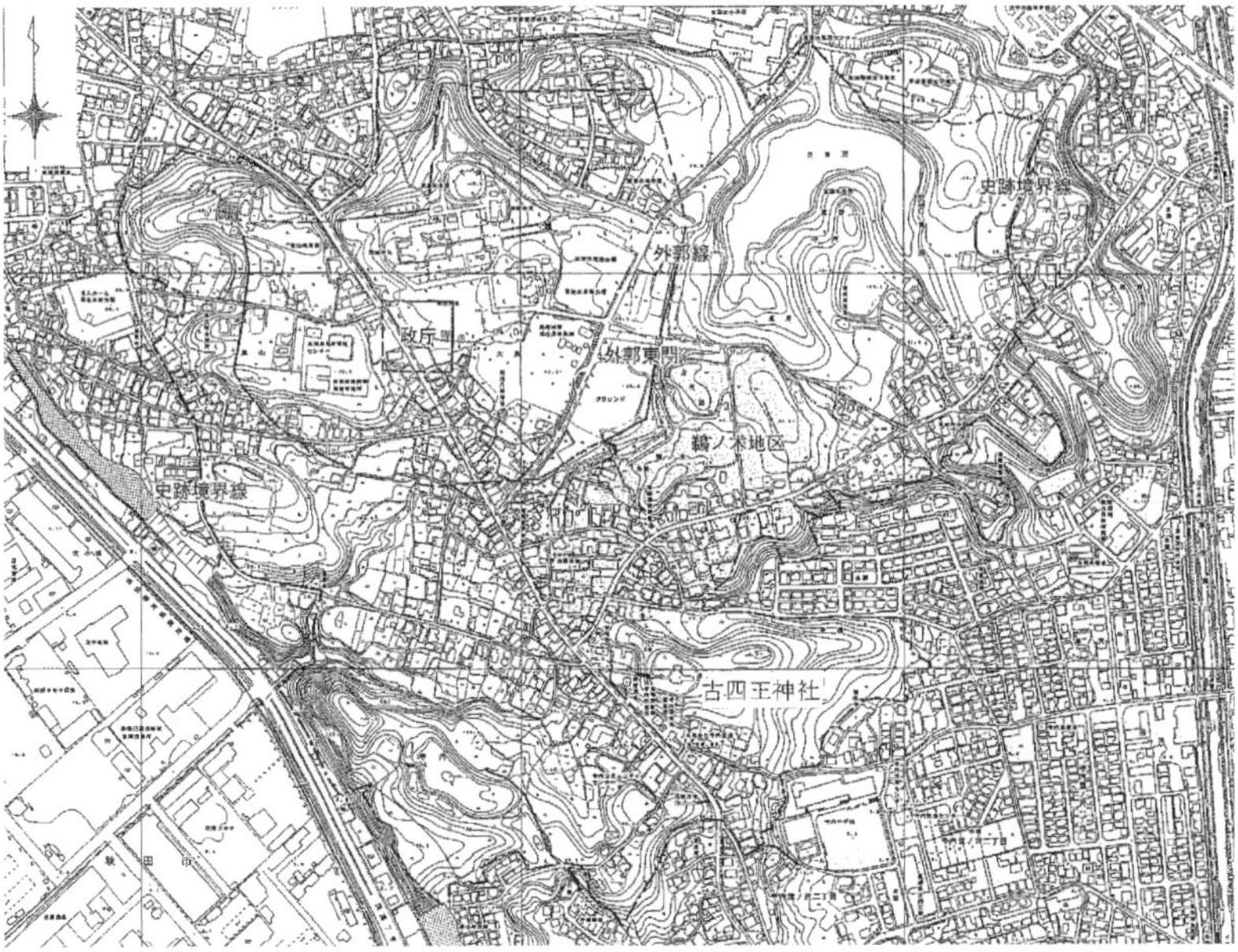

図2　史跡秋田城跡平面図・鵜ノ木地区位置図（1：10,000）

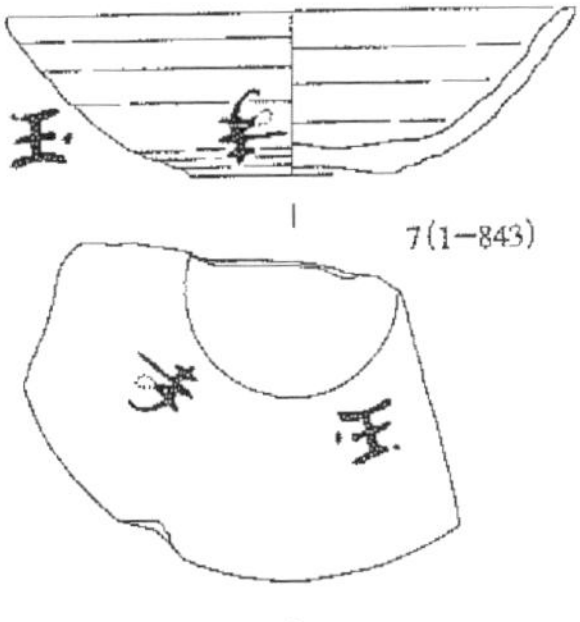

図4　秋田城跡鵜ノ木地区出土「□玉寺」墨書土器（秋田県教育委員会他［2008］より）

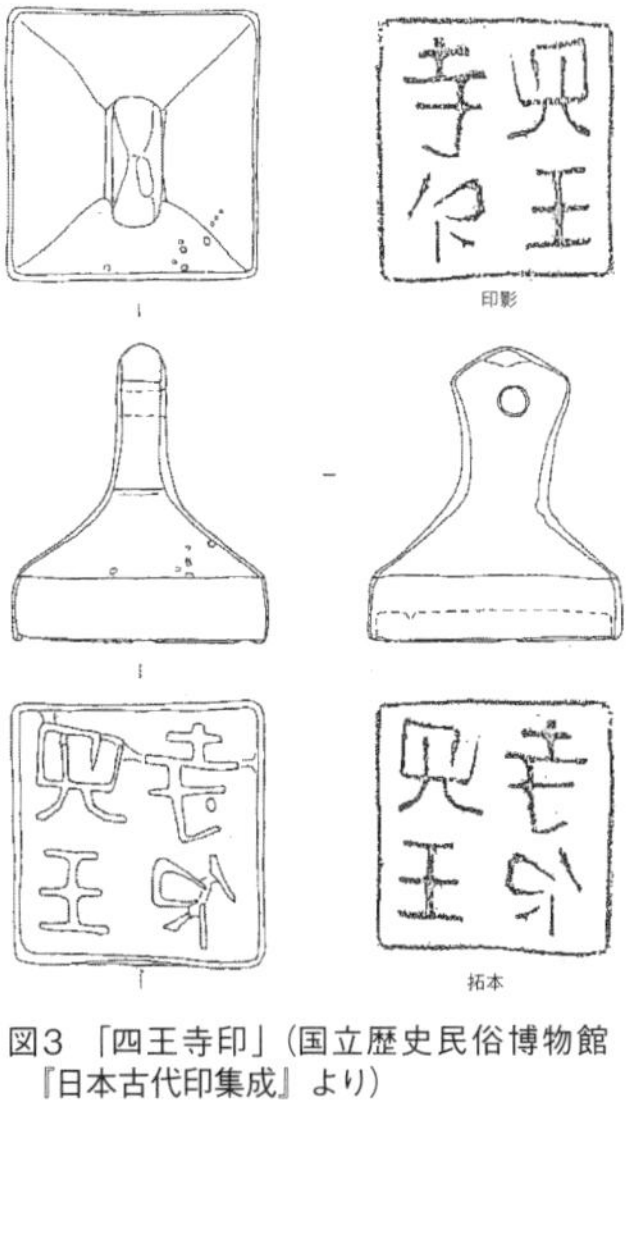

図3　「四王寺印」（国立歴史民俗博物館『日本古代印集成』より）

海の向こうの渤海や新羅の脅威が意識されていたことは、十分に考えられるのではないだろうか。

Ⅲ　山陰道

四天王法の存在は、九世紀の山陰道諸国にもみることができる。

【史料9】『日本三代実録』貞観九年（八六七）五月二十六日条

八幅の四天王像五鋪を造り、各一鋪を伯耆、出雲、石見、隠岐、長門等の国に下す。国司に下知して曰はく、「彼の国の地は西極に在り、堺は新羅と接す。警備之謀、まさに他国と異なるべし。宜しく尊像に帰命し、勤誡して法を修め、賊心を調伏し、災変を消却すべし。仍てすべからく地勢の高敞にして、賊境を瞼瞰するの道場を点択すべし。もし素より道場なくんば、新たに善地を択び、仁祠を建立し、尊像を安置し、国分寺及び部内の練行精進僧四口を請い、各像の前に、最勝王経四天王護国品に依りて、昼は経巻を転じ、夜は神咒を誦し、春秋二時ごとに一七日、清浄堅固にして、法によりて薫修すべし」と。

これによると、八幅の四天王像五鋪を造り、各一鋪を伯耆、出雲、石見、隠岐、長門等の国に下すという。そもそもこれらの国の地は「西極」にあり、堺は新羅と接するため、他国に増して警護の必要があるというのである。そこで四天王法を行い、「賊心」を「調伏」し、「災変」を「消却」すべきだとしている。その方法は、尊像を安置し、国分寺及び部内の練行精進僧四口を請い、各像の前に、最勝王経四天王護国品にもとづき、昼は経巻を転じ、夜は神咒を誦し、春秋二時ごとに一七日、清浄堅固にして、法によりて薫修すべきことを定めている。

基本的には、大野城における「四天王法」と同様である。

【史料10】『日本三代実録』元慶二年（八七八）六月二十三日条

勅して因幡、伯耆、出雲、隠岐、長門等の国をして、人兵を調習し、器械を修繕し、斥候を戒慎し、要害を固護し、災消異伏し、、理を仏神に帰せしむ。また境内の群神に幣を班ち、四天王像の前において調伏の法を修すべし。蓍亀《しき》の辺警有るべきを告ぐるを以てなり。

これによれば、蓍亀により辺要国の警固の必要性が告げられたため、因幡、伯耆、出雲、隠岐、長門等の日本海側の諸国に命じて、四天王像の前において新羅調伏の法を行わせたという。こうした「四天王法」の財源は、やはり大宰府や出羽国の場合と同様、当国の正税から捻出されていたことが、次の史料からわかる。

【史料11】『延喜式』主税上

凡伯耆国四王寺修法料稲四千四百九十束三把。用当国正税充之。

凡出雲国四王寺春秋修法。毎季七箇日供養幷燈分料。四王四前。〈一前一日供飯料稲四把。粥料稲八分。餅料各稲三把。煎　料油一合八勺。雑菓子四升。燈油二合。〉僧四口。〈一口一日供飯料稲四把。粥饘料稲八分。塩一合二勺。芥子五勺。紫苔。大凝菜。醬。味醬。酢各一合。海藻。滑海藻各三両。大豆。小豆各五合。〉童子四人。〈一人一日飯料稲二把。塩二勺。海藻三分。〉年料〈除春秋修法日。常燈日別二合。通計長夜短夜。所行四王供飯粥。四僧供飯海藻。滑海藻。塩。酢。童子四人飯塩海藻等。准修法日供行之。〉以正税充行。若請用国分寺僧。除二季之外。供養本寺充之。

凡長門国四王寺修法料。稲四千六百六十八束四把。〈三百東四王燈油料。八百六十二東四把同四王修供。并四僧童子四人食料。千七百八十二東僧四口二季法服料。千七百廿四東同僧布施料。〉以当国正税充之。

Ⅳ　北陸道

このように九世紀半ば以降になると、日本海側の諸国を中心に「四天王法」が行われるようになったことが確認できるが、さらに、北陸地方においても、その存在をうかがわせる興味深い資料がある。

鈴木景二氏は、金沢市の北東部にある「四王寺町」について、新羅の侵攻に備えて日本海側諸国が行った古代の四天王法と関係する地名であり、かつてここに古代の四天王像を祀っていた四天王寺が建てられていた可能性があると指摘している(6)。すでにみてきたように、平安時代には新羅の侵攻に備えて日本海側諸国で四天王像が祀られたことがわかっているが、北陸地方も例外ではなく、平安時代のこの地に、異族襲来を調伏するための四天王寺が建立されている可能性は十分考えられるというのである。

この「四王寺町」についてさらに興味深いのは、その立地である。この地は日本海や河北潟を見下ろせる尾根上に位置しており、これは貞観九年の山陰道諸国四天王寺設置命令の中に「地勢高敞にして賊境を瞼瞰する道場」を選ぶべきこととする条件と一致していると鈴木氏は指摘している。大野城や秋田城の四天王寺も、見晴らしのいい高い所を選んで建立されているとも考えられるが、こうした条件がある程度守られていたことを示しているように思う。

二　外敵調伏と四天王寺

九世紀半ば以降、とくに新羅に対する調伏という観点から、日本海側諸国で四天王法がさかんに行われていたことが史料上から確認されるが、こうした展開が、厩戸皇子（聖徳太子）によって建立が発願された四天王寺にも、大きな影響を与えることになる[7]。

厩戸皇子が建立を発願した難波の四天王寺については、『日本書紀』にその創建説話がみえる。

【史料12】『日本書紀』崇峻天皇即位前紀秋七月条

是の時に、厩戸皇子、束髪於額《ひさごはな》にして、〈古俗、年少児の、年十五六の間は、束髪於額にし、十七八の間は、分けて角子《あげまき》にす。今も亦た然り〉軍の後に随へり。自ら忖度りて曰く、将、敗らるること無からむや。願に非ずは成し難けむ」とのたまふ。乃ち白膠木《ぬりで》を斬り取りて、疾く四天王像に作り、頂髪《たきふさ》に置きて、誓を発てて言はく、〈白膠木、此を農利泥と云ふ〉今若し我をして敵に勝たしめたまはば、必ず護世四王の奉為に、寺塔を起立てむ」とのたまふ。蘇我馬子大臣、又誓を発てて言はく、「凡そ諸天王・大神王等、我を助け衛りて利益つこと獲しめたまはば、願はくは、諸天と大神王との奉為に、寺塔を起立てて、三宝を流通せむ」といふ。

『日本書紀』によれば、物部氏との戦いにおいて、厩戸皇子は自ら四天王像を彫り、それを頭の上に載せて、四天王に戦勝を祈願する。その結果、厩戸皇子と蘇我馬子は勝利をおさめ、物部氏は敗退する。ここでは、四天王の力により、物部氏という敵を調伏させたことが記されている。

ところが、『四天王寺縁起』には、『日本書紀』にはみられない記述が存在する。

【史料13】『四天王寺縁起』

百済・高麗・任那・新羅、貪狼の情、つねに強盛なるをもって、彼等の州を摂伏して、帰伏せしめんがため、護世四天王像を造り、西方に向け置く。また代代世世の王位固く守護せしめん。

『四天王寺縁起』は、聖徳太子に仮託して寛弘四年（一〇〇七）に作成された書であると考えられている。(8) 興味深いのは、「百済・高麗・任那・新羅」を帰伏させるために、四天王像を造り、それを西方に向け置いた、と、『日本書紀』にはない記述がみえることである。むしろこれは、新羅と接する日本海側諸国で、四天王法が行われるようになった九世紀半ば以降になって生まれた言説なのではないだろうか。

日本の古代においては、九世紀半ば以降、四天王信仰が海を隔てた新羅の調伏を強烈に意識するようになるが、これに関連して興味深いのは、『三国遺事』にみえる、新羅の四天王寺の記事である。(9)

【史料14】『三国遺事』巻第二　文虎王　法敏

明年〔六七九年〕、高宗、仁問等を召して之を議して曰く、爾、我兵を請ひ以て麗を滅ぼし、之を害するは何ぞやと。乃ち円扉に下し、錬兵五十万を下し、薛邦を以て帥と為し、新羅を伐たんと欲す。時に義相師、西学入唐し、来たりて仁問に見ゆ。仁問事を以て之に諭し、相乃ち東に還り上聞す。王甚だ之を憚り、群臣を会して防禦の策を問う。角干の金天尊、奏して曰く、「近ごろ、明朗法師の龍宮に入り、秘法を伝え以て来ること有り。請う詔して之を問はん」と。朗奏して曰く、「狼山の南に神遊林有り。四天王寺をその地に創りて道場を開設せば則ち可なり」と。時に貞州の使有りて走報して曰く、「唐兵無数我が境に至り海上に廻槧す」と。王、明朗を召して曰く、「事已に逼り至れり。如何」と。朗曰く「彩帛を以て仮に構えん」と。王、彩帛を以て寺を営み、草にて五方神像を搆え、瑜珈明僧十二員を以て明朗を上首と為し、文豆婁の秘密の法を作る。時に唐羅の兵未だ交接せざるに、風濤怒起し、唐船皆水没す。後に寺を改め刱め、四天王寺と名づく。今に至るまで壇席を墜さず〔国史に大いに改め刱むるは調露元年己卯（六七九）に在り〕。

これによると、新羅では、唐と同盟を結んで高句麗を滅ぼした後、今度は唐の襲来を恐れ、これを調伏するために、狼山の南の神遊林に「四天王寺」を建てたという。『三国史記』巻第三十八、雑志第七　職官上によれば、四天王寺の造営や補修については四天王寺成典のもとに行われたとある。実際、慶州の狼山南麓の四天王寺址からは、木塔を東西に配した伽藍が確認され、緑釉・褐釉・無釉三種の四天王浮彫像の断片が発見されている。四天王寺は、一般的には護法・護国の寺院であるが、この場合、きわめて強い反唐的性格を持っていたことを田中俊明氏は指摘している(10)。

ただ問題は、こうした唐の調伏のために創建されたとする言説が、いつごろ形成されたのか、ということである。創建当初である六七九年の段階からすでにそういう役割を付与されていたのか、あるいは、後年になって外敵調伏としての役割が強く意識された可能性はないのか、『四天王寺縁起』のような事例があることを考えると、にわかに断ずることはできないように思える。この点については、あらためて検討の余地がある。

慶州・四天王寺における最近の発掘調査成果によれば、四天王寺の金堂は二回以上の重修によって拡張されたことが確認されている。これと第二期金堂址から出土した「四天王寺己巳年重修」と刻まれた文字瓦とをあわせて考えると、六七九年の創建後、八世紀（七二九年もしくは七八九年）に大規模な重修と伽藍の拡張が行われたと考えられている。(11) 対唐的な性格は、八世紀以降に数回にわたり大規模に建て替えられていく過程で、新たに付与されていった可能性も、十分に考えられるのである。

三　陸奥国と毘沙門天像と桓武朝の国土意識

同じ北方の辺境である陸奥国では、出羽国のような四天王寺の痕跡が明確には認められない。大宰府と陸奥国府多賀城が対置されているのだとしたら、なおのこと大宰府を意識した四天王寺が併設されてもよいだろうし、出羽国の場合と同じように、『延喜式』に四天王法会の財源についての規定がみえてもよいはずだが、そのことを示す史料は存在しない。

これに対する明確な答えがあるわけではないが、これまで述べたように、日本海諸地域における四天王法の道場が、おもに海を隔てた新羅に対する調伏を目的として建立されているという事実である。

もちろん出羽国の秋田城は、新羅の脅威に対して作られた城柵ではなく、あくまで蝦夷に対する軍事的拠点として作られた。だが現実問題として、秋田城には日本海側地域に漂着した渤海からの使者が安置供給されるなど、日本海を隔てて存在する半島や大陸の諸勢力と無関係ではいられなかったのである。この点が、同じ北方の陸奥国とは大きく異なっていた条件であったといえよう。

陸奥国においては、それが毘沙門天信仰となってあらわれる。周知のように、毘沙門天は、四天王の中でも北方を守護する軍神であり、その点からも陸奥国で毘沙門天信仰が受容されていたことはうなずける。もっとも、陸奥国は、当時の律令国家からすれば「東夷」に位置づけられており、律令国家の方位観念とは厳密には齟齬をきたしている。

中国においても、辺境の城の城門に安置されていたのは毘沙門天像であった。

【史料15】『宋高僧伝』京兆大興善寺不空伝〈慧朗〉

又天宝中、西蕃、大石、康の三国、兵を帥ひて西涼府を囲む。詔して空入り、帝、道場に御す。空、香炉を秉り、任王密語二七偏を誦す、帝、神兵の五百員ばかり殿庭に在るを見る。驚きて空に問う。空曰はく「毘沙門天の王子、兵を領し安西を救う。請うらくは急ぎて食を設け発遣せんことを」と。四月二十日果奏して云く「二月十一日、城北三十許里、雲霧の間に神兵の長偉なるを見る。鼓角諠鳴、山地崩震、蕃部驚き潰る。彼の営壘の中に鼠の金色なるもの有り。弓弩の弦を咋ひて皆絶つ。城北の門楼に光明天王有りて怒視し、蕃帥大いに奔る」と。帝奏を覧じて空に謝し、勅に因りて諸道の城楼に天王像を置く。此れ其の始めなり。

これによると、唐玄宗皇帝の天宝年間（七四二～七四八年）に、周辺の国より侵略をうけ、都が敵に囲まれたとき、玄宗皇帝が時の名僧・不空三蔵に命じて毘沙門天に祈らせると、毘沙門天の王子が鎧、児に身を固め戈をとって兵を率いて現われ都を救い、敵の陣中においては金色の鼠が出て来て、弓の弦を皆断ったので大勝利となり、それから城には常に毘沙門天王像を祀らせた、という。

日本の事例を見ると、京都の東寺には唐代の兜跋毘沙門天像（国宝）が伝わっているが、この兜跋毘沙門天像は、もとは平安京の羅城門の上層にあったもので、のちに東寺に移されたものと伝えられている。

また陸奥国においては、九世紀以降、鎮守府胆沢城では吉祥天悔過が行われ、その本尊として毘沙門天が安置される。現在も、胆沢城の周辺には「毘沙門堂」が点在し、毘沙門天は東の境界の軍神としての役割をはたしていたことがわかる。

この背景には、坂上田村麻呂が毘沙門の化身であるとする伝承があったと考えられる。[12]

【史料16】『公卿補任』弘仁十二年（八一一）条
大納言　正三位　坂上田村麿　五十四　此人身長尺八寸。胸厚一尺二寸。毘沙門化身。来護我国云々。

こうした伝承が比較的早い段階で受け入れられ、胆沢城周辺の蝦夷との境界付近に毘沙門天信仰が広がっていったものとみられる。

陸奥国における毘沙門天信仰については、窪田大介氏の研究が注目される。[13]窪田氏は、文献史料の分析から、鎮守府胆沢城における吉祥天悔過の目的が、諸国におけるそれと異なり、律令国家の蝦夷支配政策の一環をなすものとして行われたことをを指摘する。そして、平安時代には吉祥天悔過の本尊として毘沙門天もまつられるようになり、岩手県に毘沙門天が多いのは、鎮守府の吉祥天悔過を通じて周辺の蝦夷系住民にも毘沙門天信仰が受容されたことを示すのではないか、としている。すなわち、蝦夷支配政策の一環として国家主導で行われた吉祥天悔過を契機として、その本尊であった毘沙門天が鎮守府の周辺地域に受容されていったとみている。毘沙門天信仰が周辺の蝦夷系住民にも影響を与えていたという点に、毘沙門天信仰の特質がうかがえるだろう。
もう一点、これも窪田氏が強調しているのは、鎮守府における吉祥天悔過が、外敵に対する防御という特別な意味を持っていたという点である。同様の吉祥天悔過が大宰府観世音寺においても行われていた（『延喜式』玄蕃寮・主税上）ことを考えると、辺境における境界認識を示す仏教信仰であることがうかがえるのであり、陸奥国内では、それが毘沙門天信仰としてあらわれたものと思われる。
ところで、岩手県の北上川流域に平安時代の毘沙門天像が多いことは有名である(14)。鎮守府胆沢城周辺についてみると、東和町の成島毘沙門堂、北上市の立花毘沙門堂、江刺市の藤里毘沙門堂などが確認されるが、これらの毘沙門天堂はいずれも北上川の東岸に位置し、しかも、小高い丘陵上に立地している点が共通している。北上川の東岸を境界とする意識は桓武朝に端を発している。

【史料17】『日本後紀』延暦十六年（七九七）**年二月己巳条**

伏して惟《おも》んみるに、天皇陛下、徳は四乳よりも光り、道は八眉に契《かな》う。明鏡を握りて以て万機を惣べ、神珠を懐きて以て九域に臨む。遂に仁は渤海の北を被《おお》い、貊種《ばくしゅ》をして心を帰せしめ、威は日河の東に振るい、毛狄をして息を屏《ひそ》めしむ。

これは、延暦十六年（七九七）に『続日本紀』が撰進された際に提出された上表文の記述である。これによると、桓武天皇の徳の及ぶ領域を「渤海の北」「日河（北上川）の東」と記しているのは象徴的である。具体的にはこの時期、坂上田村麻呂によって「征夷」が進められ、延暦二十一年（八〇二）には陸奥国に胆沢城（岩手県奥州市）が造られることになるが、上表文はこの時期の「征夷」の状況をふまえていると考えられる。[15]こうした境界意識を背景に、北上川東岸に平安時代の毘沙門天像が作られたのではないだろうか。

こうしてみると、あらためて、桓武朝における国土意識の醸成、という問題に注目せざるを得ない。延暦七年（七八八）に唐僧思託によって撰述された『延暦僧録』に次のような記事がある。

【史料18】『延暦僧録』第二、長岡天皇菩薩伝

主上、仏の遺囑を受け、三宝を興隆す。南京の丹恵山《おおにほやま》に子嶋山寺を造る。九間合殿、観世音十一面菩薩を供養す。近江に四天王寺を建て、永く請益を加う。

ここにみえる近江の四天王寺とは、延暦五年（七八六）に創建された梵釈寺を指していると考えられている。[16]西口順子氏は、平安京遷都にともない、近江が北陸、東海、東山道の出発点となり、水陸交通の要衝として重視されたことにより、東に近江に四天王寺を置き、さらに西の難波の四天王寺とあわせて、都城とその周辺を守護する仏法による王城鎮護の体制が成立したのだとする。

また、『延喜式』の四天王寺関連規定を検討した山口哲史氏は、難波の四天王寺が、桓武天皇の発願寺院である梵釈寺・常住寺・東寺・西寺と複数の条文で同等の規定を受けており、しかも国家護持を主旨とした条文に多く規定されていることから、国家護持の寺院としての役割を期待されていたとする。そしてその法源は、平安時代前期に遡ることから、こうした役割を平安前期から継続的に担っていたのではないかとする。

八世紀末の桓武朝における国土護持に対する意識の醸成を背景に、難波の四天王寺にもその役割が積極的に付与され、九世紀半ば以降には、外敵調伏を意識した対自的な性格(17)へと変貌を遂げていくのではないだろうか。

四　国土鎮護と観世音寺

対敵と仏法との関係を考える場合に、四天王信仰や毘沙門天信仰のほかに、観音信仰があげられる。天平十二年（七四〇）に、大宰府の藤原広嗣が反乱を起こしたさいに、観世音菩薩の造立や観世音経の書写を全国に命じた勅が出されている。

【史料19】『続日本紀』天平十二年九月己亥条

四畿内七道諸国に勅して曰く、「比来、筑紫の境に縁りて不軌の臣あり。軍に命じて討伐せしむ。願わくは、聖祐により、百姓を安んぜんことを。故に今、国別に観世音菩薩像壱軀、高七尺を造り、あわせて観世音経一十巻を写せ」と

こうした勅が出された背景には、観世音に「不可思議、威神之力」があると考えられていたためであろう（『続日本紀』天平宝字元年戊午条、同神護景雲三年五月丙申条）。

辺境における観音寺でまず想起されるのが、大宰府観世音寺である。大宰府政庁の東方約六〇〇メートルに所在する観世音寺は、もとはこの地で没した斉明天皇の追善供養のために天智天皇が発願したものだが、和銅二年（七〇九）に造営が開始され、天平十八年（七四六）に至り完成し、大宰府付属寺院として辺境支配の拠点となった。

一方、陸奥国に目を転じてみると、多賀城政庁跡の東側にやはり観世音寺式の伽藍配置をもつ多賀城廃寺があり（図5）、多賀城の付属寺院であったと考えられる。ところで多賀城市の山王遺跡からは、「観音寺」と書かれた墨書土器が出土している（図6）。この墨書土器にみえる「観音寺」は、多賀城付属寺院である多賀城廃寺の呼称である可能性が高いことを平川南氏が指摘している。[18] 多賀城廃寺が独特とされる観世音寺式の伽藍配置をもつこと、両寺院がほぼ並行して造営されたこと、大宰府と多賀城の対置など、いずれの条件をとってみても、大宰府観世音寺に対して多賀城付属寺院の寺名が同じ「観世音寺（観音寺）」となることは、十分に可能性があるとしている。辺境の北と南の政治的拠点で、ともに「観世音寺（観音寺）」とよばれる付属寺院が存在していたことは、墨書土器の発見により明確になったと思われる。

さらに、同じ辺境の出羽国にも観音寺が置かれていた。出羽国の観音寺を定額寺にするという記事である。

【史料20】『日本三代実録』貞観七年（八六五）五月八日条

出羽国観音寺を以てこれを定額に預らしむ。

これに関して平川氏は、一つの可能性として、「律令国家の辺境支配として大宰府と陸奥・出羽両国は官人制、財政そして軍事制度において、ほぼ類似した政策が施かれた。その点で、大宰府・陸奥国に観音寺がそれぞれ創建当初から併置され、その後に出羽国にも観音寺が設置された」のではないかと延べ、さらに「この出羽国観音寺の擬定地は山形県飽海郡八幡町観音寺とされているが、平安時代の出羽国府が置かれたという城輪柵跡のすぐ真東に当たる点、興味深い」として、出羽国においても、陸奥や大宰府と同様に付属寺院として観音寺が併設さ

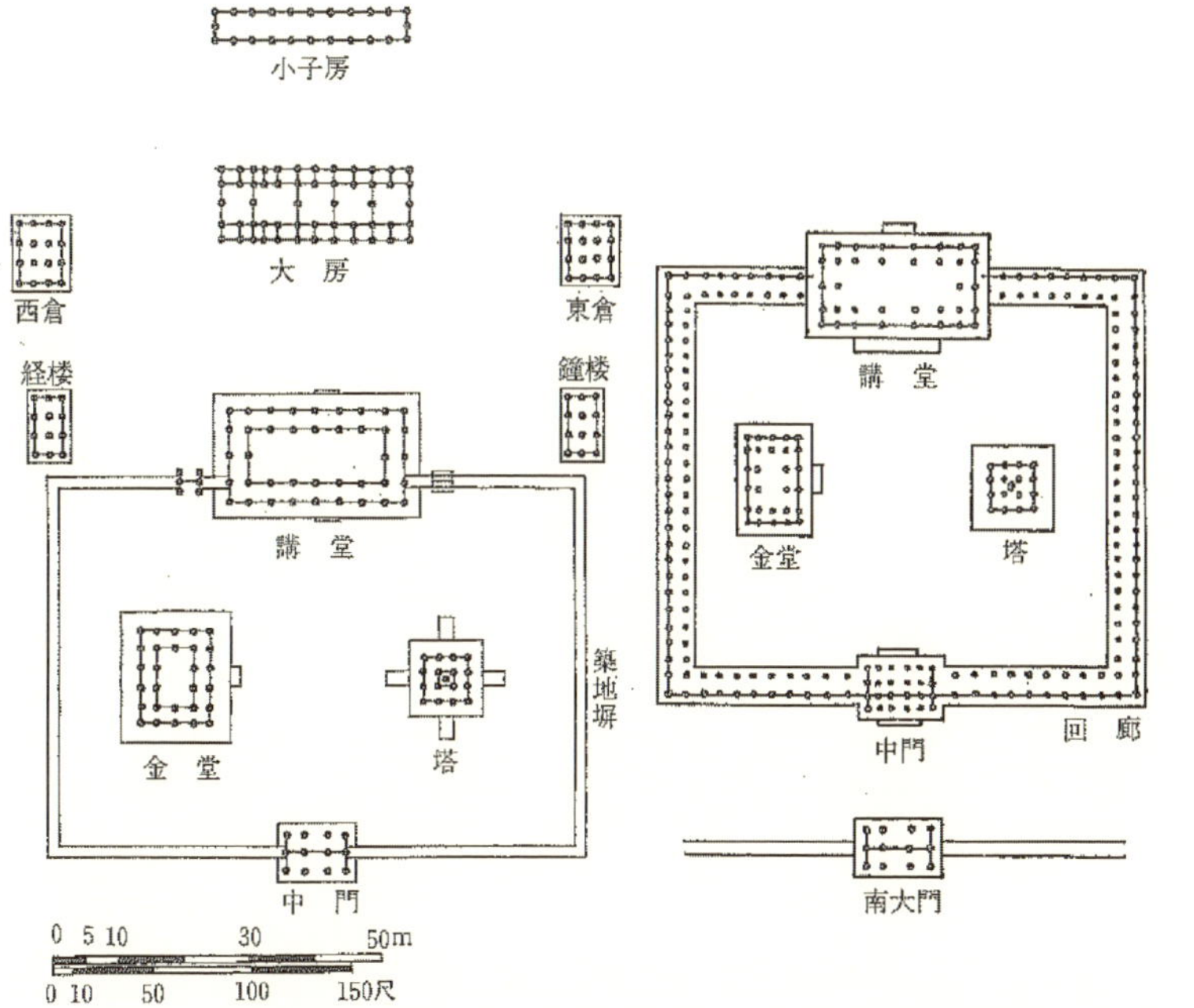

図5　多賀城廃寺と大宰府観世音寺の伽藍配置（左＝多賀城廃寺創建伽藍配置図、右＝大宰府観世音寺伽藍復元図〈『世界考古学大系』4より〉）

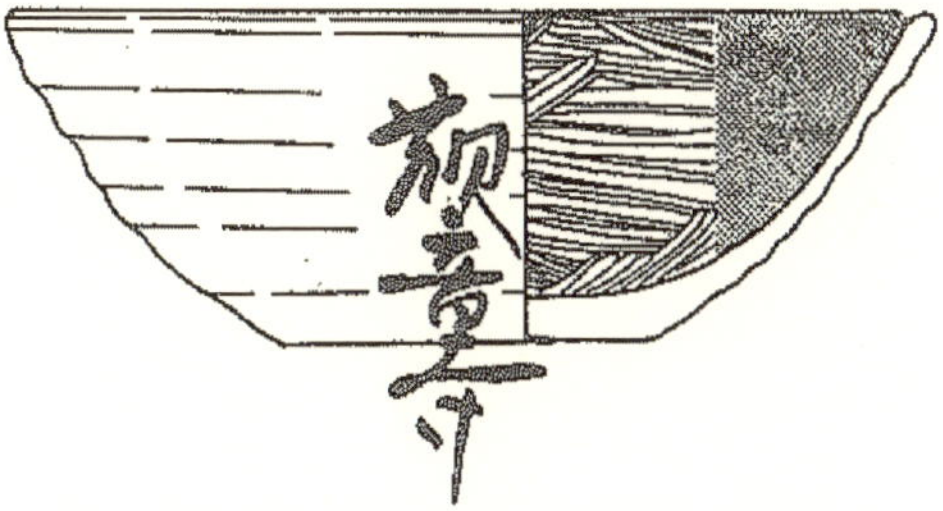

図6　墨書土器「観音寺」（山王遺跡）（平川［2000］より）

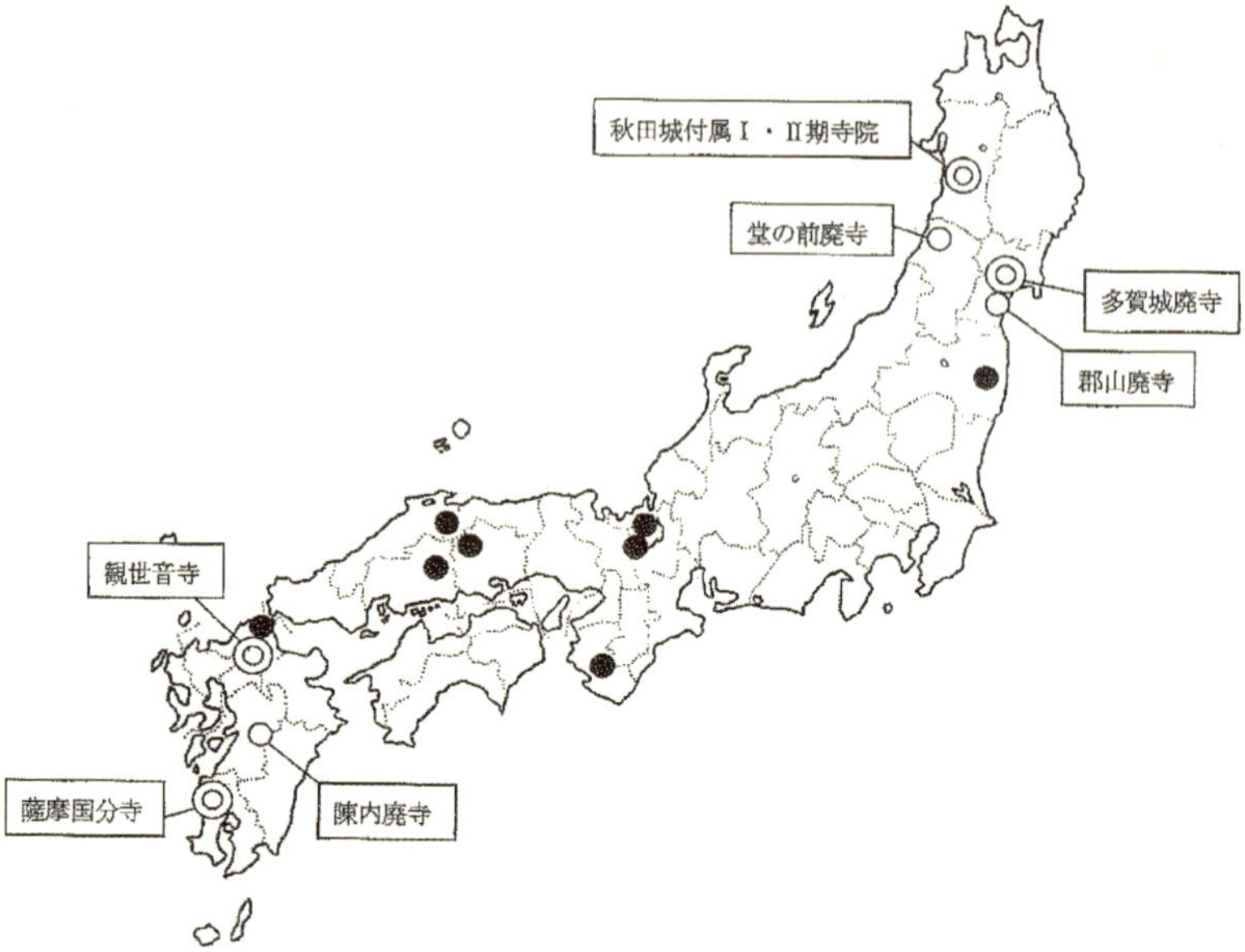

図7　国の拠点に配された観世音寺式伽藍配置の寺院（◎は東西南北端を守護する寺院、○はその前身または後身）（貞清・高倉［2010］より）

れた可能性を示唆している。

近年の考古学的研究では、いわゆる観世音寺式の伽藍配置（塔と東面する金堂が向かい合う、一塔一金堂型式の伽藍配置）が、大宰府の観世音寺や陸奥国の多賀城廃寺をはじめとして、鹿児島県の薩摩国分寺跡、山形県の堂の前廃寺など、辺要国の寺院にみられるという特徴が指摘され（図7）、これらの伽藍配置を持つ寺院が、国土を外敵から仏法によって守護するための装置として機能していたとする見解もある。(19)

すでに見たように、天平十二年（七四〇）に西海道で起こった藤原広嗣の乱のさいに、諸国に対して観世音菩薩像の造像と観世音経の書写を命じるなど、観世音信仰もまた外敵調伏という対自的性格を有していた。律令国家は、同一の伽藍配置を持つ観音寺を辺要国に配置することで、国家的政策として仏法による外敵調伏を企図したのである。

国土鎮護や外敵調伏のために置かれた四天王寺と観音寺との関係がどのようなものであったのかは定かではないが、大宰府の観世音寺と四天王寺の場合、七世紀後半に国土鎮護を目的として創建された観世音寺に対して、四天王寺は新羅に対する脅威を背景に、八世紀後半に創建された点に違いがある。その立地も、官衙に隣接しておかれた観世音寺と、高敞の地に置かれた四天王寺という違いがみられる。こうした違いは、他の地域においても同様の傾向を示すのではないだろうか。境界世界における四天王寺・四天王法は、九世紀以降の排外意識と密接に関わりを持ちながら、広がっていったのではないかと思われる。

おわりに

以上、雑駁な論に終始したが、古代の境界世界における対敵と仏法について、できるだけ具体的な史料をあげながら論じてきた。

九世紀半ば以降に外敵調伏と国土鎮護を目的として境界世界に広がっていった四天王信仰は、その後どのような展開を見せていくのであろうか。

一つ注目しているのは、鹿児島県霧島市にある隼人塚である。近世に隼人塚として伝えられている四体の石像は、四天王像であり、その設置年代については、平安時代末とする説や、鎌倉末から南北朝時代とする説がある。鈴木景二氏は、これらの四天王像が、大般若経転読のさいに掛けられる「十六善神像」（治承三・一一七九年、玄証筆。東京国立博物館蔵）の図案と近似している点に着目し、大般若経転読の本尊を、屋外に立体的に造るという発想のもとに造られた可能性を指摘している。そしてこれが造られた背景として、日本の南端に位置し、外国との関係が強く意識されていた大隅国府において、大般若経の威力を象徴する鎮護国家のモニュメントとして据えたのではないか、と推定している。[20] 境界世界における四天王信仰による国土鎮護の展開を示す事例であるように思う。

もう一つは、古四王神社の存在である。前稿でも述べたように、東北地方に点在する古四王神社が、中世以降に展開する四天王信仰の痕跡を伝えているのではないか、という漠然とした見通しを持っているが、[21] この点も、今後の課題である。

注

（1）三上喜孝「古代の辺要国と四天王法」（『山形大学歴史・地理・人類学論集』五、二〇〇四年）、同「古代の辺要国と四天王法」についての補論」（『山形大学歴史・地理・人類学論集』六、二〇〇五年）。
（2）小田富士雄「古代の大宰府四王院」（『九州史研究』御茶の水書房、一九六八年）、山村信榮「国境における古代山城と仏教」（『都府楼』二五、一九九八年）。
（3）虎尾俊哉「古四王神社と四天王寺・四天堂」（『古代東北と律令法』吉川弘文館、一九九五年、初出一九八九年）。
（4）難波田徹「「四王寺印」と印鑰祭」（『学叢』三、一九八一年）。
（5）秋田市教育委員会・秋田城跡調査事務所（『秋田城跡Ⅱ――鵜ノ木地区』、二〇〇八年）。
（6）鈴木景二「弥勒寺・四王寺・観法寺」（『金沢市史　会報』三、一九九八年）。
（7）松本真輔『聖徳太子伝暦』の新羅侵攻譚」（『聖徳太子と合戦譚』勉誠出版、二〇〇七年）。
（8）榊原史子『『四天王寺縁起』の研究――聖徳太子の縁起とその周辺』（勉誠出版、二〇一三年）。
（9）松本真輔「呪詛をめぐる新羅と日本の攻防――利仁将軍頓死説話と『三国遺事』の護国思想」（『『三国遺事』

の新たな地平』アジア遊学一一四、勉誠出版、二〇〇八年）。

（10）東潮・田中俊明編著『韓国の古代遺跡　Ⅰ新羅篇（慶州）』（中央公論社、一九八八年）。

（11）李柱憲「韓国四天王寺址の伽藍と緑釉神将壁塼の復元」（『文化財の解析と保存への新しいアプローチX』シンポジウム資料集、早稲田大学奈良美術研究所、二〇一三年）。

（12）保立道久「平安時代の国際意識」（『歴史をみつめ直す』校倉書房、二〇〇四年、初出一九九七年）。

（13）窪田大介「鎮守府の吉祥天悔過と岩手の毘沙門天像」（『古代東北仏教史研究』法藏館、二〇一一年、初出一九九七年）。

（14）大矢邦宣「東北地方の毘沙門天像」（『坂上田村麻呂展』胆江日日新聞社、二〇〇二年）。

（15）三上喜孝「光仁・桓武朝の国土意識」（『国立歴史民俗博物館研究報告』一三四、二〇〇七年）。

（16）福山敏男「崇福寺と梵釈寺の位置」（『日本建築史研究』墨水書房、一九六八年、初出一九四六年）。西口順子「梵釈寺と等定」（『平安時代の民衆と寺院』法藏館、二〇〇四年、初出一九七九年）、山口哲史「『延喜式』にみえる四天王寺——平安時代の四天王寺史解明の手掛かりとして」（『史泉』一一七、二〇一三年）。

（17）河音能平「王土思想と神仏習合」（『中世封建社会の都市と農村』東京大学出版会、一九八四年、初出一九六七年）、村井章介「王土王民思想と九世紀の転換」（『思想』八四七、一九九五年）。

（18）平川南「墨書土器「観音寺」——多賀城市山王遺跡」（『墨書土器の研究』吉川弘文館、二〇〇〇年）。

（19）貞清世里・高倉洋彰「鎮護国家の伽藍配置」（『日本考古学』三〇、二〇一〇年）。

（20）鈴木景二「大隅国の稀有な遺跡・遺物——仮名墨書土器・隼人塚」（『シンポジウム　大隅国建国がもたらしたもの　資料集』大隅国建国一三〇〇年記念事業実行委員会、二〇一三年）。

（21）三上喜孝「「古代の辺要国と四天王法」についての補論」（『山形大学歴史・地理・人類学論集』六、二〇〇五年）。

羽黒権現・軍荼利明王の成立について

長坂一郎

はじめに

羽黒権現の本地仏は南北朝期・十四世紀後半に成立したとされる[1]『神道集』に「羽黒三所」として「中―聖観音、左―軍荼利明王、右―妙見菩薩」と見えており[2]、それまでには定まっていたと考えられる。また現状でのそれを表した最古の遺品は山形県鶴岡市不二軒蔵の「観音三尊懸仏」として市指定文化財とされているものと思われる。それは径四三・四センチメートルの比較的大型の懸仏で、覆輪を廻らした両肩に獅噛座と吊鐶を付け、鏡面は内外二区に分けて内区中央に像高一六・五センチメートルの聖観音坐像、左に妙見菩薩像、右に軍荼利明王像、下方に水瓶を配する本格的なものであり、懸仏としての形式や中尊の様式、全体の作行からおおむね鎌倉時代前期の作と考えられるものである[3]（図1）。したがって羽黒三所権現の本地仏の成立はこの不二軒蔵「観音三尊懸仏」（以下、本品とする）の存在をもって鎌倉時代時代前期にまで遡るものとすることができよう。

図1　不二軒蔵「観音三尊懸仏」正面

しかしながら本品を詳細に観察すると形態、形式に関していくつかの不審な点が見受けられる。詳細は後述するが、それらを総合して考えると本品は後のある時期に改変が成されて現状に至った可能性が考えられる。その中でとくに重要な点は本地仏三尊像のうちの軍荼利明王像が他の二尊像と制作年代が異なり、また後から貼付されたものと考えられることである。すなわち『神道集』でいう「羽黒三所権現」の本地仏の成立は本品制作時である鎌倉時代前期ではなく、それ以降から『神道集』成立までのある時期に軍荼利明王が追加あるいは変換されて現行の本地仏になったものということになる。その時期やその理由の解明を目指すことが本稿の目的である。その方法としてここでは本品の軍荼利明王像の形態に注目した。本品の軍荼利明王像は通常の一面八臂とは異なり、三面八臂でかつ片足を上げるという珍しい形態であり、本地仏の追加あるいは変更という特別な状況があった場合の理由として、その特異な形態の像が必要とされたと考えたほうが妥当性を持つと思うからである。以下卑見を述べてみたい。

一　山形不二軒蔵・観音三尊懸仏について

本品は銅製で法量は径四三・四センチメートル。(4)覆輪を付け両肩に獅噛座と吊鐶（右の吊鐶は現状欠失）を付ける。鏡面は圏界線で内区、外区に分け外区には三連珠、三連華飾、二連珠を廻らす。内区は三尊構成で中尊は腹前で左手で持物を握り胸前で右手掌を内側に向けて台座に坐す菩薩像、左脇侍は髪を結い上げ大袖の衣と裙を著け、左手を屈臂して掌に宝珠を乗せ右手は垂下して、台座上に立つ天部形像（現状、台座は欠失）、右脇侍は焔髪で三目三面八臂で右膝を上げ左足で磐座に立つ明王像を配する。下方左右に水瓶を置く（現状、中尊右下の水瓶は欠失）。また水瓶に間には「藤原義長」と刻む銅板を貼付する（後補）。伝来は不明である。

三尊構成の中尊（図2）の手勢は左手に未開敷蓮華の蓮茎を持ち、右手はその蕾に添える形で「胎蔵界曼荼羅」の観音院に見える聖観音菩薩像である。また左脇侍の天部形像（図3）は宝珠を持つことから通形としては吉祥天が考えられるが、『十巻抄』第十「妙見菩薩」などには、(5)

左手當心持如意宝。右手与願。大底同吉祥天女像。

図2　同　中尊像（聖観音菩薩）正面

図3　同　左脇侍像（妙見菩薩）正面

図4　同　右脇侍（軍荼利明王像）正面

図5　同　聖観音菩薩像側面

と宝珠を持つ吉祥天像と同形の妙見像の存在をいう。妙見菩薩と考えてもよいのではないか。さらに右脇侍（図4）は三面八臂像で右脚を上げるという通形の一面八臂で両足で立つ像とは異なるものの、胸前で左右の手を交差させる明王像ということで一応は軍荼利明王像とすることができるであろう。したがって三尊は聖観音、妙見菩薩、軍荼利明王としてよいと思われ、『神道集』でいう「羽黒三所」権現の本地仏と考えられる。羽黒三所権現の現状での最古の遺品とされるのではなかろうか。

制作年代については中尊は丸顔を基調にして頬をすっきりとさせた輪郭で凹凸の少ないやや扁平な面相を示す。また体軀の肉付けは穏やかである。これらは平安時代後期の形態に似る。一方、髪を高く結い上げるところや条帛の端を下から出す形式、衣文線の数が多くなっているところなどは鎌倉時代に入って見られるものである。また構造をみると、銅製一鋳で、背面は肩下がり以下を平滑かつ中空とし、上部一箇所の枘で鏡胎と接合する（図5）。懸仏の形式変遷からみると、鋳銅製丸彫像を鏡板にそのまま取り付ける弘安五年（一二八二）銘の千葉観福寺蔵十一面観音菩薩坐像懸仏（図6）以前の形式と考えられる。これらを総じて制作年代は十三世紀前半、鎌倉時代前期のものと考えられる。また左脇侍の妙見菩薩像の作風は中尊と同一のものとしてよいであろう。

ところが右脇侍の軍荼利明王像はこれらの二像とは同作ではないようである。まず作風をみると、聖観音像（図7）、妙見菩薩像（図8）は面貌は丸顔を基調としながら全体の輪郭はやや面長で目鼻は大きく顔面に広がっているのに対し、軍荼利明王像（図9）は丸顔で小さな目鼻を中央に集めるものである。その表情をみると聖観音像、妙見菩薩像はやや晦渋さを帯びた現実感を漂わせているのに対し、軍荼利明王像は瞋目相でありながら激しさは見えずむしろおとなしく細やかな感覚である。その輪郭や表情の感覚は十二世紀とされる滋賀園城寺・金銅軍荼利明王立像（図10）に近似する。また体軀は聖観音像（図11）、妙見菩薩像（図12）が肩幅を広く取り腹部を膨

図7　不二軒蔵「観音三尊懸仏」聖観音像面部

図6　千葉観福寺・十一面観音像懸仏側面

図9　同　軍荼利明王像面部

図8　同　妙見菩薩像面部

らませ肉厚のゆったりした風体を見せるのに対し軍荼利明王像は肩幅が狭く上半身の体の厚みは感じられない（図13）。さらに衣文線の質も異なっている。これらから制作年代を考えると聖観音像、妙見菩薩像は一具で鎌倉時代前期の作、軍荼利明王像はそれを遡る平安時代後期の作とされるのではなかろうか。

ついで三尊仏構成としてみると、右脇侍の軍荼利明王像の像高は一三・四センチメートルで左脇侍の妙見菩薩像の一四・九センチメートルより一・五センチメートルほど低い。この法量の差はこの大きさの三尊構成の一具の脇侍像としての差としては大きすぎる気がする。また軍荼利明王像の立つ磐座は像と同作と思われるが、その端が内区外区の圏界部にかかっている（図14）。一方の妙見菩薩像の台座は圏界部にはかからない。さらに背面をみると軍荼利明王像の取り付け部（特に台座部）は他の二像の部分と異なり細工がぎこちなくうまくいっていない（図15）。これらを勘案すれば軍荼利明王像は当初からのものではなく後に加えられたものと考えられる。とすれば現在の羽黒権現三所の本地仏は鎌倉時代前期から南北朝時代までの間に軍荼利明王がなにかと置換したということになる（あるいは羽黒権現三所に当初から軍荼利明王が設定されており、それによって本懸仏が制作され、その後右脇侍の軍荼利明王像が損傷したので別像と取り替えたということは論としては想定できるが、本品の場合は他所には損傷のあとは見られず、軍荼利明王像のみが破損するようなケースは想定できない）。

羽黒権現の本地仏設定という観点からみると、中尊の聖観音菩薩像は「胎蔵界曼荼羅」観音院の聖観音菩薩の形態でその立像は延暦寺横川中堂本尊として安置されており、そのいわゆる「横川式観音像」は天台宗寺院に多くみられるものである。一方、羽黒山と同じく山岳信仰たる「白山三所権現」のうちの「別山」の本地仏の聖観音の姿がその形態に表されている（図16）。本地仏の成立、本地仏像の制作は羽黒山より白山の方が早いと考えられるので、(6) そこには同じ日本海側の白山天台勢力の影響をみることができる。また妙見菩薩に関しては、天台宗

図11　不二軒蔵「観音三尊懸仏」聖観音像側面

図10　園城寺・金銅軍荼利明王立像面部

図13　同　軍荼利明王像側面

図12　同　妙見菩薩像側面

図16　福井大谷寺・聖観音菩薩坐像（白山三所権現別山本地仏）

図14　同　軍荼利明王像正面

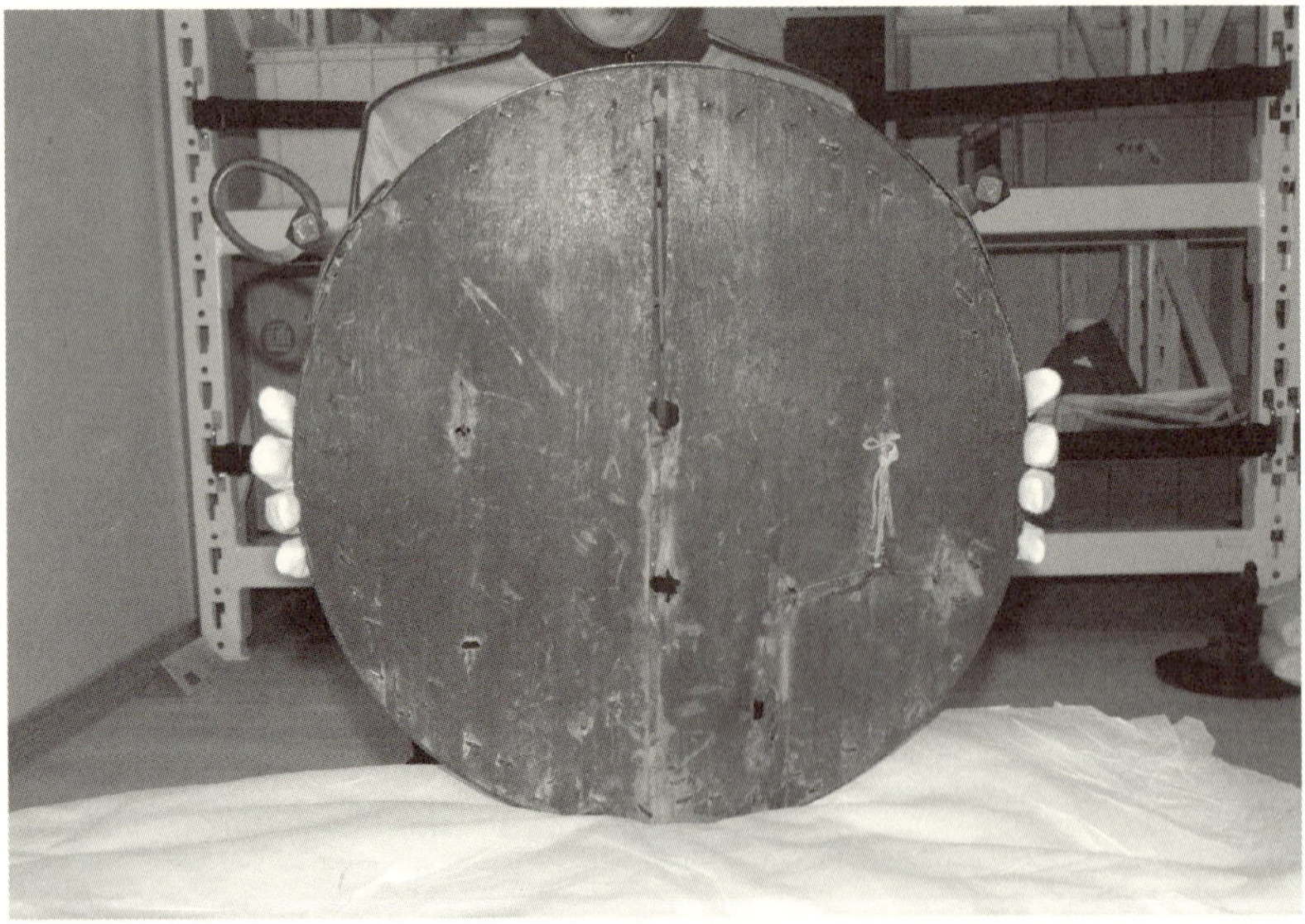

図15　同　背面

において観音菩薩と妙見菩薩の組み合わせは円仁の入唐時ゆかりの海難救助信仰を持つものであり、日本海航路における航路安全のための「アテ山」信仰を持つ羽黒山の本地仏に設定されたと考えることができる。(7) しかし軍荼利明王については白山天台あるいは海難救済との関連が明確にはできない。ましてそれが後に選択されたとすればその他の目的があったということになろう。さらに本作に貼付された軍荼利明王像は通形の一面八臂とは異なり三面八臂の珍しいものである。そこにはその形態の軍荼利明王を選択する理由が存在したはずである。

二　軍荼利明王像の形態と意味について

軍荼利明王の通行の像容は一面八臂で両足で立つ像である。その形像はまず『陀羅尼集経』巻八中の「軍荼利金剛受法壇」に記されている。(8) そこでは

遍身青色両眼倶赤。攬髪成髻。其頭髪色黒赤交雑。如三昧火焔。張眼大怒。上歯皆露而嚙下唇。作大瞋面。有二赤蛇両頭相交。垂在胸前。頭仰向上。其両蛇尾各穿像耳。尾頭垂下至於肩上。其二蛇色如黄侯蛇。赤黒間錯。其像有八臂手。右最上手把跋折羅。屈臂向上。下第二手把長戟拄。屈臂向上。其戟上下各有三叉皆有鋒刀。一頭向上一頭拄。下第三臂壓左第三臂。両臂相交在於胸上。（中略）下第四仰垂向下。勿著右袴。五指皆申施無畏手。左上手中把金輪形。屈臂向上。輪有八角。轂輞成具。下第一手中指以下三指各屈向掌。大指捻中指上節側頭指直竪。向上申之。屈其臂肘。手臂向左。下第四手横覆左袴指頭向右。（中略）仍令其像立於七宝双蓮花上。其右脚指還向右辺。其左脚指還向左辺。

とある。すなわち頭髪は黒色赤色の交雑した焔髪とし、両眼は赤色、上歯列で下唇を嚙み大瞋面とし、身色は青色で二匹の赤蛇を胸から肩にかける。面の数はあえて記さないので一面であろう。手は八臂。右手の最上手は屈臂して上にあげ「跋折羅（三股金剛杵）」[9]を執り、第二手は屈臂して上にあげ戟をつき、第三手は真手とし左右共に臂を屈して第二、三指を伸ばして左手を上にして胸で交叉させる。第四手は垂下して五指を伸ばす。左手は最上手は屈臂して上にあげ法輪を執り、第二手は屈臂して上に伸ばし第一、三、四、五指を丸め第二指を伸ばし、第四手は垂下して第二指を右側に伸ばす。手にはすべて金釧を著ける。天衣を著け、腰帯、虎皮、裙を著け、両足先を外側に向けて双蓮華の上に立つとし片足を上げるとは記さない。

　また不空訳『仁王護国般若波羅蜜多経陀羅尼念誦儀軌』では五菩薩の「第二南方金剛宝菩薩」とし、

　　依教令輪現作威怒甘露軍荼利金剛。示現八臂。

と、面数は説かず八臂像とする。[10] 同じく不空訳『摂無礙経』[11]では、「軍荼利宝生仏忿怒。自性輪金剛宝菩薩。」と、宝生如来の自性輪身である金剛宝菩薩であるとし、その形態は、

　　西北軍荼利

　　髪髻髑髏冠。雷電黒雲相。三目畏怖相。八臂操器械。左定握金剛。左理持戟銷。
　　左定金剛鉤。右慧執二股。右智拳押脇。先作金剛拳。直竪戒風輪。當右脇之下。

右慧施無畏。定慧大瞋印。先以右慧腕。押左定腕上。各作金剛拳。定慧戒風輪。忍大進水輪。各直竪當臆。蚊蜃為臂環。金剛宝瓔珞。釙釧厳臂踝。獣王皮為衣。白蓮承両足。十二蛇囲繞。二蛇在首垂。二蛇繞両髆。八蛇繞八臂。甚大畏怖相。

と、三目八臂で、髑髏冠を被り、大畏怖相で、瓔珞、臂釧、腕釧および十二蛇を付け、獣皮をつけ、白蓮上に両足で立つとする。やはり面数は説かないので一面であろう。左手は金剛杵、戟、鉤を持ち、右手は二鈷杵を持ち、他は拳印、施無畏印とし、真手は胸前で右を上にして左と交叉させ拳印を結ぶとし、おおよそ『陀羅尼集経』と同じである。またこの後に、

或示現千臂。号千臂甘露。或示現八臂。各聖軍荼利。或示現二臂。日蓮花軍荼。

と、千臂像、二臂像にも示現するとする。

さらに不空訳『甘露軍荼利菩薩供養念誦成就儀軌』(12)には四面四臂像が見える。そこには本尊身相応観として、

四面四臂。右手執金剛杵。左手満願印。二手作羯磨印。身佩威光焔鬘。住月輪中。青蓮華色。坐瑟々磐石。正面慈悲相。右面忿怒相。左面大笑面。後面微怒開口。

と、正面、左右面、後面の四面を持ち、右第一手は金剛杵を持ち、左第一手は与願印とし、真手は胸前で右手を

上にして交叉させる軍荼利明王羯磨印とし、月輪中青蓮色華磐石座に坐すとする。またこの後に、

随意所楽観念四臂八臂。乃至。両臂千臂。

ともあり、四臂以外にも八臂像、二臂像、千臂像を観想してもよいともするが、その場合の面数は説かない。しかし八臂像、二臂像、千臂像は、同じ不空訳の『摂無礙経』に見えるものであるのでそれを指しているのであろう。とすれば一面の像であろう。

『白宝抄』、『別尊雑記』、『覚禅抄』、『阿沙縛抄』などの儀軌の類においては軍荼利明王の形像は一面八臂像とし、東寺講堂五大尊中軍荼利像、智證大師請来五大尊中軍荼利像をあげている。東寺講堂像は現存しており（図17）、また智證大師様五大尊像としては岐阜来振寺像が知られており（図18）、ともに一面八臂像で儀軌の類のいうとおりであり、片足をあげることはない。その中で『覚禅抄』は瑟々座に坐る三目の四面四臂像の図を載せている（図19）。ただし、そこには

十巻抄云右像世不見、但金岡筆跡中画四面像

と書き入れがあり、『別尊雑記』、『阿沙縛抄』には図は載せないものの四面四臂像について

右像五大尊中不見。但金岡筆跡五大尊中。画四面軍荼利明王也。

図18　岐阜来振寺・軍荼利明王像

図17　東寺・軍荼利明王像

図20　醍醐寺霊宝館軍荼利明王像

図19 『覚禅抄』「四面四臂軍荼利明王像」

と同様の解説をする。すなわち四面四臂像は巨勢金岡の絵にだけ見られたようであり一般的ではなかったということになる。

以上のように経典や儀軌をみてくると軍荼利明王の形態は平安時代には一面八臂で両足で立つ像が通行像であったということになろう。とすれば三面八臂片足立ちという軍荼利明王像は特異なものということになり、その意味・理由が問題となる。

三　三面八臂の軍荼利明王像について

不二軒蔵懸仏の軍荼利明王像は三面八臂で片足立ち像である。頭部は真面の左右に脇面を付けて三面とし、各焔髪とする。三面共に三目とはせず、瞋目とし閉口する。真面は正面を向く。八臂で真手は共に掌を内に向け屈臂して、第二、三指を伸ばし他指を丸めて左手を上にして胸前で交叉する。左脇手は上から第一手は横に伸ばして屈臂して上にあげ掌を仰いで五指を伸ばして持物（欠失）を載せる。第二手は横に伸ばして屈臂して前に出し、五指を丸めて持物（欠失）を執る。第三手は斜め下方に伸ばして掌を前に向け五指を伸ばす。右脇手は上から第一手は屈臂して上に振り上げ掌を内側に向け五指を丸めて持物（欠失）を執る。第二手は横に伸ばして屈臂して前に出し、五指を丸めて持物（欠失）を執る。第三手は斜め下方に伸ばして五指を伸ばす。天衣、裙を著ける。裙は腰で折り返し、また前は膝上までたくし上げる。右脚を振り上げ、左脚で磐座に立つ。

『陀羅尼集経』でいう軍荼利明王の形勢との違いは三面となること、左右の第二手が『集経』では屈臂して

「上に伸ばす」のに対し屈臂して「横に伸ばす」こと、胸で交叉する第三手（真手）の上下が逆になること、垂下する第四手のうち左手は『集経』では第二指のみを立てて右に曲げるとするのに対し五指を伸ばすこと、虎皮を付けないこと、右脚を上げて立つこと、双蓮華座ではなく磐座とすること、体軀に蛇をまとっていないこと、などである。

また『摂無礙経』との違いは左手には全て持物を執るとするが不二軒像では左四手は下に向けて掌を広げること、右手は不二軒像では第一手、第二手とも持物を執るが『摂無礙経』では第一手だけに持物を執るということ、さらに『摂無礙経』では白蓮に両足を受けるとあるが、不二軒蔵は右脚を上げることである。経の記述と実際の造形化の問題を鑑みると不二軒像は立像であることを含めて『摂無礙経』よりは『陀羅尼集経』によっていると考えられる。

さて、これらのうちやはり大きな相違は三面となることと片足を上げることであろう。まず片足を上げることについては同様に片足を振り上げる軍荼利明王像としては醍醐寺霊宝館・五大明王像中の軍荼利明王像がある（図20）。醍醐寺霊宝館・五大明王像は平安時代に遡る現存の五大明王像として東寺（教王護国寺）講堂像に次いでの古い作例であるとして知られている像である。それらについては近年、津田徹英氏による新たな研究が発表されている。(13) 氏によれば醍醐寺霊宝館・五大尊像の形像はその大威徳明王像の乗る水牛が四肢を伸ばして立つという得意な形態であり、それについての記述が『図像抄』巻八にみえ、それによってもとは上醍醐山中の中院にあったものであること、中院は観賢が住いその五大尊像は観賢の私的な造像であったこと、その像容は「東寺・講堂五大尊像を基本としながらも改めて関係の経典儀軌の文言に則って改変され」たもので、それは「醍醐寺山中で修行する真言行者の成菩提を願う観賢の風景感・構想にもとづくであろう」といわれる。

その中の軍荼利明王像は一二六・二センチメートル。一面三目八臂で条帛、裙、腰布を著け、左足を振り上げ、右足を伸ばして立つ。この像については、基本とされた東寺・講堂像が足を上げず両足で立つ像であり、その形勢は『陀羅尼集経』巻八「軍荼利金剛受法壇」の説に拠るものと考えられるが、目についてはそこでは「両眼」とする。一方醍醐寺像は目は「三目」となるが、それは同経巻八の「軍荼利三眼大法身印第二十三」によると考えられる（すなわち、前述の観賢による関係経典の文言による改変にあたる）。そこで「軍荼利三眼大法身印第二十三」の体勢の記述をみるとそこでは

起立以右脚正踏地、縮左脚正齋右膝、脚掌向下、如踏勢、以脚跟拄著膝上

とあり、左足を振り上げ、右足を伸ばして立つという文言があり[14]、したがって醍醐寺像はこの記述に拠ったものとされた（東寺講堂像も三目とするが、東寺像は足を上げていないので「軍荼利三眼大法身印第二十三」によるものではない。三目は『摂無礙経』「西北軍荼利」に「三目畏怖相」とあるのに拠っているものと思われる――そこでは足の形はいわない――）。

さらにこの足を振り上げる形勢については氏は「ことに立像三軀にみる勢よく片足を上げ、もう一方の足を伸ばして踏み立つ像容のうちに蔵王権現像の出現を予見させるものが認められる」とも指摘され、この片足を上げる形像に関しては観賢の師である聖宝が金峰山に堂を建て一丈の金剛蔵王菩薩像を造立した（『醍醐寺根本僧正略伝』）こととの影響をも想定されている。

ところでこの「軍荼利三眼大法身印第二十三」で述べる体勢は実は行者が行うものである。そこには先の体勢の記述の後に、

是法身印。若作一切壇法之所。結此印已。一脚行道繞壇三匝。一切無畏所作皆成。若治病処。於病人辺作是印已。誦後大呪其病即差。一切壇所不解如是一脚行法。一切壇法悉皆不成。

とあって、行者が片足をあげて一脚で壇の周りを三週すれば治病の効果があるとする。津田氏の見解に沿えば片足を上げる軍荼利明王像は「軍荼利法身法」における行者の行為が反映されているということになる。そこで他の「法身法」を見てみると、「軍荼利大護身法第二十」には

縮左脚。以掌捺右膝上。怒眼怒口作大瞋形。

と左足を曲げて足裏を右膝に付けるとあり[15]、「軍荼利大瞋法身印二十一」には、

起立以左脚。指向左。邪屈膝立之。右脚指向前。身側立。

と左膝をやや曲げて体を斜めに傾けて立つといい、「軍荼利大降魔法身印二十二」には、

起立乃縮両膝。脚跟相拄。

図21　不二軒蔵「観音三尊懸仏」軍荼利明王像脇面

と両膝を曲げて立つともする。[16] すなわち法身印では行者がさまざまな体勢をとることをいうが、そのなかでも注目すべきは「軍荼利大瞋法身印第二十一」で、左膝を折った体勢の説明の後に頭部に関しての説明がありそこには、

頭少向右辺。向左亦得。眼側看。作大瞋形。

と、顔を左右に向けて目を側らに向けて（眇めるか）、瞋怒相とするとすることである。[17] これを形として表すと左右の脇面になるのではなかろうか。このように考えて不二軒懸仏・軍荼利妙像の脇面を確認してみると、左脇面（向右）は右目は丸く見開いているが左目（奥の方）は細長い形になり、右脇面（向左）は左目は見開く野に対し右目（奥の方）は細長い形になっている（図21）。つまり左右の面は首を回したさらに奥の方に視線を向けようとしている形といえ、「眼側看」に合致するのではなかろうか。津田氏の言われるように『陀羅尼集経』巻八の軍荼利法における「法身法」の行者の行法行為が軍荼利明王像の形勢に影響を与えているとすれば、三面の軍荼利明王像もそのような例の一つと考えられる。

またその目的は「大護身印第二十」には、

若欲治病去。先於房内作此印法。護身而去。

と、疾病時の護身の法であるといい、「大瞋法身印第二十一」には、

若有一切難治之病。諸悪神鬼不伏退者。當作此印繞病人三匝。斜身膝如跪地。起大瞋色。誦後大呪。呪声莫絶。三匝繞作。一切皆散病即得差。

と、難病の病人の為の治癒法であるといい、「大降魔法身印第二十二」には、

但作壇処及治病所。當作此印。降伏一切悪魔鬼神随其所為。金剛法事悉皆成弁。

と、やはり治病のためにその元である悪魔鬼神を降伏させて修行を完成させる為であるとする。「三眼大法身印第二十三」については前述した。すなわち「法身印」はすべて治病のためのものであり、それは畢竟、真言行者の行を完遂するための身体擁護を目的とするものである。『陀羅尼集経』「軍荼利金剛救病法壇」では最後で

其軍荼利常随呪師所在之処。悉皆擁護。若能日日作此法者。金剛軍荼利心大歓喜。常不遠去一切処護。

ともあり、そもそも『陀羅尼集経』巻八の説く軍荼利明王の働きは真言行者の擁護とみてよいであろうし、それこそが山中に営まれた寺院に安置された理由と考えられる。

四　三面八臂軍荼利明王像の遺品とその信仰について

不二軒蔵懸仏軍荼利明王像と同様に三面八臂の軍荼利明王像が他にも存在する。それは千葉・鹿野山神野寺の軍荼利明王像である。像高八二・八センチメートル、寄木造、彫眼、彩色像で江戸時代の作とされている（図22）。現在は寺の宝物館に収蔵展示されているがもとは秘仏である神野寺本尊軍荼利明王像の前立仏であり、その模刻像であると考えられている。[18]像は頭上に一面を置いた真面に左右に脇面をつけた三面と八臂を持つ像で真手は左手を上にして交叉させ、右脚を上げて立つもので、軍荼利明王としては特殊なものであるので秘仏本尊の模刻像とするのは妥当であろう。

神野寺は房総半島の中央部、上総と安房の境にある名山である鹿野山にあり、鹿野山は古くからの信仰の山であった。その開基伝承には聖徳太子、日本武尊、阿久留王などがいわれているが、円仁が来錫し天台道場としたとし、ついで武州・浅草観音堂を再興した円教が第二世を相承したという。のち親鸞に帰依し浄土真宗に変わり、さらに室町時代に真言宗に変わったという。[19]

このような山岳信仰を基とする地に軍荼利明王像が祀られていることは羽黒山と軌を一にするが、山岳信仰の地に存在するものとしては他に滋賀・金勝寺軍荼利明王像と埼玉・常楽寺軍荼利明王像が挙げられる。

滋賀・金勝寺軍荼利明王像は像高三六三・三センチメートルの巨像である[20]（図23）。金勝寺は奈良時代からの山林修行の場であったようで弘仁年中（八一〇～二四）に興福寺僧、伝灯大法師願安がこの山中で修行し伽藍を建立したといい、天長十年（八三三）九月八日に定額寺とされ[21]、寛平九年（八九七）六月二十三日の太政官符[22]で年分度者二人を試度することを許可されているが、その年分度者二人の僧の役目は甲賀郡飯道神と坂田郡津照神、野洲

図23　金勝寺軍荼利明王像

図22　神野寺軍荼利明王像

郡三上神と兵主神のために法華経と最勝王経を読誦するものとされており、平安時代前期の山岳寺院では神仏習合が行われており、その中でも金勝寺は東近江の拠点であったことを証するものでもある。

像は重要文化財に指定されており、制作はこの寛平九年頃、九世紀末から十世紀初と考えられている。一面八臂像で面相は焔髪を逆立て、地髪正面に大きな花飾りをつけ、顔をやや左斜下方に向け瞋目、忿怒相で上歯列を表して下唇を噛み、三道を表し、天衣、裙、虎皮を著け、腰をやや左にひねり両足を開いて立つ。八臂の脇手左右第二手の手先が逆になり、左脇手第三手の指先の向きが異なるだけで、形勢は『陀羅尼集経』の記述に合致する。

この金勝寺像はその大きさを考えれば五大明王像が造立されたとは考えられず、単独像であったと考えられている。またその安置場所は山門を入った東側にある二月堂に西面して安置されており、それは佐々木進氏によれば[23]不空訳『甘露軍荼利菩薩供養念誦成就儀軌』に

當於室中安本尊像。面向西。瑜伽者面向東。

にあるように、像を西向きに安置し行者はそれに対して東面するとあることに対応するものであるという。[24]同経ではその前に、

修瑜伽者。従師受得本尊儀軌已。當於閑静処或於山林幽谷。諸教諸説勝上之処。建立浄室。或於精舎若於塔中。

と、師から受けた軍荼利明王の儀軌によって、山林幽谷や閑静な所の勝地に建物を建てよといい、まさに金勝寺の地はこの経文にふさわしいとも言われる。

また像造立の目的は『甘露軍荼利菩薩供養念誦成就儀軌』はこの本尊を前にして観法を行う次第を述べるが、その過程で行者は、

一切魔障悉皆遠離。人間所有怨敵不善心者。皆得摧壊。

と、一切の魔障から離れ、心中の不善を砕くことができるといい、また、

獲得無礙般若波羅蜜。無始時来一切障業報障煩悩障一時頓滅。

と、般若波羅蜜を獲得することができ、業報や煩悩を滅することができるなど、自身が清浄となり「悉地成就」を得ることができるというので、真言行者の修行完遂の本尊として造立されたものということになる。

これらを総ずると、金勝寺像は古くからの神祇の山が山林修行の場とされた寺での行者の本尊として独尊として造像された軍荼利明王像で安置法すなわち行法は密教の不空訳『甘露軍荼利菩薩供養念誦成就儀軌』に拠り、形像は『陀羅尼集経』に拠ったものと解することができる。ただし前述のように『甘露軍荼利菩薩供養念誦成就儀軌』に記す軍荼利明王像は「四面四臂像」であるが、同経では八臂、二臂、千臂像をも観念してよいともするので、矛盾はしない。平安時代前期の山林修行の在り方の一例とすることができようか。

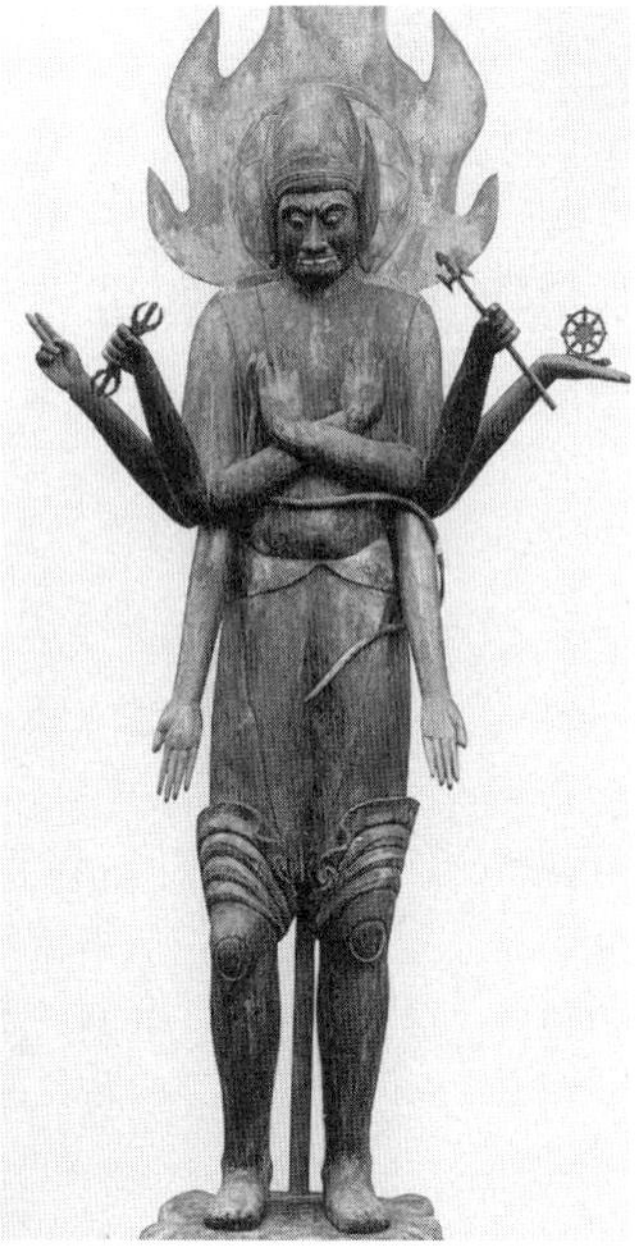
図24　常楽院軍荼利明王像

埼玉・常楽院軍荼利明王像は像高二二七センチメートル、一木造で内刳りはない。一面八臂で現状の手は胸で交叉する真手と脇手では垂下する左右各第三手が当初とされ、のこりは後補とされる[25]（図24）。その形態は焔髪で瞋目、忿怒相で上歯列を表し、正面斜め下方を向き、天衣、

虎皮、裙を著け、両足を開き、やや膝を曲げて直立する。形態は胸で交叉する真手の上下が逆となり、また髪の房を表さず、衣文線も一部にしか表現しないなど異なる点も見られるが基本的には金勝寺像と同じである。常楽院は山上に位置する山岳系寺院と知られており、立地条件も滋賀・金勝寺と似通う。したがって常楽院像も山林仏教寺院に置かれた真言行者の本尊であったと考えられる。

以上山林仏教寺院に安置された軍荼利明王像の遺品をみると、作例としては一面八臂で両足立ち像および三面八臂で片足立ち像が存在するが、一面八臂両足立ち像は『陀羅尼集経』巻八の「軍荼利金剛受法壇」所説に拠るもの、三面八臂片足立ち像は同じく『陀羅尼集経』巻八の「軍荼利金剛受法壇」所説基本としながら「法身印」所説の行者の形勢を翻案・加味したものであるとすることができ、両像ともその目的は真言行者の修行を擁護する、行者守護であると考えられる。

五　羽黒権現・軍荼利明王と鹿野山・軍荼利明王の関係

三面八臂の軍荼利像は現状では羽黒権現像と鹿野山像のみであると考えた。ついでその関係を検討する。羽黒権現・軍荼利明王については『羽黒山睡中問答幷縁起』に収める「出羽羽黒山建立次第」(26)では、

軍荼利明王ハ外面ハ夜叉ノ如シ、暴悪相ニ住シ、三面六臂ノ形ニハ青黒色ヲ現ス、上下牙食違、方々御足踏下、方御足ヲハ立テ、悪魔降伏シ給也、内心ニハ慈悲ヲ深重ニ衆生ヲ憐愍給フ、

と、羽黒の軍荼利明王は三面六臂で暴悪相、身色は青黒色、牙を上下歯とし、片足を上げて立つ姿であるという。しかるに不二軒懸仏・軍荼利明王像は三面八臂で右足を振り上げ左足で立つ形であった。つまりここでは八臂像をあえて六臂像と称していることになる。これに関して興味深いことにはこれと同様なことが鹿野山の三面八臂軍荼利像にも見られることである。『房総志料続編』には鹿野山軍荼利明王の由来として、

軍荼利明王は鹿野山強族悪楼王を祭る。

とあり、その後に、

悪楼王一名六手王といふ、軍荼利は八臂なり、鹿野山明王は六臂にて蛇を手足にかくめり、

とあるという。(27) 前出のように鹿野山軍荼利明王像は実際は八臂像であると考えられるが、地元では敢えて六臂像であると称していたことになる。その理由としては、ついで、

悪楼王生まれたる所を六手村となづく、

と説明しているといい、「六手村」は鹿野山北麓の地区に残っているという。(28) つまり地元では鹿野山近在の「六手村」の地名の由来を「悪楼王」伝説と結びつけるために、あえて鹿野山軍荼利を実際とは異なる六臂像と言い

伝えたもの考えられる（なぜ六臂像とみなすかは不明であるが、「悪楼」から「悪六」を連想したのかとも思う）。このように八臂を六臂とみなす現象が同様に珍しい三面を持つ軍荼利明王像に見られるとすれば、そこには何らかの関係を想像させるが、一方の羽黒山の場合は鹿野山の「六手村」のような説明は見られない。ということは鹿野山軍荼利明王の方に初発性が認められると思われ、すなわち鹿野山軍荼利明王が羽黒山に持ち込まれたとすることができるのではなかろうか。

前述のように鹿野山は丘陵地帯の房総半島の中央部・上総の最高峰で古くからの神奈備の山で、また漁民、航行者にとっては「ヤマアテ（海上での位置を知るための目じるしになる山）」の山として崇められてきた山であった。中心は神野寺で釈迦、薬師、観音、軍荼利像を安置していたが天慶年中（九三八〜四七）の兵火で諸堂焼け、薬師像、軍荼利像のみが残り神野寺本堂に安置されたという。(29) 金勝寺や常楽院と同様に古くからの山岳信仰の山であって、そこに真言行者が入ったとすれば軍荼利明王を本尊としたことは了解できる。

江戸時代の『房総志料』や『上総国誌』では鹿野山は周集《すえ》郡にあるとする。「周集」の表記は江戸時代初期のものでそれ以前、以後は「周淮」と表記するものが多いという。したがってここでは以後周淮郡とする。周淮郡は奈良時代には成立していたが、平安時代末期に周西郡と周東郡に分割されていた。治承四年（一一八〇）の頼朝の挙兵に合流した上総広常の率いる軍勢は、

上総権介広常。催具當国周東。周西。伊南。伊北。廳南。廳北等。率二万騎。参上隅田河辺。

とあり、「周東」、「周西」の武士を含んでいるので、(30) 両郡とも上総介広常の勢力下にあったと考えられる。とこ

ろで上総国は親王任国であり実質的な国司は介であるが上総介は在京の受領であるために現地での行政を担っていたのは国衙の在庁官人であり、その最高位が上総権介で、院政期から鎌倉時代初期にかけての現地での実質的な支配は上総権介広常であった。しかし寿永二年（一一八三）十二月に上総広常が頼朝に誅殺されると上総氏の権限、在庁諸職の多くは一族の千葉介常胤に引き継がれ、さらには孫の常秀が受け継いでいたとされる。[31]また和田義盛は、本貫は相模国三浦郡和田であるが、上総に所領を持ってからは夷隅川流域の伊北郡に居を構え、在庁勢力である千葉常秀に対抗するためにか上総国司任命を幕府に願い出て北条政子の反対により拒否されている。[32]上総は千葉氏と和田氏の勢力の競う国であった。しかし建保元年（一二一三）和田の乱[33]によって和田義盛以下一族は滅ぼされ、また宝治元年（一二四七）の三浦一族が滅ぼされた三浦氏の乱[34]では千葉常秀の息の秀胤も連座し上総千葉氏も滅亡した。結果、房総は北条得宗家の勢力下におかれることになった。

周西郡は承久三年（一二二一）以後の頃、国衙領で地頭は頼朝の側近であった「駿河入道」中原季時で、その後はその父親の中原親能に継承されていったとされる。また周東郡はのちに千葉常胤息東胤頼の末の東六郎盛義の所領となっているが、それは盛義の祖父の東中務入道素暹（胤行）が三浦氏の乱の時に同族の千葉秀胤を討伐した勲功として与えられたものといわれる。[35]これらから周西郡、周東郡ともに房総の他地域同様に北条氏の影響下にあったものと考えられる。

またこの地域には平安時代から鎌倉時代にかけて熊野信仰が伝播していたようで、鹿野山には「熊野」と名がつく地名が見え、熊野三所権現も勧請されていたとされ[36]、その影響が及んでいたと考えられる。あるいは鹿野山軍荼利明王像が前述の『陀羅尼集経』「軍荼利三眼大法身印第二十三」の体勢の記述で左足を振り上げるとするものとは異なり右足を上げる形とするのは蔵王権現の形を採用したものかも知れない（蔵王権現像は右足を上げる像が圧倒的に多い）。鹿野山への熊野信仰の影響は隣の上総国畔蒜庄が熊野別当に知行されていたことによると思われる。その畔蒜庄については『吾妻鑑』文治二年（一一八六）六月十一日条に、

又熊野別当。知行上総国畔蒜庄也。而地頭職者。二品令避付彼人給訖。於其地下者。上総介。和田太郎義盛引募之処。各背本所使下知。不弁年貢等間。訴申之上。

とあり、地下では上総介(37)と和田義盛が管理していたことをいう。しかし和田の乱以後は北条家領になったと思われ、弘安六年（一二八三）には畔蒜南庄内亀山郷が北条時宗によって将軍家御願寺となった円覚寺に寄進されている。(38)以上のように鎌倉時代後期の鹿野山は北条氏が支配し、あるいは影響力の強い地域に存在することになった。とすれば北条氏は鹿野山の軍荼利信仰を認知していたのではないか。

一方、羽黒山は、『吾妻鏡』承元三年（一二〇九）五月五日条に

出羽国羽黒山衆徒等群参。是所訴地頭大泉二郎氏平也。

と、衆徒が地頭の大泉二郎氏平を訴えているので、鎌倉時代の初期は大泉氏が支配権を持つ大泉庄の含まれていたと考えられる。大泉庄は『武藤系図』(39)の武藤資頼の記事に、

奥州合戦之時。依先祖頼氏之忠蒙御免。御鎧御馬ヲ給テ被召具了。依是錦戸太　郎ヲ討テ。頸ヲ取テ見参ニ

入時。依彼忠大泉庄拝領了。

とあって、奥州合戦の手柄によって資頼に与えられたとある。氏平は同じく『武藤系図』によれば鎌倉幕府政所執事を務めた武藤頼平の子、のち太宰少貳となった資頼の弟で、「左衛門尉。大泉。武蔵国居住。」とあり、『吾妻鏡』建保六年（一二一八）五月二十七日の将軍実朝の鶴岡八幡参社の折の行列には衛府の一員として「大泉左衛門尉氏平」とみえる。したがって大泉庄は武藤資頼から氏平に譲られ、氏平が名字としたものと思われる。また氏平は鎌倉に居住していたようであるので、現地には赴任していなかったものであろう。さらにこの承元三年（一二〇九）五月五日条時の訴訟の内容は、ついで、

依今日。為仲業奉行。遂一決。当山先例。非地頭進止。且可停止入部追捕之旨。故将軍御書分明之間。山内令安堵之処。氏平或傾倒八千枚福田料田。或於山内　事致口入之條。無謂之由。衆徒申之。氏平無指陳謝之間。背先例。張行無道事。不可然之趣。被仰下云々。

と、地頭大泉氏平の田地横領と山内管理への介入をいうものであるが、その中で衆徒らが「当山先例、非地頭進止」あるいは「故将軍御書分明之間」などと主張していることは羽黒山が関東祈禱所であった、すなわち保護の対象であったと思われるとされる。つまり羽黒山は鎌倉時代の初めから幕府の東北支配体制の中に位置づけられていたということになる。この訴訟は羽黒山側の優位に終わったようであるが、しかし実際には地頭勢力の浸透は徐々に進んでいき、それと同時に北条氏の所領の拡大も進む。そもそも東北地方、陸奥、出羽両国では平泉藤

原氏の所領の後を有力御家人に分け与えられていたが、鎌倉での和田の乱、三浦氏の乱、霜月騒動[40]によって北条氏以外の有力御家人が排除されるに至って、それらの所領は結局、北条得宗家の手中となっていった。出羽国大泉庄も北条氏所領となったとされる。[41]その初めに地頭であった大泉氏は北条氏の所領拡大に伴い代官として在地化し勢力を保ち続け、のち戦国大名化する。

以上鹿野山、羽黒山を見てみたが、鎌倉時代後期には北条氏は鹿野山、羽黒山の両方に支配力あるいは影響力を及ぼせる環境にあり、したがって鹿野山の軍荼利明王の信仰を持ち込むことは可能であったと思われる。では、なぜ北条氏は鹿野山の軍荼利明王を羽黒山に持ち込む必要があったのか。

五　北条氏の軍荼利明王信仰の意味

鎌倉時代後期の東北地方の大きな動きとして蝦夷の大規模な反乱が上げられる。日蓮の遺文の「三三蔵祈雨事[42]」に、

> 而に、文永五年の比、東に俘囚をこり、西には蒙古よりせめつかひつきぬ。日蓮案云、仏法不信なり。定て調伏をこなわれんずらん。

また、

隠岐の法王の事をもってをもうに、真言をもって蒙古とえぞとをでうぶくせば、日本国やまけんずらんとすひせ候ゆへに、此事いのちをすてていいてみんとをもひしなり。

とあり、文永五年（一二六八）に蝦夷の叛乱があったことをいい、その蝦夷の叛乱を日蓮は蒙古の襲来と同等の国難と認識していたと了解できる。また同じく「種種御振舞御書」に、

今又かくの如なるべし。えぞは死生不知のもの、安藤五郎は因果の道理を弁て堂塔多く造りし善人也。いかにとして頸をば、えぞにとられぬるぞ。

とあり、蝦夷管領代官の安藤五郎が蝦夷に殺害されたという。これは文永五年の叛乱に関連するものであろう(43)。安藤氏は北条義時の代官として津軽に派遣されたことを始まりとして、鎌倉時代を一貫して蝦夷管領北条氏（得宗家）―代官安藤氏という支配機構として存在したとされる(44)。この叛乱のその後の経緯ははっきりしないが火種は消えることはなかったと思われ、『北条九代記(45)』元亨二年（一三二二）の条には、

今年出羽蝦夷蜂起。度々及合戦。自去元応二年蜂起云々。

とあって、出羽蝦夷の蜂起があり合戦が度々あったといい、この蜂起は元応二年（一三二〇）に始まったものという。ついで同じく正中二年（一三二五）の条には、

六月六日。依蝦夷蜂起事。被改安藤又太郎。以五郎三郎。補代官職訖。

とあって、蝦夷蜂起の責任者として安藤又太郎季長を罷免し代わりに安藤五郎三郎宗季を代官職としているが、それは叛乱鎮圧が失敗したためと考えられる。同じく嘉暦元年（一三二六）の条には、

（三月）廿九日。工藤右衛門祐貞。為蝦夷征伐。進発。

七月廿六日。祐貞虜季長帰参。

とあって、三月に工藤祐貞が「蝦夷征伐」として派遣され、七月に安藤季長を捕らえて帰参している。これらからは代官の交代にもかかわらずその後も蝦夷の叛乱は治まらなかったことが伺われ、また安藤又太郎も罷免を不服として抵抗したものと思われる。すなわち、ここに至って出羽の状況は単なる蝦夷の蜂起だけではなく、蝦夷管領代官たる安藤氏の内紛まで惹起したと思われ、その上司たる北条氏の権威に関わる問題ともなっていたと考えられる。結果、同じく嘉暦二年（一三二七）の条には、

六月。宇都宮五郎高貞。小田尾張権守高知。為蝦夷追討使。下向。

と、「蝦夷追討」のために宇都宮高貞と小田高知が派遣されたが、宇都宮氏とその同族の小田氏は下野の有力御

家人であり、関東評定衆の家柄すなわち両者は幕府権力の中枢の一族であり、すでに前述の蝦夷管領北条氏―代官安藤氏という北条氏主体の支配体制が破綻し、幕府全体の問題とせざるを得ない状況となったことを意味している。その結果はついで翌三年（一三二八）の条に、

今年十月。奥州合戦事。以和談之儀。高貞高知等帰参。

とあるように、宇都宮、小田の軍勢は合戦には至ったのではあろうが成果としては追討はならず「和談之儀」を以って帰参したという。すなわち幕府の出羽蝦夷叛乱に対する武力鎮圧は大混乱のあげく失敗したということになる。

この一連の東北の蝦夷叛乱に対しては、軍事力のみではなく宗教も動員された。鎌倉においてはまず文保二年（一三一八）の「北条高時書状」(46)に、

当寺祈禱事、蝦夷已静謐之間、法験之至、殊感悦候、謹言、
（文保二）五月廿一日　　高時（花押）
称名寺長老（劔阿）

と、金沢称名寺で蝦夷降伏の祈禱を行ったことをいう。ここでは祈禱により静謐となったというが、前記の『北条九代記』の一連の叛乱事変は元応二年からの叛乱を記しており、この祈禱はそれ以前のものに対してというこ

とになる。ついで『鶴岡社務記録』正中元年（一三二四）には、[47]

> 五月十九日、為蝦夷降伏、於太守御亭、開白、被修五壇護摩、一七ヶ日、不動大御堂僧正道潤、降三世社務、軍荼利安芸僧正御坊、大威徳佐々目僧正有助、金剛夜叉頼演法印、道場東向南向連壇也、

とあって、北条高時邸で蝦夷降伏のために「五壇護摩」が行われたという。道場を建て七日間という大掛かりなものであった。同じく『鶴岡社務記録』には翌二年（一三二五）にも、

> 為蝦夷降伏御祈、自後正月十二日、於社頭、可精誠之由、自殿中、被仰之、

とあって、正月に鶴岡八幡社頭において北条氏の命で蝦夷降伏の祈禱が行われたとする。鶴岡八幡では蒙古襲来時に「異国御祈」が行われており、それに準ずるものであろうか。ともかくも北条氏においては国難とみなしていたとしてよいであろう。

鎌倉でのこのような動向に対して地元、出羽国の寺社、とくに関東祈禱所や蝦夷管領の正員である北条氏ゆかりの寺社でも同様な祈禱が行われたと思われる。

そこでは特に羽黒山がその力が期待されたであろうことは容易に想像される。前述のように羽黒山は関東御祈禱所であったと考えられており、そのため羽黒山には建治元年（一二七五）に将軍惟康親王によって蒙古襲来撃退の法力に感謝して関東以北で随一、全国でも第四位の大きさの梵鐘を奉納されたとされている。[48]また羽黒山の

五重塔も北条高時により建立されたと考えられるともいわれる。(49) このような状況の中で、鹿野山の軍荼利明王が関東祈禱所である羽黒山に持ち込まれたのではないか。その理由は鹿野山軍荼利の尊格にあったと思う。鹿野山軍荼利明王は「悪楼王」とされていた。『吾妻鏡』文治五年九月二十八日条に平泉藤原氏を滅ぼした帰路、頼朝が田谷窟を訪れたことを記すがそこでは、

御路次之間。令臨一青山給。被尋其号之処。田谷窟也云々。是田村麿利仁等将軍。奉綸命征夷之時。賊主悪路王幷赤頭等構塞之岩屋也。

とあり、坂上田村麿により征討された蝦夷の王を「悪路王」とする。この「悪路王」の記憶は全国に広まったと思われるが、(50) 前述のように鹿野山軍荼利明王は特に「悪楼王」として祀られていた。すなわち征討された蝦夷の賊主としての軍荼利明王の尊格を最前線の羽黒山に持ち込むことによって、羽黒山の祈禱の威力を増加しようと目論んだのではなかろうか。ここに至って軍荼利明王は真言行者の護持という本来の尊格を越え、日蓮のいう国難の際の異敵を「調伏」する尊格を与えられたということになる。仏像の尊格は社会状況の求めに随って変貌するということであろう。

おわりに

以上をまとめると、以下のようになる。

一、山中に安置された軍荼利明王像は真言行者の修行守護の本尊であった。
二、羽黒権現の本地仏の一つである三面八臂軍荼利明王像は、通常の一面八臂像とは異なる珍しい形態であるが、それは『陀羅尼集経』巻八「軍荼利金剛受法壇」の説く軍荼利明王本体の形態に、同「軍荼利大瞋法身印第二十一」や同「軍荼利三眼大法身印第二十三」に説く行者の取る体勢を加味して形成されたものと考えられた。
三、羽黒権現の三面軍荼利明王は鎌倉時代後期に上総・鹿野山の三面軍荼利明王が北条氏によって持ち込まれたものと考えられる。
四、その理由は、蝦夷叛乱の際に蝦夷管領としての北条氏によって、その尊格の由来から蝦夷討伐の調伏の機能を見出されたことによると考えられる。
羽黒山軍荼利明王は山林修行の真言行者の守護本尊であったものが武家によって異敵調伏の本尊と変化させられたものということになる。
以上が本稿の結論である。

注

（1）『国史大辞典』「神道集」（吉川弘文館、第一版第二刷、一九九〇年）。
（2）『神道集』（『神道大系』文学篇一）。
（3）『金峰山信仰関連社寺文化財調査報告書』（東北芸術工科大学文化財保存修復研究センター、二〇〇九年）。
（4）法量（センチメートル）径四三・四、内区径三五・九、中尊像高一六・〇、左脇侍像高一五・三、右脇侍像高一二・九。

（5）『十巻抄』第十「妙見菩薩」（『大正大蔵経』図像部三巻）、『白宝抄』「妙見雑集」（『大正大蔵経』図像部十巻）、『図像集』巻十「妙見菩薩」（『大正大蔵経』図像部四巻）、『別尊雑記』巻四十八「妙見」（『大正大蔵経』図像部三巻）。

（6）白山三所権現の本地仏の記録は長寛元年（一一六三）成立の『白山之記』に「白山妙理大菩薩、其本地十一面観自在菩薩、太男知、阿弥陀如来垂迹、別山大行事、聖観音垂迹」とある。また遺品としては十二世紀の和歌山明王寺・十一面観音坐像、阿弥陀如来坐像、聖観音坐像の三尊像と同じく十二世紀の福井大谷寺・十一面観音坐像、阿弥陀如来坐像、聖観音坐像の三尊像がある。

（7）以上については拙稿「羽黒権現本地仏成立試考――北辺における本地仏設定の一様相として」（『古代・中世の境界意識と文化交流』所収、勉誠出版 二〇一一年）を参照。本稿はその続編ともいうべきものである。

（8）『陀羅尼集経』巻八「軍荼利金剛受法壇」（『大正大蔵経』十八巻）。

（9）『密教大辞典』「跋折羅」。

（10）『仁王護国般若波羅蜜多経陀羅尼念誦儀軌』「第二南方金剛宝菩薩」（不空訳『大正大蔵経』十九巻）。

（11）『摂無礙経』（不空訳『大正大蔵経』二十巻）。

（12）『甘露軍荼利菩薩供養念誦成就儀軌』（不空訳『大正大蔵経』二十一巻）。

（13）津田徹英「醍醐寺霊宝館所在　五大明王像考」（『仏教芸術』二二五、二〇〇一年三月）。

（14）『陀羅尼集経』巻八「軍荼利三眼大法身印第二十三」。

（15）『陀羅尼集経』巻八「軍荼利大護身法第二十」。

（16）『陀羅尼集経』巻八「軍荼利大降魔法身印二十二」。

（17）『陀羅尼集経』巻八「軍荼利大瞋法身印第二十一」。

（18）『君津市内仏像彫刻所在調査報告書』（君津市教育委員会文化課、一九八九年三月）。

（19）岡倉捷郎『鹿野山と山岳信仰』第一部　神野寺の歴史と信仰（崙書房、一九七九年）、府馬修「鹿野山と上総の山岳信仰」（山岳宗教史研究叢書八『日光山と関東の修験道』所収、名著出版、一九七九年）。

（20）佐々木進「金勝寺蔵　木造軍荼利明王立像」（『国華』題一四〇七号、二〇一三年一月）。

(21)『続日本後紀』天長十年九月八日。
「以在近江国栗太郡金勝山大菩提寺。預定額寺。」
(22)「太政官符　応試度金勝寺年分者二人事　寛平九年六月廿三日」(『類聚三代格』巻二　年分度者)。
(23)前掲注20佐々木論文。
(24)『甘露軍茶利菩薩供養念誦成就儀軌』(『大正大蔵経』二十一巻)。
「修瑜伽者。従師受得本尊儀軌已。當於閑静処或於山林幽谷。諸教所説勝上之処。建立浄室。或於精舎若於塔中。(略)當於室中安本尊像。面向西。瑜伽者面向東」
(25)久野健「関東古代彫刻史論」六(『関東彫刻の研究』学生社、一九六四年十月)。
(26)「出羽国羽黒山建立之次第」(室町時代中期以前成立)(『羽黒山睡中問答幷縁起』所収『山形県史』中世史料一、中世記録・四四四)。
(27)『房総志料続編』天保三年(一八三二)(岡倉捷郎『鹿野山と山岳信仰』二　古代の鹿野山と神野寺開創　2神野寺の開創と水分信仰、一九七九年四月、崙書房)。
「悪楼王一名六手王といふ、軍荼理の像は八臂なり、鹿野山明王は六臂にて蛇を手足にかくめり、(中略)悪楼王生まれたる所を六手村と名づく、」。
(28)府馬修「鹿野山と上総の山岳信仰」(山岳宗教史研究叢書八『日光山と関東の修験道』所収、名著出版、一九七九年)。
(29)注27岡倉捷郎『鹿野山と山岳信仰』および『日本伝説叢書(復刻版)上総の巻』「神野寺」(すばる書房、一九七七年)。
(30)『吾妻鏡』治承四年(一一八〇)九月十九日条。
(31)『千葉県の歴史』通史編中世第一編第二章第二節。
(32)『吾妻鏡』承元三年(一二〇九)五月十二日条。
(33)「和田の乱」源頼朝の死後、鎌倉では北条氏の台頭とともに、幕府草創期に活躍した有力御家人がつぎつぎに滅亡していくが、そのような流れのなかで起こった事件。和田合戦ともいう。建保元年(一二一三)和田義盛以下の一門が北条氏に対し武力抗争を試みたが結果敗れ、一族の主流はほとんど滅亡した。以後、執権の北条義時が侍所別当を兼ね、幕府体制の中での最高の地位を固めた。（以上、参考は吉川弘文館『国史大辞典』による）。

(34)「三浦氏の乱」宝治元年（一二四七）に三浦泰村の一族が執権北条時頼とその外戚安達氏とにより滅ぼされた動乱。宝治合戦ともいう。泰村の妹婿の千葉秀胤（千葉常胤孫、当時の上総の実質の支配者）も上総一宮の館に討手を差し向けられ一族ともに滅ぼされた。また同じく泰村の妹婿の西阿（大江広元の子、毛利季光）など姻戚関係にあった幕府の有力者も滅ぼされた。結果、北条時頼の政権（得宗体制）は安定に向かった。（以上、参考は吉川弘文館『国史大辞典』による）。

(35)『君津市史』第三編第一章六。

(36)『君津市史』第三編第五章第一節五。

(37)『千葉県の歴史』通史編中世第一編第二章第二節では足利義兼、『君津市史　通史』第三編第十四章四では相馬貞常とする。

(38)『吾妻鏡』弘安六年七月、『君津市史　通史』第三編第一章四、五、六。

(39)『武藤系図』（『群書類従』）。

(40)「霜月騒動」弘安八年（一二八五）十一月、安達泰盛一族らが執権北条貞時により滅ぼされた事件。政治的には安達氏に代表される御家人勢力と得宗によって政権を獲得しようとする御内人（得宗被官、上首は平頼綱）との衝突といわれる。安達氏一門をはじめ、姻戚の甲斐源氏小笠原一族、三浦、伊東、吉良などの守護や多くの御家人が連座し、また事件は諸国に波及し、各地で泰盛側の者が討たれた（以上、参考は吉川弘文館『国史大辞典』による）。

(41)『山形県史』第一巻　第十章三節2。

(42)「三三蔵祈雨事」（『昭和定本日蓮聖人遺文』第二巻一八三　総本山身延久遠寺、一九五三年）、大石直正「外が浜・夷島考」（『関晃先生還暦記念日本古代史研究』　吉川弘文館、一九八〇年）。

(43)「種種御振舞御書」（『昭和定本日蓮聖人遺文』第二巻一七六　総本山身延久遠寺　一九五三年）、大石直正「外が浜・夷島考」（『関晃先生還暦記念日本古代史研究』吉川弘文館、一九八〇年）。

(44)『山形県史』第一巻　第十章三節1。

(45)『北条九代記』（『改訂史籍集覧』通記二十二）。

（46）『鎌倉遺文』古文書編三十四巻・二六六八〇。
（47）『鶴岡社務記録』（『改訂史籍集覧』新加別記五十一）。
（48）『山形県史』第一巻　第十章二節3。
（49）誉田慶信『中世奥羽の民衆と宗教』第二章北方史の中の中世羽黒山。
（50）宮家準氏は備後地方の伝承の中に由伽山の「阿黒羅王」という鬼が坂上田村麿に退治されるというものがあるといわれている。（宮家準「大山・石鎚と西国修験道」三　大山と石鎚信仰の展開『山岳宗教史研究叢書十二　大山・石鎚と西国修験道』所収、名著出版、一九七九年）。

図版出典一覧

図1～5、7～9、11～15、21　岡本篤志氏撮影
図6　武笠朗「千葉・観福寺の懸仏について」（実践女子大学『美學美術史學』第一五号、二〇〇〇年）
図10　特別展『明王』（奈良国立博物館、二〇〇〇年）
図16　長坂一郎撮影
図17　『週刊朝日百科　日本の国宝65　京都・教王護国寺（東寺1）』
図18　特別展『日本仏教美術名宝展』（奈良国立博物館、一九九五年）
図19　『覚禅抄』（『大正大蔵経　図像部』5）
図20　特別展『明王』（奈良国立博物館、二〇〇〇年）
図22　『君津市内仏像彫刻所在調査報告書』（君津市教育委員文化課、一九八九年）
図23　特別展『明王』（奈良国立博物館、二〇〇〇年）
図24　毎日新聞社『国宝・重要文化財大全』4

勝軍地蔵の八〇〇年

——南九州における軍神信仰の展開

黒田　智

はじめに

勝軍地蔵は、十三・十四世紀の日本社会が生み出した他国に例をみない和製の軍神《いくさがみ》軍神であった[1]。とはいえ、その由来を語る『蓮華三昧経』は、十四世紀初頭に元からもたらされた舶来品とされていた[2]。良助法親王撰『與願金剛地蔵菩薩秘記』序文によれば、時の太政大臣西園寺実兼が三五〇〇両もの大金を投じて千葉道源（小見胤直）らを元に派遣し、『蓮華三昧経』をはじめとする膨大な典籍類を招来した。これらは、もともと孫の竹園院禅師のために購入されたものであったが、禅師早世後に実兼の養子であった良助法親王に譲与された。良助法親王は、この舶載の経典類をもとにして『與願金剛地蔵菩薩秘記』をあらわし、勝軍地蔵信仰の喧伝をすすめた。勝軍地蔵信仰もまた、大陸を流伝し、東漸する仏教に仮託されて展開していったのである。

本稿では、南九州を舞台に約八〇〇年にわたる勝軍地蔵信仰の展開をたどってみることにしよう。列島における伝播の様相から、他の神仏や土着の信仰との交錯、変容をへて定着し、現在に生きつづけてゆく信仰の道程をのぞきみてみることにしよう。

一　勝軍地蔵の下向

京・鎌倉を中心にはじまった勝軍地蔵信仰が南九州の地に伝播したのは、ほかの地域にくらべてずいぶん早いことになっている。

『庄内地理誌』巻九十六によれば、日向国都城の黒尾権現にまつられていた勝軍地蔵の由緒は、十四世紀にさかのぼる。永和三年（一三七七）の蓑原合戦で、都城を包囲された北郷義久を救援するため、島津氏久が梅北天ヶ峯に着陣した。氏久がこの天ヶ峯の北にあった愛宕の宮に祈願して勝利したことを機縁として、宮社を造立し、勝軍地蔵を御正体として安置したという。『庄内地理誌』が編纂された文政年間（一八一八～一八三〇）ころには、六寸ほどの木座像があったと記されているが、現存しない(3)。

また『三国名勝図会』では、都城の北東にある花之木村に勝軍地蔵堂が造立されたと伝えられている。かつてあった勝軍地蔵像の像背には「応永三十四（一四二七）「応永三十四年丁未四月十六日作之、開眼六月一日、願主桜木対馬介公頼」、膝裏には「永正十年（一五一三）癸酉二月十五日、地頭落合刑部丞藤原兼有」という銘文があったという。『三俣院記』によれば、「桜木永留」なるものの勝軍地蔵ともされ、「作者山之坊」という書き付けがあったとされている。桜木氏は花木実遠を先祖としてこの地に下向した一族であり、落合兼有はこの地を基盤としてきた伊東氏の家臣であった。

とはいえ、永和年間や応永年間にまでさかのぼるとする勝軍地蔵信仰の由緒は、はたして史実であろうか。

南九州は、およそ七〇〇年間にわたって島津氏が君臨しつづけた特異な地域であった。島津氏は、鎌倉期に西遷御家人として下向して以来、廃藩置県にいたるまでこの地域における盟主の地位を維持しつづけた。『薩藩旧記雑録』は、鎌倉期から明治期にいたるまでの島津氏と薩摩藩家臣たちに関する文書集である。この『薩藩旧記雑録』に掲載された起請文は、全部で二五二通にものぼる。これらの起請文から島津領国における信仰秩序の歴史的変容をさぐってみることにしよう。

起請文群を四半世紀ごとに集計した**表1**をみると、三つの増産期をみることができる。すなわち、〈第一期〉十四世紀第二四半世紀、〈第二期〉十五世紀前半期、〈第三期〉十六世紀後半から十七世紀第一四半世紀である。〈第一期〉は、島津貞久らが御家人からの脱皮をはかりながら南北朝内乱を生き残り、〈第二期〉は、奥州家の島津元久が総州家をおさえて南九州三ヵ国の守護職を統一し、守護大名として領国支配を確立してゆく時期である。〈第三期〉は、島津忠良・貴久親子による薩摩平定から義久・義弘の九州席巻にいたる近世島津氏の基盤が確立した時期にあたる。

表1　請文の掲載状況

点	世紀
1	12 ④
0	13 ①
4	13 ②
0	13 ③
2	13 ④
1	14 ①
14	14 ②
2	14 ③
12	14 ④
37	15 ①
30	15 ②
5	15 ③
7	15 ④
2	16 ①
16	16 ②
27	16 ③
47	16 ④
45	17 ①

起請文の神文に登場する神仏の変化をみてみると、十四世紀末と十六世紀前半に大きな変化が認められる。当初、「八幡神」として記されていた神格は、明徳四年（一三九三）を初見として「大隅正八幡」にかわり、「諏訪上下大明神」とともに頻出するようになる。また同時に、「伊勢天照大神」がみられ、これは伊勢・八幡・熊野・諏訪・稲荷（天満天神）をふくむ五社神名として固定化してゆく。そののち、「霧嶋六所権現」（応永六年〈一三九九〉初見）や「新田八幡大菩薩」、「開門正一位」（永享六年〈一四三四〉初見）といった地域神をとり込みながら、五社神名は永禄五年（一五六二）の「熊野」を最後に消滅し、天文年間（一五三二〜一五五五）以降には南九州の在地神への誓約に重心を移してゆく様子をみることができる。こうした神文に記された神仏の変容もまた、戦国大名島津氏の展開と軌を一にするものと評価できるだろう。

ところが、こうした起請文の神文のなかに愛宕神・勝軍地蔵が登場することはない。その初見は、文禄三年（一五九四）まで待たなくてはならず、霊社上巻起請文が全国に普及する直前のことになる。[4] 島津領国に勝軍地蔵信仰が浸透するのは、十六世紀も終わりころということになるかもしれない。

今のところ、都城周辺にあった勝軍地蔵は、同時代史料によって確認することができず、後世の附会とするのが妥当であろう。

二　垂水勝軍地蔵像像内文書を読む

南九州における勝軍地蔵信仰の比較的早い伝播を示す重要な手がかりのひとつが、垂水勝軍地蔵像である。垂水は、桜島をはさんで鹿児島の対岸にあたり、大隅半島の錦江湾沿いに突き出た平野に位置する。市街地から本城川にそって東へ三キロメートルほどさかのぼった丘陵に、高城の勝軍地蔵堂がある。像高一八七・五センチメートルのカヤ材の寄木造（図1）。白毫相、彫眼の比丘形で、左手は折り曲げて掌を仰いで宝珠をとる。右手は垂下して持物をとり、巨体の足先を開いて直立する。その両脇には一四四・八センチメートルの毘沙門天像と一四三・三センチメートルの多聞天像を配する珍しい三尊像である。三体の木像にはそれぞれに像内銘があり、勝軍地蔵像は永正三年（一五〇六）十月吉日、残る二体も二ヶ月後の閏十一月吉日に制作されたことがわかる。銘文の筆頭には島津忠昌、忠治親子、さらに大願主の高城城主肥後盛明、百鍋丸親子をはじめ、三体でのべ一九一名の人名が刻まれている。結縁者の構成をみてみると、このうち官途名をもつのは数名にすぎず、女性はのべ九名、子どもとおぼしき丸号をもつ人物ものべ十二名におよぶ。垂水周辺の幅広い階層の人びとが造立者となっていたことがわかる。

図1　垂水勝軍地蔵像（萩原哉氏撮影）

永正三年（一五〇六）八月、肝付兼久が高山城で反旗をひるがえした。島津忠昌は、みずから兵を率いて鎮圧にあたるが、八月六日になって志布志の新納忠武が肝付方の救援に向かうと戦況は膠着状態となり、十月十三日、忠昌は撤兵を指示して本国へ帰還することになった。[5]勝軍地蔵像の造立は、この撤兵からほどない時期のことになる。それは、合戦での戦没者の慰霊とともに、忠昌方の戦勝祈願が意図されたものであった可能性は高い。しかし、このわずか二年後の永正五年（一五〇八）、忠昌は突然、四十六才で清水城において自害した。狂気か、あるいは島津氏の内乱を憂いたためともいわれている。

また勝軍地蔵像の制作には、当初、安置された大隅郡宝珠山金蔵寺の住持桂隠とともに、木彫像の作者として宝珠坊快扶が関与していた事実も判明する。

金蔵寺の住持桂隠なる僧の詳細は不明である。ただし、島津忠昌は、領国内の学問振興に力を注ぎ、文明十年（一四七八）に桂庵玄樹を招いて朱子学を広め、薩南学派の基礎を築いた。桂隠は、この桂庵となんらかの関わりをもつ人物と目されている。

他方、加治木岩屋寺住持快扶は、よく知られた仏師であった。『三国名勝図会』によれば、岩屋寺の山路の左右に石仏二九体の石造があり、「皆、永正三年、四年、五年、六年所作にて、月、日、作者快扶等の事を誌し」とある。また『加治木古今雑撰』には、岩屋寺に安置された石仏群の紹介があり、永正元年（一五〇四）正月六日から永正六年（一五〇九）二月彼岸中日までの年紀をもつ「坂中石仏」に「住持快扶」の名が刻まれていたと記している。快扶は、修験者であったともされ、この地域に多くの仏教彫刻を残した仏師でもあった。[6]

さらに、像内銘のほかに、昭和五十四年（一九七九）の修理解体時に、勝軍地蔵像の頭部から以下の四種の納入品が発見された。

①仏画　タイプA　十一枚＋断簡三枚。月日の注記あり。折紙に日課二体ほど、日付け順に九体四列（三十六

体）の仏画が描かれる。大日・阿弥陀・地蔵・弘法大師など、尊体に法則性・均質性は確認できない。

②**仏画　タイプB１**　八枚。二〇体の多仏画（曼荼羅図）中尊は愛染明王である。中央やや下部に月日の注記あり。右下部の不動明王像岩座に「快扶」の注記あり。「卍」「寅」「酉」「戌子巳？」などの注記あるも不明。

仏画　タイプB２　三十一枚が残存。タイプB１が一枚に二セット。一紙は連続する日付けをもつケースが多い。

仏画　断簡　二枚　**タイプBあるいはC**

③**梵字陀羅尼版経**　奥書に「正中二年《（一三二五）》孟夏」とある。

④**自由群像墨画**　三十四枚（断簡ふくむ）[7]

南北朝期の版経から白描仏画、庶民の落書きまで、実に豊かな情報に満ちている。とりわけ墨画（④）は、子どもの手習いか、いたずら描きともいうべき素描でありながらも、その図像から生々しい声が聞こえてくる。とはいえ、ここでは、これらすべての納入品について考察することができない。本稿では、快扶の日課曼荼羅図（②図2）にだけふれておくことにしよう。

図2　快扶筆「日課曼荼羅図」（萩原哉氏撮影）

快扶が毎日描きつづけた七十枚をこ

える仏画は、いずれも同じ尊体を配置した曼荼羅図である。中央に愛染明王、その上部に荒神、下部に荼吉尼天、弁財天、観音、向かって右列に薬師、観音、虚空蔵、大日、弥勒、不動、左列に阿弥陀、地蔵、文殊、大黒天、大日如来、毘沙門天と合計十七体の尊像を描きこむ。その多くは、不動尊の台座に「快扶」のサインがあり、中央下部に干支と日付けが書かれている。一般に、像内納入品には印仏や摺仏が用いられることが多いが、仏師自身の手になる肉筆の日課曼荼羅図である点できわめて珍しい。

日課曼荼羅図を日付け順に並べかえてみると、四月十五日から六月三十日までの二ヶ月半にわたってほぼ間断なく描かれつづけていたことがわかる。ただし、四月二十五、二十六日、五月四、二十五、二十六、二十七日、六月十、二十二日の九日間だけがない。日付不明のもの四枚と断簡があることを考慮すれば、ほぼ毎日描かれたと考えてもいい。毎月二十五、二十六日分の日課曼荼羅が現存していないのは、二十四日の地蔵の縁日と関わって、当初から描かれなかった可能性も考えられるだろう。

泉武夫氏によれば、十一世紀末から十二世紀前半にかけて、多数尊の集合画像が制作され、なかでも愛染王の造像・造画が隆盛を迎えていたことが指摘されている[(8)]。十四世紀に入ると、愛染明王が異国降伏や戦勝祈願のための修法に使用された例は枚挙に暇がなく、中世王権による密教儀礼にとり込まれてゆくことも指摘されている[(9)]。

地蔵の多数尊もまた多くの事例が見いだされ、十三世紀の渡来僧によってもたらされたことが指摘されている[(10)]。たとえば、『仏源録』によれば、弘安七年（一二八四）に鎌倉寿福寺蔵六庵で薬師・観音・地蔵が各千体ずつ造立されたという。また東村山市の正福寺千体地蔵堂、新座市の普光明寺千体地蔵堂など、千体地蔵をまつる事例はいちはやく関東に起こり、列島各地へ広がっていったようである。

大量の造仏の作善によって功徳をえようとする千体地蔵が、勝軍地蔵とともに流布してゆく例をあげておこう。

『大休和尚住建長禅寺語録』によれば、建治元年（一二七五）十一月二十二日、鎌倉幕府の執権北条時宗らによって、時宗の父最明寺殿北条時頼の十三回忌法会が鎌倉建長寺で執り行なわれた。(11) このとき導師であった大休正念によって造立・修飾された経典や仏像群のなかに「勝軍千地蔵」があったと記されている。この「勝軍千地蔵」は、建長寺の創建時につくられた千体地蔵を改修したものと思われる。前年の蒙古合戦の記憶も生々しい時期であるから、文永の役の戦没者の追善・鎮魂を目的とするとともに、蒙古軍の再来にそなえて異国調伏祈禱が励行されているなかで、戦勝祈禱の性格を合わせもっていた可能性がある。

また千体地蔵は、『撰集抄』巻七—三「大智明神之事」に採録された矢取地蔵譚にも登場する。昔、俊方という狩人が、思いのほか多くの鹿を射て持仏堂に帰ってくると、堂内の千体地蔵のなかの五寸ほどの地蔵像に矢が射立てられていた。狩人は、鹿の正体が地蔵菩薩であったと悟り、出家して殺生をとどめたという。

さらに、『補庵京華新集』によれば、足利尊氏は地蔵像図画を日課とし、京都等持寺に十万体の地蔵像を造立し、勝軍地蔵像を安置したと記されている。(12)『碧山日録』寛正元年（一四六一）十月八日条によれば、等持寺には尊氏造立と伝えられている六十万体の地蔵があったともいう。栃木県立博物館には、伝尊氏筆「日課聖観音地蔵像」も残る。尊氏の曾孫で、四代将軍となった義持も、地蔵像の図画を日課としていた。

『蔭凉軒日録』長享三年（一四八九）七月十三日条によれば、応仁・文明の乱より以前には相国寺蔭凉軒から室町幕府将軍家に千体地蔵、一体地蔵、摺地蔵、六地蔵などが月ごとに進上されていたという。また同月十七日条によれば、毎年十二月には勝軍地蔵も進上されたと記されている。そのほか、奈良市の福智院や埼玉県草加市宝積寺には、千体地蔵とともに勝軍地蔵がまつられている。(13)

快扶の日課曼荼羅図は、こうした地蔵菩薩や愛染王の多数画の制作の伝統にもとづいて制作されたものであるう。ただし、像内銘には「奉造立地蔵菩薩尊像一体」とあり、この木像が当初から勝軍地蔵として造立されたものと考えにくい。とはいえ、戦没者の供養と戦勝祈願を目的とする地蔵像の造立が多数仏の制作とともにこの時期にはじまっていたことを示している。

三　島津義久の三光

龍伯公島津義久。天文二年（一五三三）、薩摩統一をなしとげた島津貴久の嫡男として生まれ、戦国九州の覇者となった彼は、この地域の勝軍地蔵信仰の流布に重要な役割をはたしたキーパーソンであった。『島津家文書』のなかに、若き日の義辰（のちの義久）がみた奇妙な夢記が残されている。

藤原義辰

①天文十九（一五五〇）〈庚戌〉七月廿一日〈壬丑〉之夜、明レハ廿二日〈甲寅〉之夢相之事、いつとハしらす、午之時計ニ有所ニとひの日にむきて□ひ候ヲ、井尻源□□か見付候て、我等に見せ候との夢也、さて源二郎ヲ我等かほめ候やうは、とひの日ニむきて舞を見候へは、よのつねの目出度にハあらぬと云テ、打たれと存シ夢さめぬ、其□□やうたいへ、やかて白はしのとひ也、□くかなとにてミかきたてたるやうのとひ也、尾羽ハけんなり、羽ノむきもよのとひニハちかぎ候也、②天文廿四年〈乙丑〉正月四日之夜〈己亥〉夢之事、軍神勧請ヲつたへ候よしを、三河守ニ物語候へ□、返事ニ、先ソレヲよキ□と心えテゐよ、其上いかふとも可有ト、さうたん共あると見て夢□め候也、（中略）③同九月廿八日之夜〈庚申〉之夢想之事、日月星之三光をおかミ

候と見申候、殊勝ニ存之候、恐々[14]、

夢記は、当時十八才だった義辰がみた三度の夢について書き記している。最初の夢は、天文十九年（一五五〇）七月二十一日の夜のもので、いつともわからない昼日中に、一羽の鳶が太陽に向かって舞い飛ぶのを、家臣の井尻源二郎がみつけて義久に知らせたという。第二の夢は、五年後の天文二十四年（一五五五）正月四日の夜、軍神勧請について岩切信朗に相談したというものである。

第一の夢に登場する鳶は、愛宕神の使いとして広く知られている[15]。第二の夢が軍神の勧請であることを考え合わせると、愛宕神の本地であり、軍神であった勝軍地蔵が想起されるのである。

第三の夢は、天文二十四年（一五五五）九月二十八日の夜空に太陽と月と金星の三光を拝したという。この三光は、良助法親王撰『與願金剛地蔵菩薩秘記』に記されている。同書によれば、地蔵菩薩は天にあって日光地蔵・月光地蔵・星光地蔵の三つの光となって現じるという。三光とは太陽・月・金星であり、三光地蔵をあらわすものであり、勝軍地蔵と重要な関係をとり結んでいる。

また同書によれば、日本は日光地蔵の本国であり、月光・星光地蔵の威徳によって成り立つとされている。すなわち、「異国・天竺・震旦は勝軍地蔵・破軍地蔵・鬼神地蔵を兵法の尊となす」とされて、中国・インドの地蔵信仰のちがいにふれて、「日本に生を受ける人、勝軍地蔵を憑まざるべからず」とし、日本と勝軍地蔵との密接不可分な関係を説いている。

日本を日光地蔵の本国とする言説は、三国のうちインドを月氏、中国を震旦とするのに対して、日本を太陽になぞらえる言説と同じである。すなわち、三光とは、天空における太陽の月・星に対する優位性を、日本という

国家・国土の優越性に転嫁してゆく言説にほかならない。勝軍地蔵信仰にみる日光地蔵本国説もまた、三光地蔵のうち日光（太陽）に高い順位性を与えて、日本の軍事的優越性を主張したものであった。

それは、仏教東漸にもとづく日本が「粟散辺土」であるとする小国意識克服という課題と表裏をなしている。インドで起こった仏教が最後に到達にした東のはての小さな粟粒にすぎないというコンプレックスは、逆に日本の神仏の優位性を主張し、日本という国土を神聖化し、日本を仏教的コスモロジーの中心に位置付けようとする密教的・神道的努力を生み出した。[16] 鎌倉中期から南北朝期にかけての諸権門間の対立・内紛、蒙古襲来、南北朝内乱を契機とするナショナリズムやあらたな神国思想の高揚のなかで、日本の「辺土」・「小国」意識は、排他的な自国中心主義へと逆転し、先鋭化していったのである。

島津義久がみた夢は、勝軍地蔵の思想の核心にほかならない。十六世紀初頭の島津氏のなかに、勝軍地蔵信仰は着実に根づきはじめていたのである。[17]

四　水の神としての勝軍地蔵

勝軍地蔵という軍神は、水と深い関わりをもつ土地にあらわれ、水の神としての性格をもっていた。全国各地に残る勝軍地蔵像のなかに、洪水や日照りといった水難、水争いまでをふくめて、水と深い関わりをもっている事例を少なからず見いだすことができる。[18] 水の神は、水とともに生きる日常が水をめぐる争い、非日常に発展したとき、軍神へと変貌をとげたのではないかと考えられる。

こうした水の神としての勝軍地蔵の特質は、この地域においても例外なくあらわれている。

たとえば、慶長十三年（一六〇八）三月二十四日、大隅国金剛寺正寿院の盲僧帖佐智圓は、南浦文之に依頼して大隅国国分荘の永徳寺地蔵堂を再興するための勧進状を作成した。『南浦文集』所収の「隅州国分荘永徳寺地蔵堂再興幹縁文」をみてみよう(19)。

永徳寺があった国分荘周辺は、古くから諸大菩薩の道場であった。とはいえ、昔から洪水の害が頻発する土地で、多くの人びとは溺れ、大菩薩も海に流れ入り、伽藍も傾いたまま干からびていた。そこへいずこからかともなくあらわれた地蔵菩薩が水難を除いてくれた。住民たちは一宇の茅堂をかまえて地蔵を奉安し、永徳寺と名づけたという。

このののち、慶長九年（一六〇四）に島津義久が邸宅を造営し、諸士大夫の侍従者たちが移り住み、国分荘はかつてないにぎわいをみせた。ただし、地蔵菩薩を安置した堂舎だけは風雨にさらされたままだったので、慶長十三年（一六〇八）になってひとりの瞽女、正寿院の帖佐智圓が地蔵菩薩をまつる地蔵堂を再興しようとした。勧進状は、これにつづけて『蓮華三昧経』を引用して、忿怒相をもって一切の衆生を罪悪から遠ざける「将軍地蔵閻魔王」の功徳を説いている。国分荘の水難救助の地蔵菩薩が勝軍地蔵であったことが説き明かされているのである。

また鹿児島市の北部、甲突川の支流川田川が流れ下る丘陵地に川田神社がある(20)。現在、川田神社には三体の木像が安置されている。本尊は勝軍地蔵像で、高さ四五・七センチメートルの白馬に甲冑を着した地蔵木像である。この勝軍地蔵像の厨子裏には「明治三年（一八七〇）〈庚午〉六月　川田掃部佐徳当年二拾壱歳」があり、ほぼこのころの制作とみてまちがいない。脇士には、高さ二七・〇センチメートルの不動明王立像と高さ二九・四センチメートルの毘沙門天立像がある。

川田神社には、勝軍地蔵の版木が残っており、讃文とともに「洞源山大川禅寺　奉寄進御影　版木　現住　白英代　恵燈院閑居□山」の銘がみえる。この白英は、川田神社に残る別の版木に「享保十二（一七二七）歳〈丁未〉五月吉日大川寺常住　現白英代」とある。川田神社の勝軍地蔵信仰は、遅くとも白英が大川寺に住した十八世紀初頭ころには流布していたと考えてよさそうだ[21]。

現在、川田神社の勝軍地蔵は、川田義明としてまつられている。日置郡郡山・川田村周辺の領主で、島津貴久・義久に仕えた川田義明は、合戦の吉凶などを占う軍配者として知られる[22]。『上井覚兼日記』天正十三年（一五八五）閏八月二十四日条によれば、看経をおえた覚兼のもとに「本尊」が届き、覚兼は川田義明に開眼供養を頼んでいる。「本尊」とは、画面の中央に刀八毘沙門天、四隅に四天王、飯縄権現、十一面観音、童子を配し、上部に勝軍地蔵を描きこんだ愛宕曼荼羅とよぶべき懸幅絵画であった。

川田神社へ通じる川田川の橋のたもとに、塔身一三五センチメートルほどの釈迦三尊石塔（平頂頭角柱型石塔）があり、左側面には「文禄三年（一五九四）甲午仲陽涅槃日」が刻まれている。この石塔にまつわる「殿様とガラッパ」という昔話を紹介しよう。

昔、川田川に棲んでいたガラッパたちが「人間のシイゴを抜く」といって川遊びをする人を溺れさせていた。村人たちが殿様である川田義明に訴えると、義明はガラッパの大将を呼びつけ、「ただちにやめよ。今度そのようなことをすれば、川の水を全部干してしまうぞ」と伝えた。ガラッパたちは数日間だけおとなしくなったものの、またしてもいたずらをくり返した。怒った義明は、川の水を塞き止めてしまった。ガラッパの大将は、深くわび、水を流してもらうようお願いした。義明は、「水は流れるようにするが、土手の石碑に彫った「大川」という文字が消えるまでは、人間に悪さをしてはならぬ。これを守らねば、また、水を止めるぞ！」といった。

川にまた水が流れはじめ、ガラッパたちはたいそう喜んで泳ぎまわった。ガラッパたちが石碑の「大川」という文字を撫でたり、擦ったりしたが、少しも消えることはなかった。それ以来、ガラッパは人間に悪さをすることができず、溺れる人はいなくなったという。

ガラッパの昔話とは、川田川の氾濫を防ぐ物語であった。この地で川田義明と呼びならわされてきた勝軍地蔵は、川田川の水難を除く役割を期待されたものであったと考えられる。

地蔵菩薩は、しばしば洪水の予兆となり、河川の氾濫をふせぐ奇瑞をもたらしてきた。静岡県小笠郡御浜村の今切伝説や福島県須賀川市に残る赤面地蔵の伝説では、地蔵の顔が赤くなるのは「泥の海」と化す大津波の予兆であると語り伝えられていた。徳島県吉野川の高地蔵や京都仲源寺の目疾地蔵、栃木県さくら市の浮島地蔵、神戸市の北向き地蔵など、洪水をふせぐ地蔵菩薩の民話には枚挙に暇がない(23)。南九州の地にあらわれた勝軍地蔵もまた、こうした水の神が変貌したものだったのである。

五　島津領国における勝軍地蔵信仰

戦国大名島津氏の繁栄に両輪の役割をはたした島津義久・義弘という兄弟は、熱烈な勝軍地蔵の崇敬者でもあった。

たとえば、『薩藩旧伝集』には、島津義久・義弘の信仰を示す逸話が数多く伝えられている。鹿児島市山之口の勝軍地蔵は、もともと加治木の漁師の網にかかった木像といわれ、のちに島津義久によって地蔵堂が建立されて安置された。その扁額に「地蔵堂」と刻んだのは義久その人であった。

また島津義弘は、朝鮮侵略の際に川内大平寺の勝軍地蔵をもって渡海し、地蔵をとり残したまま帰朝してしまった。ある人の夢に地蔵があらわれて「なぜ私を捨て置いたのか。無情者ども」と涙を流していうのをみて夢から覚めた。地蔵をとり返してみると、目に涙が出ていて、それより泣地蔵と称して今に大平寺にある。

さらに、慶長五年（一六〇〇）の関ヶ原合戦で島津軍が敵中突破の退去をした際、義弘が駒生峠で鎧を脱ぎ捨てたところ、家臣たちが甲冑を野に捨てるにしのびず持ち帰った。その鎧は、のちに京都愛宕山に寄進されたという。『薩藩旧記雑録』元亀二年（一五七一）条によれば、関ヶ原合戦の際に伊勢・高野とともに、愛宕社へ戦勝祈禱を行なっていたこともたしかめられる。

こうした義久・義弘の事績をいろどる勝軍地蔵の逸話が、かなり実相を反映したものであったことはまちがいない。『薩藩旧記雑録』所収の元亀三年（一五七二）八月二十八日付「島津義久書状」によれば、愛宕長床坊に対して、「御札幷御本尊像」のお礼として銀子二〇〇両を寄進していた。「いよいよ当家繁栄、武運長久、領国安全の祈禱等、御山の名鑑の外、他事なく候」と述べているように、義久がもっとも崇敬を寄せていたのがほかならぬ京都愛宕社であった。

島津家当主周辺の熱烈な信仰を背景に、勝軍地蔵信仰は十六世紀後半の南九州に急速な広がりをみせてゆくことになる。

『上井覚兼日記』によれば、天正十一年（一五八三）から翌十二年（一五八四）二月までに、京都愛宕社からたびたび覚兼のもとに使僧がつかわされ、贈答がとり交わされていた。[24]覚兼のもとに「本尊（愛宕曼荼羅）」が届けられていたのは、先述したとおりである。このころ、島津領国において長床坊や山下之坊といった愛宕修験の山伏たちが活発に活動していた様子をみることができる。

また天正三年（一五七五）九月二十八日、新納忠元とその息忠恒（忠堯）は、武運長久家門繁盛を祈って大口泉徳寺に一尺八部の勝軍地蔵像を安置し、その後背に願意を刻んだ。中堯が天正十一年（一五八三）に戦死したのちはその菩提寺となり、慶長五年（一六〇〇）に新納忠清によって再興され、厨子は寛延三年（一七五〇）十二月二十六日に泉徳寺常住によって寄進されたことがわかっている。

薩摩藩二代藩主島津光久は、自家に伝わる兵法書・軍術書の整理にとりかかり、現在の『島津家文書』のなかに七点の勝軍地蔵関係の兵法書をみることできる。これらは、いずれも寛文五年（一六六五）正月一日の日付けをもち、義久から仕える薩摩藩の兵学者野村良綱や同充綱、景綱らによって集成、提出されたものと思われる。[25]これらのうちには、「義久本書写」や「義久公ヨリ相伝之」の奥書がみられ、愛宕法・勝軍地蔵法といった兵法書が、もともと島津義久によって収集されたものである可能性をほのめかしている。

薩摩藩士たちの間に広がった勝軍地蔵信仰は、江戸時代を通じて島津領国内に愛宕講として伝播していった。たとえば、薩摩初代藩主島津家久は、寛永元年（一六二四）から同七年（一六三〇）まで四度にわたって、加治木の藩士たちに愛宕講を命じている。この地域の愛宕講は、家久の息で、加治木島津家当主となった島津忠朗によって恒例化されたと伝えられている。[26]またさつま町歴史研修センター所蔵「勝軍地蔵像」は、天保十五年（一八四四）六月二十四日銘の竹筒箱に収納されて現存し、一九世紀のさつま町下狩宿・境田周辺の民衆たちによって愛宕講が開かれていたことを示している。

近世地誌類に載せられた薩摩・大隅・日向の三国における愛宕社と勝軍地蔵は、実に八十カ所以上にもおよぶ。その数は他地域とくらべて群を抜いて多く、この地が関東とならんで勝軍地蔵信仰が濃密に展開していた地域であったことをうかがわせる。その背景には、こうした近世を通じて広がりつづけた愛宕講の草の根にわたる普及があったと考えられる。

六　出征兵たちの戦勝祈願

島津当主家から藩士、民衆へと広がりをみせた信仰は、明治の廃仏毀釈によって大きな断絶をきたすことになる。明治新政府の中枢をになった薩摩藩では、容赦のない廃仏運動のなかで数多くの勝軍地蔵像も破却されていったと思われるからである。

とはいえ、信仰は途絶えたわけではない。

先述した鹿児島市郡山の川田神社を訪ねると、社殿の扉の表裏に合計八カ所にわたって刻まれた落書をみることができる。それらは、大正十二年（一九二三）十二月から昭和十九年（一九四四）まで、郡山村・伊敷村出身の男性が参詣の折りに書いたものと思われる。彼らは、佐世保海兵や台湾歩兵連隊への入営を機に、川田神社に武運長久を祈る落書を刻んでいたのである。

同様に、熊本市池上地区の公民館に、ふたつの扁額が残っている。ひとつは「日露戦役祈念」と題され、明治三十七、八年（一九〇四・〇五）の日露戦争に出征した地区出身の軍人たち三十二人の名前が連ねられている。もうひとつは「日支事変　大東亜戦争　戦没者」とあり、昭和十二年（一九三七）の日中事変から同二十年（一九四五）までの四十三名の戦没者と没年月日、場所が記されている。池上地区公民館にある池辺寺旧蔵の勝軍地蔵像は、像底に「明治四拾弐年《（一九〇九）》　十月中旬細色　岡本明太郎」とあり、日露戦争直後に造立されたと考えられる。名もなき人びとの記憶。こうした近代戦争における戦没者の慰霊・鎮魂を目的とした慰霊碑や扁額は、勝軍地蔵との直接的関係を示す点で興味深い。そのほかにも、明治四十年（一九〇七）造立の大阪善福寺所蔵勝軍地蔵像や、昭和十六年（一九四一）の京都鳥辺野、昭和十八年（一九四三）の東京富岡八幡宮の青銅像、東京谷中安立寺にある昭和十五年（一九四〇）の海軍大将百武源吾によるレリーフなど、日露戦争からアジア・太平洋戦争にかけてあらたに造立された勝軍地蔵像も少なくない。

祈願と鎮魂の歴史のなかで、勝軍地蔵もまたあたらしい近代を生きつづけていったのである。

注

（1）勝軍地蔵の研究について、眞鍋廣済『地蔵菩薩の研究』（三密堂書店、一九六〇年）、森末義彰「勝軍地蔵考」（『美術研究』第九一号、一九三九年）、アンヌ・マリ　ブッシイ「愛宕山の山岳信仰」（『近畿霊山と修験道』山岳宗教史研究叢書一一、名著出版、一九七八年）、首藤善樹「勝軍地蔵信仰の成立と展開」（『龍谷大学大学院紀要』一号、一九七九年）、樋口誠太郎「中世における武家の「軍神」信仰」（『千葉県立中央博物館研究報告』人文科学二、一九九〇年）、黒田智「勝軍地蔵と「日輪御影」」（『中世肖像の文化史』ぺりかん社、二〇〇七年、初出二〇〇三年）、小林美穂「中世における武士の愛宕信仰」（『三重大史学』四号、二〇〇四年）、大原嘉豊「高野山親王院所蔵『勝軍地蔵』画像に関する考察」（『堯榮文庫研究紀要』六号、二〇〇五年）、安土城考古博物館特別展『武将が縋った神仏たち』（二〇一一年）、仏教大学宗教文化ミュージアム『愛宕山をめぐる神と仏』（二〇一一年）、近藤謙「愛宕山勝軍地蔵信仰の形成」（『日本宗教文化史研究』一七―一、二〇一三年）などがある。

（2）黒田智「勝軍地蔵の誕生」（加須屋誠編『仏教美術論集』四、図像解釈学、竹林舎、二〇一三年）。

（3）都城市編さん委員会編『都城市史』（都城市、二〇〇三年）。
（4）千々和到「霊社上巻起請文」（『國學院大學日本文化研究所紀要』八八、二〇〇一年）。
（5）『薩藩旧記』島津氏譜（写在串良安住寺）、『島津国史』。
（6）加治木郷土誌編纂委員会編『加治木郷土誌』（加治木町、一九九二年）、垂水市編集委員会編『垂水市史』（一九九八年）、松田誠「加治木の護符・呪符と修験山伏について」（『鹿児島民具』一八、二〇〇六年）。
（7）「仏堂や仏像、それを取り巻く縁日のにぎわいの如き村の様子や母子、傘、魚等を支えた多くの人びとの様子が描かれ、当時のこの地の進行内容や風俗を知る上で貴重な墨絵である。」（『垂水市史』上、一九九八年）。
（8）泉武夫「愛染王法と千体画巻」（『仏画の尊容表現』中央公論美術出版、二〇一〇年）。
（9）阿部泰郎「宝珠と王権」（『岩波講座東洋思想』一六、岩波書店　一九八九年）、山本ひろ子「異類と双身」（『現代哲学の冒険』四、岩波書店、一九九〇年）。
（10）葉貫磨哉『中世禅林成立史の研究』吉川弘文館　一九九三年、林温「千体地蔵菩薩図について」（『仏教芸術』二四一、一九九八年）、遠藤廣昭「『蔭涼軒日録』にみる千体地蔵の造像と仏師」（『宗学研究』四三、二〇〇一年）、山下立「滋賀長寿寺伝来の絹本著色地蔵曼荼羅図における六臂地蔵菩薩と一万八千五十一軀の小地蔵尊をめぐって」（『安土城考古博物館紀要』一八、二〇一〇年）。
（11）『大休和尚住建長寺語録』（『大日本仏教全書』九六、名著普及会、一九八二年）。大休正念は、文永六年（一二六九）に来日した臨済僧で、時頼の年忌法会の導師をつとめ、夢想の奇瑞も語られている。梅沢恵氏のご教示による。
（12）辻善之助「足利尊氏の信仰」（『日本仏教史』四　中世篇之三、岩波書店、一九四九年）、上島有『足利尊氏文書の総合的研究』（国書刊行会、二〇〇一年）。
（13）そのほか、安政四年（一八五七）成立の『多武峯二十六勝志』「十六、八井忘暑」によれば、多武峯麓の八井内付近の「六万谷」の地は、永禄六年（一五六三）の松永久秀による多武峯侵攻に際して勝軍地蔵が六万の兵と現じて防衛した場所と伝えられている。和歌森太郎「地蔵信仰」（『歴史と民俗学』実業之日本社、一九五一年）、眞鍋廣済「千体地蔵と勝軍地蔵」（『仏教と民俗』二、一九五八年）。
（14）「島津義辰夢想記」（『島津家文書之三』一四一六号文書）。

(15)『太平記』巻二六「大稲妻天狗未来記の事」によれば、雲景という羽黒修験の山伏が京都天龍寺を訪ねる道すがらひとりの山伏と行き連れとなる。山伏のすすめるままに愛宕山におもむくと、本堂のうしろの座主の坊の別座に八人の山伏が居並んでいた。二畳重ねてしいた上座には、大きな金の鵄が翅を刷ひて着座し、右には大弓・大太刀を横たえてもつ八尺の背丈の源為朝、左には袞龍の御衣に日月星辰を鮮やかに織りこんだ崇徳上皇をはじめとする代々の天皇たち、高僧たちまでがならび、天下騒乱の評定をしていたという。

(16) 黒田俊雄『日本中世の国家と宗教』（岩波書店、一九七五年）、高木豊『鎌倉仏教史研究』（岩波書店、一九八二年）、成沢光「〈辺土小国〉の日本」（『政治のことば』平凡社、一九八四年）、佐々木令信「三国仏教史観と粟散辺土」（『大系仏教と日本人』二　国家と天皇、春秋社、一九八七年）、佐々木馨「中世仏教と神祇」（『中世仏教と鎌倉幕府』吉川弘文館、一九九七年、初出一九八七年）、佐藤弘夫『神・仏・王権の中世』（法蔵館、一九九九年）、市川浩史『日本中世の光と影』（ぺりかん社、一九九九年）、伊藤聡『中世天照大神信仰の研究』（法蔵館、二〇一一年）、上川通夫「中世仏教と『日本国』」（『日本中世仏教形成史論』校倉書房、二〇〇七年）。

(17) 鹿児島市尚古集成館所蔵「島津忠久像」は、冠直衣で腰に鹿皮をまき、弓矢と扇を持す狩猟姿の人物が上方の日輪を仰ぎみる図像である。日輪を描きこむ肖像画で、勝軍地蔵信仰の影響もあるかもしれない。五味克夫「島津忠久画像伝来」（『鹿児島大学法文学部紀要』人文科学論集一五、一九七九年。）

(18) 黒田智「水の神の変貌」（説話文学会編『説話から世界をどう解き明かすのか』笠間書院、二〇一三年）、黒田智・髙橋傑「水争いと矢取地蔵」（『金沢大学学校教育学類紀要』四、二〇一二年）、黒田智「加越能の勝軍地蔵」（『日本仏教綜合研究』一二、二〇一四年）。また浅見龍介「伊豆・旧吉田寺の阿弥陀三尊像・毘沙門天像について」（『MUSEUM』五五二、一九九八年）は、水と観音・地蔵との関係について興味深い指摘をしている。

(19)『国分諸古記』（国分郷土誌編纂委員会編『国分郷土誌』第一法規出版、一九九七年）、村田熙「国分盲僧のこと」（『鹿児島民俗』一一二、一九九七年）、宮腰直人「弁慶の地獄破り譚考」（『文学』一三—五、二〇一二年）。

(20) 郡山町郷土誌編集委員会編『郡山郷土誌』（郡山町教育委員会、一九七一年）、五味克夫「郡山町川田堂薗の供養塔群」（鹿児島県教育委員会編『鹿児島県文化財調査報告書』一一、一九六四年）。

(21) 川田神社には神籤箱もあり、箱表に「奉寄進大慈大悲菩薩籤」、箱裏に「当寺現住　旹享保十（一七二五）乙巳暦十月吉日白英百拝」の刻銘がある。

(22)『上井覚兼日記』天正十三年（一五八五）閏八月十二日条では悪日により戦闘の中止を進言している。また、同二二日条では泰平の祝儀により太刀の贈与を行なっている記事がある。

(23)『上井覚兼日記』天正十四年（一五八六）七月二十日条によれば、覚兼の夢に山伏から教えられて、「佐土原之ひてり仏」に三十三文の参銭を持参したら、次の合戦がうまくゆくことを教えられて夢から覚めたという。雨乞いを祈る水の神が戦勝を占っている例として興味深い。また肥後熊本の愛宕社付近は、雨が降れば井芹川が氾濫して洪水をおこし、あるいは満潮時には有明海の潮水が逆流して水浸しになるという低湿地であった。逆に、文化元年（一八〇四）の『池辺寺縁起絵巻』には雨乞いの縁起譚が載せられ、江戸時代に数度、雨乞いをした記録も確認できる。熊本市教育委員会編『池辺寺跡』Ⅰ、一九九六年。

(24)『上井覚兼日記』天正十一年（一五八三）正月十八日、二月十五・十六日、四月一日、同十二年（一五八四）正月二十七日、二月六日条など。千田嘉博「戦国期の城下町と基層信仰」（『国立歴史民俗博物館研究報告』一一二　二〇〇四年）、玉山成元「戦国地方武士の信仰」（『印度学仏教学研究』一八―一　一九六九年）、玉山成元「上井覚兼の信仰」（『日本歴史』八一、一九五五年、のち『島津氏の研究』）。

(25)以下の七点である。①「当家軍術勝軍地蔵秘法」（『島津家文書』六八―一―一四〇　寛文五年（一六六五）正月一日「義久本書写」「中興　従四位下少将源光久朝臣」）、②「当家軍術愛宕勝軍八天狗法」（『島津家文書』六八―一―一九三　寛文五年（一六六五）正月一日、野村美作守源良綱　野村太郎左衛門尉源充綱　野村史郎左衛門尉源景綱　中興　従四位下少将源光久朝臣）、③「当家軍術勝軍地蔵太郎房法」（『島津家文書』六八―一―一四〇　寛文五年（一六六五）正月一日　野村美作守源良綱　野村太郎左衛門尉源充綱　野村史郎左衛門尉源景綱　中興　従四位下少将源光久朝臣）④「勝軍地蔵之秘法」（『島津家文書』八〇―一―三―五　表紙に「久近」）、⑤「当家軍術愛宕勝軍地蔵法」（『島津家文書』八〇―一〇―一一―三〇　寛文五年（一六六五）正月一日、表紙に「源光久」　奥書に「義久公ヨリ相伝之　野村美作守源良綱　野村太郎左衛門尉源充綱　従四位下少将源光久朝臣」）、⑥「当家軍術愛宕勝軍地蔵法」（『島津家文書』八〇―一〇―一一―三八　寛文五年（一六六五）正月一日、野村美作守源良綱　野村太郎左衛門尉源充綱　野村史郎左衛門尉源景綱　中興　従四位下少将源光久朝臣）、⑦「勝軍地蔵法」（『島津家文書』八〇―一〇―一三―八　奥書等なし）。

(26)前掲注6『加治木古今雑撰』。

第四部　信仰と習俗の複合化

「視日」再考

工藤元男

一　研究の経緯

中国古代の数術文化と日本の古代社会の関係について、筆者がこれまで検討してきたことを概括すると、以下のようになるであろう。

第一、中国古代に起源する数術文化が、日本古代の陰陽道に与えた影響について。劉楽賢氏によると、近年中国各地で出土している簡帛中の数術の内容は、必ずしも後世の選択通書と合致せず、むしろ日本の陰陽道書と一致する例がみられるとする。とくに占書の「日書」の数術との関連が注目され、それは日本古代の陰陽道書の起源にもかかわるとも指摘する。その理由は次の通りである。すなわち、日本では大化の改新の後に陰陽寮が置かれ、そこで用いられた陰陽学の書籍は、当初すべて中国伝来のものだった。しかし、後になって日本でも自前で著作されるようになる。その過程で中国の数術文献の多大な影響を受け、そのため陰陽道書の中に出土数術文献の内容と一致するものがみられることになる。ただ注意すべきことは、陰陽道書にみえる選択方法が、多くの場合、唐宋時代のものと一致するが、それより後世の選択通書とは一致しない点である。その理由として、通書などではそれぞれの時代に術士や編者によって加工・整理が行われて、一定の変化が生じたからだとする。(1) 劉楽賢氏の所論は、これを中国古代史研究の立場からすると、中国早期の数術を研究する上で日本の陰陽道書が軽視できない文献となることを示している。

第二、「日書」にみえる数術の一部が、暦書の中に吸収・編入されていった問題について。前漢武帝の「元光元年（前一三四）暦譜」は、具注暦の初期の形を示すものとして重要である。それは干支日に節季・節日・暦注などを組み込んだものである。後に書写材料が簡牘から紙になると、暦書における暦注のスペースの制限が開放されて、具注暦としての完成をみる。鄧文寛氏によると、そのような意味のおいて真正に具注暦に属する最早のものは、吐魯番古墓出土の「唐顕慶三年（六五八）具注暦日」であるとしている。(2)

中国古代に生まれたそのような具注暦が日本の古代社会に東漸してゆく一例として、二〇〇三年二月二十六日、奈良県明日香村石神遺跡で発見された具注暦に注目される。それは日本国内で発見された最古の具注暦である。内容は中国の元嘉暦であるが、木牘の表と裏に持統天皇三年（六八九）の三月と四月の一週間の暦が記され、十二直・帰忌・天倉・往亡などの暦注が施されている。(3)「唐顕慶三年（六五八）具注暦日」とこの「持統天皇三年（六八九）具注暦」の年代差は、わずか三十一年にすぎない。したがって、両者はほぼ同時代の具注暦といってよい。そこで、これら七世紀後半の具注暦にみえる暦注の展開過程をみるため、「元光元年暦譜」以降の出土具注暦にみえる暦注との比較検討を行った。

第三、簡牘具注暦の「元光元年暦譜」の篇題が「視日」であることの意味について。(4) 暦注で日の吉凶を占断する暦書を、「元光元年暦譜」の篇題ではなぜ「視日」となっているのか。この問題を明らかにするため、「視日」の用例を検討した。「視日」は『史記』巻四八陳渉世家にみえるものが注目される。そこでは、秦末の反乱の指導者である陳渉の命で函谷関に入り、秦将章邯に敗れた周文がかつて項燕軍の「視日」だったことを伝えるものである。『史記集解』に引かれた三国魏の如淳は、この「視日」を「日時の吉凶、挙動を視るの占い」と説明し、その具体な例として『史記』巻一二七日者列伝の主人公司馬季主のような売卜者を挙げている。

一方、「視日」はさらに近年の出土文字資料の中にも登場し、とくに一九八七年に発見された包山二号墓出土の包山楚簡「文書」類にみえる例に注目される。当該簡は前四世紀末の楚国の「司法簡」で、発掘報告書所載の劉彬徽氏らの釈文では「見日」と釈された。(5) しかしその後、一九九三年に発見された郭店一号墓出土の郭店楚簡「老子」によって、「見日」は「視日」と釈文が改められた。すなわち、「視」・「見」が同一句中に現れる例として、現行本『老子』上篇第三十五章の文を郭店楚簡「老子」丙本第五簡と比較してみると、

視之不足見（之を視れども見るに足らず）　↓現行本『老子』

之不足　↓郭店楚簡「老子」

となる。郭店楚簡の校訂者の一人である裘錫圭氏は、この知見にもとづいて、包山楚簡で「見日」と釈された官名は「視日」と読むべきであるとした。(6) 郭店楚簡と包山楚簡の年代はほぼ同じ（戦国中期偏晩）であるから、この見解は首肯できる。

そこで改めて包山楚簡の「視日」の性質を検討してみると、彼らは楚王に上書される訴状を取り次ぐ職務のよ

うである。また包山楚簡以外の戦国楚簡の「司法簡」にみえる「視日」、たとえば一九九二年に発見された湖北省江陵県磚瓦廠三七〇号戦国楚墓出土の残簡六支の竹簡にみえるものも同様の性質が看取される。[7]

「視日」はこうした「司法簡」以外に、さらに楚王故事を物語る戦国楚簡の作品の中にも登場する。すなわち、一九九四年に上海博物館は香港の古玩市場で大量の戦国竹簡を購入し、逐次その図版・釈文考釈が刊行されているが、その四冊目に収録された「昭王毀室」篇（第一簡～第五簡）に、「視日」（本篇の原釈文では「見日」）がみえる。[8]年代は戦国晩期で、[9]その内容は春秋末の楚の昭王（前五一五～前四八九年、在位）に関する故事である。

これらの事例を総合的に検討した結果、筆者は以下のような結論に達した。すなわち、

戦国楚簡の「司法簡」では楚国の「視日」が訴状を受け取り、これを楚王に上呈し、審理の責任者に対して迅速な判決を命ずるなど、裁判に深く関与する存在であったことは明白である。しかし……（中略）……それは固定した官名でなく、一定の〝職務〟を指したものと考えられる。陳偉氏の「当日」・「直日」説もおそらく当直して訴状を受け付ける者を「視日」と呼んだと理解しているのであろう。

と。[10]

二　視日と公車

以上の検討結果を論文として発表した後、東京大学大学院の海老根量介氏より私信で拙稿に対する二つの疑問

が指摘された。

第一は、戦国楚簡の「視日」は訴状を取り次ぐ者に限定された存在であるのか、という疑問である。そこでまずこの問題から再検討してみたい。

この問題については、筆者が戦国楚簡「司法簡」を主たる史料として検討したため、その職掌が裁判に深く関与していることを強調する結果をまねき、司法面に限定された存在と理解しているように受け止められたと思われる。しかし、楚王に上書される文書が必ずしも訴状だけに限られるものでなかったことはいうまでもない。前稿で取り上げた後漢の例であるが、『後漢書』王符列伝第三九引『潜夫論』愛日篇所載の明帝故事に、

明帝の時、公車は反支の日なるを以て章奏を受けず。帝聞き、怪しみて曰く、「民は農桑を廢し、遠く來りて闕に詣るに、復た拘するに禁忌を以てするは、豈に政を爲すの意ならんや」と。是に於いて、遂に其の制を蠲《のぞ》く。

とあり、後漢初期の朝廷においては、反支日（凶日の一種）に上書される「章奏」を取り次がない慣習があった。章奏とはいわゆる上奏文の謂いである。そのために公車は常に「日（の吉凶）を視る」必要があったのである。こうした公車の職掌は、まさに戦国楚の「視日」と重なるものがあろう。

明帝故事の中に登場する後漢の公車は、宮門の衛士を掌る衛尉の属官の一つである。その職掌については、『続漢書』百官志二に、

> 公車司馬令一人、六百石。本注に曰く、「宮の南闕門を掌る。凡そ吏民の上章、四方の貢献、及び徴には公車に詣る（後略）」と。

とあるように、吏民の「上章（上奏文をたてまつること）」を掌ることであった。

これに対して、前漢の公車については、『史記』巻一二六滑稽列伝附東方朔伝に次のような故事がみえる。

> 武帝の時、齊人に東方生、名は朔というものあり。古の傳書を好み、經術を愛するを以て、博く外家の語を觀たる所多し。朔、初めて長安に入り、公車に至りて上書す。凡そ三千の奏牘を用う。公車、兩人をして共に持ちて其の書を擧げしむ。僅然として能く之に勝う。人主、上方從り之を讀み、止むとき、輒ち其の處に乙し、之を讀むこと二月にして乃ち盡く。詔して拜して以て郎と爲し、常に側らに在り中に侍す。

唐・張守節『史記正義』はその職掌について、

> 『漢儀注』に云う、「公車司馬は殿の司馬門を掌り、夜に宮を徼《めぐ》り、天下、事を上るには闕下に及ぶ。凡そ徴召する所は皆な之を總領す。秩六百石なり」と。

と、『漢儀注』を注引している。表現はいくぶん異なるが、これより両漢の公車司馬はほぼ同様の職掌（上奏文の取り次ぎ）であったことが分かる。また東方朔が武帝に「上書」したのは「三千の奏牘（上奏文）」である。古伝の書籍を好み、経学を愛し、ひろく雑書や史伝も読んだ東方朔の上書した「奏牘」が、訴状であったはずはない。

このように、戦国楚の「視日」と漢代の公車は上書の取り次ぎという点で共通の性質を有し、したがって「視日」の名称も「日を視て」上書を取り次ぎ凶日を避けることと関連するのではあるまいか。前稿において筆者が「視日」を訴状の取り次ぎ者に限定して理解していると受け取られたのは、筆者の説明不足によるもので、そのため若干史料を補って真意を述べた次第である。

三　上博楚簡「君人者何必安哉」篇にみえる視日

海老根氏の第二の指摘は、「視日」に関して前稿で取り上げていない二つの作品についてである。これは筆者の初歩的な見落としである。

その一つの作品は、上博楚簡「君人者何必安哉」篇（以下、「君人者」篇と簡称）である。篇題は整理者による仮称で、本篇は甲・乙両本あり、共に全九簡から成るものである。甲本は完簡で、簡長は三三・二～三三・九センチ、総字数は二四一字（内、合文四）。乙本は断簡が多く、綴合された簡長は三三・五～三三・七センチ、総字数は二三七字（内、合文三）。解題・釈文・注釈は濮茅左氏による。[11]

その内容は老臣范乗が楚の昭王（前五一五～前四八九、在位）に対して行った諫言である。両篇はほとんど同文であるが、乙本には一部残欠がみられる。湯浅邦弘氏は基本的に甲本を底本として、これを以下のように訳出している。[12]

范叟（乗）は（取り次ぎ役に）言った、「君王（楚昭王）は、せっかく白玉をお持ちになりながら、いくつも違《たが》えて明察されていません。今、君王に明察していただこうとし、敢てこのお目通りのできる日に申し上げます」。王はそこで（宮殿の前庭に）出て、范乗に面会して言った、「范乗よ、私は白玉を持ちながら、いくつも違えて明察せぬことなどあろうか」。

范乗は言った、「楚の邦の中には、食田五頃ほどの士ですら、竽管（楽器）を手元に備えています。しかし君王は楚国の王でありながら、鼓鐘の声（伝統的な礼楽）を聴こうとなさいません。これがその一つ目の間違いです。

玉珪（を保つ）の君王は、百姓の主であれば、宮殿の妾妻は何千といるべきです。しかし君王は楚の王でありながら、侯子はわずかに三人、しかもその内の一人は幽閉されています。これがその二つ目の間違いです。州徒の楽は、天下中の人々が語らぬことはなく、（楚の）先王みずから直接参観されたものであります。ところが君王は、その祭りを踏襲しながらも、その音楽を演奏させようとなさいません。これがその三つ目の間違いです。

（楚の）先王たちはこれらを実践されたので、人々はこれを「安邦（邦を安んずる）」と言い、これを「利民（民を利する）」と言って評価したのです。しかし今、君王がことごとく耳目の欲望を取り去っておられるので、人々は君王を、（我々の）憂いの元だと考えています。民には不可能なことがありますが、鬼神に不可能はありません。民は王を呪詛し、君王が夭折したとしても当然です。この老人（范乗）は七十歳になりますが、決して身を安楽にしてきたわけではありません。人に君たる者はどうして安泰でいられましょうや。桀・紂・幽・厲は、他人の手にかかって殺害され、先君（霊王）は乾渓において無惨に亡くなりました。人に君たる者はどうして安泰でいられましょうや」。

個々の字句に関する解釈は別の機会に譲るとして、まずここで検討されるべきは冒頭の文（甲本・乙本の第一簡）である。以下に原文と書き下し文を挙げる。

軔（范）戊（叟）曰、「君王又（有）白玉三回而不戔（殘）、命爲君王戔（賤）之、敢告於〓日」。

（范叟曰く、「君王に白玉有り、三回して殘せず、君王の爲に之を賤せしめんとし、敢て見日に告ぐ」と。）

これは整理者の濮茅左氏の釈文に従ったもので、氏は文末の二字を「見日」と釈している。「見」字の字形は〓なので、裘錫圭氏の釈文と同じである。この後に、王が宮殿の前庭に出て、范乗に面会して言ったという文がつづき、原文（甲本・乙本の第一簡・第二簡）には次のように記されている。

王乃出而見之。

（王乃ち出でて之を見る。）

この「見」の字形も「〓」である。このように、「君人者」篇では名詞としての「見日」の「見」と動詞としての「見」が同じ字形になっている。また范乗は「見日」の取り次ぎで楚王への面会が許され、そこで楚王は范乗に「見《あ》った」のであるから、「見日」と楚王が別個の人格である点にも注意しなければならない。

さて、本篇冒頭の「見日」の二字を含む「敢告於見日」の句は、包山楚簡「文書」類、および江陵磚瓦廠楚簡と同じ定型句であることに注意しなければならない。すなわち戦国楚簡「司法簡」の定型句の中では、この二字はみな「日」（視日）に作り、それ以外の動詞などの用例では「」（見）に作るが、それは両者の用字に区別があるからであろう。この点、先述の「君人者」篇と異なっている。

さらに、同じく楚王故事を伝える「昭王毀室」篇をみてみると、(13)そこには楚王に近習して訴えを取り次ぐ者が登場し、整理者の陳佩芬氏の釈文はこの者を「見日」としているが、その字形は「日」（視日）である。これより、「視日」・「見日」をめぐる字形の用い方に、戦国楚簡「司法簡」、「君人者」篇、「昭王毀室」篇の三者の間でそれぞれ相違のあることが分かる。その意味するところを考える前に、海老根氏が挙げるもう一篇の上博楚簡「命」篇を検討しよう。

四　上博楚簡「命」篇にみえる視日

「命」は原篇題名で、全て完簡、共に十一簡、簡長三三・一〜三三・四センチ、総字数は二七四字（内、重文二、合文四）。解題・釈文・注釈は陳佩芬氏による。(14)

「命」篇は『上海博物館蔵戦国楚竹書（八）』所収の「王居」篇、「志書乃言」篇と竹簡の形制がほぼ同じであることなどから、これら三篇相互の関係、配列の順序などに対してさまざまな見解が出されている。草野友子氏は、問題の多い第四簡・第五簡を除いて、この「命」篇を以下のように訳出している。(15)

葉公子高の子は令尹子春に謁見した。子春は葉公子高の子に言った、「君王は人材不足に苦しんでおり、私に楚国を治めるように命じましたが、うまく治めることができずに斧鑕〔の刑罰〕をありがたくも頂戴することを恐れています。先大夫（葉公子高）の教誨や遺命をどうか私に告げてください」と。〔葉公子高の子は〕答えて言った、「（一）私は既に視日（令尹子春）の朝廷にありがたくも立たせていただいており、命令によって言を求められましたのでお答えしましょう。斧鑕の刑罰に伏すことになるとしても、命令によってこれをあえて避けるようなことはしません。（二）もし私が視日（令尹子春）を見て考えるならば、十三人の亡父〔に相当する能力があるの〕です」と。令尹は言った、「先大夫（葉公子高）は令尹を司り、司馬を受け、楚国の政を治めました。人民たちは喜ばないものはなく、国中に〔その名声が〕聞こえないことはありませんでした。子（あなた）は陽（子春）を先大夫より優秀であると言います。その理由をお聞かせください」と。〔葉公子高の子は〕答えて言った、「亡父が楚国の政を掌っていたとき、坐友（そばに座って議論し合う友）五人、立友（そばに立って議論し合う友）七人がいました。君王が命令するときと楚国を治めるときには、必ず〔朝廷に十二人を〕入れてこれ（楚国の政策）を友十三人によって議論し、皆滞ることなくこれ（政策）を実施しました。（三）今、視日（子春）は楚の令尹となり、坐友は一人もおらず、立友も一人もおりませんが、しかし国の政治は失敗していません。（四）私はこのことから視日（子春）は十三人の亡父〔に相当する能力がある〕と言うのです。」と。令尹は言った、「大変良いお言葉です。」と。そこで〔子春は〕坐友三人、立友三人を設けた。

本篇は令尹（楚の宰相）の子春と邦君の葉公子高の子による対話形式の作品で、葉公子高の遺訓をその子から伝授してもらおうとする令尹子春に対して、葉公子高の子が政治を相談できる側近を置くことを勧めたという内容である。文中の四箇所に「〓日」がみえ、草野訳の該当箇所に下線を施した。以下にその原文と書き下し文を示しておく。なお、行論に関わりのない場合は、元の字を通行字体に直している。

（一）僕既得辱〓日之廷、命求言以答。（第二簡〜第三簡）

（僕既に視日の廷を辱《かたじけな》くするを得、命もて言を求められば、以て答えん。）

（二）如以僕之觀〓日也、十有三亡僕。（第三簡、第六簡）

（如《も》し僕の視日を觀るを以てするや、十有三の亡僕なり。）

（三）今〓日爲楚令尹、（第九簡）

（今、視日は楚の令尹と爲り、）

（四）僕以此謂〓日、十有三亡僕。（第十簡）

（僕、此を以て視日は十有三の亡僕と謂うなり。）

みられるように、（一）〜（四）では当該箇所をみな「〓日」に作り、草野氏はこれを「視日」と釈読している。また（二）〜（四）の「視日」の意味するところは、明らかに令尹子春の尊称である。ただし陳佩芬氏はこれを「見日」と釈し、（一）の「見日之廷」について「楚王の朝廷を指し、楚王が政教を施行し訴訟を決するところでもある」と解説し、「見日」は楚王を指すとしている。[16] しかし、（二）〜（四）の「視日」がみな令尹子春を指しており、同じ文中で楚王についてはこれを「君王」と呼んでいることから、（一）の「視日」だけをとくに楚王とみなすことは文脈上困難である。やはり（一）～（四）の「視日」はすべて令尹子春の尊称とみるべきであろう。

ところで、陳偉氏は包山楚簡研究の先駆者として、その研究の早い段階から発掘報告書で「見日」と釈されていたこの存在について関心を注ぎ、当初これを「楚王の尊称」と解していた。[17] その後、上博楚簡「昭王毀室」篇が公表されると、裘錫圭氏に従って「見日」を「視日」と改釈し、また旧説を変更してこれを「当日」・「直日」（共に当直者）、「内竪」（小臣の属）の類とした。[18] 上博楚簡「命」篇が公表されると、さらに「楚王および高級官員に対する尊称」と訂正している。[19]

これに対して、王寧氏は陳偉氏の「尊称」説を取り入れた上で、喩えを使って次のように解釈している。すなわち、「僕」が自称であれば相手は「主」であり、「僕」は「主人」を直視することなく、低頭してその足下をみるだけである。故に「足下」は相手に対する敬称となった。もし相手をみようとすれば仰視しなければならず、それは「日」をみるごとくで、故に「視日」とも称する。つまり、「視日」とは楚地に流行した人に対する一種の尊称であり、それは伝世文献中の「足下」に相当し、唐以後では「閣下」とも称し、官職名ではない、と。[20]

五　諸説の再検討

以上の検討を整理すると次のようになるであろう。まず字形の問題では、裘錫圭氏による釈文を基準とすると、戦国楚簡「司法簡」はみな「□日」に作り、これは「視日」と釈され、上博楚簡「昭王毀室」篇、「命」篇も同様である。これに対して「君人者」篇は「□日」に作り、これは「見日」と釈される。このように、楚簡の字形では「視日」・「見日」の二つが存在するが、「君人者」篇の整理者である濮茅左氏によると、戦国楚文字中の「」・「」の両形は共に「見」字とすべきである、とする。[21] そこで筆者はこの問題を「司法簡」と楚王故事三篇相互の史料的性質の対比から検討してみることにする。「司法簡」の史料的性質について、陳偉氏は次のように指摘している。包山楚簡の中には個人の訴状が含まれ、それは官府に呈上されて保存された檔案であり、官文書あるいは官府文書と称するのが適切である、[22] と。

　このように、官文書、具体的には訴状という一定の書式を要する文書の中に登場する「視日」の諸例を一覧すると、次のようになるであろう。

①僕五師宵倌之司敗若、敢告視日。……不敢不告視日。（包山第一五簡～第一七簡）
②……舒慶……、……敢告於視日。……僕不敢不告於視日。（包山第一三二簡～第一三五簡）
③（僕）……不敢不告視日。（磚瓦廠第一簡～第二簡）
④李□敢告於視日、（磚瓦廠第三簡）
⑤李搟敢告於【視日？】（磚瓦廠第四簡）

　その文型は、告訴する者が「僕」と自称し、みずからの身分を示し、「敢えて視日に告す」と取り次ぎを求め、その後に訴訟内容を具体的に述べ、最後に「敢えて視日に告せずんばあらず」（以上のことをどうしても「視日」に訴えないわけにはいきません）で結んでいる。[23] これらの文書は陳偉氏も指摘するように「楚人の訴状の実物」[24] であり、楚の国都郢（紀南城）が秦に占領される以前（抜郢前）、「視日」は宮廷においてこのような書式の訴状を取り次いでいたのである。楚の宮廷に登場するこの訴状取り次ぎ者は、一次史料である官文書「司法簡」においてみな「〓日」に作り、裘錫圭氏はこれを「視日」と釈し、これが歴史上実在した「視日」に対する基本理解となる。

これに対して、上博楚簡の「昭王毀室」篇、「君人者」篇、および「命」篇は、みな二次史料の「作品」である。たしかに「君人者」篇には、

范叟曰く、「君王に白玉有り、三回して殘せず、君王の爲に之を賤せしめんとし、敢て見日に告ぐ」と。

のように、「司法簡」と同じ「敢告於見日」の定型句がみえる。だがその「見日」は王への面会の取り次ぎ役にすぎない。それは「視日」が楚の宮廷で訴状などの文書を取り次ぐ者であった史実を反映した二次的な表現というべきであろう。

では、「命」篇の「視日」はどうであろうか。すでに述べたように、「命」篇には「視日」が四箇所みえ、それらはみな令尹の子春に対する尊称である。ではなぜ「命」篇では令尹の尊称になっているのであろうか。

そこで想起されるのが、前稿で検討した包山楚簡（第一二〇簡～第一六一簡）である。その内容は陰人の舒慶の告訴とそれに対する判決である。この一群の文書には原簡の配列に問題があるようで、陳偉氏はそれをＡⅠ・ＡⅡ・ＡⅢ・ＢⅠ・ＢⅡ・ＣⅠ・ＣⅡ・ＣⅢの順に改編している。今、それに従って行論に必要な箇所のみを要約すると、次のようになる。

ＡⅠ　舒慶が「視日」に提出した訴状：舒慶は二人の人物に兄を殺されたことを宛公に訴えた。一人は捕ま

り、一人は自殺した。しかし判決は容易に下らず、そのうち父親や兄まで逮捕されることになり、その不当を「視日」に訴えた。

AⅡ　舒慶の訴状を受け取った左尹：左尹は案件の判決を下すように命じた王命を湯公に伝達し、それを楚都郢まで報告に来るように執事人に命じた。

BⅡ　左尹に対する湯公の報告：「視日」は舒慶の訴訟を「僕」（湯公）に委嘱し、速やかな判決を下すように命じた。また「視日」は執事人に報告するように命じたので、某々を派遣した。

このやりとりで注目されるのは、「視日」と左尹の関係であり、劉彬徽氏らの「考釈」ではこの「視日」を左尹と注している。(25) 前稿ではこの点を厳密に議論しなかったが、この解釈は正しいと思われる。すなわち、AⅠで舒慶の訴状を受け取った「視日」は、文脈からいってAⅡの「左尹」と同一人物であり、BⅡの「視日」もこれと同一の左尹である。したがって、「視日」は舒慶の訴状を受け取るだけでなく、訴状を楚王に上書した後、その王命を下達し、事後の報告を命じる権限があったことが知られる。左尹は春秋楚の例として『左伝』や『呂氏春秋』慎行篇などに数例みえるが、戦国楚に史料がみえず、その職掌も定かでない。むしろ包山二号墓の墓主の邵𦙶が左尹だったため、その職掌が包山楚簡によってはじめて明らかとなったといえる。発掘報告書は「左尹は令尹の重要な助手で、墓内に副葬された大量の司法文書簡の内容からみると、左尹の主要な職能は楚国の司法工作を主管することであり、身分は令尹・大司馬などの官吏よりも低い」と説明している。(26) これより、「命」篇で葉公子高の子が令尹子春を「視日」と尊称しているのは、「司法簡」において高官の左尹がその職務上「視日」と呼ばれたような史実を反映したものではあるまいか。では、「視日」イコール左尹と解すべきであろうか。

そこで「昭王毀室」篇に登場する「見日」について再検討してみたい。その内容を要約すると次のようになる。昭王が新宮を建造し、近臣たちと落成を祝って酒宴を張っていたとき、そこに喪服の君子が廷に入ってきて訴えた、「母が亡くなり、父の骨が新宮の階段前に埋まっている。今、新宮が完成したので、父母の合葬ができなくなった」と。そのため昭王は新宮を取り壊させた。

この作品は楚昭王の善政の美談を伝えた作品であるが、喪服の君子が登場する前後の文を整理者の陳佩芬氏の釈文を基本とし、劉楽賢・董珊・湯浅邦弘ら各氏の解釈を参照して示すと、以下のようになる(27)（第三簡・第四簡）。なお、行論に関わりのない場合は、元の字を通行字体に直している。

辻令尹陳眚爲見日。告、僕之母辱君王不逆、僕之父之骨在於此室之階下。僕將埮（啖）亡老□□□以僕之不得、幷僕之父母之骨私自敢（敷）、辻令尹不爲之告、君不爲僕告、僕將詔（召）寇。辻令尹爲之告。（後略）

辻令尹陳眚は見日爲り。告すらく、「僕の母、君王の不逆たるを辱しめ、僕の父の骨、此の室の階下に在り。僕將に亡老を埮（啖）せんとす。□□□以て僕の得ざれば、僕の父母の骨を幷せて、自敢（敷）に私せんとす」と。辻令尹、之が告を爲さず。「君、僕が告を爲さざれば、僕、將に寇を詔（召）かん」と。辻令尹、之が爲に告す。（後略）

すなわち、宮室の落成式の場に喪服の君子が進入し、父母の合葬を求めた。君子のいうところでは、昭王が築いた宮室の階下には君子の父が埋葬されており、おりしも母も亡くなり、できれば両親の骨をいっしょに自宅の敷地に改葬したいとのことである。辻令尹はこの訴えを取り次ごうとしなかったが、君子の必死の言葉に気圧されて昭王に取り次いだ。

ここに登場する「見日」は辻令尹陳眚である。陳佩芬氏は「辻」を「卜」の通仮字とし、「卜令尹」を春秋楚国で占卜を掌った「卜尹」と解している。[28]「辻令尹」を「卜尹」に同定しうるかどうかはともかく、「辻令尹陳眚は見日爲り」という表現から、「辻令尹」は陳眚の官名であり、その日彼は「見日」だったという関係が読み取れ、これより第一に「見日」は官名ではなく、職務を指すと解される。第二に「見日」は左尹以外、その地位などは不明であるが「辻令尹」のような官もその職務に当たったことが知られる。つまり、陳偉氏が想定するように、「視日」が「当日」・「直日」に当たるとすれば、左尹や辻令尹以外にもさまざまな官がこれに当たっていた可能性があろう。そして当直者が上書を取り次ぐ場合、漢代の公車のように「日を視」る慣習があったのではあるまいか。日を視るのに、「日書」に類する占書を使用したか、あるいは具注暦の類を使用したかは定かでない。しかし前漢武帝のときの具注暦「元光元年暦譜」の篇題が「視日」であるのは、戦国楚の宮廷で当直者の「視日」が「日の吉凶を視て」上書の取り次ぎを行ったことに由来するのではないかと思われるのである。

むすび

小論は前稿に対する海老根量介氏の疑問に答えることを通じて、前稿で不十分だった「視日」に対する再検討を行ったものである。適切なご批判をいただいた海老根氏にお礼を申し上げたい。

なお、本共同研究での筆者の分担は、「中国の占い文化と日本伝播」である。これを承けて、戦国楚に遡る「視日」の職務が前漢武帝期の「日の吉凶を視る」具注暦の篇題として受け継がれ、その具注暦が古代日本にどのように伝播したのか、というところへ議論を進める予定であったが、力及ばず、「視日」の再検討で終わってしまった。他日を期して再度この問題を検討してみたいと思う。

注

（1）劉楽賢（森和訳）「出土数術文献と日本の陰陽道文献」（『長江流域文化研究所年報』第四号、二〇〇六年）、工藤元男「「日書」と陰陽道書」（大橋一章・新川登亀男編『「仏教」文明の受容と君主権の構築』所収、勉誠出版、二〇一二年）。
（2）鄧文寛「跋吐魯番文書中的両件唐暦」（『文物』一九八六年第十二期）。
（3）『奈良文化財研究所紀要（2003）』「石神遺跡（第15次）の調査――第122次」。
（4）劉楽賢『簡帛数術文献探論』（湖北教育出版社、二〇〇三年）二五頁。
（5）劉彬徽等「包山二号楚墓簡牘釈文与考釈」（湖北省荊沙鉄路考古隊『包山楚簡（上）』所収、文物出版社、一九九一年）。
（6）裘錫圭「甲骨文中的見与視」（台湾師範大学国文学系・中央研究院歴史語言研究所編『甲骨文発現一百周年学術研討会論文集1999』所収、文史哲出版社、一九九九年）。
（7）滕壬生・黄錫全「江陵磚瓦廠M370楚墓竹簡」（『簡帛研究2001上册』所收、広西師範大学出版社、二〇〇一年）。
（8）馬承源主編『上海博物館蔵 戦国楚竹書（四）』所収（上海古籍出版社、二〇〇四年）。
（9）馬承源主編『上海博物館藏 戰國楚竹書（一）』「序」（上海古籍出版社、二〇〇一年）一―二頁。
（10）工藤元男「具注暦の淵源――「日書」・「視日」・「質日」の間」（『東洋史研究』第七二巻第二号、二〇一三年）。
（11）馬承源主編『上海博物館蔵戦国楚竹書（七）』所収（上海古籍出版社、二〇〇八年）。
（12）湯浅邦弘「教戒書としての『君人者何必安哉』」（浅野裕一編『竹簡が語る古代中国思想（三）――上博楚簡研究』所収、汲古書院、二〇一〇年）、「『君人者何必安哉』――教戒書としての意義」（同氏著『竹簡学――中国古代思想の探求』所収、大阪大学出版会、二〇一四年、改題再録）。

（13）馬承源主編『上海博物館蔵 戦国楚竹書（四）』所収（上海古籍出版社、二〇〇四年）。
（14）馬承源主編『上海博物館蔵戦国楚竹書（八）』所収（上海古籍出版社、二〇一一年）。
（15）草野友子「上博楚簡『命』釈読」（『中国研究集刊 剣号』第五五号、二〇一二年）。
（16）前掲注14馬主編書、一九四頁。
（17）陳偉『包山楚簡初探』（武漢大学出版社、一九九六年）二九頁、一三七頁。
（18）陳偉『新出楚簡研読』（楚地出土戦国簡冊研究01、一八九―一九〇頁、武漢大学出版社、二〇一〇年）
（19）陳偉「上博八《命》篇賸義」（簡帛網二〇一一年七月十九日）。
（20）王寧「再説楚簡中的〝視日〟」（復旦大学出土文献与古文字研究中心網站、二〇一一年八月二十日）。
（21）前掲注11馬主編書、一九六頁。
（22）前掲注17陳書、二一頁。
（23）前掲注17陳書、一三七―一三八頁。
（24）前掲注17陳書、一三七頁。
（25）前掲注5劉彬徽等論文、考釈四〇。
（26）前掲注5湖北省荊沙鉄路考古隊書、三三五頁。
（27）前掲注13馬主編書、一八二―一九〇頁、劉楽賢「読上博（四）札記」（簡帛研究網站二〇〇五年二月十五日）、董珊董珊「読〈上博蔵戦国楚竹書（四）雑記〉」（簡帛研究網站二〇〇五年二月十五日）、湯浅邦弘「父母の合葬――上博楚簡『昭王毀室』について」（『東方宗教』第一〇七号、二〇〇六年、前掲『竹簡学――中国古代思想の探求』に「『昭王毀室』における父母の合葬」として改題再録）。
（28）前掲注13馬主編書、一八四頁。

付記　小論は、中国教育部哲学社会科学研究重大課題攻関項目「秦簡牘的綜合整理与研究」（首席専家：武漢大学陳偉教授）（08JZD0036）、及び科学研究費助成事業・基盤研究（C）「新出楚簡よりみた楚国史の新研究」による研究成果の一部でもある。

道教の出家戒の成立と継承

森　由利亜

はじめに

筆者が道教の戒律の歴史に興味をもった最初の理由は、もともと重点的に考察してきた十七世紀後半期、清朝期において〝復興〟した全真教と、その勢力を代表する道士の一人、王常月（康熙二年［一六六三］金陵（南京）で伝戒）が創始した新しい道教の伝戒儀式の歴史的な文脈に関心が向いたからである。ここでは、近年筆者が発表してきた、六世紀中葉から十五世紀中葉に至る三種の道教出家伝戒儀についての研究（拙論①②③）を踏えて、道教の出家伝戒についてのマクロな図式を提示したい。筆者自身は、それを有効に仏教と連絡させて論じるだけの視点を成熟させておらず、仏教との関係については甚だ不十分な報告となることをあらかじめお断りする。

一　三種の出家伝戒儀

道教関連資料の中には道士の出家に際して十戒を伝度する出家伝戒儀が複数見出される。儀式の構成と内容をおぼろげながらでも窺うに足る比較的首尾の整ったものとしては、次の三種（甲・乙・丙とする）の出家伝戒儀を挙げることができるであろう。

（甲）梁武帝（在位五〇二〜五四九）末年頃・金明七真『三洞奉道科誡儀範』巻第五、度人儀品第八（以下「度人儀」と略称）［大淵忍爾『敦煌道経・図録編』（福武書店、一九七九年）二三九頁、ペリオ二三三七、五八四行—六四二行］

（乙）北宋末・賈善翔（一〇八六年頃）『太上出家伝度儀』［SN 一二三六］

（丙）明・周思得（一三五九〜一四五一）『上清霊宝済度大成金書』［『蔵外道書』第十六冊・第十七冊所収］巻十九「披戴儀」

これらには、道教の宗教職能者である道士が出家するにあたってあずかるべき儀礼の基本的な内容が示されている。儀礼の次第と順序を示したもので、書物の様式としては科儀書に属するといえる。

（甲）（乙）（丙）三種の科儀書は、六世紀中葉から十五世紀中葉にわたって分散している。

いま、三種の科儀書を対照すると（表1参照）、そこに基本的な構造上の共通点があることに気づかされる。その基本構造は、畢竟次の四点を含むものと見ることが可能であろう。

表1　道教出家伝戒儀三種儀礼要素対照表

（甲）梁（六世紀前半）『科誡儀範』巻五「度人儀」	（乙）北宋末（十一世紀末）『太上出家傳度儀』	（丙）明（十五世紀中頃）『上清靈寶済度大成金書』「披戴儀」
（1）辭謝父母・祖先・天子 （2）三歸依 （3）拜三師・著法衣 ①師—著法裙 ②師—著雲袖 ③師—著法帔 ④監度長官—戴法冠 （4）誦智慧頌・禮十方天尊 （5）天尊説十戒（『洞玄靈寶天尊説十戒經』十戒）、弟子伏受	（1）祝香 （2）度師による出家因縁の説法 （3）謝四恩（帝王、先祖、父母、親知朋友に対する辭去の禮） （4）三歸依 （5）度師讀白文 （6）具冠裳 宜請保擧二師、爲脱俗衣、以圓道相 ①著履 ②繫裙 ③著雲袖 ④披道服 擧仙衣讃 ⑤頂簪冠 唱星冠讃 ⑥執簡 （7）度師説十戒（「智慧上品十戒」）、弟子長跪	（1）度師を請う （2）祝香（三宝への三礼を含む） （3）謝恩—君主、祖先、父母、親朋に謝恩する （4）教の正統性と威儀の重要性を説く （5）披戴 ①雲履 ②道裙 ③雲袖 ④星冠 ⑤羽服 ⑥朝簡 （6）禮謝三師（經・籍・度三師） （7）十事威儀

（6）誦奉戒頌	擧智慧頌 （8）聽度師教戒 （9）禮三師 十二願 學仙頌 回向念善 引新戒、禮大道功德 禮度師等	（8）授戒（「初眞十戒」） 智慧頌 擧還戒頌 師下座、道衆擧解坐讃 造師眞前三獻酒 誦經宣疏 回向 師回方丈 行禮謝師

（1）世俗を辞去する儀礼

出家志願者が俗世間を辞去する礼を行う。出家志願者は、父母・祖先・天子および親朋に対して自分が受けた恩恵への感謝を表し、なおかつ出家後は彼等のもとを辞去する旨を表明する。（甲）では父母、九世の祖先、および天子への辞謝が行われる。（乙）および（丙）では、父母、祖先、天子に、更に「親知朋友」（乙）「親朋」（丙）が加わる。

（2）三帰依

三帰依は、明代の科儀書（丙）には載せず、（甲）（乙）二種にのみ載せられる。しかし、三帰依が欠けているのは不可解というべきで、ここでは（丙）に偶々載せていないものとみなしておく[1]。

「三帰依」は「三宝」への帰依を表す言葉で、仏教から摂取した語であることは疑いない。ただし、仏教の三宝が仏・法・僧であるのに対して、道教の三宝は道（太上無極大道）・経（三十六部尊経）・師（玄中大法師）の三種であり道教独自のものである。道教における三帰依とはこれら三宝に対して、自己の身・神・命を帰するとする。（「至心歸身太上无極大道」のように表現する。）

（3）易服の儀礼

出家志願者が、俗服を去って道服・道冠を身につける儀を伴う儀礼。（甲）は簡略であるが、（乙）では履・裙・雲袖・道服・簪冠・簡の六種が授与されることが示されており、（丙）は（乙）をほぼそのまま踏襲する。

（4）伝十戒の儀礼

十戒の授与である。ただし十戒の内容についていえば、（甲）（乙）（丙）はそれぞれ出自の異なる別々の十戒を用いている。（後述）

二　沙弥授戒儀との共通性

これら三種の道教出家伝戒儀に共通する四要素はまた仏教の沙弥授戒儀との間の共通項として見ることもできる。拙論③では、道教の出家伝戒儀に共通する四点の儀礼要素に対応する儀礼が、唐・道宣『四分律刪繁補闕行事鈔』（『行事鈔』と略称）に載せる沙弥授戒法においても見出されることを示した。（表2参照）(2)

しかし、仏教・道教の出家儀における見過ごせない違いもある。仏教では四大広律以来、沙弥授戒儀において伝統的に重視されている要素のうち、表2（1—1）（2—1）のような出家志願者が僧伽に対して白一をもって剃髪し出家することの認知を求める儀があるが、道教の出家儀ではこれに相当する儀礼はない。これは、出家の認知を誰から得るべきか、についての考え方が、仏教・道教の間で異なることを示すように思われる。仏教の場合は、やはり僧伽に重要な権威が付帯されていることが注目される。仏教の伝統では、沙弥が剃髪し出家することはまず僧伽に告げられるよう定められているが、道教にはこれがない。道士集団を、仏教の僧伽に比肩するような、特別な宗教的正当性の源泉とする考えは道教には希薄といえる。これは、仏教の三宝が仏・法・僧であるのに対し、道教のそれが道・経・師であり、僧伽に対応するものとして師が置かれている事実にもよく表れているように思われる。

表2　『行事鈔』「沙弥別行篇」第二十八の沙弥授戒儀の儀礼要素と道教出家伝戒儀の四つの共通的儀礼要素

『行事鈔』沙弥授戒儀の儀礼要素（段落番号は筆者が施したもの。段落題目は元照（一〇四八～一一一六）『釈四分律行事鈔科』による。）	道教出家伝戒儀の四つの共通儀礼要素との関連（その他）
（1）剃髪儀式（剃髪・辞親・易服）	
（1—1）「秉白告衆」（僧伽に剃髪の聴許を求める議を発する）	
（1—2）「陳詞請師」（和尚と阿闍黎への依頼）	
（1—3）「荘厳設座」（結界して三座を定める）	
（1—4）「辞親易服」	↓（1）「辞親」が行われる
出家志願者は、俗服のまま父母等を拝する。出家志願者は、「流転三界中…」の偈を口に説きながら、俗服を脱ぐ。ここで出家志願者は、泥洹僧（もすそ・内衣）、僧祇支（袈裟の下掛け）を着る。袈裟はまだ着けない。出家志願者、道場に入る	↓（3）「易服」の前半
（1—5）「師為説法」	
（1—6）「灌頂賛嘆」	
（1—7）「礼仏帰依」	
（1—8）「闍黎剃髪」	

阿闍黎が出家志願者の為に剃髪する。傍人は出家の唄を誦える。頭頂の周羅（小結）髪のみ残す	
（1—9）「師除頂髪」	
出家志願者は和尚の前に至り互跪し、和尚によって周羅を除かれる	↓（3）「易服」の完成
（1—10）「授衣披著」	
和尚は出家志願者に袈裟を授与する。志願者は頂戴して受けてから和尚に還す。これを三回繰り返した後、和尚は志願者のために袈裟を着せ、偈を説く	
（1—11）「施繞自慶」	↓二度目の（1）「辞親」
（1—12）「辞親受賀」	
大衆及び二師を礼し、下に坐して六親の拝賀を受ける	
（2）三帰	
（2—1）「作白告衆」	
衆僧に某甲に従って出家することを白によって告げ、聴許を求める	
（2—2）三帰（「戒体」）	↓（2）三帰
「我某甲、歸依佛、歸依法、歸依僧。我今隨佛出家。某甲為和尚、如來至真等正覺是我世尊」と三説して後、「我某甲歸依佛竟、歸依法竟、歸依僧竟。我今隨佛出家已。某甲為和尚、如來至真等正覺是我世尊」と三説する	
（3）授沙弥十戒（「戒相」）	↓（4）授十戒
沙弥十戒が授与される。「盡形壽不殺生是沙彌戒、能持不」、答、「能」という形式に沿って、以下、「不偸盗、不淫、不妄語、不飲酒、不著華鬘好香塗身、不歌舞倡伎亦不往觀聽、不得高廣大床上坐、不得非時食、不得捉錢生像金銀寶物」について問答する	

三　道教出家戒の不安定性——在家戒の転用

十戒の内容の不安定性

六世紀中葉から十五世紀中葉に分布する（甲）（乙）（丙）の出家伝戒儀の形式が相当程度一定であることは、道教における出家伝戒儀の形式上の安定を示すといえる。しかし、その反面で、（甲）（乙）（丙）の三種の中で出家志願者に授与される十戒の内容が全て異なっているという点は、道教の出家伝戒の内容的な不安定性をよく示しているといえる（表3参照）。

表3　道教出家伝戒儀三種（甲・乙・丙）で授与される十戒

（甲）「度人儀」の十戒（定志経十戒＝「天尊十戒」）	（乙）『太上出家伝度儀』の十戒（「智慧上品十戒」）	（丙）「披戴儀」の十戒（「初真十戒」）
一者、不殺、當念衆生。	第一戒者、心不惡妬、無生陰賊、檢口愼過、想念在法。	一者、不得陰賊潛謀、害物利己。當行陰德廣濟群生。
二者、不婬妄行邪念。	第二戒者、守仁不殺、憫濟羣生、慈愛廣救、潤及一切。	二者、不得殺害含生、以充滋味。當行慈惠、普及昆蟲。
三者、不盗取非義財。	第三戒者、守正讓義、不欺不盗、常行善念、損己濟物。	三者、不得淫邪敗眞、穢慢靈炁。當行節操無使犯干。
四者、不欺善惡反論。	第四戒者、不貪不慾、心無放蕩、清潔守愼、行無點汚。	四者、不得敗人成功、析交離親。當以體道助物、令衆雍和。
五者、不醉、常思淨行。	第五戒者、口無惡言、言不華綺、内外中直、不犯口過。	五者、不得讒毀賢良、露才揚己。當稱人之衆善、不可自伐其功能。
六者、宗親和睦、无有非親。	第六戒者、不得嗔怒、調和氣性、神無所傷、不犯衆惡。	六者、口無惡言、言無華綺、内外忠直、不犯口過。

七者、見人善事、心助歡喜。	第七戒者、不嫉人勝己、爭競功名、每事遜讓、退身度人。	七者、不得貪求無厭、積財不散。當行節儉惠卹貧窮。
八者、見人有憂、助為作福。	第八戒者、不得評論經教、訾毀聖文、躬心奉法、常如對神。	八者、不得交游非賢、居處穢汚。當慕勝己、栖集幽閑。
九者、彼來加我、志在不報。	第九戒者、不得爭競、是非評論四輩天人、咎恨損傷神氣。	九者、不得不忠不孝、不仁不義。當盡節君師、推誠萬物。
十者、一切未得道、我不有望。	第十戒者、舉動施爲、每合天心、常行大慈、普度厄難。	十者、不得輕忽言笑、舉動非眞。當持鄭重、以道爲務。

（甲）の十戒は古霊宝経の一つである『定志経』（道蔵本所収『太上洞玄靈寶智慧定志通微經』）から独立して「天尊十戒」として単行したもの。（乙）の十戒（「智慧上品十戒」）も古霊宝経の一つ『太上洞玄靈寶赤書玉訣妙經』巻上に載せるものが、『太上洞玄霊宝智慧上品大戒』に採られ、広く用いられるようになったものと思われる。（丙）の十戒は、唐代後半に文献上に浮上して、宋代には在家・出家を含む修行者の生活を律するために用いられ、明初までには全真教の出家修行者が入門時に用いた例もある。やがて明の周思得の科儀書で出家戒として採用され、その後は清初の王常月が構築した伝戒儀の出家伝戒儀（『初真戒律』）に採用された(3)。

このような内容の不安定面に関連してまず注意されるのは、（甲）の十戒が有する在家的色彩である。楠山春樹氏は、（甲）の「天尊十戒」は『梵網経』の十重戒の主旨とほとんど一致することを指摘し、その影響関係を示唆しておられる(4)。また、（乙）には、語彙レベルでの明確な摂取ではないが、十善戒の影響を窺わせる句が含まれる。例えば、第五戒に「口に悪言無く、言に華綺せず、内外中直にして、口過を犯さざれ」が、妄語・両舌・悪口・綺語を禁じる十善戒の影響を免れるとは考え難い。つまり、出家伝戒儀の形式は仏教の沙弥授戒儀からとられたようであるが、戒の内容は、むしろ大乗仏教の戒に似ている。更に奇異に見えるのは、（甲）第二戒

（乙）第三・四戒では、不淫もしくは不邪淫に関して、諸本で表現が一定しないことである。（乙）に至っては、諸本に明示される「不淫」「不色」が「不欺」「不貪」に変更されているため、淫に関する戒が消えてしまっている。(5)（丙）の第九戒は「不忠不孝」を戒めており、これもまた在家的といえる。

このように、道教の出家伝戒儀において、「淫」に関わる戒が変更されて便宜的に用いられたり、在家的な特色を有していることは、これらの戒がもともとは在家者のために作られたことを想起させる。（実際、『定志経』の十戒が在家のために説かれたことは、『定志経』の性格からしても明らかである。）このような便宜的とも言える措置がとられることの背景に、どのような事情が考えられるであろうか。

ここで想起されるのは、尾崎正治氏が道士の出家を論じて提出された、本来、在家的な傾向が顕著であった道教の道士たちが出家とされてゆくのは、唐代の国家的な道教政策のもとに進められたことによるとの見解である。この尾崎氏の結論は『三洞奉道科戒營始』（『科誡儀範』の道蔵本）に拠るところが大きいのだが、尾崎氏は同書を唐初の成立として論じておられる。筆者は、吉岡義豊・小林正美氏の説に理があると考えて、梁代成書説をとるが、この立場から尾崎氏の議論を梁代にスライドさせれば、氏の想定よりも幾分早く、国家主導で道士を出家させる動きが始まっていたものと考えられる。小林正美氏は、「宋・斉・梁・陳の皇帝や王侯たちは道士のために道館を建てたり、道館の整備を援助したり、あるいは道館で修行をすることもあったようである」と述べている。(6)もともと、出家道士のための統合的な規範をもたない道教は、このような王朝による大規模な修行場の整備に合わせて、従来の在家的な規範を、便宜的に出家のための規範へと転用していかざるをえなかったのではなかろうか。

板野長八氏が指摘するように、中国在来の隠逸の生活ぶりの延長上に、後漢末魏晋時代の逸民たちは、時に妻子を捨てて真を求めるような脱俗の志向を執る。彼等が、仏教や道教の中に入って、出家的な生活を送ることは自然のなりゆきともいえるであろう(7)。問題は、道教において、実際に出家的な生活を送っている道士たちと、国家の主導に合わせるようにして構築される規範とは、どのような関係で共存したのか、ということになるかもしれない。理屈として想定しやすいのは、現実に出家的な生活を送っていた方外の士たちを、国家が管理する出家の中へと囲い込んでいったという図式である。道教の位階体系の中に出家戒の授与が位置づけられることは、国家による出家の管理の進展の一側面としてして捉えることが可能であろう。仏教と道教の両面を通じて、国家は出家の管理を厳密化していったということになろう。

四　道教の法位体系における出家伝戒儀の位置について

梁武帝末期から唐代前半期、さらには北宋期にかけて、道教の法位体系の中で「出家戒」の置かれる位置について見ておきたい。出家伝戒儀の内容が固定的・安定的であったのに比すると、そこには若干の変動が見られるものの、唐代から宋代の頃には一定の期間におさまるような想定が出来てきたようである。しかし、宋代以降になると、戒についての情報量は極端に少なくなり、法位体系における戒の位置づけを知ることは困難になる。しかし、具体的な点を述べる前に、道教の法位体系の形成という、道教史の基本に関わることについて簡単に解説しておきたい。

一　道教の法位体系について――一般的解説

南北朝・隋・唐期にわたって進行する道教の形成発展の歴史は、一面においては道士の法位が階層化され、その階層化を通じて道教が体系化されてゆく歴史であったと見ることができる。(8) 道教の起源は多元的で、出自を異にする種々の文献をともなう伝統が束ねられてひとつに収束してゆく。後漢時代の、老子信仰と張天師の宗教コミュニティを核とする、五斗米道に発する天師道の伝統、前漢・新・後漢の王朝周辺にくすぶる太平経の伝統、西晋・東晋期頃から江南呉の地方に蓄積されて、やがて三洞として総括されることになる三皇経、上清経、霊宝経等の伝統などがせめぎあっていた。それらの中で、大雑把には、天師道の籙→老子道徳経→三皇経→霊宝経→上清経という流れに沿って、次第に経典を授与することによって昇進する道士の位階制度が形成される。道士は、昇進するごとに特定の経とそれに対応する籙・戒その他の文書類の一組を授与され、大道の臣下としてのより高い法位を獲得してゆくことになる。このような、下位から上位に移動する法位のフローが形成されることで、出自を異にする道教経典はあたかも一連のものであるかのごとくに集大成されてゆく。それは、五世紀に劉宋の陸修静が明帝（在位四六五～四七二）の勅に応じて朝廷に道教経典の目録、『三洞経書目録』を献上する時点で最初の完成をむかえ、さらに梁代に至るまでに、三洞四輔の体系を具えてより多くの典籍が集成されることにより、拡張された統合が完成された。その完成形態を示すのが、梁武帝末期の成書（成書年代については学者の見解が割れる）と見られる金明七真編『三洞奉道科戒營始』である。上に見てきた（甲）が収められる文献である。

しかし、前述の通り、出自を異にする伝統の束である道教にはもともと全体を統合する出家の規範というものは存在しなかった。法位体系の中に出家戒をどう位置づけるかは、梁代になって道教徒が向かい合う新しい挑戦であったはずである。

二　六朝末から唐代前半期にかけての出家戒の位置の変更

いま、複雑な考証を省いて結論だけを示す。『三洞奉道科誡儀範』の「法次儀」には、当時想定された法位の一覧が「正一法位」として収められている。この一覧の中に出家戒の位置が直接明示されるわけではないが、間接的に検証することは可能である。「度人儀」で示されるように、出家は「天尊十戒」を持することを条件とするが、「正一法位」でこれに相当する法位が、やはり同じく「天尊十戒」（と「十四持身品」）を修めることを条件として得られる「老子青糸金鈕弟子」である。[9] この法位は、正一の諸籙を授かる段階と三洞経典を授かる段階との間に設けられており、この法位を授かる際に、道士たちは『道徳経』とそれに関連する諸々の文書・物品を授与される。[10]『道徳経』の伝授と天尊十戒の授与が密接に関連すること（またこの天尊十戒が「清信弟子」の称号とも結びついて敦煌遺書にも見えること）は、すでに楠山氏とシッペール氏によって指摘されてきた。[11]『科誡儀範』においては、正一籙に関わる法位から三洞に関わる法位に移るその間に、出家の段階が想定されていたと見てよいであろう。

唐玄宗期（七一二～七五六）の道士、張萬福の場合はどうであろうか。彼は「天尊十戒」の授与よりも早い段階に「新出家が受くる所の戒」として新たに「初真戒」の授与を導入する。これは、「天尊十戒」が出家戒としての地位を失ったことをも意味する。新たな出家戒の伝授の機会は、籙生よりも後、正一弟子や男官女官の手前、という正一籙を受ける位階の只中に置かれるのである。『科誡儀範』に比べて出家のタイミングが幾分早い段階に設けられているといえるであろう。（おそらく、現実の出家がかなり早い段階から行われたことに合わせて、出家伝戒の時期を早めたのであろう。）なお、張萬福が導入した「初真戒」は、『太上洞玄靈寶出家因縁經』［ＳＮ３３９］に載せる十戒からなる「初真誡」であり、その内容は、（丙）の「初真十戒」とは異なる（その前身というべき）ものである。[12]

三　北宋期の位階体系と出家の時機、そしてその後

以上のように、六朝末から唐代前半期にかけて、道教の位階制度の中で出家の時期の設定が試行錯誤の中にあったことがうかがわれる。次に、宋代の資料に目をやるとき、位階体系の表現が著しく変化する中で、出家伝戒の時期は張萬福が調整した位置に定まりつつあったことが見えてくるように思われる。

北宋のごく初期にまとめられた、孫夷中『三洞修道儀』（一〇〇三年）において、出家伝戒儀がどのように位置づけ得るかを見てみたい。『三洞修道儀』では、「清信弟子」は「清真弟子」と称される男性信徒と夫婦関係にある女性信徒の称である。（彼等は黄赤の法を行うとされる。）「出家」の機会は、七歳で「籙生弟子」となった男信と、十歳から「南生弟子」と称するようになった女信が、師門で陶冶を受けて「三戒」・「五戒」を得て、葷血（なまぐさ）を避けるようになり、その後結婚せずに十五歳になったところで師に請うて「出家」して戒律を稟受する。その学びに精通してきた時点で、はじめて入道誓戒し、「三師」によって「智慧十戒弟子」と称され、定まった道衣を授与される。そこから、十部大乗の諸経法（霊宝経の法）を学ぶようになり、その学びの過程で「初真八十一戒」を得ることになり、「太上初真弟子」と称することになる。

これを見ると、「清信弟子」や「初真」という語は、その用法が六朝末から唐代にかけて行われたものとは大幅に異なっているという印象を受ける。『三洞修道儀』では「清信弟子」は世俗の既婚女性を指す用語とされ、出家ではない。また、「初真」は霊宝経の修行者に与えられるかなり高度な称号のようである。しかし、出家のタイミングに関しては、（道士の称号のみとりあげれば）「籙生」の後であり、張萬福が「初真戒」を授与するとした時機とそれほどずずれていないように思われる。

なお、酒井規史氏の指摘によれば、この『三洞修道儀』の出家伝戒に用いていた伝戒儀は（乙）賈善翔『太上

出家伝戒儀』である可能性が高い。『三洞修道儀』では、出家にあたって稟受すべき戒は「智慧十戒弟子」とされており、「智慧上品十戒」が授与された可能性の高いことを示唆している。[13]『三洞修道儀』に、「智慧十戒弟子」が「三師」によって称されることを言うが、この点も、度師と保挙二師の三師が伝戒儀礼に関わっているとする（乙）『太上出家傳度儀』の記述と一致するといえる。

かくて、（乙）だけでは、そこに示される「智慧上品十戒」の授与による出家儀礼が、当時の法位体系のどこに位置するかまでは分からなかったのだが、『三洞修道儀』との関連が指摘されたことにより、それが分かるようになったわけである。そしてこのようにして明らかになった（乙）の出家伝戒儀の当時の法位体系における位置づけは、上に見たように、張萬福のものとそれほど変わらないといえる。

したがって、大まかに見ると、『科誡儀範』、張萬福の説、『三洞修道儀』いずれの場合をとってみても、出家のタイミングは三洞経典を受ける以前に設定されていることにかわりはない。まず出家をして、それからいよいよ本格的に三洞経典を受けるという順序は、まず沙弥・沙弥尼として出家し、それから具足戒を受けて本格的に比丘・比丘尼になる順序を想起させる。

四　結語

宋代を下ると、道教の法位体系における戒の位置づけについての情報は資料のうえにあまり姿を見せなくなるように思われる。（丙）の伝戒儀も、当時の（つまり明代の）道教の法位体系の何処に属するかということは明かではない。明の皇族である朱権（一三七八〜一四四八）が著した道教類書『太清玉冊』には法位の体系を載せるが、戒の制度については全く触れない。このことは、道教の法位体系の中で、戒のもつ意味が失われていったことを示唆しているのではないかと思われる。

この状況に対して、新たな展開を加えたのが、十七世紀後半、清初の全真教道士王常月による道教戒の改革であった。彼は、同時代の仏教が確立する三壇伝戒の制度を模して、初真戒、中極戒、天仙戒という三種の戒を段階的に伝授する、道教にとっては前例のない授戒制度を構想した。しかし、そのうちの初真戒は、実は明代の(丙)に用いられた「初真十戒」を出家志願者に授与するもので、明代に行われていた出家伝戒の方法を受け継いで構築したものと見てよいように思われる。[14] 王常月の戒法は、二十世紀に至るまで継承される。となると、道士に十戒を授けることによって正式に出家させるという儀式自体は、六朝末以来近代に至るまで、時に途切れることはあったにしても、総体的には継承されてきた可能性が高いといえよう。

このことを「仏教文明」という語によって示唆される巨視的な観点と絡めて考えるとどうなるか。先に板野論文に触れて確認したように、中国には仏教流入以前より潜在的に「出家」的な脱俗の生活を志向する人々がおり、彼らが仏教の出家社会の潜在的な受け皿を用意したことが想定し得る。そうであるとすると、中国文明は仏教の流入によってはじめて出家を経験したというよりも、仏教の流入によって出家を明確な制度として認識するまなざしをその内部に発芽させたということになるのではなかろうか。その際興味深いのは、脱俗的な志向性を持つ人々が、仏教のもとで出家するだけでなく、道教という枠によって出家することが、仏教からの刺激を受けて制度化され、長きにわたって続けられてきたということである。外なる文明の受容とは、単に新しいものを外部から受け入れるだけでなく、自己に内在していたものを刺激し、それを自覚化・形象化させ、時にはそれを主流的な文化（例えば儒教や家の制度といった）に対するカウンター・カルチャーとして噴出することを促すような作用を有するものであろう。仏教の戒律は、中国の社会生活に内在する脱俗的志向性を制度として形象化したが、その際、中国文明は、世俗と脱俗との間にまたがるもう一つの領域（すなわち道教）を生成させながら、仏教の埒内におさまりきらない脱俗人口に対して可視的な制度の枠を提供する流れを開き、その流れを維持してきたかのように見えるのである。

注

（1）拙論③一六頁参照。

（2）『行事鈔』と道観の規範の関係については、都築［二〇〇二］参照。

（3）「初真十戒」の変遷については拙論①参照。

（4）楠山春樹［一九八三］なお、「度人儀」については、吉岡［一九六一］、田中［二〇〇〇］参照。

（5）後述の如く、（乙）の伝戒儀と親和性の高い北宋『三洞修道儀』には、男女の信徒である清真弟子と清信弟子（後述）が「其の夫婦有る者は、今時日を選び、陰陽に順いて交接を行う」として「黄赤交接之道」を行うべきことが説かれる。おそらく、このような夫婦の性交術に配慮して（乙）では「淫」の文字が削除されたのではあるまいか。しかし、「黄赤交接之道」はあくまで在家信徒の夫婦に限定されているので、出家戒に「不淫」を示すことに不都合はないはずである。むしろ、出家戒が在家限定の行法に遠慮して「不淫」を削るところにこそ、出家と在家の混同があるといえるかもしれない。

（6）小林［一九九八］一四五頁参照。

（7）板野［一九四〇］参照。

（8）小林［二〇〇三］第二章参照。

（9）これについて、筆者は吉岡義豊氏・楠山春樹氏と見解を異にする。別稿で論じる予定である。吉岡［一九六二］・［一九八九］、楠山［一九八四］・［一九九二］参照。

（10）楠山［一九九二〈もと一九八四〉］一二八—一三〇頁、シッペール［一九八三］三三七—三三九頁参照。

（11）楠山［一九九二］二九―三三・一三〇―一三三頁。シッペール［一九八三］三三三―三三六頁参照。
（12）張萬福の「初真戒」の内容、『太上洞玄靈寶出家因縁經』との関係についての考証は、拙論①参照。
（13）酒井規史［二〇一一］「宋代道教における「道法」の研究」早稲田大学文学研究科博士論文、一一九頁参照。
（14）拙論①参照。
（15）『行事鈔』における剃度に関する部分は多くを散逸した中国撰述仏典である『清信士度人経』に負っているようである。『清信士度人経』の厳密な成立は不明で、「度人儀」との先後関係を正確に推測することは難しい。しかし、「度人儀」が総じて仏教の沙弥授戒儀を参照していることは確かであろう。この点については、拙論③参照。

参考文献（著者アルファベット順）

曹凌編著『中国仏教疑偽経綜録』（上海古籍出版社、二〇一一年）
平川彰『原始仏教の研究』（春秋社、一九六四年）
板野長八「慧遠に於ける礼と戒律」（『支那仏教史学』四―一、一九四〇年）
楠山春樹「概説・敦煌本道徳経類（本文・注釈・解題）」（『道家思想と道教』平河出版社、一九九二年）
――「道教における十戒」（『早稲田大学文学研究科紀要』二八、一九八三年三月）、後、楠山春樹著『道家思想と道教』（平河出版社、一九九二年）に所収。
――「清信弟子考――道士の階級に関する一試論」（『牧尾良海博士頌寿記念論集・中国の宗教・思想と科学』国書刊行会、一九八四年）、後、楠山春樹著『道家思想と道教』（平河出版社、一九九二年）に所収。
小林正美『中国の道教』（創文社、一九九八年）
――『唐代の道教と天師道』（知泉書館、二〇〇三年）
森由利亜①「「初真十戒」系譜考――王常月「初真十戒」前史Ⅰ」（『早稲田大学文学研究科紀要』第五八輯Ⅳ、二〇一三年三月）
――②「道教の出家伝戒儀についての一考察（金明七真、賈善翔、周思得を中心に）――王常月「初真十戒」前史（Ⅱ）」（『早稲田大学文学研究科紀要』第五九輯Ⅰ、二〇一四年三月）

――――③「道教の出家伝戒儀三種と沙弥授戒儀――道宣『四分律删繁補闕行事鈔』との対比を通じて」（『多元文化』三、早稲田大学多元文化学会、二〇一四年二月）
西本龍山訳『四分律删繁補闕行事鈔』（『国訳一切経和漢撰述部・律疏部』（二）、大東出版社、一九三八年）
尾崎正治「道士――在家から出家へ」（『酒井忠夫博士古稀記念・歴史における民衆と文化』国書刊行会、一九八二年）
酒井規史「宋代道教における「道法」の研究」（早稲田大学文学研究科博士論文、二〇一一年）
佐藤達玄『中国仏教における戒律の研究』（木耳社、一九八六年）
クリストファー・シッペール（福井文雅訳）「敦煌文書に見える道士の法位階梯について」（『敦煌と中国道教』大東出版社、一九八三年）
田中文雄「伝度儀礼」、田中文雄・丸山宏・浅野春二編『道教の教団と儀礼』（野口鐵郎編集代表『講座道教』第二巻、雄山閣出版、二〇〇〇年）
土橋秀高『戒律の研究』（永田文昌堂、一九八〇年）
都築晶子「道観における戒律の成立――『洞玄靈寶千眞科』と『四分律删繁補闕行事鈔』」（麥谷邦夫編『中国中世社会と宗教』道氣社、二〇〇二年）
吉岡義豊「敦煌本十戒経について」（『塚本博士頌寿記念・仏教史学論集』（一九六一年）、後『吉岡義豊著作集』（五月書房、一九八九年）所収

霊（たま）からカミへ、カミから神へ

高橋龍三郎

はじめに

西暦五三八年（日本書紀では五五二年）に百済から公伝された仏教は、受容をめぐり有力豪族の興亡をかけた衝突と政変を招き、多くの政治的動乱を経て、やがて律令国家の成立を経て国家の宗教として受容された。その間、古代国家の骨組みに必要な諸制度が整備され、天皇制を中核とするイデオロギーのもと国家支配の確立が図られた。その過程は全体として大和王権から律令国家への移行と、大王から天皇への支配機構の改編とともに完遂された。宗教レベルでは、仏教の導入を機に在来宗教との対立と習合、隔絶の複雑な過程を経るが、日本独特の神道的な宗教構造とイデオロギーを温存する重層的構造の中で進展し、後の日本文化・社会に大きな影響を残した。

古代の国家形成で、王権を背後から守護し正統性を与える「神」は、支配のイデオロギーを醸成する「神話」と並んで、王権の確立に必要欠くべからざる舞台装置であった。

日本は縄文時代から弥生時代、古墳時代を通じて生活様式と生活環境の変化、社会の変革を経て国家にいたる。この間わずか一五〇〇年間のうちに「霊（たま）」、「カミ」、「神」という宗教上の大きな変革を遂げる。宗教とそれに関わる祭儀は、社会生活で果した役割が大きく、先史時代の社会の複雑化、階層化過程の大きな要因となった［高橋二〇〇四、二〇〇六］。

日本では国家形成期を迎えて、仏教は経典、教団組織を整え、在来宗教との習合を経ることで日本的な仏教に変質した。一方、在来宗教は仏教との接触を通じて形を整え、弥生時代以来の「カミ」は国家の成立とともに文字通り日本の「神」になった。大凡、日本の宗教的沿革と「神」の出現は以上のように梗概を描くことができるであろう。

弥生時代から古墳時代は、宗教的側面からみると、「神」が登場する以前の人格の与えられていない段階に属し、カタカナで「カミ」と表記する段階に留まる。しかも、それは一神教ではなく、多数の霊性が重層化している。縄文時代の霊性を経て、「カミ」の支配する弥生時代、古墳時代とはいかなる時代であったのであろうか。本稿では、大和王権から律令国家への変革に「霊（たま）」と「カミ」、「神」がどのように関わるのかについて国家の成立と絡めて考察し、仏教受容以前の実態について論じる。まず、律令国家の成立と直接関連する「天照大神」とそれを祀る「伊勢神宮」の成立についてみてみよう。

一　伊勢神宮

伊勢神宮は、皇祖神「天照大神」を祀る「皇大神宮（内宮）」と御饌を奉じる「豊受神宮（外宮）」の二社からなり、さらに内部に別宮、摂社、末社など七十余の神社群から構成される。したがって皇祖神を祀るといっても実に多くの性格を含み、祭神やご神体などに多くの種類が知られる。

伊勢神宮は皇祖神「天照大神（書紀の大日孁貴）」を祀るために、天武朝になって造営されたものである。しかし、『日本書紀』が語る創建はもっと古く遡る。崇神天皇六年条によると、崇神天皇は「天照大神」の神威が勢いを増すにつれ、畏れ多くも「天照大神」と「倭大国魂」の二神を大和の纏向瑞垣宮で祀ることを懼れ、「共に住みたまふに安からず」とし、天照大神を分祀する場所を探し求めたとある。豊鍬入姫命に託して宮中から外祀場所を求めて、「磯城笠縫邑の磯堅城」に神籬を立てた。一世代後の垂仁天皇は皇女倭姫命を任じて、ご神体を笠縫邑磯堅城から離して遷祀する場所を求めて各地を巡り歩かせたとある。

倭姫命の巡幸の結果、天照大神の「この神風の伊勢の国は、常世の重波の寄せる国なり。傍国の可怜国なり」という啓示により、倭姫命は度会郡五十鈴川のほとりに磯宮を定めた。鎮座にあたり、当時の度会郡の首長層が、それに合意し受け入れたことが前提になる。地方一帯を遷宮して巡幸できる大王家の実力が、地方社会を圧倒するものであったことが理解できる。

『日本書紀』垂仁天皇二十五年条の「倭姫命」伝承にいう「天照大神」の遷移は、王権の霊的シンボルの強大化と地理的拡大を意味する。しかし、それは四〇〇年後の天武朝に編纂されたもので、遷祀を雄略朝や欽明朝などに求める意見もある。また崇神朝に既に「天照大神」が人格神として存立したかは不明である。厳密にいうと、瑞垣宮に「天照大神」が祭られていたかは不明であると言わねばならない。大王家の守護霊として「氏神」は祀ったであろうが、「天照大神」という名称の人格神はまだ存在しなかった可能性が高い。国家としてスタートした天武朝に、そのような氏神から天皇家の「皇祖神」の創出が行われた可能性が大きい。人格神への昇格は、実は国家形成を語る上で大変重要な出来事である。天武朝が「天照大神」の子孫で正当な系譜にあり、先王の事跡を嗣ぐに相応しいと主張する論理の中で、「壬申の乱」以後、「大王」ではなく、中国皇帝式の「天皇」として文字通り国家を統治する上で、一神教的な「天照大神」の支配を正当化する論理が必要とされたと考えられる。

二　遷宮

伊勢神宮が二十年おきに古殿地を廃して隣地に新たな神宮を構築する式年遷宮が確立したのは、持統朝（六九〇）である。遷宮といっても、同じ敷地内をわずかに移動するに過ぎないので、「遷座」と表現する方が適切であろう。しかし、『日本書紀』や『皇大神宮儀式帳』で「遷宮」と表現するのは、以前に菟田の筱幡をはじめ各地を転遷したことが強く記憶されているからではないか。『皇大神宮儀式帳』では元伊勢と称する十七か所の宮を記録し、『倭姫命世記』では三十近くを挙げる。天武・持統朝以前に、「皇大神宮」は伊勢郡周辺の各所を転々と移動した可能性がある［喜田一九一四、鳥越一九七三］。「多気大神宮」から度会郡への遷宮の記録は『続日本紀』文武天皇二年条に見られる。倭姫命が天照大神の「御杖代」となり、菟田の筱幡を手始めに各地を転々する記録は当初の遷宮の実態を物語るのであろう。『倭姫命世紀』に、近江や美濃など広範囲にわたる遷宮が記録されたのは、実相を超えた軌跡という見解もある［和田二〇〇〇］。垂仁、景行朝等の東方支配と関連した大和王権の動きを伝えるに違いないが、一連の遷宮と大和王権の動きはどのように関連するのであろうか。「天照大神」を斎祀る斎宮が天皇の系譜に対応し、ほぼ一世代に一人ずつ出たことは、天皇が交代するごとに、斎王も交替した実相を示すものであろう［藤谷・直木一九九二］。大和朝廷では、大王が交替する度に、磯城や初瀬、磐余などに宮殿が移動し、「瑞垣宮」や「珠城宮」など新たな王宮が築かれる。その都度「天照大神」を斎祀る神宮の位置が変わり、同時に斎王も交替したとすれば、崇神以降天武までの大王の交替は、「王宮」、「神宮」、「斎宮」がセットで交替したことを意味する。大王権が宗教的権威と儀礼を掌握することと密接に関わることを物語る。「天照大神」が伊勢の地を奉斎地として選び神宮の定置化が図られるのは、天武・持統朝の宮都が飛鳥、藤原京に定置化する動きと重なり興味深い。天皇の宮殿が定まると同時に、神の宮も定まった。

伊勢神宮が現在の皇大神宮（内宮）に定められる以前、南伊勢を含む伊勢湾地域について、穂積裕昌氏は考古学的視点から古墳時代前期の動向に注目し、サルタヒコ伝説と『伊勢国風土記逸文』の在地神（伊勢大神）を信奉する集団が、阿坂山周辺に勢力を占めたと措定し、『続日本紀』に現れる「文武天皇二年十二月乙卯、多気大神宮を度会郡に遷す」という六九八年の遷宮記事に注目する。倭姫の巡幸以前に伊勢湾西岸を中心に勢力を持ち池ノ谷古墳を築造した在地勢力がおり、彼ら独自の信仰体系に基づく在地的な「原・伊勢神宮」があったと考える［穂積二〇一三］。伊勢神宮の前身と考えるわけである。北伊勢から南伊勢に徐々に浸潤する大和王権の支配過程の到達点として大王家の祭祀場である皇大神宮が度会に遷座するシナリオである。それによると、北伊勢を支配下におさめた大和勢力は、さほど時間をおかずに南伊勢に勢力を伸ばし、外宮の裏山にある高倉山古墳のような大型古墳が築かれるまでになったという。

三　皇大神宮正殿の神明造りと構造

天武朝の創建といわれる皇大神宮は、四面四重の玉垣に囲まれ、垣内六七〇〇平米余の長方形の社域空間に、

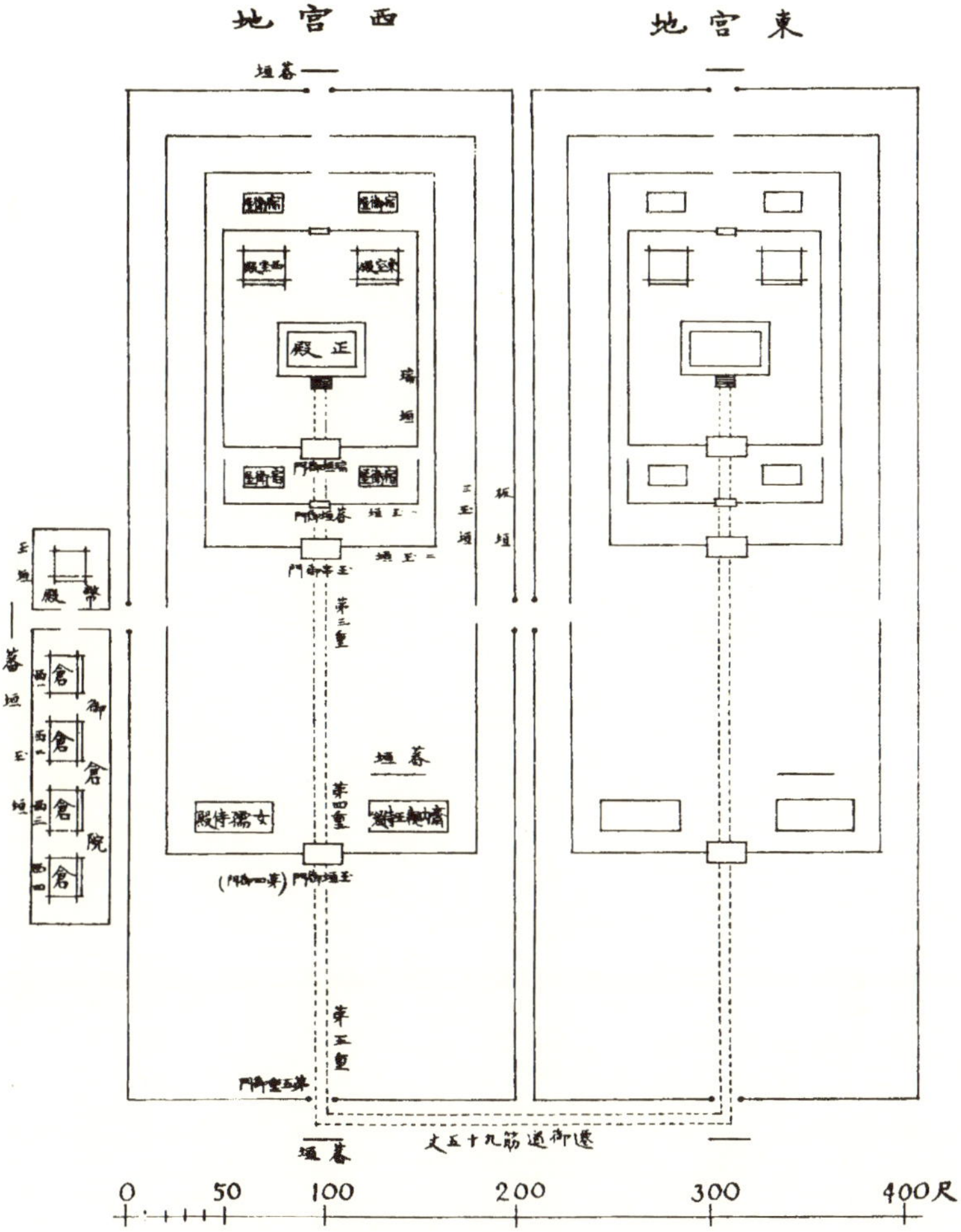

図1　皇大神宮の殿社の配置（福山［1940］による）

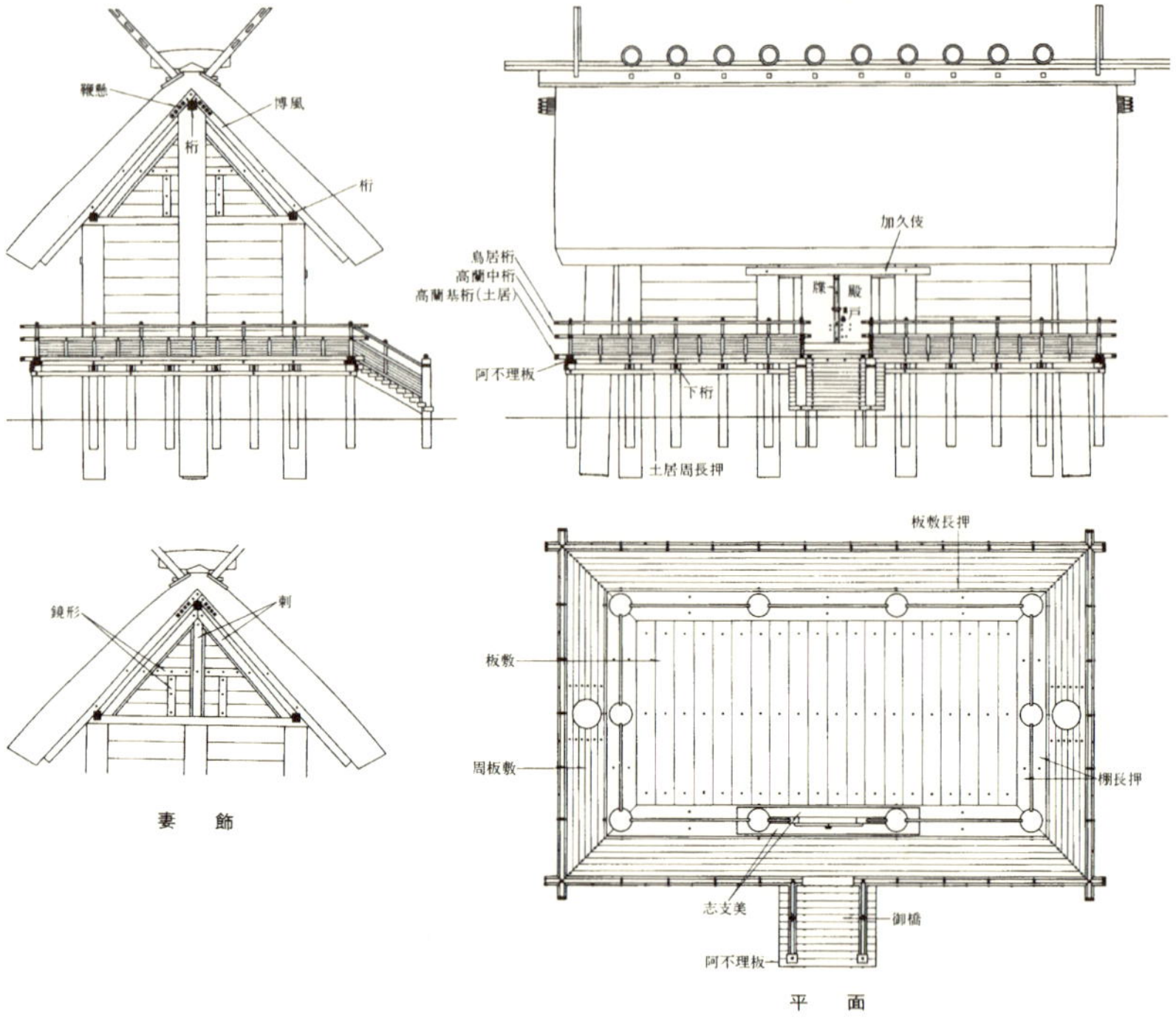

図2　皇大神宮正殿復元図（福山［1940］による）

第五重御門、玉垣御門、玉串御門、蕃垣御門、瑞垣御門などが直線的に並び、それを潜り抜けて正殿に辿りつく（図1）。瑞垣に囲まれた正殿の背後には西宝殿、東宝殿が配置され、前方の垣の外側に幣殿や倉の立ち並ぶ御倉院が位置する。正殿以下、すべての建物は掘立柱の形式で礎石を持つことはない。現在、壁は板塀で覆われるが、かつては校倉造りといわれる。

伊勢神宮正殿の「神明造り」は、他社に例を見ぬほどに独特の位置を保つ。「神明造り」の正殿型式は御厨であった長野県仁科神明宮に見えるだけで、よそに同じ型式を許さなかった。皇祖神と国家神をまつる皇大神宮の絶対的な威信である。正殿の配置と構造が文献上具体的にされるのは奈良朝からだという［福山一九七六］。以来ほとんど構造を変えることなく今日に至る。福山敏男氏は、『皇大神宮儀式帳』および正倉院文書中の裏紙に記された皇大神宮正殿の資材記録に基づいて復元を試みている［一九四〇、一九七六］。それによると、現在とほとんど変わらぬ型式を保つことに驚かされる。正殿の周囲を巡る板敷長押を取り除けば、そのまま弥生時代・古墳時代のものに直結する佇まいである（図2）。

大和王権の発祥地と目される纏向遺跡には、すでに三世紀中頃に高床式の近接棟持柱掘立建物が出現しており、もし定形的な正殿型式が皇大神宮に持ち込まれたならば、纏向の建物はその祖形というべき建築物であることになる。しかし、近接独立棟持柱をもつ神明造りは大和政権が伊勢に持ち込んだ正殿型式であったのであろうか。

太田博太郎氏は、伊勢神宮の建築様式に対して、「伊勢神宮正殿の形式は、伊勢神宮の創立が、『日本書紀』の記載そのまま垂仁朝まで遡ることができなくなり、現在のような状態になったのは六世紀あるいは七世紀ころと考えられるようになった今日、現在の形そのままを、四〜五世紀まで遡らせることはできない。しかし、あれまでの洗練さは六―七世紀の所産であるにしても、その祖形は古くからのものであったと見なければなるまい」と述べ、祖形となるべき建築物がそれ以前にあった可能性を示唆した［太田一九八三］。

四　心御柱の意味

皇大神宮正殿は神明造りで、大きな特徴の一つは、掘立柱の高床で切妻、平入り、独立棟持柱とともに心御柱をもつことである。

心御柱は神秘的な柱であり、多くの研究者が注目し検討している。宮家準氏によると、心御柱の解釈は中世には五行思想との関わりを強め密教的な色彩を帯びるという［宮家二〇〇四］。古来からの理解とは相当に乖離したものになっている。内宮の心御柱を最初に注目したのは建築家の林野全孝氏で、聞き取りで径六寸、長さ六尺の檜棒であること、檜棒は全部地中に埋没されているが、外宮では半分近くが地上に露出する点が異なるという。柱の上部に柵があって、その上に切妻の屋根が載っている。柵家は半分以上が地中に埋まり、柵家の中に榊と祝部土器が入っている。神体の鏡は正殿中の丁度柱の上に当たる位置に祀っている。心御柱、柵、榊、土器などは遷宮の時に新しく造りかえられるという。

林野氏は、正殿の心御柱の意義について、従来の仮説を以下の三つにまとめている［林野一九五八］。

一、伊美柱説：忌柱とする説で、『大神宮儀式解八』（江戸中期）によると、心御柱は清浄の意味から忌柱であるとし、この柱を立てるのは重く深い意味があるという。この柱は天御量柱ともいわれ、同書は空理に基づく説に立つべきでないと警告する。

二、心柱退化説：正殿の中央に棟木を支えるために建てた柱が退化したもので、本質的には左右にある棟持柱と同一のものである。

三、定位点説：『皇大神宮雑例集』に「件心柱者後遷宮之時、為不令違古宮之跡、然則重被尋神宮柱根自残其跡不加有誤者」の記録があることから、新宮を建てる際の定位点となっていたと考えるもの。

これらのうち、林野氏は最初の二説を退け、「定位点説」を支持している。

また林野氏は、沖野岩三郎氏が提唱した内宮の心御柱の女性表徴説、外宮の男性表徴説［沖野一九五二］を退けている。また心御柱が山口祭り、木本祭などの祭儀に富み、神奈備の神籬を切り取る重要な祭りであることから、木本祭のまま心御柱の上に正殿を建てて、ご神体を神籬の真上に宿らしめたと考える。

櫻井勝之進氏は神宮司庁編纂の『神宮遷宮記』第二巻所収の「御一宿仮殿遷宮記」の記述に基づき、外宮の御柱の寸法や立て方、五色の薄衣、布、麻で御柱を巻飾ったこと、上を榊の葉で挿し覆ったことを示し、諸人退出の後に秘儀として執り行われたことを示した［櫻井一九九四］。また榊葉が鹿や牛によって損傷すると、上奏、御卜、宣旨という一連の手続きを経て取り換えられたというから、御柱とともに榊葉が重要な役割を果たしていた。『神宮雑例集』には、御柱が朽損・転倒などした場合は異変と考え、その都度上奏して神祇官、陰陽寮が卜を行い、立て直すために臨時の遷宮が行われた［櫻井一九九四］。

中西正幸氏によると、造営用材と心御柱を切りだす山口祭は、遷宮の八年前から御杣山の神を祀って清め、大宮司の奉拝、童女の遷宮饗膳、童男の神祭などを伴い行われるという［中西一九九五］。そのうち心御柱の料木を刈りまつる「木本祭」は、山口祭の深夜に人払いして神職だけが執り行う秘儀であった。料木は白布と清菰で纏い前行警蹕をかけつつ皇大神宮では御稲御倉に安置するという。地鎮祭で心御柱の上を覆う覆屋を中心に神饌と「生調」の白鶏、鶏卵が供えられる。また「立柱祭」では、地鎮祭当日、禰宜と大物忌が心御柱を立て、諸役夫が正殿四隅の柱根を打ち固めるという。続いて「御鏡祭」の秘儀があり、正殿東西の妻にある短柱に円形の図様を穿ち、墨を加えて禰宜がこれを検知して終わる。これはご神体の御鏡形を祀る秘儀であるが、特別の秘儀とされるところに心御柱とご神体の重要性が潜む。

黒田龍二氏は、伊勢神宮正殿が二十年ごとの式年遷宮で、新たに造替する正確な位置取りを明確にするために、心御柱が重要な役割を果たし、正確な位置を定地点化するための施設だと指摘する［黒田一九九八、二〇一二］。

福山敏男氏の『皇大神宮儀式帳』の分析によると、式年遷宮で新たに造替する場合、新本殿が建築されたのち旧本殿がすぐに壊却されずに、新本殿と並んで十年以上並置されることもあったといわれる。その場合だと、造替時には、旧心御柱は残されたままになるので、新宮造替時に恰好の標識になる。

心御柱は、新たな建物を同じ場所に寸分たがわず複製する場合の重要な基準点になることは、中西正幸氏の説明にあるように、心御柱を立てると同時に四隅の柱を建て固めることから明らかであろう。しかし、心御柱の切りだしから立柱にいたるまでの秘儀性や取扱いの特別な配慮は、白鶏の「生調」にみられるように大切なものに生贄をささげるような重厚さである。この儀礼に特別な秘儀性が伴うことは、心御柱が単に位置を確認するための標識にとどまらず、特別な来歴があったことを示している。

心御柱の延直線上には鏡形が置かれ、しかも心御柱に降臨した皇祖霊がご神体たる八咫鏡の形代を照らす仕組みになっている。その意味では、皇室の先祖霊たる皇祖霊が降臨する神籬として心御柱が意味づけられるのであろう。皇祖神が憑依するご神体そのものであるといっても過言ではない。八咫鏡形代と心御柱は、本来別個の表徴であったものが、正殿で複合しているのであろう。

五　降臨する神霊の正体

皇大神宮正殿の心御柱は降臨する皇祖霊を導くための神籬であり、それは先祖祭祀と直接に関連する。したがって稲倉などの倉庫に降臨すると言われる稲魂や穀霊とは全く異質である。皇祖霊は先祖霊の系統において理解すべきであり、他の異質な神霊とは分けて考える必要がある。したがって、稲魂などの穀霊が降臨するのは、それが実在したかは別として、やはり穀霊を祀る倉庫（祠・ホコラ＝穂椋）ということになろう。

従来この点が曖昧にされており、大形掘立柱建物について、弥生時代の倉庫に発する施設だとの定型的な見解があり、その脈絡で「神殿」が成立したとの学説を生み出した。穀倉から伊勢神宮のような先祖を祀る施設への変化は論理的に結びつかない。そもそも大形掘立柱建物が穀倉であるとの認識はどうやって確定したのであろうか。登呂遺跡が発掘されたおりに、竪穴住居の近くで出土した高床建物を倉庫と断定した経緯に求められるであろう。高床式掘立柱建物は、実は倉庫ばかりではなく、当時の宗教的施設が相当に含まれているのではないか。とすれば、穀霊への祭祀ではなく、人の先祖を祀る先祖祭祀と関連する施設としてそれらを把握しなおす必要がある。

日本の神社の発生を社（ヤシロ）、すなわち本殿施設のない神籬空間として把握する岡田精司氏らの立場は、三輪山信仰などにみる山体、磐座など自然物に対する崇拝と絡めて理解するのであり、そもそも先祖祭祀とは異なる。建築史家の中でも、この考え方に依拠し初期の神社建築には社殿がなかったと考える人も多い［伊東一九八二、三浦二〇一三］。

しかし、自然崇拝的なアニミズムの世界とは別に、日本列島では縄文時代以来の先祖祭祀の伝統があるので、弥生時代、古墳時代を経て伊勢神宮の皇大神宮に伝わる別の道筋を考える必要がある。皇大神宮正殿に降臨するのは皇室の先祖霊かつ氏神である「天照大神」であり、自然の諸神霊ではない。天皇家の安泰と社会秩序の維持を願う守護的な役割を担う神霊である。したがって祭神の「天照大神」の神格も太陽神ではない［櫻井一九九一］。天皇家の氏神を祀る国家神である。同時に伊勢神宮は国家の総氏神としての位置づけを持つ。国家を統べる天皇となった時、文字通り「日本」のすべての氏族を管掌することから、国家祭祀の総社としての位置づけを持つことになったのであろう。

六　纒向遺跡の建物跡群

二〇〇九年、桜井市による纒向遺跡の一六六次に及ぶ調査では、太田北微高地から三世紀前半から中頃と考えられる四棟の建物跡が検出された。いずれも掘立柱建物からなり、遺構群の西端部で検出された建物A（東西四、八メートル、南北一、三メートル）と東側一〇メートルに三面を柵に囲まれた建物B（東西四、八メートル、南北五、二メートル）、さらに東側五、二メートルのところに建物C（東西五、三メートル、南北八メートル）、最東端の建物D（東西六、二メートル、南北一九、二メートルの総柱建物）が東西軸線上に一列に並んで発見された。それらはいずれも柱穴が一辺一メートル×一、七メートルの方形もしくは長方形のプランを持ち、柱痕からは直径三二センチメートルほどの柱が復元されている。このうち建物Cと呼ぶ長方形の建物は、長軸上の両端に近接独立棟持柱を持つことが明らかになった。それらは三世紀前半の庄内式古相段階に建造されたようで、廃絶は三世紀中ごろの庄内3式期である［橋本二〇一〇、二〇一一］。それらは東西軸線上に一列に並び、塀ないしは柵列に囲まれて全体は一つのコンプレックスを構成し、見事な計画性のもとに設営されたことが明らかになった。建物跡は、紀元三世紀中葉頃の建物で大和王権が誕生したばかりの宮殿、あるいは宗教的施設と考えられる。これを邪馬台国の卑弥呼の居館と見なす意見も多いが、崇神の居館、あるいは宗教的施設と見なす見解もある［田中二〇一〇］。建物Cの後方に控える建物Dは総柱式の大型建物で、出雲大社の原型といわれる［黒田二〇一二］。柵列で囲繞された敷地、建物群を大王の居館というには規模が小さ過ぎるのではないか。宗教的施設で祭儀を執り行うために建造さ

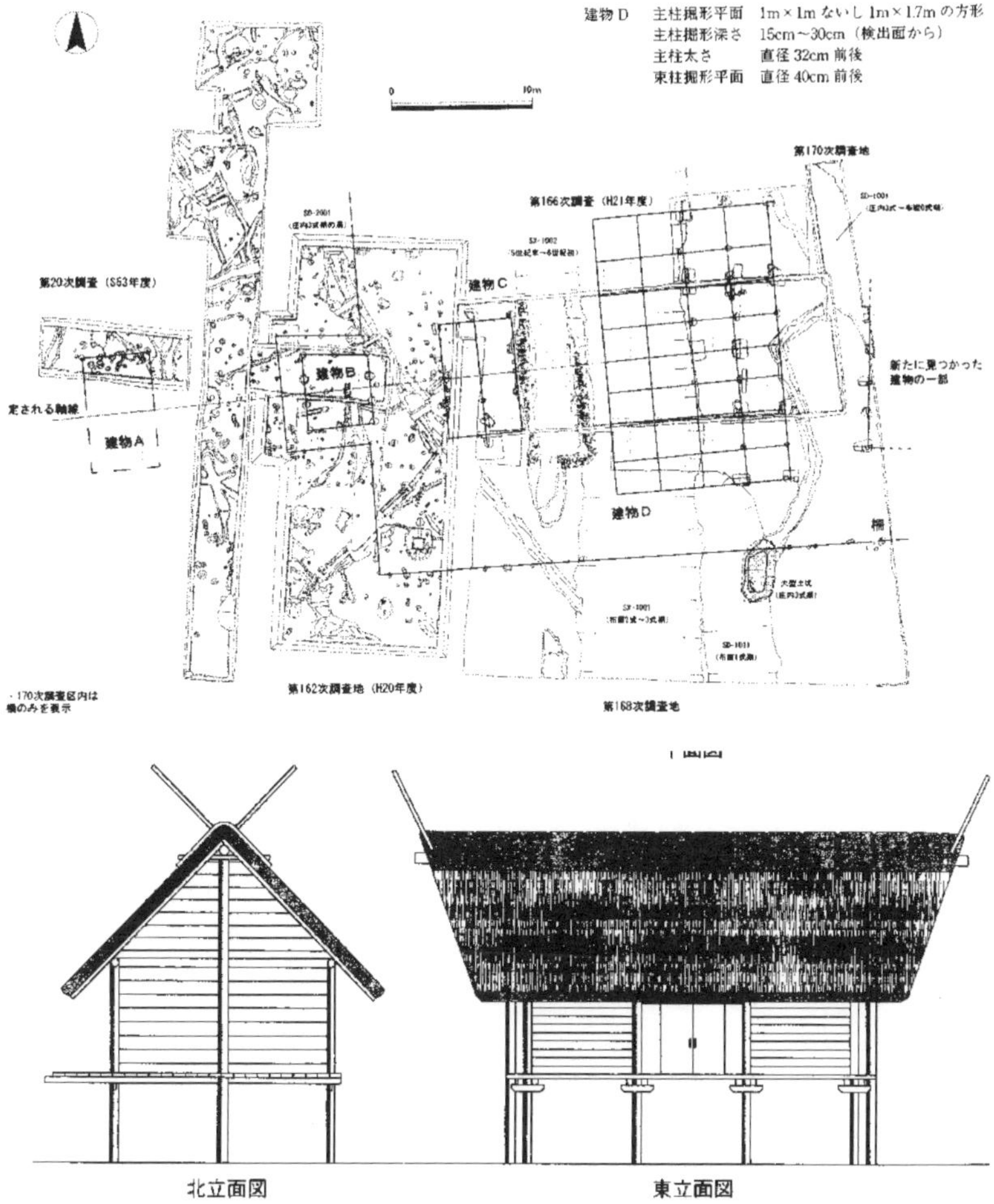

図3　纒向遺跡の大型建物跡と復元（黒田［2012］による）

れたのであろう。この施設について、学界では統一的な見解はまだ現れていない。しかし、伊勢神宮との関係で活発に議論されるのは、崇神天皇の時代に「天照大神」のご神体を豊鍬入姫命に託して、「笠縫邑の磯堅城」の神籬に遷移する前の瑞垣宮の「大庭」である可能性が高まったからである。黒田龍二氏は纏向遺跡の建物群について、以前には見られないほど高度な計画性と思想性をもって設計されている点に注目する。近接棟持柱をもつ高床式の建物Cについて、その構造上また形態上の特徴が神宮正殿に近いことを認め、『日本書紀』、『神宮雑例集』の崇神紀の記載内容に一致することから、「建物Cと神宮正殿の形態の類似も偶然ではない。建物Cは、伊勢に鎮座する以前の神宮の形であったということになる」として、皇大神宮との直接的な関わりを示唆した。『神宮雑例集』に現れた「崇神天皇ノ御世ニハ大庭ニ穂椋作リテ、出坐シマシ斎奉」の記事との照合から、瑞垣宮の「大庭」の「穂椋」こそまさに纏向遺跡の建物Cに相当すると論断した〔黒田二〇一二〕。

宮大工家の木村房之は、今から三十年前、纏向のSB一〇一遺構（建物C）を検討して、基本尺が中国の「魯般尺」で建造されたことを突き止めた。魯般尺は中国で吉祥尺として重宝がられ一国一家和合、子孫繁栄を祈る吉兆の尺寸であり、日本では三世紀から五世紀にかけて宮殿造りや古墳築造に使用されたと述べている〔木村一九八三〕。もし、それが事実であれば、三世紀に中国からもたらされた尺寸が日本の古代建築に適用された最初の事例ということになる。また木村は「心御柱」や「棟持柱」の位置も見出して、伊勢神宮と同じ宮殿建築の特殊建物であり、「大社造り」と「神明造り」の中間形式であることを突き止めている。今日の黒田龍二の所説とほぼ同じ内容を三十年前に指摘していたことになる。

七　考古学から見た独立棟持柱建物と神殿説

近年、埋蔵文化財調査が進展し、ほぼ全国で弥生時代から古墳時代にかけての掘立柱建物跡が多数出土している。全国的な集成も進められ、シンポジウムを通じて資料の検討が行われている〔埋蔵文化財研究会一九九一、東日本埋蔵文化財研究会一九九八、日本考古学協会二〇〇六〕。その中に妻側の外に飛び出した一本の妻柱をもつものがあり、独立棟持柱建物と呼称されている。梁間一、二間、桁行三、四間ほどの細長い建物が多い。柱穴からまれに柱痕が検出され、柱の太さから大規模な建築物が想定されることもある。桁行二〇メートルを超える大型例が大阪府池上曽根遺跡や兵庫県武庫庄遺跡、滋賀県伊勢遺跡にあり、規模に関して変異が大きい。弥生時代前期から環濠集落中に混在する場合や、独立した空間に建てられる場合もある。後代には玉垣のような塀、柵列や一辺二〇メートル～四〇メートルほどの矩形の溝状区画に囲続された特殊な空間に複数鼎立する場合がある。前者では、日常的な居住空間に並立することから、倉庫建物を想定する場合が多い。しかし、矩形の溝状区画や塀に囲まれた場合には、それらが日常空間から隔離されるという理由で、「ハレの空間」として把握する見解もある〔辰巳二〇〇六〕。神聖な場所と見立て首長層の祭儀空間と位置付けるわけである。後者の場合、区画内は殆どが掘立柱建物によって占められ、竪穴住居などが混じることは少ない。広島県西本六号遺跡では七世紀のものも確認されている。滋賀県伊勢遺跡では半径一一〇メートルの周囲を棟持柱建物十数棟が囲続するように配されていた。しかし、それらはすべて同時期ではなく、二棟が直列して三時期に分かれるという〔宮本二〇〇一、近藤二〇〇六〕。宮本長二郎氏は、それらを「祭殿」と位置づけ二棟が一対になって直列し、三期にわたって二十年前後の建替えを行ったと類推し、「持統朝に始まる式年遷宮の前身ではないか」と推断する〔宮本一九九九、二〇〇一〕。注目され

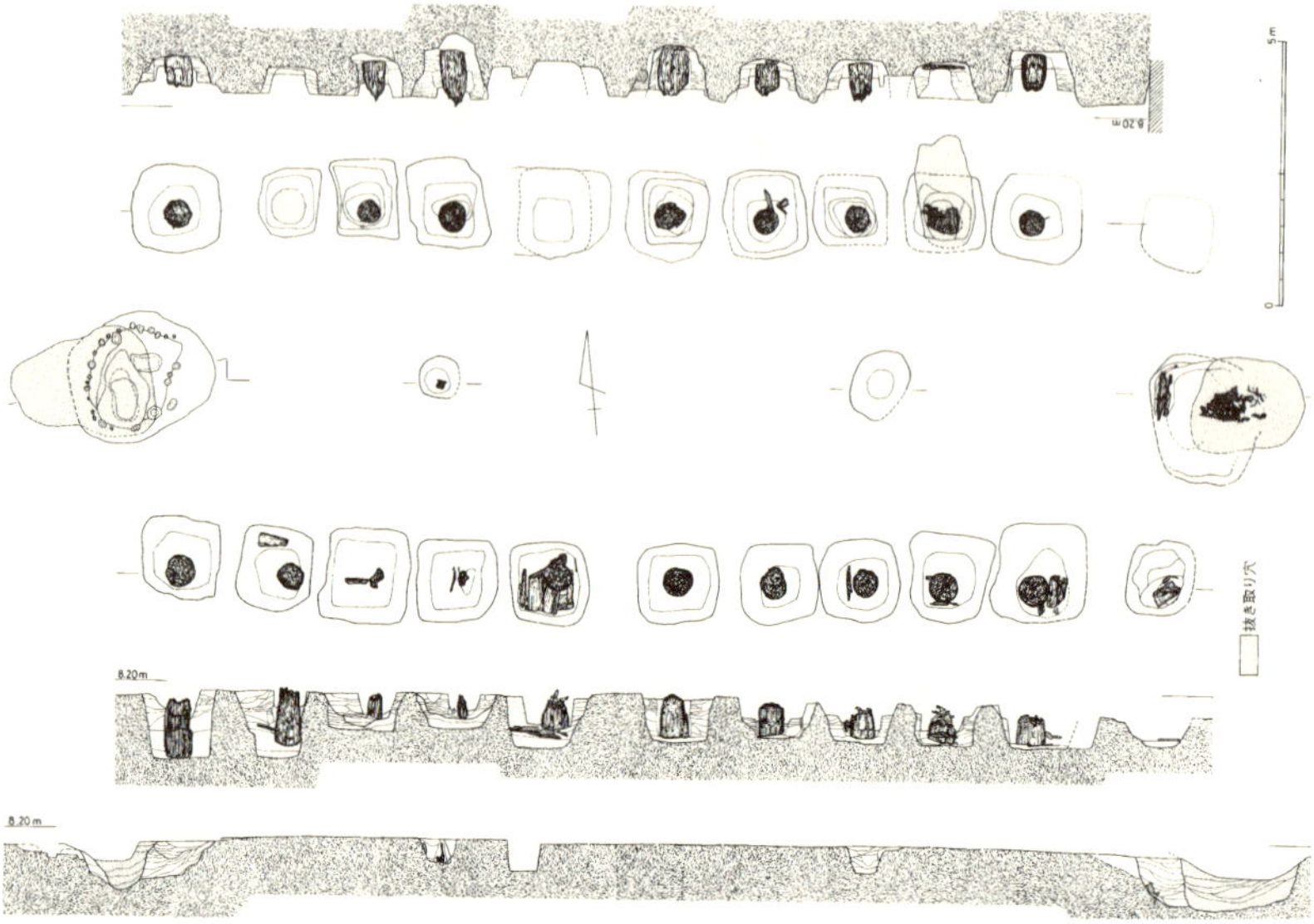

図4　池上曽根遺跡の巨大建物跡（池上曽根20周年記念事業委員会［1996］より）

るのは、独立棟持柱を持つと同時に「心御柱」に近似する柱穴が検出された点である。皇大神宮正殿の床下構造ときわめて類似する［宮本長二郎一九九九］。

独立棟持柱の事例を全国的に集成し俯瞰したうえで、広瀬和雄氏は、独立棟持柱建物が「神殿」であると仮定し、規模の上で三類型に分類した。規模の大きなものは共同体による神殿で、共同体全体でカミを祀る場であると考えるわけである。池上曾根遺跡では、前面に大形の井戸跡も検出されたことから、広瀬氏は単なる倉庫と区別し、穀霊や稲魂を祀る神殿と考える［広瀬一九九八、二〇一〇］。広瀬氏の仮説は、土器絵画や銅鐸に描かれた建物、風景が農耕儀礼に係るという仮定に立脚する。従来の絵画研究の多くはその仮説を支持しているように見える。しかし、それが農耕儀礼ではなくて他の風景を描いたのであれば、そもそも神殿仮説は成立しない脆弱な部分も併せもつ。

大型の掘立柱建物が首長の邸宅、あるいは居館であるとする一方で、個々の構造が倉庫建築と変わらぬ特性を持つことは事実である。独立棟持柱建物が、倉庫（稲倉）から発達した宗教的施設との推測が確かであれば、稲魂や穀霊を祀るための祭儀の建物とする理解も合理性をもつ。広瀬氏は、それを稲倉起源の神殿と考えるために、そこに降臨する霊も稲魂や穀霊などを中心に考える。しかし、それはあまりにも稲作農業と結びつけた解釈ではなかろうか。広瀬氏が農耕儀礼の根拠の一つに挙げた稲吉角田遺跡出土の土器絵画には船を漕ぐ数人の人物が棟持柱建物と同じ画面に描かれている［広瀬二〇一〇］。その風景は農耕儀礼というよりも、むしろ葬送儀礼を描いているように見える。船を漕ぐ姿は葬送儀礼との関わりを想起させる［岡本二〇〇六］。

神殿説に対して、それと相容れぬ事実を指摘した「非神殿説」の見方も提出されている。池上・曽根遺跡のイイダコ壺や石器石材の埋納穴などの非祭祀的な事物から、農業共同体による共同の作業場であると主張する意見もある［秋山一九九五、一九九八、一九九九］。また弥生時代研究の泰斗である佐原真氏や春成秀爾氏らが挙って神殿説に反対していることは気になる点である［佐原一九九六、春成一九九六］。

広瀬氏の神殿説は、池上曽根遺跡の堅牢な大形建物を前提にしている。その議論は神霊の進化と重ね併せているところに特徴がある［広瀬二〇一〇］。氏の「神まつり論」は、岩田慶治の東南アジアにおける農耕祭儀の人類学研究［岩田一九八九、一九九〇］をベースにしており、その点で実証性が高い。それによると神霊の進化はまとめると次のように辿られるという［広瀬一九九八、二〇一〇］。

（1）第一段階：特別な空間を区切ることなく、神殿は日常世界のなかにあった。人びととカミの距離は近かった。カミは春来て、秋には去っていく「去来するカミ」である。

（2）第二段階：神殿は日常世界のなかの非日常世界であり聖なる空間となる。カミは神殿に常在していた。

性格として「去来しながら常在するカミ」である。首長の代替わりごとに廃絶される。

（3）第三段階：施設を区画などによって囲繞し、神殿の場が固定する。「常在するカミ」を祀るもので、神社の成立を示すと考えられる。

八　伊勢地方における大形掘立柱建物

松坂市、伊勢市周辺では弥生時代、古墳時代に関して多くの知見が蓄積してきた。高床式大形建物について、高茶屋大垣内遺跡［三重県埋蔵文化財センター二〇〇〇］では、古墳時代前期に属する方形区画の溝とその中に築かれた一棟の近接棟持柱の高床建物が発見された（図5）。それ以外に竪穴住居などの日常的な生活の匂いのする施設は全くない。方形区画の溝は、ピットが連なる痕跡があり板塀を巡らせたと推定される［穂積二〇一三］。方形区画に囲繞された空間は、日常の生活空間とは異質で汚穢から遮断された空間を構成する。後代にその空間に更なる高床建物が建設されていく様子が見て取れる。ともに厳粛で禊斎の空間であるように見えるのは、他の施設の併設を一切許さず独立した空間であることと、高床建物がその空間の丁度真ん中に占地する点である。四世紀ごろの遺構と目される重要な

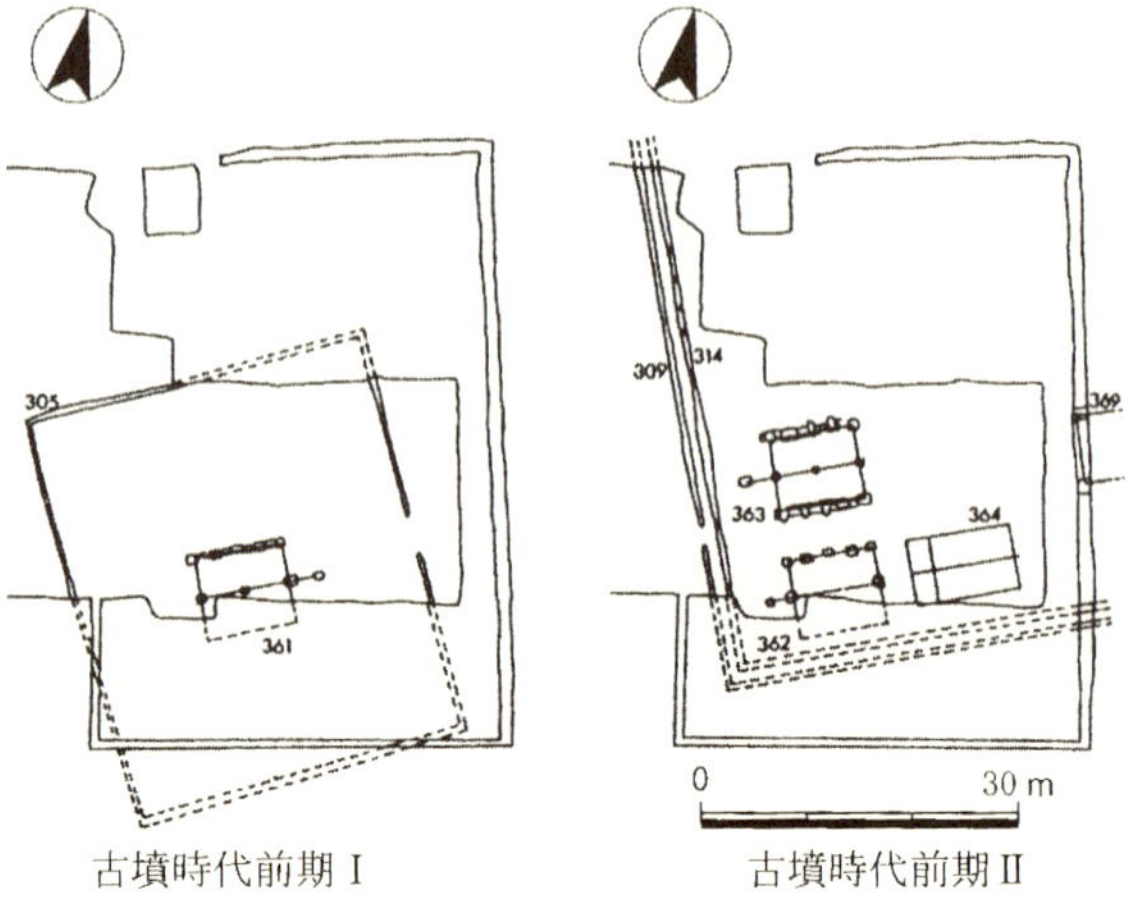

図5　高茶屋大垣内遺跡古墳時代前期の方形区画内建物（穂積［2013］より）

点は、伊勢神宮の近接棟持柱に先行する形態が、古墳時代前期にすでに伊勢市近辺に出現していることで、その歴史的発展の裡に正殿型式を位置づけることができる。大和王権から直接もたらされたのではなく、在地の伝統技術と材木が使われたと考えることができる。またほぼ三〇メートル×四〇メートルの溝に囲繞された清浄の空間は、首長層に属する者が築造した宗教施設だと考えるのが妥当であろう。問題は、それを首長家の氏神的な施設とするか、それとも首長が執り行う穀霊等の祭祀施設とするかであろう。

九　考古学と文献史学の齟齬

近時、検出例を増す独立棟持柱をもつ大型掘立柱建物について、考古学では穀霊、稲魂の宿る「神殿」と考え、弥生時代から古墳時代を主体に展開し、それ以後にも継続する建物形態であることを提唱している。同時に、伊勢神宮の近接棟持柱建物である神明造りに系譜をもつことを明らかにし、伊勢神宮の創立年代が古くなる可能性について指摘する。宮本長二郎氏は、その遡源的形態を弥生中期の鳥取県大山池九号に求め、伊勢神宮社殿建築に見る独立棟持柱建物との関連を示唆する［宮本一九九八］。

梁間二間、桁行四、五間の柱穴列をもつ特殊な掘立柱建物跡は、時に長さ二〇メートルに達する大形のものも現れ、単なる倉庫ではなく、多分に祭儀などの催される「神殿」としての機能を提唱する動きになっている［広瀬・小路田一九九二、広瀬一九九八、広瀬二〇一〇］。これに対して文献史学側からは、『記紀』、『続日本紀』、『皇大神宮儀式帳』などの記載から、本来、神社の初源は正殿を持たず、単に神籬を立てる方式であったことから、検出された独立棟持柱建物は、別の系譜に基づくもので、伊勢神宮の正殿とは無関係のものとみなす［岡田一九九二、

一九九八、一九九九、榎村一九九七〕。両者の間に断絶を認める立場であるが、しかし神明造りが何の建築的基盤も有さずに突然と出現するとは考えられない。しかし、正殿建築がそれらに由来を持つとしても、「倉庫」や「稲魂・穀霊」を祀る神殿と皇祖神を祀る皇大神宮正殿との乖離や齟齬をどのように埋め合わせするのかの課題は考古学側に託された課題である。考古学が建築上の連続性を主張するならば、そこで執り行われる祭儀の連続性を実証する必要があろう。

榎村寛之氏は、『皇大神宮儀式帳』および『建久年中行事』に記載された三節祭の一日目と二日目の儀式内容と手順、参加する禰宜、大物忌、大物忌父、斎王の入内場所に関する分析から、正殿での儀式が二つのパートから成立しており、正殿の床上でなされる床上儀式と、床下の心御柱前で行われる床下祭祀に分かれることを明らかにした。そして、床下祭祀が皇祖霊に対する御饌奉斎を意味し、床上での祭祀とは全く異質なことを示した。祭儀に新旧の二面性があることを示している。そのうち古い祭儀は、床下の御柱近くで奉斎される床下祭儀で、それは上物の本殿が築造される前の祭儀が残ったもので、後に正殿が新しく加わり、床上の祭儀が伴なったと説く。したがって、皇大神宮の初期の形態は心御柱を立てるだけで、正殿が建てられるのは後の時代からだと説く。

弥生・古墳時代の独立棟持柱をもつ大型建物が神殿でないとすれば、他に代わる施設は考えられるだろうか。岡田氏が示唆するのはオセアニアや台湾における「集会所」である〔岡田一九九八〕。それは高床建築で細長構造を持ち、成人男子が儀礼や祭祀のために集まる「ハウスタンバラン（先祖霊の家）」である（**写真1**）。ハウスタンバランは、パプアニューギニアに広く認められ、成人男性を中心に、儀礼やイニシェーションの場としてクラン単位で建立され、精霊像や先祖霊などを祭る〔高橋二〇一二、二〇一三〕。竹笛や太鼓などの儀器も置かれる、確かに長方形のプランと規模は、岡田氏の推測するように弥生時代の大型建物に近い。ハウスタンバランの建物の前に、細長い石が一本、或いは二本立てられていることがある（写真1）。この石の意味はよくわからないが、セピク川流域のイアツムル族のハウスタンバランには多く見られる。パリンベイ村やカナガムン村、マリンガイ村、カンディンガイ村の他にも、そのような立石をもつハウスタンバランがある。それらは二本一対になってハウスタンバランの前に小山とともに構築される。廃されたかつてのハウスタンバランの位置を示すものとして、重要である［Coiffier,C.1990］。後述するように、立石が儀礼や祭祀で招く精霊などの降り立つ神籬なのではないかと筆者は考えている。

写真1　セピク川パリンベイ村ハウスタンバラン　アウリンビットとその前の立石

神宮正殿の心御柱、あるいは独立棟持柱の由来について、もしそれが先祖霊や穀霊などが降臨する神籬であると仮定するならば、それらの霊ははるかに古く遡って存在した。特に先祖祭祀の系譜からの理解が可能かどうか検討する必要がある。次章では、縄文時代からのアニミズム的霊性と先祖祭祀の系譜について考える。

十　縄文時代の先祖祭祀

西日本方面の縄文時代は後・晩期を迎えて大きく発展する。その基盤については詳しく判明しないが、後期になると配石遺構や呪術的遺物など精神世界と関わる考古資料が急激に増大する。これは経済的発展というよりは、むしろ儀礼や祭祀などの発展と直接的に関係しており、その核心は様々な精霊に対する敬虔な信仰と、それを操作するシャーマニスチックな宗教儀礼から成るが、もう一つ、社会基盤を提供する親族組織とのかかわりにおいて顕在化する。親族社会の中に、氏族（Clan）とよぶ血縁基盤の分節組織が発達し、出自と共通先祖を共有することで法人的な氏族意識が胚胎するため、資源利用などで明確な縄張り意識に裏打ちされた排他的な組織が出来上がる。縄文後・晩期はそのような緊張した社会状況のもとで、氏族の分節構造が発達し、社会の複雑化を促進したと考えられる〔高橋二〇一四〕。氏族を代表する一人のリーダーが輩出する背景もそのような親族組織の分節化と関係する。氏族の理念は、共通する先祖を意識し、それを祀ること、すなわち先祖祭祀と密接に関わる。

東日本の縄文時代後・晩期では、埼玉県赤城遺跡〔埼玉県文化財事業団一九八八〕、群馬県天神原遺跡〔安中市教育委員会一九九二〕、東京都下布田遺跡〔調布市教育委員会一九七九〕の遺構から窺がわれるように、丸石などと共に多様な石棒類を集積して、石棒が林立したかのような施設を成している。集合的に寄せ集めることで、男性成員中心の先祖祭祀、社会の再生産の儀礼を行ったと考えられる。屹立した石棒に先祖霊が憑依し、氏族祭祀、儀礼との関わりにおいて社会的機能を有したのであろう。その意味では氏族が個別に保有した一種の「神籬」である。

関西では橿原遺跡［奈良県教育委員会一九六一］や滋賀里遺跡［湖西線関係遺跡調査団一九七三］の遺物が特筆に値し、関東・東北にも匹敵する文化内容を誇る。祭儀に使われた各種の器物が豊富に発見されている。関東・東北地方の土器が遠く運ばれたのも、文化・社会が東日本と連絡交渉を持ち、共通したイデオロギーに支えられていたことを示唆する。

東日本と西日本の中間にあって、東海地方の天白遺跡（後期）や森添遺跡では多数の配石遺構を持ち、多くの呪術的、儀礼的な遺物（図6）が出土している［三重県埋蔵文化財センター一九九五、度会町遺跡調査会一九八三］。この時期は、関東・東北地方との関連が示唆され、遺物の種類や型式において東日本からの影響が認められる。

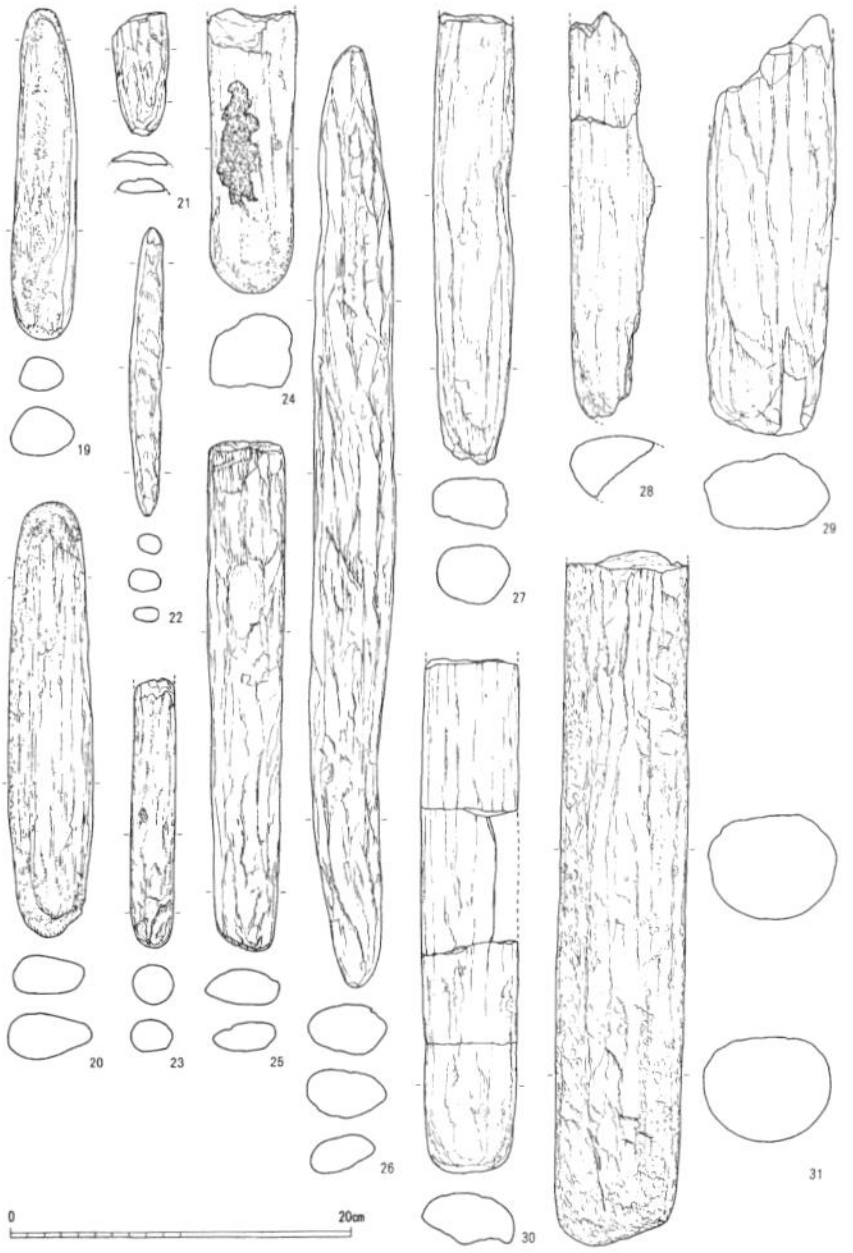

図6　天白遺跡の後・晩期石棒（三重県埋蔵文化財センター［1995］による）

しかし、東海以西では、そのような文化的・社会的発展は縄文晩期前半で終焉を迎え、後半期の突帯文土器の時代では、遺物や遺構面でそれらは悉く脱落し、石棒と土偶の一部が引き続き弥生文化の中に残存するのみで、ここに大きな文化的、社会的変革を認める。西日本の晩期後半（突帯文土器期）から弥生時代前期の石棒は、集合的に寄せ集められることはなく、単独で用いられたようである。しかも瀬戸内東部から近畿地方を中心に分布する。

突帯文期、西日本では稲作が導入された痕跡が得られており、初期の稲作関係の遺構・遺物が発見される。遺跡の立地が山麓周辺部から、沖積低地に下ることも、水稲耕作との関連を思わせる。ただ、そのような縄文―弥生移行期にあって、石棒が残り継承される点は注意を要する。秋山浩三氏は縄文―弥生移行期および弥生前期前半期に最も多く出土することを指摘し、弥生中期まで残存すると説く［秋山二〇〇二、二〇〇四、二〇〇七］。しかも、縄文晩期の石棒よりも一層大形の粗製化した結晶片岩製で、大開遺跡の石棒には、復元長が一メートルに達するものもある［神戸市教育委員会一九九三］。それらはどのように使われたのであろうか。徳島県三谷遺跡では七体のイヌの埋葬と関連して出土している［中村二〇〇七］。また弥生初期の環濠集落である神戸市大開遺跡では、破片となった石棒が竪穴住居内、土坑内から出土している。埋葬に加えて竪穴住居との関連も重視したい。

石棒の使用状況を示す材料はないが、太く長い体部をそのまま横たえたとは考えにくい。やはり天に向かって屹立するように、根元を地面に埋めて打ち立てたのではないか。集落のどこに据えられたのか、住居と関連して、例えば住居の入り口近くに屹立されたのか、あるいは住居の内部に秘匿されるように密かに立てられたのかは判明しない。当時の遺構で石棒と関わりそうな施設といえば、竪穴住居か高床式建物しかないのではないか。それらが先祖祭祀などの宗教的観念と関連して霊性の憑依する神籬の機能を持ったと推測できる。谷口康浩氏は、縄文時代の石棒が男性性を示し、祖先祭祀とかかわりを持つことを原則論的に説きつつ、近畿・瀬戸内地方で弥生時代に結晶片岩製、紅簾片岩製の石棒が粗製大型化する点を評価する。長原遺跡のような小規模の集団が大開遺跡のような大型の農耕村落に統合されていく社会変動期に発達したと説く［谷口二〇〇八］。新たな価値体系に接触した縄文の伝統社会が祭祀を強化することで伝統的秩序あるいは世界観を再興的に維持しようとして動きと捉える。また石棒祭祀により縄文―弥生移行期の地域間交流が促進されたと考える意見もある［中村二〇〇七］。小林青樹氏は、弥生時代に見る大型石棒と縄文時代の系統性を否定し、大陸との接触を通じてもたらされたとの予測を披露する［小林二〇〇八］。

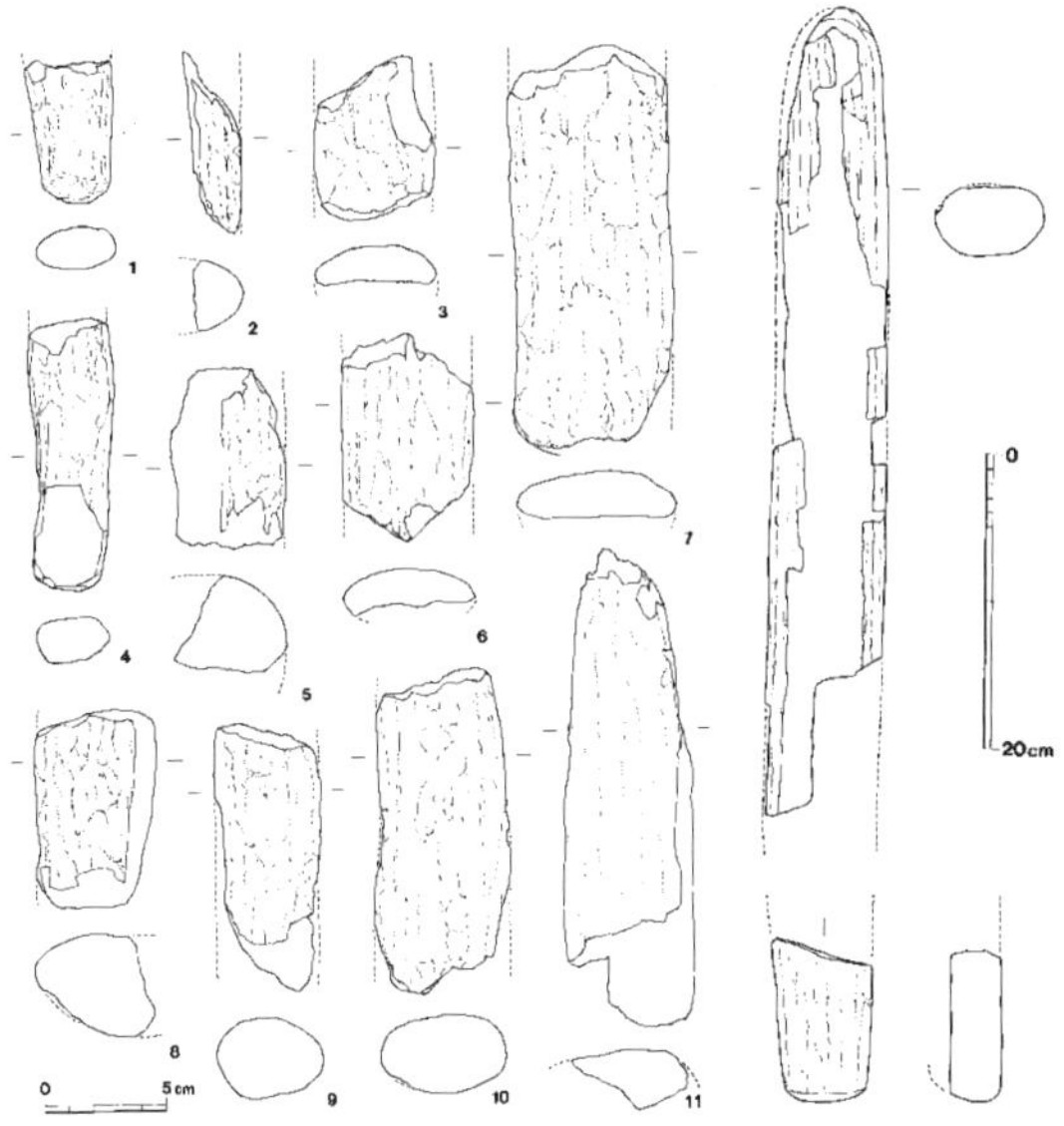

図7　大開遺跡の石棒（神戸市教育委員会［1993］より）

注意したいのは、それらが大型化して、社会の中で新たな機能を付加されたと考えられる一方で、最終的には破砕されてしまうことである（図7）。石棒の持つ男性的象徴、また氏族社会の再生産と豊穣のメタファーの遺物が人為的に破壊されることが特徴である。破壊されることを含めて機能上の特徴とするのか、それとも機能的生命を終えたので破壊されたと考えるかは判断の分かれ目である。

弥生時代中期まで残った石棒はその後に姿を消す。しかし、男性象徴や豊穣、社会の再生産のシンボルといった普遍的な観念が消滅することはあり得ない。その観念はおそらく材質や場所を変えて生き延びているに違いない。石棒が消滅すると同時に、代わるように登場するのは、何であろうか。

十一　割られた弥生時代の石棒と木偶

弥生時代に生き残った石棒が大型化する一方で人為的に破砕されることは先に述べた。地面に打ち立てられて屹立して機能した石棒は、何らかの儀礼を伴いながら破壊されたのである。火熱を受けているものも多く、破壊の過程で意図的な火熱の処理があったかもしれない。縄文時代の氏族社会、単系出自社会において発達した点を考慮すると、単に生業活動の生産性や豊穣性を祈るというよりは、親族社会における再生産や氏族の繁栄を祈念する社会的要因を範囲に含めて考えるべきである。それは先祖霊の依代として神籬の役割を果たすと同時に先祖そのものの象徴として存在したのであろう。

折口信夫の「霊魂の話」には、日本の古い基層的信仰として「たま」があり、「たま」は歴史的変化を遂げて分化して「神」に変質し、その善い部分が「神」となり、邪悪な部分が「もの」になったと説いた［折口一九二八］。その論中の「石成長の話」では、「たま」が石の中に入り石が成長して「神」になる信仰を紹介している。「たま」が石の中に入って成長し、やがて石が割れて神が出てくる古来の信仰である。石が神の容れ物、乗り物という思考である。ここで折口が「神」と表現するのは、言うまでもなく人格の与えられていない「精霊」を指している。石に精霊が憑依し、成長して被殻を破って外に飛び出る伝承で、何者かの成長を促す媒体として「石」が重要な役割を演じるわけである。成長するものが「神」であるのか、それとも「もの」であるかは問うていない。それが先祖霊でもありうるのである。

山折哲雄は、三輪山の磐座を実見し、神そのものを象徴して祀られる磐座の岩が悉く打ち割られていることについて、それを「恩頼（みたまのふゆ）」の象徴と関連し、弱体化した魂を活性化すると同時に無限に分割して分社・分霊とする日本独特の神性と関連させた［山折二〇一〇］。

もし上記の様な民俗学、宗教学からの類推が許されるなら、弥生前期に打ち割られる石棒は、親族集団や氏族組織、集団組織が活性化して、ますます大きく強化されると同時に分岐・分割して大いに繁栄することを祈るものではなかったか。神道考古学の椙山林継氏は、古来の「石」の信仰について、「石は成長し、肥える。数が増え、小石は集まって大石となる。また子を生み増える」と的確に指摘している［椙山一九九二］。その意味で、親族集団としての氏族や出自集団の繁栄、集落組織の成長などが弥生時代以降において大変重要な意味を持ったと考えられる。三輪山などにみる磐座信仰は、氏族集団の繁栄と関連するのであろう。石棒祭祀の趣旨は、縄文以後も貫徹するとみる。弥生前期から中期にかけて瀬戸内東部を中心として、急激に遺跡数や人口が増える背景に、そのような儀礼や信仰が関わっていたとみることができるのではないか。

先祖祭祀と関連して弥生時代のカミを論じる場合、近江地方を中心に出土する木偶は重要な資料である（図8）。現在数遺跡から出土が報じられるに過ぎないが、木質で腐食しやすいことを考慮すると、遺存条件さえ良好であれば更に資料は増加すると期待される。滋賀県湯ノ部遺跡、烏丸崎遺跡、大中の湖遺跡から出土したものでは、形態から男女の区別があり、顔表現や手足まで彫刻されており、明らかに人格を与えられた神像である。六〇〜七〇センチメートルの身長をもつ。先祖祭祀に関係したものと評価されている［濱一九九三］が、それらはどこに祭られていたのであろうか。烏丸崎遺跡例は、方形周溝墓の周溝から検出された。また湯ノ部遺跡例は方形区画の溝から四体出土した［濱二〇〇五］。それらは葬送儀礼や先祖祭祀に供され高床建物の中に安置された可能性が

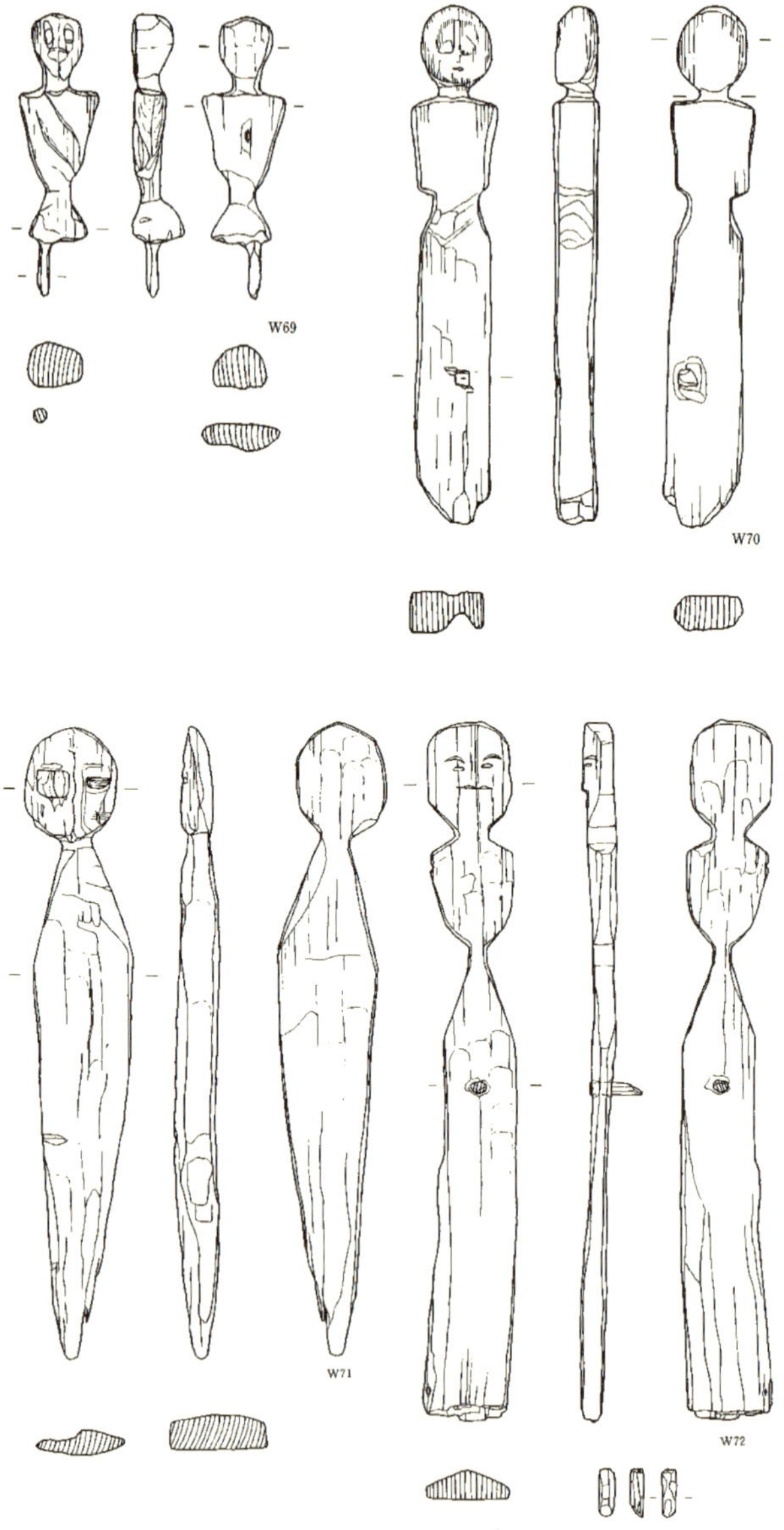

図8　湯ノ部遺跡の木偶（滋賀県教育委員会［1995］より）

高い。濱修氏は神殿建物内で祭祀空間の中心に据えられたと説く［濱一九九三］。それらは先祖霊の降臨にあたって神籬の役割を担ったものと推測され、その点で石棒と同じ関係にある。石棒の後を継ぐように登場する。しかし、弥生時代後期を境に以後途絶えてしまい、宗教上何らかの断絶があったとみなす意見もある［金関二〇〇四］。

十二　古墳時代の政治的階層性と社会基盤

初期国家にむかって様々な整備の行われる古墳時代は、一般に首長制社会と見なされる。首長国（chiefdom）あるいは首長制（chieftainship）は、部族社会を代表するリーダーたちが、それぞれの氏族を基盤に台頭し、政治的階層制のなかで地域社会を統治する社会である。氏族集団とは個人の血縁的系譜関係を共通の祖先に結び付けて辿り、単系的で直系的な出自（descent）をもとに、多数の分岐的系譜を共通の出自、系譜観に基づいて整理した血縁関係の集団である。一般に各世帯のリーダー、リネージのリーダー、クラン（氏族）のリーダー、共通のクランのリーダーなどから段階的に構成されると考えられる。氏族が同じ集落や隣接する地区に集合して生活する初源的で基本的な場合もあるが、長期の歴史的過程を経て各地域に分散的に居住する場合もあり、拡散の程度は結局は氏族成員の移動と展開に関係する。地域の歴史過程により、それらの掌握と統括の在り方や程度は異なる。共通の帰属意識と連帯が常にあるわけではなく、その高まりは一般に政治的統合の動向と関係し、首長制社会では共通の氏族を基盤に一人のリーダーが輩出することが通例である。

首長制による政治集団がどの程度の階層性を持つかは、首長国の統合・発展具合によって異なり、どの程度の氏族をまとめ上げているか、換言すれば分散して地方に広がる関連氏族の統合的掌握が首長の権力の源泉になることから、多分に地域・地方を面的に押さえて政治的版図とする必要から競争的関係にいたることが多い。首長制社会は、氏族の血縁的系譜関係に基づき、直系と傍系の関係や継承順位などによって政治的序列が決定されるので、政権基盤は一般に脆弱である。首長制社会では政治的順位が血縁の高貴さや主流への近接程度によって秩序づけられ、しかも継承順位が生誕順位や母親である后の順位とも関係するので、姻戚関係の操作を含めて複雑な順位付けの方式が発達することが多い。兄弟間、親子間など同じ血縁関係にありながらも争乱が絶えず戦闘行為によって決着することが多い。したがって、血で結ばれた強い紐帯に基づきながらも、社会基盤は脆弱であり政治権力の場が移動しやすい特徴がある。日本の歴史では、弥生時代から古墳時代を経て、天武朝に律令国家の体制が敷かれる前までは首長国として理解することができる。もちろん、それは日本における初期国家への歩みでもある。

十三　古墳時代の祭祀と儀礼

三世紀中半に弥生時代は終わり、首長制は古墳時代に引き継がれる。奈良盆地を中心に誕生した大和王権は、弥生時代に発達した首長国を基盤にしている。弥生時代前期から中期には田原本の唐古・鍵遺跡にみる大規模な環濠集落を形成する。弥生後期を迎えると、突然に集落は終焉を迎え、唐古・鍵遺跡は廃絶される。それに合わせるかのように、五キロメートル離れた纏向遺跡が出現することから、寺沢薫氏は盆地内で集落の再編が行われたと考え、より大きな組織体に変貌した事実をもって初期の国家的体制の基盤が整えられたと考える［寺沢二〇〇七］。

大和を管掌することで首長国は最大に発達し、奈良盆地の首長は纏向に基盤を置く最高首長に格上げしたわけである。大和王権の母体となる変革である。『記紀』に登場する歴代天皇の王宮が、磯城の纏向周辺に築かれるのは、おそらく初期大和王権が纏向を中心に誕生したことを意味する。

『記紀』には、歴代の天皇（崇神、垂仁、景行など）が纏向瑞垣宮（水垣宮）、珠城宮（玉垣宮）、日代宮を築いて宮殿としたと記載される。

大和盆地には、大王家を中核として各地域を統括した首長がいたはずである。大王家はいわばその最高首長（paramount chief）であり、その下に雛壇状に連なる首長群がそれを支える仕組みであったに違いない。人類学でいう「首長制」、あるいは「首長国」は、首長間の力学に基づいて階層序列化された政体で、基本的に氏族社会、部族社会を背景に登場する国家以前の政体である〔高橋二〇〇一、二〇〇四〕。大和盆地に割拠した首長は具体的にどのようなものであったか。『皇大神宮儀式帳）』垂仁天皇二十五年の内親王倭姫命が天照大神を託されて東方に向かうに当たり、五大夫が出揃って随行した記事が見える。五大夫とは、阿部氏、和爾氏、中臣氏、大伴氏、物部氏である。当時の政治は、この連合体制によって運営された。その連合体制を宗教的に統率し守護するのは大和地方の地方神である「倭大国魂」である。

「天照大神」がある氏族の「氏の神」から出発した〔藤谷・直木一九九一〕と同様に、各首長はそれぞれに氏神を祀っていたはずである。「氏神」とは、神というよりは氏族ごとに祀る先祖霊で、各々の氏族統合の象徴である。「倭大国魂」はそれらの個別の氏神とは別の次元で祀られたもので、大和盆地がまだ地域的な首長制連合政権に留まっていたころに、地域最高の大地の「カミ」として奉斎されたに違いない。大和王権の代表として大王が登場する前、「倭大国魂」は、おそらく大和地方の最高の霊（ミタマ）として崇め奉られたのであろう。時の有力首長は公的祭祀として「大神神社」や「石上神宮」の「タマ＝霊」、「タマ＝魂」を鎮め、タマフリやタマシズメの鎮魂祭を行っていた〔上田正昭二〇〇九〕。祭神はよくわからないが、「倭大国魂」の前身にあたる「カミ」であろう。

しかし、纏向に王権が誕生した三世紀前・中半には、それを超える宗教的権威が生まれる。磯城纏向に勢力基盤をもつ大王家が近畿全体の政権を掌握するにおよび、神威は「霊（たま）、カミ」から「カミ、オオミカミ」に昇格し最高権威を得たのであろう。しかし「神」に昇格するのは、まだ国家以前の状況なのでありえないことである。「神」は、おそらく天武朝を迎えて、大王が「天皇」と改称し、文字通り「日本」国家が誕生してから登場する。「天照大神」は、国家神として天皇を背後から支える一方で、天皇家自らの氏神であると同時に国家神として奉斎する真の「神」であった。

かつて崇神天皇が瑞垣宮に宮殿を構えたころ、大殿に「天照大神」と「倭大国魂」を並祀したところ、「共に住むに安からず」状態になったので、それぞれを豊鍬入姫命と渟名城入姫に託して分離したという。なぜ「共に住むに安からず」状態に至ったかというと、氏神である「天照大神」が強大になり、そのために国家神と地方神という厳然たる格の違いが明らかになったにもかかわらず、「同床同殿」で並祀することを恐れたからであろう。もちろん、両者の格差は記紀が編纂された天武朝に至って極大化したのであるが、それを崇神、垂仁朝に遡って記述したわけであり、斎宮の設置とも関連している。重要なのは、連合政権の象徴である「倭大国魂」が大王の宮殿に祀られた点で、大和盆地を掌握する最高首長として、氏神であり後の「天照大神」と共に首長連合の大地の「カミ」を祀ったことである。当時、「倭大国魂」を祀ることができたのは、大王に限られたのであろう。五大夫はそれを個人の邸宅で祀ることは許されなかった。王権とは、それらの象徴的「神霊」を奉斎する「祭祀権」と密接に関連している。

十四　国家成立前史における霊とカミ、神

先祖祭祀は、部族社会の中でも親族構造が分節化し、クラン（氏族）組織が発達し、儀礼やイニシェーション

などが高揚した社会で発達する。

先祖祭祀に参加することは成員の一員であることを証明する行為である。したがって「先祖霊」を手厚く祀り、加護を願うのである。そのためには先祖霊の喜ぶ捧げものが重要な意味を持つ。世界各地の未開社会の民族誌を見ると、大凡部族社会の段階に留まるものの多くは、いまだに「霊」としての先祖霊を祀ることが多く、人格の与えられた「神」の意識は確立していない。縄文時代晩期の状態はそれに近い。

「カミ」は弥生時代、古墳時代の氏族制社会を基盤とする首長国段階において、最もすぐれて宗教的な社会秩序を担い、統治と王権の正統性を背後から支持するものであった。巫俗、巫覡で、卜骨など占いと呪術を通じて、「タマ」や「モノ」と「カミ」と交信を行い、政治と社会に関与したことは、未開社会におけるシャーマンの役割や『魏志倭人伝』中の卑弥呼の「鬼道」から知ることができる。これは日本に仏教が伝来して定着するまで多神教的世界を構成した。首長は自ら「カミ」を祀った。

国家形成期に渡来した仏教の影響を受け、それとの関係性の中で「カミ」は変容し「神」を生み出した。仏教との接触を通じたシンクレティズムである。

仏教という成立宗教が日本に伝来してから、王権とかかわる貴族社会で着実に地歩を固める中で、在来の「霊」や「カミ」は仏教との習合において、様々な点で変貌し、その姿を変えていったのではないか。国家体制を整えて、有力者の多くが仏教に帰依する傍らで、なお多くの人々は伝統的信仰を保持したと考えられる。多くの人々は宗教上のイニシアティブが揺らぎつつある状況である種の怖れを抱いていたのではないか。その影響は、仏教の単なる伝来に留まるものではなかった。当時の在来宗教による「カミのまつりごと」は直接的に政治の背景となり、また表舞台においても重要な儀礼、儀式となっていたからである。在地的な信仰は日々の生活の中に息づき、生業や宗教儀礼をはじめ社会の隅々で重要な結節的役割を果たし、社会の再生産を担ったと考えられる。「神」の意識が確立されるのは、むしろ国家が成立して、「国王」などが登場する場合である。国家としての機構が整備される中、しかも並み居る「王」たちの中で霊やカミに守護される王よりも、神に守護される王の方が国家という枠組みの中では合理性があるからである。ホッカートの名言として「多分どんな王も神なしでは、またどんな神も王なしでは、存在しなかったであろう」が知られているが、それは王を中核として国家機構が整備される過程で王の権威と神威が強く相関していることを示している［A・M・ホカート一九八五］。もはや国王が精霊との交渉を通じて、祭儀を取り仕切るのではなく、国王の代理として他の宗教的職能者にすべてを任せるのである。王はその専門家からの託宣を受ければよいのであって、自ら職能的宗教者になる必要はない。

十五　天照大神の性格

天照大神の神性は、従来、弟スサノオのもつ凶暴性とは対照的に、秩序と良俗の太陽神としての神格で描かれる。両神はことごとく二項対立性をもつ神性として描かれる。「記紀」神話が物語る皇祖神としての絶対性と正統性は、大王家を中核とする政治的背景において理解すべきことである。ところが天照大神には上記の性格とはまた別の側面が顔を出す。祟り神、荒ぶる魂の神として描かれることもあり、皇祖神として「和御魂」と「荒御魂」の両方を持つ霊性として理解される。

伊勢の皇大神宮（内宮）には、別宮として「滝宮」、「伊雑宮」など四宮がある。そのうちの一つ「荒祭宮」は、天照大神の「荒御魂」を祀る宮である。大神の「荒ぶる魂」を鎮魂する役割を担うわけだから、そもそも天照大神には祟り神的、邪神的な霊性が宿っているといってよい。岡田精司氏は、その起源を天照大神以前の古い男性太陽神＝タカミムスビを祀るもので、内宮の前身をなすものと考える。またそれを畿内から五世紀末に遷してきた大王守護神とみなす［岡田一九九二］。この地に祭られた最初から荒ぶる性格を具有していたわけである。

近年の研究では、天照大神の性格に、もう一面驚くべき性格があることが提唱されている。岩田勝は『神楽源流考』の中で中世の伝承資料の分析から、「天鈿命の神憑り踊り」に通じる神楽の古代的性格として、地霊や死霊の穢れを払う鎮魂行儀の意味づけを確認した［岩田一九八三］。「天鈿命の神憑り踊り」が地霊・死霊の穢れを鎮め、穢れを生じさせないために悪霊を祓うことの悪霊強制の祭儀であること、本来的に天照大神に付随する悪霊や祟り神としての神性を明らかにした。

大神神社にも大物主神という「不思議な霊威をもつ精霊」［神野志二〇一〇］が鎮座した。祟神（タタリガミ）として恐れられ、鎮魂されることによって初めて和む神霊として描かれ、慰撫することにより、ありがたき神霊に置き換わるのである。つまり、それら古代の神々は和む魂だけではなく、真逆の性格である「荒ぶる霊性」を同時に持ち合わせていた。これは大王家、天皇家の守護霊として、常に周囲を見渡し睨みをきかして、一朝事あれば恐ろしい祟神として霊威を振るう恐ろしい呪術的藩屏となる必要があったからであろう。古代社会においては、何にもまして霊威を借りた呪術、呪詛、神託が恐ろしかったに違いない。現代の未開社会では、スピリット世界を背景にした呪いや呪詛、魔術は最も恐ろしい行為である。原始社会を脱したばかりの古墳時代や以後の時代においても、それは端倪すべからざる超越的霊性であったに違いない。

皇大神宮には、天照大神を祀るとは別に、男神の「蛇」にまつわる伝承がある。鎌倉時代に仏僧の通海は『通海参詣記』に記した神宮関係者との問答の中に現れる神体について述べ、それが夜な夜な蛇の姿で后である斎宮に通うというのである［筑紫二〇〇二］。筑紫申真氏によれば、皇大神宮の別宮で天照を祀る伊雑宮（三重県磯部町）にも、伊雑宮の神体が蛇であるという伝承があるという。『通海参詣記』の著者の通海は「大神ハ陰神ニオワシマス」と吐露した。古来より汚穢を忌み嫌い仏法すら触穢と見なす皇大神宮の本質に対して、仏法僧である通海が敵愾心を燃やしたとみることもできる。しかし、本来の神格と異なる神が描かれる場合、歴史的で重層的な錯綜を考える必要がある。天照以前の在地の神々が、時代を古く遡れば遡るほど原始性を帯びることは間違いなく、それらに対する信仰と皇祖神神話との習合は十分に考えねばならない。むしろ皇祖神であり太陽神とされる天照大神が皇大神宮に祀られる前に、在地の神霊として「蛇」にかかわる信仰があったのではないかと疑われる。丁度、大神神社に大物主伝説と絡めて蛇が残るように、祀られてから幾多の神霊が付加されてきたに違いない。伊勢神宮で「蛇」が基層の神霊として残るのは、おそらくアニミズム的な原始的信仰の名残りであり、淵源がさらに古くまで遡ることを予想させる。おそらく男性のシンボルたる石棒とどこかで接点を持つに違いない。

伊勢大神を含めて、そのような原始的で基層的な神霊の上に、外来的で大和王権の天照大神が被さって皇祖神としての伊勢神宮の信仰はスタートしたことになる。地域の在地神を押しのけて支配下に置くことは大和王権の下に新たに服属させることを意味しており、朝廷の宗教的版図が拡大したことを示す。

十六　先祖祭祀の系譜と変遷

古墳時代の近接棟持柱建物が伊勢神宮の正殿の源流になった事実は、もはや動かすことができないであろう。またそれが弥生時代の掘立柱建物に淵源を持ち、弥生時代における各地の氏族基盤の先祖祭祀と関わりを持つことも建築技術の系譜上ほぼ確実であろう。

それでは近接独立棟持柱建物が弥生時代に突然と出現した渡来系の建築様式かといえば、それは明確ではない。同じ掘立柱建物は縄文時代にもあり、しかも前期から中期、後・晩期にも様式上の系譜は遡るからである。しかし、それらが直接の母体となり源流となりうるかは慎重に検討すべき問題である。特に独立棟持柱の由来は、それが建築上の必要物ではなく、霊魂の降臨する依代、神籬としての機能を有することから出発した可能性があるので、その起源をかかる方面から探索する必要がある。先祖祭祀は先祖祭祀の系譜から辿るのが常道であろう。弥生時代の神殿論は、その点で稲魂や穀霊を優先し、先祖霊との関わりを閑却する点で齟齬をきたす原因になっている。独立棟持柱の高床建物が「稲倉」であるという倉庫論が初めにあって、その延長線上にある議論のために後の議論とうまく組み合わない。

「祠（ホコラ、ホクラ）」の原義が「穂倉」にあると見なせば、稲穂を収穫後に収める施設としての稲倉が意味を持ち、農耕儀礼に関わるのであるが、しかし掘立柱建物をすべて穀倉として把握することの妥当性が問われる。確かに伊勢神宮の神嘗祭、新嘗祭など主要な祭儀は稲作農耕と関わる側面があり、稲倉との関連も検討すべきであるが、しかし、神宮が皇祖神を祀る最大の始祖祭祀の場であることを忘れてはならない。むしろ、同じ様式の掘立柱建物は先祖祭祀、氏神祭祀などの施設として重要な発展を遂げた視点からの検討が必要であろう。皇大神宮の神社群にご神体として奉祀される中に、「石」が多い点は、穀霊などとは相容れぬ要素である。

十七　独立棟持柱あるいは心御柱の起源

独立棟持柱の起源は多くの論考があるが、それを縄文時代に遡って検討されることは希であった。先祖祭祀と関係する施設として、一本の立柱を神籬と考える場合、それが木材であるか石材であるかを問わなければ、弥生時代前期の遺跡にしばしば発見される石棒に行き当たる。関西地方最古の環濠集落と目される神戸市大開遺跡から発見された大型の石棒は、長さ一メートルもある大形の石棒である。しかも意図的に割られており、元の原形に復することが困難な場合が多い。弥生時代に縄文伝統の石棒が残ることの意味を考える必要があるが、大開遺跡のような石棒が弥生時代前期の遺跡から検出されることは結構多いのである。徳島県三谷遺跡、伊丹市口酒井遺跡〔伊丹市教育委員会一九八八〕からは破砕された石棒が十数点も検出されている。そもそも石棒の由来はどこにあるのであろうか。縄文中期、後・晩期を通じて、男性原理に基づき世帯や氏族の発展繁栄に関わる社会的再生産の呪具である。晩期後半期から弥生前期を中心に瀬戸内東部から近畿、東海方面までの範囲に分布する。縄文の精神世界を再興するというよりは、その時期における社会的再生産を祈ったものに違いない。そのためには食料の豊穣と氏族の分岐と発展を呪術で精神世界に訴えたのである。その軌跡は、縄文晩期前半期の遺跡が激減した状態を脱して突帯文期に回復してから、弥生前期から中期にかけて遺跡数が急激に増加に向かった動向と重なる。石棒は先祖霊などの神霊が降臨する依代であると同時に先祖霊あるいはカミの表徴であった。その破壊は氏族の分枝と氏族人口の増加と繁栄を祈願する祭儀であった。後代の磐座が破壊されると同じ「恩頼（みたまのふゆ）」の論理と共通する。

それらの祈願を背負った石棒は破壊されたまま、その後に継承されない。銅鐸の運命によく似ている。あるいは石棒の意義は心御柱のような施設に受け継がれた可能性もある。独立棟持柱建物の床下には柱穴とは別に床下に穿たれた土坑が検出されることがある。前畑遺跡では、楕円形状の掘形があり、その上部に焼土が存在し、建物が機能していた時に火が燃やされたと解釈される［広瀬二〇一〇］。何者かが土坑に埋けられて、その周囲で火をともなう儀礼が行われたことを示している。もしそれが心御柱の床下神事の起源とかかわるとすれば、石棒祭祀以来の伝統が生きているのではないかと疑われるのである。

十八　神社建築の初期形態

多くの文献史学の研究者、あるいは建築史の研究者は、日本古代の神社建築が、社（ヤシロ）と神籬だけの、いわば聖なる場、空間だけから成るという認識を持っている。毎年祭のときにだけ造る仮設の神殿が神社建築の起源であるとする。それに備えて仮設神殿を用意するので、新しいものが良いとされるために、何年目かに建て替える必要から式年造替の制が生まれたと考える［太田一九八三］。伊東忠太氏によると、「太古の神を祭る方法は如何なるものであるといふに、清浄なる土地を撰んで石を築いて周囲を区別し、これを磯城と名づけ、此処に神籬即ち「ヒモロギ」を植え、この神籬に神霊を迎へて祭祀を行ったので、屋代と云うのは即ち此の意味である」とする［伊東一九八三］。この考え方の基に中国式の「社」（宮殿舎などを持たず、斎場だけをもつところ）の概念があり、それを「屋代（ヤシロ）」と訓じたらしい。しかし「屋代」というからには家屋ないしは形代の「祠」程度の施設はあったのではないかと憶測される。本殿がないと指摘される大神神社や諏訪大社、金讃神社などは、いずれも山体や巨岩を祀るもので、社殿に収まらないものばかりである。それらの性格を考えると、本殿を持たないのは当然なのではないか。

近年の考古学研究により、弥生時代、あるいはもっと前から独立棟持柱をもつ高床式の建物があることが判明しつつあり、皇大神宮正殿の建築様式との関わりを否定できなくなっている。建築史の中にも積極的にそれを評価する研究者も現れている〔黒田二〇一〇、二〇一一、二〇一二〕。宮本長二郎氏が神明造りの起源を鳥取県大山池九号（図9）に求めたのもその趣旨であろう〔宮本一九九九〕。それだけでなく、宮本氏は心御柱の痕跡さえ指摘するのである。宮本氏は伊勢遺跡の高床の棟持柱建物について、独立棟持柱を持つと同時に「心柱」と称する「心御柱」に相当する柱穴が検出された点を指摘している。皇大神宮正殿の床下構造が既に弥生時代に存在したことを

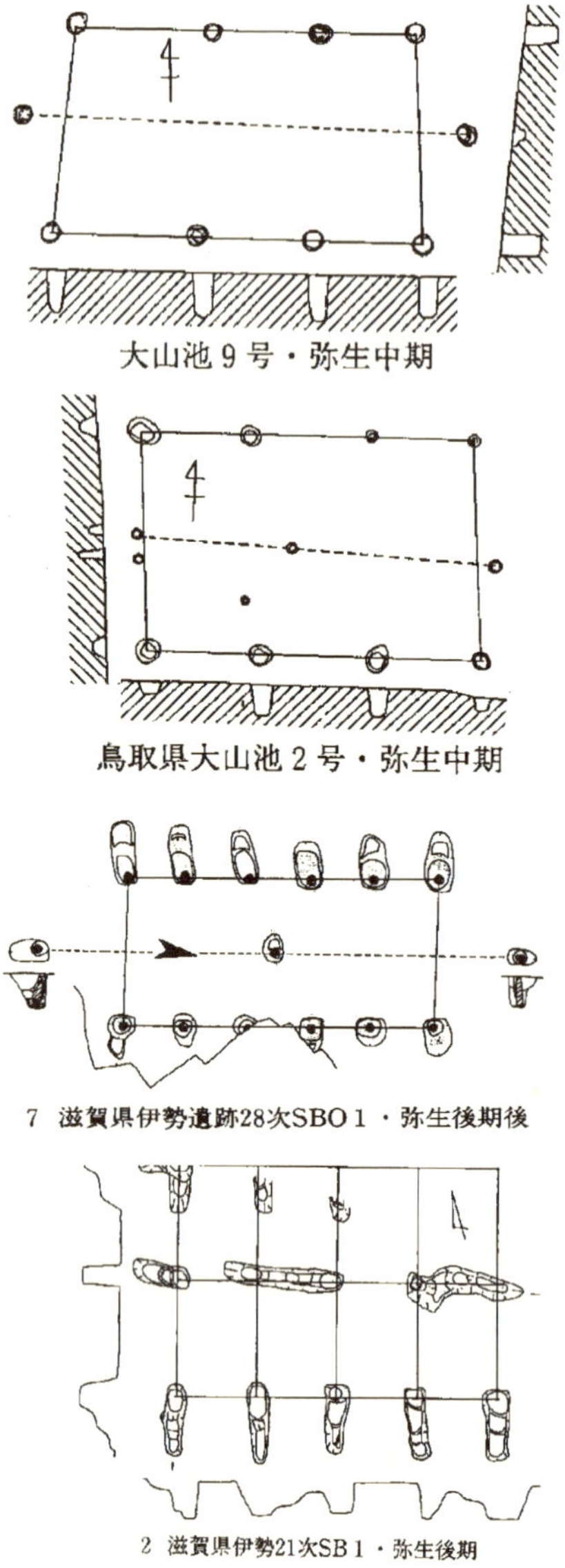

図9　神明造りの祖形的建物跡（宮本［1998］より）

指摘する（宮本長二郎一九九九）。大山池九号の柱配置をみると、二間×三間の配置に加えて、真ん中にもう一個穴が開いている。浅く開いて、他の柱穴とは様相を異にしている。また伊勢遺跡にも同様な事例があり関連が注目される。そもそも池上曾根遺跡の大型建物にも、中央列に沿って、柱穴よりも浅く小さい穴がある。また穴周辺部が火で赤く焼けている前畑遺跡の事例もある［広瀬二〇一〇］。それらの意味を「心御柱」との関わりにおいて検討する必要がある。

その場合、先祖霊などが降臨する際の神籬が有力な意味を持ってくる。弥生時代の同施設は先祖祭祀と関連するのであって、先述したように穀霊、稲魂がすべてではなかろう。氏族や世帯の分枝、繁栄が先祖に祈られ、御饌が奉げられたのではないか。その時に建てられた神籬は、石棒の末裔である「石」ではなかったか。それが弥生中期ごろに木柱に変化した可能性を考えてみたい。

引用参考文献

秋山浩三・小林和美［一九九八］「弥生中期における池上曾根遺跡中枢部の空間構造と地形環境」（『大阪文化財研究』第一四号）一―一七頁
秋山浩三［一九九五］「池上曾根遺跡中枢部における大形建物・井戸の変遷（上）」（大和弥生文化の会『みずほ』第一八号）三九―六三頁
秋山浩三［一九九九］「池上曾根遺跡中枢部における大形建物・井戸の変遷（下）」（大和弥生文化の会『みずほ』第三一号）三六―六三頁
秋山浩三［二〇〇二］「弥生開始期以降における石棒類の意味」（古代吉備研究会『環瀬戸内海の考古学――平井勝氏追悼論文集（上）』）一九七―二二四頁

秋山浩三［二〇〇四］「土偶・石棒の縄文・弥生移行期における消長と集団対応」（河瀬正利先史退官記念事業会編『考古学論集――河瀬正利先生退官論文集』）三二九―三四二頁
秋山浩三［二〇〇七］『弥生大形の農耕集落の研究』（青木書店）一一六―一九二頁
安中市教育委員会［一九九二］『天神原遺跡』
池上曾根遺跡史跡指定二〇周年記念事業実行委員会［一九九六］『弥生の環濠集都市と巨大神殿』
石黒立人［一九九三］「居館と囲郭集落の間」（『愛知県埋蔵文化財センター年報平成四年度』）
石野博信［一九九一］「総論」（『古墳時代の研究三　生活と祭祀』雄山閣）
伊勢市教育委員会［一九八七］『隠岡遺跡発掘調査報告』
伊丹市教育委員会［一九八八］『口酒井遺跡――第十一次発掘調査報告書』
伊東忠太［一九八二］『日本建築の研究（上）』（原書房）三七五―三九三頁
荊木美行［一九九八］「内宮鎮坐の時期をめぐる覚書」（『皇學館大學文学部紀要』第三七輯）
岩田勝［一九八三］『神楽源流考』（名著出版）
岩田慶治［一九九〇］『カミの誕生――原始宗教』（講談社学術文庫）
岩田慶治［一九八九］『カミと神――アニミズム宇宙の旅』（講談社学術文庫）
上田正昭［二〇〇九］『神と仏の古代史』（吉川弘文館）
榎本寛之［一九九六］「都城祭祀の研究」（『律令天皇制祭祀の研究』塙書房）
榎本寛之［一九九七］「伊勢神宮の建築と儀礼――棟持柱建築は神社建築か」（上田正昭編『古代の日本と渡来の文化』学生社）三〇二―三二三頁
大阪府立弥生文化博物館［一九九二］『弥生の神々：祭りの源流を探る』（平成四年春季特別展）
太田博太郎［一九八三］『日本建築の特質』（岩波書店）一五八―一六八頁
岡田精司［一九九一］「伊勢神宮を構成する神社群の性格」（立命館大学人文学会『立命館文学』三浦圭一教授追悼記念論集、第五二一号）一―二三頁
岡田精司［一九九八］「大型建物遺構と神社の起源」（『都市と神殿の誕生』新人物往来社）八三―九六頁
岡田精司［一九九九］「神社の源流はどこまで遡れるのか？」（岡田精司・岡田荘司・出雲路敬直編『神道の謎を解く

本』洋泉社）
岡田精司［一九九二］「神と神まつり」（『古墳時代の研究一二――古墳の造られた時代』雄山閣）一二五―一四二頁
岡田登［二〇一二］「皇大神宮（内宮）の創建年代について」（『皇学館大学創立百三十周年記念　神社と日本文化』）
岡田登［二〇一二］「持統天皇の伊勢行幸と第一回式年遷宮」（『伊勢の神宮と式年遷宮』皇学館大学）
岡田登［二〇一一］「崇神天皇朝の祭祀と政事」（『藝林』第六〇巻第一号）九七―一二四頁
岡本東三［二〇〇六］「海上他界観と海食洞穴墓」（『季刊考古学』第九六号）八六―九〇頁
沖野岩三郎［一九五二］『日本神社考』（恒星社厚生閣）七五―九七頁
長田友也［二〇〇六］「三重県伊勢地域における縄文時代晩期の石棒類製作――伊勢市佐八藤波遺跡出土資料を中心に」（『縄文時代』第一七号）二二五―二三〇頁
折口信夫［一九二八］「大嘗祭の本義」（安藤礼二編『折口信夫天皇論集』講談社文芸文庫）七八―一三七頁
折口信夫［一九二九］「霊魂の話」（『民俗学』第一巻第三号）一五三―一六六頁
門脇禎二［二〇〇三］「三輪山に献上された出雲神々の和魂」（『三輪山の古代史』学生社）二五―五八頁
川添登［一九七三］「伊勢神宮の創祀」（『文学』四一）
川添登［二〇〇七］『伊勢神宮』
河野勝行［一九七六］「五―六世紀における伊勢――「神宮」成立史研究のための試考」（『古代国家の形成と展開』吉川弘文館）一六五―一九九頁
岸俊男［一九九六］「古代の画期　雄略朝からの展望」（『日本の古代――王権をめぐる戦い』中公文庫）
喜田貞吉［一九一四］「伊勢皇大神宮の御鎮座」（『歴史地理』四四―一）一―一六頁
倉塚華子［一九八六］「伊勢神宮の由来」（『古代の女』平凡社）
金関恕［二〇〇四］「大型建物と祭祀」（『弥生の習俗と宗教』学生社）五四―六四頁
木村房之［一九八三］「考古建造物の尺度の発見」（『歴史と人物』通巻一四〇号、中央公論社）二九八―三〇四頁
黒田龍二［一九九四］「神のやしろの曙」（『原始の造形――縄文・弥生・古墳時代の美術』講談社）
黒田龍二［二〇一〇］「初期ヤマト政権中枢施設の形とその意味」（『大美和』一一九号）二八―三八頁
黒田龍二［二〇一一］「纏向遺跡の大型建物と棟持柱建物」（『邪馬台国と纏向遺跡』学生社）七一―八八頁

黒田龍二［二〇一一］「建築史から見る纒向遺跡」（『藝林』六〇巻一号）五八―七五頁
黒田龍二［二〇一二］『纒向から伊勢・出雲へ』（学生社）一五―一八三頁
黒田龍二［二〇一三］「伊勢神宮正殿と出雲大社本殿」（『月刊文化財』No.601）九―一四頁
小路田泰直［一九九八］「都市と神殿」（『都市と神殿の誕生』新人物往来社）五七―六四頁
神野志隆光［二〇一〇］「国作りと大物主神――『古事記』における大物主神」（『大美輪』一一八）
神戸市教育委員会［一九九三］『大開遺跡発掘調査報告書』
湖西線関係遺跡調査団［一九七三］『湖西線関係遺跡調査報告書』
小林青樹［二〇〇八］「縄文―弥生移行期における祭祀と変化」（『縄文時代の考古学一一　心と信仰――宗教的観念と社会秩序』同成社）二五七―二七三頁
近藤広［二〇〇一］「独立棟持柱付建物をもつ首長居館の一形態――針江川北遺跡の検討」（花園大学考古学研究室二〇周年記念論集刊行会『花園大学考古学研究室二〇周年記念論集　花園大学考古学論叢』）二六一―三二三頁
近藤広［二〇〇六］「近江南部における弥生集落と大型建物」（広瀬和雄・伊庭功編『弥生の大型建物とその展開』日本考古学協会二〇〇三年度滋賀大会シンポジウム1）一―二七頁
埼玉県文化財事業団［一九八八］『赤城遺跡発掘調査報告書』（埼玉県埋蔵文化財調査報告書第七四集）
安中市教育委員会［一九九二］『群馬県天神原遺跡』
斎藤英喜［一九九二］「天照大神祟神伝承」（赤坂憲雄編『供犠の深層へ』新曜社）二一―三四頁
佐伯英樹［一九九二］「弥生時代後期の特殊な掘立柱建物」（『滋賀考古』第八号）五三―五五頁
櫻井勝之進［一九九一］『伊勢神宮の祖型と展開』（図書刊行会）
櫻井勝之進［一九九八］『伊勢神宮』（学生社）
桜井市教育委員会［二〇〇九］『纒向遺跡第一六六次調査』
佐原真［一九九六］「弥生時代に神殿はなかった」（池上曾根遺跡史跡指定二〇周年記念事業実行委員会『弥生の環濠都市と巨大神殿』）八―九頁
三宮昌弘［一九九九］「尺度遺跡庄内期集落の分析」（『尺度遺跡Ⅰ南阪奈道路建設に伴う発掘調査』）
史跡池上曾根遺跡整備委員会［一九九七］『弥生の祭と大型建物――弥生神殿をさぐる』

滋賀県教育委員会［一九九五］『湯ノ部遺跡発掘調査報告書Ⅰ』
清水真一［一九九八］『纏向遺跡』
白石太一郎［二〇一一］「纏向遺跡の大型建物と邪馬台国」（『大美和』第一二〇号）一七―三〇頁
椙山林継［一九九一］「さまざまな神まつり――祭祀の場　一岩石と神まつり」（『古墳時代の研究三　生活と祭祀』雄山閣）八一―八八頁
関和彦［二〇一〇］「三輪山の雲にみる和魂」（『大美和』一一八号）一〇―一五頁
造神宮使廳［一九四〇］『神宮の建築に関する史的調査』
高橋美久二［一九八七］「駅家の門」（京都府埋蔵文化財調査研究センター『京都府埋蔵文化財論集』創立五周年記念誌）二四七―二六三頁、
高橋龍三郎［二〇〇三］「総論」（『村落と社会の考古学』）一―九三頁
高橋龍三郎［二〇〇四］『縄文文化研究の最前線』（トランスアート）
高橋龍三郎［二〇〇二］「縄文後・晩期社会の複合化と階層化過程をどう捉えるか」（『早稲田大学文学研究科紀要』第四七輯・第四分冊）六一―七五頁
高橋龍三郎［二〇一二］「パプアニューギニアの土器製作民族誌から学ぶ」（先史考古学研究所『パプアニューギニア民族誌から探る縄文社会』三大学合同シンポジウム要旨集）一―六頁
高橋龍三郎・中門亮太・平原信崇・岩井聖吾［二〇一二］「パプアニューギニアにおける民族考古学的調査（九）」（『史観』第一六八冊）一〇三―一二〇頁
高橋龍三郎［二〇一三］「セピク川中流域の儀礼と霊（spirits）」（『天理参考館報』第二六巻）七―二〇頁
高橋龍三郎［二〇一四A］「縄文社会の複雑化過程」（『講座　日本の考古学4　縄文時代（下）』青木書店）六一六―六五一頁
高橋龍三郎他［二〇一四B］『縄文後・晩期社会の研究――千葉県印西市戸ノ内貝塚発掘調査報告書』（早稲田大学考古学コース）
辰巳和弘［二〇〇六］「古墳時代の『居館』と大型建物」（広瀬和雄・伊庭功編『弥生時代の大型建物とその展開』日本考古学協会二〇〇三年度滋賀大会シンポジウム1）一九三―二一四頁
田中卓［二〇一〇］「纏向遺跡の大型建物遺跡は崇神天皇の宮跡といふ論拠」（『藝林』五九巻一号）四四―六八頁

田中卓［一九五九］『伊勢神宮の創祀と発展』（図書刊行会）
田中卓［一九九六］『大神神社』
谷口康浩［二〇〇八］「祖先祭祀の変容」（『弥生時代の考古学七　儀礼と権力』同成社）一八三―二〇〇頁
調布市教育委員会［一九七九］『下布田遺跡　範囲確認調査報告』
筑紫申真［二〇〇二］『アマテラスの誕生』（講談社学術文庫）
都出比呂志［二〇〇〇］『王陵の考古学』（岩波新書）
都出比呂志［一九九八］「弥生環濠集落は都市にあらず」（『都市と神殿の誕生』新人物往来社）二七―三六頁
寺沢薫［一九九八］「古墳時代の首長居館」（『古代学研究』第一四一号）一―二二頁
寺沢薫［二〇〇七］『王権誕生』（講談社学術文庫）
寺前直人［二〇〇五］「弥生時代における石棒の継続と変質」（大阪大学考古学研究室『待兼山考古学論集――都出比呂志先生退任記念』）二二九―一四八頁
鳥越憲三郎［一九七三］『伊勢神宮の原像』（講談社）
林野全孝［一九五五］「内宮の「心の御柱」の性格について」（建築史研究会『建築史研究』No.20）二六―二八頁
中村幸弘［二〇一二］『『倭姫命世記』研究――付訓と読解』（新典社研究叢書、新典社）
中村豊［二〇〇七］「縄文――弥生移行期の大型石棒祭祀」（『縄文時代の考古学一一　心と信仰――宗教的観念と社会秩序』同成社）二八三―二九四頁
中村豊［二〇〇五］「列島西部における石棒の終末――縄文晩期後半における東西交流の一断面」（縄文時代文化研究会『縄文時代』一六）九五―一一〇頁
奈良県教育委員会［一九六二］『橿原』（橿原市畝傍町橿原神宮神苑施設事業による考古学遺跡の調査）
中西正幸［一九九五］『神宮式年遷宮の歴史と祭儀』（大明堂）一七―二三四頁
橋本輝彦・白石太一郎・坂井秀弥［二〇一四］『邪馬台国からヤマト王権へ』（奈良大学ブックレット）
橋本輝彦［二〇一一］「纏向遺跡発掘の成果」（奈良県立情報館編『邪馬台国と纏向遺跡』　学生社）
橋本輝彦［二〇一二］「考古学から見る纏向遺跡」（『藝林』第六〇巻第一号）三五―五七頁
濱修［一九九三］「弥生時代の木偶と祭祀――中主町湯ノ部遺跡出土木偶から」（滋賀県文化財協会『紀要』第六号）

一五―二五頁
濱修［二〇〇五］「弥生時代の木偶――平成一五年県指定文化財から」（『滋賀文化財教室シリーズ』二一六）一―四頁
春成秀爾［一九九二］「描かれた建物」（埋蔵文化財研究会『弥生時代の掘立柱建物』）
春成秀爾［一九九六］「弥生時代の祭」（池上曾根遺跡史跡指定二〇周年記念事業実行委員会『弥生の環濠都市と巨大神殿』）一六―一七頁
伴野幸一［一九九九］「伊勢遺跡」（『滋賀考古』第二一号）一三―一七頁
広瀬和雄［一九九八］「弥生時代の「神殿」」（『都市と神殿の誕生』新人物往来社）六七―八二頁
広瀬和雄・小路田泰直［二〇〇二］『日本古代王権の成立』（青木書店）
広瀬和雄［二〇一〇］『カミ観念と古代国家』（角川書店）
藤谷俊雄・直木孝次郎［一九九一］『伊勢神宮』
穂積裕昌［二〇〇六］「海洋地域の社会と祭祀」（『季刊考古学』第九六号）八二―八五頁
穂積裕昌［二〇一三］『伊勢神宮の考古学』（雄山閣）
東日本埋蔵文化財研究会［一九九八］『古墳時代の豪族居館を巡る諸問題』
西宮一民［一九九〇］「ヤシロ（社）考――言葉と文字」（『上代祭祀と言語』）
中村生男［一九九四］『日本の神と王権』（法蔵館）
半沢幹雄・三輪晃三［一九九九］「武庫庄遺跡」（尼崎市教育委員会『平成八年度国庫補助事業尼崎市内遺跡復旧・復興事業に伴う発掘調査概要報告書』）
福山敏男［一九四〇］『神宮建築に関する史的調査』（神宮司庁）
福山敏男［一九七六］『伊勢神宮の建築と歴史』（日本資料刊行会）
福山敏男［一九八四］「神社建築概説」（『神社建築の研究』中央公論美術出版社）六八―一一〇頁
埋蔵文化財研究会［一九九二］『弥生時代の掘立柱建物――資料（西日本・本州）編』
埋蔵文化財研究会［一九九二］『弥生時代の掘立柱建物――資料（西日本・九州・四国）編』
埋蔵文化財研究会［一九九二］『弥生時代の掘立柱建物――資料（東日本）編』
埋蔵文化財研究会［一九九二］『弥生時代の掘立柱建物――本文編』

三浦正幸［二〇一三］『神社の本殿――建築にみる神の空間』（歴史文化ライブラリー）
三重県埋蔵文化財センター［二〇〇〇］『高茶屋大垣内遺跡（第三・四次）発掘調査報告』
三重県埋蔵文化財センター［一九九五］『天白遺跡発掘調査報告書』
宮家準［二〇〇四］「民俗宗教における柱の信仰と儀礼」（『國学院大学学術フロンティア事業研究報告』）四九―六三頁
宮本長二郎［一九九二］「弥生時代、古墳時代の掘立柱建物」（埋蔵文化財研究会『弥生時代の掘立柱建物』）三三―五四頁
宮本長二郎［一九九八］『日本原始古代の住居建築』（中央公論美術出版）一六一―二一〇頁
宮本長二郎［一九九九］「神宮本殿形式の成立」（『瑞垣』一八三号、神宮司庁刊）一〇―一八頁
宮本長二郎［二〇〇一］「伊勢神宮本殿形式の成立」（『神道史研究』第四九巻第三号）三―三四頁
向日市埋蔵文化財センター［一九九七］『向日市埋蔵文化財調査報告書』第四四集
村井康彦「伊勢と出雲――両社の遷宮年にちなんで」（『月刊文化財』No.601）
守山市教育委員会［二〇〇五］『守山市誌　考古編』（守山市）
柳田国男、折口信夫［一九四九］「日本人の神と霊魂の観念そのほか」（『民族学研究』一四―二）八七―一〇七頁
山折哲雄［二〇一〇］「三輪山の信仰――カミと神」（『大美和』一一八）
若狭徹［二〇〇四］『古墳時代の地域社会復元　三ツ寺I遺跡』（新泉社）
度会町遺跡調査会［一九八三］『森添遺跡発掘調査概報II』
和田萃［一九八八］「祭祀の源流――三輪山と石上山」（和田萃編『大神と石上』筑摩書房）
和田萃［一九九二］「日本の神々――宗教と思想」（『古墳時代の研究一二――古墳の造られた時代』雄山閣）一〇五―一二四頁
和田萃［一九九三］「皇大神宮儀式帳からみた伊勢の姿」（井上光貞・西嶋定生・甘粕健・武田幸男編『シンポジウム伊勢神宮』学生社）
和田嘉寿男［二〇〇〇］『倭姫命世記注釈』（和泉書院）
フレーザー J・G『王権の呪術的起源』（折島正司・黒瀬恭子訳、思索社）
ホカート A・M［一九八六］『王権』（橋本和也訳、人文書院）
Coiffier, C.［1990］Sepik River Architecture: Changes in Cultural Traditions, in *Sepik Heritage* (eds.) N.Lutkenhaus, C.Kaufmann, W.E.Mitchell, D.Newton, L.Osmundsen and M.Schuster.

七、八世紀における文化複合体としての日本仏教と僧尼令

――卜相吉凶条を中心に

細井浩志

はじめに

本書で筆者に与えられたテーマは、「仏教の複合化をめぐる諸課題」である。そこで本稿では仏僧[1]が、狭義の仏教以外の学術も担うという意味での複合性を検討対象とする。宗教が、自然哲学などを媒介に、近現代なら科学に相当する学術を包摂する状況は、キリスト教やイスラム教にも存在する。仏教も同様で、仏僧は医方・工巧明として仏教以外の学問を学ぶ。また先進的な学術は、日本へは仏教に包摂されて伝来した。古代日本の文化複合体としての仏教を、新川登亀男氏は「総合的なカルチャー」とよぶ[2]。この仏教の複合性は近世まで続く。だがこの特質が、八世紀初頭の大宝僧尼令により、一度は明確に否定されたことは問題である。またこれに対応して、日本律令国家は、それまで仏僧が担った諸学術を請け負う、世俗の専門家集団（後世の用語でいう「陰陽道」「医道」

など の諸道) を成立させた。この集団は、時代が降るにつれて発展する。それなのに律令国家は程なく、仏教の複合性を再容認する。仏僧が易占や、密教占星術(宿曜道)を行うようになるのはその結果である。よって本稿は、七世紀の倭国仏教が複合性を必要とした背景、および八世紀にそれが否定・再容認された理由を考えて、研究の深化を目指すものである。

一　七世紀の倭国仏教における複合性の背景

一　仏僧が諸学術を担った理由

仏教がその複合性のゆえに、七世紀においては知識受容の装置として、中央・地方で保護され、発展した点は、新川氏・平澤加奈子氏の研究に詳しい(3)。ここでは仏教がなぜそうした装置たりえたのかを、政治的要請からではなく、仏教と学術に即して考えたい。

①漢文読解能力

仏教は、海外の諸学術を継受する上で種々の利点があった。第一には、漢文能力である。海外の諸学術を学ぶには、東アジアの漢字文化圏においては、漢字・漢文の熟練が必要である。しかし日本は、律令国家成立以前には学校制度がない。よって漢文に習熟する俗人は、王権の書記官である渡来系のフミヒト・フヒト以外は、少数だったと思われる。しかし仏僧は仏典を理解し、読経のために、漢字・漢文の熟練が必要である。つまり倭国において、ある程度広範囲の人材を集め、漢字・漢文に習熟する機会を提供する場は、寺院を措いて他にはない(4)。

加えて漢文の読み・書法には、少なくとも国別の地域差があった(5)。とりわけ特殊な専門用語を使う場合、理解を補う日常の口語が通じる者同士でないと、知識の伝授は難しい。倭国人に中国系の諸学術を伝授した人物として、後述の百済僧観勒が有名である。その観勒に学んだのが、何れも渡来系の人物であったことがそのことを物語る(6)。

また観勒が伝えた元嘉暦は南朝から継受したもので、その解説（文字か暗誦かを問わない）にも、江南の漢語の影響を受けた揺らぎがあったはずである(7)。このようなバイアスも考慮するなら、単に故地を同じくする渡来系よりも、童子(8)の時期より仏僧に師事する寺院での弟子の方が、専門的な学術を理解する上で有利な存在となる。

②仏教が必要とする補助学と大数

仏教は様々な補助学を必要とした。時間と天体観察に関わる学術も含まれる。たとえば釈迦の誕生した降誕会（四月八日）や、涅槃会（二月十五日）、盂蘭盆会（七月十五日）、夏安居（四月または五月十六日より三ヶ月）などの主要行事がある。つまり寺院は暦を必要とした。また日本で八世紀より使われる護国経典の『金光明最勝王経』(9)には、

【史料1】『金光明最勝王経』巻六・四天王護国品（原漢文）

世尊、若し呪を持する時、わが自身の現ずるを見るを得んと欲せば、月の八日、或いは、十五日に於いて、白畳の上に於て、仏の形像を画き、当に木膠・雑彩を用いて、その画像を荘厳すべし。

とあり、ある種の仏呪も暦日を必要とした。そして臈次を決めるために、得度の年月日の記録も必要である

（『日本書紀』推古天皇三十二年〔六二四〕九月丙子条）。

さらに暦に関わって重要なのは、数概念の問題である。多くの仏典では、大きな数字を扱う。例えば釈迦が入滅して、弥勒如来がこの娑婆世界に現れるのは、五六億七〇〇〇万年後である。また『倶舎論』には、天体（日・月・大小の星）の大きさや須弥山の高さが、次のように具体的数値として明記されている。

【史料2】『倶舎論』本論第三・世間及世界（『国訳大蔵経』による）[10]

日月の居る所の量等の義とは、頌に曰く、日月は迷盧（＝須弥山）の半にあり。五十一（由旬）と五十なり。夜半と日没と中と、日出と四洲等し。雨際第二月（＝太陽暦で八～九月頃）の、後の九より夜漸く増す。寒の第四（＝同二～三月）も、亦、然り。夜減ずれば昼此れに翻す。昼夜に臘縛（＝一・六分）を増す、南北の路を行く時なり。日に近づきて、自ら影覆う。故に月輪の欲くるを見る。論じて曰く、日、月、衆星は何により て住するか。風に依りて住する。謂わく、諸の有情（＝生物）の業の増上力は、共に風を引起こし、〔風は〕妙高山（＝須弥山）を遶り、空中に旋還し、日等を運持して停墜せざらしむ。彼れの住する所は、此を去ること、幾踰繕那（＝由旬）なるか。持双山の頂にして、妙高山の半に斉し（＝四万由旬）。日月の径の量は、幾踰繕那なるか。日は五十一にして、月は、唯、五十〔踰繕那〕なり。星の最も小なるは、唯、一倶盧舎（＝五〇丈）にして、其の最も大なるは、十六踰繕那なり。

一由旬は約七キロメートルとされ、世界の中心に位置する須弥山は、地上で八万由旬とされる。[11] そして仏教の須弥山説の立場で、昼夜の構造と月の盈虚の仕組み（これは暦月の仕組みでもある）も説かれている。また『金光明経』四天王品にも、次の傍線部のように、諸仏・衆生・世界（須弥山世界＝小宇宙）などの数として、大きな数字が出てくる。なお「那由他」は千億、「恒河沙」「無量」「無辺」は、極めて大きい数を意味する。

【史料3】『金光明経』巻二・四天王品①（以下引用原文は、漢字を新字体に直し、句読点も適宜改めている）

四王当知。此閻浮提八万四千城邑聚落。八万四千諸人王等。各於其国娯楽快楽。……是王如是随其挙足歩歩之中。即是供養値遇百千億那由他諸仏世尊。復得超越如是等劫生死之難。……若一由旬至百千由旬。於説法師応生仏想。応作是念。……已為得値百千万億那由他仏。已為供養過去未来現在諸仏。已得畢竟三悪道苦。我今已種百千無量転輪聖王釈梵之因。已種無辺善根種子。已令無量百千万億諸衆生等度於生死。已集無量無辺福聚。……是諸人王手擎香爐。供養経時其香遍布。於一念頃遍至三千大千世界。百億日月。百億大海。百億須弥山。百億大鉄囲山小鉄囲山及諸山王。百億四天下。百億四天王。百億三十三天。乃至百億非想非非想天。於此三千大千世界。百億三十三天。……其蓋金光亦照宮殿。如是三千大千世界。所有種種香煙雲蓋。皆是此経威神力故。……不但遍此三千大千世界。於一念頃亦遍十方無量無辺恒河沙等百千万億諸仏世界。……於十方界恒河沙等諸仏世界。作如是等神力変化已。

このように、仏典では大きな数字が頻繁に使われる。仏僧（少なくとも学僧）は、仏教を学ぶ過程で、これらが具体的にどのような単位なのかを学習したことだろう。

一方、倭国の日常世界で使われた数は、さほど大きくない。奈良時代以前は、「万」が明確な単位としては確立していなかったとされる。[12] 八十（「八十神」など）・百（「百取」など）・五百（「五百津真賢木」など）・千（「千引」など）・八千が大きな概数として使われ、「万」（よろず）はさらに漠然とした大数として使われたに過ぎない。とすると仏僧は、律令国家成立以前の倭国社会において、例外的に巨大な数字を理解し、扱うことができる人材であった。

実は暦計算では、大きな数値の取扱いを必要とする。百済より伝来して七世紀の倭国で使われたのが、元嘉暦である。元嘉暦[13]は一年を、分子（紀日）は二二二、〇七〇（二十二万二千七十）、分母（紀法）は六〇八で表す。一朔望月は分子（通数）を二二、二〇七、分母（日法）を七五二で表す。これらを算木で加減乗除する。

さらに、七世紀後半に日食計算のために導入され、八世紀前半には暦日の計算に使われた儀鳳暦は、一層巨大な数を使用した。[14]なぜなら儀鳳暦以後の日本で採用された暦法は、甲子夜半朔旦冬至の概念を使うからである。これは干支が甲子の日の夜半（〇時〇分）で、朔（新月）かつ冬至の時刻である。『旧唐書』[15]律暦志二によると、麟徳甲子元暦（儀鳳暦）は、「上元甲子、距今大唐麟徳元年甲子、歳積二十六万九千八百八十算」とある。つまり麟徳元年（六六四）を遡ること二六九、八八〇年に甲子夜半朔旦冬至がある。例えば文武天皇四年（七〇〇）の暦を造るためには、まずこの年の計算の起点となる文武三年の冬至（文武四年の天正冬至）を求めるため、歳積に麟徳元年との年数差の三六年を加える（＝二六九、九一六年）。これに期実四八九、四二八（＝一年三六五・二四四七七六日×推法一三四〇分）を掛ける。推法とは一日を分単位で表した数である。ここで算出された一三二、一〇四、四四八、〇四八は、甲子夜半朔旦冬至から文武三年冬至（文武四年天正冬至）までの時間を、分単位で表現した数値である（期総）。これを一三四〇で割った九八、五八五、四〇八日（及び一三二八分）が積日である。この積日を旬周（干支六〇日）で割ると、一、六四三、〇九〇回・余り八日となるので、干支番号八（甲子が〇）の壬申が、文武三年冬至日の干支となる。さらにこの日の一三二八分（現在の二三時四七分）が、冬至の時刻である。このように儀鳳暦では、元嘉暦以上に巨大な数字を扱う。つまり倭国人が暦法を習得しようとする時、この数概念が壁であり[16]、仏僧とその弟子がほぼ唯一の適材だった可能性が高い。

また儀鳳暦以後の暦法は、定朔法[17]と日食予報の採用により計算が複雑化する。大宝三年（七〇三）に政府は、新羅僧行心の子の隆観を、「算暦を知る」がゆえに還俗させた。これも、儀鳳暦を倭国に伝えた新羅[18]の、しかも仏僧しか、儀鳳暦を解する人材が得られなかったことを示唆する。

なお暦日が定着すると、次に日中の行事を行うため時刻を知ることも必要となる[19]。そして倭国における時刻・漏刻も、南朝系技術である[20]。漏刻も仏教とともに、百済経由で倭国に渡ってきた可能性が高い。

これに加えて、天変について、その災厄を救う機能を護国経典は持っている。たとえば七世紀後半より倭国で使われた『金光明経』（『金光明最勝王経』の先行訳）では、四天王の言として、もし人王がこの経典を尊重しない場合は、諸々の善神がその国を見捨て、そのため種々の天変が起こるとする。具体的には次のようである[21]。

【史料4】『金光明経』巻二・四天王品②（原漢文）

その国、まさに種種の災異あるべし、……彗星を現し、流星崩れ落ち、五星諸宿常度を違失し、両日並びに現れて日月薄蝕し、白黒の悪虹数数出現し、大地震動して大音声を発し、暴風悪雨は日にあらざることなし。穀米勇貴し饑饉凍餓し、多く他方の怨賊のその国を侵掠するあり。人民多く苦悩を受け、その地の愛楽すべき処あるなし。

よって、仏僧は天体に関する知識、つまり惑星（＝五星）や星座（＝星宿）の識別、彗星・流星や大気現象による太陽・月の異常（日月薄食）などの天変を判別する能力が必要である。特に惑星が暦法の計算通りの星座にないこと（「常度を違失」）は、七曜暦（日月五惑星の位置表）を有し、惑星を識別できなければならない。律令国家でこれらを担う陰陽寮が設置される以前は、仏僧は自ら天変の発生を知り、「国王」に『金光明経』を供養する法会が必要であることを進言し、読誦を実践しなければならない。

なお当然のことながら、寺院においては構成員の療病のための医術も必要とした。また布教を考えるなら、治病が最も効果的な手段であることは、十分に理解できる。以上より、律令国家成立以前に、仏僧が諸学術の主たる担い手なのは当然だった。

二　仏僧が担う諸学術の実例

倭国段階の仏僧が暦や占術に関わった史料を、いくつか示そう[22]。まず百済僧観勒は、暦法（元嘉暦）・天文（占星術）・地理（風水術）・遁甲（占術の一種）に通じていた。

【史料5】『日本書紀』[23]推古天皇十年（六〇二）十月条（原漢文）

冬十月。百済僧観勒来る。よって暦本および天文地理書幷びに遁甲方術の書を貢ずるなり。この時、書生三・四人を選びて、もって観勒に学び習わしむ。陽胡史の祖・玉陳は暦法を習う。大友村主高聡は天文遁甲を学ぶ。山背臣日立は方術を学ぶ。皆学びもって業をなす。

また僧旻も、天文の知識があった。

【史料6】『日本書紀』舒明天皇九年（六三七）二月戊寅条（原漢文）

大星、東より西に流る。便ち音あり雷に似たり。時人曰く、流星の音なりと。また曰く、地雷なりと。ここにおいて、僧旻僧曰く、流星にあらず。これ天狗なり。その吠ゆる声雷に似るのみと。

天狗は流星の一種とされ、『史記』[24]天官書には、「天狗は、状は大いなる奔星のごとく、声あり。……」とある。また旻は、『藤氏家伝』鎌足伝[25]に「嘗て群公子みな旻法師の堂に集まり、周易を読む」とあり、易占のテキストである周易にも通じていた。

彼らは異端の仏僧ではない。観勒は、仏僧を統括する僧官（僧正）となり（『日本書紀』推古天皇三十二年（六二四）四月壬戌条）、僧旻は、国博士（孝徳天皇即位前紀）や十師になった。従って仏僧が諸学術を兼修するのは、当然視されていたのである。新川氏はこうした仏僧の複合的能力が、南朝や朝鮮半島諸国での在り方に由来することを指摘する。[26]

ただしこうした学術の他国からの伝播形態は、本来は仏教に限られていなかった。

【史料7】『日本書紀』欽明天皇十五年（五五四）二月条（原漢文）

百済、……別に勅を奉わりて易博士施徳王道良・暦博士固徳王保孫・医博士奈率王有㥄陀・採薬師施徳潘量豊・固徳丁有陀・楽人施徳三斤・季徳己麻次・季徳進奴・対徳進陀を貢ず。皆、請いにより代うるなり。

つまり百済の易占や暦法（元嘉暦）は、俗人たる易博士・暦博士により持ち込まれ、運用されていた。それにもかかわらず倭国人による習得は、観勒の来倭まで下る。また観勒が学術を相伝した相手は、すべて俗人だった【史料5】。しかし諸学術の主たる担い手は、七世紀末まで仏僧であり続けた。これは前述のように、寺院以外には、先進的学術を教育する環境が整っていなかったことが原因であろう。

観勒の故国の百済でも、仏教関連行事での暦日使用の例は見られる。昌王は亡くなった王子のために舎利を王興寺に埋納したが、それは青銅舎利函の銘文によれば「丁酉年（五七七）二月十五日」で、これは釈迦入滅日だとの指摘がある。[27] 百済においても、暦日が末端までは行き渡っていない段階では、仏教儀礼を行う前提として、寺院内で暦を造ることが必要で、そこで観勒のように、暦法を知る仏僧が存在したのではないか。同様に倭国でも、仏教が伝来し各地に寺院が成立すると、暦を造る人間が必要となったはずである。倭国大王宮廷には、百済の暦博士が上番して暦を造っていた【史料7】。しかし頒暦制度が成立していない七世紀中葉以前の時期に、[28] 大王宮所在地より遠く離れた寺院で仏教儀礼を行うためには、寺院独自に暦を造る必要が生じた可能性がある。

天武朝の陰陽寮の成立と頒暦開始により、寺院独自の天体観察や暦算の必要性がなくなったはずである。平澤氏・橋本政良氏は大学寮などの整備や浄御原令（持統三年（六八九）六月庚戌班賜）をもって、仏教の複合性解体の画期を天武・持統朝とする。[29] だが持統朝の陰陽博士は、やはり仏僧である。

【史料8】『日本書紀』持統天皇六年（六九二）二月丁未条（原漢文）

諸官に詔して曰く、まさに三月三日をもって伊勢に幸さん。宜くこの意を知り諸の衣物を備うべし。陰陽博士沙門法蔵・道基に銀廿両を賜う。

この陰陽博士法蔵は百済僧であり（天武十四年（六八五）十月丙子条）、（恐らく弟子の）優婆塞益田直金鍾とともに、仙薬である白朮を煎るなど医術も担っていた。[30] 少なくとも陰陽寮・典薬寮の技術であるいわゆる方術に関しては、仏僧に教授者としての役割が、引き続き期待されていたことを示す記事である。

二　大宝令制定による仏教「純化」の意義

一　僧尼令観玄象条・卜相吉凶条の制定と唐道僧格

八世紀初頭になると一変して、方術と仏教の複合性が解体される。律令制整備に伴い、寺院に代わり官制の学校が知識受容の場となったことが背景にある。[31] しかし律令国家はさらに進んで、仏僧による方術の行使を抑制した。吉田一彦氏は、僧尼令が制定当初は宗教規範に優越しなかったが、異端的教化については政府は熱心に禁断したとする。[32] 僧尼令の評価について吉田氏を批判する上川通夫氏も、国家政策から自立しかねない仏教の社会的拡大を阻止しようと僧尼令を制定し、国際環境の変化により、七三〇年代に政策転換したとする。[33] 方術はこうした仏僧による治安紊乱の問題と、最も関わるとされている。そこで検討のため、養老僧尼令の関連条文を掲げよう。なお、大宝元年（七〇一）に制定された大宝僧尼令については、二葉憲香氏、[34]『唐令拾遺補』[35] の復旧案も示す（〇は養老令と同一文字の存在が、傍線部は同一内容の文言の存在が推定されるもの、網かけは養老令にない文言）。ただし卜相吉凶条は養老令と大きく異なるので、別に復旧条文を掲げる。

【史料9】養老僧尼令1観玄象条(36)（復旧大宝僧尼令観玄象条）

凡僧尼。上観玄象。仮説災祥。語及国家。妖惑百姓。幷習読兵書。殺人奸盗。及詐称得聖道。並依法律。付官司科罪。

（およそ僧尼、上は玄象を観、災祥を仮説し、語、国家に及び、百姓を妖惑し、幷びに兵書を習い読み、殺人・奸盗し、及び詐りて聖道を得と称さば、並びに法律により、官司に付して科罪せよ。）

【史料10】養老僧尼令2卜相吉凶条

凡僧尼。卜相吉凶。及小道巫術療病者。皆還俗。其依仏法。持呪救疾。不在禁限。

（およそ僧尼、吉凶を卜相し、及び小道巫術にて病を療さば、皆還俗せよ。その仏法により、呪を持し疾を救うは、禁の限にあらず。）

【史料11】復旧大宝僧尼令卜相吉凶条

凡僧尼。卜相吉凶。及小道巫術療病者。皆還俗。其依仏法。持呪救疾。依道術符禁湯薬救療者、不在禁限。

このように大宝・養老僧尼令は、仏僧が仏呪以外の方術を使うことを禁じた。この条文は空文ではなく、大宝令施行と前後して、方術を得意とする仏僧の還俗が行われ【史料12】、俗官として陰陽寮等に配属されたことが指摘されている。

【史料12】方術を使うために還俗した大宝前後の仏僧（橋本政良氏による）

記事	法名	還俗名	技術
文武四（七〇〇）・八・乙丑	通徳	陽侯史久爾曾	其芸
	恵俊	吉宜	其芸（医術）
大宝元（七〇一）・八・壬寅	恵耀	角兄麻呂	（陰陽）
	信成	高金蔵	（陰陽）
	東楼	王中文	（陰陽）
大宝三（七〇三）・一〇・甲戌	隆観	金財	芸術・算暦
和銅七（七一四）・三・丁酉	義法	大津連意毘登	占術

田村圓澄氏[37]は、これを仏僧の政治利用を防ぐためだとする。つまり天文や七曜暦、太一・雷公式など、職制律玄象器物条で一般人の私習・私有を禁止する学術・知識を、知識層・指導層である仏僧にも使わせないという理解である。橋本氏[38]は、官僚的分業原理のためとする。つまり呪術者として、仏僧と陰陽師・医師ら方技官僚を分離することで、呪術統制を容易にするためである。

筆者もこれらの説明は、基本的には正しいと思う。だがまだ不十分さを残す。まず占術について、検討しよう。確かに大海人皇子（天武天皇）は、出家して吉野に隠棲後、東国に逃れて挙兵する過程で、天文を見て式占を使った（『日本書紀』天武天皇元年（六七二）六月甲申条）。天文卜筮に精しい新羅僧行心[39]も、大津皇子に謀反を勧めたとされる（持統天皇称制前紀）。これらはなるほど、仏僧の占術行使を禁止する動機としてふさわしい。だが、当該事件より相当の年数がたち、その間、浄御原令制定も挟んだ大宝律令制定期になって、なぜこの措置がとられたのか。そこで筆者はかつて、天皇に直結しうる仏僧を還俗させ、占術を駆使する彼らを一般官人たる陰陽頭の管轄下に置き[40]、天皇権力に一定の制約をかけることが目的だったかと推測した[41]。ただし近年の研究動向は、天皇と貴族の相互依存関係を重視しており、両者の対立を前提とするかのような理解が、状況的にそぐわない面は否めない。

そこで、僧尼令の母法である唐の道僧格を見よう[42]。なお観玄象条【史料9】は、災祥を「仮説」して、「国家」（天皇）の運命に言及したり百姓を「妖惑」する犯罪行為を処罰するもので[43]、仏僧の天文占一般を禁止しているとは言えない。むしろト相吉凶条【史料10・11】が、仏僧の占術一般を禁止しており、問題の焦点となる。道僧格占相吉凶条に関しては、諸戸立雄氏が『大唐六典』を根拠に、「諸道士女冠僧尼、占相吉凶者、皆還俗」と復原する[44]。『唐令拾遺補』もほぼ同様である[45]。そこで『六典』の当該箇所を次に掲げよう。

【史料13】『大唐六典[46]』四・祠部員外郎条

凡道士、女道士衣服、皆以木蘭・青碧・皀荊黄・緇環（壊）之色。若服俗衣及綾羅、乗大馬、酒酔、与人闘打、招引賓客、占相吉凶、以三宝物餉饋官僚、勾合朋党者、皆還俗。若巡門教化、和合婚姻、飲酒食肉、設食五辛、作音楽博戯、毀罵三綱、凌突長宿者、皆苦役也。

では道僧格は、「占相吉凶」一般を禁止したのかであろうか。まずこの文の「酒酔」だが、その後に、苦役に該当する「飲酒食肉」の文言がある。つまり酒酔い即還俗ではない。養老僧尼令7飲酒条には、「若飲酒酔乱及与人闘打者各還俗」とあるので、道僧格でも「酔乱」する行為が還俗の対象だったろう。同様に「賓客を招引」することが即還俗では、曖昧である。よってこれは「賓客を招引して吉凶を占相」すること（これはクーデタ等の示唆につながりうる）を、禁止したと考えざるをえない。現に「禁僧道卜筮制」（『唐大詔令集』一一三）[47]は、「妄りに国家の事を験じ」「災祥を仮説する」ことを禁じるのが主旨である。よって『六典』の前提となる開元期の道僧格占相吉凶条は、「諸道士・女道士・僧・尼、招引賓客、占相吉凶者、皆還俗」と復原すべきであろう。[48]とすると日本の僧尼令は、占術使用の目的を制限する道僧格を、占術自体の禁止に書き換えたことになる。だが僧尼令の藍本である永徽期の道僧格の同条が、道士・仏僧の占術自体を禁止した大宝令類似の条文だった可能性がある。なぜなら『唐会要』[49]五〇・雑記に、「永徽四年（＝六五三）四月勅、道士、女冠、僧尼等、不得為人療疾及卜相」とあり似ているからである。永徽年間には、道士・仏僧への規制を強める勅が出されていることも傍証になる[50]だろう。

一方で看過できないのは、唐の実態である。唐では道士・仏僧の占術が禁止されていない。これは占星術を職掌とする太史令、前提とする暦法編者に、道士・仏僧が少なくないことから明らかである。排仏論で著名な太史令傅奕[51]、戊寅暦編者の傅仁均は道士であった（『唐会要』四二・暦）。また薛頤は武徳～貞観頃に太史令となり、道士として道観（九嵕山）に住んだ後も、星の動きを観察して（「候辰次」）、災祥があれば報告した。道士尚献甫も、則天武后により太史令に抜擢された（以上『新唐書』[52]方技伝）。玄宗の時、唐代を代表する大衍暦を編纂した一行は仏僧で、この暦法は易学を全面的に暦注に応用したものである[53]。道士・仏僧を排除しては、国立天文台に優秀な人材を確保することが困難だった。道僧格観玄象条にも、「上観玄象。仮説災祥。語及国家」の文言があったとされる[54]。道士・仏僧が天体を観察し、国家の吉凶を占うことをわざわざ禁止したとすれば、実は彼らに占星術を行う能力があったことになる。永徽期の道僧格が、道士・仏僧の占術を禁じたにせよ、それは一時期の措置にすぎなかったはずである[55]。

ところが日本は、卜相吉凶条の制定で、占術を主とする陰陽寮の業務に仏僧が関与できなくなった。だが大宝令編纂期は、方術が現に仏僧により海外からもたらされていた。仏僧による新知識受容の窓口を閉じて、不安はなかったのだろうか。また政府は陰陽寮・典薬寮などにも教育機能を持たせて、方術を学生に継承させようとした。だが学校制度自体が、日本では新しい試みである。実際に日本では、占術に関わる陰陽・暦といった方術が断絶の危機に陥った。特権のある仏僧身分が得られない方術の習得は、貴族官人層には魅力が少なかったためだと考えられる[56]。こうしたリスクのある占術禁止を、政府がこの時期に強行した意図は何だったのか。佐藤文子氏は、僧尼令が得度（官度・私度）の概念を唐から継受した時期は、唐でも概念が形成途上であり、そのため日本では唐とは異なる理解がされたとする[57]。よって卜相吉凶条も、永徽の道僧格に単純に従ったのではなく、大宝令制定者に固有の意図があったと考えた方がよい。

二　「道術符禁湯薬」と仏僧

卜相吉凶条で次に問題なのは、道教由来の方術による治病行為の是非である。僧尼令卜相吉凶条【史料10・11】では、僧尼による「小道巫術」の使用を禁ずる。ところが『令集解』同条所引の古記・穴記により、大宝僧尼令には「依道術符禁湯薬救療者」の一文が存在する。そこで僧尼の道術等による治病行為が認められていたか否かについて、研究史上の論争があった[58]。これに関して、大宝令制下では次の養老元年四月詔が出ている。

【史料14】『続日本紀』[59]養老元年（七一七）四月壬辰条

壬辰。詔曰。……方今小僧行基、幷弟子等、零畳街衢、妄説罪福。合構朋党、焚剝指臂。歴門仮説、強乞余物。詐称聖道、妖惑百姓。道俗擾乱、四民棄業。進違釈教、退犯法令。二也。僧尼依仏道、持神呪以救溺徒、施湯薬而療痼病、於令聴之。方今僧尼輙向病人之家、詐禱幻怪之情。戻執巫術、逆占吉凶。恐脅耄穉、稍致有求。道俗無別、終生姧乱。三也。如有重病応救。請浄行者、経告僧綱、三綱連署、期日令赴。……

傍線部に「僧尼、仏道により、神呪を持して溺徒を救い、湯薬を施して痼病を療するは、令にこれを聴す」とあるので、大宝令では仏僧の湯薬使用が認められており、ひいては同令の「道術・符禁・湯薬により救療する」こと全体が許されていたとする説が妥当であろう。[60]またこの傍線部に「神呪」とあるのは、仏道に基づくという建前であれば、仏僧の「道術符禁」を認めていたため、「(仏)経之咒」(古記)と「道術符禁」の両者を包摂する概念として、「神咒」という用語を使用したと見なされる。[61]養老律令編纂もおおよそこの時期なので、養老令におけるト相吉凶条の字句の修正は文意の洗練・明確化に止まり、法の改変には及んでいないと考えるのが穏当であろう。

その背景には、仏僧の呪術を狭義の仏呪に限定するのが、困難な現状があった。私度僧が、符禁・造薬の能力を有したことは、次の『続日本紀』の記事により知られている。八世紀の第2四半期でも、仏僧はこうした能力を持ちえたのである。

【史料15】『続日本紀』天平元年（七二九）四月癸亥条（原漢文）

勅すらく、内外文武百官及び天下百姓、異端を学習し、幻術を蓄積するあり。厭魅・咒咀して百物を害傷するは、首は斬従は流なり。もし山林に停住し、仏法を詳道し、自ら教化を作し、伝習して業を授け、書符を封印し、薬を合わせ毒を造り、万方怪を作し、勅禁に違犯すあらば、罪またかくの如し。その妖訛の書は、勅出でて以後五十日内に首し訖れ。もし限内に首さずして後に糺告せらるるあらば、首従を問わず、皆咸く配流す。その糺告人の賞は絹卅疋なり。便に罪家に徴せ。

以上、同じト相吉凶条での禁止事項であり、仏教の複合性の問題ながら、陰陽寮管轄下の学術と「道術符禁湯薬」とは、一応の区別が必要である。律令国家は前者に関しては、当初は仏僧の関与を禁止し、後者は限定的に承認しているからである。ただし大宝令制定前後の政府は、医術の吉田宜（吉宜）も還俗させた【史料12】。つまり可能ならば、仏僧の「道術符禁湯薬」も制限したがっていたと見られるのである。

三　八世紀初頭における方術規制の理由

以上を踏まえて、政府が仏僧による方術の使用を規制した理由を考える。まず政府は治安維持の観点から、寺院外での仏僧の教化、罪福を説くことを禁止した（僧尼令5非寺院条）。占いや治病は仏僧の需要を増やすので、それを防ぐ意図はあっただろう。ただし従来から言われているように、実態として仏僧の民間布教が問題化していたのか、単なるその可能性を想定しての予防的措置だったのかはわからない。そこで次に、八世紀初頭特有の理由として想定されるものを述べたい。

第一の可能性は、仏教の「純化」により、仏呪の威力を高めるためである。律令国家は仏僧の呪術力を重視しており、それは戒律の遵守を含む、清浄性により担保された[62]。新川氏は、僧尼令焚身捨身条で仏僧の身体毀損が禁止されたのは、その清浄性を維持するためだったとする。[63] 日本と新羅では、特にこの時期に戒律が重視されたとの上川氏の指摘があり、一方宮崎健司氏は、『四分律』が俗世間の呪術の誦習・教授を禁じたことを指摘する。[64] そして八世紀第1四半期は、気候変動の結果、日本と新羅に災害が多かったとされる。[65] 日本政府は頻発する災害に対処するために、仏教「純化」政策を採用したのではないか。

第二に、道教排除との関連である。日本に道教は独立宗教としては伝播せず、仏教と混淆した形で伝わった。[66] しかし道教の開祖に擬せられた老子は、唐皇帝李氏の祖先とされる。よって日本から見れば、道教は唐王室のいわば祖先を崇拝する儀礼となる。このため、唐への従属を避けた日本は、天平勝宝の遣唐使などに見られるように道教受容を拒否した。[67]「道士法」（古記）でもある道術等を、仏道に従属する場合のみ仏僧に認めるのは【史料14】、このためだろう。ただし復旧大宝令卜相吉凶条には、この意図が明確には見えない。復旧条文が正確ではないためか、道教排除の方針は大宝令制定後に決まり、養老令の「依道術符禁湯薬」削除にそれが反映する――道術等の行使を認めるが積極的に承認するのは避ける――のか、検討の余地が残る。

一方で政府が還俗させたくない高僧さえもが、仏呪以外の治病を行う実態があった。たとえば大宝～養老期の僧法蓮は、医術に精しいが、仏僧としても優れており、還俗はされず褒賞されている。[68] また『四分律』巻二七・一百七十八単提法一一七自誦呪術戒も、腹痛や中毒などの治療に、仏呪でない呪術を使うことは例外的に認めている。[69] さらに新川氏は、律令国家が清浄性維持のために仏僧の老病を忌避し、「養老」「養身」を推進したとする。[70] それなら一層、不老長生を目的とする道教的呪術を禁止しにくい。この実情を踏まえて、卜相吉凶条ではやむをえず、彼らが使う「道術符禁湯薬」を、限定的に許可したのだと思われる。

第三に、大宝律令制定による律令国家確立で、方術官人の仕事量が激増することも重要である。慶雲・和銅期の文書とされる「官人考文」[71]には、勅命還俗となった高金蔵・王中文らを含む、陰陽寮官人の勤務ぶりが見える。この内の三人は規定の上日数を越える、三〇〇日以上の勤務をしていた。[72]特殊能力を要する陰陽寮・典薬寮は、特に人材が少なかったので、彼らをその業務に専念させるために、還俗をさせた可能性がある。

第四に、この時期の特殊事情で、仏僧の政治利用を予防した可能性がある。新川氏は七世紀の総合カルチャーとしての仏教が、氏寺などにおいて、氏が養育する皇子・皇族に教育を施し、また仏事を通じて人的結集を実現する装置だったと見る。[73]つまり国家が仏教の総合性を解体し、仏呪・方術として管理するのは、豪族や寺院の自立の基盤を奪うためだったことになる。氏族仏教から国家仏教への転換の時期や過程を、このように理解することには異論もあろう。だが天武諸皇子という有力な競争者を抱える文武天皇の即位は、まさに大宝令制定の直前である。従って卜相吉凶条は、占術と医療という、有力者と仏僧の接近の好機を減らし、仏僧の管理を強化することで、文武の地位の保全を目指したという想定にも蓋然性がある。なお文武即位が若い本人よりも、持統上皇を中心とする権力中枢が推進したものとするなら、天皇自身による陰陽寮占術の使用が制度的に制約された点[74]は、文武成長後における彼らの権力維持のための意図的なものだったとも考えうる。

政策決定に、多様な利害を持つ複数の政治家が賛同するのは、それぞれの意図があってのことである。よって、大宝令制定期の仏教の「純化」は、以上の要因のいくつかが組み合わさり、実行されたのではないかと思われる。

三　仏教の複合性再容認の理由

ところで、この仏教の「純化」には無理があった。第一に仏僧による「道術符禁湯薬」は認可されている。また私度僧は積極的にこれらを行った【史料15】。社会に仏教がある程度広がった場合、こうした治病行為こそが求められたはずである。治病行為を許容すれば、当時にあっては、病気の霊的な原因を知るための占術を行わざるをえない。仏僧の占術禁止が現実的でなかったことは、養老元年詔に私度僧の行為として、「戻りて巫術を執り、逆しまに吉凶を占い、耄穉を恐脅し、稍もすれば求むるところあらんことを致す」【史料14】という実態から明らかだろう。貴族も、政府には必ずしも同調していなかったと思われる。新川氏が指摘する、長屋王の仏教信仰に見える神仙的要素はこれを示唆する。また『日本書紀』推古天皇二十一年（六一三）十二月条には、仏教の聖者とされる聖徳太子（廐戸王）の事績として、片岡遊行時の説話がある。これは道教・神仙信仰の尸解仙の話であり、この類が仏教信仰として、養老四年（七二〇）年完成の国史に、堂々と記されていることは重要である。「純粋」仏教は、貴族層にとっても現実性を欠いていた。

第二に、唐との交流が影響する。前述したが、唐の現実の仏教は決して「純化」されていない。大宝期に遣唐使が再開され、留学僧・請益僧が唐に渡った時、この点はすぐに知られたはずである。特に天平の遣唐使は唐より大衍暦を持ち帰り、天平宝字七年（七六三）に採用が決まる。大衍暦はその暦注が宣明暦への変更後も使われるなど、日本でも特に重視された暦法だが、編者は僧一行であった。暦注とは、暦の占術部分である。先進国唐の現実を前に、仏僧による占術の禁止規定は、空文化せざるをえなかった。

第三に、前掲した主要仏典も占星術を支持している。『金光明経』『金光明最勝経』は御斎会などで毎年読誦され、講義が行われる。また『倶舎論』は南都六宗の一つ倶舎宗で研鑽が行われた。仏典への理解が深まれば、暦や天体への仏僧の関心も高まるはずである。さらに中国天文学が前提とする宇宙構造論である渾天説が、仏典で前提とされる宇宙構造の須弥山説とまったく違っていた。[75] 従って真摯な学僧であれば、自分は仏呪に専念し、天文・暦は陰陽寮に一任するというわけにいかなくなる。仏教において、未来仏である弥勒が現住するとされる都率天や、阿弥陀如来などの住む浄土は、渾天説では存在しない可能性があるからである。[76] 教理的にも仏教は、複合性を保たざるをえなかったのである。そして教理研究の深化は、律令国家が仏教に求めるところでもあった。

第四に気候変動の影響である。律令国家は当初は仏教の管理のため、僧俗を分離しようとしたが、行基の活動の公認により崩れる。[77] これもそもそもは気候の悪化により、在地で呪術的医療への需要が高まり、それが行基や私度僧の活動を活発化させた可能性がある。さらに八世紀中葉に近づくと、気候寒冷化の影響が弱まっていくとされる。[78] そうであれば、仏呪強化のための極端な「純化」を継続する意義もなくなっていく。

なお佐伯有清氏、新川氏は、長屋王が「左道」を学んで呪詛をしたとされた長屋王事件の影響で、天平元年詔が出され、これにより仏僧による道術符禁が禁止されたとする。[79] また下出積與氏は、養老令では「小道巫術」＝「道術符禁」だったとする。[80] 長屋王事件が、私度僧らの道術等を取り締まる、天平元年詔につながったことは確かだろう。だが卜相吉凶条が引く古記は、同条で禁止される「小道」を「小道謂小厭小符之類、俗云小用師也」とする。つまり後世の明法家説はさておき、古記の解釈では「小道」はあくまで小なる厭術・符禁を指すのであり、逆に言えば通常の厭符・符禁は禁止されていないと解しうる。[81] 古記を通説通り天平十年（七三八）前後の成立とするなら、「道術符禁湯薬」に仏僧が関与する点について、律令国家は一貫して限定的に認可していたのではないか。

結　論

本論の要約をしよう。仏教に包摂されて倭国に伝来した先進的学術は、七世紀には仏教の師弟関係の中で継承された。これは新しく高度な知の受容と教育を行う社会的な装置が、仏教以外になかったからである。未知の知的概念の教授と理解には、特別に親密な師弟関係を必要とし、とりわけ暦に関しては、計算に必要な巨大な数を操る訓練が、仏教以外の場では難しかった。また寺院においては、暦や占術・医術は補助学として必要とされ、これらが仏教の複合性を積極的に支えていた可能性を指摘した。

八世紀初頭の大宝令制定前後に、仏教の複合性が政策的に否定された。この転換の理由として、仏呪・方術の管理以外に、この時期特有のこととして、①仏教の「純化」で仏呪の威力を高めること、②唐王室の「祖先」崇拝儀礼に見える道教に関連する呪術の抑制、③律令国家確立による方術業務の増加への対応、④文武天皇の競争者たる諸皇子と仏僧の接近をある程度予防する、といった目的を想定した。ただし仏僧の占術行使は禁じたものの、道術等による治病行為は、限定つきで許容せざるを得なかった。仏僧が担う「道術符禁湯薬」には、恐らく貴族より庶民に到るまで、そして仏僧自身にも需要があり、禁止は現実的でなかったのだろう。なお行論の過程で、唐の道僧格は道士・仏僧の占術全てを禁じたのではなく、高位高官に積極的に関わり、権力闘争の類の吉凶を占うことを予防的に禁じたのではないかと推測した。ただし永徽期の道僧格は占術自体を禁止し、大宝僧尼令はこれを継受した可能性を述べた。

このような律令国家の「純化」方針も、八世紀第2四半期には維持できなくなる。なぜならこの方針は現実に制約されて不徹底であり、仏教は複合性を必要としたからである。また大宝期以降、唐との国交が回復してみると、唐では仏僧の占術行使が普通であることが判明する。この結果、政府は仏教の複合性をなし崩しに認めざるをえなくなったと思われる。この他、自然環境的要因もその理由である可能性を述べた。

本稿では、仏教が儀礼遂行や布教のため、学術複合体である必要があったことを確認した。このことが仏教を知と技術の保有主体として存続せしめ、中国ほどは俗権力による知の独占が進まなかった日本で、国家より相対的に自立する一保障となったように思われる。

また七世紀の仏教が総合的カルチャーであるなら、そこでの狭義の仏教は、重要だがその構成要素の一つにすぎない。しかし大宝令で仏教の「純化」が行われ、いわゆる諸道は独立した。その後、再び複合性が認められたとはいえ、「仏教」と「仏教以外の要素」との違いが、ここで認識されるようになったはずである。これが、仏教という範疇が確立する上で重要だったことは、新川氏が指摘した通りである。[82]ただしその契機は、氏の想定よりも多様だったと言えそうである。

本稿での筆者の管見が、研究を深化させえたのか心許ない。叱正を待つ。

注

（1）本稿では、考察対象を状況により「僧侶」「僧尼」などと使い分けるのは煩雑なので、「仏僧」と統一表記する。同じく道士・女道士（女冠）も、「道士」とする。

（2）新川登亀男『道教をめぐる攻防——日本の君主、道士の法を崇めず』（大修館書店、一九九九年）第二章、終章。

（3）新川登亀男『日本古代文化史の構想——祖父殴打伝承を読む』（名著刊行会、一九九四年）、平澤加奈子「律令制成立期の地方社会における官人の養成」（『人民の歴史学』一七三、二〇〇七年）。

（4）仏教が文字文化受容に大きな役割を果たしたとの指摘は、東野治之「古代日本の文字文化——空白の六世紀を考える」（平川南編『古代日本 文字が来た道——古代中国・朝鮮から列島へ』大修館書店、二〇〇五年）等がある。

（5）水口幹記「非唐人音博士の誕生——古代における唐認識再検討への覚書」（『歴史評論』六八〇、二〇〇六年）、三上喜孝「習書木簡からみた文字文化受容の問題」（同）、犬飼隆「「烏羽之表」事件の背景」（『愛知県立大学文学部論集国文学科編』五七、二〇〇八年）、遠藤慶太「百済史書と『日本書紀』」（『東アジアの日本書紀——歴史書の誕生』吉川弘文館、二〇一二年）などを参照。

（6）古代朝鮮語については、藤本幸夫「古代朝鮮の言語と文字文化」（岸俊男編『日本の古代一四　ことばと文字』中央公論社、一九八八年）、犬飼隆「古代の「言葉」から探る文字の道——日朝の文法・発音・文字」（前掲注4平川南編書）を参照した。なお観勒に暦を学んだ陽胡氏の祖玉陳は中国系百済人と考えられる（加藤謙吉『大和政権とフミヒト制』吉川弘文館、二〇〇二年、二三六頁）。

（7）古代日本の学術用語への江南の影響は、水口幹記『日本古代漢籍受容の史的研究』（汲古書院、二〇〇五年）第Ⅲ部第一章、榎本淳一「『日本国見在書目録』に見える梁代の書籍について」（同編『古代中国・日本における学術と支配』同成社、二〇一三年）・河内春人「五—七世紀における学術の流通と南朝文化圏」（同）をあげておく。

（8）稚児・童子の教育については、石津照璽「仏教教育史攷」（雄山閣編『仏教考古学講座』別輯、雄山閣出版、一九三七年）を参照した。

（9）同経および『金光明経』は、高楠順次郎編『大正新脩大蔵経第十六巻経集部三』（大正一切経刊行会、一九二五年）。なお大蔵経テキストデータベース研究会『SAT大正新脩大蔵経テキストデータベース二〇一二版』(http://21dzk.l.u-tokyo.ac.jp/SAT/)も利用。

（10）国民文庫刊行会著『国訳大蔵経　論部九』（著者刊行、一九三六年）。ただし現代仮名遣いに改変し、丸括弧の注等は筆者が付した。

（11）日本古代における須弥山説の意味は、細井浩志「日本古代の宇宙構造論と初期陰陽寮技術の起源——特に蓋天説と漏刻をめぐって」（『東アジア文化環流』一—二、二〇〇八年）を参照。

（12）大矢真一『和算以前』（中公新書、一九八〇年）第二章。

（13）竹迫忍「元嘉暦法による7世紀の日食計算とその検証」（『数学史研究』二〇三、二〇〇九年）。

（14）儀鳳暦の採用年次については、細井浩志『古代の天文異変と史書』（吉川弘文館、二〇〇七年）Ｉ一を参照。また儀鳳暦の計算方法については、竹迫忍「儀鳳暦法による日食計算と日食記録の検証」（『数学史研究』二〇五、二〇一〇年）も参照した。

（15）律暦志は、楊家駱主編『中国天文暦法史料』（鼎文書局、一九七七～七八年）。

（16）数の問題は、細井浩志『日本史を学ぶための〈古代の暦〉入門』（吉川弘文館、二〇一四年）六七頁以下でも少し触れている。
(17) 元嘉暦以前の、平均朔望月の長さを次々に足して朔時刻を算出する平朔法ではなく、実際の朔時刻を算出する方法を指す。
(18) 前掲注14細井書Ⅰ一。
(19) 時刻と寺院との関係は、水口幹記「日本古代における時間をめぐる二つの文化圏」(『時間学研究』五、二〇一二年)を参照。
(20) 前掲注11細井論文を参照。
(21) 『金光明最勝王経』巻六・四天王護国品は、「彗星しばしば出で、両日並びに現れ、博蝕恒なく、白黒の二虹、不祥の相を表し、星流れ地動き、井に内に声を発し」等とある。
(22) これらの事例は、前掲注3新川書、平澤論文に詳しい。
(23) 原文は坂本太郎他校注『日本古典文学大系　日本書紀　下』(岩波書店、一九六五年)。
(24) 前掲注15楊書による。
(25) 沖森卓也・佐藤信・矢嶋泉『藤氏家伝――鎌足・貞慧・武智麻呂伝――註釈と研究』(吉川弘文館、一九九九年)による。
(26) 前掲注3新川書第九章。
(27) 有働智奘「六世紀の百済における舎利信仰――北東アジアの仏教受容とその伝播」(『財団法人朝鮮奨学会学術論文集』二七、二〇〇九年)。
(28) 頒暦開始の時期については、前掲注16細井書Ⅱ第一章を参照されたい。
(29) 前掲注3平澤論文。
(30) 前掲注2新川書第三章・同「日本古代における仏教と道教」(野口鐵郎・中村璋八編『選集道教と日本文化二　古代文化の展開と道教』雄山閣出版、一九九七年)を参照。
(31) 前掲注3平澤論文、橋本政良「勅命還俗と方技官僚の形成」(村山修一他編『陰陽道叢書一　古代』、名著出版、初出一九七八年)。
(32) 吉田一彦『日本古代社会と仏教』(吉川弘文館、一九九五年)第一部Ⅱ。なお佐伯有清『日本古代の政治と社会』（吉川弘文館、一九七〇年）第四・五章は、中国の民衆反乱に仏僧を中心としたものが多く、政府に警戒されていたことを指摘する。
(33) 上川通夫「なぜ仏教か、どういう仏教か」（『日本史研究』六一五、二〇一三年）。
(34) 二葉憲香「僧尼令の研究——律令仏教の基本的性格の研究」（『古代仏教思想史研究』永田文昌堂、一九六二年）。
(35) 仁井田陞（池田温編集代表）『唐令拾遺補』（東京大学出版会、一九九七年）。
(36) 養老律令は井上光貞他校注『日本思想大系 律令』（岩波書店、一九七六年）。また集解諸説は黒板勝美・国史大系編修会編『新訂増補国史大系　令集解二』（吉川弘文館、一九八五年）を使用。
(37) 田村圓澄「陰陽寮成立以前」（前掲『陰陽道叢書』、初出一九六〇年）。
(38) 前掲注31橋本論文。
(39) 『懐風藻』（小島憲之校注『日本古典文学大系　懐風藻　文華秀麗集　本朝文粋』岩波書店、一九六四年）大津皇子伝。
(40) 陰陽頭は、九世紀後半以降は陰陽道の術者が必ず就任するが、令制当初は一般の貴族官人が就任することも珍しくなかった。陰陽頭就任者の一覧は、山下克明『平安時代の宗教文化と陰陽道』（岩田書院、一九九六年）第一部第三章を参照されたい。
(41) 細井浩志「日本古代国家による天文技術の管理について」（『史淵』一三三、一九九六年）。
(42) なお鄭顯文（荊木美行訳）「『僧尼令集解』からみた唐代の『道僧格』」（『史料』一八三、二〇〇三年）は、開元二五年（七三七）の『格式律令事類』編纂時に、道士・仏僧関係の法令をまとめたものが「道僧格」だと推測する。ただし本稿では便宜的に、僧尼令対応の唐の法を道僧格とよんでいる。
(43) 井上光貞「仏教と律令——僧尼令の刑罰体系」（『日本古代思想史の研究』岩波書店、一九八二年）。
(44) 諸戸立雄「道僧格の研究」（『中国仏教制度史の研究』平河出版社、一九九〇年）。
(45) この他、鄭顯文「唐代《道僧格》及其復原之研究」（『普門学報』二〇、二〇〇四年）などが、「凡道士、僧尼等卜相吉凶、及左道、巫術、療疾者皆還俗。其依仏法持咒救疾、不在禁限」と復原する。だが道士が仏呪での治病行為のみを認められたというのは法文として成り立ちがたいと思われる。
(46) 廣池千九郎校注・内田智雄補訂『大唐六典』（三秦出版社、一九九六年）を使用。

(47) 欽定四庫全書本（『景印文淵閣四庫全書』四二六冊、商務印書館、一九八三年）、商務印書館本（宋敏求編『唐大詔令集』商務印書館、一九五九年）、適園叢書本（王徳毅主編『叢書集成続編』社会科学類、第五十五冊〔新文豊出版、一九八九年〕所収）を参照。

(48) この復原案は、実は前掲注3新川書二五頁で提案されている。ちなみに前掲注2新川書二一九頁は、道慈が唐での経験を踏まえ、長屋王邸での宴への招待を、僧俗のみだりな交流を非として拒否したことを指摘する。なお開元二十七年（七二九）四月癸酉「禁卜筮惑人詔」（李希泌主編『唐大詔令集補編』上海古籍出版社、二〇〇三年）では、以後の「縁婚礼喪葬」の卜択のみを許している。

(49) 王溥撰『唐会要』（中華書局、一九五五年）。

(50) 二葉憲香「僧尼令の先行法としての道僧格」（朝枝善照編『論集奈良仏教二　律令国家と仏教』雄山閣出版、一九九四年）。

(51) 傅奕については、礪波護「唐初の仏教・道教と国家——法琳の事跡に見る」（『隋唐の仏教と国家』中公文庫、一九九九年）を参照。

(52) 欧陽修・宋祁撰『新唐書一八』（中華書局、一九八六年）。

(53) 大衍暦の概略は、藪内清『増補改訂中国の天文暦法』（平凡社、一九九〇年）第一部四、または前掲注16細井書Ⅱ第二章を参照。

(54) 秋月観暎「道僧格の復旧について」（『歴史』四、一九五二年）、前掲注44諸戸論文を参照。

(55) 宮崎順子「卜占と道教」（野口鐵郎編集代表『講座道教五　道教と中国社会』雄山閣出版、二〇〇一年）によれば、占術は道教教義の中心ではないが、その書が『道蔵』に収められるなど、道士がその一翼が担っている。

(56) 細井浩志「奈良時代の暦算教育制度——陰陽寮暦科・大学寮算科の変遷と得業生」（『日本歴史』六七七、二〇〇四年）、同「陰陽寮と天文暦学教育」（『「第2回天文学史研究会」集録』、二〇〇八年）。

(57) 佐藤文子「出家と得度のあいだのひとびと——日本と中国の度僧システムについての比較研究の試み」（佐藤文子・原田正敏・堀裕編『仏教がつなぐアジア——王権・信仰・美術』勉誠出版、二〇一四年）。

(58) この研究史については、以下で触れる諸論考以外に、小和田和夫『日本古代仏教文化史研究への道程（稿）』（発行者著者、二〇〇〇年）第六章も参照した。

(59) 原文は青木和夫他校注『新日本古典文学大系 続日本紀』（岩波書店、一は一九八九年、二は一九九〇年）。
(60) 増尾伸一郎『万葉歌人と中国思想』（吉川弘文館、一九九七年）第二部第二章など。この令文に関する集解諸説の理解は虎尾俊哉「令集解考証三題」（『古代典籍文書論考』吉川弘文館、一九八二年）を参照。なお新川氏はこの湯薬を粥と理解し、道術的な薬物ではないとするが（「湯薬恵施の諸問題」竹内理三編『古代天皇制と社会構造』校倉書房、一九八〇年）、大宝令卜相吉凶条の「湯薬」を粥に限定するのは難しいのではないか。
(61) 前掲注30新川論文。
(62) 本郷真紹「律令国家と僧尼集団――国家仏教から教団仏教へ」（『律令国家仏教の研究』法蔵館、二〇〇五年）。
(63) 前掲注3新川書第三章。
(64) 上川通夫『日本中世仏教形成史論』（校倉書房、二〇〇七年）第二章、宮崎健司「奈良初期の還俗について」（『仏教史学研究』三二―二、一九八九年）。なお前掲注34二葉論文二三九頁も参照。
(65) 田中禎昭「古代戸籍に見る人口変動と災害・飢饉・疫病――八世紀初頭のクライシス」（三宅和朗編『環境の日本史二　古代の暮らしと祈り』吉川弘文館、二〇一三年）。
(66) 下出積與『日本古代の神祇と道教』（吉川弘文館、一九七二年）一六八頁など。
(67) 東野治之「上代文学と敦煌文献」（『遣唐使と正倉院』岩波書店、一九九二年）、前掲注2新川書終章、小幡みちる「唐代の国際秩序と道教――朝鮮諸国への道教公伝を中心として」（『史滴』二五、二〇〇三年）、同「日本古代の道教受容に関する一考察――八世紀前半の日唐関係を通じて」（『早稲田大学大学院文学研究科紀要』五〇―四、二〇〇四年）などを参照。
(68) 『続日本紀』大宝三年（七〇三）九月癸丑条、養老五年（七二一）六月戊寅条。
(69) 前掲注9大蔵経データベースによる。なお昭和新纂国訳大蔵経編集部編『昭和新纂国訳大蔵経　論律部一一』（東方書店、一九三一年）も参照した。
(70) 前掲注2新川書第三章。
(71) 「官人考試帳（?）」（東京帝国大学文学部史料編纂掛『大日本古文書　編年二四　補遺一』東京帝国大学、一九〇一年）。
(72) 山田英雄「律令官人の休日」（『日本古代史攷』岩波書店、一九八七年）。

(73) 前掲注2新川書第二章。
(74) 前掲注41細井論文。
(75) 前掲注11細井論文を参照。
(76) この問題は、後世、キリスト教が西洋天文学とともに日本に伝来したとき、クローズアップされる。細井浩志「中世日本の宇宙構造論に関する覚書――日本人の宇宙観についての見通し」（服部英雄研究代表『非文字知社会と中世の時間・暦・交通通信・流通に関する研究』https://qir.kyushu-u.ac.jp/dspace/handle/2324/17911、二〇一〇年）を参照。
(77) 根本誠二『天平期の僧侶と天皇――僧道鏡試論』（岩田書院、二〇〇三年）第一章。
(78) 前掲注65田中論文図6・8。
(79) 前掲注32佐伯書、前掲注2新川書終章・前掲注30新川論文。増尾伸一郎「日本古代の宗教文化と道教」（前掲シリーズ『講座道教六　アジア諸地域と道教』二〇〇一年）もこの説を支持する。なお石井公成「聖徳太子伝承中のいわゆる「道教的」要素」（『東方宗教』一一五、二〇一〇年）は、長屋王が道教の影響を受けていたという新川氏の想定を批判する。
(80) 前掲注66下出書二〇九頁以下、同『日本古代の道教・陰陽道と神祇』（吉川弘文館、一九九七年）一〇六・一一二頁。
(81) 両者を区別する考え方は、坂本太郎「大宝令と養老令」（『坂本太郎著作集七　律令制度』吉川弘文館、一九八九年、初出一九六九年）がある。
(82) 前掲注2新川書二五四頁以下。

付記　本稿は科学研究費補助金（課題番号二六三七〇七八二）の成果の一部でもある。また桃山学院大学総合研究所地域連携研究プロジェクト「天変地異の社会学Ⅳ」研究会の参加メンバー（特に串田久治、深見純生、青野正明、邢東風、一色哲の諸氏）より、概念的問題に関する貴重なご指摘を、仏教史に関しては宮﨑健司氏、佐藤文子氏より、『唐大詔令集』に関しては田中良明氏よりご教示を頂いた。感謝する次第である。

日本古代の仏教祈雨儀礼
——請雨経法の受容と展開を中心に

山口えり

はじめに

日本古代における「仏教」文明伝来のインパクトの大きさについて、気にかけておきたい点がある。それは、仏像や経典、あるいは修法といった実践的な儀礼の方法という目に見える事象が、仏教の思想や信仰方法として、日本に持ち込まれた面が大きいことである。このことは、仏教のみならず神祇信仰や陰陽道といった、日本の宗教を総合的に論じる際には重要な視点であると思う。というのは、信仰習俗としてよりも、形象化された「文明」として流入した思想は、既存の固有の信仰形態と、その立場を激しく争う必然性が低かったからである。そのため、日本古代では、各宗教は、それぞれ独自性を保ちながら、祈願の内容や状況に応じて使い分けられることが可能であった(1)。

このことは日本古代の祈雨儀礼の変遷をみると明らかである。日本古代の祈雨儀礼には、実に様々な種類があり、しかも、その儀礼の一つ一つは、時代の要請に応じて変容していった。仏教による雨乞いの修法である請雨経法は、そのわかりやすい例である。

請雨経法とは、「請雨経」(2)にしたがって、諸龍王を勧請して雨を祈る修法のことである。修法には、読経のみならず、加持祈禱を行う儀式も含まれる。請雨経法は修法の中でも、特に「大法」に分類され、非常に重んじられており、内容が濫りに伝授されることはなかった。

本稿では、『覚禅抄』「請雨法」を中心素材として、伝来してきた仏教儀礼である請雨経法が、他の宗教儀礼との関係の中で、日本で独自に展開していったのかを探ってみることとしたい。

この歴史的流れを把握することによって、請雨経法のターニングポイントを明らかにし、今後の聖教類から明らかになるであろう請雨経法の研究の準備としたい。

一　『覚禅抄』「請雨法」

『覚禅抄』については、上川通夫氏を中心とした覚禅鈔研究会等によって、明らかにされていることが多くある。(3)まず、覚禅鈔研究会の見解に依拠して、『覚禅抄』について次の点を確認しておきたい。

『覚禅抄』とは、平安時代末から鎌倉時代初めに活躍した、覚禅（康治二年（一一四三）～建暦三年（一二一三）以降）によって類聚された東密（真言密教）の事相書である。覚禅は、勧修寺興然（保安二年（一一二一）～建仁三年（一二〇四））や醍醐寺勝賢（保延四年（一一三八）～建久七年（一一九六））らの付法弟子である（図1　祈雨儀礼に関わる人物を中心とした東密血脈図参照）。『覚禅抄』の内容の多くは、勧修寺寛信（応徳元年（一〇八四）～仁平三年（一一五三））の『伝授集』に依る。『伝授集』はじめ寛信が撰述したものは、寛信の弟子の興然へ、さらにその弟子の覚禅へと伝わっていった[4]（図1参照）。それ以外には、仁海や成尊、勝覚の説が引用されている。諸師から直接教え授けられたり、秘書の閲覧を通して、蒐集したことが判明している。別名の『百巻鈔』から知られるように、その量は非常に豊富であり、修法ごとに、その修法の典拠、勤修の先例、法会の次第、道具や道場の説明が、経軌等の引用や図像と共に掲載されている。特に、次第の記録については章疏や古記録類のみならず、口伝も綴られており、その価値は高い。しかし、原本は伝わらず、現残している諸本にも異同がある。本稿では、写本の中では古本が多いと評価される勧修寺本を中心に検討する[5]。

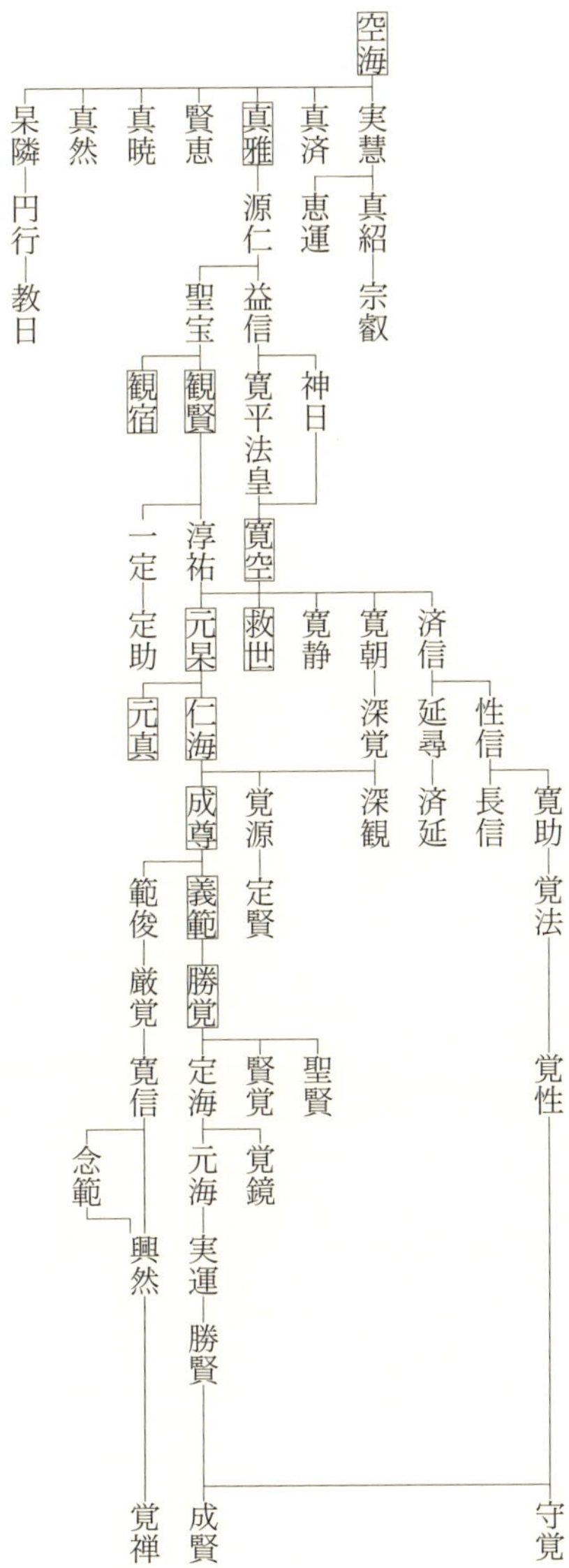

図1　祈雨儀礼に関わる人物を中心とした東密血脈図（□は表2に現れる僧侶）

本稿では、特に、『覚禅抄』「請雨法」上巻の後半部にある「修法先跡付」という項目に着目したい。覚禅は、御記、貴族の日記や僧記等を蒐集し、修法の実行者とその日程、効験、祈雨の成功による賞の有無などを列記した。この内容を整理したのが、左記の**表2**『覚禅抄』「修法先跡付」にみる請雨経法」である。

表2 『覚禅抄』「修法先跡付」にみえる請雨経法

No	修法者	修法開始日	効験	祈雨の賞	出典	備考
1	空海（大師）	天長元年（八二五）	○	○	大師伝	「勧請善女龍王」とみえる。ただし、この請雨経法は史実ではない。
2	真雅	貞観十七年六月十五日（八七五）	○		三代実録	「修大雲輪請雨経法」と明記。史料上、一番古い請雨経法の記録。
3a	観賢	延喜十五年五月二十四日（九一五）	○		殿上記	「年月二十四日」とあるが、延喜十五年のことと推測される。
3b	観賢	延喜二十年九月一日（九二〇）	○	○	御記	「延喜十年」とあるが、延喜二十年の誤り。
4	観宿	延長二年六月二十八日（九二四）	○		御記	
5	寛空	村上御代（九四六〜九六七）	△		成算記	修法の実施時期は不明。応和三年以前のものと推測される。効験について「修中不降雨、至結願日奏遍数、天陰降雨」とある。
6	救世	応和三年七月九日（九六三）	○	○	御記、殿上記等	
7	元杲	寛和元年七月五日（九八五）	○	○	右金吾宣孝記	「奉修此法三ヶ度、毎度降雨」とある。
8a	元真	永延元年（九八七）	×			朱書で「永観元年（九八三）任小僧都、祈雨ノ賞、不雨」とみえる。「成算記云、一度修之」とある。
8b	元真	正暦二年（九九一）	×			

9a	仁海	寛仁二年六月四日（一〇一八）	○	○		
9b	仁海	万寿五年四月十三日（一〇二八）	○			
9c	仁海	長元五年五月一日（一〇三二）	○			
9d	仁海	長元六年五月十四日（一〇三三）	○			
9e	仁海	長暦二年六月（一〇三八）	○			
9f	仁海	長久四年五月八日（一〇四三）	○	○		
9g	仁海	寛徳二年七月（一〇四五）	○			老齢の為、神泉苑ではなく小野住房にて行う。
10	成尊	康平八年六月十五日（一〇六五）	○	※		※祈雨の賞については「以有霊験被延修二ヶ日、殿下依无許容不蒙勧賞」とある。
11	範俊	永保二年七月十六日（一〇八二）	×			
12	義範	寛治元年八月十日（一〇八七）	○	○		
13	勝覚	永久五年八月十四日（一一一七）	○	○		

表2では、①空海（大師）、②真雅、③観賢、④観宿、⑤寛空、⑥救世、⑦元杲、⑧元真、⑨仁海、⑩成尊、⑪範俊、⑫義範、⑬勝覚が請雨経法を行った人物として名前が挙げられている。しかし、古代における祈雨の関係記事を集成編纂した書物である『祈雨日記』をみていくと、**表2**ではみられない祈雨修法実行者も存在する。『祈雨日記』にはいくつかの写本系統があることが、小倉慈司氏によって明らかにされており、そのうちの一系統は、覚禅が『覚禅抄』をまとめるのに、参考とした『伝授集』の作成者である寛信によるものである。(6)

このことより、東密の百科全書的書物である『覚禅抄』の編集方針がうかがえる。覚禅は、寛信の『伝授集』については大いに参考としつつも、同じく寛信による『祈雨日記』については、その内容を単純に引き写してはいない。それは、祈雨儀礼を行ったからといっても、必ずしも請雨経法が行われていたわけではなく、読経による雨乞い、あるいは請雨経法とは異なる種類の修法による雨乞い、また、請雨経法であっても東密によらないものもあったからであろう。そういったものについては、覚禅は「修法先跡付」からは明らかに外している。また、他の史料では東密による請雨経法であったとされる事例についても、他の東密の資料で確認のとれないものについては、『覚禅抄』に記録していないものもある。(7) いずれにせよ、覚禅が東密による請雨経法として認めたものが、**表2**に反映されたと考えて問題ないであろう。

二　請雨経法開始以前——読経による祈雨

まず、**表2**「『覚禅抄』「修法先跡付」にみる請雨経法」の①空海までの祈雨儀礼について概観していきたい。(8)六国史における祈雨の記録として最も古いものは『日本書紀』皇極天皇元年（六四二）のものである。皇極天皇元年には日照りが続き、七月の終わりから八月の頭にかけて、様々な方法で雨乞いが行われた。段階を追って行われる様々な祈雨が、最終的に天皇によって成功するという物語は、史実とは考えにくい。そのうちの一つの方法として、次のような記事がみえる。

於二大寺南庭一、厳二仏菩薩像与二四天王像一、屈二請衆僧一、読二大雲経等一、(9) 于時、蘇我大臣、手執二香鑪一、焼レ香発願。

このように仏教による雨乞いがここでは採られているが、その真偽は不明であり、また、この後、仏教による雨乞いは飛鳥浄御原令頒布前まではわずかながら記録に残るが、『続日本紀』では、祈雨儀礼は神祇に祈ることにより行われ、仏教への祈願は基本的にみられない。神事も仏事も全てを行うわけではなかったことがわかる。天平期は特に仏教への傾倒が顕著な時期であるといわれているが、疫病や地震については仏教に、祈雨については神祇への祈願が第一義的であり、使い分けされていた様子がうかがえる。(10)

平安時代に入ると、雨乞いを行う対象社は、九世紀にかけて次第に増加し、十世紀後半には二十二社へと整備されていく。これと時を同じくして、九世紀になると仏教による雨乞いも行われるようになった。

平安時代における仏教による祈雨は嵯峨朝から現れる。『日本紀略』大同四年（八〇九）七月三日条が最も早いものである。

遣二使於吉野山陵一、掃二除陵内一幷読経、以二亢旱累レ旬山陵為一レ祟也。

とみえ、山陵の祟りを慰撫することで、日照りに対処する雨乞い方法がみられるようになる。日照りの原因を「祟り」に求めて、その対応策として仏教による旱害対策を行うのは、大きな転換点である。以後、仏教による雨乞いは、奈良時代と異なり、史書にみられるようになる。

『日本紀略』弘仁八年（八一七）四月二十二日には、修円が室生山で祈雨を行う。これは室生での祈雨の初例であり、室生は祈雨の霊場として認識されるようになり、以後も行われるようになる。翌年には（『日本紀略』弘仁九年四月二十七日条）、祈雨を目的として諸大寺で読経されるのが確認できる。この時に読まれたのは、仁王経である。続く、弘仁十年（『日本紀略』弘仁十年七月十八日条）には十三大寺等で大般若経が祈雨のために転読される。さらに、『日本紀略』弘仁十一年（八二〇）六月二十七日条では、

令三諸国転二読大雲経一、為レ救レ旱也。

と、祈雨のために、大雲経が転読されている。[11] その後も、仏教経典の読経による雨乞いは続くが、祈雨に際して読経された経典名は全ての記事において明記されているわけではない。判明するもののうち、内訳をみると、大半は大般若経であり、次に仁王経が続く。祈雨には護国経典が用いられていた。ここまでが、**表2**の①空海の請雨経法以前の祈雨の動向である。

これ以降の祈雨儀礼の動向も探っていきたい。神祇と仏教、それぞれの祈雨儀礼は引き続き行われる。祈雨儀礼全体の中でしめる仏教儀礼の割合は次第に増加する傾向にあったが、神祇による祈雨儀礼の例数を超えることはなかった。ただし、例数も増えるためか、仏教による祈雨儀礼については、この時期には注目すべき事象がいくつかあげられる。

一つは、天長四年（八二七）（『日本紀略』天長四年五月二十一日条）以降、宮中（多くの場合、大極殿）で、祈雨を目的として、主として大般若経が転読されるようになることである。この宮中での読経という祈雨儀礼は、頻繁に行われるが、次第に天台宗が独占するようになったとの指摘がある。[12] 一方、これに対応して、東密は、空海が神泉

苑で請雨経法を行ったという説話を作り上げ、流布した。表2で初例としてあげられる①空海の天長元年の請雨経法は、先学によって、史実ではないことがすでに明らかにされている。(13)『日本紀略』天長四年（八二七）五月二十六日条にみえる空海の「請二仏舎利内裏一、礼拝灌浴」という祈雨が、後に、東密によって意図的に混同されたのであろう。このように、空海の請雨経法を作りだすことによって、請雨経法は東密に特化した修法となった。やがて、宮中での読経による祈雨は、神泉苑での祈雨が中心になるに従い、衰微していき、十一世紀半ば以降は行われなくなる。

また、仁明朝には、祈雨のため、三日三夜読経悔過も行われている（『続日本後紀』承和六年（八三九）六月四日条）。昼の読経・夜の悔過というこのころ盛んに行われた仏教儀礼が、雨乞いでもなされた他では見えない方法である。もう一つ、仁明朝で注目したい記事がある。それは、『続日本後紀』承和六年六月十六日条である。

勅、頃二縁旱涸一、頒レ使祈レ雨、頗似レ有レ応、未レ能二普潤一、宣下請二七大寺僧於東大寺一、令上称二讃龍自在王如来名号一。

まず、注目されるのは、東大寺で祈雨が行われているという点である。六国史における東大寺での祈雨はこれが初見である。(14)この後、しばらく見えず、次に見えるのは延長三年（九二五）（『日本紀略』延長三年七月二十七日条）である。(15)その後は、先に紹介した宮中での読経と同様、十一世紀半ば以降、神泉苑での祈雨が中心になるに従い、衰微していった。

次に、この記事で注目すべきなのは、「称讃龍自在王如来名号」という箇所である。このような表現がみられるのは、この記事のみである。「龍」の存在より、想起されるのは、請雨経経典である。四つの請雨経は大同小異であり、その大意は、諸龍王が大慈行を行い、陀羅尼を誦せば、亢旱の時には雨が降り、長雨の時には雨が止み、飢饉や疾病を除滅することができると仏が説いた、とまとめられる。いずれの請雨経においても、冒頭に龍王の名が数多くあがる。請雨経を読経することは、それらの二〇〇近くに及ぶ龍王の名称を読み上げ続けることになる。読経によって、絶え間なく続く、響きの荘厳さは想像に難くない。[16] これまで史料に表れてきた「大雲経」については、四つの請雨経のうちの一つかどうかは不明だが、少なくとも承和六年には、ついに日本において請雨経が公に雨乞いに使用されたと判断できよう。あるいは、経典名を具体的に記さないこの一風変わった表現こそ、大般若経や仁王経といったいわゆる護国経典ではない、祈雨に特化して国を護ることを目的とした請雨経を表すのに適切であったのかもしれない。

三　請雨経法の開始

この後、請雨経が関連する祈雨法が史料に出現するのは、表2②真雅になる。そこに至るまでの状況も確認していきたい。

『日本文徳天皇実録』と『日本三代実録』は、その編纂の方針もあってか、これまでの史料と異なり、神祇儀礼については、その祈雨を行った対象社、仏教儀礼については、具体的な経典名や修法名が明記されるという特徴がうかがえる。祈雨については、やはり神祇儀礼が優先ではあったが、仏教儀礼が補完するような形で行われることが見て取れるようになる。よくいわれる神仏の相互補完関係は九世紀後半になり、ようやく明確になる。

神祇儀礼については、平安京を守護する「賀茂・松尾・乙訓・稲荷・貴布祢」の五社の組み合わせが重視されるようになる。[17] 仏教儀礼については、大般若経の転読を宮中で行うことが主たる祈雨法であったのだが、次第に読経ではなく修法による祈雨法がみられるようになってくる。六国史には見られないが、早いものでは、『祈雨日記』斉衡元年（八五四）四月に、入唐八家の一人でもある安祥寺恵運（延暦十七年（七九八）〜貞観十一年（八六九））による祈雨法が神泉苑で行われている。また、『天台座主記』によれば、貞観八年（八六六）に、天台座主の安慧が神泉苑で請雨経法を行っている。

このように九世紀後半になると、神泉苑で祈雨が行われるようになる。神泉苑と祈雨について、佐々木令信氏は、斉衡年間から宗教的色彩を持つようになり、貞観年間に宗教霊場としての性格が定着したとまとめている。[18] 貞観年間には、神泉苑は、貞観五年の御霊会の開催に如実に示されるように、平安都市民にも開放された儀礼の場となっていた。[19]

そのような中、**表2**②真雅の請雨経法に該当する記事が『日本三代実録』貞観十七年（八七五）六月十五日条で確認される。

屈二六十僧大極殿一、限二三箇日一、転二読大般若経一、十五僧於二神泉苑一、修二大雲輪請雨経法一、並祈レ雨也。

とみえ、経典の読経のみならず、明らかに法を修したことが読み取れる。六国史で初めて「請雨経法」を行ったことが明記されたのである。合わせて、代表的な護国経典である大般若経の転読も宮中では行われている。また、これに先立ち、『日本三代実録』の六月三日条では、神祇に祈雨儀礼が行われている。これまでの神祇と仏教の祈雨儀礼を排除するわけではなく、さらに補完する形で請雨経法は採用されている。

請雨経法の場所が神泉苑に特化されたのは、「龍」との関係もある。『日本三代実録』貞観十七年六月二十三日条には、次のようにみえる。

不レ雨数旬、農民失レ業、転レ経走レ幣、祈二請仏神一、猶レ未レ得レ嘉、古老言曰、神泉池中有二神龍一、昔年炎旱、焦レ草礫レ石、決レ水乾レ池、発二鍾鼓聲一、応レ時雷雨、必然之験也、於レ是勅遣下二右衛門権佐従五位上藤原朝臣遠経一、率二左右衛門府官人衛士等於神泉苑一、決中出池水上、正五位下行雅楽頭紀朝臣有常率二諸楽人一、泛二龍舟一陳二鐘鼓一、或歌或舞、聒聲震レ天。

本条文によれば、昔からの言い伝えによると、神泉苑の池には龍の神がおり、降雨のために、昔は池の水を枯らし、鉦鼓を鳴らしたとある。仏や神に祈っても雨が降らなかったこの時も、神泉苑の池の水を放出し、鉦鼓や歌舞によって天を震わせ、雨を降らそうとしたみえる。これは六月二十四日から二十六日まで続けられた（六月二十六日条より知られる）。昔からの言い伝えがいつまで遡れるかは不明であるが、神泉苑の池には龍がいることが、このころには認識されていた。このことは、請雨経に規定されるように龍を勧請して行う請雨経法にふさわしい場所としての認識を生み、以後、請雨経法は神泉苑で行われるようになった。

上川通夫氏は[20]、経典の流伝に着目し、八世紀には一切経が組織的に書写され、九世紀には追加や証本探査が繰り返され、大方の経典は日本にあるのにもかかわらず、用いられるのは特定少数の護国ないし悔過の経典であり、経典の所持と利用は一致しないことを指摘する。請雨経も四つのうち三つは、詳細は不明ではあるが、天平の終わりまでには日本に将来していたのは確かである。下限は、天平五年（七三三）に出発し、その翌年に戻った遣唐使によってもたらされたものと考えられる。請雨経法で最も重視された不空訳のものも、遅くとも、空海によって将来されている。(21) ここでは、経典の入手がすぐに修法の実行には結びついていないこと、なかでも、請雨経法では重視された不空訳請雨経が将来されたからといって、すぐさま請雨経が読経されたり、請雨経法という修法が行われたわけではないことに留意したい。

次節では、請雨経法を中心としたその後の祈雨儀礼の展開についてみていきたい。

四　請雨経法の展開

前節では、日本国内における状況が、修法を必要としたのが九世紀半ばであったことを指摘した。九世紀後半は、請雨経法に限らず、祈雨を目的とした他の修法も行われていた。例えば、元慶元年（八七七）六月二十六日（『日本三代実録』）には、教日が金翅鳥王経法、元慶四年五月二十二日（『日本三代実録』）には、宗叡が灌頂経法を行っている。このように、読経ではなく、修法が盛んになるのは、貞観期以降しきりにみられるようになる「理運」という天文観念によった災害認識の方法によるといったこともあげられる。(22) ある現象（例えば、旱魃や大雨）に対して、ある定まった対応を行うようになっていき、神祇による祈雨儀礼については、延喜年間以降、特定の「十六社」に祈雨奉幣が行われるようになった。

こうした流れの中、十世紀以降には、陰陽道という日本で独自に発展した宗教による祈雨法である「五龍祭」が陰陽師により行われるようになった。(23) 中でも、五龍祭の淵源として考えられるのは、唐の玄宗期の祈雨儀礼であろう。古代中国における祈雨について論述した水口幹記氏によれば、[24]唐では玄宗の開元十八年（七三〇）に「五龍」を祭り祈雨を行うことが公式に定められた。翌開元十九年には、龍を池に投げて祈雨を行う「投龍」という祈雨も行われた（『冊府元亀』巻二十六・帝王部）。日本で陰陽師が行った五龍祭については詳細はわからないことも多いが、五龍を池で祭ることにより雨を乞う方法は近似している。

この玄宗期の例のみならず、五龍祭の元々の思考法は中国に由来する。古代中国における祈雨については、ここで詳細を論じることはできないが、次の事のみを確認しておきたい。龍と祈雨との関係について最も古く遡れるのは、董仲舒の『春秋露路』巻十六求雨の中に、陰陽五行思想に基づいた請雨の儀式があり、それに龍を用いるとの記載がある。『後漢書』礼義志の請雨の項にも「行㆓雩礼㆒求㆑雨、閉㆓諸陽㆒、衣㆑皀、興㆓土龍㆒」ともみえる。土で龍形を作成して、祈雨を行った様子がみえる。唐代では、祠令第四十二条（永徽令）に祈雨のために土龍を造ることが見え、その実例としては、『唐書』黎幹列伝の代宗大暦八年（七七三）に「大旱、幹㆓造土龍㆒」の記事がみえる。祈雨と龍は深い関係を古くから有していた。

その影響はもちろん日本にも及んでいる。五方や五色と結びついた「龍（王）」の字句のある木簡や漆紙文書などの出土資料は、「雨」の文言は見えていなくとも、祈雨や止雨のための呪符であると指摘されている。[25]これらの知識を体系的に陰陽寮が採用して、五龍祭はできあがっていったものと思われる。

また、九世紀後半における祈雨修法の実行については、仏教界の関係も大きく作用していよう。このことを**表2**③観賢前後の祈雨儀礼の動向とともに確認していきたい。②真雅から③観賢まで、**表2**には請雨経法の記録はないが、『日本紀略』寛平三年（八九一）六月十八日条には、益信が神泉苑で請雨経法を行った記録がある。寛平七年に成立した『贈大僧正空海和上伝記』において、空海が神泉苑で祈雨を行ったという説話がみられるが、これは決して偶然ではないであろう。このころから「空海・神泉苑・請雨経法」を結びつけ、請雨経法を独占しようとする東密の動きが史料から段階的に確認できるようになる。(26) これは、先述したように宮中での祈雨が天台宗に特化されていったこと、また、祈雨修法が東密以外でも行われていたことと大きく関わっている。

表2にみえずとも、修法者や修法の種類は不明ながらも祈雨修法が行われていたことは『日本紀略』や『扶桑略記』などに見える。仏教修法による祈雨については、早い段階では、先述したように安慧が、それ以外にも例えば、天台宗の志全は、『祈雨日記』によれば、延長三年（九二五）に神泉苑で請雨経法を行っている。天台座主尊意（『天台座主記』延長八年（九三〇）六月二十七日、『扶桑略記』天慶二年（九三九）七月十五日）は、尊勝法で祈雨を行っている。

特に、志全の祈雨は、東密のものではないので**表2**には見えないが、『祈雨日記』には延長三年七月二十三日のこととして、次のように記録する。

於《テ》二神泉苑《ニ》一造《ル》二龍形二頭《ヲ》一、始《メテ》レ自《リ》二今日一三箇日被《ル》レ修《セ》二請雨経法《ヲ》一、阿闍梨志全、番僧五口、外記日記文也、

或人云、志全内供唐人、慈覚大師帰朝随身之弟子云々。

志全については、他の資料ではみられない。右より、天台宗の僧侶である円仁に、唐より随行した弟子であることが理解される。しかし、承和十四年（八四七）に円仁と共に来日した志全が、延長三年に存命である可能性については疑問がないわけではない。(27) なお、円仁は「入唐新求法聖教目録」の記載より、不空訳の大雲輪請雨経二巻を将来している。

『祈雨日記』から得られる情報の中で、気になる点は志全が唐人であるとされていることである。これが事実とすれば、志全には、唐での祈雨法の見聞があったであろう。

請雨経法が行われた神泉苑には龍が住むという言い伝えが貞観年間以降にはあり、加えて、十世紀頭には行われていた陰陽道の祈雨祭祀である「五龍祭」も龍に関わるものである。

志全の請雨経法でも、このように祈雨と関係の深い龍が持ち出され、「造《ル》二龍形一頭一《ヲ》」作業を行っている。どのような素材や形状で龍形を造り、どのように使用したのかは不明であるが、龍形の作成は、志全が唐から持ち込んだ知識によるものとも推測できる。

そして、志全と同じころに、東密で活躍していたのが、表2の③観賢や④観宿である。

観賢は、それまで分裂傾向にあった東密の各寺院の関係を強固なものにしようとする。観賢以前の日本密教においては、台密の円仁・円珍・安然らの活躍がめざましい一方で、東密では、空海入定以降、教王護国寺（東寺）、金剛峯寺（高野山）、神護寺、安祥寺、仁和寺、醍醐寺と、それぞれが独立した傾向を持っていた。それまで、本末争いをしていた東寺と高野山金剛峯寺であったが、延喜十九年（九一九）に観賢は、東寺長者と金剛峯寺座主を兼ね、東寺を本寺とし、金剛峯寺を末寺とする本末制度を確立し、東寺長者が真言宗を統括するようにした。こうした東密の統合の時期に、空海の御遺言である『御遺告』が、空海入滅（承和二年（八三五））から約百年たった、十世紀前半に成立した。祈雨に関連するところは次の通りである。これと同じものが『覚禅抄』「請雨法」上巻と下巻にみられ、請雨経法の由来を説明するのに使われる。

遺告云。神泉園《ノ》池邊《ニ》御願《ニ》修《レ》法《ヲ》祈《ルニ》レ雨《ヲ》、霊験其《レ》明《ナリ》。上《ハ》従《リ》二殿上一下《ハ》至《ル》二四元一。此池《ニ》有《リ》二龍王一。名《ク》二

善如一ト。元是レ无熱達池ノ龍王ノ類ナリ。有テ慈為レ人ノ不レ至二害心一ヲ。以レ何知ルトナラハレ之ヲ。御修法之比、託レ人ニ示レ之ヲ。即チ敬ヒ二真言ノ奥旨一ヲ。従リ二池中一現スレ形ヲ。〻〻ノ時、悉地成就ス。彼ノ現セル形業ハ宛モ如シ二金色一。長八寸計リノ蛇ナリ。此ノ金色ノ蛇、居二在ス長九尺計リノ蛇之頂ニ一也。見ル二此ノ現形一ヲ弟子等ハ実恵大徳、并ニ真済、真雅、真紹、賢恵、真暁、真然等也。[28] 諸ノ弟子等敢テ難レ覧ルコト者。具ニ注シテ二言心一ヲ奏聞ス二内裏一ニ。少時之間ニ、勅使和気真綱、御幣種〻色物供奉ス二龍王一ニ。真言ノ道ノ崇キコト従レ爾シ弥起ル也。若シ此ノ池ノ龍王移ラハ二他界一ニ、浅クレ池減リレ水薄クレ世乏シカランレ人。方ニ至ラハ二此時一ニ須ク下不トモレ令メレ知ラ二公家一ニ、私ニ加フ中祈願上ヲ而已。

これによれば、神泉苑の池辺で修法、つまり請雨経法を行った時に、善如龍王という龍が長さ九尺ほどの蛇の頭の上に出現しており、その善如龍王の形は長さ八寸ほどの金色の蛇であった。神泉苑での祈雨の霊験があらたかな理由は、この善如龍王が神泉苑の池にいるためであると、説明する。

志全の他にも、中国との交流の中で「龍」を用いた祈雨儀礼は、日本に紹介されており、『御遺告』のこの説話の成立より早く、十世紀初頭には、中国から得られた知識を基に、五龍をモチーフとした陰陽道の祈雨祭祀である五龍祭も行われている。また、東密と台密との関係は断絶していたわけではなく、その枠を超えた交流もあったため、志全の「龍」を用いた祈雨から学んだ可能性も想定できる。龍そのものが祈雨と関わるのは、特異な点とはいえない。

だが、『御遺告』で重視されている龍、言い換えれば、東密の行う請雨経法で重視されている龍は、「善如龍王」という特定の龍である。元々の請雨経とは異なり、『御遺告』以後の請雨経法においては、日本で独自の観点から「龍」＝「善如龍王」が重視されている。

このような観賢を中心とした東密の動きにより、⑤寛空以降、請雨経法は東密による記録しか残らず、善如龍王を見ることのできた東密の僧侶のみが行える祈雨法へと請雨経法はなっていく[29]。東密という一宗派としての意識は高まり、東密の祈雨法である請雨経法という図式ができあがった。そして、⑥救世、寛静（表2に見えない）、⑦元杲ら東密の僧侶が請雨経法を行っていく。

表2では、⑦元杲の請雨経法は一例しか見えない。しかし、史料からは六例ほど確認できる。元杲にとっては記録に残る初めての祈雨修法は、表2にはでてこないが、康保三年（九六六）七月六日の請雨経法の記録である。当初は寛空に命ぜられた祈雨であったが、元杲が神泉苑で請雨経法を行うこととなった。その様子を『祈雨日記』は次のように記録する。

……内供元杲、於二神泉苑一勤二請雨経法一。七箇日之間不レ雨、仍作二茅龍一供養祈請、池水漂蕩、雷電忽震倒二南門一矣、降二雨霈然一、賞補任二権律師一、

元杲が七日間修法を行うが雨が降らなかったので、「茅龍を作って供養し」雨を祈願したところ雨が降ったことが書かれる。やはり、ここでも「龍」の作成が見て取れる。

『祈雨日記』で、龍形の作成についてふれるのは、これ以前には先にみた志全の例のみである。原『祈雨日記』は、元杲が請雨経法を行うにあたって、空海から始まる祈雨の先例を蒐集したものであるが、志全の記事は元杲が作成したという原『祈雨日記』には見えず、東密の僧、寛信が十二世紀前半に、祈雨に関わる記録をまとめた段階で入れられたものと推定される[30]。元杲が蒐集した資料には、龍形の作成については記録がない。元杲より前

の段階では、龍形の作成は、重視されていなかったのか、あるいは、行われていなかった可能性がある。請雨経の規定通り、龍を描くことのみが行われ、龍を形作ることはされていなかったのではないだろうか。

東密の請雨経法は「空海」と「龍」と「神泉苑」の三点を重視する。元杲が祈雨で活躍した十世紀後半には、神泉苑にいる龍は空海が勧請したというモチーフが空海の請雨説話に組み込まれる『弘法大師伝』が成立している。この段階で、描かれた龍ではなく、龍形が信仰の対象として求められたのではないかと思われる。しかも、中国のような土龍では水中ですぐに消えてしまう。信仰の対象物としては、水辺で行う儀式に耐えうる素材として茅で作った龍が使われるようになったと推測される。もし、東密に「龍」に関わる儀式次第の記録の先例があれば、元杲は原『祈雨日記』でふれたはずである。龍形の作成を請雨経法に持ち込んだ元杲の功績は大きい。平安時代の請雨経法の成功者としては、元杲の弟子である⑨仁海が名高いのであるが、その成功は師元杲からの知識の伝授による面も大きかった。

⑦元杲に続き、請雨経法を行った人物として記録に残るのは、表2にも見える⑧元真である。表2には二例みられるが、いずれについても失敗に終わっている。『祈雨日記』においても、同様の記録が残る。祈雨では成功がなくとも、永祚元年（九八九）には律師に、正暦四年（九九四）には権少僧都に任じられている。また、『祈雨日記』には珍しく、長徳二年（九九六）には鎮西に赴き、寛弘五年（一〇〇八）には安楽寺で卒したことまで記載される。仁海よりだいぶ年が上と推定される兄弟子である元真の祈雨の失敗が二例も、記録されるのは、仁海と対比的であり、仁海を際立たせるための作為を感じる。

元杲のもう一人の弟子である⑨仁海の請雨経法については、表2では七度確認できる。この七度は『祈雨日記』の記録とも一致し、信憑性は高い。その回数は他と比べ、驚異的であり、当時から「雨僧正」と称えられるほどの験力であった。しかも、仁海最後の請雨経法は神泉苑で行われていない。貞観年間以降培われてきた、請雨経法と神泉苑の関係を凌駕するほどの仁海個人の験力とはどういったものであったのであろうか。

実は、請雨経法については、頻繁に実施されるようになってからも、その詳細については不明なところが多い。というのは、修法というのは公開されるものではないからである。修法の実践的な方面の諸々の事柄を事相と呼ぶ(31)。事相の伝授には口決相承が重んじられていた。事相が記録された事相書も存在するが、そこにすべてが記録されたわけではなく、残っている史料のみでは、修法の具体的な様相を再現するのは容易ではない。請雨経法の場合も、例外ではない。しかしながら、『覚禅抄』も含め、様々な聖教類からの断片的な史料を分析することによって、仁海の祈雨には大きな特徴があったことが判明した。仁海は請雨経法という仏教儀礼の中に、五龍祭という陰陽道の宗教儀礼を組み込んだ儀式次第を作り上げている(32)。東密の一祈雨法に他宗教である陰陽道の儀礼をも組み込んだことは、請雨経法のみならず、日本古代の祈雨儀礼の変遷の中における大きなターニングポイントであった。

表2によれば、⑨仁海と、その前の⑧元真の請雨経法との間は、二十七年も間隔があいている。その間、祈雨がおこなわれていなかったわけではない。神祇による祈雨儀礼はコンスタントに実施され、延喜年間の「十六社」から「二十一社」制へと移行している。陰陽道による五龍祭も、寛弘元年（一〇〇四）七月十四日に、安倍晴明によって行われた（『御堂関白記』）。

仏教による祈雨としては、宮中、東大寺、畿内の諸大寺での読経も行われていた。また、神泉苑では深覚が祈雨を行っている。『日本記略』長和五年（一〇一六）六月九日条には、請雨経法を修したと記載されるが、『祈雨日記』には「大日尊孔雀明王及大師之宝号」とみえ、請雨経法なのか明確ではない。もし、請雨経法であったならば、覚禅は表2より、意識的に、⑧元杲・⑨仁海につながらない深覚の祈雨の記録を採用しなかった可能性もあろう。

表2には記載されていないが、仁海の数多い請雨経法の実施の前には先述した深覚の祈雨、そして、仁海の後には、永承二年（一〇四七）七月に、深覚の弟子、深観による孔雀経法が行われている（『東宝記』）[33]。仁海以降、請雨経法は表2に表れる⑩成尊、⑪範俊、⑫義範、⑬勝覚と、仁海の法脈を継ぐ僧侶らによって行われるが、その間には表2にはみられない、孔雀経法や孔雀経御読経といった祈雨法が[34]、長信、済延、信覚といった、逆に、仁海の法脈にない僧侶らによって行われている[35]。ここに新たに東密内部における小野流と広沢流との二分流がみてとれる。日本では空海が始めたとされた請雨経法は、仁海の法脈である小野流にのみ相伝されていくようになったのである。

むすびにかえて

以上、表2を基に、古代の仏教による祈雨儀礼を概観してきた。請雨経法で最も重視された不空訳の請雨経は空海によって、日本に将来された。しかし、将来と同時にすぐ活用されたのではなかった。請雨経は、遅くとも仁明朝には、国家による祈雨儀礼の場で使用され、その記録が後世に残されるようになった。その後、神泉苑と龍との結びつきの中で、②真雅以降、請雨経法が神泉苑で行われるようになった。そして、③観賢を中心とした東密の権限の集中化に伴い、請雨経法は東密の独占的な修法として認識されるようになった。その中でも、際だって目につくのが、⑨仁海である。仁海以降、その法脈にある僧侶のみが請雨経法を独占し、東密の中でも小野流という二分流のうちの一つとして存在感を示すようになったことを確認した。

本稿では歴史的な流れから、請雨経法の儀式次第の中でも「龍」に関わる儀式を重視した元杲、さらにその弟子である仁海が五龍祭の組み込みによって請雨経法を完成したことを指摘するのみにとどまってしまった。仁海の請雨経法の内容については、それぞれ龍と関係する請雨経法と五龍祭との儀式次第について検討する必要があるが、紙幅の都合もあるので、後考を期したいと思う。

注

（1）諸宗教の使い分けという「日本的信仰構造」については、「神道」の成立といった観点から、すでに三橋正氏が、例えば、「神仏関係の位相――神道の形成と仏教・陰陽道」（『「神仏習合」再考』勉誠出版、二〇一三年）で明らかにしている。

（2）請雨経とは次の四つを言う（成立順）。№九九三　北周の天竺三蔵闍那耶舎訳「大雲経請雨品第六十四　一巻」、№九九二　北周の天竺三蔵闍那耶舎訳「大方等大雲経請雨品第六十四　一巻」、№九九一　隋の天竺三蔵那連提耶舎訳「大雲輪請雨経　二巻」、№九八九　唐の沙門不空三蔵訳「大雲輪請雨経　二巻」。通常、請雨経というときには不空訳のものを指し、他の三つは異訳経典と言われる。なお、№九八九の壇法は、№九九〇「大雲経祈雨壇法」として独立しているが、それも請雨経に含める（経典の№は『大正新脩大蔵経』による）。これらの請雨経経典および壇法については、その成立過程、内容の比較、日本への将来等を拙稿「雨僧正仁海と請雨経法」（『東アジア文化環流』第一編第二号、二〇〇八年）において述べた。

（3）覚禅鈔研究会（文責 上川通夫）『覚禅鈔』研究についての基本視覚」（覚禅鈔研究会編『覚禅鈔の研究』親王院堯榮文庫、二〇〇四年）、同「密教文献と中世史――『覚禅鈔』をめぐって」（『日本中世仏教と東アジア世界』塙書房、二〇一二年）参照。

（4）川村知行「寛信の類秘抄と類聚抄――覚禅抄の引用をめぐって」（『密教図像』三、一九八四年）。

（5）「勧修寺善本影印集成」として出版された『覚禅鈔』（親王院堯榮文庫、二〇〇一年）。請雨経法は、そのうち巻二七〜三〇（ただし、巻二八は新出資料である）。また、活字で公刊されている『大正新脩大蔵経』本と『大日本仏教全書』本も適宜参照した。

（6）「『祈雨日記』とその増修過程」（『書陵部紀要』五一号、二〇〇〇年）参照。氏は、写本の検討より、原『祈雨日記』を作成したのは元杲であることを指摘している。加えて、『祈雨日記』には祈雨儀礼の類聚へと進んだ側面があるのに対し、『覚禅抄』は蒐集した史料の再編成を志向したとも指摘する。

（7）例えば、寛平三年（八九一）六月十八日の益信による神泉苑での請雨経法については、『日本紀略』では請雨経と明記されているが、他の真言系の史料では裏付けがとれなかったためか除かれている。

（8）本稿の内容は、榎本栄一「六国史における仏典と法会について」（一）・（二）・（三）」（『東洋学研究』一七、一八、一九号、一九八三、一九八四、一九八五年）、野口武司「六国史所見の「祈雨・祈止雨」記事」（『國學院雑誌』八七巻一一号、一九八六年）、嶋裕海「平安時代の祈雨儀礼について」（『密教学研究』二三号、一九九一年）、籔元晶『雨乞儀礼の成立と展開』（岩田書院、二〇〇三年）で取り扱われている内容と一部重なるところもあるが、私見と異なる部分もあり、構論の都合上、言及した。

（9）ここでみえる「大雲経」については、請雨経のうちの一つなのか、あるいは曇無讖「大方等無想大雲経」を指すのかは不詳。

（10）詳細は拙稿「奈良時代の旱害・水害と祈雨・祈止雨儀礼」（『東アジアの古代文化』第一三六号、二〇〇八年）参照。

（11）この「大雲経」について、集英社本『日本後紀』は頭注に、那連提耶舎訳か不空訳の大雲輪請雨経であろうとする。しかし、唐の太宗も祈雨のために護国経典である仁王経や曇無讖の大方等無想大雲経（通称「大雲経」）を読誦させている。いずれの大雲経を指すかは断定できない。

（12）佐々木令信「天台座主増命祈雨説話について」（北西弘先生還暦記念会編『中世社会と一向一揆』吉川弘文館、一九八五年）。

（13）逵日出典「神泉苑における空海請雨祈禱の説について」（『芸林』一二巻三号、一九六一年）。

（14）天平神護二年（七六六）六月三日に東大寺で大雲輪請雨経による祈雨法が行われている（「東大寺三綱帳」『大

日本古文書』巻一七、一九頁）が、『続日本紀』には見えない。祈雨は神祇によるものという志向が『続日本紀』編纂時までは根強くあったことを反映していると思われる。

（15）前掲注8で籔元晶氏は、東大寺での祈雨は、南都七大寺の勢力拡大と利益誘導のため、新たな祈雨法が参入した時期に定着したものであるとされるが、東大寺の荒廃や東大寺における東密の影響、祈雨霊場という場所を重視する観点などからの検討も必要と思われる。

（16）清水真澄『読経の世界――能読の誕生』（吉川弘文館、二〇〇一年）でも、請雨経読経を指摘している。

（17）詳細は拙稿「延喜臨時祭式祈雨神祭条の再検討――貞観式編纂の問題をめぐって」（『延喜式研究』二二号、二〇〇六年）参照。

（18）佐々木令信「空海神泉苑請雨祈禱説について――東密復興の一視点」（『仏教史学』第一七巻第二号、一九七五年）参照。

（19）『日本三代実録』貞観四年九月十七日条では、京師の井戸が涸れた水不足の対応のために、神泉苑の西北の門を開いて、諸人が水を汲むことを許可しており、やはり神泉苑を開放している。

（20）上川通夫「一切経と古代の仏教」『日本中世仏教史料論』（吉川弘文館、二〇〇八年）参照。

（21）空海「御請来目録」大同元年（八〇六）十月二十二日付で朝廷に提出。

（22）概要については、拙稿「日本古代における災害認識の変遷」（『史観』第一五八冊、二〇〇八年）参照。

（23）陰陽寮による祭祀の実践が可能となったのは、承和の遣唐陰陽師得兼陰陽博士春苑玉成の存在が大きいであろう。玉成については、山下克明「遣唐請益と難儀」（『平安時代の宗教文化と陰陽道』岩田書院、一九九六年）参照。

（24）古代中国の祈雨については、水口幹記『渡航僧成尋、雨を祈る――『僧伝』が語る異文化の交錯』（勉誠出版、二〇一三年）の第四章と第五章に詳しい。

（25）門田誠一「日本古代における五方龍関係出土文字資料の史的背景」（『佛教大学宗教文化ミュージアム研究紀要』八号、二〇一一年）、三上喜孝「山形市梅野木前1遺跡出土木簡」（山形市教育委員会編『梅野木前1遺跡発掘調査報告書――FM山形嶋店新築工事に伴う埋蔵文化財発掘調査』山形市教育委員会、二〇〇七年）など。

（26）以下の神泉苑の請雨説話の段階的成立については、拙稿「雨僧正仁海と空海の神泉苑請雨説話」（『早稲田大学大学院文学研究科紀要』第五〇輯第四分冊、二〇〇五年）ですでに論じた。なお、請雨経法については聖宝（天長九年（八三二）～延喜九年（九〇九））も請雨経法を行った東密の僧としてよく名があがるが、資料を検討していくと、聖宝による確実な請雨経法の記録は見当たらない。

（27）承和十四年に十五歳で日本に来たとしても、延長三年には八十四歳となる。

（28）実恵から真然まで、いずれも空海の高弟。空海入定後に分派した空海の弟子の名が列記されることによって、この時期の東密の統合の流れを読み取ることもできる。

（29）成尋（寛弘八年（一〇一一）～永保元年（一〇八一））は、その著書『参天台五臺山記』において、請雨経法は真言宗の秘法であり、天台宗の僧侶である自身は学んでいないと述べている。

（30）前掲注6小倉論文。

（31）事相に対して理論的方面を教相といい、請雨経経典がこれに当たる。事相書には、経典の壇法部分以上に修法の実践的な事柄が記載される。

（32）拙稿「古代の祈雨儀礼――「てるてる坊主」の淵源」（水口幹記編『古代東アジアの「祈り」』森話社、二〇一四年）参照。

（33）深覚・深観ら上級貴族出身の多い石山流法脈と元杲・仁海との血脈意識については、前掲注22拙稿でもふれた。

（34）孔雀経法が請雨経法と並び立つ位置付けができあがるのは、これ以降である。スティーブン・トレンソン氏も仁海以前の十世紀における祈雨法としての孔雀経法の存在を否定している（「請雨経法と孔雀経法の研究――神泉苑における孔雀経法実修説への疑問」『仏教史学研究』第四六巻第二号、二〇〇三年）。

（35）仁海の流れを組む定賢ではあるが、寛治三年（一〇八九）七月九日に孔雀経読経による祈雨を行っている。

付記　本稿は「未来を強くする子育てプロジェクト　スミセイ女性研究者奨励賞」の成果の一部である。

あとがき

姉妹編の『仏教文明の転回と表現』とともに刊行された本書は、序言で述べたような共同研究にもとづくものである。そして、この共同研究には、一定の歴史がある。そのはじまりは、二〇〇二年度から五年間にわたって早稲田大学大学院文学研究科で展開した21世紀ＣＯＥプログラム（略称ＣＯＥ）「アジア地域文化エンハンシング研究センター」（拠点リーダー　大橋一章）において推進された「アジア地域文化学」の調査研究体制にある。

それまで、早稲田大学は総合大学であるとはいえ、学内での学術交流となると、その総合性を充分に活かすことができなかった。ＣＯＥの発足によって、アジア地域を研究対象とする文学部（現文学学術院）内の諸分野の研究者が、既存の研究・教育制度の枠を越えて、はじめて共同で活動する機会を得た。可能な範囲での人文学を総動員して、アジア地域の歴史文化に向き合ったのである。それは、人文学としての共同研究という方法を自らが学習することでもあった。

この方法は、その後、二〇〇七年度から3年間、組織的な大学院教育改革推進プログラム（略称ＧＰ）「アジア研究と地域文化学」（代表　同）へと展開し、大学院博士後期課程の共同教育体制モデルを構築した。さらに、二〇一〇年度以降は、早稲田大学重点領域研究として「文明移動としての『仏教』からみた東アジア世界の歴史的差異と共生の研究」をあらたにはじめ、序言で述べたような東アジア「仏教」文明研究所を立ち上げた。そして、二〇一一年度からは、科学研究費助成事業（科学研究費補助金）基盤研究（A）「文明移動としての『仏教』からみた東アジアの差異と共生の研究」を実施し、本年度（二〇一四年度）がその最終年度となる。奇しくも、さきの早稲田大学重点領域研究の最終年度と重なることになった。

この間、COEにはじまる共同研究体制は、研究と教育の両翼に配慮しながら、また、構成員の交替や変化をともないながら、継承されていった。それは、体制というよりも方法と言ったほうが正確であろう。また、共同研究のテーマについては、アジア地域を対象とする「漢化」の視点から、インド亜大陸発祥の「仏教」流伝をアジア地域の「文明化」過程とみる視点へと移ったが、アジア地域世界の成り立ちをいかに理解するかということに強い関心を持ちつづけてきたことでは何ら変わりない。そして、さらに国内外の研究協力者を広く募り、早稲田大学内での共同研究に傾斜しがちな殻から脱皮するように努めた。

その研究協力者は、本書および姉妹編に論稿を寄せられた方々に限らない。それは、以下の方々である（所属は、協力開始時のもの）。すでに、成果の一部として公刊した『「仏教」文明の受容と君主権　東アジアのなかの日本』（勉誠出版、二〇一二年）に論稿をお寄せいただいた李炳鎬（韓国国立中央博物館）、勝浦令子（東京女子大学）、ヘルマン・オームス（UCLA）、山下克明（大東文化大学）、山本陽子（明星大学）、佐藤弘夫（東北大学）の各氏。同じく、『「仏教」文明の東方移動――百済弥勒寺西塔の舎利荘厳――』（汲古書院、二〇一三年）に論稿をお寄せいただいた裵秉宣（韓国国立文化財研究所）、崔鉛植（国立木浦大学校）、周炅美（西江大学校）、瀬間正之（上智大学）、稲田奈津子（東京大学史料編纂所）の各氏。

さらに、清水昭博（帝塚山大学）、山路直充（市川考古博物館）、吉津宜英（駒澤大学）、水口幹記（立教大学）、小林春樹（大東文化大学）、近藤浩之（北海道大学）、加藤勝（大正大学）、河上麻由子（奈良女子大学）、井手誠之輔（九州大学）、

中林隆之（新潟大学）、張総（中国社会科学院世界宗教研究所）、李四龍（北京大学）、羅豊（寧夏文物考古学研究所）、王欣（陝西師範大学）、李青（西安美術学院）、朱畫暉（同）、冉万里（西北大学）、朴大在（韓国高麗大学校）、金基珩（同）、朱秀浣（同）、元永晩（同）、鄭雲龍（同）、朴賢淑（同）、洪潤植（東国大学校）、金浩星（同）、辛尚桓（高麗大蔵経研究所）、ウイリアム・ボディフォード（UCLA）、ルチア・ドルチェ（ロンドン大学SOAS）、ジャン＝ノエル・ロベール（コレージュ・ド・フランス）等の各氏である。

この共同研究は、上記の方々の研究協力なくして、果たせなかったであろう。翻訳や通訳にあたって下さった各位も含めて、ここに篤くお礼申し上げる。二〇一五年度からは、早稲田大学総合人文科学研究センターの部門として「仏教文明と東アジアの地域文化研究」をあらたに開始するが、その目的は、これまでの研究とその方法を継続発展させることである。しかし、得た課題も多くて重い。たとえば、既存の学術制度上の垣根はかなり低くなってきたが、なお立ちはだかる壁がある。それを克服するためには、一研究分野や一機関に拘ることなく、さらなる内外の学術交流をすすめる以外にないであろう。また、「仏教文明」をめぐる理解には、諸国ごとでかなりの差異がみられるが、それは現在史を、あるいは国家史を映し出しているようでもある。その堆積した土壌を相互に掘り起して整地していく必要があろうか。このような課題を知り得たのも、本共同研究の成果であった。

ここにあらためて、本書が姉妹編の『仏教文明の転回と表現』とともに、科学研究費助成事業（科学研究費補助金）基盤研究（A）「文明移動としての『仏教』からみた東アジアの差異と共生の研究」（二〇一一年度〜二〇一四年度）の成果として、その補助にもとづき刊行されるものであることを記し、謝意を表したい。合わせて、共同研究の推進を支援された早稲田大学重点領域研究機構にも感謝したい。

最後に、この共同研究の庶務を担当された森美智代・山口えりの両氏に、そして、二分冊になる成果図書の刊行を快くお引き受け下さり、その後、刊行に向けて尽力いただいた勉誠出版の吉田祐輔氏と関係各位にお礼申し上げる。

二〇一五年二月

新川登亀男

執筆者一覧（掲載順）

新川登亀男（しんかわ・ときお）

※奥付参照。

古井龍介（ふるい・りょうすけ）

一九七五年生まれ。東京大学東洋文化研究所准教授。専門は南アジア中世初期史。

論文に"Indian Museum Copper Plate Inscription of Dharmapala, Year 26: Tentative Reading and Study", *South Asian Studies*, 27, 2, 2011, pp.145-156. "Merchant groups in early medieval Bengal: with special reference to the Rajbhita stone inscription of the time of Mahīpāla I, Year 33", *Bulletin of the School of Oriental and African Studies*, 76, 3, 2013, pp.391-412. "*Brāhmanas* in Early Medieval Bengal: Construction of their Identity, Networks and Authority", *Indian Historical Review*, 40, 2, 2013, pp.223-248. などがある。

ファム・レ・フイ（Pham Le Huy）

一九八一年生まれ。ベトナム国家大学ハノイ校人文社会科学大学東洋学部日本研究学科講師。専門は日本古代史、ベトナム古代史。

論文に「賦役令車牛人力条からみた逓送制度」（『日本歴史』七三六、二〇〇九年）、「楊清決起（八一九〜八二〇）再考」（『歴史研究』一二、二〇一二年、ベトナム）、「ベトナムにおける安南都護高駢の妖術――その幻像と真相について」（水口幹記編『古代東アジアの「祈り」――宗教・習俗・占術』森話社、二〇一四年）などがある。

侯　沖（Hou Chong）

一九六六年生まれ。上海師範大学哲学学院教授。専門は中国古代宗教、特に漢地仏教の儀式及びその文献の研究。

著書に『白族心史――『白古通記』研究』（雲南民族出版社、二〇〇二年）、『雲南与巴蜀仏教研究論稿』（宗教文化出版社、二〇〇六年）、『雲南阿吒力教経典研究』（中国書籍出版社、二〇〇八年）などがある。

張　勝蘭（Zhang Shenglan）

一九七八年生まれ。早稲田大学文学研究科アジア地域文化学博士後期課程。専門は歴史人類学、少数民族社会文化の変遷の研究。

論文に「浅論苗族服飾与苗族自我認同意識――清朝至民国

時期的貴州為中心」（『民族学刊』第五期、中国国家民族事務委員会・西南民族大学民族学刊編輯部出版、二〇一四年）などがある。

南　東信（Nam Dongsin）
ソウル大学校国史学科教授。専門は韓国仏教史。
著書・論文に「玄奘の印度求法と玄奘像の推移――西域記、玄奘伝、慈恩伝の比較検討を中心に」（『仏教学研究』二〇、二〇〇八年）、「慧超『往五天竺国伝』の発見と八大塔」（『東洋史学研究』一一一、二〇一〇年）、「天宮としての石窟庵」（『美術史と視覚文化』一三、二〇一四年）などがある。

赤羽目匡由（あかばめ・まさよし）
一九七四年生まれ。首都大学東京都市教養学部助教。専門は朝鮮古代史。
著書に『渤海王国の政治と社会』（吉川弘文館、二〇一一年）などがある。

川尻秋生（かわじり・あきお）
一九六一年生まれ。早稲田大学文学学術院教授。専門は日本古代史。
著書に『古代東国史の基礎的研究』（塙書房、二〇〇三年）、『日本古代の格と資財帳』（吉川弘文館、二〇〇三年）、『平安京遷都』（シリーズ日本古代史五、岩波新書、二〇一一年）などがある。

石見清裕（いわみ・きよひろ）
一九五一年生まれ。早稲田大学教育・総合科学学術院教授。専門は中国隋唐史、東アジア国際関係史。
著書に『唐の北方問題と国際秩序』（汲古書院、一九九八年）、『唐代の国際関係』（山川出版社、二〇〇九年）などがある。

葛　継勇（かつ・けいゆう）
中国鄭州大学副教授。専門は中日仏教交渉史。
論文に「東アジア禅宗史における唐僧斉安像」（鈴木靖民編『日本古代の王権と東アジア』吉川弘文館、二〇一二年）、「『白氏文集』の成立と寺院奉納及びその行方」（『白居易研究年報』第一四号、二〇一三年）、「陳後主「臨行詩」の日本伝来とその受容――大津皇子「臨終一絶」の遡源をめぐって」（『日本漢文学研究』第九号、二〇一四年）などがある。

李　成市（り・そんし）
一九五二年生まれ。早稲田大学文学学術院教授。専門は古代東アジア史。
論文に「六〜八世紀の東アジアと東アジア世界論」(『岩波講座 日本歴史』二、岩波書店、二〇一四年)、「『梁職貢図』高句麗・百済・新羅の題記について」(鈴木靖民・金子修一編『梁職貢図と東部ユーラシア世界』勉誠出版、二〇一四年)などがある。

森 美智代(もり・みちよ)
一九七六年生まれ。早稲田大学文学学術院助手、武蔵野美術大学講師。専門は中央アジア・中国仏教美術史。
論文に「クムトラ石窟第七五窟の壁画主題について――ウイグル期亀茲仏教の一側面」(『美術史研究』第五〇冊、二〇一二年)などがある。

大島幸代(おおしま・さちよ)
一九七八年生まれ。龍谷大学龍谷ミュージアム助教(学芸員)。専門は中国仏教美術史。
論文に「唐代中期の毘沙門天信仰と造像活動――玄宗から憲宗へ」(『美術史研究』第四五冊、二〇〇七年)、「四川省楽山市凌雲寺大仏の造営と左右龕の毘沙門天像について」(『てら ゆき めぐれ 大橋一章博士古稀記念美術史論集』中央公論美術出版、二〇一三年)などがある。

長岡龍作(ながおか・りゅうさく)
一九六〇年生まれ。東北大学大学院教授。専門は東洋日本仏教美術史。
著書に『日本の仏像 飛鳥・白鳳・天平の祈りと美』(中公新書、二〇〇九年)、『日本思想史講座1 古代』(共著、ぺりかん社、二〇一二年)、『中国中世仏教石刻の研究』(共著、勉誠出版、二〇一三年)、『日本美術全集2 法隆寺と奈良の寺院』(責任編集、小学館、二〇一三年)、『仏像――祈りと風景』(敬文舎、二〇一四年)、『仏教美術論集5 機能論』(編著、竹林舎、二〇一四年)などがある。

三上喜孝(みかみ・よしたか)
一九六九年生まれ。国立歴史民俗博物館准教授。専門は日本古代史。
著書に『日本古代の貨幣と社会』(吉川弘文館、二〇〇五年)、『日本古代の文字と地方社会』(吉川弘文館、二〇一三年)、『落書きに歴史をよむ』(吉川弘文館、二〇一四年)などがある。

長坂一郎(ながさか・いちろう)
一九五四年生まれ。東北芸術工科大学芸術学部教授。専門は日本美術史(仏教彫刻史)。
著書・論文に『神仏習合像の研究――成立と伝播の背景』

（中央公論美術出版、二〇〇四年）、「地天女の変容」（『図像学1』、竹林社、二〇一二年）、「平安時代前期の神宮寺に薬師如来像造立について――滋賀・大嶋神社奥津島神社蔵木造地蔵菩薩立像再考」（『東北芸術工科大学文化財保存修復研究センター紀要』三号、二〇一二年）、「立石寺五大堂岩窟内木造地蔵菩薩像および冥官像――中世・立石寺の霊場形成についての一試考」（『山形市文化振興事業団紀要』第一四号、二〇一三年）などがある。

黒田　智（くろだ・さとし）
一九七〇年生まれ。金沢大学准教授。専門は中世日本文化史。
論文に「大地のもつ野生のちから」（井原今朝男編『環境の日本史』三、吉川弘文館、二〇一三年）、「水の神の言説、天の河の表象」（『人民の歴史学』一一九号、二〇一四年）、「肖像画の時代」の肖像画」（加須屋誠編『日本美術全集』八、小学館、二〇一五年）などがある。

工藤元男（くどう・もとお）
一九五〇年生まれ。早稲田大学文学学術院教授。専門は中国古代史・社会史。
著書に『睡虎地秦簡よりみた秦代の国家と社会』（創文社、一九九八年）、『二年律令與奏讞書』（共編、上海古籍出版社、二〇〇七年）、『占いと中国古代の社会――発掘された古文献が語る』（東方書店、二〇一一年）などがある。

森　由利亜（もり・ゆりあ）
一九六五年生まれ。早稲田大学文学学術院教授。専門は中国道教思想史（清代道教）。
論文にBeing Local through Ritual: Quanzhen Appropriation of Zhengyi Liturgy in the *Chongkan Daozang jiyao*." Liu, Xun and Vincent Goossaert, eds. *Quanzhen Daoists in Chinese Society and Culture, 1500–2010*. Berkeley: Institute of East Asian Studies, UC Berkeley, 2013.「伍守陽龍門派の正統意識と秘傳――『丹道九篇』の秘術の位相をめぐって」（『東方宗教』一一六、二〇一〇年）などがある。

高橋龍三郎（たかはし・りゅうざぶろう）
一九五三年生まれ。早稲田大学文学学術院教授。専門は先史考古学（縄文時代研究）、未開社会の民族誌研究。
著書に『縄文文化研究の最前線』（トランスアート社、二〇〇四年）、『村落と社会の考古学』（編著、朝倉書店、二〇〇一年）、『縄文後・晩期社会の研究――千葉県印西市戸ノ内貝塚発掘調査報告書』（編著、早稲田大学、二〇一四年）などがある。

細井浩志（ほそい・ひろし）

一九六三年生まれ。活水女子大学文学部教授、大東文化大学東洋研究所兼任研究員。専門は日本古代史。

著書に『古代の天文異変と史書』（吉川弘文館、二〇〇七年）、『古代壱岐島の世界』（編著、高志書院、二〇一二年）、『日本史を学ぶための〈古代の暦〉入門』（吉川弘文館、二〇一四年）などがある。

山口えり（やまぐち・えり）

一九七五年生まれ。早稲田大学東アジア「仏教」文明研究所招聘研究員。専門は日本古代史。

論文に「広瀬大忌祭と龍田風神祭の成立と目的について」（『国立歴史民俗博物館研究報告』一四八号、二〇〇八年）、「平安初期における災害対応」（『日本史攷究』三六号、二〇一二年）などがある。

編者略歴

新川 登亀男（しんかわ・ときお）

1947年生まれ。早稲田大学文学学術院教授。

専門は日本古代史。

著書に『上宮聖徳太子伝補闕記の研究』（吉川弘文館、1980年）、『日本古代の対外交渉と仏教』（吉川弘文館、1999年）、『日本古代の儀礼と表現』（吉川弘文館、1999年）、『聖徳太子の歴史学』（講談社、2007年）などがある。

仏《ぶっ》教《きょう》文《ぶん》明《めい》と世《せ》俗《ぞく》秩《ちつ》序《じょ》
国家・社会・聖地の形成

編者 新川登亀男
発行者 池嶋洋次
発行所 勉誠出版㈱
〒101-0051 東京都千代田区神田神保町三―一〇―二
電話 〇三―五二一五―九〇二一㈹

二〇一五年三月二十日 初版発行

印刷 太平印刷社
製本 若林製本工場
組版 トム・プライズ

ISBN978-4-585-21026-9 C3015

新川登亀男 編

仏教文明の転回と表現

文字・言語・造形と思想

異文明との出会いが世界を構築する

仏教という異文明は、造形や言語・文字表現、思想にいかなる変容・転回をうながしたのか。仏教はどのように咀嚼され、造形や言語・文字表現、思想のなかに再生されていったのか。

本体九、八〇〇円（＋税）
A５判上製カバー装・六七二頁
ISBN978-4-585-21025-2 C3015